kb035 Foto: wl

Werner Lips

Kroatien – Küste und Inseln

„Non bene pro toto libertas venditur auro"
(„Für kein Geld der Welt sollst du die Freiheit verkaufen",
Freiheitsparole am Stadttor von Dubrovnik)

Impressum

Werner Lips
Reise Know-How Kroatien – Küste und Inseln

erschienen im
Reise Know-How Verlag, Bielefeld
Osnabrücker Str. 79
33649 Bielefeld

1. Auflage 2012

Gestaltung
Umschlag: G. Pawlak, P. Rump (Layout);
Caroline Tiemann (Realisierung)
Inhalt: Günter Pawlak (Layout);
Caroline Tiemann (Realisierung)
Fotonachweis: der Autor (wl), Kroatische Fremdenverkehrszentrale (fz)
Titelfoto: der Autor
Karten: Catherine Raisin, Thomas Buri, der Verlag

Lektorat: Caroline Tiemann

Druck und Bindung:
Media-Print, Paderborn

ISBN 978-3-8317-2197-9
Printed in Germany

Dieses Buch ist erhältlich in jeder Buchhandlung Deutschlands, der Schweiz, Österreichs, Belgiens und der Niederlande.
Bitte informieren Sie Ihren Buchhändler über folgende Bezugsadressen:

Deutschland
Prolit GmbH, Postfach 9, D-35461 Fernwald (Annerod) sowie alle Barsortimente
Schweiz
AVA Verlagsauslieferung AG
Postfach 27, CH-8910 Affoltern
Österreich
Mohr Morawa Buchvertrieb GmbH
Sulzengasse 2, A-1230 Wien
Niederlande, Belgien
Willems Adventure, www.willemsadventure.nl

Wer im Buchhandel trotzdem kein Glück hat, bekommt unsere Bücher auch über unseren
Büchershop im Internet: www.reise-know-how.de

Wir freuen uns über Kritik, Kommentare und Verbesserungsvorschläge, gern auch per E-Mail an info@reise-know-how.de.

Werner Lips

Kroatien – Küste und Inseln

005nd Foto: fz

Vorwort

Kroatien erfreut sich einer boomenden Beliebtheit besonders im deutschsprachigen Raum. Die kroatische Adria bietet mit ihren zahlreichen malerischen Buchten und Stränden sowie traumhaften Kleinstädten eine ungeahnte Vielfalt an Urlaubsmöglichkeiten. Dieser Reiseführer deckt die gesamte Küstenregion von Rijeka im Norden bis zur montenegrinischen Grenze im Süden ab. Die Kvarner Bucht mit den berühmten Inseln Rab und Krk wird geschätzt von Individualisten, die keine allzu lange Anreise wollen und dennoch Urlaubsorte suchen, die ihre Ursprünglichkeit bewahrt haben. Die Küste Dalmatiens weiter südlich beeindruckt mit einer faszinierenden Inselwelt und malerischen Städten wie Split und Dubrovnik, deren Altstadtkerne zum Welterbe der UNESCO gehören.

Mit der Republik Kroatien wird nun – nach Slowenien – der zweite aus dem ehemaligen Jugoslawien hervorgegangene Staat Vollmitglied der Europäischen Union. Das „neue Kroatien" verzeichnet dabei eine politische und touristische Erfolgsgeschichte ohnegleichen.

Mit Präsident *Stjepan Mesić* folgte der nationalistischen Tudjman-Administration ein liberaler Freidenker mit Gerechtigkeitssinn und Drang zum Ausgleich mit allen Nachbarn. Er schuf die politischen Voraussetzungen, die das „neue Kroatien" Wirklichkeit werden ließen und das Land auf EU-Kurs führten. Nach ihm steht nun mit *Ivo Josipović* ein Rechtswissenschaftler an der Spitze des Staates, und mit *Jadranka Kosor* sowie *Zoran Milanovic* (seit Januar 2012) als Premierminister kamen Regierungschefs ins Amt, die resolut gegen politische Korruption vorgehen und so die letzten Hürden für den EU-Beitritt beseitigten.

Dieser Reiseführer soll all denen eine Hilfestellung geben, die – egal ob pauschal oder individuell unterwegs, ob mit eigenem Fahrzeug, Mietwagen oder öffentlichen Verkehrsmitteln – die wundervolle kroatische Küste und ihre Inseln bereisen möchten, und zwar sowohl bei der Vorbereitung wie auch bei der Urlaubsgestaltung vor Ort. Neben der Beschreibung aller lohnenswerten Ziele mit ihren kulturellen Highlights wird einer breiten Interessensvielfalt Rechnung getragen. So finden sich wertvolle Tipps zum Baden und für den Strandurlaub, zum Segeln, Tauchen und Schnorcheln, zum Wandern und Radfahren, für Familien mit Kindern und für Ausflüge per Boot oder ins Hinterland. Eine kleine Landeskunde macht mit der Kultur und Geschichte des Landes, mit den Menschen und ihrem Leben vertraut.

Bleibt mir noch, die außerordentliche Gastfreundschaft der Bewohner der jungen Republik Kroatien hervorzuheben und allen Reisenden einen interessanten und gelungenen Urlaub zu wünschen. Gute Reise!

Werner Lips

Inhalt

Exkurse

Kvarner Bucht

Kroatien im Überblick

- **Ländername:** Republik Kroatien, Republika Hrvatska
- **Klima:** an der Küste maritimes, mildes Mittelmeerklima, sonst Kontinentalklima mit heißen Sommern und kalten Wintern
- **Lage:** mediterraner und mitteleuropäischer Staat mit Grenzen zu Slowenien, Ungarn, Serbien, Bosnien-Herzegowina, Montenegro
- **Zeitzone:** MEZ und MESZ
- **Größe:** 56.542 km² plus 1185 Inseln (davon 67 bewohnt) mit einem Küstenhoheitsgebiet von insgesamt 31.139 km²
- **Hauptstadt:** Zagreb (ca. 790.000 Einw., mit Umland 1,25 Millionen)
- **Bevölkerung:** ca. 4,5 Mio., davon ca. 90 % Kroaten, 7 % Serben, 3 % Sonstige
- **Landessprache:** Kroatisch (verbreitete Fremdsprachen Deutsch, Englisch, Italienisch)
- **Religionen:** 80 % römisch-katholisch, 5 % serbisch-orthodox, 1 % muslimisch
- **Nationaltag:** 30. Mai (Tag der kroatischen Eigenstaatlichkeit)
- **Unabhängigkeit:** Unabhängigkeitserklärung am 25.6.1991; Anerkennung durch Deutschland am 23.12.1991 mit Wirkung zum 15.1.1992, gemeinsam mit der Europäischen Union
- **Staats- und Regierungsform:** parlamentarische Demokratie; Zwei-Kammer-System und starke Stellung des Präsidenten, unterstützt von einem Regierungschef (derzeit *Zoran Milanovic*)
- **Staatsoberhaupt:** Präsident der Republik, *Ivo Josipović* (seit Februar 2010)
- **EU-Vollmitgliedschaft:** zum 1.7.2013

Abkürzungen

a/c – Air condition (Klimaanlage)
AC – Autocamp (Campingplatz)
Apt. – Apartment
DZ bzw. **EZ** – Doppel-/Einzelzimmer
FeWo – Ferienwohnung
p.P. – pro Person

Zentraldalmatien

Süddalmatien

Kartenverzeichnis

Übersichtskarten

Küsten- und Inselkarten

Ortspläne

Anhang

kb046 Foto: wl

Praktische Reisetipps A–Z

kro165 Foto: wl

kb036 Foto: wl

Tauchboot vor der Küste von Krk

Kulinarische Genüsse im Straßencafé

Gehäkelte Spitzendeckchen – ein beliebtes Souvenir

Anreise

Mit dem Auto

Kroatien gehört wie Italien oder Frankreich zu den „klassischen" Autoreisezielen, wobei unterschiedliche Routen für die einzelnen Großräume zu beachten sind (s.u.). Am schnellsten kommt man über die **Autobahn** bis in den Süden Dalmatiens. Die Hauptverkehrsachse durch den kroatischen Südwestteil, die A1, ist mittlerweile bis Ploče (Süddalmatien) freigegeben und wird bald bis Dubrovnik befahrbar sein.

Der vielleicht wichtigste Tipp ist: **Man meide den Samstag** auf kroatischen Straßen um jeden Preis; insbesondere im Hochsommer sind stundenlange **Staus** vorprogrammiert! Leider bestehen noch immer viele Unterkunftsvermieter auf den üblichen „Bettenwechsel am Samstag", anstatt durch individuelle Lösungen zu einer Entzerrung dieser Stoßzeiten beizutragen. Immerhin scheint die Flexibilität in den letzten Jahren deutlich zuzunehmen, sodass man (sofern individuell möglich/gewollt) durchaus andere Reisetage ins Auge fassen sollte als das Wochenende.

Grundsätzlich gilt wie in Kroatien selbst auch für **alle Transitländer** (Tschechien, Slowenien, Italien, Österreich): die **Pannenweste** nicht vergessen und **tagsüber Abblendlicht** einschalten (Verstöße kosten 15–40 Euro Bußgeld)! Zum Autofahren in Kroatien siehe unten, Stichwort „Autofahren".

Routen

Viele Kroatien-Urlauber wählen die Haupttransitroute **durch die Alpen,** die von München über **Salzburg** und Villach nach **Ljubljana,** der Hauptstadt von Slowenien, führt. Dabei passiert man in Österreich die **Tauernautobahn** und den **Karawankentunnel** mit der slowenischen Grenze unmittelbar dahinter.

Ab Ljubljana nach Osten Richtung Zagreb und bei Novo Mesto Richtung Grenzübergang Metlika abzweigend, erreicht man **Karlovac.** Ab Karlovac wurde die **neue Autobahn A1 bis Ploče** (südlich von Makarska) dem Verkehr übergeben, sodass Reisende nach **Dalmatien** die Strecke Karlovac – Zadar – Split – Ploče zügig zurücklegen können. Das restliche Stück bis nach Dubrovnik ist im Bau. Für die **Kvarner Bucht** fährt man ab Ljubljana in Richtung Südwesten und verlässt bei Postojna die Autobahn. Ab dem slowenisch-kroatischen Grenzübergang Rupa führt die neue Autobahn A7 nach Opatija bzw. **Rijeka.**

Neben der oben genannten Strecke bietet sich als Alpentransit alternativ die sogenannte **„Wohlfühlroute"** an, denn gerade in den Ferienzeiten platzt die klassische Tauernroute aus allen Nähten; kilometerlange Staus an Tauern- und Katschbergtunnel sind nur eine Folge. Den Abschnitt München – Tauern – Ljubljana – Karlovac kann man auf dieser (vom ADAC empfohlenen) umgehen: Ab Nürnberg fährt man via Regensburg, Passau, **Linz, Graz und Maribor bis Zagreb** und weiter nach Karlovac. Eindrücke und

Anreise
D
Passau, Nürnberg
München, Innsbruck, CH
Linz
Wien
„Wohlfühlroute"
Salzburg
„Tauernautobahn"
ÖSTERREICH
Bratislava, Budapest
Radstadt
Pyhrnroute
Graz
Lienz
Klagenfurt
Villach
Tolmezzo
Karawanken-tunnel
Maribor
UNGARN
ITALIEN
SLOWENIEN
Budapest
Varaždin
Udine
Ljubljana
Novo Mesto
Zagreb
Postojna
Triest
Kozina
Kočevje
Koper
Podgrad
Karlovac
Rijeka
Skrad
Opatija
Sečovlje
Slavonski Brod, Belgrad
Poreč
Istrien
Krk
KROATIEN
Pula
Cres
Plitvice
Rab
Bihać
BOSNIEN-HERZEGOWINA
50 km
Kvarner Bucht
Karlobag
Gospić
Adriatisches Meer
Pag
Obrovac
Gračac
Split, Dubrovnik
Zadar
Dalmatien
©Reise Know-How 2012

Infos auf der Website www.wohlfuehl route.de.

Wegen der vergleichsweise hohen Mautgebühr Sloweniens wählen viele Reisende für die Kvarner Bucht die etwas günstigere Alternative **via Italien** und folgen kurz vor Villach/Österreich der Autobahn über Udine bis Triest (ca. 8 Euro Maut, einfach) und ab dort der Landstraße E 61 nach Rijeka.

Transit Österreich

Für KFZ bis 3,5 t verlangt Österreich eine **Autobahn-Vignettengebühr** von 76,50 (Jahr) bzw. 23 Euro (2 Monate); das zehn Tage gültige „Pickerl" kostet 7,90 Euro – es empfiehlt sich somit die Anschaffung zweier 10-Tages-Vignetten (die Preise für ein Motorrad betragen 30,40 Euro/11,50 Euro/4,50 Euro). Damit nicht genug: Die gängige Route Salzburg – Ljubljana via Tauernautobahn und Karawankentunnel wird zusätzlich jeweils einfach mit einer Maut von 9,50 Euro (Tauern) und 6,50 Euro (Karawanken) belegt, auf der Route Linz – Graz (Pyhrn A9) sind es 4,50 Euro für den Bosrucktunnel und 7,50 Euro für den Gleinalmtunnel.

Bei den Automobilclubs kann man eine **Prepaid-Maut** für die wichtigsten **Tunnelstrecken** zum gleichen Tarif buchen. Österreichische Mobilfunknetzkunden können Einzelfahrten per Mobilfunk buchen (www.paybox.at), für andere Transitreisende kommt auch die Internet-Buchung in Frage (www.asfinag.at; erledigen die Automobilclubs). Damit fährt man an der Mautstation in eine Sonderspur, das KFZ-Kennzeichen wird per Kamera geprüft – fertig. Theoretisch ganz nett, aber: erstens ist die tatsächliche Zeitersparnis vor Ort eher gering (den Stau bis zur Mautstation kann man damit nämlich nicht umfahren), zweitens liegt man mit der bezahlten Buchung fest, kann also nicht je nach Verkehrslage flexibel auf eine Umgehungsroute ausweichen (keine Rückerstattung bei Nicht-Nutzung, auch nicht bei Vollsperrung mit Umleitung).

In Österreich müssen Kfz über 3,5 t eine „Go-Maut-Box" für einmalig 5 Euro erwerben (alle Grenzbüros/Tankstellen in Grenznähe, auch bei den Automobilclubs erhältlich) und diese dann mit einem Guthaben von 50 bis 500 Euro aufladen. Auf allen mautpflichtigen Strecken wird dann automatisch per Funksignal die entsprechende Gebühr abgebucht. Dieses System gilt auch für **Wohnmobile,** die prinzipiell etwa das 1,5-fache (zweiachsig) bzw. zweifache (dreiachsig) der oben genannten Pkw-Tunnelgebühren zahlen.

Eine **Umgehung der Tauernautobahn** ist möglich, kostet aber Zeit und ist nur für zugkräftige Fahrzeuge mit Einschränkungen, für Kradfahrer jedoch durchaus empfehlenswert: Tauernautobahn Abfahrt „Lammertal", dann via Radstadt und Mauterndorf bis Rennweg (Mehraufwand ca. 40 Minuten, malerische Strecke über zwei Pässe); Karawankentunnel bei Villach-West via Wurzenpass (bis 20 % Steigung, für Gespanne gesperrt!) nach Kranjska Gora, dort Richtung Bled und Ljubljana (Mehraufwand ca. 45 Minuten).

Transit Slowenien

Auch Slowenien erhebt Gebühren per **Vignette:** die Jahresvignette kostet 95 Euro (Motorrad 47,50 Euro), die meisten Reisenden greifen auf die Monatsplakette zu 30 Euro zurück; alternativ sind 7-Tages-Vignetten zu 15 Euro (Motorrad 7,50 Euro) erhältlich. Achtung: Mit Ausnahme der 7-Tages-Plaketten darf kein zukünftiges Datum, sondern nur der Tag des Kaufs gelocht (= entwertet) werden, außerdem ist der Kaufbeleg wegen verstärkter Kontrollen stets mitzuführen. Eine Umgehung der mautpflichtigen Autobahnen ist wegen der entsprechenden Verkehrsleitung/Beschilderung nahezu ausgeschlossen und zeitlich sehr aufwendig.

Mautgebühren in Kroatien

In Kroatien kosten die Autobahnen eine **moderate Gebühr,** eine Umgehung lohnt keinesfalls; an der Autobahnzufahrt erhält man ein Ticket (gut aufbewahren!), welches man beim Verlassen an der Mautstation abgibt, erst dann wird der Routenpreis berechnet. Die bargeldlose Zahlung ist per sogenannter „Smart Card" (eine Art Prepaid-Karte) oder dem *ETC (Electronic Toll Collect)* möglich, jedoch in beiden Fällen nur auf den Autobahnen und der Krk-Brücke (nicht Mirna und Ucka/Istrien). Von der slowenisch-kroatischen Grenze zahlt man für einen Pkw bis Rijeka derzeit ca. 1 Euro.

Auf der Südroute bis Ploče werden maximal insgesamt rund 26 Euro erhoben. Gerade die Mautstellen bei Zagreb und vor der slowenischen Grenze (6 Euro oder 42 K) sind böse Nadelöhre, die immer wieder zu stundenlangen Staus führen.

Die genauen Autobahngebühren (detailliert zwischen zwei Ein-/Ausfahrten) kann man auf den Webseiten der nationalen Automobilclubs nachlesen sowie unter www.hak.hr – dort den Suchbegriff „Straßengebühren" eingeben – einsehen und ausdrucken.

Höchstgeschwindigkeiten für PKW/Motorräder

(Ortschaft / Landstraße / Autobahn)
- **Österreich:** 50 / 100 / 130 km/h
- **Slowenien:** 50 / 90 / 130 km/h
- **Italien:** 50 / 90 / 130 km/h
- **Kroatien:** 50 / 90 / 130 km/h

Autozug

Wer den sommerlichen Autostau Richtung Süden vermeiden will, kann von April bis Oktober auch die Autozugverbindung in Erwägung ziehen. Es bestehen Verbindungen von Berlin-Wannsee, Düsseldorf, Frankfurt (Neu-Isenburg) und Hamburg-Altona nach **Triest (Italien).** Von Berlin kann man die Strecke nach Triest je nach Datum und Buchungszeitpunkt für 230–455 Euro (einfache Fahrt) mit Pkw und zwei Personen im Liegewagen buchen. Teurer wird es im eigenen Abteil oder Schlafwagen. Nicht zu verachten: Man spart dabei eine Zwischenübernachtung, Benzingeld, Autoverschleiß und Maut ein.

- **DBAutoZug,** www.dbautozug.de oder Tel. 01805-241224 (0,14 Euro/Min.).

Flug

In Kroatien gibt es eine ganze Reihe **internationaler Flughäfen:** Dubrovnik, Pula, Rijeka, Split, Zadar und Zagreb. Aus dem Ausland werden allerdings hauptsächlich Split, Dubrovnik und Zagreb angeflogen, die anderen nur im Sommerhalbjahr.

Nonstop-Verbindungen von vielen Flughäfen im deutschsprachigen Raum mit Linienfluggesellschaften bestehen mit Austrian Airlines, Croatia Airlines und Lufthansa nach Zagreb sowie von einigen Flughäfen auch nach Dubrovnik. Die Flugzeit z.B. von Frankfurt/Main nach Zagreb beträgt etwa eine Stunde und 30 Minuten.

Daneben gibt es eine ganze Reihe von **Umsteigeverbindungen** nach Zagreb, die zwar billiger sein können als die Nonstop-Flüge, bei denen man aber auch eine längere Flugdauer einkalkulieren muss. Sie sind mit den oben genannten Fluggesellschaften von anderen Flughäfen im deutschsprachigen Raum möglich, aber auch z.B. mit Alitalia über Mailand oder Rom und mit Malev über Budapest sowie mit Croatia Airlines über Zagreb nach Rijeka/Krk, Split, Dubrovnik und Zadar.

Flugpreise

Ein **Economy-Ticket** von Deutschland, Österreich oder der Schweiz hin und zurück bekommt man je nach Jahreszeit und Aufenthaltsdauer ab rund 100 Euro (einschließlich aller Steuern, Gebühren und Entgelte, z.B. mit Germanwings Köln/Bonn – Dubrovnik und zurück im Frühsommer ab 120 Euro, Wien oder Zürich – Dubrovnik und zurück etwa 160 Euro). Am teuersten ist es in der **Hauptsaison,** in der die Preise für Flüge in den Sommerferien im Juli und August besonders hoch sind und über 350 Euro betragen können. Gleiches gilt bei Abflug von internationalen Großflughäfen wie Basel, Hamburg oder Frankfurt, wo kaum Flüge unter 300 Euro zu haben sind. Mit den „100-Euro-Preisen“ sollte man vorsichtig sein und die Bedingungen genau lesen. Schnäppchenpreise gelten ohnehin nur zu ganz bestimmten Terminen, hinzu kommen dann Dinge wie „Zusatzgebühren bei Gepäckaufgabe“.

Grundsätzlich bieten sich für die Buchung alle großen **Online-Anbieter** an, wie www.expedia.de, www.fluege.de, www.billigflug.de, www.billigflieger.de, www.opodo.de oder www.de.kayak.com.

- **Buchtipps:** *Frank Littek:* „Fliegen ohne Angst“, und *Erich Witschi:* „Clever buchen, besser fliegen“, erschienen in der Praxis-Reihe, Reise Know-How Verlag.

Nach Rijeka

Für die Kvarner Bucht bietet sich Rijeka als Zielflughafen an. Er liegt weit außerhalb **auf der Insel Krk** bei Omišalj (Infos unter www.rijeka-airport.hr). Abgestimmt auf die Flüge pendelt ein Bus der Fa. Autotrans (www.autotrans.hr) für 30 K zum Flughafen. Abfahrt vom Busbahnhof Rijeka ist ca. 2½ Stunden vor dem geplanten Abflug.

Nach Zadar

Der **Flughafen Zadar** (Tel. 023-205800, www.airport-zadar.hr) ist klein und überschaubar, bietet aber neben Geldwechsel und (bescheidenen) Einkaufsmöglichkeiten auch mehrere Mietwagenschalter, u.a. von Avis (www.avis.com.hr), Sixt (www.sixt.com), Hertz (www.hertz.hr) und AMC (www.amcrentacar.hr). Für Reisende dürfte der in Abstimmung auf die Abflüge bzw. Ankünfte von Ryanair und Germanwings eingerichtete Shuttlebus vom/zum Zentrum von Interesse sein: Für 28 K pendelt der Bus zwischen dem Busbahnhof (Haltestelle außen) und dem Flughafen (Ankunftshalle außen).

Nach Split

Als zweitgrößter des Landes bietet der **Flughafen Split** eine insgesamt gute Anbindung zu zahlreichen Zielen im In- und Ausland. Für den deutschsprachigen Raum sind – neben Croatia Airlines (s.o.) – vor allem die Austrian Airlines Group (www.aua.com), Germanwings und Air Berlin (s.o.) sowie Thomas Cook Airlines (www.thomascookairlines.co.uk) für ganzjährige Linien- und Charterflüge von Interesse. Angeflogen werden zahlreiche Großflughäfen, aber auch „Nebenplätze" wie Dortmund, Köln usw. Die Preise liegen aufgrund der etwas höheren Gebühren in Split und den westeuropäischen Großflughäfen durchschnittlich bei etwa 25 % über denen von Zadar.

Der Flughafen bietet (abgesehen von den üblichen überteuerten Verzehr- und Duty-Free-Möglichkeiten) im Ankunftsbereich eine Wechselstube der Splitska Banka (tgl. 6–13 und 14–21 Uhr), eine Postfiliale (Mo–Fr 7–20 Uhr, Sa bis 17 Uhr, im Hochsommer tgl. bis 21 Uhr) und Mietwagenschalter (u.a. Hertz, Tel. 021-895230; Europcar, Tel. 021-895067; City Car, Tel. 021-203321; Generalturist, Tel. 021-203151). Die Firma Pleso unterhält einen Shuttlebus (von/nach Split) für rund 4,50 Euro/einfache Fahrt am Ausgang des Flughafens. Außerdem fahren tagsüber etwa alle 20 Minuten Busse der Nahverkehrslinie 38 nach Split.

Check-in

Nicht vergessen: Ohne einen **gültigen Reisepass oder Personalausweis** kommt man nicht an Bord eines Flugzeuges. Bei den innereuropäischen Flügen muss man mindestens eine Stunde vor Abflug am Schalter der Airline eingecheckt haben. Viele Airlines neigen zum Überbuchen, d.h., sie buchen mehr Passagiere ein, als Sitze im Flugzeug vorhanden sind, und wer zuletzt kommt, hat dann möglicherweise das Nachsehen.

Gepäck

In der Economy-Class darf man in der Regel nur Gepäck **bis zu 20 kg pro Person** einchecken und zusätzlich ein Handgepäck von 5 kg in die Kabine mitnehmen, welches eine bestimmte Größe von 55 x 40 x 23 cm nicht überschreiten darf. In der Business Class sind es meist 30 kg pro Person und zwei Handgepäckstücke, die insgesamt nicht mehr als 12 kg wiegen dürfen. Man sollte sich beim Kauf des Tickets über die Bestimmungen der Fluggesellschaft informieren. **Flüssigkeiten** oder vergleichbare Gegenstände in ähnlicher Konsistenz (z.B. Getränke, Gels, Sprays, Cremes, Shampoos, Zahnpasta, Suppen) dürfen nur in der Höchstmenge von jeweils 0,1 Liter als Handgepäck mit ins Flugzeug genommen werden. Die Flüssigkeiten müssen in einem durchsichtigen, wiederverschließbaren Plastikbeutel transportiert werden, der maximal einen Liter Fassungsvermögen hat. Da sich diese Regelungen ständig ändern, sollte man sich beim Reisebüro oder der Fluggesellschaft nach den derzeit gültigen Regelungen erkundigen.

Aus **Sicherheitsgründen** dürfen Taschenmesser, Nagelfeilen, Nagelscheren, sonstige Scheren und Ähnliches nicht mehr im Handgepäck untergebracht werden. Diese sollte man unbedingt im aufzugebenden Gepäck verstauen, sonst werden diese Gegenstände bei der Sicherheitskontrolle einfach weggeworfen. Darüber hinaus gilt, dass Feuerwerkskörper, leicht entzündliche Gase (in Sprühdosen, Campinggas), entflammbare Stoffe (in Benzinfeuerzeugen, Feuerzeugfüllung) etc. nichts im Passagiergepäck zu suchen haben.

Anreise mit dem Bus

Von Pauschalreisen abgesehen (Information und Buchung in jedem Reisebüro) gibt es in Kroatien und seinen Nachbarstaaten, bedingt durch die langjährige Gastarbeitertradition, gute und preiswerte Linienbusverbindungen zwischen Deutschland und Kroatien. Die Rückfahrtickets sind in der Regel sechs Monate gültig, sodass man seinen Urlaub flexibel planen kann.

Einzelheiten, Fahrpläne und Buchungen sind bei der **Deutschen Touring GmbH** erhältlich. Auf der Internetseite können Ausgangs- und Zielorte gewählt, Fahrtzeiten und Preise abgefragt sowie Kataloge bestellt werden:

- **Deutsche Touring GmbH,** Am Römerhof 17, D-60486 Frankfurt am Main, Tel. 069-7903-501, Fax 7903-219, service@deutsche-touring.com, www.touring.de. Ticketkauf und Reservierungen kann man in 17 DTG-Ticket-Center in Deutschland sowie in DER-Reisebüros und den meisten Reisezentren der Deutschen Bahn vornehmen.

Zielorte

Von allen deutschen Großstädten werden alle wichtigen Orte in Kroatien – viele davon täglich – angefahren. Ein Beispiel: Eine Linienbusfahrt von Hamburg nach Zadar kostet rund **130 Euro** (200 Euro retour). Auf allen Routen erhalten Studenten mit Ausweis 10 % Rabatt, Kinder (4–12 Jahre) zahlen die Hälfte.

Die Mitnahme von **Reisegepäck** ist pro Person auf zwei Gepäckstücke und ein Handgepäckstück begrenzt. Auch sperriges Gepäck wie ein Fahrrad oder die Tauchausrüstung ist kein Problem, in der Hochsaison im Sommer und zu Weihnachten sollte man es jedoch lange im Voraus anmelden. Pro Gepäckstück wird eine Gebühr von 3 Euro beim Einstieg in den Bus

080is Foto: wl

erhoben. Als Quittung wird eine Gepäckmarke ausgegeben; das Handgepäck ist frei.

Wichtig: Die **Rückbestätigung** (Reservierung für die Rückfahrt) muss am Zielort durchgeführt werden, wofür vor Ort eine Gebühr von umgerechnet etwa 3 Euro erhoben wird.

Ähnliches wird auch **in Österreich** ab Wien bzw. Graz angeboten, etwa als Nachtfahrt über Karlovac und Zadar bis Split für knapp 100 Euro (Rückfahrkarte) bzw. Kinder für 50 Euro. Infos unter www.blaguss.com oder auch www.winterederbusreisen.at.

Die Krk-Brücke verbindet das Festland mit der größten Insel der Adria

Anreise mit der Bahn

Zur Anreise per **Autozug** s.o.: „Anreise mit dem Auto“.

Eine Bahnverbindung nach Kroatien besteht von Deutschland z.B. ab Frankfurt/Main per Nachtzug um 19.54 Uhr, mit Umsteigen in München und Ljubljana, Ankunft in **Rijeka** (Kvarner Bucht) um 8.54 Uhr des Folgetages. Von dort besteht eine regelmäßige Schnellzugverbindung von/nach **Zadar,** allerdings dauert diese Variante insgesamt ca. 24 Stunden und kostet – abgesehen von Liegewagenzuschlägen usw. – über 200 Euro einfach. Teilermäßigungen wie BahnCard sind hierbei nicht berücksichtigt.

Der Bahnhof Split liegt optimal zwischen Hafen und Altstadt; wer eine

Bahntour plant, sollte daher zunächst nach Split fahren, dann per Bus bis Zadar oder Rijeka weiterreisen, und dann von dort per Bahn zurückfahren. Fahrplanauskünfte erteilt jedes Reisezentrum der Deutschen Bahn, Informationen auch online unter http://reiseauskunft.bahn.de.

Fahrradtransport

Die Mitnahme von Fahrrädern ist nur in sehr wenigen Zügen möglich. In den durchgehenden Zügen von Deutschland aus besteht die Möglichkeit gar nicht. Wer sein Fahrrad jedoch in eine **Fahrradtasche** packt, reist nicht mit einem „Fahrrad", sondern mit einem normalen Gepäckstück – schon ist das Problem gelöst!

Ausrüstung und Reisegepäck

Grundsätzlich gilt: So wenig wie möglich mitnehmen, bei Bedarf kann nahezu alles unterwegs nachgekauft werden. Neben Toilettenartikeln und der persönlichen Bekleidung, die in den Sommermonaten leicht und luftig sein sollte, könnte eine **Basisausrüstung** – von Bekleidung abgesehen – folgendermaßen aussehen:

- **Badekleidung,** evtl. Schnorchelausrüstung (Inseln). Anders als in vielen typischen „Badeländern" gibt es in Kroatien **kaum Sandstrände,** sondern überwiegend Felsbadebuchten und Kiesstrände, was sowohl Vor- als auch Nachteile mit sich bringt. Man hat außerordentlich klares Wasser (saubere Badehandtücher), dafür ist das Liegen an Kies- oder Felsbadeplätzen nicht sonderlich bequem, weshalb sich die Mitnahme geeigneter Unterlagen (Isomatte, Luftmatratze) empfiehlt.
- **Schuhe:** Für die Stadt gute Laufschuhe, denn die Kopfsteinpflaster der oft steilen Altstadtgassen sind auch bei Trockenheit manchmal glatt wie Schmierseife; für die Berge Wander- oder gute Sportschuhe; für den Strand Schlappen oder Gummisandalen (Steinstrände!).
- **Regenschutz:** Ein Regenschirm kann auch als Sonnenschutz dienen; für Fahrrad- und Mopedtouren eine leichte Regenjacke.
- **Sonnenschutz:** Sonnencreme sowie Tuch, Hut oder Mütze für Wanderungen oder Sonnenbäder in der heißen Jahreszeit (insbesondere für Kinder!), Sonnenbrille.
- **Taschenmesser:** Multifunktionsmesser mit Büchsenöffner, Schere, Feile usw.
- **Wäscheleine** zum Aufhängen der Handwäsche, besser noch ein flexibles Hosengummi; in Ferienwohnungen besteht meist die Möglichkeit, die Handwäsche auf dem Balkon/der Terrasse zu trocknen.
- **Waschmittel:** Spezielle Reisewaschmittel sind vor Ort meist nicht erhältlich, ein Stück Kernseife genügt.
- **Wanderausrüstung:** Tagesrucksack (auch für Einkäufe), bruchfeste Feldflasche.
- **Reisewecker** für frühe Wanderungen, öffentliche Verkehrsmittel usw.

Reisende mit Rucksack, die ein mittleres oder besseres Hotel aufsuchen, werden zuweilen schräg angesehen. Aber gerade **Koffer** sind das denkbar ungeeignetste Transportmittel, wenn man nicht gerade von Hoteltür zu Hoteltür fährt bzw. gefahren wird. Für alle Zwecke sehr gut bewährt haben sich **Reisetaschen.** Wer sich überwiegend in Städten und an Stränden aufhalten will, ist mit einer Tragetasche mit Schulterriemen gut beraten. Für kleine Einkäufe kann eine leichte Einkaufstasche nützlich sein: Viele Geschäfte geben keine Plastiktüten mehr aus, zumindest nicht kostenlos.

Es versteht sich von selbst, dass man in Museen, Kirchen, guten Restaurants, Casinos usw. **angemessene Kleidung** trägt, während an den Stränden, in Touristenorten und auf Wanderungen lockere Freizeitkleidung völlig in Ordnung ist. Für offizielle Anlässe oder Geschäftsreisen sind Kostüm bzw. Anzug und Krawatte unverzichtbar. Wer „gemischte Tagesaktivitäten" durchführt, also mal eine Kurzwanderung macht und dann Kirchen oder Museen besucht, um anschließend einzukehren oder an einen Strand zu gehen, ist mit Reißverschlusshosen (Beine abnehmbar) gut bedient.

Autofahren

„Hinter Wien beginnt der Balkan", hieß es immer – hinsichtlich der Fahrweise vieler Bewohner Ex-Jugoslawiens sicherlich nicht gänzlich aus der Luft gegriffen. Trotz der recht häufigen Polizeikontrollen mutet manch riskantes Überholmanöver der Einheimischen recht abenteuerlich an. **Als Gast im fremden Land** sollte man besonders vorsichtig und defensiv fahren, um Unfälle und Ärger von vornherein zu vermeiden.

Straßennetz

Das kroatische Straßennetz ist **vollkommen ausreichend.** Die Autobahnen sind ausgezeichnet, viele **Raststätten** bieten Übernachtungsmöglichkeiten. Trotz etlicher Neubaumaßnahmen muss jedoch auf dem Großteil der alten Küsten- und Landstraßen mit Vorsicht gefahren werden. Neben den Autobahnen sind auch manche Tunnel sowie die Brücke zur Insel Krk mautpflichtig (s.o.: „Anreise").

Tanken

Tankstellen gibt es reichlich, sowohl an den Haupt- als auch den Nebenstraßen, wobei neben den üblichen Kraftstoffsorten auch **LPG (Flüssiggas)** in Kroatien weit verbreitet und an etwa jeder zweiten Autobahntankstelle erhältlich ist. Anders verhält es sich mit **CNG (Erdgas),** ein CNG-Netz soll bis 2020 auf dem Festland aufgebaut werden. Es gibt bisher lediglich eine einzige Zapfstelle in Zagreb (Gradska plinara Zagreb, Radnicka cesta 1, Industriegebiet, Tel. 01-414648, Mo–Fr 7–23, Sa/So 7–15 Uhr). Die **Kraftstoffpreise** sind landesweit fast identisch (auch an Autobahnen).

Verkehrsbestimmungen

In Kroatien sind folgende Geschwindigkeitsbegrenzungen zu beachten: **50 km/h** in Siedlungen, **90 km/h** auf Landstraßen außerhalb von Siedlungen, **110 km/h** auf Kraftfahrtstraßen, **130 km/h** auf Autobahnen; für Pkw mit Anhänger gelten außerhalb von Ortschaften grundsätzlich 80 km/h.

Auf kroatischen Straßen gilt nach Jahren des absoluten Alkoholverbotes eine **Promillegrenze von 0,5** (ebenso in Österreich und Slowenien). Hierzu eine kleine Anekdote: Ein Priester, der sich gegen die 0,0-Promille-Regelung vor Gericht beschwerte, fand eine interessante Argumentation: Er müsse mehrere Gemeinden betreuen, am selben Tage oft Messwein trinken und käme so aus beruflichen Gründen auf einen gewissen Pegel ... Im Endergebnis wurde tatsächlich der Grenzwert auf 0,5 angehoben!

Weitere Vorschriften: In Kroatien besteht eine grundsätzliche **Anschnall-** und für Kradfahrer **Helmpflicht.** Mitzuführen sind **Verbandskasten, Warndreieck, Pannenweste** und **Abschleppseil,** auch Ersatzbirnen für die Beleuchtung sind offiziell Pflicht. Ersatzkanister mit Treibstoff dürfen nicht mitgeführt werden. Kinder unter 12 Jahren müssen auf dem Rücksitz befördert werden. **Tagsüber** muss - wie auch in Slowenien - **mit Abblendlicht** gefahren werden. Und wie in den Transitländern sind während des Fahrens **Mobiltelefone** am Ohr verboten - das scheint sich wie bei uns allerdings noch nicht überall herumgesprochen zu haben.

Parken

Wichtig sind auch die **Parkregelungen,** die in fast allen größeren Orten mittlerweile umgesetzt wurden: Das Parken ist (abgesehen von Parkhäusern, z.B. in Dubrovnik) nur auf teilweise farbig markierten Parkflächen erlaubt. Dabei steht „Rot" für 60 Minuten, „Gelb" für 120 Minuten und „Grün/Blau" für 180 Minuten, die in aller Regel Mo bis Fr 7–20 Uhr und Samstag bis 14 Uhr (in touristischen Zentren gelegentlich täglich) **gebührenpflichtig** sind (Parkscheinautomaten). In Orten ohne „Farbeinteilung" wird meist ebenso nach Zonen unterschieden und die Gebühr berechnet. Wichtig: Münzen für die Automaten sammeln, Händler wechseln ungern!

Papiere

An Pkw-Papieren sind **Führerschein** und **Kfz-Zulassungsschein** Pflicht; die **Grüne Versicherungskarte** ist ebenfalls vorgeschrieben.

Unfälle

Bei Unfällen sollte man unbedingt eine **polizeiliche Unfallbestätigung** ausstellen lassen! Nur damit ist die problemlose Ausreise möglich, da Fahrzeuge mit auffälligen Karosserieschäden die Grenze nicht passieren dürfen, ehe der (mögliche) Verkehrsunfall nachweislich geregelt wurde. Für die heimische Versicherung und um langwierige Schadensersatzprozesse zu vermeiden unbedingt das mehrsprachige Formular „Europäischer Unfallbericht" (Automobilclubs) mitführen und zusammen mit dem Unfallgegner ausfüllen!

Notruf/Pannenhilfe

Der ADAC unterhält eine **Notrufstation in Zagreb,** die unter Tel. 01-3440666 angerufen werden kann. Der ÖAMTC ist in Zagreb unter Tel. 01-3440644 erreichbar. Andere Automobilclubs haben nur Notrufnummern im jeweiligen Heimatland, die in der Re-

Autofähren verkehren zwischen Inseln und Festland

gel auf der Mitgliedskarte des Clubs aufgedruckt sind. Die **Pannenhilfe des kroatischen Autoclubs HAK** ist unter Tel. 987 (aus Mobilnetzen Tel. 01987) durchgehend erreichbar (man achte auf die Aufschrift „Pomoć na cesti 987" - andere Pannenhelfer sind wesentlich teurer).

Weitere **Notrufzentralen** der wichtigsten Automobilclubs:

- **ADAC,** (D-)Tel. (089) 222222.
- **ÖAMTC,** (A-)Tel. (01) 2512000.
- **TCS,** (CH-)Tel. (022) 417 22 20.

Landkarten

Sehr empfehlenswert ist die **Kroatien-Karte** aus dem world mapping project des Reise Know-How Verlages, bei der die komplette Küstenregion im Maßstab 1:300.000 abgebildet ist (der Ostteil Kroatiens hat den Maßstab 1:700.000). Die Karte besteht aus reiß- und wasserfestem Papier, ist GPS-genau und mit Höhenschichten versehen. Außerdem sind die wichtigsten Sehenswürdigkeiten markiert, ein Register verzeichnet alle Orte.

Allgemein hilfreich für die Anreise (einschließlich Transit) sind die **ADAC-Reisekarten,** die (für Mitglieder kostenlos) in den Geschäftsstellen erhältlich sind.

Mietwagen

Zahlreiche international renommierte Unternehmen (Avis, Hertz) bieten ihren Service auch in Kroatien an und sind an den Flughäfen sowie in größeren Ortschaften vertreten. Die Preise

kro055 Foto: wl

liegen in Kroatien überdurchschnittlich hoch – mit 45 Euro pro Tag für einen Kleinwagen ist selbst in der Nebensaison immer zu rechnen, die namhaften Vermieter verlangen oft das Doppelte! Günstiger sind Fahrräder und Mopeds, die von kleineren Händlern in vielen Touristenorten vermietet werden. In aller Regel ist unabhängig vom Fahrzeug eine Kaution zu entrichten.

Verleihstellen gibt es in den großen Hotels oder am Flughafen, zur Voraborganisation eignen sich u.a. die Webseiten www.avis.com.hr, www.budget.hr, www.hertz.hr, www.sixt.hr, www.europcar.hr oder www.kompasrent.hr.

Wer mit einem **im Ausland angemieteten Fahrzeug** unterwegs ist (Wohnmobil, Leihwagen), benötigt eine Vollmacht des Vermieters – Vordrucke stellen die Automobilclubs zur Verfügung. Außerdem ist, wie bei jeder Auslandsreise, der Kfz-Schutzbrief eines Automobilclubs ratsam.

Diplomatische Vertretungen

Die Republik Kroatien unterhält diplomatische Beziehungen zu über hundert Ländern, von denen etwa die Hälfte ihre Botschaft in Zagreb hat, einige Länder unterhalten zudem **Konsulate** in Rijeka, Split und Dubrovnik.

In Kroatien

- **Deutschland: in Zagreb,** Njemačko Veleposlanstvo, Ulica Grada Vukovara 64, Tel. 01-6300100 und bei dringenden Notfällen mobil 098-227136; **in Split,** Njemački Konzulat, Svačiceva 4, Tel. 021-409347.
- **Österreich: in Zagreb,** Austrijsko Veleposlanstvo, Jabukovac 39, Tel. 01-4881050; **in Rijeka:** Austrijski Konzulat, Stipana Istranina Konzula 2, Tel. 051-338554; **in Split:** Austrijski Konzulat, Klaiceva poljana 1, Tel. 021-322610.
- **Schweiz: in Zagreb,** Švicarsko Veleposlanstvo, Bogoviceva 3, Tel. 01-4878800.

Im Heimatland

- **Botschaft der Republik Kroatien,** Ahornstr. 4, D-10787 **Berlin,** Tel. 030-21915514, Fax 23628965, http://de.mfa.hr.
- **Botschaft der Republik Kroatien,** Heuberggasse 10, A-1170 **Wien,** Tel. 01-4802083, Fax 4802942, http://at.mfa.hr.
- **Botschaft der Republik Kroatien,** Thunstr. 45, CH-3005 **Bern,** Tel. 031-3520275, Fax 3520373. **Konsulat** in Zürich, Bellerivestr. 5, Tel. 044-4228318, www.eda.admin.ch.

Ein- und Ausreisebestimmungen

Ein- und Ausreisebestimmungen können sich kurzfristig ändern. Bitte **informieren** Sie sich kurz **vor Antritt der Reise** nach dem aktuellen Stand (z.B. unter www.auswaertiges-amt.de für Deutsche, unter www.bmaa.gv.at für Österreicher und unter www.eda.admin.ch für Schweizer).

Dokumente

Für die Einreise nach Kroatien mit einer Aufenthaltsdauer von bis zu drei Monaten genügt ein gültiger **Personalausweis.** Schweizer und Reisende durch Bosnien-Herzegowina (z.B. im

Transit nach Süddalmatien/Dubrovnik) benötigen, auch wenn meist ein Ausweis genügt, einen **Reisepass.** Seit dem 26. Juni 2012 sind Kindereinträge im Reisepass der Eltern ungültig und berechtigen das Kind nicht mehr zum Grenzübertritt. Somit müssen ab diesem Tag alle **Kinder** (ab Geburt) bei Reisen ins Ausland über ein **eigenes Reisedokument** verfügen. Für die Eltern als Passinhaber bleibt das Dokument dagegen uneingeschränkt gültig. Impfvorschriften bestehen keine.

Mitnahme von Tieren

Für die Mitnahme von Tieren wird ein gültiger und aktualisierter **Impfpass** (Tierarzt) benötigt. Achtung: Auch schon für die Durchreiseländer innerhalb der EU muss für das Tier eine ordnungsgemäße **Tollwutschutzimpfung** und ein **EU-Heimtierausweis** („Pet Passport" genannt) oder übergangsweise der bisherige Impfausweis vorgelegt werden. Darüber hinaus muss das Tier mit einem **Microchip** gekennzeichnet sein.

Zoll in Kroatien

Auf Gegenstände des persönlichen Bedarfs in üblichen Mengen wird kein Zoll erhoben. Ansonsten gelten bei der **Ausfuhr** die internationalen **Höchstmengen:** 200 Zigaretten oder 250 g Tabak, 50 ml Parfüm, 250 ml Eau de Toilette, 1 l Spirituosen oder 1 l Wein.

Wertvollere professionelle und **technische Ausrüstung** muss deklariert werden (nicht aber die private Kamera- oder Tauchausrüstung).

Devisen

Die Ein- und Ausfuhr von Devisen ist **in unbegrenzter Höhe** zulässig, die Landeswährung darf bis zu 2000 Kuna ein- bzw. ausgeführt werden.

Mehrwertsteuer

Für in Kroatien gekaufte Waren (mit Ausnahme von Treibstoffen) kann die Mehrwertsteuer (PDV) auf Rechnungen von über 500 Kuna **rückerstattet** werden. Beim Kauf verlangt man hierzu das Formular „PDV-P", welches vom Verkäufer ausgefüllt werden muss. Bei der Ausreise lässt man diese Rechnungen vom Zollamt gegenbestätigen. Die Mehrwertsteuer kann dann innerhalb von sechs Monaten rückerstattet werden: entweder persönlich beim Verkäufer, bei dem die Ware gekauft wurde, oder postalisch (Adresse des Verkäufers) unter Angabe der Kontonummer, auf die der Betrag eingezahlt werden soll. Die Erstattung erfolgt innerhalb von 15 Tagen nach Eingang.

Zoll in den Heimatländern

Bei der **Rückkehr** gibt es auch auf EU- bzw. schweizerischer Seite **Freigrenzen, Verbote und Einschränkungen,** die man beachten sollte, um eine böse Überraschung am Zoll zu vermeiden. Die nachfolgend genannten Freimengen darf man zollfrei einführen:

- **Alkohol** (über 17-Jährige in EU-Länder): 1 l über 22 Vol.-% oder 2 l bis 22 Vol.-% und zusätzlich 2 l nicht-schäumende Weine; (in die Schweiz): 2 l bis 15 Vol.-% und 1 l über 15 Vol.-%.

- **Tabakwaren** (über 17-Jährige in EU-Länder und in die Schweiz): 200 Zigaretten oder 100 Zigarillos oder 50 Zigarren oder 250 g Tabak.
- **Andere Waren für den persönlichen Gebrauch** (über 15-Jährige): nach Deutschland 500 g Kaffee, nach Österreich zusätzlich 100 g Tee; (ohne Altersbeschränkung): 50 g Parfüm und 0,25 l Eau de Toilette sowie Waren bis zu 175 Euro; in die Schweiz Waren bis zu einem Gesamtwert von 300 SFr p.P.

Wird der Warenwert von 175 Euro bzw. 300 SFr überschritten, sind **Einfuhrabgaben** auf den Gesamtwert der Ware zu zahlen und nicht nur auf den die Freigrenze übersteigenden Anteil! Die Berechnung erfolgt entweder pauschalisiert oder nach dem Zolltarif jeder einzelnen Ware zzgl. sonstigen Steuern.

Einfuhrbeschränkungen bestehen **in Deutschland** für Tiere, Pflanzen, Arznei- und Betäubungsmittel, Feuerwerkskörper, Lebensmittel, Raubkopien, verfassungswidrige Schriften, Pornografie, Waffen und Munition; **in Österreich** für Rohgold, Tiere, Pflanzen, Lebensmittel, Arzneimittel und Waffen; **in der Schweiz** für Pflanzen, Lebensmittel, Waffen, Tiere, CB-Funkgeräte etc. Nähere Informationen:

- **Deutschland:** www.zoll.de oder beim Zoll-Infocenter, Tel. 069-469976-00.
- **Österreich:** www.bmf.gv.at oder beim Zollamt Villach, Tel. 04242-33233.
- **Schweiz:** www.ezv.admin.ch oder bei der Zollkreisdirektion in Basel, Tel. 061-2871111.

Mit der **EU-Mitgliedschaft Kroatiens** zum 1. Juli 2013 gelten für EU-Bürger die Binnenmarktfreimengen.

Einkaufen und Souvenirs

Obst und Gemüse

Man wird als Selbstverpfleger gar nicht umhin kommen, von dem leckeren frischen Obst und Gemüse zu kosten, das auf den **lokalen Märkten** und oft auch **am Straßenrand** angeboten wird.

Fleisch und Fisch

Frischfleisch und Fisch kauft man in der **mesnica** (Fleischerei, Metzgerei) und in der **ribarnica** (örtliche Fischhalle), wo hauptsächlich vormittags Muscheln, Tintenfische, Scampi und diverse Speisefische je nach Saison fangfrisch verkauft werden – für Fischfreunde ein Muss!

Bäckereien

Bäckereien (**pekarna**) gibt es in jedem Ort; Brote und Teigwaren sind durchweg sehr preiswert, wobei überwiegend mit Weizenmehl gebacken wird (ein Laib Weißbrot kostet ca. 9 K). Kuchenteilchen sind sehr preiswert und lecker – es gibt viele Sorten, einfach mal durchprobieren! Die bekanntesten Leckereien sind *fritule, krostule,* Strudel, *cukerančići* und die pikant gefüllten *burek* (s.u.). In kleineren Orten, seltener in großen, steht zu bestimmten Tageszeiten ein Bäckereiwagen mit einem Grundsortiment frischer Brote und Kuchen.

Mini- und Supermärkte

Eier, Frischmilch, Konserven, Getränke aller Art und ein **ähnliches Angebot** wie in westeuropäischen Lebensmittelmärkten sind in Mini-Märkten (größere „Tante-Emma-Läden") oder Supermärkten erhältlich, die sich rapide an den Hauptverbindungsstraßen der größeren Orte ausbreiten.

Ein Tipp für Reisende auf der Route Linz - Graz - Zagreb (s. „Anreise"): Vor der Ausfahrt Sv. Križ nördlich von Zagreb lockt das **Westgate Shopping Center** unmittelbar an der Autobahn. Insgesamt 250 Fachgeschäfte, Boutiquen und ein Supermarkt sind täglich von 10 bis 21 Uhr, zahlreiche Restaurants, Bowlingbahn und Spielothek bis Mitternacht (am Wochenende bis 2 Uhr) geöffnet (Infotel. 01-5553333).

Eisdielen

Unübersehbar dem italienischen Einfluss sind - neben den Pizzerien - die vielen Eisdielen („Gellateria") zuzuschreiben. Im Gegensatz zu früheren Jahren kann das Speiseeis heute als sehr gut bezeichnet werden.

Souvenirs

Was kann man mitbringen? Von kitschigen Erinnerungsstücken abgesehen, die in den Touristenorten angeboten werden, könnte eine **Spitzendecke** oder eine **Strickjacke** gerade älteren Menschen Freude machen. Auch **Holzschnitzereien,** etwa Puppen mit Regionaltrachten, kommen in Frage. Als Idee für die Wohnungsgestaltung sei erwähnt, dass es in den kroatischen Städten unendlich viele Künstler gibt, die ihre Aquarelle, Radierungen, Plastiken u.v.m. feilbieten.

Mehr als ein Verlegenheitssouvenir sind lokale **Weine und Schnäpse,** allen voran das auf jedem Bauernhof gebrannte **Nationalgetränk Sliwowitz** *(Šlivovica)*. In Touristenorten bekommt man diesen Pflaumenbranntwein als verdünnten Fusel mit künstlichen Aromen, aber in schönen Flaschen, oft mit Kräutern oder eingelegten Früchten. Richtig guten Schnaps erhält man auf den Höfen - einfach auf Schilder wie „Vino" und „Šlivovica/Rakija" achten.

Einige Richtpreise

- **Brot:** 14–15 K
- **Butter:** 15 K
- **Wurst und Käse:** durchschnittlich 20 % teurer als bei uns
- **Eier:** 1,50 K
- **Eiscreme** (Riesenkugel): 6–8 K

Obst und Gemüse (1 kg):
- **Paprika:** 6–8 K
- **Tomaten:** 7 K
- **Trauben:** 11–16 K
- **Bananen:** 11–12 K
- **Pfirsiche:** 16 K
- **Kohl:** 6 K
- **Zucchini:** 7–8 K
- **Melonen:** 4–5 K
- **Kartoffeln:** 5 K

Im Lokal:
- **Bier:** 15–20 K (0,5 l)
- **Softdrink:** 12–16 K
- **Kaffee:** 6–8 K
- **Cappuccino:** 10–12 K

Elektrizität

Die Spannung beträgt wie bei uns 230 V bei 50 Hz, die **Steckdosen** sind landesweit **ohne Adapter nutzbar.**

Essen und Trinken

Kroatien kann sich einer **ausgezeichneten Küche** überall im Lande und auf den Inseln rühmen. Es versteht sich von selbst, dass die unterschiedlichen Regionen ihre jeweils eigenen **kulinarischen Spezialitäten** hervorgebracht haben.

Fisch

Aufgrund der Lage am Meer sind Fischgerichte, Hummer, Scampi, Muscheln und andere Meeresfrüchte typisch für die meisten der in diesem Buch beschriebenen Küstenorte. „Klassische" Speisefische sind Goldbrasse, Wolfbarsch, Drachenkopf und Rotbrasse. Sehr beliebt sind auch Krebs- und Seepolypensalat, Austern sowie Jakobs- und Miesmuscheln, *dondole* genannt. Ferner dürfen gegrillte Sardinen oder Sardellen (köstlich!) auf Speisekarten nicht fehlen.

Nudeln

Nicht zu verachten sind (besonders in Istrien) die **hausgemachten Nudeln,** z.B. Makkaroni mit Fleischsauce. Maultaschen *(fuži), gnocchi* mit Wild und *krafi* (mit Käse gefüllte Ravioli) mit Fleischsauce sind Gerichte, deren Rezepte hier von Generation zu Generation weitervererbt werden und eine „kulinarische Nähe" zur italienischen Küche aufweisen.

Trüffel

In der Gegend um Motovun werden hervorragende Trüffel gefunden, die von manchen Kennern zu den **besten der Welt** gezählt werden, und auch der Kaiserling gilt als istrische Pilzspezialität.

Maneštra, Würste, žarebnjak

Die unersetzliche *maneštra* (Minestrone, Gemüsesuppe) mit Bohnen und jungem Mais oder Gerstenkorn, hausgemachte Würste und *žarebnjak* (geräuchertes Schweinskarree) mit Sauerkraut sind traditionelle **„Hausmannskost",** die in alten Weinstuben und Lokalen *(gostionica, konoba)* serviert wird.

Eine kulinarische Besonderheit Slawoniens, das man evtl. im Transit über Tschechien passiert, ist das exzellente **Gulasch,** welches auf die kulturelle Nähe Donaukroatiens zur „Urheimat des Gulasch" (Ungarn) hinweist.

Rohschinken und Schafskäse

An kleinen, kalten Speisen seien der ausgezeichnete Rohschinken **(pršut)** und Schafskäse **(sir)** erwähnt, ergänzt durch selbst gebackenes Brot *(kruh).*

Spanferkel

Und da wir gerade von zünftigen, deftigen Leckerbissen sprechen: Unübersehbar sind die **entlang der Straßen** scheinbar unentwegt rotierenden, knusprigen Spanferkel **(odojak),** die jeder einmal gekostet haben sollte.

Gegrillte Kleinigkeiten

Gegrillte Kleinigkeiten wie **čevapčići** (*čevapi,* Hackfleischröllchen), **pljeskavica** (Frikadellen) oder **ražnjići** (Fleischspieße) werden mit *ajvar,* einer roten Paprikapaste, serviert.

039is Foto: wl

Wer selbst kocht, kauft am besten auf den Märkten ein

Burek

Sehr beliebt sind auch warme *burek* (Blätterteigtorte, in Bäckereien), die **mit Spinat, Käse, Hackfleisch oder Apfel gefüllt** sind, eine – wie auch das Lamm am Spieß – von den muslimischen Bosniern übernommene Spezialität.

Beilagen, Gemüse

Die beliebtesten Beilagen sind Brot, Reis und Pommes Frites. An Gemüse werden je nach Saison Mangold, Tomaten, Feldsalat, Wildspargel, Zucchini, Bohnen, Erbsen und Oliven gereicht.

Getränke

An Getränken steht zuvorderst der heimische **Wein** in diversen Sorten, zu nennen sind vor allem Pleškavica (weiß und rot), Malvazija-Weißwein, Teran- und Borgonja-Rotwein sowie Hrvatica-Rosé, im Süden die bekannten Pelješac-Weine. Hausmarken können übrigens in den meisten Orten (Schilder „Vino" beachten) direkt vom Erzeuger für ca. 10 K pro Liter gekauft werden, ebenso Schnäpse, allen voran **Šlivovica** (Pflaume) und **Kruškovac** (Birne), wobei besonders die handwarm getrunkene Mischung *Juliška*

(Pflaume und Birne) zu empfehlen ist. Als typischer Aperitif wird gern der überall erhältliche, sehr milde **Likörwein** *Prošek* getrunken, bei der Jugend ist *Bambus* aus Rotwein und Cola in oder auch *Gemišt* (Weißwein und Wasser), auch *Bevanda* genannt.

Als Durstlöscher empfiehlt sich **Mineralwasser,** das mit oder ohne Kohlensäure *(gaz)* in Kunststoffflaschen in Supermärkten (z.B. Lidl, Mercator, Konzum) vertrieben wird.

Auch **Bier** großer heimischer Brauereien findet man landesweit. Am bekanntesten sind Karlovačko und Ožujsko; in großen Supermärkten findet man von diesen Marken auch Radler, alkoholfreies und dunkles Bier.

Prinzipiell ist jede kroatische Flasche eine **Pfandflasche,** also sowohl Glas- (Wein, Bier usw.) als auch Plastikflaschen über 0,2 l (Wasser, Milch, Yoghurtdrinks etc.). Es besteht eine Händlerrücknahmepflicht, d.h. man muss unter Vorlage des **Kassenzettels** beim jeweiligen Verkaufsmarkt die Flaschen zurückgeben. Ausnahme: Lidl nimmt landesweit bei Lidl gekaufte Flaschen ohne Kaufbeleg zurück (Filialen unter www.lidl.hr).

Restaurants

Ausländische Restaurants sind relativ selten in Kroatien zu finden – mit Ausnahme der allgegenwärtigen **Pizzerien,** gleichzeitig auch die **günstigsten Lokale** in Kroatien.

Ein Wort zum **Preisgefüge:** Essen gehen in Kroatien ist im Durchschnitt immer noch rund 10 % günstiger als in Österreich, Deutschland oder der Schweiz. Grundgerichte scheinen geradezu billig zu sein, man darf sich jedoch nicht täuschen lassen: Beilagen werden extra bestellt und gesondert berechnet. Recht günstig sind gemischte Platten für zwei Personen, etwa Fisch für 220–260 K oder Grillfleisch für 160–220 K. Als Faustregel gilt: Je weiter weg von der Küste, desto uriger, originaler und preiswerter!

Feste und Feiertage

Neben den gesetzlichen Feiertagen wird in fast allen Orten mindestens ein **lokales Fest** im Jahr gefeiert, von zahllosen Veranstaltungen, Ausstellungen, Sportwettkämpfen usw. ganz abgesehen. Sehr interessant ist in diesem Zusammenhang www.istra.com/events/pregled.html, wo nach Eingabe des geplanten Aufenthaltszeitraumes und -ortes alle entsprechenden Veranstaltungen und Feste angezeigt werden.

- **1. Januar:** Neujahr
- **6. Januar:** Heilige Drei Könige
- **März/April:** Ostern
- **1. Mai:** Tag der Arbeit
- **30. Mai:** Staatsfeiertag (kroatischer Parlamentsbeschluss von 1991 zum Austritt aus der BR Jugoslawien)
- **22. Juni:** Antifaschismustag
- **5. August:** Staatsfeiertag; Rückeroberung der Krajina 1995
- **15. August:** Mariä Himmelfahrt
- **1. November:** Allerheiligen
- **25. und 26. Dezember:** Weihnachten

Geld

Die nationale Währung heißt **Kuna** (K; 1 Kuna = **100 Lipa**), das kroatische Wort für „Marder“ (siehe Exkurs „Wissenswertes zur kroatischen Währung“). Im Gebrauch sind Münzen zu 1, 2, 5, 10, 20 und 50 Lipa sowie 1, 2 und 5 Kuna, ferner Geldscheine im Wert von 5, 10, 20, 50, 100, 200, 500 und 1000 Kuna.

Bargeldtausch

Devisen werden in **Banken, Wechselstuben,** auf **Postämtern** sowie in den meisten **Reisebüros, Hotels** und an **Campingplätzen** gewechselt. Es empfiehlt sich definitiv nicht, Kuna schon zu Hause zu tauschen, denn der Wechselkurs vor Ort ist deutlich besser. In Kroatien wiederum bieten die Banken den besseren Kurs als Hotels oder Andenkenläden. Wechselstuben sind unkomplizierter, aber ungünstiger.

Die Banken sind von 7 bis 19 Uhr geöffnet, samstags bis 13 Uhr; manche Banken in größeren Städten und touristischen Orten sind auch sonntags geöffnet. Für Schecks werden 1,5 %, für Bargeldtransaktionen 1 % Kommission verlangt (besser als bei Wechselstuben).

Hinweis: Die kroatische Währung wurde im Zusammenhang mit den EU-Aufnahmeverhandlungen in einem engen Korridor **an den Euro gebunden,** sodass große Schwankungen nicht zu erwarten sind. Der EU-Beitritt Kroatiens ist für 2013 vorgesehen, dann wird es allerdings noch mindestens drei weitere Jahre bis zur Einführung des Euro dauern.

Wechselkurse

(Stand: Juni 2012)

- **1 Euro** = 7,54 K; 1 K = 0,13 Euro
- **1 SFr** = 6,28 K; 1 K = 0,16 SFr

Kreditkarten

In den meisten **Hotels, Restaurants und Geschäften** kann mit gängigen Kreditkarten (American Express, Diners Club, Mastercard, VISA) bezahlt werden. Für **Barabhebungen** per Kreditkarte kann das Kreditkartenkonto je nach ausstellender Bank mit einer Gebühr von bis zu 5,5 % belastet werden, für das bargeldlose Zahlen werden nur 1–2 % für den Auslandseinsatz berechnet. Also am besten viel bargeldlos bezahlen und für Bargeld gleich größere Summen mit der Maestro-Karte abheben.

EC-/Maestro-Karte

Sehr praktisch und sicher sind die **Geldautomaten** (mit Deutsch in der Sprachauswahl) an den Banken, wo mit EC-/Maestro-Karte und PIN-Code bis zu 2000 Kuna pro Transaktion abgehoben werden können. Es kommt allerdings manchmal zu sogenannten „Verbindungsschwierigkeiten“, sodass man nicht unbedingt auf den letzten Drücker versuchen sollte, Geld abzuheben!

Jede Bank legt selbst fest, wieviel fremde Kunden an ihren Automaten zahlen müssen, wobei die **Gebühren**

Wissenswertes zur kroatischen Währung

Die Bezeichnung **Kuna** für die kroatische Landeswährung reicht viele Jahrhunderte zurück und beweist allein durch ihren Namen die ehemalige Tauschwirtschaft unter den Menschen. Kuna bedeutet nämlich nichts anderes als **Marder,** ein Hinweis darauf, dass vor der Verbreitung von Gold und Geld als allgemeinem Zahlungsmittel die einfachen Kroaten mit den auf der Jagd erbeuteten Marderpelzen bezahlten. Auf den kroatischen Kuna-Münzen ist das Tierchen verewigt. Recht ähnlich ist auch der ethymologische Hintergrund des russischen „Rubel", der „das Abgeschlagene" bedeutet, da die Händler Silberbarren bei sich trugen, von denen sie beim Bezahlen mit der Axt etwas abschlugen. Derartige **Tauschwirtschaften** wie beim Kuna sind auch aus anderen Kulturen bekannt, etwa aus der Südsee, wo man Muscheln als Zahlungsmittel verwendete.

009is Foto: wl

Früher zahlte man mit echten Mardern

zwischen 1,75 Euro und 7,50 Euro pro Abhebung (in Einzelfällen bis zu 10 Euro) betragen. Seit dem 15. Januar 2011 zeigen Geldautomaten zwar in Deutschland die Gebühr an und der Kunde kann noch entscheiden, ob er den Vorgang fortsetzt oder zu einem anderen, für ihn günstigeren Geldautomaten wechselt. Diese „Gebührenanzeige" fehlt jedoch in Kroatien (noch), dafür allerdings erhält der Kunde den amtlichen Mittelkurs, der etwas günstiger ist als der Verkaufskurs von Kuna bei Barumtausch vor Ort. Unter dem Strich gewinnt sowieso immer die Bank. Mag auch der Barumtausch-Kurs auf den ersten Blick minimal besser erscheinen, so ist die **Sicherheit** gegen Verlust des Bargeldes den kleinen Aufschlag durchaus wert. Alternativ kann man bei **Postämtern** als Postbankkunde preiswert Geld abheben oder auch Bargeld tauschen.

In großen Supermarktketten kann direkt mit der EC-/Maestro-Karte gezahlt werden, was sich wegen der „Fremdinstitutsgebühr" der Banken nur bei hohen Beträgen lohnt.

Verlust der Geldkarte

Bei Verlust oder Diebstahl der Kredit- oder Maestro-Karte sollte man diese **umgehend sperren lassen.** Für deutsche Maestro- und Kreditkarten gibt es die einheitliche Sperrnummer 0049-116116, im Ausland zusätzlich 0049-30-40504050, siehe auch im Kap. „Notfälle". Für österreicherische und schweizerische Karten gelten:

- **EC-(Maestro-)Karte,** (A-)Tel. 0043-1-2048800; (CH-)Tel. 0041-44-2712230, UBS, Tel. 0041-800-888601, Crédit Suisse, Tel. 0041-800-800488.
- **MasterCard/VISA,** (A-)Tel. 0043-1-71701-4500 (Master-Card) bzw. Tel. 0043-1-7111-1770 (VISA); (CH-)Tel. 0041-58-9588383 für alle Banken außer Crédit Suisse, Corner Bank Lugano und UBS.
- **American Express,** (A-)Tel. 0049-69-9797-1000; (CH-)Tel. 0041-44-6596333.
- **Diners Club,** (A-)Tel. 0043-1-5013514; (CH-) Tel. 0041-44-8354545.

Preise und Kosten

Kroatien ist immer noch eines der günstigeren Reiseziele Europas. Die Verpflegung im Land ist preiswert, vor allem dann, wenn man auf Märkten und in Bäckereien einkauft. Auch bei den Unterkünften finden sich manchmal Schnäppchen. Dazu muss man sich natürlich etwas umsehen (Zeitschriften) oder das Internet durchforsten – Wochenpreise von 150 Euro p.P. in einem Hotel (Nebensaison) sind durchaus normal, während der Tagespreis gerade im Hotelbereich sehr hoch ist. Auch Ferienwohnungen können vorab gebucht werden, „Wiederholungstäter" vereinbaren ohnehin oft mit dem Vermieter für den nächsten Urlaub eine direkte Buchung.

Die **Treibstoffpreise** nähern sich immer mehr den mitteleuropäischen an. Insgesamt kann eine vierköpfige Familie für einen dreiwöchigen Camping- oder Apartmenturlaub bei Eigenanreise mit rund 3000 Euro (Eintritte und Sprit inbegriffen) rechnen. Richtpreise für **Lebensmittel** siehe „Einkaufen und Souvenirs".

Informationsstellen

Für einen Urlaub in Kroatien stehen nationale, regionale und lokale Informationsstellen zur Verfügung, bei denen man sich vorab ausführlich informieren und/oder Buchungen vornehmen kann.

Touristikbüros außerhalb Kroatiens

Außerhalb des Landes bieten die „klassischen" Touristikvertretungen Kroatiens **Informationen, Hilfestellungen und Literatur** zur Reisevorbereitung. Dazu ist anzumerken, dass die kroatische Zentrale für Tourismus in den letzten Jahren spürbar professionalisiert (im positiven Sinne) wurde und heute sehr nützliche Publikationen und Karten kostenfrei ausgegeben werden, wohingegen noch vor wenigen Jahren jeder Stadtplan nur gegen bare Münze zu erhalten war.

Die **Kroatische Zentrale für Tourismus** ist online unter **www.croatia.hr** vertreten, man kann aber auch Kontakt mit der Vertretung vor Ort aufnehmen:

Deutschland:

- Kaiserstr. 23, D-60311 **Frankfurt/M.,** Tel. 069-2385350, Fax 23853520, www.kroatien.hr.
- Rumfordstr. 7, D-80469 **München,** Tel. 089-223344, Fax 223377.

Österreich:
- Am Hof 13, A-1010 **Wien,** Tel. 01-5853884, Fax 585388420, www.kroatien.at.

Schweiz:
- Badenerstr. 332, CH-8004 **Zürich,** Tel. 043-3362030, Fax 3362039, www.kroatien-tourismus.ch.

Touristikbüros in Kroatien

Wichtig für Touristen vor Ort ist die Nummer **0800-200-200,** eine landesweit gültige, kostenlose **Informations-Hotline** der Kroatischen Zentrale für Tourismus.

- **Zentrale für Tourismus,** Ilica 1a, 10000 **Zagreb,** Tel. 01-4556455, Fax 4816756, 4816757, www.htz.hr, www.mint.hr.

Daneben existieren einige **regionale touristische Informationsstellen** der Gespanschaften (Verwaltungsbezirke). Diese Stellen bieten reichhaltiges Prospekt- und Informationsmaterial zu den jeweiligen Regionen, ohne einen konkreten Ort besonders hervorzuheben, und sind daher neutraler als die lokalen Touristeninformationen, die ihren jeweiligen Ort propagieren. Für Nordwestkroatien und Dalmatien sind dies:

- **Primorsko-Goranska (Region Kvarner),** Nikole Tesle 2, 51410 Opatija, Tel. 051-272988, 272665, Fax 272909, www.opatija-tourism.hr.
- **Zadarska (Zadar und Norddalmatien),** Leopolda Mandića 1, 23000 Zadar, Tel. 023-315107, 315316, Fax 315107, 315316. Die drei norddalmatischen Gespanschaften veröffentlichen ihre jeweiligen Informationen unter www.zadarska-zupanija.hr (Gespanschaft **Zadar**), www.sibensko-kninska-zupanija.hr (Gespanschaft **Šibenik-Knin**) und www.dalmacija.hr (Gespanschaft **Split-Dalmatien**).
- Die süddalmatische Gespanschaft **Dubrovnik-Neretva** ist im Netz unter www.edubrovnik.org sowie (touristisch) unter www.dubrovnik-online.net und www.tzdubrovnik.hr (Stadt) vertreten.
- **Zagreb:** Informationen zur kroatischen Hauptstadt bietet die *Turistica zajednica grada Zagreba* unter www.zagreb-touristinfo.hr.
- **Karlovačka (Raum Karlovac),** Ambroza Vraniczanya 1, 47000 Karlovac, Tel. 047-615320, Fax 615320, www.karlovac.hr und www.karlovac-touristinfo.hr.

Lokale Touristeninformationen

In Kroatien ist die Institution des **Turist Biro** (auch „Information" oder „Tourist Service/Agency" oder ähnlich) praktisch allerorts vertreten; es handelt sich um **kommerzielle Agenturen,** die Privatunterkünfte vermitteln, Geld wechseln, Ausflüge organisieren, Angel- und Tauchlizenzen (nicht alle) ausstellen usw. Dieser Service ist nicht umsonst, Auskünfte – etwa in Form von Stadtplänen – kosten Bares (teilweise werden 5 Euro für einen kleinen Stadtplan verlangt!). Für die Organisation von Fremdenzimmern und Ferienwohnungen sind diese Institutionen unumgänglich (siehe „Unterkunft"), für normale touristische Anliegen (Hintergrundinfos zum Ort, Faltblätter, Stadtpläne usw.) empfiehlt sich jedoch grundsätzlich der Besuch der „richtigen" Touristikinformationen in den einzelnen Orten, kroatisch **„Turistična Zajednica Grada ..."** (Tourismusverband der Stadt ...). Die lokalen Informationsbüros sind in den jeweiligen Ortsbeschreibungen aufgeführt. Diese verfahren in Bezug auf Informationsmaterial, insbesondere Karten, Wanderpläne usw., vor allem auf den Inseln, auf unterschiedliche Art und Weise. Während in einem Ort das Material kostenlos ausgegeben wird, werden in anderen Orten (derselben Insel) auf die gleichen Karten Gebühren von mehreren Euro erhoben.

Internet

Spezielle Hinweise besonders zu Unterkünften sind im Kapitel „Unterkunft" zu finden, wichtig sind auch die offiziellen Seiten der Zentrale für Tourismus (s.o.). Linkhinweise zu den einzelnen Städten und Regionen sind in den jeweiligen Ortsbeschreibungen angegeben. Einige besonders **empfehlenswerte Internetseiten** sind:

- **www.kroatien.hr**
  Offizielle Website der kroatischen Fremdenverkehrsämter.
- **www.dalmatienweb.eu**
  Informiert über Wissens- und Sehenswertes und bietet praktische Informationen zu ganz Dalmatien.
- **www.dalmatien.info**
  Neben Reisehinweisen auch allgemeine Hintergrundinformationen zur Region sowie eine Weiterverknüpfung zu diversen Unterkunftsangeboten (siehe „Unterkunft").
- **www.hak.hr**
  Seite des kroatischen Automobilclubs.
- **www.reiseinfo-kroatien.com**
  Touristische Highlights und Hintergrundinformationen mit interaktiven Karten und brauchbarem Taucher-Bereich.
- **www.generalturist.com**
  Repräsentiert den seit 1923 in Kroatien ansässigen Reisespezialisten Generalturist, wo neben Unterkünften aller Art auch Autoverleih, Bootsanmietung, Ausflüge oder auch Kreuzfahrten arrangiert werden können.
- **www.crm.de**
  Allgemeine Infos und Hintergründe zur Gesundheit bzw. zu Krankheiten, konkrete Infos zum gewünschten Reiseland, viele reise-/gesundheitsrelevante Adressen.
- **www.jadro.de**
  Deutschsprachige Online-Zeitschrift zu Kroatien mit weit gefächerten, aktuellen Themen.

Kinder auf der Reise

Von „Ritterburgen" über „Robinson-Inseln" bis zu Hüpfburgen wird so allerlei geboten – für kleine und für große Kinder (siehe bei den Ortsbeschreibungen). Dennoch sollte man ein paar Kleinigkeiten beachten, um ungetrübte Urlaubsfreuden mit der gesamten Familie genießen zu können. Wegen des Klimas (sonniges Mittelmeerklima während der Haupturlaubszeit) versteht sich ein **guter Sonnenschutz** (auch für den Kopf) von selbst; wichtig ist es, **viel zu trinken,** am besten Mineralwasser, das vor Ort preiswert erhältlich ist. Sehr wichtig sind auch **Strandsandalen** wegen der häufigen Kies- und Felsbuchten mit teils unangenehm scharfkantigen Steinen. Höschenwindeln für ganz kleine Gäste sind nur in größeren Supermärkten/Drogerien erhältlich, Gleiches gilt für spezielle Babynahrung. In größeren Orten mit Einkaufszentren ist häufig die bekannte Drogeriemarkt-Kette DM vertreten, wo alles Notwendige auch unterwegs erhältlich ist.

Medien

Rundfunk

Von 6.35 bis 21.35 Uhr sendet das 2. Programm des kroatischen Rundfunks HRT (98,5 MHz) zu jeder vollen Stunde nach den Nachrichten touristische Informationen (Straßenverhältnisse, Sperrungen, Staus, wichtige Fähren und sonstige Hinweise) in englischer, deutscher und italienischer Sprache – allerdings nur vom 1.7. bis 15.9. (sonst kroatisch und englisch). Der Automobilclub HAK sendet zudem zweimal täglich in den genannten Sprachen den Nautikerbericht (Wind- und Seeverhältnisse). Nachrichten in englischer Sprache strahlt das 1. Programm

kb011 Foto: wl

auf der Frequenz 92,1 MHz täglich um 8.03 (sonntags ab 9.03 Uhr), 10.03, 14.03, 20.03 und 00.10 Uhr aus.

Zeitungen

Größere **deutschsprachige Tages- und Wochenzeitungen** sind landesweit an Kiosken und in Buchhandlungen erhältlich.

Die wichtigsten **kroatischen Tageszeitungen** (in kroatischer Sprache) sind „Večernji List" (Abendblatt), „Vjesnik" (Bote) und im Süden „Slobodna Dalmacija" (Freies Dalmatien).

Medizinische Versorgung

Das medizinische Versorgungssystem wird permanent verbessert und auch für Touristen erweitert. Viele Campingplätze verfügen über eine **Erste-Hilfe-Station,** mittlere und größere Städte über ordentliche, moderne **Kreiskrankenhäuser.** Alle Behandlungskosten sind bar zu entrichten; es empfiehlt sich der Abschluss einer Reisekrankenversicherung (siehe „Versicherungen").

Nachtleben

Die meisten Hotels der höheren Kategorie haben **Nightclubs,** wichtigere touristische Ortschaften verfügen über **Discos.** Im Sommer werden oftmals **Tanzabende im Freien** sowie verschiedene Unterhaltungsprogramme und **Kulturveranstaltungen** organisiert – es ist wirklich ein Genuss, ei-

Lebhaftes kleines Touristenörtchen:
Veli Lošinj auf Cres in der Kvarner Bucht

ne kroatische Dorfband auf einem kleinen Platz einer der Altstädte zu erleben! In den bekannteren Hotel- und Freizeitanlagen gibt es auch das eine oder andere **Spielcasino.** Nachtschwärmer werden sich ansonsten an den malerischen Promenaden der Küstenstädte wohlfühlen, wenn nach Einbruch der Dunkelheit das Leben in den **Bars und Cafés** erwacht.

Notfälle

Verlust von Reisedokumenten

Beim Verlust von Reisedokumenten kontaktiere man außer der **Polizei** die **diplomatische Vertretung** (zu den Adressen s. entsprechendes Kapitel); Fotokopien sollte man gesondert aufbewahren!

Verlust von Geld

Ist das Geld weg, **Sonderversicherer** (z.B. Automobilclub) kontaktieren, ein Grundbetrag zur Heimreise wird ggf. vorgestreckt. Bei entsprechender Bonität hilft auch die **Hausbank** mit einer Geldanweisung, um den Urlaub eventuell wie geplant fortzusetzen!

Geldüberweisung

Wer dringend eine größere Summe ins Ausland überweisen lassen muss, wegen eines Unfalles oder Ähnlichem, kann sich auch nach Kroatien über Western Union Geld schicken lassen, www.westernunion.com. Viele kroatische Postämter sind gleichzeitig Büros von Western Union.

Notrufnummern

- **Polizei:** Tel. 92
- **Feuerwehr:** Tel. 93
- **Notruf:** Tel. 94
- **Kfz-Pannendienst:** Tel. 987 oder 01987 (aus Mobilnetzen), s.a. „Autofahren"
- **Notrufstation** der Automobilclubs: siehe „Autofahren"

Öffnungszeiten

Banken, Post, Behörden

Öffentliche Institutionen, Postämter und Banken sind Montag bis Freitag 8–16 Uhr durchgehend geöffnet, Banken und Postämter touristischer Orte 7–19 Uhr. Während der Sommersaison sind viele Postämter auch bis 21 Uhr geöffnet.

Geschäfte

Geschäfte und Warenhäuser öffnen meist 8–20 Uhr. In touristischen Orten sind **Minimärkte** unter der Woche meist 7–21 Uhr geöffnet, am Wochenende etwas kürzer.

In **Supermärkten** und **Einkaufszentren** kann man meist bis mindestens 22 Uhr täglich shoppen.

Gastronomie

Restaurants und touristische Einzelhändler (Souvenirläden usw.) passen ihre Öffnungszeiten dem jeweiligen Bedarf an.

Tankstellen

Tankstellen sind jeden Tag von 7 bis 19 oder 20 Uhr, im Sommer auch bis

22 Uhr geöffnet, in größeren Städten und auf Fernverkehrsstraßen rund um die Uhr.

Post

Die **kroatische Post HPT** hat sich als effektiv und zuverlässig erwiesen (Öffnungszeiten s.o.). Briefe (Porto: 5,50 K) und Postkarten (3,50 K) benötigen etwa 3–4 Tage nach Mitteleuropa. **Briefmarken** sind nicht nur in Postämtern, sondern auch in Zeitschriftenläden und teilweise in Souvenirshops erhältlich (Faustregel: dort, wo es Ansichtskarten gibt). **Pakete** können bis zu 10 kg per Post ins Ausland versandt werden, wobei neben der üblichen Paketkarte eine Zollerklärung (in dreifacher Ausfertigung) beizufügen ist.

Radfahren

Es hat so seine **Vorteile,** unabhängig und gemächlich per Drahtesel sein Urlaubsland zu erschließen. Man hat unmittelbaren Kontakt zum Umfeld, zahlt keine zusätzlichen Straßen- oder Schiffsgebühren (Fähren transportieren Fahrräder kostenlos), und ohne Frage wird auf diese Weise auch ein erheblicher Beitrag zum Umweltschutz geleistet. Aber die **Nachteile** sind nicht zu unterschätzen: Es gibt nur wenige ausgewiesene Radwege, Kroatien ist überwiegend hügelig bis bergig, die Nebenstraßen sind in teilweise abenteuerlichem Zustand und der Verkehr auf den Landstraßen (vor allem am Wochenende auf den Küstenstraßen) ist teils so brutal, dass von einer reinen Radtour durch Kroatien eher abzuraten ist. Was nicht heißen soll, dass ein Rad gänzlich unnütz ist: Als zusätzliche „Mobilitätsreserve" z.B. im Camper macht es durchaus Sinn, so kann man vor Ort kleinere Nebenstrecken befahren oder vom Campingplatz in den nächsten Ort radeln.

In **Dalmatien** werden derzeit sechs größere Radgebiete propagiert: auf dem Festland **Makarska** und **Omiš** sowie die **Inseln Vis, Hvar, Šolta und Brač.** Zu allen Gebieten sind bei den Informationsstellen jeweils eigene Übersichten bzw. Kurzbeschreibungen (kostenlos) mit mehreren Routen erhältlich.

Kombinierte Touren **Boot/Rad** oder **Boot/Wandern** für die **Kvarner Bucht** bietet in unterschiedlichsten Bausteinen die Firma Radurlaub Zeit Reisen GmbH an (Fritz-Arnold-Str. 16a, 78467 Konstanz, Tel. 07531-8199390, Fax 8199399, www.inselhuepfen.de). Wer abwechselnd auf dem Segler, dann wieder per Fahrrad oder zu Fuß unterschiedliche Ziele der Region erkunden möchte, wird hier sicherlich etwas Passendes finden; ähnliche Angebote enthält auch die Seite www.radreisen.at.

● Interessant für die Vorbereitung eigener Radfahr-Aktivitäten dürften die Internetseiten **www.dalmatia.hr** (dort: „Fahrradweg, Mountainbike"), **www.fahrradreisen.de/laender/kro.htm** (kleine Datenbank mit Beschreibungen und Verknüpfung zu den jeweiligen Anbietern) sowie **www.frosch-**

kro017b Foto: wl

sportreisen.de, www.inselhuepfen.de (für kombinierte Boots-/Radtouren) oder **www.radreisen-weltweit.de** sein. Alle drei Spezialveranstalter für kombinierte Boots-/Radtouren in Dalmatien mit Wochenpreisen ab 700 Euro (Übernachtung/Boot, Vollpension, geführte Radtouren).

Leihräder

Leihräder sind nicht so oft erhältlich, wie man es vielleicht erwartet; in Kroatien nimmt allerdings die Zahl der Verleihstellen (insbesondere bei Campingplätzen) durch den Ausbau der ausgewiesenen Radwege permanent zu (siehe Ortsbeschreibungen).

Verleihstellen gibt es in fast allen Ferienorten

Reisezeit

Mit der Empfehlung einer idealen Reisezeit ist es immer so eine Sache: Der eine mag es lieber mit Trubel, der andere liebt die aufblühende Natur im Frühling und wieder andere sind auf Schulferien angewiesen und haben nur begrenzt die Wahl eines „idealen" Zeitraums ...

Die Touristiksaison wird in eine **Hauptsaison** (Juli, August), **Vor- und Nachsaison** (Mai/Juni bzw. Sept./Okt.) sowie **Nebensaison** (Nov. bis April) gegliedert, wobei es allerdings jedem einzelnen Anbieter freisteht, individuelle Termine festzulegen. Nach diesem Schema berechnen Hotels, Vermieter von Ferienwohnungen und

Zimmervermittler die Unterkunftspreise, werden Öffnungszeiten für Museen und Sehenswürdigkeiten, aber auch Preise für Campingplätze abgestimmt.

Die Monate **Juli und August** sind die absolute Hauptsaison, in der am meisten los ist und natürlich auch **Engpässe** im Unterkunftsbereich oder eine „Massenabfertigung" in den Gaststätten vorkommen können. Die Vorsaison hat den Vorteil, dass man sich gemeinhin in Gastronomie/Hotellerie Mühe gibt und die Touristen umwirbt, während in der Nachsaison eine gewisse Müdigkeit unverkennbar ist.

Von Ende Mai bis Anfang September sind die **Sonnentage** deutlich in der Überzahl, die **Wassertemperaturen** laden zum Baden ein. Außerhalb der Saisonzeiten wird man Mühe haben, etwas anderes als eine Hotelunterkunft zu finden, auch viele Gaststätten stellen von Oktober bis April den Herd ab.

Sicherheit

Kroatien ist ein vergleichsweise sicheres Reiseland. Taschendiebstähle, Touristennepp und Ähnliches mehr sind (noch?) die Ausnahme. Man kann sich in jeder Hinsicht **unbeschwert im Lande bewegen,** es drohen keine nächtlichen Überfälle, Gepäckschlitzer und motorisierte Handtaschenräuber. Eine kleine Ausnahme bildet die istrische Westküste, wo die Nähe zu Italien den einen oder anderen „Gastarbeiter" anzieht.

- **Buchtipp:** „Schutz vor Gewalt und Kriminalität unterwegs", aus der Reihe Praxis, Reise Know-How Verlag, Bielefeld.

Sport und Aktivitäten

Kroatien bietet eine recht breite Vielfalt an unterschiedlichen Betätigungsmöglichkeiten im Bereich Freizeit und Sport, was im Folgenden näher ausgeführt wird. Zum **Radfahren** siehe eigenes Stichwort.

Spitzensport

Zunächst eine Anmerkung zum Leistungssport in Kroatien, der doch im Vergleich zur geringen Bevölkerungszahl des Landes etliche beachtliche Erfolge vorweisen kann. Die junge Demokratie hat nicht nur **zahlreiche Spitzensportler** hervorgebracht (*G. Ivanišević*/Tennis, die vierfache Goldmedaillen-Gewinnerin im Skisport *Janica Kostelić* oder den zweifachen Europameister und dreifache Vizeweltmeister im Tischtennis *Zoran Primorac*), sondern auch in den klassischen **Mannschaftssportarten** sind kroatische Nationalmannschaften in der Weltelite zu finden. Die Fußballer rangieren in der offiziellen Weltrangliste auf Platz 7 (1998 WM-Dritter), ebenso die Hallenhandballer (Olympiasieger 1996 und 2004, Weltmeister 2003, Vizeweltmeister 1995, 2005 und 2009, und zuletzt 2010 in Österreich, Vize-Europameister). Und nicht zu vergessen im Trainerbereich *Otto* „maximale" *Barić*, der in seiner Amtszeit als Fussballnationalcoach gesagt haben soll, Kroatien dürfe getrost gegen jede Nation verlieren – außer gegen Serbien ...!

Strandfreuden

Das Baden im Meer ist für viele die Erholung und der Urlaubsspaß schlechthin. Es gibt in Kroatien kaum private oder gesperrte Küstenabschnitte, und selbst in kleinen und mittelgroßen Städten bieten sich immer wieder kleine Buchten und Felsstrände zum Sprung ins kühle Nass an. Sandstrände sind sehr selten: So, wie sich die Berge kahl und steil erheben, so fällt die Küste ebenso kahl und steil ins Meer ab. Die **Felsstrände** sind zwar nicht sonderlich bequem (zum Sonnenbaden), verleihen jedoch der kroatischen Adria mit ihren spektakulären Felsbuchten und Berglandschaften jene klare und ungetrübte Brillanz, die Besucher verzaubert und fasziniert.

Neben den meisten Hotels und Campingplätzen gibt es **Sportplätze** für Tennis (sogar ATP-Turniere in Umag), Korbball, Beachvolleyball usw. Man kann praktisch überall **Boote** sowie **Angel- und Tauchausrüstungen** mieten, auch **Tauch- und Segelkurse** werden organisiert. Auf den Flüssen Dobra und Cetina wird **Rafting** angeboten; **Kajak- und Kanufahrten** auf Wildflüssen werden auf Kupa, Korana, Cetina und Una organisiert.

Hier ein kleiner Überblick über die **Preise** des vor Ort üblichen Strandlebens, die sich als Richtwerte zur Orientierung verstehen:

- **Katamaran:** Verleih 200 K/Std., 2-Tageskurs ab 600 K, 5-Tageskurs ab 1200 K
- **Fahrrad:** ab 25 K/Std., rund 100 K/Tag
- **Moped:** 450–500 K/Tag
- **Scooter:** ca. 300 K/Tag
- **Motorboot:** ca. 1000 K/Tag
- **Jetski:** 200 K/15 Min.
- **Wasserski:** ab 120–150 K/Runde
- **Ruderboot:** 30 K/Std.
- **Tretboot:** 30 K/½ Std.
- **Hüpfburg/Trampolin:** 20 K/5 Min.
- **Sonnenschirm/Liege:** je ca. 30–50 K/Tag

kro382 Foto: wl

Badespaß mit Booten und „Banane"

FKK

Spezialisierte **FKK-Campingplätze** mit langer Tradition stehen reihenweise zur Verfügung, teilweise mit Mietbungalows. Neben den meisten Hotelstränden und Campingplätzen gibt es auch gesonderte **FKK-Strände** – diese Bereiche sind stets gut beschildert. Kroatien als eines der ältesten FKK-Paradiese Europas gilt auf diesem Sektor ungebrochen als eines der beliebtesten Urlaubsziele überhaupt. Wer FKK-Campingplätze oder -Anlagen sucht, findet in der kostenlosen Broschüre „FKK-Naturismus" (derzeit nur direkt beim Fremdenverkehrsamt erhältlich) weitergehende Informationen.

Segeln

Kroatien ist ein sehr beliebtes Revier von Hobby- und Freizeitkapitänen, insbesondere Seglern. Es stehen landesweit über vierzig eingerichtete **Marinas** mit etwa 12.300 Anlegeplätzen

kb020 Foto: wl

im Meer und ca. 4200 Landliegeplätzen zur Verfügung. Größere Marinas bieten technischen Service, Kräne, Tankstellen, Geschäfte und Gaststätten. In den meisten Marinas kann man Jachten mieten, auch Segelkurse werden organisiert.

Zum Thema **Yachtcharter** informieren folgende Verbände/Clubs:

- **Deutscher Segler-Verband (DSV),** Kreuzer-Abteilung, Tel. 089-586282.
- **Zentrale des Adriatic Croatic International Club (ACI),** HR-51410 Opatija, Maršala Tita 151, Tel. 051-271288, Fax 271824, www.aci-club.hr. In den **Charterbasen** Vodice (Norddalmatien, 43°45,2′ Nord, 015° 47,0′ Ost, Tel. 022-443086, Fax 442470, www.aci-club.hr/vodice.htm, VHF-Kanal 17) und Trogir (Mitteldalmatien, 43°30,8′ Nord, 016°15,2′ Ost, Tel. 021-881544, Fax 881258, www.aci-club.hr/trogir.htm) wurde eine eigene **Charterflotte** des ACI aufgestellt, bestehend aus Elan-333-, Elan-36-, 40er- und 45er-Schiffen. Im ACI sind mittlerweile 21 Marinas in Kroatien zusammengefasst, auch Einweg-Charter (auch von einer der anderen Marinas) ist möglich. Je nach Boot liegt der reine Charterpreis pro Woche zwischen 1200 und 4000 Euro (Hauptsaison, in der Nebensaison bis zu 50 % Nachlass).
- Daneben bieten einige **Privatfirmen** Bootscharter an, u.a. **Orvas,** Šibenska 37, Tel./Fax 021-569836, www.orvasst.com, in Split, oder **Marina Charter,** ACI Marina Trogir, 21220 Trogir (Kontaktnummer s.o.), die hauptsächlich Bavaria 36 zu vergleichbaren Preisen im Angebot haben.
- **Törns:** Mitgliederreisen aller Art im **Motorsegler „MSY Adria"** ab 950 Euro; ADAC Mitgliederreisen, Pf 190101, 80601 München, Tel. 089-76762552, Fax 7439153.
- **Messe-Schnäppchen:** Segelfreunde wissen natürlich, dass auf der jährlichen Messe BOOT in Düsseldorf (Ende Januar) praktisch alle wichtigen Törnanbieter vertreten sind und teilweise zu Schnäppchen- bzw. Messepreisen um Kunden werben. Auch für Überführungstörns, Pauschaltouren und Komplettcharters hat sich die BOOT als optimale Plattform etabliert.
- Weitergehende Hinweise findet man in der kostenlosen Broschüre **„Das nautische Kroatien – Charter"** des Tourismusverbands (auch als Download unter www.kroatien.hr).

Wichtige Hinweise für Freizeitkapitäne:

- Es ist verboten, sich mit Motor- und Gleitbooten **der Küste näher als 300 m** zu nähern! Strengste Vorsicht ist wegen der Badenden geboten, bei Nichteinhaltung dieser Anordnung können fatale Unfälle passieren!
- Vor Verlassen des Hafens den **Wetterbericht** (s.u.) einholen; beim Verlassen des Hafens ist eine Abmeldung erforderlich. Wenn der Bericht ungünstig ist, sollten Sie nicht losfahren!
- Unternehmen Sie keine Fahrt ohne entsprechenden **Anker** und eine Ankerleine von mindestens 50 m Länge.
- Für alle Motor- sowie sonstigen Boote über 3 m Länge (Segel- oder Ruderboote) muss beim Hafenamt eine **Fahrtgenehmigung** beantragt werden. Die Anmeldung ist bei jedem Einlaufen eines Bootes in den Hafen bzw. bei Anreise über das Festland erforderlich; die erteilte Genehmigung gilt für ein Jahr. Vorzulegen sind Funkerlaubnis, Führerschein und Bootspapiere. Bei Anreise zur See erfolgt die Anmeldung in einem der ganzjährig geöffneten Hafenorte: Umag, Poreč, Rovinj, Pula, Raša-Bršica (südlich von Labin), Rijeka, Mali Lošinj, Senj, Maslenica, Zadar, Šibenik, Split, Ploče, Metković, Korčula und Dubrovnik.
- **Segelwetter** Kroatien (24-Stunden-Dienst) unter: Rijeka Radio auf Kanal 4, 16, 24, 20; Split Radio auf Kanal 7, 16, 21, 23, 28; Dubrovnik Radio auf Kanal 7, 16, 24. Die drei Küstenfunkstellen strahlen täglich Seewetterberichte in kroatischer und englischer Spra-

Die Marina von Sali auf Dugi Otok

che aus: **Rijeka Radio** (UKW-Kanal 24) um 6.35, 15.35 und 20.35 Uhr, **Split Radio** (UKW-Kanal 21, 07, und 28) um 6.45, 13.45, und 20.45 Uhr) und **Dubrovnik Radio** (UKW-Kanal 07 und 04) um 7.25, 14.20 und 22.20 Uhr. Zwischen Mai und Oktober sendet Rijeka Radio außerdem auf Kanal 69 nonstop Wettermeldungen, auch auf Deutsch.

Bootsausflüge

Den Löwenanteil organisierter Bootstouren - abgesehen von reinen Ausflügen, die in den Touristenagenturen angeboten werden - stellen Touren ins Nationalparkgebiet der **Kornaten** (Kornati National Park, Betina 2, Tel. 022-435740, Fax 435058, www.kornati.hr). Der Preis liegt bei ca. 250 K inkl. Essen (zzgl. Parkeintritt). Aktuelle, von der Parkverwaltung lizensierte **Agenturen** für die Kornaten sind:

- **Betina, Morska lastavica,** Tel. 022-436550, www.lastavica.hr.
- **Biograd, Sangulin Tours,** mobil 098-299659, www.sangulin.hr.
- **Murter, Aquakornat,** Tel. 022-434151, www.aquarius-murter.hr, und **Coronata,** Tel. 022-435089, www.coronata.hr.
- **Šibenik, NIK,** Tel. 022-338550, www.nik.hr.
- **Vodice, Lirica Tours,** Tel. 022-443018, www.lirica-tours.hr.

Windsurfen

Das Windsurfen findet in Kroatien nicht den Anklang, den man vielleicht erwartet; daraus resultiert ein allgemeines Manko an Verleihstellen. Von den großen Hotels abgesehen gibt es für Individualreisende vor allem ein Zentrum des Windsurfens, und das ist **Viganj** auf der **Halbinsel Pelješac** (Süddalmatien). Hier bläst der West-

216nd Foto: wl

wind günstig in den natürlichen Kanal zwischen der Halbinsel Pelješac und der Insel Korčula. Über mehrere Kilometer erstreckt sich auf der Südseite der Halbinsel der Strand mit mehreren Campingplätzen, auf denen auch organisierte Surfschulen/Verleihstellen ihre Dienste anbieten. Die bekanntesten Plätze sind westlich von Orebić das **Autocamp Anthony Boy** (ADAC-Partner), Tel./Fax 020-719077, www.autopleter.hr, sowie das **Camp Liberan,** Tel. 020-719164, Fax 719015.

Für die **Kvarner Inseln** wird in den Ortsbeschreibungen auf die wenigen Verleihstellen hingewiesen.

Tauchen

Tauchen mit ABC-Ausrüstung (Brille, Schnorchel, Flossen) ist ohne Genehmigung erlaubt, für das **Gerätetauchen** ist eine **Genehmigung** erforderlich, die unter Vorlage von Pass und Brevet bei den Hafenmeistereien, über eine Tauchschule oder bei den Touristenagenturen (nicht bei allen!) problemlos ausgestellt wird. Das ein Jahr gültige Permit kostet 100 K, sofern man seine Tauchgänge über eine ortsansässige Basis arrangiert (diese organisiert dann die Genehmigung). Wer selbstständig tauchen möchte, wird mittlerweile mit stolzen 2400 K zur Kasse gebeten.

Wer sich diesen Betrag leisten will, für den ist es nicht erforderlich, die Tauchgänge über eine Tauchbasis zu arrangieren. **Selbsttaucher** haben an den meisten Basen die Möglichkeit der Flaschenfüllung; zur eigenen Sicherheit ist der Taucher jedoch verpflichtet, bei jedem Tauchgang eine auf der Wasseroberfläche schwimmende Boje mit sich zu ziehen. Theoretisch kann ganzjährig von Sonnenauf- bis Sonnenuntergang selbstständig getaucht werden, für Nachttauchgänge sollte eine Tauchschule eingeschaltet werden. Filmen und Fotografieren unter Wasser ist erlaubt, strengstens untersagt – und für echte Taucher selbstverständlich – ist es, irgendetwas vom Meeresboden zu entfernen; insbesondere das Sammeln von Steinbohrermuscheln *(Lithophaga)* und Seedatteln u.Ä. ist verboten; generell ist auch das Tauchen in Häfen und auf den Schifffahrtswegen strengstens verboten.

Richtpreise für Tauchgänge und Equipment:

- **Flaschenfüllung:** ca. 7 Euro
- **Weste, Automat:** je 5 Euro
- **6er-Tauchpaket:** 150 Euro (eigene Ausrüstung, nur Blei und Flasche); 200 Euro (volle Leihausrüstung)
- **10er-Tauchpaket:** 250–300 Euro (Leihausrüstung extra)
- **Bootsausfahrten** werden meist gesondert berechnet (3 Euro pro Tauchgang), ebenso Nichttaucher auf dem Boot (15–18 Euro).
- **Grundkurs** (Anfängertauchschein inkl. Leihausrüstung): ca. 300 Euro.

- Weitergehende Infos erteilt der **Kroatische Tauchverband,** Dalmatinska 12, Zagreb, Tel. 01-4848765, Fax 4849119, www.diving-hrs.hr; auch die Broschüre „Tauchen" des Fremdenverkehrsamtes hilft bei der Vorbereitung eines speziellen Tauchurlaubs.

Glasklares Wasser: kleine Bucht auf Cres

kb002 Foto: wl

- **Dekokammern** befinden sich in **Pula** (Istrien), P. Togliattija 47, 52100 Pula, Tel. 052-215663, Fax 217877, mobil 098-219225, und in **Split** (Dalmatien), Domovinskog rata 1, 21000 Split, Tel. 021-343980, mobil 091-5461313.

Sehr beliebt sind **Pauschalarrangements** für Segler oder Taucher, die in Fachzeitschriften („Tauchen") oder auf der Internationalen Bootsmesse BOOT in Düsseldorf alljährlich angeboten werden. Bei eigener Anreise kostet beispielsweise eine Woche mit Übernachtung und Frühstück inkl. Non-Limit-Tauchen rund 300 Euro.

Die wichtigsten deutsch-kroatischen/deutschsprachigen Basen werden in den Ortsbeschreibungen gesondert aufgeführt, da diese oftmals auch gute Unterkunft preiswert arrangieren oder auch selbst anbieten (bevorzugt für Taucher; siehe auch Pauschalangebote in einschlägigen Fachzeitschriften wie „Unterwasser" oder „Tauchen").

Angeln/Fischen

Außer zum Angeln am Ufer benötigt man eine **Bewilligung der zuständigen Gemeinde.** Beim lizenzfreien Küstenangeln ist ein Fang von bis zu 5 kg täglich erlaubt. In Häfen und Naturschutzparks ist der Fischfang verboten, dies gilt auch für das Sammeln von Muscheln und Krebsen.

Fischfanggebiete sind die Gewässer rund um die Küste und die Inseln, wobei hauptsächlich Tintenfisch, Makrele, Goldbrasse, Brauner Serran, Thunfisch, Drachenkopf, Meeräsche, Aal, Zahnbrasse, Gelbstriemen, große Geisbrasse, schwarzer Schattenfisch, Muräne, Sackbrasse, Seebarbe und Rotbrasse gefangen werden.

Die Fremdenverkehrsämter geben alljährlich die **Gratisbroschüre „Sportfischerei"** heraus, ferner kann man sich an die Tourismusbüros vor Ort oder den „Zentralverband für Unterwasseraktivitäten und Sportfischerei am Meer" wenden (51000 Rijeka, M. Gupca 2, Tel. 051-25255).

Wandern

Die meisten Kroatien-Urlauber suchen die Erholung an den Stränden und in den Küstenorten, doch seien wir ehrlich: Nach ein oder gar zwei Wochen des reinen Müßigganges reizt es gewiss, wieder einmal etwas anderes zu sehen und vielleicht einsame Gegenden des Hinterlandes kennenzulernen. Das Hinterland der Region Kvarner, das Velebit-Gebirge, die Nationalparks Paklenica und Biokovo oder auch die unvergleichlichen Plitwitzer Seen, aber auch die Inseln drängen sich für ausgedehnte Spaziergänge und Wanderungen geradezu auf. An den Küsten laden teilweise kilometerlange befestigte Spazierwege an malerischen, einsamen Felsbuchten zu ausgedehnten Fußmärschen ein.

Wandern kann vor allem im Juli und August **extrem schweißtreibend** sein. Man sorge daher stets neben vernünftigem Schuhwerk auch für ausreichend Getränke.

Sportklettern, vor allem im Nationalpark Paklenica, ist mittlerweile recht beliebt. Auskünfte erteilen die Fremdenverkehrsämter.

Reiten

Insbesondere auf einigen Inseln bestehen Möglichkeiten zu **Ausritten und Reitkursen;** in den Ortsbeschreibungen wird darauf hingewiesen.

Kanu/Kajak

Kajak- und Kanufahrten werden in Kroatien auf den **Flüssen Kupa, Korana, Cetina und Una** organisiert, wobei die Cetina die besten Möglichkeiten bietet. Über die unten genannten Agenturen besteht die Möglichkeit, eine Raftingtour in Dalmatien mit einem Urlaub in Istrien zu verbinden.

Agenturen/Touren:

- Im **Raum Omiš** arrangiert die Agentur **Active Holidays** neben Rafting auf der Cetina auch Freeclimbing-Kurse, Windsurfen, Tauchen, Unterkunft, Pkw-Vermietung und Ausflüge; Knežova Kačića, Tel./Fax 021-863015, www.activeholidays-croatia.com.
- In **Stanići** bietet die Agentur **Emsa** Riverrafting (neben Freeclimbing, Wandern, Tauchen, Unterkunft, Fischen etc.) zu vergleichsweise günstigen Preisen an; Tel. 021-879047, Fax 897011, www.emsatours.hr.
- Im nahe gelegenen Ortsteil **Nemira** wende man sich an die sehr zuverlässige Agentur **Adria Tours;** Duže Zavlje II/2, Tel./Fax 021-734577, www.adria-tours.hr/.
- Besonderer Beliebtheit erfreut sich die berühmte „Kombi-Abenteuertour" der bekannten Firma **Atlas** in Split, die ab ca. 950 Euro pro Person gebucht werden kann; Tel. 021-343055, Fax 362012, www.atlas-croatia.com.

Sprache

Kroatisch ist seit der Unabhängigkeit die allgemeine **offizielle Landessprache.** Nur für Istrien gilt die Besonderheit, dass die Region historisch bedingt offiziell zweisprachig (Kroatisch und Italienisch) ist.

Eine Sonderform im kroatischen Sprachgebiet bildete das vermutlich seit Ende des 19. Jh. ausgestorbene **Dalmatische,** eine vom Venezianischen geprägte romanische Sprache. Das Verbreitungsgebiet lag etwa im heutigen Dalmatien und kannte sogar mundartliche Tendenzen, wie etwa das **Ragusische,** eine in Ragusa (Dubrovnik) in Stadtparlament und Handel gesprochene Unterform des Dalmatischen. Am längsten hielt sich das Dalmatische auf der Insel Krk.

Im Gebirgsland des nordöstlichen Istrien wird in wenigen Ortschaften das Istrorumänische gesprochen, im Süden (Raum Rovinj/Pula) zudem Istrioto (Istroromano), eine unmittelbar auf das Vulgärlatein der dort ansässigen Römer zurückgehende Sprache. Beide Idiome sind sehr seltene, eigenständige Sprachen, keine Dialekte.

Das Kroatische als Landessprache Kroatiens gehört ebenso wie das Slowenische oder auch das Serbische zu den **südslawischen Sprachen.** Im Unterschied etwa zum Bulgarischen oder Serbischen wird in Kroatien allerdings unsere **lateinische Schrift** verwendet, sodass dem Besucher die Orientierung anhand von Straßenschildern oder Hotelnamen einfacher fällt als in Sprachgebieten mit kyrillischer Schrift.

Die Entstehung der Krawatte

Die „Krawatte", gemeinhin die gängige Bezeichnung für Halsbinde oder Schlips, hat überraschenderweise ihren Ursprung in – Kroatien! Das deutsche Wort leitet sich vom französischen *cravatte* ab, das folgendermaßen entstand: Im 17. Jh. hielten sich am französischen Königshof Gesandte aus aller Herren Länder auf, auch wurden besondere Militärverbände gerne aus anderen Ländern rekrutiert, da man diesen größere Loyalität unterstellte. Ein solch besonderer Kavallerieverband wurde von den Franzosen aus Kroatien angeworben, die hervorragend ausgebildeten Reiter dienten der französischen Reiterei als Vorbild. Bemerkenswert war aber noch etwas anderes: Um ihren Hals trugen diese Kroaten seltsam gebundene Halstücher, die schon bald als modisch empfunden und am Königshof getragen wurden. Da es keinen eigenen Namen für diesen Halsschmuck gab, nannten die Franzosen ihn nach der Herkunft seiner Träger *Crvate* (aus altslawisch *Chrvat*), woraus dann allmählich französisch *cravatte* und das deutsche *Krawatte* wurde.

Verständigung

Obgleich man in Kroatien neben Italienisch auch sehr gut **Englisch und Deutsch** versteht, kann ein kleiner Wortschatz der Landessprache in entlegenen Gebieten oder kleinen Orten doch sehr hilfreich sein. Wer sich einige Kroatischkenntnisse für den Urlaub aneignen möchte, sei auf den Kauderwelsch-Band **„Kroatisch – Wort für Wort"** verwiesen, der im Reise Know-How Verlag erschienen ist. Hier werden sehr anschaulich die Grundlagen der Alltagskommunikation erläutert, ohne dass man sich mit unnötiger Theorie und Grammatik herumplagen muss. Ein AusspracheTrainer auf CD ist ebenfalls erhältlich.

Wichtige Grundbegriffe zur Gastronomie siehe unter „Essen und Trinken". Eine kleine **Sprachhilfe** mit Hinweisen zur **Aussprache** findet sich im Anhang.

Telefonieren

Von den meisten öffentlichen Telefonen kann direkt **nach Mitteleuropa** gewählt werden: Auslandsvorwahl eingeben (Deutschland 0049, Österreich 0043, Schweiz 0041), Ortskennzahl ohne „0" sowie die Rufnummer des Teilnehmers. **Telefonkarten** erhält man an Kiosken und in Postämtern in unterschiedlichen Guthabenhöhen und diese können an den weit verbreiteten öffentlichen Fernsprechautomaten der Deutschen Telekom, die in Kroatien das Festnetz dominiert, verwendet werden (eine Karte zu 30 K reicht z.B. für 6–8 Kurzgespräche).

Die **Auslandsvorwahl** nach **Kroatien** lautet **00385,** dann ist ebenfalls die Ortsvorwahl (ohne „0") sowie die Teilnehmernummer zu wählen. Innerhalb Kroatiens wird die „0" (z.B. 01 für Zagreb, 051 für die Kvarner Bucht einschließlich Pag) mitgewählt.

Handy

Mobiltelefone **funktionieren gut.** Die Kosten ändern sich gerade im Mobiltelefonbereich permanent, ein grober Anhaltspunkt für ein Handy-Gespräch sind derzeit ca. 50–65 Ct./Minute, wobei jeder Provider eigene Tarife für Kroatien festlegt und erst nach dem EU-Beitritt die allgemeinen Obergrenzen greifen werden. Am preiswertesten ist es, wenn man bei seinem Provider nachfragt oder auf der Website nachschaut, welcher der kroatischen Roamingpartner VIP oder T-Mobile in Kroatien am preiswertesten ist, und diesen per **manueller Netzauswahl** bei den Telefonaten voreinstellt.

Nicht zu vergessen sind die **passiven Kosten,** wenn man von zu Hause angerufen wird. Ein Anrufer im Heimatland zahlt nur die Gebühr ins inländische Mobilnetz, die Rufweiterleitung nach Kroatien findet man später auf der eigenen Handyrechnung wieder – daher Rufumleitungen besser deaktivieren.

Wesentlich preiswerter ist von vornherein die Beschränkung auf das Versenden von **SMS.** Der Empfang von SMS ist in der Regel kostenfrei, der von **Bildern per MMS** nicht nur relativ teuer, sondern je nach Roaming-Partner auch gar nicht möglich. Die **Einwahl ins Internet** über das Mobiltelefon ist noch kostspieliger – da ist ein Gang ins nächste Internetcafé weitaus günstiger.

Falls das Mobiltelefon **SIM-lock-frei** ist (keine Sperrung anderer Provider vorhanden ist) und man viele Telefonate innerhalb Kroatiens führen möchte, kann man sich eine örtliche **Prepaid-SIM-Karte** besorgen (siehe auch www.vipnet.hr und www.t-mobile.hr).

- **Notrufnummern** siehe „Notfälle“.
- **HAK** (kroatischer Automobilclub) für Straßeninformationen: Tel. 01-4640800.
- **Touristische Infos:** Tel. 0800-200-200 (gebührenfrei).
- **Inlandsauskunft:** Tel. 988.

Trinkgeld

Es ist üblich, Rechnungsbeträge in der **Gastronomie** aufzurunden und etwa **Hotelpersonal** (Zimmermädchen) eine Aufmerksamkeit von ca. 50 K pro Woche zukommen zu lassen. Dies gilt auch für **Ferienwohnungen,** wenn allgemeine Dienste (Zimmerreinigung, Handtuchwechsel usw.) mit einiger Regelmäßigkeit vorgenommen werden. Dabei sollte man die ersten ein bis zwei Tage abwarten und je nach Service dann das Trinkgeld vergeben, um das Personal frühzeitig besonders zu motivieren.

„Bakschischgelder“ – wie in anderen Ländern auf dem Balkan teilweise üblich – sind in Kroatien **nicht erforderlich,** also auch nicht für Parkplätze, Auskünfte oder etwa zur Erlangung besonders guter Zimmer. Bei uns weniger bekannt ist das System der **„Scheibenwischer“:** An manchen Fähren, Ampeln oder Tankstellen verdienen sich Schüler/Studenten vor allem in den Ferienmonaten etwas hinzu, indem sie unaufgefordert (!) die Fahrzeugscheiben reinigen und dafür ein kleines Trinkgeld (3–5 K) erwarten.

Uhrzeit

In Kroatien gilt wie bei uns die **Mitteleuropäische Zeit** (MEZ), vom letzten Märzwochenende bis Ende Oktober die **Sommerzeit** (MEZ + 1 Std.).

Unterkunft

Die Unterkunft ist in unmittelbarem Zusammenspiel mit dem Urlaubsort sicherlich das A und O für einen gelungenen Aufenthalt. Grundsätzlich gibt es, von den persönlichen Umständen abhängend, zwei unterschiedliche Vorgehensweisen: Entweder organisiert man vorab eine Unterkunft (Pauschalreise, Unterkunft per Internet buchen usw.), oder man reist zum bevorzugten Zielort und sucht dort auf eigene Faust etwas Passendes - außerhalb der Hauptreisezeit sollte man immer etwas finden, was den eigenen Preis- und Lagevorstellungen entspricht.

Kroatien ist prinzipiell ein „El Dorado" für Glücksritter, die sich treiben lassen und **unorganisiert** reisen und ohne Vorabbuchung ein Zimmer oder ein Apartment vor Ort suchen möchten. Dies ist mit oder ohne Hilfestellung vor Ort möglich, zwei Kleinigkeiten sind aber auch dann zu beachten: Zum einen kommt es im August (Sommerferien in den meisten Ländern) zu Engpässen, außerhalb des „Bettenwechsels" am Samstag muss man schon Glück haben, um etwas Passendes zu finden; und zweitens sollte man auch einen guten Standort für Ausflüge in andere Gebiete wählen. Natürlich hat jeder seine eigenen Vorstellungen, allgemein aber empfehlen sich im Rahmen eines dreiwöchigen Urlaubs durchaus mehrere Domizile, etwa eine Woche auf einer Insel im Norden, eine Woche auf dem Festland bei Trogir/Split und eine weitere Woche auf einer Insel im Süden.

Kategorisierung in Kroatien

Bei Hotels und Apartments/Bungalows sowie Privatunterkünften wird in Kroatien nach den **Klassen** *-****, gelegentlich auch A–D oder 1–4 unterschieden, manchmal gibt es zusätzlich „L" für Luxus. Grundsätzlich gilt: Wer eine Hotelunterkunft für den Urlaub sucht, fährt mit einer Pauschalreise in aller Regel weit günstiger als bei Eigeninitiative und Selbstbuchung (vorab oder vor Ort), da die Reiseveranstalter meist einen deutlich günstigeren Preis erzielen als der Einzelreisende. Im Winterhalbjahr sind Hotels oftmals die einzige durchgehend geöffnete Unterkunftsmöglichkeit.

Camping

Für Campingplätze existieren unterschiedliche Kategorisierungen und Angaben über die Qualität, teilweise werden **Sternchen** (*–****), teilweise **Kategorien** benannt (Kat. I–IV), wobei jeweils „1/I" die geringste und „4/IV" die höchste Komfortklasse bedeutet.

Insgesamt gibt es **über 300 registrierte Campingplätze,** etwa je zur Hälfte auf Istrien/Kvarner Bucht und Dalmatien verteilt. In Nordkroatien sind sie prinzipiell größer und besser organisiert (Tischtennis, Minimarkt, Busanbindung etc.), wohingegen viele dalmatische Campingplätze - von ein paar größeren abgesehen - als sogenannte **Mini-Camps** lediglich einige Zelt- und Stellplätze mit „rustikaler Atmosphäre", oft ohne jegliche Infrastruktur, anbieten. Die Tourismuszentrale publiziert einen für die Vororganisation recht brauchbaren **Gesamtkatalog** aller offiziellen kroatischen Campingplätze mit detaillierter Preisliste, der entweder als Broschüre oder auch als Download unter www.croatia.hr kostenlos zur Verfügung steht.

Wildes Campen ist in ganz Kroatien nicht nur generell **untersagt,** sondern erweist sich auch insbesondere entlang der dalmatischen Küste mit dem jäh aufsteigenden Bergland als ausgesprochen schwierig.

In der **Hochsaison** ist eine Woche die übliche **Mindestbelegzeit** auf Campingplätzen; darunter wird man oft erst gar nicht aufgenommen. Bei den Unterkünften wird für Kurzzeitbelegungen (bis drei Nächte) ein Zuschlag von 30 % erhoben.

Preiskategorien in diesem Buch

Um dem Leser eine einigermaßen vernünftige Preisvorstellung zu ermöglichen, wird in den Ortsbeschreibungen in diesem Buch einheitlich nach **fünf Preisklassen** unterteilt, darge-

Preiskategorien in diesem Buch

	Hotel	Apartment/Ferienwohnung	Campingplatz
€	DZ 40–65 Euro	2er Apt. 25–40 Euro 4er Apt. 45–70 Euro 6er Apt. 60–90 Euro	4 Pers./Zelt 20–25 Euro 4 Pers./WoWa 25–30 Euro 4 Pers./WoMo 25–30 Euro
€€	DZ 65–100 Euro	2er Apt. 40–60 Euro 4er Apt. 70–100 Euro 6er Apt. 90–120 Euro	4 Pers./Zelt 25–30 Euro 4 Pers./WoWa 30–35 Euro 4 Pers./WoMo 30–40 Euro
€€€	DZ 100–180 Euro	2er Apt. 65–100 Euro 4er Apt. 100–140 Euro 6er Apt. 120–160 Euro	4 Pers./Zelt 30–35 Euro 4 Pers./WoWa 35–40 Euro 4 Pers./WoMo 35–40 Euro
€€€€	DZ 180–220 Euro	2er Apt. ab 100 Euro 4er Apt. 140–200 Euro 6er Apt. ab 160 Euro	4 Pers./Zelt 35–45 Euro 4 Pers./WoWa 40–60 Euro 4 Pers./WoMo 40–60 Euro
€€€€€	DZ ab 220 Euro	-	-

Berücksichtigt sind jeweils die niedrigsten und höchsten Preise während der **Hauptsaison.** Alle Preise gelten **pro Tag,** die **Hotelpreise** mit Frühstück für zwei Personen im **Doppelzimmer.** Bei Campingplätzen gelten die Preise für **Wohnwagen und Wohnmobile** inkl. Strom. Alle Angaben sind Richtwerte.

stellt durch ein bis fünf **hochgestellte Euro-Zeichen** (€€€€€). Diese Einteilung ist unabhängig von der Kategorisierung vor Ort. Die Preisklassen sind der abgebildeten Tabelle zu entnehmen. Genannt sind die Preise während der Hauptsaison (Mitte Juli bis Ende August); außerhalb sinkt der Preis auf etwa zwei Drittel, in der Nebensaison teilweise bis auf ein Drittel!

Bezahlung

Viele Prospekte, Preistafeln usw. in Kroatien arbeiten bereits auf **Euro-Basis,** die Abrechnung erfolgt jedoch bis zum EU-Beitritt (und der späteren Umstellung auf den Euro) in **Kuna.** Dabei akzeptieren manche Privatvermieter den Mietpreis gern auch in Euro, da sie entweder als Gastarbeiter im Winter in der Eurozone tätig sind oder dort Einkäufe tätigen und sich die Umtauschgebühren sparen möchten.

Buchung

Es ist zumindest außerhalb der Hochsaison **kein Problem,** ohne Vorabarrangement nach Kroatien zu kommen; entweder orientiert man sich an den allgegenwärtigen, oft mehrsprachigen Schilderwäldern („apartman" = Ferienwohnung, „sobe" = Zimmer), oder man wendet sich an eine der **Touristenagenturen** („Agencija"), die dem Suchenden eine Liste von Privatzimmern und Ferienwohnungen vorlegen – das ist etwa so kompliziert wie bei uns der Zeitungskauf am Kiosk. Dann besichtigt man selbstständig das Objekt. Sollte das Zimmer zusagen, füllt man – wieder beim Agenten – die Unterlagen aus. Der Pass wird zur Registrierung einen Tag (bzw. bis zur Rechnungsbegleichung) hinterlegt. Somit ist gewährleistet, dass Privatzimmer vom Vermieter auch ordnungsgemäß versteuert werden (bis zu 40 %!) und die **Kurtaxe** gezahlt wird (0,50–1,50 Euro/Tag). Der Kunde merkt von Kurtaxe und Vermittlungsprovision allerdings nichts, er zahlt einen Endbetrag.

Wer **direkt zu Vermietern** geht (manche freuen sich, können doch Steuer und Kurtaxe sowie Agenturenprovision gespart werden), darf nicht irritiert sein, wenn man gelegentlich trotz der Eigeninitiative an eine Agentur verwiesen wird: Es bestehen oft feste Verträge mit Agenturen, es gibt vielleicht sprachliche Probleme, oder man will ehrlich Steuern zahlen.

Man kann also auf eigene Faust entweder vor Ort direkt zum Vermieter gehen oder sich an die örtliche **Touristeninformation** oder eine der zahlreichen **Agenturen** wenden, von denen einige günstig gelegene jeweils beispielhaft in den Ortsbeschreibungen erwähnt werden.

Zunehmend bedeutsam werden auch **Internetkontakte,** die entweder über Agenturen (Vermittler) oder auch – allerdings noch nicht so häufig – direkt mit dem Vermieter geknüpft werden können. Dabei sind einige **Besonderheiten** zu beachten: Es gibt zwei verschiedene Agentursysteme, die einen arbeiten von D/A/CH aus, die anderen haben ihren Sitz in Kroatien. Eine Agentur in D/A/CH rechnet in Euro ab und fungiert quasi als „Reisever-

kro250 Foto: wl

anstalter" (mit Sicherungsschein usw.) – man hat also einen Ansprechpartner im Heimatland. Die Rechnung wird nicht nach Kroatien überwiesen (aus D/A/CH derzeit noch recht hohe Überweisungskosten in Nicht-EU-Länder), dafür sind die Gesamtkosten höher als bei Agenturen in Kroatien. Letztere treten auch als Vermittler auf, fordern meist eine Anzahlung von etwa 20 %, der Rest ist dann direkt an den Besitzer der Unterkunft zu zahlen (bar bei der Ankunft). Dabei hat mancher Urlauber ein „flaues Gefühl", gibt es doch keinen Sicherungsschein, die Anzahlung ist nach Kroatien vorab zu überweisen, und man muss darauf vertrauen, dass die Unterkunft zum Zeit-

Opatija mit seinen mondänen Hotels

punkt der Ankunft wie vereinbart auch tatsächlich frei ist. Klar ist aber auch, dass der Preis bei kroatischen Agenturen zum Teil erheblich günstiger ist als bei Agenturen „mit Sicherungsschein“. Zumindest in der Hauptsaison kann man bei zeitgerechter Vorplanung in beiden Fällen sicher sein, ein „Wunschobjekt“ anmieten zu können.

- **Buchtipp:** Erich Witschi, „Unterkunft und Mietwagen clever buchen“, aus der Reihe Praxis, Reise Know-How Verlag, Bielefeld.

Agenturen

Hier eine kleine **Auswahl zuverlässiger Anbieter** (im Internet), wobei meist über die eingestellten Bilder, zum Teil auch über PDF-Prospekte ein recht guter Eindruck von den anzumietenden Objekten gewonnen werden kann.

- Auf der internationalen Seite **www.ferienwohnungen.net** findet man auch Privatanbieter, u.a. kann man hier „Robinsonurlaub auf den Kornaten“ (auf einer einsamen Insel) buchen.
- **www.homeholidays.com** bietet sehr schöne, private und günstige Unterkünfte; der Kontakt wird direkt zum Vermieter hergestellt.
- Die Firma **Adrialin (www.kroatien-adrialin.de)** arbeitet im Unterkunftsbereich mit TÜV-Süd und rund 7500 Privatanbietern zusammen und bietet Unterkünfte vom Gästezimmer über familienfreundliche Ferienanlagen bis zur exklusiven Ferienvilla.
- **www.croliday.com** ist die Homepage der mit zahlreichen Häusern in ganz Kroatien zusammenarbeitenden deutsch-kroatischen Unterkunftsvermittlung **Croliday-Reisen,** Uhlandstraße 21, 71638 Ludwigsburg, Tel. 07141-970202, Fax 970203.
- Kroatienweit arbeitet auch die Firma **Adria 24,** Münchener Str. 19, 82024 Taufkirchen, Tel. 089-74673444, www.adria-24.com oder www.istrien-info.com, die als zuverlässig und etabliert gilt und über sehr weit gefächerte Angebote verfügt.
- Schon seit vielen Jahren ist die **Agentur Koima** in Zagreb (Remetinečka 77, 10000 Zagreb, Tel. 00385-01-655667, Fax 6556888, www.apartmani-hrvatska.com) im Geschäft.
- In Salzburg, F. Hanusch Platz 1, Tel. 0043-512-2110400 (aus D/CH) bzw. kostenfrei in Österreich 0800-500802, www.terra-reisen.com, bietet **Terra-Reisen** als einer der größten Autoreise-Veranstalter sehr interessante Angebote im Unterkunftsbereich, aber auch Flug etc.
- Als weitere gute Seiten seien **kroatien-holiday.at, www. adriatica.net** und **www.idriva.de** erwähnt.

Hinweis: Leider tummeln sich inzwischen auch schwarze Schafe vor allem in der Masse der Internetanbieter. So warnen Reisende ausdrücklich in den einschlägigen Foren vor Anbietern, die bereits mehrfach zwar kassiert, dann aber beim Erscheinen der Buchenden vor Ort gar keine Unterkunft bereitgestellt haben sollen. Dabei soll zudem bereits vor der Reise (eigene Anreise, nur Unterkunftsbuchung) der gesamte Preis für die Unterkunft bezahlt worden sein, was in Kroatien unüblich ist und stets stutzig machen sollte! Üblich ist bei der reinen Unterkunftsbuchung lediglich eine Anzahlung nach der Buchung (meist um die 100 Euro oder 20 % des Preises) und Begleichung des Restbetrages bei der Schlüsselübernahme.

Jugendherbergen

Jugendherbergen gibt es in Kroatien derzeit lediglich in Pula, Punat/Krk, Zadar, Dubrovnik, Veli Lošinj, Zagreb und Rijeka. Ein internationaler **Jugendherbergsausweis** ist erforderlich; es empfiehlt sich wegen der großen Nachfrage eine **Reservierung** (Preise je nach Ort und Saison 12–18 Euro/Tag), am besten online bei der Youth Hostel Association, Savska Cesta 5, 41000 Zagreb, Tel. 01-4829294, www.hfhs.hr.). **Auskünfte** zum Jugendherbergsausweis erteilen:

- **Deutsches Jugendherbergswerk,** Bismarckstr. 8, 32657 Detmold, Tel. 05231-74010, www.jugendherberge.de.
- **Österreichischer Jugendherbergsverband,** Schottenring 28, 1010 Wien, Tel. 01-5335353, www.oejhv.or.at.
- **Schweizer Jugendherbergen,** Schaffhauserstr. 14, 8042 Zürich, Tel. 044-3601414, www.youthhostel.ch.

Verkehrsmittel

Bahn

Im Vergleich zum Bus bietet die Bahn in Kroatien eigentlich nur eine Alternative für Eisenbahnfans. Die **Verbindungen,** insbesondere im Süden, sind - bedingt durch die gebirgige und teils unzugängliche Landschaft - **außerordentlich beschränkt.** Bahnlinien führen von Slowenien nach Pula (Südspitze Istriens) oder über Karlovac nach Rijeka bzw. durch das Binnenland nach Dalmatien (Zadar, Šibenik und Split). In den Ortsbeschreibungen wird auf die jeweiligen Verbindungen hingewiesen. Je nach Route zahlt man in der 2. Klasse als Richtpreis etwa 1,5 K pro Kilometer.

Busse

Busse dürften für diejenigen, die nicht mit einem eigenen Fahrzeug unterwegs sind, das **Haupttransportmittel** sein; die Verbindungen zwischen den einzelnen Ortschaften sind sehr ordentlich und zudem ausgesprochen **preiswert:** Als Faustregel gilt, dass pro Kilometer 0,95 K zu entrichten sind - auch auf internationalen Routen, wenn die Tour in Kroatien beginnt. Preisbeispiele für nationale Strecken wären etwa Zadar–Split 120 K oder Dubrovnik - Split 135 K. Für Nord-/Mitteldalmatien speziell gilt, dass Zadar und Split die großen Zentren und somit auch Ausgangs- bzw. Endpunkte der meisten Linien sind.

Fahrpläne hängen in Busbahnhöfen und an Haltestellen aus, dabei muss man die Begriffe „polazak iz" (Abfahrt von), „polazak za" (Abfahrt nach), „radni dan" (werktags), „subota" (samstags) und „nedelja i blagdan" (sonn- und feiertags) kennen.

Soweit vorhanden, werden die **innerstädtischen Verkehrsmittel** im Rahmen der jeweiligen Ortsbeschreibungen erläutert.

Fähren

Zu den vielen interessanten und sehr beliebten Inseln verkehren ganzjährig **Autofähren,** zu kleineren Insel **Passagierfähren** (teilweise Privatanbieter, zu buchen direkt am Pier). Die meisten in den Karten verzeichneten „Fährorte" sind nur eine Anlegestelle mit einer kleinen Ticketbude. Selbstfahrer stellen sich einfach hinten an und kaufen während der Wartezeit das Fährticket; von den beiden Coupons wird einer bei der Einfahrt auf die Fähre abgegeben, die Kopie gilt als Beleg. Das Fährpersonal ist auch in Stressphasen meistens sehr hilfsbereit und nett.

Wartezeiten kommen durchaus vor, auf die Frequenzen und Verbindungen der diversen Routen wird in den Ortsbeschreibungen eingegangen.

• **Infos:** Über die aktuellen Preise und Fährverbindungen zu den Inseln informiert die Hauptfährgesellschaft **Jadrolinija** unter www.jadrolinija.hr (Tel. Split 21-338333).

Taxis

Einige **Großstädte** verfügen über einen regulären, relativ teuren Taxi-Service; Einzelheiten und Richtpreise finden sich in den Ortsbeschreibungen.

Trampen

Ein Wort zum Thema Autostopp: Trampen ist **nicht sonderlich beliebt** in Kroatien, eigentlich sogar eher verpönt. Das heißt allerdings nicht, dass in Notfällen oder bei miserablem Wetter nicht geholfen würde. Im Sommer jedenfalls stehen die Chancen für Tramper eher schlecht, obgleich zu dieser Zeit mehr Touristen als Einheimische auf kroatischen Straßen fahren.

Versicherungen

Die **gesetzlichen Krankenkassen** von Deutschland, Österreich und der Schweiz garantieren eine Behandlung auch im akuten Krankheitsfall in Kroatien, wenn die medizinische Versorgung nicht bis nach der Rückkehr warten kann. Als Anspruchsnachweis benötigt man dafür einen speziellen **Auslandskrankenschein** von der gesetzlichen Krankenkasse (die Europäische Krankenversicherungskarte gilt nicht in Kroatien!).

Im Krankheitsfall besteht ein Anspruch auf ambulante oder stationäre Behandlung bei jedem zugelassenen Arzt und in staatlichen Krankenhäusern. Da jedoch die Leistungen nach den gesetzlichen Vorschriften im Ausland abgerechnet werden, muss man in der Regel zunächst die Kosten der Behandlung selbst tragen. Obwohl bestimmte Beträge von der Krankenkasse hinterher rückerstattet werden, kann doch ein Teil der finanziellen Belastung beim Patienten bleiben, also zu Kosten in kaum vorhersagbarem Umfang führen.

Reisekrankenversicherung

Aus diesem Grund ist zusätzlich der Abschluss einer privaten Auslandskrankenversicherung dringend empfohlen. Diese sind z.B. in Deutschland ab 5–10 Euro pro Jahr auch sehr günstig. Manchmal ist eine solche Auslandsversicherung, auch für die gesamte Familie, in Kontenverträgen mit Kreditkarte (Bank fragen) bereits enthalten oder kann auch preiswert über die Automobilclubs abgeschlossen werden. Bei Abschluss der Versicherung – die es mit bis zu einem Jahr Gültigkeit gibt – sollte auf einige Punkte geachtet werden. Zunächst sollte ein Vollschutz ohne Summenbeschränkung bestehen, im Falle einer schweren Krankheit oder eines Unfalls sollte auch der Rücktransport übernommen werden. Wichtig ist, dass im Krankheitsfall der Versicherungsschutz über die vorher festgelegte Zeit hinaus automatisch verlängert wird, wenn die Rückreise nicht möglich ist.

Schweizer sollten bei ihrer Krankenversicherungsgesellschaft nachfragen, ob die Auslandsdeckung auch für

Kroatien inbegriffen ist. Sofern man keine Auslandsdeckung hat, kann man sich kostenlos bei Soliswiss (Gutenbergstr. 6, CH-3011 Bern, Tel. 031-3810494, www.soliswiss.ch) über mögliche Krankenversicherer informieren.

Zur **Erstattung der Kosten** benötigt man grundsätzlich ausführliche Quittungen (mit Datum, Namen, Bericht über Art und Umfang der Behandlung, Kosten der Behandlung und Medikamente).

Der Abschluss einer **Jahresversicherung** ist in der Regel kostengünstiger als mehrere Einzelversicherungen. Günstiger ist auch die Versicherung als Familie statt als Einzelpersonen. Hier sollte man nur die Definition von „Familie" genau prüfen.

Andere Versicherungen

Ist man mit einem Fahrzeug unterwegs, ist der **Europaschutzbrief** eines Automobilclubs eine Überlegung wert. Wird man erst in der Notsituation Mitglied, gilt diese Mitgliedschaft auch nur für das betreffende Land, und man ist in der Regel verpflichtet, fast einen Jahresbeitrag zu zahlen, obwohl die Mitgliedschaft nur einen Monat gültig ist.

Ob es sich lohnt, weitere Versicherungen abzuschließen wie eine Reiserücktritts-, Reisegepäck-, Reisehaftpflicht- oder Reiseunfallversicherung, ist individuell abzuklären. Gerade diese Versicherungen enthalten viele Ausschlussklauseln, sodass sie nicht immer Sinn machen.

Die **Reiserücktrittsversicherung** lohnt sich nur für teure Reisen und für den Fall, dass man vor der Abreise einen schweren Unfall hat, schwer erkrankt, schwanger wird, gekündigt wird oder nach Arbeitslosigkeit einen neuen Arbeitsplatz bekommt, die Wohnung abgebrannt ist u.Ä. Nicht gelten hingegen: Terroranschlag, Streik, Naturkatastrophe etc.

Die **Reisegepäckversicherung** lohnt sich seltener, da z.B. bei Flugreisen verlorenes Gepäck oft nur nach Kilopreis und auch sonst nur der Zeitwert nach Vorlage der Rechnung ersetzt wird. Wurde eine Wertsache nicht im Safe aufbewahrt, gibt es bei Diebstahl auch keinen Ersatz. Kameraausrüstung und Laptop dürfen beim Flug nicht als Gepäck aufgegeben worden sein. Gepäck im unbeaufsichtigt abgestellten Fahrzeug ist ebenfalls nicht versichert. Die Liste der Ausschlussgründe ist endlos ... Überdies deckt häufig die Hausratsversicherung schon Einbruch, Raub und Beschädigung von Eigentum auch im Ausland. Für den Fall, dass etwas passiert ist, muss der Versicherung als Schadensnachweis ein Polizeiprotokoll vorgelegt werden.

KORZO

Land und Leute

051sd Foto: wl

005is Foto: wl

Der Korzo in Rijeka

Typische Adria-Vegetation: Agaven

Paprika und Knoblauch – Grundbestandteile der kroatischen Küche

Geografie

Auf der Karte ähnelt das Territorium Kroatiens einem Bumerang, dessen Basis nach Nordwesten und dessen Spitzen nach Südosten zeigen. Diese recht eigentümliche Form erklärt sich aus der Geschichte bzw. der Zusammensetzung des ehemaligen Vielvölkerstaates Jugoslawien und seiner ethnischen Besiedlung. Im Norden grenzt Kroatien an Slowenien (gemeinsame Grenzlänge: 501 km), im Osten an Ungarn (329 km), Serbien (241 km) und Bosnien-Herzegowina (932 km), im Süden an Montenegro (25 km). Das Staatsgebiet umfasst 56.542 km^2 und beinhaltet **1185 Inseln,** die größtenteils an der dalmatischen Küste liegen, von denen allerdings nur 67 bewohnt sind.

Hauptstadt der Republik Kroatien ist **Zagreb,** wo (mit Umland) rund ein Viertel der insgesamt rund 4,5 Millionen Bewohner des Landes lebt und arbeitet. Die **Bevölkerung** besteht zu 90 % aus Kroaten, 7 % sind Serben, 3 % Italiener, Ungarn, Slowaken, Slowenen, Deutsche und Bosnier.

Geografisch unterteilt man Kroatien in das fruchtbare Flachlandbassin von Sava und Drava im Nordosten, ein bergiges Karstland im Norden und im Zentrum sowie die touristisch bedeutsame mediterrane Küstenregion. Diese Küstenregion – und somit der untere „Bügel" des Bumerangs – gliedert sich historisch bedingt in drei Regio-

184nd Foto: wl

nen: die **Halbinsel Istrien,** die sich anschließende **Kvarner Bucht** sowie, im Süden, **Dalmatien.** Die gesamte Küste misst eine Länge von 1780 Kilometern.

Region Kvarner

Die kroatische Region Kvarner bildet den nördlichsten und somit Mitteleuropa am nächsten gelegenen Teil Kroatiens mit den Mittelmeerabschnitten Kvarner, Kvarneric und dem Velebit-Kanal. Letzterer gehört wegen der häufigen Fallwinde zu einer der gefährlichsten Seepassagen weltweit. Bewohnte **Inseln der Kvarner Bucht** sind Krk, Pag, Cres, Lošinj, Rab, Susak, Unije und Ilovik. Das wichtigste urbane Zentrum ist **Rijeka,** touristische Küstenhochburgen sind **Opatija** und **Crikvenica.**

Dalmatien

Das historische Dalmatien umfasst heute die vier Gespanschaften *(Županija)* **Zadar, Šibenik-Knin, Split-Dalmatien** und **Dubrovnik-Neretva** mit insgesamt 12.943 km² Landfläche und etwa 550.000 Einwohnern. Der Begriff Dalmatien geht auf den Volksstamm der **Delmaten,** eine Gruppierung der Illyrer (siehe Glossar) zurück, der diese Region im ersten Jahrhundert unserer Zeitrechnung besiedelte. Die meisten

Inseln in Zentraldalmatien

Kroatiens 5 größte ...

Kroatiens fünf größte Städte:

Zagreb	795.000 Einw.
Split	225.000 Einw.
Rijeka	170.000 Einw.
Osijek	120.000 Einw.
Zadar	95.000 Einw.

Kroatiens fünf höchste Berge:

Dinara	1830 m
Kamešnica	1810 m
Sveti Jure	1762 m
Vaganski Vrh	1757 m
Ozeblin	1657 m

Kroatiens fünf längste Flüsse:

Sava	562 km
Drava	505 km
Kupa	296 km
Donau	188 km
Bosut	151 km

Kroatiens fünf größte Inseln:

Krk	410 km²
Cres	410 km²
Brač	395 km²
Hvar	300 km²
Pag	285 km²

Kroatiens fünf größte Nationalparks:

Kornaten	234 km²
Plitwitzer Seen	195 km²
Krka-Fälle	110 km²
Paklenica	102 km²
Mljet	54 km²

Mittlere tägliche Maximum- und Minimumtemperaturen in °C

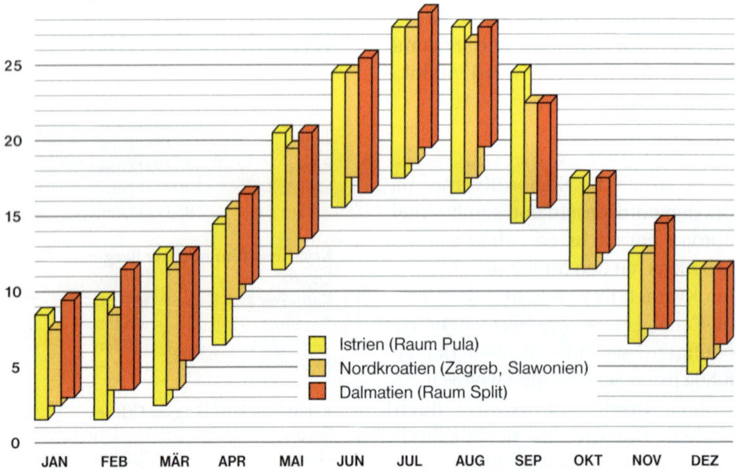

Wassertemperatur in °C

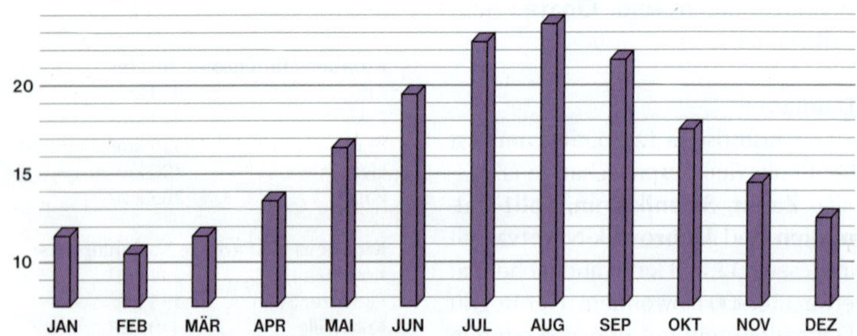

Mittlere Niederschlagsmenge pro Monat in mm

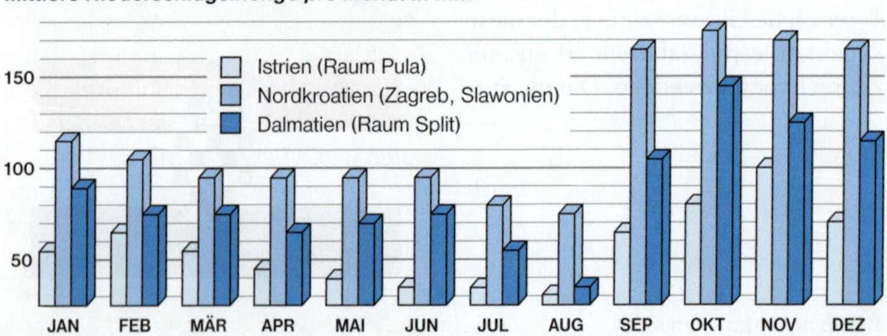

Städte und Gemeinden liegen an der Küste sowie auf den Inseln, wohingegen das dalmatische Hinterland sehr dünn besiedelt blieb. Die größten Städte sind **Split** (225.000 Einwohner), **Zadar** (95.000), **Šibenik** (65.000) und **Dubrovnik** (49.000). Die große Bevölkerungsmehrheit besteht aus ethnischen Kroaten, bedeutendste Minderheiten sind die Serben (Raum Knin) und Italiener in und um Zadar.

Klima

Entlang der kroatischen Küste herrscht **Mittelmeerklima** mit warmen, trockenen Sommern und milden Wintern, wobei es innerhalb dieses langen Küstenabschnitts noch gewisse Unterschiede gibt (siehe Grafik). Der Grund dafür ist die jeweilige Lage zu den schützenden Bergketten des Festlands. Als Faustregel kann man festhalten, dass es von **Mitte Juni bis Ende August kaum regnet** und die Tageshöchsttemperaturen mit schöner Regelmäßigkeit über die 30°C-Marke klettern, wobei die Temperaturen der südlichen Gefilde meist noch um ein bis zwei Grad höher liegen als etwa die in der Kvarner Bucht.

Zur Thematik vergleiche auch den Abschnitt „Reisezeit" im Kapitel „Praktische Reisetipps A–Z".

Flora und Fauna

Pflanzenwelt

Jedes Fleckchen fruchtbarer Erde wird zum Anbau genutzt: **Wein, Paprika, Oliven, Tomaten** und andere Obst- und Gemüsesorten zählen zu den wichtigsten landesüblichen Agrarerzeugnissen, wobei freilich die **Pflaume** als Basis für den allgegenwärtigen, selbst gebrannten *Sliwowitz* (Pflaumenschnaps) nicht vergessen werden darf. Häufige Nutzpflanzen sind auch **Maulbeer-, Lorbeer- und Feigenbaum** sowie **Esskastanien** (Maroni). Ansonsten wächst auf dem steinigen Karstboden ein spärlicher, immergrüner Buschwald mit **Rosmarin, Salbei** und **Thymian;** sehr markant duftet auch das **Maggikraut.** An der istrischen Küste und auf den Inseln gedeiht der **Ölbaum,** sonst finden sich vorwiegend Nadelhölzer wie **Zypressen, Kiefern** und **Pinien.** Exotische Gewächse wie etwa Tamarisken, Akazien, Agaven und Palmen werden an einigen „Vorzeigepromenaden" (z.B. Opatija) gepflegt.

Säugetiere

Wo eine Kultivierung der Felslandschaften nicht möglich ist, dominieren **Ziege und Schaf** als pflegeleichte Nutztiere. **Esel und Mulis** dienen noch heute als Transportmittel auf den unwirtlichen Bergpfaden und Hängen. Wild lebende Säugetiere scheinen weit seltener vorzukommen als in nördlicheren Gefilden; gelegentlich hoppelt ein Hase durchs Hinterland, auch Rot- und Schwarzwild lebt im

Landesinneren. **Luchse und Bären** haben im Kvarner Hochland zwischen den Nationalparks Plitvice und Risnjak eine Heimat gefunden. Mit etwas Glück kann man sogar **Steinadler** beobachten, auf den Kvarner Inseln auch **Weißkopf- oder Gänsegeier.**

Unterwasser-Fauna

Unter Wasser entdeckt der Taucher Nacktschnecken, Einsiedlerkrebse, Garnelen, Seeigel, Seespinnen, Sepia, Zackenbarsche und sogar Katzenhaie. Auch an Wracks und Grotten oder Höhlen mangelt es nicht. Bedingt durch den Felsboden ist die Sicht sehr gut, das Wasser fast überall von hervorragender Qualität. Umweltschäden sind in der kroatischen Adria glücklicherweise nicht vorhanden.

Geschichte

Geschichte Kroatiens

Die Entwicklung der einzelnen Regionen Kroatiens nahm - bedingt durch die Lage zwischen verschiedenen Machtregionen - einen sehr unterschiedlichen Verlauf. Daher wird in den Ortsbeschreibungen der jeweiligen Stadtgeschichte stärker Rechnung getragen, an dieser Stelle sei zunächst ein kurzer Gesamtüberblick zu Kroatien gegeben.

- **Jungsteinzeit:** Besiedlung der Adriaküste vor 10.000 Jahren, erste Haustiere und Kulturpflanzen.
- **Ab 1000 v.Chr.:** Illyrische Stämme siedeln sich - von Nordeuropa kommend - in Istrien (Histrer) und Dalmatien (Dalmater und Liburner) an.

kb052 Foto: wl

- **Ab 400 v.Chr.:** Einwanderung von Kelten und Verschmelzung zu einer illyrisch-keltischen Mischbevölkerung. Griechische Kolonialisten gründen Handelsniederlassungen auf Korčula, Hvar und Vis sowie dem Festland zwischen Split und Dubrovnik.
- **200 v.Chr.–200 n.Chr.:** Die Römer erobern zunächst den illyrischen Siedlungsraum (unter den Kaisern *Augustus* und *Tiberius*), Zentrum der neuen Kultur wird Pula.
- **3.–5. Jahrhundert:** Der in Dalmatien geborene Kaiser *Diokletian* macht Split zu seinem Zentrum (Diokletians-Palast). Das Christentum verbreitet sich, erste christliche Basiliken entstehen.
- **Um 620:** Einwanderung der Kroaten aus der slawischen Urheimat, die in der südwestlichen Ukraine (Pripjat-Sümpfe) angenommen wird, unter dem Druck der Völkerwanderungen.
- **Bis 825:** Der kroatische Balkan steht unter byzantinischer und fränkischer Oberhoheit.
- **925:** Unabhängiges Königreich unter König *Tomislav.*
- **1102:** *Koloman von Ungarn* wird König von Kroatien: Beginn der ungarischen Oberhoheit (bis 1918).
- **1527:** *Ferdinand I. von Habsburg* (der spätere römisch-deutsche Kaiser) wird König von Ungarn-Kroatien; die Habsburger behalten die Krone bis zum Jahr 1918. Kroaten und Deutsche haben bis 1806, Kroaten und Österreicher bis Ende des Ersten Weltkriegs 1918 ein gemeinsames Staatsoberhaupt.
- **1573:** Bauernaufstände.
- **1797:** *Napoleon* erobert Dalmatien.
- **Ab 1830:** Nationale Wiedergeburt, insbesondere auf sprachlichem Gebiet.
- **1848:** Krieg und Trennung von Ungarn.
- **1868:** Kroatisch-ungarische Gleichberechtigung.
- **1.12.1918:** Königreich der Serben, Kroaten und Slowenen.
- **1918:** Nach dem Zusammenbruch der k.u.k. Doppelmonarchie Österreich-Ungarn am Ende des Ersten Weltkriegs fällt ganz Istrien vorübergehend an Italien (bis 1943).

Festung der Uškoken in Senj

- **10.6.1928:** Kroatenführer *Stjepan Radić* (Gründer der Bauernpartei) wird im Parlament in Belgrad ermordet.
- **6.1.1929:** Königreich Jugoslawien.
- **6.4.1941:** Einmarsch der deutschen Truppen in Jugoslawien und Besetzung.
- **10.4.1941:** Kroatischer, faschistischer Ustaša-Staat unter Führer *Ante Pavelić.*
- **17.4.1941:** Bedingungslose Kapitulation Jugoslawiens.
- **29.11.1945:** Sozialistische Föderative Republik Jugoslawien unter *Josip Tito.*
- **28.6.1948:** Bruch mit Moskau (Beginn des jugoslawischen „Sonderweges").
- **1970/71:** „Zagreber Frühling": national-demokratische Massenbewegung unter Führung von Intellektuellen und Studenten zusammen mit der kroatischen Parteispitze; Niederschlagung durch die jugoslawische Regierung.
- **4.5.1980:** Tod *Titos.*
- **8.4.1990:** *Dr. Franjo Tudjman* wird Präsident des kroatischen Republik-Präsidiums.
- **Mai 1990:** Die „Kroatisch Demokratische Gemeinschaft" (HDZ) gewinnt die absolute Mehrheit bei den ersten freien postkommunistischen Parlamentswahlen.
- **August 1990:** Aufruhr kroatischer Serben in Knin, Beginn des bewaffneten Konflikts.
- **17.3.1991:** „Serbische Republik Krajina" erklärt sich für unabhängig.
- **25.6.1991:** Unabhängigkeitserklärung Kroatiens.
- **3.8.1991:** Briuni-Abkommen: dreimonatiges Moratorium der Unabhängigkeitserklärung.
- **Ab September 1991:** In Kroatien wird Krieg geführt.
- **7.10.1991:** Serbische Bombardierung von Zagreb.
- **19.11.1991:** Fall von Vukovar.
- **23.12.1991:** Anerkennung durch Deutschland und die meisten anderen EU-Staaten mit Wirkung vom 15.1.1992.
- **19.1.1992:** Aufnahme diplomatischer Beziehungen mit Deutschland.
- **Januar 1992:** Vance-Friedensplan.
- **12.2.1992:** Stationierung von UNO-Truppen (UNPROFOR).
- **Frühjahr 1992:** Serbische Belagerung und Beschuss Dubrovniks.

- **2.1.1993:** Kroatischer Angriff im Hinterland von Zadar (Maslenica).
- **28.2.1993:** Washingtoner Abkommen zur Gründung der Bosnisch-Kroatischen Föderation in Bosnien und Herzegowina (BiH).
- **April 1993:** Ausbruch bewaffneter Konflikte zwischen Kroaten und Muslimen in Bosnien-Herzegowina.
- **September 1993:** Kroatische „Medak-Offensive" bei Gospić.
- **1.5.1995:** Kroatische Rückeroberung des serbisch kontrollierten Westslawonien („Aktion Blitz").
- **2./3.5.1995:** Raketenbeschuss Zagrebs durch Serbien.
- **4.–7.8.1995:** Kroatische Rückeroberung der serbisch kontrollierten Krajina („Aktion Sturm").
- **12.11.1995:** Vertrag von Erdut mit den Behörden der serbisch kontrollierten Gebiete in Ostslawonien, der Baranja und Westsyrmiens über Wiedereingliederung in Kroatien nach UN-Verwaltung (UNTAES).
- **14.12.1995:** Kroatien unterzeichnet das Daytoner Friedensabkommen.
- **23.8.1996:** Normalisierungsabkommen zwischen Kroatien und der Bundesrepublik Jugoslawien.
- **6.11.1996:** Aufnahme Kroatiens in den Europarat.
- **15.1.1998:** Ende des UNTAES-Mandats und Wiedereingliederung von Ostslawonien, Baranja und Westsyrmien in den kroatischen Staatsverband.
- **November 1999 bis Januar 2000:** Der schwer erkrankte Präsident *Tudjman* liegt im Sterben, seine Nachfolge ist offen, sein Tod beendet eine autokratische Ära.
- **Februar 2000:** *Stjepan Mesić* wird am 7.2. zum neuen Präsidenten gewählt und am 18.2. offiziell in sein Amt eingeführt. Der Chef der HND verspricht eine Abkehr vom Einheitsstaat der bis dato vorherrschenden HDZ und der Tudjman-Verstrickungen. Er entwickelt sich rasch zu einer Integrationsfigur und strebt Westannäherung an.
- **13.7.2000:** Die Liberalisierungswelle erreicht einen vorläufigen Höhepunkt mit der Entlassung des Tudjman-Getreuen *B. Tolič* als Chef der staatlichen Nachrichtenagentur HINA.
- **1.10.2000:** *Mesić* kritisiert öffentlich kroatische Kriegsverbrechen der HVO (kroatische Armee) während des Balkankrieges und verspricht weiterhin gerichtliche Verfolgung, auch wenn es sich um Kroaten handele; mehrere rechtsnationalistische Generäle attackieren ihn in einem offenen Brief. *Mesić* setzt sich durch und schickt sie in den Ruhestand.
- **März 2001:** Kroatien liefert den wegen Kriegsverbrechen angeklagten General *Norić* aus – Zehntausende protestieren in Split dagegen, ebenso viele in Pula dafür; die Regierung bleibt hart.
- **25.6.2001:** Zehnjähriges Unabhängigkeitsjubiläum. *Mesić* will seine Politik der inneren Liberalisierung und außenpolitischen Westintegration bei gleichzeitiger Aussöhnung mit den östlichen Nachbarn fortsetzen.
- **2002:** Die Regierung *Račan* tritt zurück, 5-Parteienkoalition gescheitert. Nationalkonservative im Aufwind (rechts-konservative HDZ demoskopischen Umfragen zufolge wieder stärkste Partei).

Ivica Račan wird von *Mesić* wieder zum Premier ernannt – er versucht nun ohne HSLS *(D. Budiša)* die Europäisierung (EU-Beitritt) umzusetzen und den Abbau der Arbeitslosigkeit (über 20 %!) voranzutreiben.

- **2003:** EU-Erweiterungskomissar *Günther Verheugen* bezeichnet Kroatien und Bosnien-Herzegowina als aussichtsreiche Kandidaten für spätere Beitrittsrunden. Auf dem Athener EU-Gipfel (Beschluss der großen Osterweiterung für 2004) legt Kroatien sein offizielles EU-Beitrittsgesuch vor.

Erneut werden in der Landespresse amerikanische Pläne zur Modernisierung des traditionellen Diokletianspalastes (Split) heftig und kontrovers diskutiert. Das marode Weltkulturerbe soll angeblich einem modernen Stadtzentrum weichen.

Ivo Sanader reformiert die bis dahin extrem rechtskonservative HDZ und kooperiert in offenen Fragen hinsichtlich EU und Auslieferung gesuchter Kriegsverbrecher. Die HDZ wird damit wieder „hoffähig".

- **2004:** Die HDZ gewinnt die Parlamentswahlen, *Ivo Sanader* löst *Ivica Račan* als Premierminister ab und Kroatien wird offizieller EU-Beitrittskandidat.

- **2006:** Kroatien wird offiziell von der UN-Sonderbeauftragten für die Verfolgung von Kriegsverbrechen, *Carla del Ponte,* für die gute Zusammenarbeit gelobt und in dieser Hinsicht als EU-reif beurteilt.
- **2007:** Nur mit knappem Vorsprung bleibt die HDZ von Regierungschef *Ivo Sanader* bei der Parlamentswahl im November stärkste Partei.
- **2008:** *Ivo Sanader* bildet eine neue Mitte-Rechts-Regierung aus HDZ, HSLS (Sozialliberale), HSS (Bauernpartei) und SDSS (Serbische Minderheitspartei) und hält am Ziel EU-Beitritt fest.
- **2009:** *Sanader* stürzt über Korruptionsskandale und tritt im Juli überraschend zurück; seine Position nimmt *Jadranka Kosor* (ebenfalls HDZ) ein. Erstmals hat damit eine Frau das Amt der Regierungschefin Kroatiens inne, die resolut gegen politische Korruption vorgeht, sich zügig im Grenzkonflikt mit Slowenien einigt und so die letzten Hürden für den EU-Beitritt beseitigt.
- **2010:** Mit *Ivo Josipović* als Präsident wird ein Rechtswissenschaftler an die Spitze des Staates gewählt.
- **2011:** Ex-Premier *Sanader* flieht nach Italien, wird per internationalem Haftbefehl gesucht und schließlich ausgeliefert. Kroatien erhält die Zusage des EU-Beitritts für 2013. Im Dezember werden auch *Jadranka Kosor* und die HDZ abgewählt, neuer Premier wird *Zoran Milanovic,* der ein sozialdemokratisches Bündnis mit knapper Mehrheit anführt.
- **Januar 2012:** Anders als in Deutschland werden die kroatischen Bürger per Referendum zum EU-Beitritt befragt. Rund zwei Drittel stimmen dafür, dass Kroatien das 28. Mitglied der Union wird – und das auf dem ersten Höhepunkt der „Griechenland-Krise"! Einziger Wermutstropfen ist die mit 43,6 % enttäuschend geringe Wahlbeteiligung.
- **März 2012:** Der österreichische Bundespräsident *Heinz Fischer* besucht als erstes Staatsoberhaupt nach dem Referendum in Kroatien das Land; zentrales Thema ist – neben dem Beitritt – die EU-Schuldenkrise.
- **April 2012:** Der bekannte Möbeldiscounter IKEA gibt bekannt, 2013 im Zagreber Vorort Rugovica den ersten IKEA-Möbelmarkt in Osteuropa zu eröffnen.

Geschichte der Region Kvarner

Antike

Die Kvarner Bucht wurde im Altertum wechselweise von Illyrern, Liburnern, Japoden, Griechen und Histrern bewohnt, ehe die **Römer** 221 v. Chr. erstmals den Versuch unternahmen, die Region gemeinsam mit Istrien (Histrer) zu besetzen. Dieses Vorhaben gelang 178 v. Chr. endgültig. Mit dem Zerfall des Römischen Reiches im 4. Jahrhundert verblieb die Region Kvarner beim weströmischen Teil des Imperiums, ehe mit dem Sieg der Ostgoten über Westrom ab 476 erneut die Oberhoheit wechselte. 539 verdrängte Byzanz (Ostrom) in dem Bestreben, das Römische Reich zumindest an der Ostadria zu restaurieren, die Goten, musste sich aber im Zuge der Einwanderung slawischer und awarischer Völker während der Völkerwanderung (Ende 6. Jh.) zurückziehen.

Mittelalter

Zu den Slawen zählen auch die **Kroaten,** die fortan die Kvarner Bucht besiedeln, ab dem frühen 9. Jahrhundert *(Karl der Große)* allerdings zunächst unter fränkischer Oberhoheit stehen. 1288 gelingt es dem frankopanischen Fürstentum von Vinodol, die Kvarner Bucht kurzzeitig zu kontrollieren, es muss sich aber Ende des 13. Jahrhunderts den Venezianern beugen, die vor allem an Exporthäfen an der Ostadria interessiert sind. 1358 tritt die Dogenrepublik **Venedig** ihre Rechte rund um Fiumen (heute Rijeka) an Ungarn ab, das wiederum 1471 Rijeka an die **Habsburger** Dynastie (Österreich) abgibt. Damit wird das Festland der Region Kvarner mehr oder weniger von Österreich, die Inseln (ab 1480 auch Krk) von Venedig kontrolliert, was im 16. und 17. Jahrhundert mehrfach zu Konflikten der beiden Mächte führt und im gemeinsamen siegreichen Kampf Österreichs mit den Uškoken gegen Venedig gipfelt (1615–17).

Neuzeit

Nach einer längeren und eher ruhigen Phase als Freihafen wird **Rijeka** 1779 zunächst an Ungarn übergeben, um kurzzeitig zurück an Österreich, während der napoleonischen Kriege Anfang des 19. Jahrhunderts kurz an Frankreich zu fallen. Nach dem Ende der napoleonischen Ära (1815) bleibt die Kvarner Bucht bis zur Gründung des ersten jugoslawischen Königreiches (1918) österreichisch, zahlreiche architektonische Relikte gehen auf diese Phase zurück. Mit Unterbrechung der Jahre 1941–43 (deutsche Besatzungsphase) folgt die Geschichte der Kvarner Bucht seit 1918 den Ereignissen um das ehemalige **Jugoslawien** bzw. das moderne Kroatien (s.o.).

Geschichte Dalmatiens

Antike

Im 6. und 5. vorchristlichen Jahrhundert siedelten diverse **illyrische Stämme** im heutigen dalmatischen Raum, hauptsächlich Liburner im Nordwesten und Delmaten im Südosten. **Griechische Kolonisten** gründeten außerdem Handelsniederlassungen auf Korčula, Hvar und Vis sowie auf dem Festland zwischen Split und Dubrovnik.

Im 2. Jahrhundert v. Chr. konnten die südlichen **Delmaten** die Unabhängigkeit vom illyrischen Reich erreichen und machten das heutige Tomislavlgrad zu ihrem Zentrum.

Nur wenige Jahre später (156 v. Chr.) wurden die Delmaten von den **Römern** unterworfen und tributpflichtig gemacht, um die Zeitenwende unter Kaiser *Augustus* dann als **Provinz Dalmatia** in das Römische Reich integriert. Nachdem Rom seinen Zenit bereits überschritten hatte, spielte Kaiser *Diokletian* (240–315) eine besondere Rolle, als er Split zum Zentrum seiner Macht erkor und dort den gleichnamigen Palast errichten ließ (siehe Exkurs im Kapitel zu Split).

Nach dem Ende des Weströmischen Reiches im 5. Jahrhundert fiel Dalmatien von 481 bis 535 in den Machtbereich der **Goten,** ehe der oströmische Kaiser *Justinian I.* das Gebiet an **Ostrom** (Byzanz) anschloss.

Mittelalter

Im Zuge der Völkerwanderung wurden weite Teile Südosteuropas von den **Slawen** besiedelt, wobei die Assimilation mit der Urbevölkerung weitgehend problemlos verlief. Eine Ausnahme waren die dalmatischen Stadtstaaten, allen voran Jadera (Zadar) und Ragusa (Dubrovnik), wo sich die romanischsprachige Bevölkerung „ghettoisierte“ und sich auch die (heute ausgestorbene) dalmatische Sprache noch lange halten konnte. Formal hatte jedoch Byzanz (Ostrom) nach wie vor die Oberhoheit über Dalmatien inne.

In der Folgezeit entstanden zahlreiche einzelne **Fürstentümer,** wobei Nord- und Mitteldalmatien in den Bereich des Fürstentums und späteren Königreichs Kroatien fielen, in Süddalmatien dagegen die Fürstentümer Paganien (Neretva-Mündung), Travunien und Zahumlje eigenständig existierten. Eine kulturelle Unterscheidung zeigte sich auch in der frühen **Christianisierung** der Slawen in Dalmato-Kroatien, wohingegen die süddalmatischen Stämme ihren Volksreligionen wesentlich länger treu blieben. In Süddalmatien entstand sogar eine **„Piratenrepublik"** neretvanischer Piraten, denen 887 ein großer Sieg über die Seemacht Venedig gelang und die daraufhin über 100 Jahre lang Tribut von Venedig erhielen!

Politisch gewann **Venedig** mit dem Sieg über die neretvanischen Piraten 998 bei Makarska (Doge *Pietro II. Orseolo*) die nominelle Herrschaft über Dalmatien, de facto dehnte sich vom 9. bis ins 11. Jahrhundert jedoch der Einflussbereich der Kroaten aus, nachdem Fürst *Mislav* um 840 seinen Sitz nach Klis (nahe Split) verlegt hatte und immer mehr dalmatische Fürstentümer ihren Tribut an Kroatien entrichteten. Diese Entwicklung gipfelte in der **Vereinigung Dalmatiens mit Kroatien unter König Tomislav** (910–928) und der späteren ungarisch-kroatischen Doppelmonarchie (ab 1100), wobei Byzanz 1186 offiziell zugunsten Ungarn-Kroatiens auf Dalmatien verzichtete. Dabei fielen Nord- und Mitteldalmatien prinzipiell in den kroatischen, Süddalmatien eher in den serbischen Einflussbereich.

Der bosnische Ban **Stefan II. Kotromanic** eroberte nach einer Fehde um 1323 das Fürstentum Zahumlje, womit **Bosnien** mit dem heutigen Neum-Zipfel jene merkwürdige „Landunterbrechung" zwischen Mittel- und Süddalmatien schuf, die heute den Transit nach Dubrovnik über Bosnien-Herzegowina erforderlich macht. Für einige Zeit gelang es den Bosniern sogar, ihren Tributbereich auf die gesamte kroatische Adriaküste auszudehnen.

Das 14. Jahrhundert war von einer Art **„Bündnissuche"** geprägt, wobei die ländlichen Regionen eher zu Ungarn-Kroatien tendierten, die Küstenstädte dagegen zu Venedig als Seemacht. Im frühen 15. Jahrhundert waren Ungarn und Bosnien durch die vorrückenden Türken geschwächt, sodass zwischen 1420 und 1444 ganz Nord- und Mitteldalmatien unter venezianische Kontrolle geriet. Dubrovnik (Republik Ragusa, Süddalmatien) bewahrte dagegen seine Unabhängigkeit und suchte seinen Weg in einer neutralen Diplomatie auch den Türken gegenüber.

Neuzeit

Von 1453 (Konstantinopel) bis 1483 stießen die **Türken** bis in die Herzegowina vor und standen damit an den Grenzen des venezianischen Machtbereiches („Türkenkriege"). 1508 zogen sich zunächst Venedig, 1526 dann auch Ungarn aus Dalmatien zurück, sodass die Türken freie Hand hatten und bis zum Friedensvertrag von 1540 mit Ausnahme weniger bei Venedig verbleibender Küstenstädte ganz Nord- und Mitteldalmatien als türkische Provinz gewannen.

Die neutrale **Republik Ragusa (Dubrovnik)** dagegen entwickelte sich gleichzeitig zu einer der größten Seehandelsmächte des Mittelmeers (rund 300 Handelsschiffe) und erhielt sich eine unangetastete Autonomie.

Ab 1565 und der erfolglosen großen Belagerung von Malta verloren die Türken zunehmend ihre Dominanz (1571 Niederlage in der **Seeschlacht bei Lepanto** gegen eine alliierte abendländische Flotte). Es dauerte jedoch bis zum Frieden von Sremski-Karlovci (1699), ehe die Ostadria (ohne Ragusa) nominell an Venedig fiel.

Die Küstenstädte erfreuten sich zahlreicher Freiheiten, wurden jedoch von einem venezianischen Adeligen geführt; kroatischen Einflüssen wurde gegengesteuert (z.B. Eheverbot der Bürger Zadars mit Kroaten). Im Hinterland betrieben die Venezianer Raubbau durch **Abholzung** (Schiffs- und Stadtbau Venedig), was wesentlich zur heutigen Karstlandschaft beitrug. Dieser Kolonialismus führte zwangsläufig zu Konflikten und Aufständen, ohne dass dabei die venezianische Oberhoheit gebrochen werden konnte.

Im späten 18. Jahrhundert (napoleonische Ära) löste der Korse während seiner Feldzüge die Republiken Venedig und Ragusa auf, Dalmatien fiel kurzzeitig an **Frankreich,** nach dem Wiener Kongressfrieden (1815) schließlich komplett an **Österreich.** Bosnien verblieb beim Osmanischen Reich, sodass seine heutige Westgrenze und der „Neum-Zipfel" historisch manifestiert wurden.

Das 19. Jahrhundert war von **Zwistigkeiten** und Unzufriedenheiten der Slawen geprägt, da Dalmatien zu Österreich, Slawonien (der Norden Kroatiens) zu Ungarn geschlagen wurde. Bestrebungen Wiens, die kroatischen Landesteile gemeinsam mit Bosnien als südslawischen Reichsteil zu vereinen, wurden durch die Ermordung des Erzherzogs *Ferdinand* in Sarajevo (1914) und den Ausbruch des Ersten Weltkrieges vereitelt.

Nach dem Ersten Weltkrieg entstand 1919 das **Königreich der Serben, Kroaten und Slowenen,** welches in seinen Grenzen fast dem späteren Jugoslawien entsprach. Zadar und die Insel Lastovo blieben allerdings italienisch. Dalmatien war dabei zunächst in ein gemeinsames, ab 1920 dann in zwei Distrikte *(oblast)* mit den Provinzsitzen Split und Dubrovnik gegliedert, Zadar im Norden war italienisch und konnte keinen eigenen „oblast" bilden. Süddalmatien wurde später der Zeta-Banschaft (Zetska Banovina) unter serbischer Führung (Sitz Cetinje im heutigen Montenegro) zugeschlagen, was zu Spannungen zwischen Serben und Kroaten führte.

Im Zweiten Weltkrieg wurden weite Teile Mittel- und Süddalmatiens von Truppen der Achsenmächte besetzt, der Norden kam zum deutschen Marionettenstaat **„Unabhängiges Kroa-**

tien". In den besetzten Landesteilen wurde eine drastische **Italianisierung** betrieben (italienische Zuwanderung, Beamtenposten für Italiener, Ortsnamensgebung usw.), auf Rab und Molat Internierungslager eingerichtet. Zwangsläufig sympathisierte daher ein Großteil der kroatischen Bevölkerung mit **Titos Partisanen.** Nach Kriegsende wurde Dalmatien ohne die Bucht von Kotor (kam zu Montenegro) ein **eigenes Verwaltungsgebiet innerhalb Jugoslawiens,** bis 1954 verließen die meisten italienischstämmigen Bewohner ihre Heimat.

Der am dünnsten besiedelte Landesteil Kroatiens war und blieb auch in der Folgezeit wirtschaftlich im Landesdurchschnitt eher **unterentwickelt,** ein bescheidener Tourismus setzte in den 1960er Jahren ein. Auch Belgrad wollte eigentlich mit verbesserter Infrastruktur (Autobahn Zagreb - Split) zu einer wirtschaftlichen Gesundung beitragen, der „Kroatische Frühling" (siehe Exkurs) ließ dann jedoch alle Planungen endgültig platzen.

Nach 1991 und dem **Zerfall Jugoslawiens** und dem darauf folgenden **Bürgerkrieg** kam der Tourismus in Dalmatien gänzlich zum Erliegen (ganz anders im nördlichen Istrien), Hotels wurden Flüchtlingslager, Dalmatien zum Frontgebiet. Nach dem **Friedensvertrag von Dayton** (1995) folgte dann eine rasante touristische Aufwärtsentwicklung in Kroatien, wobei auch die nun unter Leitung Zagrebs bis Ploče bereits fertiggestellte Autobahn Zagreb - Dubrovnik eine Schlüsselrolle spielte.

Der „Kroatische Frühling"

Der kroatische PEN-Klub (Schriftstellerverband) um *Miroslaw Krleža* veröffentlichte **1967** eine Denkschrift zur kroatischen Schriftsprache, die ausgehend von Intellektuellen und Studentenvereinigungen zu einer kleinen kroatischen **Nationalbewegung** im Zeitalter der Volksaufstände in den Marionettenstaaten hinter dem „Eisernen Vorhang" („Prager Frühling", Ungarn) erwuchs. Während das Tito-Regime jeglichen Nationalismus als staatsgefährdend verbot, bestand diese Bewegung auf einer gewissen Eigenständigkeit innerhalb des Staates. Es ging dabei weniger um einen kroatischen Nationalismus, als vielmehr um **wirtschaftliche Gerechtigkeit** (rund 85 % der Einnahmen mussten an Belgrad abgetreten werden).

Die zunächst rein theoretische Auseinandersetzung begann im Jahr **1971** zu eskalieren, als Studenten in Zagreb öffentlich demonstrierten und kroatische Sprachwissenschaftler eine rein kroatische Grammatik veröffentlichten.

Das Tito-Regime musste reagieren: Die Grammatik wurde verboten (da nicht „jugoslawisch", „serbokroatisch" oder „kroatoserbisch"), Studentenführer und viele Professoren von den Hochschulen ausgeschlossen, die Bewegung als „kroatischer Faschismus" verfolgt. **Folterungen, Inhaftierungen und politische Morde** an Exilkroaten durch den jugoslawischen Geheimdienst UDBA waren die Folge. Dennoch blieb die Auseinandersetzung im Vergleich zu anderen Staaten relativ gewaltfrei. 1974 wurde dann eine neue Verfassung verabschiedet, die den Teilrepubliken umfassende Autonomien einschließlich eines (1991 dann auch reichlich genutzten) Sezessionsrechtes einräumte - ein weit vorausschauender Triumph der Initiatoren des „Kroatischen Frühlings".

Staat und Politik

Das neue Kroatien

Parlamentarische Demokratie

Dem Modell moderner europäischer Staaten folgend, basiert die „Republika Hrvatska" (Republik Kroatien) gemäß der **Verfassung von 1990** auf einer demokratischen und sozialen Struktur. Die kroatische parlamentarische Demokratie - zumindest nach *Tudjman* nicht nur auf dem Papier existent - zeichnet sich demgemäß durch eine Gewaltenteilung in Legislative (Gesetzgebung), Judikative (Gerichtsbarkeit) und Exekutive (Vollzugsorgane) mit einem **starken Präsidenten** an der Spitze aus.

Das kroatische **Parlament** (Sabor) besteht aus zwei Kammern mit einer Komitatenkammer (63 Mitglieder, Vertreter der Regionen) sowie dem eigentlichen Abgeordnetenhaus mit 152 frei gewählten Parlamentariern. Als Besonderheiten sind zu erwähnen, dass der Staatspräsident ein lebenslanges Mitgliedschaftsrecht in der Komitatenkammer genießt und alle nationale Minderheiten Anspruch auf - je nach Wahlergebnis - mindestens einen Sitz im Abgeordnetenhaus haben.

International ist Kroatien seit 1992 Mitglied von UN, OSZE und IWF.

Josipović-Administration

Die Josipović-Administration genießt im Westen einiges Ansehen und ist ernsthaft bemüht, den „Filz" der Tudjman-Ära zu beseitigen. Das gilt sowohl für Ex-Premier Račan als auch für Ex-Regierungschef *Ivo Sanader,* der nicht nur die einstige Einheitspartei HDZ reformierte, sondern auch das brisante Thema der Kriegsverbrecherfragen energisch und im Sinne Den Haags (Internationales Strafgericht) anging.

Allerdings konnte offenbar auch *Sanader* einem üppigen Griff in die Kassen nicht wiederstehen - er verlor 2009 sein Amt als Regierungschef an *Jadranka Kosor,* setzte sich 2010 ins Ausland ab, wurde per internationalem Haftbefehl gesucht und schließlich ausgeliefert. Das Vertrauen in die HDZ war dennoch irreparabel erschüttert und führte im Dezember 2011 auch zur Abwahl *Kosors.* Regierungschef eines sozialdemokratisch geführten Parteienbündnisses wurde Anfang 2012 **Zoran Milunović,** der Kroatien nun in die **EU-Mitgliedschaft** führt. Der Beitritt ist für den 1. Juli 2013 vorgesehen.

Unter dem Strich bemüht sich das neue Kroatien, Anschluss an die westlichen Nachbarn zu gewinnen. Als noch zu verbessernde Sachgebiete gelten das Justizwesen, die Verwaltung und die Bekämpfung der Korruption. Dafür steht insbesondere auch der neue Präsident und Rechtswissenschaftler **Ivo Josipović.**

Verwaltung

Die Republik Kroatien ist administrativ in **20 Gespanschaften** (eine Gespanschaft entspricht etwa einem Kanton bzw. Bundesland) und die **Stadt Zagreb** gegliedert. Der Begriff Gespan-

schaft stammt aus der k.u.k. Zeit, als südosteuropäische Territorien in **„Banate"** gegliedert waren und der Ban (Herr) des Banates den Großgespan quasi als Gouverneur der Gespanschaft ernannte. Diese Gliederung wurde 1918 übernommen (Königreich der Serben und Kroaten), nach dem Zweiten Weltkrieg abgeschafft und im Jahr 1992 reaktiviert.

Staatssymbole

Flagge und Wappen

Die kroatische Flagge setzt sich als Trikolore aus den waagerechten Balken **Rot-Weiß-Blau** zusammen und entstand in dieser Form 1848 im Geiste der europäischen Revolutionen. Zur Unterscheidung etwa von der niederländischen Staatsflagge wird die kroatische mittig ergänzt durch das Staatswappen, ein **rot-weißes Schachbrett** mit 25 Feldern, dessen Ursprung auf die ersten kroatischen Könige (Funde aus dem 11. Jahrhundert) zurückgeht und als „typisch kroatisch" gilt. Oberhalb des Schachbretts befindet sich eine Krone, die sich aus den fünf ältesten kroatischen Wappen (Kroatisches Königreich, Istrien, Dalmatien, Slawonien und Republik Dubrovnik) zusammensetzt.

Das alte königliche Wappen (links) auf dem Dach der Markuskirche in Zagreb

Nationalhymne

Die kroatische Nationalhymne **„Lijepa Naša“** (Unsere schöne Heimat), 1835 von *A. Mihanović* geschrieben, wurde 1974 offiziell genehmigt und dient seither als ein alle Kroaten einigendes Band.

Wirtschaft

Das unter *Tito* wohlhabende Jugoslawien zeigte sich nach zehnjähriger HDZ-Regentschaft und Balkankrieg zunächst als wirtschaftlich zerrüttet. Mit den Kriegswirren 1995 brach die EU damals zunächst alle Verhandlungen ab, auch Kredite des Internationalen Währungsfonds wurden eingefroren, ausländische Investoren zogen sich zurück. **Hyperinflation** (1500 %) und Massenarbeitslosigkeit (in einzelnen Regionen bis zu 40 %) waren die Folge, auch der Tourismus brach zusammen. Neben einer künstlichen Überbewertung des Kuna sorgte ein immenses Handelsdefizit – die Importe betrugen fast das Doppelte der Exporte – für Stabilitätsprobleme.

Die EU-nahen Folgeregierungen unter Präsident *Mesić* schafften unerwartet rasch eine deutliche **Trendwende:** Das **Wachstum,** die wichtigste Kennzahl einer Volkswirtschaft, stieg bis 2008 jährlich um knapp 4 % an, wobei die Weltwirtschaftskrise 2009/2010 zu einem zwischenzeitlichen Nullwachstum führte. Mit einem Pro-Kopf-BIP von knapp 10.400 Euro stand Kroatien auch 2010 besser da als EU-Mitgliedsstaaten wie Rumänien (9800 Euro, -6,8 %) oder Bulgarien (8400 Euro, -4,5 %). 2011 war in Kroatien wieder eine leichte Wachstumserholung (ca. 2 %) zu verzeichnen.

Deutliche Fortschritte wurden auch in den Bereichen **Inflationsbekämpfung** (durchschnittlich gut 2 %) und Eindämmung der **Arbeitslosigkeit** (in den 1990er Jahren teilweise über 25 %) erzielt, wobei Letztere inzwischen allerdings wieder auf rund 15 % anstieg und auch zur Wahlschlappe der HDZ im Dezember 2011 beitrug. Nicht zuletzt aufgrund der allgemein positiven Entwicklung erklärte Brüssel Kroatien zum offiziellen EU-Beitrittskandidaten (Vollmitgliedschaft Mitte 2013). Schon heute wickelt Kroatien über die Hälfte seines Außenhandels mit EU-Staaten ab, dabei etwa zu einem Viertel mit Deutschland.

Schwerindustrie, Handel, Landwirtschaft und Fischerei sind die wichtigsten Säulen der nationalen

Wirtschaftliche Eckdaten Kroatiens

	2007	2008	2009	2010	2011
BIP (Wachstum)	4,0	4,9	0,4	0,8	1
Inflation in %	2,2	2,3	1,5	1,8	2,5
Arbeitslosigkeit in %	13,5	13,4	16	18,5	14

Wirtschaft, auch dem **Tourismus** (BIP-Anteil 22 %) kommt eine bedeutende Rolle zu (s.u.).

Wichtigste **Exportgüter** Kroatiens sind Maschinen, Kleidung, Kleingeräte und petrochemische Produkte; **importiert** werden hauptsächlich Fahrzeuge, Transportausrüstungen und Industriemaschinen. Zentren der Schwerindustrie (Schiff-, Maschinen-, Bergbau, Petrochemie) sind Rijeka, Zadar, Šibenik und Split, während Istrien und Slawonien als **Agrarhochburgen** (nur gut 15 % des kroatischen Landes sind für intensive landwirtschaftliche Nutzung geeignet) das Land mit Obst, Gemüse, Wein, Oliven und Getreide versorgen. **Fischfang,** meist nur noch im Nebenerwerb, wird auf den Inseln und in den meisten Küstenorten betrieben.

Tourismus

Nach Jahren der Skepsis und der irrigen Ansicht, Kroatien sei ein Teil Jugoslawiens und daher ob des Balkankrieges sowie wegen des Kosovo-Konfliktes ein unsicheres Reiseland, erfreut sich die Tourismusbranche wieder einer kontinuierlich **steigenden Tendenz.** Während das „alte" Kroatien der 1980er Jahre 60 Mio. Besucher jährlich verbuchen konnte, brach der Tourismus Anfang der 1990er Jahre (Balkankrieg) fast völlig ein und lag 1995 gerade noch bei knapp 13 Mio. Übernachtungen (fast ausschließlich in Istrien). Seither verbucht die Branche satte Zuwachsraten, die mittlerweile jährlich zwischen 5 und 10 % betragen und letztlich zu durchschnittlich ca. 80 Mio. Übernachtungen führten. Von den heute jährlich rund **20 Mio. Kroatien-Urlaubern** kommen die meisten Auslandsgäste aus Italien (ca. 2,5 Mio.), Deutschland (ca. 2,2 Mio.), Tschechien und Slowenien (je ca. 750.000).

Die **Verteilung der Besucherströme** unterliegt bislang einem markanten **Nord-Süd-Gefälle,** der kroatische Küstenstreifen zieht dabei die große Mehrheit der Urlauber an: Rund 50 % der Kroatien-Touristen reisen nach Istrien, 25 % zur Kvarner Bucht, 20 % entfallen auf die dalmatinische Küste. Nordkroatien und das Binnenland teilen sich 5 %, letzteres ist meist nur Transitstation.

Gesamtwirtschaftlich ist der Tourismus aus Kroatien nicht mehr wegzudenken, werden doch heute rund ein Viertel aller nationalen wirtschaftlichen Leistungen in diesem Sektor erzielt. Dies bringt natürlich eine gewisse Abhängigkeit mit sich, über die man sich in Zagreb im Klaren ist. Langfristig will man – allerdings sehr vorsichtig – mehr das **gehobenere Preis-Leistungssegment** entwickeln, ohne dabei das Image des **Camper- und FKK-Paradieses** zu opfern.

Verkehr und Umwelt

Man weiß in Zagreb, dass nur eine heile Umwelt auf Dauer den Anspruch an stetig steigende Besucherzahlen flankieren kann. Gleichzeitig steht fest, dass westliche Besucher gestiegene

Ansprüche an Infrastruktur, Unterkunft und allgemeine Qualität des Urlaubszieles (von der Eiscreme über den Straßenzustand bis hin zum Unterhaltungsangebot) stellen. Und erstaunlicherweise scheint die Quadratur des Kreises zu gelingen: Wegen der recht **geringen Industrie- und Fahrzeugdichte** bleibt die Umwelt nahezu intakt, was sich vor allem auf die **Luft- und Wasserqualität** positiv auswirkt. Die Regierung hat auch ein **modernes Müllkonzept** entwickelt, was sich in Kleinigkeiten wie der Rücknahmepflicht von Kunststoffflaschen und Ähnlichem äußert.

Bei der Verkehrsinfrastuktur wirkt sich der Bau der **Autobahn nach Dubrovnik** (bis Ploče freigegeben) positiv aus, sind doch die einzelnen Landesteile bezüglich der Fahrtzeit dadurch deutlich zusammengerückt und werden die über die alte Landstraße verbundenen Küstenstädte spürbar entlastet. Ähnliches gilt in Istrien seit der Fertigstellung des sogenannten „Istrischen Y".

Ein Problem sind gelegentliche **Waldbrände,** welche die ohnehin karge Vegetation vor allem im Süden des Landes teilweise erheblich beeinträchtigen. Schuld sind dabei weniger lange Trockenphasen, als oftmals unsachgemäßer Umgang mit Feuermitteln seitens achtloser Touristen, aber auch Einheimischer.

Mentalität und Brauchtum

Allgemein sind die Kroaten sehr **freundlich und hilfsbereit,** dabei aber weit weniger aufdringlich, als man dies aus anderen Ländern der Region gewohnt ist – aber Achtung: Allein reisende Frauen werden durchaus angesprochen, allerdings stets im höflichen Rahmen. Die Kroaten geben sich im Großen und Ganzen sehr **deutschfreundlich,** zeigte sich Deutschland doch als (im Westen umstrittener!) Vorreiter bei der Anerkennung des unabhängigen Kroatien.

Sehr wichtig ist es, die **Privatsphäre** zu respektieren, bei aller Freundlichkeit bleibt man Fremden gegenüber

kb058 Foto: wl

Die ältere Generation bewahrt Tradition und Volkskunst

immer etwas reserviert. Dies ändert sich schlagartig, wenn man etwa privat unterkommt und Kontakt zum Vermieter hat – sehr schnell sind freundschaftliche Bande geknüpft, wozu auch der dann reichlich fließende hausgebrannte Sliwowitz oder ein Krug Wein aus eigener Herstellung beitragen.

Sonst trifft man sich zu einem **Plausch vor der Tür,** spaziert die Promenaden entlang, beobachtet die lokale Fußballmannschaft beim Training oder spielt eine Partie **Boccia,** ein im westlichen Mittelmeerraum verbreiteter Freizeitspaß. Sonntags treffen sich die Männer nach dem Kirchgang zum Frühschoppen in einer Bar, die Frauen zum Schwatz auf den Straßen, oder es werden vor den Türen Spitzendecken und Wolljacken gehäkelt.

Das Wichtigste aber ist, dass der Besucher den **Stolz der Kroaten** auf ihre junge Republik und die wirtschaftlichen Leistungen würdigt und nicht durch abwertende Bemerkungen über Land, Leute und Eigenheiten verletzend wirkt.

Politik ist Männersache in Kroatien, **Frauen** lösen sich erst ganz allmählich aus der traditionellen Rolle als Hausfrau und Mutter. Immerhin sind per Gesetz die Löhne und Gehälter zwischen den Geschlechtern angenähert worden, und eine moderne Sozialgesetzgebung ermöglicht durch Erziehungsurlaub die Berufstätigkeit auch als Mutter.

Der familiäre Zusammenhalt ist nach wie vor sehr groß und bildet die Grundlage der **sozialen Gemeinschaft,** aber auch Vetternwirtschaft und Schwarzarbeit sind – von obersten Führungsetagen bis zum kleinen Mann – weit verbreitet, teilweise aus schnöder Gewinnsucht, teils aber auch aufgrund sozialer Nöte.

Wie anderswo auch blüht in Kroatien der Irrglaube, man könne mit Lotto und Fußballtoto sein bescheidenes Einkommen aufbessern – die **Wettkioske** scheinen allgegenwärtig zu sein.

Typisch südländisch und angesichts der im Sommer teils unerträglichen Hitze auch verständlich ist die **lange Mittagspause,** die meist von 12–15 Uhr dauert. Zu dieser Zeit scheinen die Dörfer und Altstadtgassen wie ausgestorben; in den Städten herrscht dagegen reger Dauerbetrieb.

Bildung und Soziales

In der Republik Kroatien besteht eine allgemeine Schulpflicht von **neun Schuljahren** ab dem fünften oder sechsten Lebensjahr. Mit Erlangen der Hochschulreife kann an den nationalen Universitäten oder im Ausland ein Studium aufgenommen werden.

Wichtigste **Fremdsprachen** sind **Englisch, Deutsch und Italienisch,** wobei kaum regionale Unterschiede zu machen sind – als Tourist denkt man bald, jeder Kroate beherrsche fließend vier Sprachen. Dabei leisten in Istrien die offizielle Zweisprachigkeit (Kroatisch und Italienisch) sowie die hohen Besucherströme aus dem deutschsprachigen Raum einigen Vorschub.

Allerdings: So positiv diese Beurteilung bei den Dienstleistungen erscheint, im Bereich der Facharbeiter äußern sich viele westliche Wirtschaftsberater äußerst skeptisch, dass das Bildungssystem in Kroatien den Anforderungen des künftigen Marktes genügen kann. Auch die **Sozialgesetzgebung** gilt im Vergleich zu Westeuropa noch immer als entwicklungsbedürftig.

Die **Einkommensverhältnisse** haben sich in den Jahren nach dem Krieg **permanent verbessert,** nicht zuletzt auch durch den Tourismus. Was verdienen die Leute im Durchschnitt? Verglichen mit anderen Ländern des Balkans beachtlich viel! Statistisch verdienen Geschäftsführer nach einer Studie der bekannten Unternehmensberatung Kienbaum in Kroatien etwa 6500 Euro monatlich, Facharbeiter knapp 1000 Euro im Monat, dem Durchschnittskroaten stehen etwa 850 Euro Monatslohn (jeweils brutto) zur Verfügung, und im Bereich Tourismus ist der Himmel das Limit! Allerdings sind mehrere Einkommensscheren zu beobachten: Zum einen sind die Durchschnittseinkommen in Gebieten, die im Tourismus verwurzelt sind, spürbar höher als andernorts, zum zweiten litt die Region Istrien am wenigsten unter dem Bürgerkrieg, was zu einem nachhaltigen Vorsprung gegenüber anderen Landesteilen führte.

Religion

Die überwiegende Mehrheit der Kroaten gehört traditionell der **römisch-katholischen Kirche** (über 80 %, in Istrien gut 90 %) an, daneben existieren serbisch-orthodoxe, muslimische und protestantische Minderheiten im Lande. Die Kirche spielt eine **bedeutende Rolle** im Leben der Kroaten, wenngleich nicht so dominant wie etwa in Italien (gesellschaftlich) oder Polen (politisch). Der katholische Glaube dient vor allem als einigendes Band der Kroaten und Abgrenzung zu den orthodoxen (Serbien, Montenegro) und muslimischen (Bosnien-Herzegowina) Nachbarn und somit auch als Legitimation der Westintegration.

Daneben spielten in der kroatischen Geschichte auch diverse **Mönchsorden** eine gewisse Rolle (siehe Exkurs), deren bauliche Monumente von einstiger reger Missionstätigkeit zeugen.

Traditionelle Künste und Folklore

Tänze

Einige Bekanntheit erlangten mehr im Süden auch die mit Begeisterung gepflegten Tänze, die teilweise auf **Fastnachtsbräuche** und zum Teil auf eine Tradition seit den Türkenkriegen zurückgehen. Bekannteste Bräuche sind in diesem Kontext das Verbrennen einer in türkische Gewänder gehüllten Puppe zu Fasching (Meso-

Die bedeutendsten Mönchsorden

In der Geschichte Kroatiens spielten vielfach verschiedene Mönchsorden bei Klostergründungen und Kirchenbauten eine wichtige Rolle, einige der wichtigsten seien hier kurz vorgestellt.

- **Dominikaner** (in Frankreich Jakobiner): 1215 von *Dominikus* in Toulouse gegründeter katholischer Orden mit weißem Gewand und weißer Kapuze; erster mittelalterlicher Bettelorden, einflussreich, da 1232 mit der Leitung der Inquisition beauftragt. Inhaltlich wissenschaftlich ausgerichtet, haben bedeutende Gelehrte und Prediger hervorgebracht (u.a. *Albertus Magnus, Thomas von Aquin*).
- **Franziskaner:** Berufen sich auf Gründervater *Franz von Assisi* als katholischer Orden der Minderen Brüder, die nach der 1223 von Papst *Honorius III.* bestätigten Bettelorden-Regel des *Franz von Assisi* leben (braune Kutte mit weißem Gurtstrick, oft Sandalen). Theologisch betonen sie die Nächstenliebe als Weg zu Gott. Dispute bzgl. der Ordensregel führten zu zahlreichen Untergruppierungen und Abspaltungen, u.a. der Spiritualen (wörtliche Regelbefolgung), Konventualen (Angleichung an alte Orden) und Kapuziner, die besonders in der Zeit der Gegenreformation als wortgewaltige (Straf-)Prediger wirkten.
- **Augustiner:** Die Zusammenfassende Bezeichnung für zahlreiche katholische Ordensgemeinschaften, die nach der auf Schriften des heiligen *Augustinus* beruhenden Augustinus-Regel leben.
- **Jesuiten:** Katholischer Regularklerikerorden, 1534 von *Ignatius von Loyola* gegründet und 1540 durch Papst *Paul III.* bestätigt. Hauptziel des Ordens ist die Ausbreitung, Festigung und Verteidigung des katholischen Glaubens durch Mission, Predigt, Seelsorge, Unterricht, wissenschaftliche Arbeit und geistliche Übungen (Exerzitien). War in der frühen Neuzeit wesentliches Element der überseeischen Missionierungen. Die Jesuiten leben in offenen Häusern und Kollegien und tragen keine Ordenskleidung.
- **Zisterzienser/Bernhardiner:** Benediktinischer Reformorden aus dem 11. Jh.; der Ordensname leitet sich von dem 1098 durch *Robert von Molesme* gegründeten Kloster Citeaux ab. Nach der päpstlichen Bestätigung der Ordensverfassung „Charta caritatis" 1119 breitete sich der neue Orden insbesondere unter *Bernhard von Clairvaux* (daher Bernhardiner) aus und gewann Einfluss in ganz Europa. Durch die praktizierte Verbindung von geistlichem Leben und praktischer Arbeit, besonders die Einrichtung von landwirtschaftlichen (Muster-)Betrieben, wurden die Zisterzienserklöster zu wesentlichen Trägern der deutschen Ostsiedlungen im 12. und 13. Jh.
- **Karmeliter:** Katholischer Orden basierend auf einer von Kreuzfahrern im 12. Jh. gegründeten Einsiedlerkolonie auf dem Karmel (Nordisrael), 1226 päpstlich bestätigt, Ausbreitung über Zypern und Sizilien nach Europa. Einige Zweige leben streng asketisch-meditativ und setzen sich primär seelsorgerisch ein.
- **Trappisten:** Aus der Reform-Zisterzienserbewegung 1664 hervorgegangener Orden insbesondere mit strenger Beachtung des absoluten Schweigegelübdes.
- **Johanniter, Templer, Deutschherren:** Militärische Rittermönchsorden, gegründet während der Kreuzzüge zum Schutz der Pilgerwege ins Heilige Land.

pust), der **Moreška-Tanz,** ein Schwerttanz aus Süddalmatien, und die **Kumpanija,** ein musikalisch begleitetes Kampfstück. Obwohl die Türken auf kroatischem Boden kaum Relikte hinterließen, wurden doch Speis' und Trank und auch die Volksmusik erheblich von ihnen beeinflusst, wenn auch nicht so stark wie im muslimischer geprägten Bosnien-Herzegowina. Die bedeutendsten **Musikinstrumente** sind Dudelsack (nur in Istrien), Tamburica (eine Art Balalaika), Kavala (Langflöte) und Sopila, eine in der Kvarner Bucht verbreitete Oboenart.

Häkeln und Stricken

Zu den interessanten kunsthandwerklichen Besonderheiten Kroatiens gehört das Häkeln von **Zierdeckchen** und das Stricken von **Pullovern und Jacken,** eine noch heute insbesondere von älteren Frauen vor der Haustür oder im Hinterhof ausgeübte Volkskunst.

Trachten

Volkstrachten sind selten geworden und werden in der modernen Gesellschaft verdrängt. Nur gelegentlich, etwa zu **Feiertagen** oder bei **Festspielen,** vornehmlich in touristischen Hochburgen, werden noch Trachten getragen, die sich an ländlicher Kleidung früherer Jahrhunderte orientieren. Es dominieren die Farben Rot, Weiß und Schwarz.

Architektur und Kunst

Griechen

Die im 5. Jh. nach Süddalmatien und auf einige Inseln vorrückende griechische Kultur hinterließ bemerkenswerte Spuren, die besonders wegen ihres Realismus bestechen. Ein bekanntes Beispiel ist das **Kairos-Relief in Trogir** (Dalmatien).

kro064 Foto: wl

Typische Tracht in Nordkroatien

Römer

Mit der römischen Kolonisation folgte für den gesamten Küstenraum eine **architektonische und kulturelle Blüte** durch die Errichtung von Tempeln und Theatern, Aquädukten und Thermen sowie den Bau von Kanalisationssystemen. Damit wurde ein für die damalige Zeit modernes Stadtbild geprägt, welches sich noch heute sehr gut an den Amphitheatern in Poreč oder Pula (Istrien) sowie in **Zadar** studieren lässt.

Byzanz

Nach dem Untergang Westroms folgten Rückeroberungsversuche byzantinischer Kaiser von Konstantinopel aus bis nach Norditalien, wodurch die christianisierte Bevölkerung als

neues Gebetshaus die **Basilika** mit Intarsien aus Perlmutt und Marmor, Mosaiken und steinernen Baldachinen am Hauptaltar erhielt. Das Prunkstück schlechthin aus dieser Zeit, die Eufrasius-Basilika, kann in Poreč (Istrien) bewundert werden.

Slawen

Byzantinisch beeinflusst, aber in vollkommen eigenständiger, frühromanischer Bauart, errichteten die eindringenden Slawen vom 7. bis 11. Jh. vor allem zylindrisch geformte, sehr **massiv wirkende Kirchen mit Kuppeldach** in den unterschiedlichsten Größen - so etwa die kleinste Kuppelkirche der Welt in **Nin** oder die berühmte **Donat-Kirche in Zadar.**

Romanik

In den bereits existierenden Städten entlang der gesamten Küste hielt die Epoche der Romanik vom 11. bis ins 13. Jh. Einzug. **Monumentale Kirchenbauten** (Bischofskirchen) entstanden in Dubrovnik, Trogir, Zadar, in Senj sowie auf Rab und Krk. Daneben erfuhr auch der **Profanbau** einen bedeutenden Aufschwung, grob gehauene Steinblöcke lösten Holz und Fachwerk als Baumaterialien ab. In diesen **trutzigen Wohnhäusern** (erhalten noch in Split, Trogir und z.T. in Poreč) waren ebenerdig Stallungen, im Obergeschoss Wohnräume untergebracht.

Gotik

Während der kroatischen Gotik (13.-15. Jh.) prallten zwei unterschiedliche Strömungen aufeinander: Durch den blühenden Seehandel waren Fürsten und Kaufleute wohlhabend geworden und versuchten, diesen Wohlstand in einer großartigen Stadtarchitektur zu zeigen und - nicht zu vergessen - vor Eindringlingen zu verteidigen. So entstanden die typischen **mittelalterlichen Stadtanlagen** mit gewundenen Gassen, herrlichen Bürgerhäusern und wehrhaften, die gesamte Stadt umgebenden Stadtmauern und Verteidigungsanlagen. Beste Beispiele hierfür finden sich in Dubrovnik und Trogir, auf Rab und in Motovun (Istrien). Die Geistlichkeit präsentierte sich in dieser Phase in Form bescheidener Bettelorden (Franziskaner, Dominikaner). Sie bauten ihre Gotteshäuser ebenso schlicht wie sie lebten. Beispiele für diese einschiffigen, schmucklosen Kirchen sind Sv Franje in Pula und **Sv Dominik in Dubrovnik.**

kro304 Foto: wl

Renaissance

Vorhandene Bauwerke wurden während der Renaissance (15./16. Jh.) **erneuert und erweitert,** das Stadtbild der führenden Handelsmetropolen wurde zum Muster für die Stadtplanung mit Loggien, Stadtplätzen, Rathäusern und Rektorenpalästen. Gute Beispiele sind etwa das Rathaus in Pula (Istrien) oder der **Rektorenpalast in Dubrovnik**: Säulengang außen am Erdgeschoss, zwei- oder dreiteilige, verschnörkelte Fenster im ersten Stock und fast quadratische, kleinere Fenster im zweiten Obergeschoss. Fast alle bestehenden Kirchen wurden innen umgestaltet und verziert. Die Stadtmauern wurden wegen der vorrückenden Türken stärker befestigt. Als Paradebeispiel für den Festungsbau sei Karlovac mit seiner typischen Sternform genannt.

Barock

Den Barock des 17./18. Jh. muss man für Kroatien insofern als zweigleisig betrachten, als die Kvarner Bucht – und hier insbesondere Rijeka – zunehmend unter österreichischen Einfluss fiel (Beispiel: **Veitskirche in Rijeka**) und mit einigen Neuerungen aufwartete, während der Süden (Republik Ragusa, Dalmatien) im Zuge des türkischen Rückzugs und eigenen Machtverlusts eher eine Flaute erlebte. Die wichtigsten Küstenstädte verlegten sich auf das Minimum, nämlich den Erhalt der Stadtmauern. Lediglich in **Dubrovnik** (Kathedrale) wurden nach dem verheerenden Erdbeben von 1667 von vorwiegend italienischen Architekten unter Beteiligung örtlicher Baumeister barocke Neubauten geschaffen.

Klassizismus

Das 19. und frühe 20. Jh. – die Phase des Klassizismus – brachte der Kvarner Bucht, vor allem Rijeka und Pula als durch Bahnlinien erschlossene Häfen Österreichs, neue **Verwaltungsgebäude und Schauspielhäuser,** aber auch **erste Hotels.** Beispiele hierfür lassen sich gerade zwischen Rijeka und Pula zuhauf entdecken, etwa das Theater und das Jadrolinija-Gebäude in **Rijeka** oder die verspielten Villenbauten in **Opatija,** die teilweise in den

kro369 Foto: vl

Sv Križ in Nin aus dem 9. Jahrhundert

Campanile der Kathedrale Sv Duje in Split

kro257 Foto: wl

Jugendstil fallen. Der Bahnanschluss brachte auch den dalmatinischen Städten **Split und Zadar** neuen Aufschwung und damit klassizistische Neubauten. Im Hinterland entstanden unzählige österreichische **Festungs-** (z.B. Varaždin, Karlovac) und **Repräsentationsbauten** (z.B. Našice).

Gegenwartskunst

Es ist nur natürlich, dass diese Vielfalt an kulturellen Einflüssen nicht nur ihre Spuren hinterließ, sondern auch Kunst und Kultur der Gegenwart nachhaltig beeinflusst. Im Straßenbild der Städte wird man auf viele kleine **Ateliers und Kunstwerkstätten** wie z.B. Filigranjuweliere, aber auch Straßenmaler und -musikanten treffen, die den klassischen Vorbildern nacheifern bzw. unter deren Einfluss hervorragende Eigenkreationen hervorbringen.

Bekannte Vertreter der gegenwärtigen Kulturszene sind der faszinierende **Maler I. Antolčić** (Lošinj), der beliebte, klassizistisch geprägte **Bildhauer I. Meštrovič** (Split) und der **Regisseur P. Prpovič** mit seinem ungebrochen aktuellen Kinofilm „Tito i Ja" („Tito und ich"), der die Erinnerungen eines kleinen Jungen an die Ära *Titos,* der in Kroatien noch immer verehrt wird, filmisch aufarbeitet.

Klassizistischer Prachtbau in Rijeka

Insgesamt sechs Auszeichnungen (u.a. Berlinale 2000) erhielt der Film **„Marschall Titos Geist“** („Maršal“) von *Vinko Brešan,* in dem sich ein Hotelbesitzer auf einer Insel das Erscheinen des Geistes *Titos* zunutze machen möchte.

Musik

Auch in der modernen Musik sind einige kroatische Künstler zumindest auf nationaler Ebene erfolgreich. Bekannteste Rock-Punkband ist **Hladno Pivo** (Kaltes Bier) um den charismatischen Leadsänger *Mile* mit immerhin 60.000 verkauften Alben und ihrem bekanntesten Hit „Nije sve tako sivo“ (Es ist nicht alles grau).

Ziemlich bekannt ist **Marko Perković** (Kampfname „Thompson“). Der Neofaschist gilt aufgrund seiner Leidenschaft für das kroatische Ustaša-Regime und seiner Haltung im Bürgerkrieg – er betrachtet den bosnischen Kanton Neretva um Mostar als national-kroatisch – als höchst umstrittene Persönlichkeit im eigenen Lande. Augenfällig ist allerdings der Zulauf *Perkovićs,* der in Split vor 40.000 und auch schon in Frankfurt/M. vor 13.000 Zuhörern auftrat. *Perković* ist Miteigentümer des „Narodni Radio“ (etwa: Völkischer Sender) und verwendet Teile seiner Einkünfte zur Verteidigung mutmaßlicher kroatischer Kriegsverbrecher in Den Haag.

Im deutschsprachigen Raum könnte zumindest bei Insidern der Name **Sandra Nasić** vertraut klingen. Die Deutsch-Kroatin (geboren in Göttingen) war von 1994 bis 2005 Sängerin der deutschen Rock-Band **Guano Apes.** 2001 erhielt *Nasić* die „Eins-Live-Krone“ als beste Sängerin. Seit 2009 feiert die Band mit Auftritten auf Festivals wie „Rock im Park“ und „Rock am Ring“ ein Comeback und brachte 2011 ihr viertes Studioalbum heraus.

Besonders im Süden Kroatiens kennt man die Popsängerin **Danijela Martinović,** deren Album „I po svijetlu i po mraku“ (Im Hellen wie im Dunklen) zu den meistverkauften des Landes gehört. Das umtriebige Multitalent *Martinović* spielt außerdem eine Hauptrolle in der TV-Soap „Cimer fraj“ (TV Nova), brachte ein Parfüm, ein Kinderbuch und eine eigene Modekollektion heraus. Noch eine kleine pikante Note: *Martinović* war heimlich mit *M. Perković* (s.o.) verheiratet, ließ sich aber 2006 scheiden. Vor und nach (und vermutlich auch während) dieser Ehe lebte sie mit dem Sänger *P. Grašo* zusammen.

Sehr bekannt ist auch **Oliver Dragojević** (geboren 1946, Absolvent der Musikschule Split), der nicht weniger als 49 Alben herausgebracht hat und u.a. 21 Mal (!) mit dem wichtigsten, alljährlich vergebenen kroatischen Musikpreis „Porin“ ausgezeichnet wurde. Bekanntester Ohrwurm von ihm ist „Ditelina s cetri lista“ (Kleeblatt mit vier Blättern), ein beliebtes Hochzeitslied.

kb032 Foto: wl

Kvarner Bucht

kro234 Foto: wl

kb073 Foto: wl

Am Strand von Crikvenica auf dem Kvarner Festland

In der „Künstlerstadt" Osor – ein beliebtes Tagesziel auf der Insel Cres

Schlammbaden in der Bucht von Soline auf Krk

Jelenje
A6
Karlovac, Zagreb
Krasika
Gaj
Plase
Medvidak 1027
Grobnik
Cernik
Kukuljanovo
Ružić Selo
Marčelji
Saršoni
Bakar
Bakarac
Tribalj
E65
Jelušići
Viškovo
Kostrena
Mali Dol
Kraljevica
Jadranovo
Triest, Ljubljana
E61
Sv. Marko
Voz
Dramalj
Kastav
A7
Matulji
8
Rijeka
Omišalj
Volosko
Opatija
Klimno
A8
Opatija-Riviera
Ičići
Rijećki zaljev
Njivice
Konjsko
Ika
102
Lovran
Maršići
Malinska
Medveja
Bogovići
Nojak 401
E751
Porat
Mošćenička Draga
Bajčići
Mošćenice
Milohnići
104
Brgud 906
21
500
Brseč
Beli
Istrien
Porožina
Gorice 648
835
Brestova
Predošćica
Kršan
48
Plomin
562
100
CRES
Sveta Nedilja
474
21
KVARNER BUCHT
E751
Rabac
Sveti Martin
Labin
Raša
Pula

Kvarner Bucht
Cubrin vrh
1146
Omar
Luka Krmpotska
Crni vrh
1133
Grižane
Bribir
Breze
Donji Zagon
Barci
Klenovica
Alan
Marija
Snežna
Bile
Krmpote
Krivi
Put
Brinje,
Plitwitzer
Seen
E65
8
Crikvenica
Selce
Novi
Vinodolski
Crikvenica-Riviera
Klarićevac
Vratnik
Bunica
23
E65
Šilo
Senj
Kalić
Dobrinj
8
Vrbnik
Diviska
472
Sveti Juraj
Kras
Garica
K R K
Draga
Baščanska
102
Jablanac
Kornić
Muraj
Baška
Punat
Obzova
569
Prvić
Vrh
Krk
Stara Baška
Valbiska
Sveti Grgur
Goli
Otok
Plavnik
Lopar
0
10 km
105
Merag
Supetarska
Draga
101
Cres
Kampor
K V A R N E R
B U C H T
R A B
Valun
Insel Lošinj,
Mali Lošinj
Split,
Dubrovnik,
Korčula
©Reise Know-How 2012

Überblick

Der Begriff „Kvarner Bucht" dient als Sammelbegriff für die **Küste um Rijeka** von der Halbinsel Istrien im Westen bis zum kroatischen Küstenland um Novi Vinodolski und Senj im Osten. Dazu gehören die ebenso interessanten wie unterschiedlichen Inseln **Rab, Krk, Cres** und **Lošinj.** Die Vielfalt der geografischen Räume bietet dem Besucher eine breite Palette an Eindrücken und Gestaltungsmöglichkeiten für einen Aufenthalt in dieser Region. Die Festlandsbucht muss man zweigeteilt betrachten mit dem mondänen **„Flanier-Bereich"** der Opatija-Riviera und dem eher stimmungsgeladenen **„Action-Bereich"** Crikvenica – Novi Vinodolski. Rijeka ist der industrielle und verkehrspolitische Mittelpunkt der Region.

Während Baumeister und Künstler in Istrien vorwiegend aus Italien kamen, warten die Baudenkmäler des Kvarner Landes vor allem mit Namen **deutschsprachiger Künstler** und Architekten auf. Besonders auffällig ist diese historisch bedingte Tatsache bei den Kirchen.

kb010 Foto: wl

Die Westküste der Kvarner Bucht

In der Bucht Sv Martin auf Lošinj

Opatija

Die Kleinstadt Opatija (ital. Abbazia, ca. 16.000 Einwohner) sollte man einmal besucht haben. Nicht, weil sie einzigartige kulturhistorische Monumente beherbergen würde, auch nicht, weil die Stadt etwa der Knüller unter den Riviera-Ansiedlungen Kroatiens wäre. Nein, im Gegenteil: Opatija blickt weder auf eine jahrtausendealte Tradition zurück, noch geht hier abends die „Post ab". Und dennoch, ohne Opatija hat man die Kvarner Bucht nicht kennen gelernt!

Ab 1843 und nach Fertigstellung der Verbindungsstraße nach Rijeka begann eine rasante Entwicklung als **mondäner k.u.k. Erholungsort:** 1843 baute der Handelsmagnat *Higinio* die Villa Angiolina, noch heute das Prunkstück im Herzen der Stadt. 1844 folgte das **Hotel Quarnero** (Kvarner; errichtet von der österreichischen „Gesellschaft der südlichen Eisenbahnen") als **erstes Hotel der kroatischen Adria.** 1860 bekam *Maria-Anna,* Gattin von Ex-Kaiser *Ferdinand,* Seeluft verordnet – *Higinio* stellte daraufhin seine Villa Angiolina zur Verfügung, und der Ruf Opatijas als **exklusives Seebad** war begründet, am 4. März 1889 wurde die Stadt durch ein Dekret von **Kaiser Franz Joseph** offiziell zum Kurort ernannt. Weitere stilvolle Villenbauten folgten, das elektrische Licht kam 1896, ein Jahr darauf ein Wasserwerk und 1908 sogar eine Straßenbahn. Opatija war so berühmt geworden, dass höchste Würdenträger den Ort mit ihrem Besuch beehrten: Prinzessin

Luise von Sachsen-Coburg, der schwedisch-norwegische König *Oskar* und *Karel I.*, König von Rumänien.

Das **noble Ambiente** vergangener Tage konnte Opatija bis in die Gegenwart sicht- und spürbar bewahren: Luxushotels und Nobelrestaurants, Spielcasino, Palmen, Avocado-Bäume. Mit einem solchen Erscheinungsbild verwundert es nicht, dass Opatija als das **„adriatische Nizza"** bezeichnet wird. Und genau dieses in Kroatien einmalige Flair macht einen Besuch der Stadt zu etwas ganz Besonderem.

Der Küstenstreifen von Opatija bis Mošćenička Draga ist heute beinahe vollständig zusammengewachsen und wird insgesamt gemeinhin als **Riviera von Opatija** bezeichnet.

Sehenswertes

Maršala Tita

Besonders interessant erscheint ein Gang entlang der Maršala Tita mit den prachtvollen Villen, Hotelbauten, Cafés und modernen Geschäften. Auch an der befestigten **Uferpromenade** promenieren Alt und Jung, nutzen die Bademöglichkeiten der Stadt, tanken frische Seeluft unter einem der markanten, regenbogenfarbenen Sonnenschirme oder begutachten die kleinen Andenken-, Gewürz- und Kunsthandwerksstände. Dieser Abschnitt gehört zur acht Kilometer langen **Uferpromenade Lungomare,** die von Volosko (zwischen Opatija und Rijeka) bis Lovran führt.

Die Marienkirche von Opatija

Park 1. Maja

Paradestück der Gründungs- und Blütezeit des Seebades Opatija ist und bleibt der Park 1. Maja (1. Mai) mit der zauberhaften **Vila Angiolina.** Sein exotischer Bewuchs mit Bambus, Zedern, Zypressen, Eukalyptus- und Mammutbäumen, Dattelpalmen, Akazien, Agaven und japanischer Kamelie versetzt den Besucher in angenehmes Entzücken. Im Park finden sich auch Büsten historischer Persönlichkeiten.

Im Gebäude selbst wurde vor einigen Jahren das **Tourismusmuseum** (Di–So 9–13 und 17–20 Uhr, Winterhalbjahr Di–So 10–18 Uhr) eingerichtet, eine interessante historische Dokumentation über den frühen Tourismus der Region, aber auch zur Stadtentwicklung.

Westlich des Parks am Strandbad wurde der **Walk of Fame** angelegt, auf dem zahlreiche kroatische Größen aus Kultur und Wissenschaft (u.a. *Nikola Tesla*) als Sternenfliese verweigt sind.

Sv Marija

Zur **Pfarrkirche** Sv Marija gelangt man über eine kleine, stufige Gasse, die 50 Meter südlich des Busbahnhofs vor dem Buffet-Grill Elija rechts aufwärts führt. Sie stammt aus dem späten 19. Jahrhundert und besticht durch ihre Holzkuppel, Ziegelwände und prachtvollen, farbigen Glasfenster.

Praktische Tipps

An- und Weiterreise

- Der **Busbahnhof** liegt am Trg Vladimira mitten im Zentrum an der Durchgangsstraße M. Tita. Wichtige **Regionalbuslinien** sind: 32 (Rijeka - Opatija - Lovran - Mošćenička Draga), 35 (Opatija - Ičići) und 36 (Lovran). Am Busbahnhof, Tel. 051-271617, liegt die Kartenverkaufsstelle Auto-Trans für **Langstrecken.** Busse fahren 7.30–22 Uhr tgl. 13–16x nach Rijeka, davon 7x weiter nach Zagreb, 1x Dubrovnik, 3x nach Split/Zadar, 6x Rovinj, 3x nach Poreč und 4x nach Triest. Hier werden auch diverse **Ausflüge** angeboten (Plitvice, Krk, Istrien-Rundfahrt, Venedig). Außerdem fährt Mo, Mi, Fr, Sa, So 1–2x tgl. ein **Direktbus zum Flughafen** Rijeka/Krk (50 K).
- Einen kostenlosen **Parkplatz** zu finden, ist schwierig bis unmöglich. Im Zentrum sind einige Straßen als gebührenpflichtige Parkmöglichkeit ausgewiesen, z.B. an der Ecke des Parks zum Ufer hinunter (6 K/Stunde).

Info und Agenturen

- Die **Touristeninformation** liegt zentral in der Ul. Maršala Tita 101, Tel. 051-271310, Fax 712290, www.opatija-tourism.hr, tgl. außer So 7–21 Uhr. Eine **Filiale** im Ortsteil Volosko liegt an der Bushaltestelle, Tel. 051-703145.

Für professionelle Unterkunftsvermittlung, Geldwechsel und Ausflüge bieten sich u.a. folgende **Agenturen** an (alle an der Hauptstraße Maršala Tita):

- **GIT,** Tel. 051-273030, Fax 271967, www.tourgit.com.
- **Atlas,** Tel. 051-271032, Fax 271562, www.atlas-croatia.com.
- **Generalturist,** Tel. 051-271446, Fax 703724, www.generalturist.com.
- **Kvarner Express,** Tel. 051-703723, Fax 703724, www.kvarner-touristik.com.

072is Foto: wl

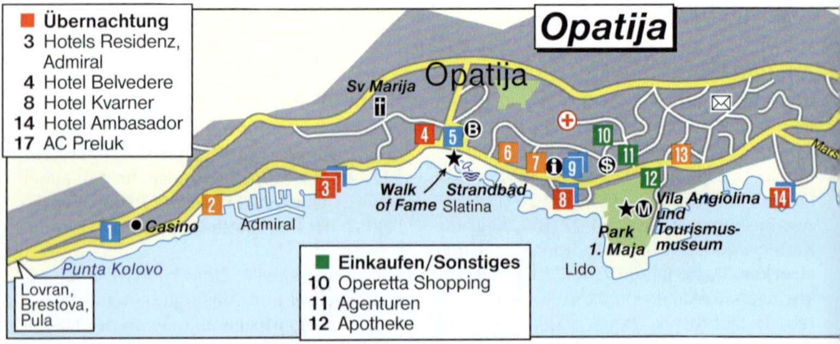

Unterkunft

Opatija ist **extrem teuer!** So muss man auch in Bezug auf die Unterkunft ein wenig tiefer in die Taschen greifen als in anderen Orten der Riviera von Opatija. **Privatzimmer,** von denen etliche in den sehr netten und stilvollen Villen der Stadt liegen, werden über die Agenturen vermittelt.

- Die Nr. 1 vor Ort ist sicher das €€€€€**Ambasador,** F. Peršica 1, Tel. 051-743333, Fax 743444, ambasador@liburnia.hr. Teuer, nicht weil es besonders attraktiv ist, sondern wegen des „Opatija-Feelings".
- €€€€**Hotel Kvarner,** P. Tomašića 1, Tel. 051-271233, Fax 271202, kvarner@liburnia.hr. Stilvolles Ambiente. Wurde Ende des 19. Jh. erbaut und beherbergte illustre Gäste der k.u.k. High Society.
- Beliebt bei Seglern wegen der unterhalb gelegenen Admiral-Marina Opatija ist das €€€€**Hotel Admiral,** M. Tita 139, Tel. 051-271533, Fax 271708, admiral@liburnia.hr.
- Zu den bezahlbaren Hotels zählt das €€€**Hotel Belvedere,** Tel. 051-271044, Fax 271484, belvedere@liburnia.hr, das sehr zentral und in der Nähe des Busbahnhofs liegt.
- Ebenso das €€€**Hotel Residenz,** M. Tita 205, Tel. 051-271700, Fax 271225, residenz@liburnia.hr.

Noch vor einigen Jahren arbeiteten alle genannten Hotels unabhängig voneinander; heute gehören sie zur **Liburnia-Gruppe,** einem der aggressiven Aufkäufer an der Kvarner Bucht im Raum Opatija. Alle genannten Häuser sind auch im Web unter www.liburnia.hr vertreten.

Camping

- €€€**AC Preluk,** Tel. 051-622185, Fax 622381; liegt 6 km außerhalb Richtung Rijeka an der alten Küstenstraße. Surfen, Tauchbasis und Disco, ansonsten eher bescheidenes Freizeitangebot. Der nächste Platz in südlicher Richtung befindet sich in Ičići.

Essen und Trinken

Gerade in Opatija bemühen sich die Gastgeber, der Erwartung der Oberklasse-Klientel nachzukommen; so sind es denn auch gehobenere Restaurants und edel anmutende Cafés, die das Straßenbild prägen.

- Sehr nette und qualitativ ausgezeichnete Kaffeehäuser der Wiener Schule findet man vor allem im Zentrum entlang der M. Tita, u.a. **Café Paris, Café Stephanie** und **Café Camelia.** Besondere Erwähnung verdient dabei das **Café Choco Bar** (M. Tita 94, Tel. 051-603562), geführt von Kroatiens Schokoladenproduzenten Nr. 1 (Kraš) – dementsprechend genial sind hier die auf Kakao basierenden warmen und kalten Getränke; geöffnet tgl. 8–24 Uhr. Gelobt für Wiener Kaffeehausatmosphäre und geradezu unverschämt gute Kuchen und Gebäckkreationen wird vor

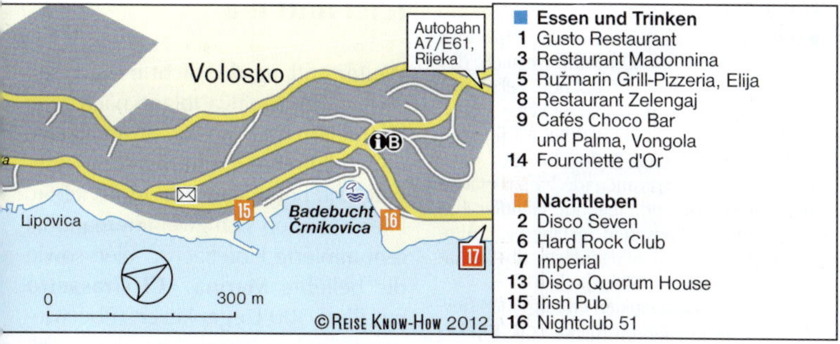

allem das **Café Palma** (M. Tita 108, Tel. 051-706318, tgl. 8–23 Uhr).

- Gut und günstig isst man im hübschen **Ružmarin Grill-Pizzeria** beim Busbahnhof. Man sitzt gemütlich, die sehr aufmerksame Bedienung und serviert überdurchschnittlich gute Gerichte (Pizza, kroatische Spezialitäten, Fisch) zu gemäßigten Preisen – wird auch von Lesern gelobt. Veprinački Put 2, Tel. 051-712673, tgl. 11–1 Uhr.
- Preiswerte Gerichte bietet auch der **Buffet-Grill Elija** an der Hauptstraße, Tel. 051-271014.
- Sehr empfehlenswert, da im Zentrum an der Promenade gelegen, ist das **Buffet Vongola** mit Snacks und moderner Musik (Kupalište Slatina, Tel. 051-711854, tgl. 8–24 Uhr).
- Als besonderer Tipp der Mittelklasse sei das **Gusto** empfohlen (M. Tita 264, Tel. 051-6704026, 400 m ab Busbahnhof Richtung Lovran), eines der wenigen Restaurants in Opatija, wo man auch im Freien sitzen kann.
- Am Hotel Residenz liegt das Oberklasse-Restaurant **Madonnina,** Tel. 051-272579, das aber auch recht preiswerte Pizzen (rund 50 K) und Salate (ab 30 K) anbietet – das Ambiente ist es wert.
- Zu den ganz Großen zählen das **Fourchette d'Or** im Hotel Ambasador, Tel. 051-743333, sowie das **Zelengaj** im Zentrum, Tel. 051-271450, M. Tita 95, tgl. 11–24 Uhr, im Sommer bis 2 Uhr (trinken Sie einen Schnaps, bevor Sie die Rechnung in Empfang nehmen ...!).

Nachtleben

Auch was die abendliche Unterhaltung anbelangt, geizt Opatija nicht mit seinen Reizen.

- Beliebt sind im Zentrum die **Disco Quorum House,** M. Tita nahe Park 1. Maja, die **Disco Imperial** (zum gleichnamigen Hotel gehörend) sowie der **Hard Rock Club,** M. Tita, gegenüber der Treppe zu den Meerwasserpools.
- Absolut „in" ist derzeit der **Nightclub 51** (tgl. 20–4 Uhr) in Volosko an der Hauptstraße.
- **Tipp für die Jugend:** Opatija ist nicht unbedingt ein Traum unverstandener Teenager, die noch mit den Eltern in den Urlaub fahren (müssen). Aber einen gewaltigen Lichtblick gibt es doch: Die Betreiber der Hemingway-Bar von Rijeka haben die **Disco Seven** (M. Tita 125, mobil 099-4777000, www.discoseven.hr) eröffnet. Viele Themenabende wie sonntags 1980er/-90er Hits, Disco Vibes (samstags) oder donnerstags mit lokalen und internationalen DJ-Größen u.v.m., tgl. 22–6 Uhr (Stimmung frühestens ab 23 Uhr), Eintritt je nach Event ab 50 K.
- Ebenfalls im Bezirk Volosko, an der Marina, liegt der nette **Irish Pub.**
- Eher gediegene und „verlustträchtigere" Unterhaltung bietet das **Casino Opatija** im Hotel Adriatic, Tel. 051-272011 (tgl. 12–4 Uhr, amerikanisches Roulette, Stud-Poker, Black Jack usw.).

Einkaufen

- Das kleine Einkaufszentrum **Operetta Shopping** liegt im Zentrum westlich des Stadtparks, wobei das Gebäude selbst (ein ehemaliges Schauspielhaus) für viele interessanter ist als die Markenartikel im Inneren (Drage Gervaisa 1, tgl. 8–20 Uhr).
- Entlang der Uferpromenade bieten etliche **Souvenirstände** und fliegende Händler ihre Waren an, meist aus dem Textilbereich. Ältere Frauen verkaufen gelegentlich selbst gehäkelte **Deckchen** und **Strickjacken.**
- Den Alltags-Großeinkauf erledigt man besser im nahe gelegenen Rijeka (z.B. **Rijeka-Tower,** ausgeschildert).

Nützliches

- **Ambulanz:** V. Nazora 2, Tel. 051-271266.
- **Post:** Vjekoslava Spiničica 1; Mo bis Fr 7–19, Sa bis 14 Uhr, kleine Filiale in der M. Tita 207.
- **Bank/Geldautomat:** Zagrebačka und Riadria Banka an der M. Tita gegenüber vom Hotel Kvarner; sehr gute Kurse gibt die Wechselstube am Busbahnhof.

Ičići und Ika

Weiter entlang der dicht besiedelten Riviera von Opatija folgen nach zwei Kilometern Ičići und Ika, einstmals kleine Siedlungen, die früher vom Fischfang und heute vom Tourismus leben. Hier befinden sich zwei international renommierte Hotelfachschulen sowie die beliebte **Marina ACI Grassetto** mit über 300 Liegeplätzen (überwiegend Segler, keine Betankung, Tel. 051-271740, Fax 271374). Bademöglichkeiten gibt es in den kleinen Steinbuchten entlang des befestigten Uferweges.

Information

- Informationen erteilt (nur Juli/August) das örtliche **Turist Biro,** Liburnijska bb., Tel. 051-271187, www.tourism-icici.hr.

Unterkunft

Zimmer und Apartments können unter www.tourism-icici.hr/privatangebote gebucht werden.

- €€**Hotel Ika,** Primorska 16, Tel. 051-291777, Fax 292044, www.hotel-ika.hr, kleines Familienhotel, direkt an der Strandpromenade mit hübschen Zimmern.

Camping

- €€**AC Opatija-Ičići,** Tel. 051-704836, Fax 704046, www.rivijera-opatija.hr. Einfache Anlage mit Tennis, Spielplatz, Minimarkt, Kiesstrand und Bootsanlegestelle in terrassenförmig angelegter Parklandschaft. Geöffnet Anfang April bis Ende September.

Einkaufen

- **Fischgeschäft** (Ribarnica), aus Opatija kommend am Ortseingang rechter Hand.

Lovran

Die rund 4300 Einwohner zählende Stadt Lovran, die älteste Siedlung der Riviera von Opatija aus dem 7. Jahrhundert, bewahrte lange Zeit ihr mittelalterliches Stadtbild. Erst die Entwicklung des Tourismus im 19. und 20. Jahrhundert veränderte die Stadt und die Lebensweise der Bevölkerung nachhaltig. Die berühmte, acht Kilometer lange **Uferpromenade Lungomare** von Lovran bis Volosko, einem Vorort von Opatija, zog zunehmend Besucher aus aller Welt an. Obwohl Teil der Opatija-Riviera, konnte Lovran mit seiner **historischen Altstadt** seinen ursprünglichen Charakter weitgehend erhalten.

Durch das untere **Stadttor** mit dem Stadtturm (17. Jahrhundert) kommt man unmittelbar zum kleinen Zentrum (Trg Sv Juraj) mit der **Georgskirche** (Sv Juraj) aus dem 12. Jahrhundert. Der ursprünglich frei stehende Glockenturm wurde im 17. Jahrhundert mit der Kirche verbunden. Am Platz sieht man mehrere verzierte Häuserportale; gegenüber der Georgskirche steht das Rathaus mit einem Relief des *Hl. Georg,* der mit seinem Speer einen Drachen durchbohrt. Ein Relief am Haus neben dem Café zeigt ein Furcht einflößendes Gesicht mit riesigen Bartfransen, genannt **Mustaćon** (von frz. *moustache,* Schnurrbart) – eine Art Abwehrmaske gegen böse Geister. Im oberen Altstadtbereich, Richtung Parkplatz, hatte die Bruderschaft des *Hl. Johannes* (des Täufers) im 14. Jahrhundert eine romanische Kapelle errichtet; 1998 wurden hier Fresken mit Darstellungen aus dem Leben des *Johannes* entdeckt.

An der Hauptstraße zwischen Lovran und Opatija werden dem Durchreisenden **prachtvolle Villen** auffallen. Im späten 19. Jahrhundert wurden sie als Wohn- und Sommerresidenzen errichtet; alle waren ursprünglich von weitläufigen Parkanlagen (wie man sie in Opatija noch findet) mit teilweise exotischer Vegetation umgeben. Einige der Villen sind Werke des als kreatives Genie berühmt gewordenen Wiener Architekten *Karl Seidl.*

Zwei **Badebuchten** locken in Lovran, eine etwas kleinere gegenüber vom Hotel Splendid (Richtung Medveja) und eine sehr hübsche am Park Kormušćak (1 km die Uferpromenade Richtung Opatija entlang).

An- und Weiterreise

- Der Beschilderung „P-Centar“ folgend, wird man zum großen **Parkplatz** an der Ulica Brajdice geleitet; hier steht man genau am oberen Ende des Altstadtkerns.
- Die **Regionalbusse** halten auf Höhe der Pizzeria Oaza/TA Kvarner an der Hauptstraße; von hier geht man 150 m hinunter zur Kurve. Das Stadttor mit Restaurant Bellavista ist der untere Zugang zur Altstadt.

Info und Agenturen

- **Touristeninformation Lovran,** M. Tita 15, Tel./Fax 051-291740, schräg gegenüber dem Restaurant Kvarner an der Ufer-Plattform, www.tz-lovran.hr.

Drei **Agenturen,** alle an der Durchgangsstraße M. Tita, bieten Information, Geldwechsel, Ausflugsorganisation und Unterkunftsvermittlung:

- **Lovran,** Tel./Fax 051-291041, lovrana@lovranske-vile.com.

- **Štanger,** Tel./Fax 051-293266, www.pansion-stanger.hr.
- **Kvarner Express,** Tel./Fax 051-291119.

Unterkunft

- Wer etwas ganz Exquisites sucht, dem sei die €€€€**Villa Astra,** Viktora Cara Emina 11, Tel. 051-294400, Fax 294600, www.lovranske-vile.com, empfohlen.
- Ein hübsches (und recht preiswertes) Mittelklassehotel ist das €€€**Hotel Lovran,** M. Tita 19, Tel. 051-291222, Fax 292467, www.hotel-lovran.hr.
- Das €€€**Hotel Bristol,** Maršala Tita 27, Tel. 051-291022, Fax 292049, www.liburnia.hr, ist bei vergleichbar guter Qualität noch etwas günstiger.

Essen und Trinken

- Das **Café Sv Marija** am Trg Sv Juraj bietet günstige Erfrischungen und Snacks.
- 30 m daneben liegt das **Restaurant Lovranska Vrata,** Stari Grad 94, Tel. 051-291050, mit guter Küche der mittleren Preisklasse; Mitte März bis Mitte Oktober tgl. 10–24 Uhr.
- Beliebt ist auch die **Pizzeria Oaza** an der Hauptstraße M. Tita 37, Tel. 051-292674.
- Das gute **Restaurant Najade,** Tel. 051-291866, gegenüber der Agentur Lovran serviert hervorragende Fischgerichte zu moderaten Preisen, tgl. 11–24 Uhr.

Nachtleben

- Für einen Drink abends bietet sich der **Lovranski Pub** direkt am Ufer an (kurz vor dem südlichen Ortsende).
- **Disco-Club Oscar,** an der Hauptstraße im Zentrum kurz hinter dem Hotel Lovran rechter Hand.

Nützliches

- Das **Kreiskrankenhaus,** Tel. 051-291122, liegt zwischen Lovran und Ika nahe der Badebucht.
- Eine **Ambulanz,** Tel. 051-291042, befindet sich oberhalb vom großen Parkplatz.
- Vom Parkplatz halbrechts 100 m die Brajdice hinauf liegt ein großer **Supermarkt.**
- **Post** und **Apotheke** findet man an der Hauptstraße M. Tita, 200 m vom Zentrum Richtung Opatija.
- Das **Internetcafé Car-Wash** liegt nahe der Tankstelle an der Hauptstraße.

Medveja

Mit einem vier Kilometer langen und eher dünn besiedelten Küstenabschnitt hinter Medveja Richtung Mošćenička Draga beginnt das ruhige und **zerklüftete Felsgebiet** mit Baum- und Buschbestand, welches sich von der istrischen Südspitze bis ins Kvarner Land erstreckt, unterbrochen nur von wenigen nennenswerten Ansiedlungen. Nördlich von Medveja ist es vorbei mit der Beschaulichkeit, ein Küstenort reiht sich an den anderen von Bucht zu Bucht. Ein unberührtes Stück Ufer zu finden, erweist sich als unmöglich. Ein ebensolches Kunststück ist es auch, an der engen Küstenstraße einen Parkplatz zu bekommen, man gehe daher am besten zu Fuß auf dem bis Lovran durchgehend befestigten **Ufer-Fußweg** (Obalni Put). Der durchaus angenehme **Kiesstrand** von Medveja ist im Sommer ziemlich überfüllt.

An- und Weiterreise

- **Busanbindung** besteht mittels der Linien 32 und 54 nach Opatija und Mošćenička Draga (etwa alle 80 Minuten).
- **Parkplätze** kosten in Medveja 30 K/Tag.

Info und Agenturen

- Um die Vermittlung von Zimmern, Ferienwohnungen und Geldwechsel bemühen sich die **Agencija New Sound,** Tel./Fax 051-291111, und die **Touristeninformation,** Tel./Fax 051-291296.

Unterkunft, Camping

- Am südöstlichen Ortsrand liegt das €€**AC Medveja,** Tel. 051-291191, Fax 292471, www.liburnia.hr, mit Tauchschule, Disco und Restaurant. Seit Liburnia die Anlage betreibt, wird sie ständig erweitert, heute gehören auch Bungalows, eine Villa (DZ) sowie Mobilheime zum Angebot. Nachteil: Die Anlage liegt landseitig der Straße, nicht direkt am Meer.
- Im winzigen Vorort Kraj (Richtung M. Draga) werden entlang der Hauptstraße etliche **Privatzimmer/-apartments** angeboten, ferner findet man hier die **Tauchbasis NB** (Tel. 051-737295, wwwdiving-nb.com).

Nützliches

- Neben dem AC Medveja befindet sich ein **Konzum-Supermarkt** (tgl. 6–21 Uhr).
- Am Strand werden **Tauchgänge** von Sub-Service, Tel. 051-272153, sowie **Minigolf** angeboten.

Mošćenička Draga

Das istrische Labin und das Kvarner Mošćenička Draga werden landseitig von dem scheinbar in die See stürzenden **Čičarija-Massiv** getrennt; an der Schnittstelle liegt der **Fährhafen Brestova,** wo die Autofähren zu den **Inseln Cres und Lošinj** ablegen. Die letzte größere Siedlung in der Kvarner Bucht, Mošćenička Draga, besteht aus drei Ortsteilen: Mošćenička Draga selbst an der Küste, das mit allen touristischen Einrichtungen aufwartet, **Mošćenice** als ruhiges Bergdorf, sowie **Brseč,** der gemütlichen südwestlichsten Station im Kvarner Land.

Mošćenička Draga (ca. 475 Einwohner) an der Küstenstraße bildet den eigentlichen **touristischen Kern** in der hübschen Bucht. Hier liegt der Großteil der Freizeit- und Unterkunftsmöglichkeiten. Man schlendert die fast zwei Kilometer lange **Promenade** entlang, badet in der endlos langen Kiesbucht oder der benachbarten Bucht Sv Ivan (FKK-Strand) oder frönt dem Tauchsport.

Wanderfreunde werden den **Aufstieg zum Vojak** (1396 m) lieben, der selbständig oder in einer geführten Tour via Detani, Trebišće und Učka durchgeführt werden kann (eine Wanderkarte hängt in der Agentur Liburnja).

An- und Weiterreise

- Mošćenička Draga liegt an der Küstenroute Opatija - Labin. Per **Bus** (Haltestelle an der Hauptstraße neben der Abzweigung zum Camp) muss man zunächst nach Opatija fahren, um von dort in **Langstreckenbusse** umzusteigen.

Info und Agenturen

- **Touristeninformation Mošćenička Draga,** Aleja Slatina 12, Tel. 051-737533, Fax 737584, www.tz-moscenicka.hr.
- **Agentur Liburnja,** an der Durchfahrtsstraße gegenüber der Zufahrt zum Ufer und Autocamp, Tel./Fax 051-737533.
- **Agentur Annalinea,** an der Zufahrtsstraße zu den Hotels, Tel. 051-737207, Fax 737400, www.annalinea.hr. Mit Vermittlung von Privatzimmerm (ab 30 Euro/Zimmer) und Ferienwohungen (ab 300 Euro/Woche).

Unterkunft

- €€€**Hotel Mediteran,** Tel. 051-737622, Fax 737538, www.liburnia.hr, direkt am Ufer, gute Mittelklasse.
- €€€**Hotel Marina,** Tel. 051-710444, Fax 737584, www.liburnia.hr; unmittelbar im klei-

nen Ort gelegen (Zufahrt wie Camp), mit Pool und Sauna.

Camping

- €€**AC Draga,** Tel. 051-737523, Fax 737339; www.autocampdraga.com; im Zentrum gelegen, von März bis Okt. geöffnet, Minimarkt, Snackbar, nur wenige Freizeitangebote.

Essen und Trinken

- Von **Eisdielen** und **Snackbars** an der Uferpromenade abgesehen - besonders schön sitzt man auf der Uferterrasse der **Konoba na Rivi** (Tel. 051-737502) -, werden vor allem in der **Konoba Sidro** (hinter der Agentur Liburnja an der Hauptstraße) hervorragende Fischgerichte serviert.

Aktivitäten

- **Tauchbasen:** B&J, Šetalište 17, Tel. 051-294415, bj@ri.htnet.hr; RKE im Restaurant-Pension Dante, Tel. 051-737752; Marine Sport, Tel. 051-703216, www.marinesport.hr, hier sind auch Unterkunftsmöglichkeiten für Taucher vorhanden.
- Am Strand werden **Scooter, Wasserski, „Banane"** u.a. angeboten.
- **Wandern:** Die Agentur Liburnja (s.o.) bietet für ca. 20 Euro Touren auf den Vojak an.

Mošćenice

Gegenüber der Friedhofskapelle Sv Bartolomej (Parkmöglichkeit) liegt mit dem alten **Stadttor** der Zugang zum winzigen Ortskern - es gibt nur eine Gasse bis zur Kirche, ansonsten steht man zwischen Privatgemäuern. Unmittelbar am Stadttor liegt ein kleines, aber sehr feines **ethnologisches Museum** mit Trachten und Gerätschaften, die von der einstigen hohen Bedeutung Mošćenices als Agrarstadt zeugen. Die **Pfarrkirche Sv Andrej** mit

062is Foto: wl

dem massiven Glockenturm ist aus dem 17. Jahrhundert und rühmt sich kunstvoller Schnitzereien von *Michael Zierer* und einer Meisterorgel von *Peter Rumpel.*

- **Ethnologisches Museum:** Geöffnet tgl. Mo–Sa 9–13 u. 16–20 Uhr, So 9.30–12.30 u. 15–19.30 Uhr, Eintritt 20 K, Kinder 10 K.

Unterkunft, Essen und Trinken

- Im Ort kann man unmittelbar neben der Kirche in einer sehr hübschen Privatunterkunft nächtigen: **€L. Lencovič,** Tel. 051-737668.
- Vor dem Stadttor lockt das **Restaurant Perun Mošćenice** mit tollem Blick von der Terrasse!

Brseč

Brseč liegt zwar unmittelbar an der Küste, aber auf einer rund **160 Meter hohen Klippe,** die den letzten Ausläufer des Čičarija-Gebirges bildet. Von Mošćenice empfiehlt es sich unbedingt, die „Bergroute" zu nehmen. Das Gebirge erhebt sich hier immer noch über 800 Meter steil aus dem Meer empor, und die malerische Straße oberhalb der Küste windet sich über rund zwölf Kilometer bis nach Brseč.

Der kleine und verwinkelte Ort mit seinen 121 Einwohnern wirkt sehr ruhig und vollkommen untouristisch. Die örtliche Georgskirche stammt aus dem 18. Jahrhundert und zog mit ihren „goldenen Altären", so genannt wegen der goldenen Reliquien und Verkleidungen, zahlreiche unliebsame Besucher an.

Unterkunft, Essen und Trinken

- Im Ort werden zahlreiche **Privatzimmer** vermietet; Auskünfte erteilt die Touristeninformation Mošćenička Draga.
- Sehr angenehm sitzt man im urigen Biergarten der **Konoba Šip** am Eingang des Ortskerns.

Brestova

Ab Brseč Richtung Süden ändert sich das Landschaftsbild zu einer eher unberührten Küstenregion, nicht zuletzt, weil kurz hinter dem Ort die administrative **Grenze zu Istrien** überquert wird. Wichtiger für den Reisenden dürfte allerdings der **Fährpier für die Inseln Cres und Lošinj** sein (in Karten oft als Ortschaft Brestova eingezeichnet), der tatsächlich aus nichts weiter als dem Fahrkartenschalter und ein oder zwei Kiosken besteht (Fährverbindungen s.u.).

Mošćenice thront auf den Klippen des mächtigen Čičarija-Massivs

Inseln Cres und Lošinj

Überblick

Cres und vor allem Lošinj scheinen, gemessen an der Anzahl deutscher Kfz-Kennzeichen auf den Inseln, das **Reiseziel deutscher Touristen** in Kroatien schlechthin zu sein. Und der „Doppelpack" der durch eine kleine Brücke verbundenen Inseln bietet in der Tat Atemberaubendes, Unvergessliches und eine so abwechslungsreiche Landschaft auf vergleichsweise engem Raum, dass wohl jeder Besucher der Inseln wiederkommen will.

Die Größe oder besser Länge der fast nadelförmigen Inseln bedingt einige **klimatische und geografische Unterschiede:** Cres ist 409 km² groß mit einer Länge von 68 und einer maximalen Breite von 11 km, das südlicher gelegene Lošinj misst gerade mal 75 km² (31 km lang, max. 4 km breit). Höchste Erhebung ist der **Gorice** (648 m) nahe Beli. Da die Inselgruppe den kühlen Nordostwinden (Bora) ausgeliefert ist, herrscht in der Nordhälfte von Cres (3250 Einwohner) ein spürbar frischeres Klima (1–2 °C, 10–15 % mehr Niederschlag) als im Süden und auf Lošinj (8800 Einwohner), das durch die Berge rund um den Gorice geschützter liegt. Durch die Feuchtigkeit ist im Norden der Baumbestand an Eichen und Pinien vorherrschend, während sonst das Mecchia (Maggikraut) das Landschaftsbild dominiert. Die Bewohner von Cres gehen meist dem Gemüse-, Oliven- und Weinanbau oder dem Fischfang nach, Lošinj lebt dagegen von einem boomenden Tourismus sowie dem traditionellen

Cres und Lošinj
Opatija
Brseč
Rt Jablanac
Plomin
Brestova
Poružina
Istrien
Rt Grota
Beli
Dragozetići
Njivice
Malinska
Dobrinj
Porat
Kras
K R K
Rt Glavotok
Garica
Milohnići
104
102
Gorice 648
Rt Kalafati
Muraj
Vrh
Predošćica
Valbiska
Krk
100
Rt Sv. Blaž
112
Merag
Rt Negrit
Cres
101
Plavnik
Rt Pernat
Rt Tarej
Rab
Pernat
Valun
Zbičina
Lubenice
Zlostan 428
Vransko jezero
C R E S
5 km
Martinšćica
Miholašćica
Stivan
Rt Sv. Duh
Belej
Zeča
Ustrine
Rt Meli
Rt Osor
Osor
Unije
Nerezine
Unije
Rt Zaklopica
Punta Križa
100
Pogana
Punta Križa
Čunski
Artatore
Vele Srakane
Male Srakane
L O Š I N J
Beli art
130
Oruda
M. Lošinj
Rt Madona
Veli Lošinj
Vele Orjule
Male Orjule
Susak
Zadar
©Reise Know-How 2012

Bootsbau. Verwaltungssitz ist **Mali Lošinj,** wo jeder zweite Einwohner der beiden Inseln mittlerweile wohnt.

Insgesamt wird der Reisende Cres als die kargere, Lošinj als die belebtere Insel empfinden, weshalb sich der Naturliebhaber eher auf Cres, der „Aktivist" eher auf Lošinj wohl fühlen dürfte. Die wichtigste Straße ist die „Inselachse" von Porožina auf Cres nach Veli Lošinj auf Lošinj (95 km), eine sehr gut und zügig befahrbare Route.

Geschichte

Erste Siedler muss es schon in der Jungsteinzeit gegeben haben, befestigte Bauten oder Begräbnisstätten lassen sich jedoch erst ab der Bronzezeit nachweisen (liburnische Stämme). Die Inseln waren ursprünglich nicht getrennt, in der Antike wurde vermutlich nach der Eroberung durch die Römer (*Augustus,* um die Zeitenwende) der heute Cres und Lošinj trennende Kanal durch Apsirtides (so der damalige Gesamtname) gegraben. Nach dem Ende Westroms (476) fielen die nunmehr zwei Inseln an Byzanz, eine slawische Besiedlung erfolgte erst im Mittelalter (Tafel von Valun, 11. Jahrhundert). Bis ins späte 18. Jahrhundert standen Cres und Lošinj unter venezianischer Herrschaft, anschließend (bis 1918) unter österreichischer. Nach dem italienischen Intermezzo (1918–1943) folgten die jugoslawische und schließlich die neue kroatische Epoche.

Unterkunftssuche

Für Cres und die „deutsche Hochburg" Mali Lošinj können **Ferienwohnungen** und **Wohnwagen** unter www.sunbird.de vorab arrangiert werden; hier gibt es auch zahlreiche Sportangebote, geführte Radtouren, Radverleih, Surfschule usw. Weitere „Cres-spezifische" Seiten zur allgemeinen **Information** oder zum Arrangement von Unterkünften sind www.cres24.com, www.insel-cres.net/de und www.cres.de.

In Podgora, einem Vorort von Nerezine, liegt das Hotel Manora, welches aber (da ziemlich teuer) weniger als Unterkunft, sondern mehr wegen der recht umfangreichen und einfach zu bedienenden **Unterkunftsvermittlung** auf Cres/Lošinj im Internet unter www.manora-losinj.hr von Interesse sein dürfte. Man gibt lediglich Personenzahl und Ort ein und findet sofort ausführliche Angebote mit Wochenpreisen ab 220 Euro.

An- und Weiterreise

Fähre vom Festland:

- Bedeutendster Transitort nach **Cres (Porožina-Pier)** ist **Brestova** auf dem istrischen Festland. Die Fähre (Pkw mit 2 Personen, 126 K) legt immer um „halb" in Brestova ab, zur vollen Stunde in Porožina. Die große Fähre hat eine Kapazität von ca. 60 Pkw-Plätzen. In der Hauptsaison wird zusätzlich eine kleine Fähre (30 Plätze) eingesetzt, sodass dann halbstündlich gefahren wird. Bei der Überfahrt hat man einen guten Ausblick auf die Küste bis Opatija und Rijeka. Achtung: An Wochenenden ist diese Fährstelle **oft überlastet;** man sollte daher einen Wochentag wählen und zudem sehr früh am Pier sein!

Fähre Krk – Cres:

- Seit dem Bau der Krk-Brücke wird auch die Fähre **Valbiska (Krk) – Merag (Cres)** intensiver genutzt: 5.50–22 Uhr 13x tgl. (etwa alle 75 Minuten), Pkw mit 2 Pers. ca. 20 Euro.

kro237 Foto: wl

Fähre Cres – Krk – Rab:

● Wichtiger Hinweis für **„Inselhüpfer“:** Man kann per PKW-Fähre leicht Cres/Lošinj, danach Krk und schließlich auch von dort aus mit der Verbindung von Valbiska (Krk) nach Lopar auf Rab übersetzen (nicht jedoch von Baška/Krk nach Lopar/Rab, denn die Fährstrecke existiert nicht mehr!). Da Krk somit immer „in der Mitte“ steht, macht nur die Reihenfolge Cres – Krk – Rab oder umgekehrt Sinn.

Inselbusse:

● Per Inselbus wird die Route Veli Lošinj – Mali Lošinj – Nerežine – Osor – Matričice – Cres-Stadt und dann entweder Merag – Valbiska (Krk) – Malinska – Omišalj – (4x tgl.) oder Porožina – Brestova – Opatija – Rijeka (3x tgl.) gefahren. Die **Übersicht** auf der nächsten Seite zeigt die Mindestfrequenz außerhalb des Sommers, im Sommerhalbjahr ist die Frequenz höher, zudem verkehrt dann auch ein Bus 3–4x tgl. zum Camp Punta Križa, Info-Tel. 051-571810.

Blick auf die Bucht von Valun, Cres

Inselbus auf Cres/Losinj und Anbindung von/nach Rijeka

	1-5	1-5	1-6	1-7	1-5	SSF
Zagreb				09.00	14.15	
Rijeka			07.15	12.00 12.15	16.50 17.00	17.00
Opatija			07.40	↓	↓	↓
Brestova			08.15	↓	↓	↓
Porozina			08.45	↓	↓	↓
Flughafen Rijeka			↓	x	x	x
Omisalj			↓	13.00	17.45	17.45
Malinska			↓	13.05	17.50	17.50
Valbiska			↓	13.30	18.15	18.15
Merag			↓	14.00	18.45	18.45
Cres	06.20	08.05	09.30 09.35	14.15 14.15	19.00 19.00	19.00 19.00
Orlec	06.35	08.15	09.50	14.30	19.15	19.15
Martinscica	06.50	↓	↓	↓	↓	↓
Osor	07.15	08.25	10.20	15.00	19.50	19.50
Nerezine	07.20	08.30	10.25	15.05	19.55	19.55
Mali Losinj	07.50 08.00	08.55 09.00	10.45 11.00	15.20 15.25	20.15 20.15	20.15 20.15
Veli Losinj	08.15	09.10	11.15	15.40	20.30	20.30

	1-5	SSF	1-7	1-6	1-5	1-7
Veli Losinj	04.30	06.30	06.30	10.45	14.20	16.45
Mali Losinj	04.40 04.45	06.40 06.45	06.40 06.45	11.00 11.00	14.30 14.30	17.00 17.00
Nerezine	05.10	07.10	07.10	11.20	14.55	17.25
Osor	05.15	07.15	07.15	11.25	15.00	17.30
Martinscica	↓	↓	↓	↓	15.25	↓
Orlec	05.45	07.45	07.45	11.55	15.25	18.00
Cres	06.00 06.00	08.00 08.10	08.00	12.15 12.20	16.00	18.15 18.30
Merag	06.30	↓		↓		19.00
Valbiska	07.00	↓		↓		19.30
Malinska	07.10	↓		↓		19.40
Omisalj	07.20	↓		↓		19.50
Flughafen Rijeka	x	↓		↓		x
Porozina	↓	09.00		13.00		↓
Brestova	↓	09.30		13.30		↓
Opatija	↓	10.10		14.10		↓
Rijeka	08.05 08.30	10.40		14.40		20.30 20.40
Zagreb	11.15					23.15

1-7 verkehrt täglich SSF samstags, sonntags u. feiertags
1-5 nur Mo-Fr 1-6 nicht an Sonn- u. Feiertagen

kro231 Foto: wl

Alter Brunnen am Dorfplatz in Beli

Beli

Nach der steilen Auffahrt vom Pier ist nach zwölf Kilometern der **Barbin-Sattel** (450 m, toller Aussichtspunkt) unterhalb des Gorice-Gipfels erreicht. Die Spitzkehre führt links hinunter nach Beli, einem schon in der Antike zentralen Ort auf Nord-Cres.

Die kleinen Gassen winden sich durch die atemberaubende Stille der 150-Seelen-Gemeinde (sehr begrenzte Parkmöglichkeiten 300 m vor der Dorfkneipe), deren höchsten Punkt die Pfarrkirche (18. Jahrhundert) und der davor liegende Platz mit dem Brunnenrad bilden. Die winzigen Gärtchen sind von Feigen- und Granatapfelbäumen geprägt.

Der Zufahrtsweg zum Campingplatz führt auch zur alten Anlegestelle und dem netten **Steinstrand** von Beli. An der Gaststätte (Wandertafel) führen drei markierte **Wanderwege** von fünf, sechs und sieben Kilometern Länge in die Hügel des Umlands - gute Schuhe sind Voraussetzung!

An- und Weiterreise

- **Bus:** Busanbindung nach Cres-Stadt besteht tgl. um 7.30 und 16 Uhr.
- **Parken:** Selbstfahrer finden einige kostenfreie Parkmöglichkeiten etwa 250 m vor dem Ort, nicht jedoch innerhalb.

Unterkunft

- Die €€**Pension Tramontana,** kurz vor dem Örtchen links den Stichweg hinauf, bietet nicht nur Unterkunft, sondern auch Tauchgänge, Tel. 051-840519, Fax 840532, www.diving-beli.com.

- Einfache €-€€Zimmer bietet auch die **Gostionica Bife Beli** (s.u.).

Camping

- €€€**AC Brajdi na Moru,** Tel./Fax 051-840522, branka.sare@ri.htnet.hr. Vor der Kneipe links hinunter, dort auch Steinstrand und alte Anlegestelle. 300 Plätze, Minimarkt, Bootsverleih.

Essen und Trinken

- **Gostionica Bife Beli,** Tel. 051-840515, tgl. 10–24 Uhr. Rustikale Dorfkneipe, es gibt im Ort keine sonstigen Läden oder Essensmöglichkeiten. Zivile Preise trotz Monopol: Seebrasse oder Scampi vom Rost zu je 130 K oder Lammbraten für 85 K sind keinesfalls überteuert.
- **Pension-Bife Tramontana,** Tel. 051-840519, zwischen den Parkplätzen und dem Ortseingang linker Hand den Weg hinauf (beschildert), bietet frische Fischgerichte und organisiert auch Jazz-Abende.

Einkaufen

- An der Zufahrtsstraße wurde ein **„Eko-Centar"** eingerichtet, wo lokale und besonders umweltfreundlich produzierte landwirtschaftliche Erzeugnisse (vorwiegend Honig und Olivenöl) vertrieben werden. Sehr unregelmäßig geöffnet.

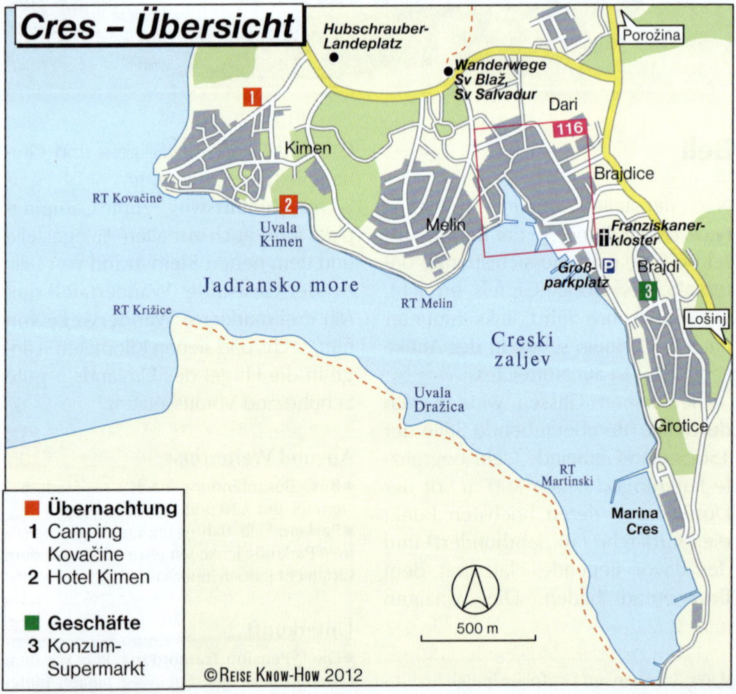

Cres-Stadt

Rund 2400 Menschen (zwei Drittel der Inselbevölkerung) wohnen in Cres-Stadt, dem unbestrittenen Zentrum. Eingebettet in karg bewachsene Hügel, war der kleine Hafen unter dem Namen Crepsa schon in der Antike von Bedeutung. Die städtische Ummauerung stammt aus der venezianischen Zeit, Teile davon, einschließlich der Stadttore, sind gut erhalten.

Heute verfügt Cres über eine **sehenswerte Altstadt** rund um das alte Hafenbecken, wo sich die meisten Touristen aufhalten. Den Campingplatz und Hotelanlagen findet man westlich, Einkaufsmöglichkeiten (Supermarkt) östlich der Altstadt.

Fußgänger können den angenehmen **Promenadenweg** (Palada/Lungomare Sv. Mikula) vom Altstadthafen bis zum Camp Kovačine benutzen.

Franziskanerkloster

Vom Parkplatz hinter dem Trg Sv Frane passiert man das Franziskanerkloster aus dem 14. Jahrhundert, in dem die **älteste glagolitische Bibel** (gedruckt 1494 in Senj) aufbewahrt wird. Hübsch anzuschauen ist der Innenhof mit Säulengang, Brunnen und der Büste des *Antonius Petris,* des ersten Franziskaners auf Cres.

Hafen

Rund um das kleine Hafenbecken pulsiert das Herz der Stadt; Geschäfte und Boutiquen, Cafés, ein Fischmarkt und zum Teil recht hübsch restaurierte Altstadtbauten prägen die **Promenade** zwischen Cons Trg und Trg Petrića. Der zentrale Brunnen wäre an und für sich eine gute Idee, die futuristisch anmutende Umsetzung wirkt hier in Cres allerdings etwas verfehlt.

- Die **Ausflugsboote** am Hafenbecken (sowohl am Cons als auch an der Lungomare-Promenade) werben für diverse Touren und Ausflüge aller Art (Baden, Kaffeefahrt, Weintour usw.), je nach Dauer und Inhalt 20–50 Euro; mobil 98-9913815.

Altstadt

Am Hafen führt rechter Hand ein Durchgang durch das alte **Seetor** aus dem 16. Jahrhundert in den Altstadtkern. Gleich dahinter ragt der **Glockenturm** der Pfarrkirche **Sv Marija Snježna** empor (15. bis 16. Jahrhundert; tgl. 10–12 und 18–21 Uhr, Turm 9–11 und 18–20 Uhr). Von hier aus mag es fast ein wenig gruselig wirken, die engen und verwinkelten Altstadtgassen zu durchstreifen – interessant ist es allemal, das Leben in den Hinterhöfen einmal hautnah zu erleben: Beschwingte Rentner füllen fässerweise Šljivovica und Grappa ab, alte Frauen häkeln und stricken vor den Türen, die Kinder tollen unbeschwert durch die verkehrsfreie Altstadt. Sehenswert ist noch die Kapelle Sv Sidar mit der ersten Glocke von Cres aus dem 14. Jahrhundert.

Info und Agenturen

- **Touristeninformation** Cres, Trg Cons 10, Tel./Fax 051-571535, www.tzg-cres.hr, tgl. 8–21 Uhr, So nur 9–13 Uhr.
- Private Agenturen für **Zimmer, Ferienwohnungen** sowie **Bus- und Flugtickets** findet man rund um den Trg Cons am Hafenbe-

kb004 Foto: wl

cken. Nützlich für **Ausflüge, Touren,** Unterkunft, Fahrzeuge ist hier z.B. das **Turist-Biro Cres** (direkt neben der Post, Tel. 051-571133), wo auch alle Fahrpläne (Fähren, Busse) außen eingesehen werden können. Ebenfalls empfehlenswert ist die **Agentur Crespa** am Trg Svetok Jurja oder **Croatia** (Tel. 040-030387, hier auch Internetcafé und Fahrradverleih) neben der Touristeninformation. Einige Agenturen bieten auch Mopedverleih oder Geldwechsel.

Unterkunft

- €€-€€€**Hotel Kimen,** Tel. 051-571161, Fax 571322, www.hotel-kimen.com, mit Open-Air-Disco und Tennisplatz.
- €**Hotel Cres,** Riva Kapetana, Tel. 051-571108.
- Sehr preiswert und zuverlässig sind die **Zimmer/Apartments Cres,** zu buchen unter www.tbcres.com/de, mit €€Wohnungen für 4 Personen oder €DZ im Zentrum, Tel. 051-571133, Fax 571080.

Beschauliche Idylle in Cres-Stadt

- Wer selbst etwas direkt im Ort sucht: Ein kleiner Zimmervermieter liegt direkt **neben der Agentur Crespa** im Zentrum (No. 5, Ul. Creskog Statuta) und auch direkt um die Ecke vom Glockenturm im zur Konoba Busola gehörenden **Palazzo Floreus,** Tel. 051-571676, www.cres-busola.com, wo auch Apartments vermietet werden. Weitere findet man in einem restaurierten Bürgerhaus bei Familie **Kolega** am Platz Pijaceta Nummer 19 mitten in den ruhigen Altstadtgassen.
- An der Promenade Lungomare Sv. Mikula finden sich ebenfalls etliche €€€**Apartmentvermieter,** etwa Lungomare 6, mobil 099-5176914. Um die Ecke (Lungomare Sv. Mikula 2) liegen die hübsch restaurierten **Apartments Mareta** (mobil 091-5039625).

Camping

- €€**AC Kovačine,** Tel. 051-571423, Fax 571086, www.camp-kovacine.com. Ursprünglich einmal ein reiner Campingplatz, findet man hier auch €€DZ, €€-€€€Mobilheime, klassische Stellplätze, ein angeschlossenes Restaurant, Tel. 051-571689, und ein ordentliches Unterhaltungsangebot (Tauchschule, Gymnastik, Basketball, Volleyball, Grillpartys, Livemusik usw.); direkt am Meer, WLAN inklusive.

Essen und Trinken

Einfache Snacks, Eiscafés:

- Neben der Pfarrkirche bietet die **Café-Bar Kandena** preiswerte Erfrischungen.
- In den zahlreichen **Cafés und Restaurants an der Promenade** bekommt man meist auch Frühstück - ein sonst eher seltener Service in Kroatien; eines der beliebtesten ist das **Café Obala** (Palada 10).
- In der Zagrad liegt die **Bistro-Pizzeria Chersium** (18–23 Uhr) mit günstigen und einfachen Gerichten.
- Immer gut gefüllt, wenngleich etwas überteuert, ist die **Pizzeria Rosa Luna** (Palada 6). Pizzen kosten 45–50 K, Spaghetti 48–60 K.
- Sehr angenehm ist die **Café-Bar Astoria** am oberen Stadttor/Ost, da man hier ein wenig abseits der Touristenströme sitzen kann.
- Weitere **Fast-Food-Lokale und Eiscafés** liegen direkt am Kopfende des Hafenbeckens am Trg Frane Petrica, z.B. das **Bistro Hamby** (Palada 1; Burger, Döner usw.).

Restaurants:

- In der mittleren Preisklasse empfehlen sich die sehr nett gelegene **Konoba Kopač** (16–

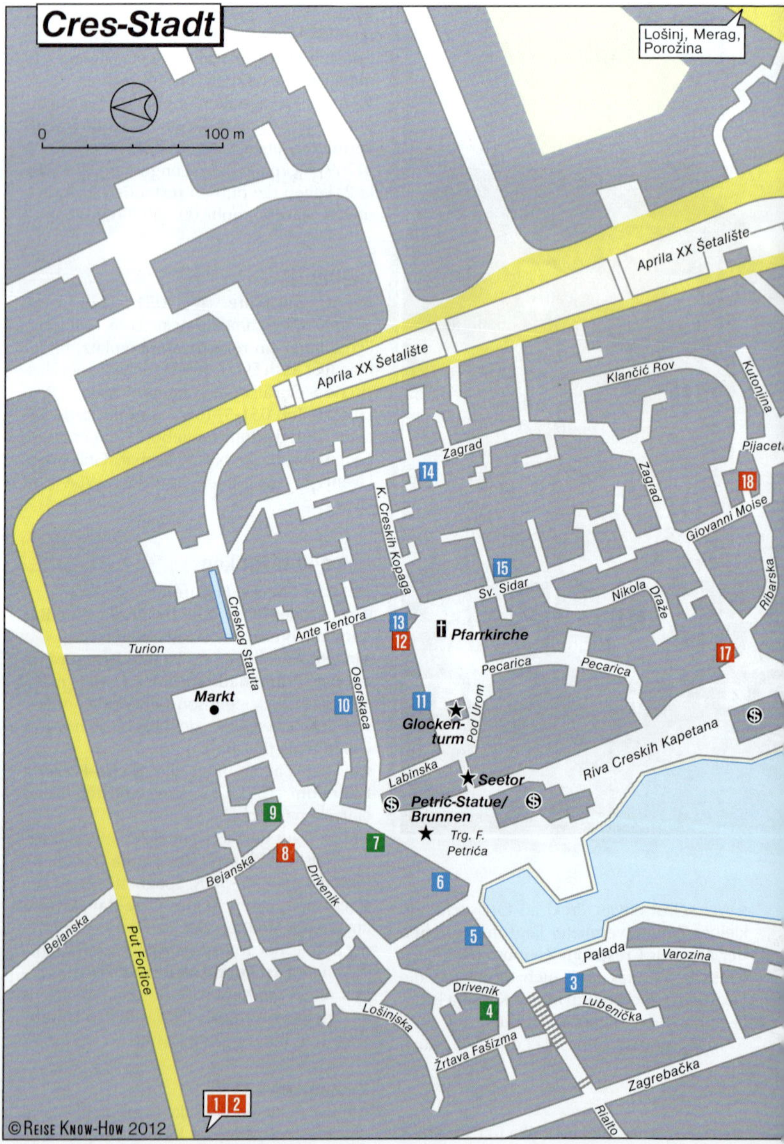

Cres-Stadt
0
100 m
Lošinj, Merag, Porožina
Aprila XX Šetalište
Aprila XX Šetalište
Klančić Rov
Kutonjina
Pijacet
Zagrad
Zagrad
18
14
K. Creskih Kopaga
Giovanni Moise
Ribarska
15
Sv. Sidar
Nikola Draže
Creskog Statuta
Ante Tentora
13
12
Pfarrkirche
17
Turion
Pecarica
Pecarica
Markt
Osorskaca
10
11
Glockenturm
Pod Urom
Riva Creskih Kapetana
Labinska
Seetor
9
Petrić-Statue/ Brunnen
Trg. F. Petrića
7
8
Bejanska
Drivenik
6
Bejanska
5
Put Fortice
Palada
Varozina
3
Drivenik
Lubenička
4
Lošinjska
Žrtava Fašizma
Zagrebačka
1
2
Rialto

Übernachtung
1 Hotel Kimen
2 AC Kovačine
8 Zimmervermieter
12 Palazzo Floreus
17 Hotel Cres
18 Aptm. Kolega
24 Aptm. Mareta
26 Aptm. Lungomare

Essen und Trinken
3 Pizzeria Rosa Luna
5 Fast-Food-Lokale
6 Amphora
10 Konoba Kopač
11 Café-Bar Kandena
13 Konoba Busola
14 Bistro Chersium
15 Al Buon Gusto
19 Astoria
20 Adria Grill
25 Santa Lucia
27 Café Obala

Einkaufen/Sonstiges
4 Vinotcka Katunar
7 Apotheke
9 Agentur Crespa
21 Fischgeschäft
22 Tankstelle
23 Agentur Croatia

24 Uhr) sowie das **Restaurant Amphora** am Petric Trg, beide mit gutbürgerlicher Küche.

- Die **Konoba Busola** (Ante Tentora) bietet ausgezeichnete Fischplatten für 2 Personen (320 K), aber auch Kleinigkeiten wie Pleškavica (65 K) oder Spezialitäten wie istrische Würste in Wein (60 K) oder *Fuži* mit Trüffeln 75 K).
- **Al Buon Gusto** (Sv. Sidar 14, Tel. 051-571878, 17.30–23 Uhr) serviert einfache, preiswerte und schmackhafte Gerichte wie gegrillten Tintenfisch mit Mangold (60 K), große Pizzen kosten 30–40 K.
- Wer es gehobener mag: Von 10–23 Uhr tgl. serviert der **Adria Grill** (Zazid, Tel. 051-571520) exzellente Fisch- und Fleischplatten.
- Auch an der Promenade Lungomare Sv Mikula findet man einige gute Restaurants. Gute Kritiken erhielt des Öfteren das **Santa Lucia** (Lungomare 4) für den preiswerten Thunfisch in Olivenöl oder das Meeresfrüchte-Risotto. Hier findet man auch Spezialitäten aus dem benachbarten Istrien wie Medaillons mit Trüffeln und *Fuži* mit Trüffeln.

Einkaufen

- **Andenkenhändler** säumen den Trg Petrića (Düfte, Aquarelle usw.).
- **Metzgerei Cons,** Riva Creskih Kapitana (am Hafenbecken vor dem Hotel Cres), Mo bis Sa 7–12 und 18–20 Uhr, So nur 7–12 Uhr. Eine weitere Metzgerei liegt direkt neben dem Glockenturm.
- **Ribarnica** (Fischgeschäft), Zazid 16, tgl. 7–12 und 18–20 Uhr, So nur 7–12 Uhr.
- **Kioske mit Zeitschriften und Postkarten** gibt es am Trg Petrica.
- Die sehr gute **Bäckerei Loznati** (tgl. 5–13 und 18–21 Uhr, Tel. 051-573028), aber auch Obst- und Gemüse- sowie weitere Souvenirstände (Angelzubehör, Textilien) findet man am neuen **Markt** in der Creskog Statuta.
- Selbstversorger finden einen **Minimarkt** in der Zazid im Zentrum, deutlich preiswerter kauft man aber im **Konzum-Supermarkt** in der Jadranska Obala ein (vom Franziskanerkloster-Parkplatz aus am Ufer Richtung Marina, die erste Abzweigung links ins moderne Wohngebiet, nach ca. 150 m linker Hand): Basissortiment, Frischfleisch/-käse und frische Backwaren, geöffnet Mo bis Sa 8–21 Uhr, So 9–13 Uhr – insgesamt günstigste Einkaufsmöglichkeit der Stadt, wenngleich längst nicht so gut wie in Mali Lošinj.
- **Vinoteka Katunar,** vor der Rialto-Treppe am Hafenbecken links in der Drivenik-Gasse kann man sowohl Weine aller Art kosten als auch direkt in mitgebrachte Flaschen – je nach Sorte ab 15 K/1 Liter – abfüllen lassen (8–12 und 18–21 Uhr, Tel. 052-7741839).

Nützliches

- **Polizei:** Tel. 051-571207, Vatrogasci (nahe Franziskanerkloster).
- **Erste Hilfe:** Trg Petrića/Ecke Labinska (Tel. 051-571116), Apotheke am Trg Petrića; Kreiskrankenhaus Tel. 051-571247.
- **Banken:** Mehrere Institute mit Geldautomat finden sich am Cons und entlang der Riva Kapetana.
- **Post:** Cons 1.
- **Internetcafé:** Agentur Croatia, Cons 8, Tel. 040-030387, tgl. 8–22 Uhr.
- **Tankstelle:** am unteren Ende der Zazid neben der Bushaltestelle.
- **Hafenmeisterei** (für Taucher und Bootsführer): Brodogradilište Marina, Tel. 051-571111.
- **ACI Marina:** 1,5 km Richtung Lošinj, Tel. 051-571622, www.aci-club.hr.
- **Tauchen:** PADI Diving Cres, im AC Kovačine, deutschsprachig, Tel. 051-571706, www.divingcres.de.

Valun – abgeschiedener Urlaubsort auf Cres

Valun

Auch wenn man nur auf der Durchreise ist – ein Abstecher nach Valun (und Lubenice) ist unbedingt empfehlenswert: **Bergdorf** plus **Meer** mit klarstem Wasser plus absolute Ruhe findet man in dieser Kombination so rasch nirgends. Kurz hinter dem Abzweig von der Inselstraße Richtung Valun/Lubenice besteht rechter Hand eine Haltemöglichkeit (Feldparkplatz) mit schöner Aussicht.

Valun mit seinen 85 Einwohnern gibt sich als autofreier Kurort (Parken vor dem Ort für 15 K pauschal), der eigens die „Valuner Grundregeln" aufgestellt hat: Nichts zerstören, keinen Abfall auf den Boden werfen, keine Mauersteine entfernen – außerdem sollen (Esels-) karren für den Gepäcktransport der in Valun untergekommenen Touristen vom Parkplatz zum Domizil sorgen. Das Ganze wirkt nur auf den ersten Blick gekünstelt, bei genauerem Hinsehen entpuppt sich Valun als „Schweiz Kroatiens": idyllische Beschaulichkeit gepaart mit dem vielleicht klarsten Adriawasser überhaupt. Einziges historisches Monument im Ort ist die kleine Pfarrkirche mit der **Valuner Tafel,** einer glagolitisch-lateinischen Steintafel vom Ende des 11. Jahrhunderts. Neben der Touristeninformation lädt eine traditionelle **Ölmühle (Uljara)** zur Besichtigung ein.

Von den hoch gelegenen **Parkplätzen** kann man entweder links zur kleinen **Badebucht** (Kiesstrand) hinuntergehen oder rechts hinunter zu den

kb005 Foto: wl

Gaststätten und Unterkünften; beide Abschnitte sind per Promenade (ca. 300 m) miteinander verbunden. Geht man vom Gastronomiebereich am Ufer entlang in die entgegengesetzte Richtung, bestehen weitere **Bademöglichkeiten** (befestigt) bis hin zum Kiesstrand des Campingplatzes.

An- und Weiterreise

- **Bus:** Abfahrt nach Cres tgl. 5.33, 8.50, 16.50 und 19.20 Uhr, nach Lubenice um 8.50, 16.50 und 19.20 Uhr (Sommerfahrplan)

Information

- **Touristenagentur Cresanka,** Cresanka bb., Tel. 051-525050 und 571161, www.cresanka.hr, tgl. 8–21 Uhr, mit Privatzimmervermittlung (nur hier!, ab 35 Euro/DZ), Geldwechsel, Ticket- und Ausflugsorganisation usw.

Unterkunft

- €€**Pension Za Odmor,** Tel. 051-573053 oder über die Agentur Cresanka (s.o.), DZ und FeWo.

Camping

- €€**FKK-Camp Zdovice-Valun,** Tel. 051-571161, Fax 571163, www.cresanka.hr, Anmeldung über die Agentur Cresanka.

Essen und Trinken

Es gibt einige Gaststätten im Ort, wobei die Preise insgesamt etwas höher als andernorts liegen.

- Besonders nett ist am Ufer in der Ortsmitte das **Toš Juna** mit seinen glagolitischen Steintafeln im „Biergarten". Sehr gut sind hier Miesmuscheln und der ausgezeichnete Schafskäse.
- Im gehobenen Preis-Leistungssegment serviert das **San Marco** eine sehr gute Gemüsesuppe (32 K) oder gegrillten Fisch für 125 K.
- Für Erfrischungen, Kuchen oder Eis bietet sich die **Café-Bar Valunjanka** an.

Nützliches

- **Minimarkt** am Ufer, führt auch Briefmarken, tgl. 7.30–12 und 17–21 Uhr, So nur vormittags.
- **Geladautomat** beim Minimarkt.
- Kleiner **Obst-/Gemüsemarkt** am zentralen kleinen Platz.
- **Bootsverleih** (450–960 K/Tag) und **Bootstaxi** unter mobil 098-9594566.

Lubenice

Lubenice ist ein **Bergdorf** mit 43 Einwohnern, in dem sich Fuchs und Hase „Gute Nacht" sagen, ohne jegliche historische Sehenswürdigkeit, aber mit einer tollen kleinen Imbissstube. Selbst der nächste Strand liegt knapp 30 Gehminuten entfernt, und das Nachtleben beschränkt sich auf den Sonnenuntergang – und trotzdem ist der Miniort ein echter Tipp! Es sind die wundersame, unvergleichliche, friedliche Romantik des luftigen Dörfchens, die malerische, geradezu **einmalige Lage oberhalb des Meeres** und sicher auch der nur zu Fuß erreichbare **einsame Strand** unterhalb des Ortes – Lubenice ist Idylle pur!

In zwei, drei Bauernhäusern hängen Schaffelle zum Verkauf aus, der Haupterwerb der Bewohner ist die **Schafzucht.** Oberhalb der Klippe gibt es mehrere Aussichtspunkte und ein kleines Museum zur Schafzucht (kostenlos), welches bis 1986 als Dorfschule diente.

Die **malerische Bucht** unterhalb des Ortes ist einfach verführerisch! Vom Parkplatz führt ein Fußweg hinunter (ca. 30 Min., es geht schneller als vermutet – zumindest abwärts).

An- und Weiterreise

- Der **Linienbus** fährt um 4.30, 8.30, 16.30 und 19.30 Uhr ab Cres und um 5, 9.30, 17.30 und 20 Uhr ab Lubenice, allerdings nur im Sommer; ansonsten bleibt nur die Möglichkeit von/nach Valun (siehe dort).
- Ausreichend **Parkplatz** ist vor der Kapelle vorhanden; schon bei der Einfahrt wird ein Parkplatzticket (pauschal 15 K) verkauft, andere Möglichkeiten gibt es nicht.

Essen und Trinken

- Die **Imbissstube** beim Parkplatz ist wirklich toll – deftige Schinken- und Käseplatten (50 K) und Fassbier (18 K), und das alles mit herrlicher Aussicht!
- Mitten im Dorf bietet die **Konoba Liburnica** tolle Lammgerichte im Römertopf für 220 K/kg.

Miholašćica

Nachdem bei Vrana ein Blick auf das unterhalb gelegene Süßwasserreservoir **Vransko Jezero** (Zutritt verboten) genossen werden konnte, führt die nächste Abzweigung hinter Hrasta nach Martinšćica und zum AC Zlatina.

Über die sehr gut ausgebaute Nebenstraße wird Miholašćica durchquert, ein kleiner Bauernort, der sich durch den Durchgangstourismus mittlerweile zu einem **Ausweichstandort** gemausert hat. An der Hauptstraße liegen einige Vermittlungen für Unterkünfte und Gaststätten (Gostionica Mareta, Konoba Ugnjišće). Die kleinen, sehr sauberen **Badebuchten mit Felsstrand** laden zum Baden ein.

Im nahezu mit Miholašćica zusammengewachsenen **Ortsteil Zaglav** kann man an einigen Stellen hinunter zu hübschen Badebuchten gehen/klettern (teilweise steil). Die touristische Infrastruktur von Zaglav beschränkt sich – noch – auf die große gleichnamige Ferienwohnungen-Anlage mit Minimarkt.

Unterkunft

- Derzeit bietet erst eine Agentur ihre Dienste (Unterkunft, Touren usw.) an, die **Agencija Zaglav,** Tel. 051-574169, Fax 574074, zaglav@ri.t-com.hr.
- €€**Apartmentanlage Zaglav,** Punta 1, zu buchen auch unter www.adria24.hr oder www.kvarner.com.

Martinšćica

Kurz hinter dem Ortsende von Zaglav geht es an einem Abzweig geradeaus zum AC Zlatina, links hinein nach Martinšćica (180 Einwohner), benannt nach der **Pfarrkirche Sv Martin** mit angeschlossenem **Kloster.** Parken kann man auf dem großen Parkplatz auf halber Strecke das Sträßchen hinein rechter Hand. Der Ort ist sehr klein und überschaubar, alles ist leicht zu Fuß erreichbar.

Martinšćica gehört noch zu den ruhigeren Orten, Sehenswertes und Touristenströme sucht man hier vergebens. Ansonsten laden der Kiesstrand, das Eiscafé Riva und die örtlichen Gastronomiebetriebe zum Verweilen ein. Einzig der teilweise erhaltene **Aquädukt** am Parkplatz (hinter dem Zaun) zieht die Blicke einiger Interessierter auf sich.

An- und Weiterreise

- Es mag überraschen, aber das **Passagierboot** (Katamaran) **Mali Lošinj – Rijeka** (3x wöchentlich) hält ausgerechnet hier! Nach Rijeka Mo 8.15 Uhr, Do und Sa 7.40 Uhr, retour ab Rijeka jeweils um 17 Uhr; nach Mali Lošinj Do und Sa 19.05 Uhr, jeweils 6 Uhr ab M. Lošinj. Verkehrt nur im Sommer.
- Für Touristen miserable **Busanbindung,** 6.30 Uhr Richtung V./M. Lošinj, 14.30 Uhr Richtung Cres.

Unterkunft

- **Agentur Seca Martinšcica,** neben der Privredna Bank an der Promenade, Tel. 051-574107, Fax 574284, tgl. 8–21 Uhr. Privatunterkünfte (ab 150 K/Pers.) werden über die Agentur vermittelt.
- €€€**Hotel-Pension Zlatni Lav,** Tel. 051-574020, www.hotel-zlatni-lav.com. War früher eine Disco-Pizzeria, heute nach mehreren Umbauten und Erweiterungen auf dem Weg zur Nobelherberge kurz vor dem Camping AC Zlatina (Sackgasse).

Camping

- €€€**AC Zlatina,** Tel. 051-574127, Fax 574167. Mit Tauchbasis und FKK-Strand. Infos auch unter www.camps-creslosinj.com.

Essen und Trinken

- Einfache Snacks und Pizzen haben **Fast Food Mario** und die **Pizzeria Mia** am Parkplatz im Angebot. Im mittleren Segment bietet sich die überraschend preiswerte **Konoba Kaštel** (Martinšćica 22) an.
- Ein Fußweg bei der Kapelle führt landeinwärts (Vidovci) über zwei Kilometer zum **Restaurant Mali Raj** (beschildert, mobil 098-715856, tgl. ab 19 Uhr), das für Lammspezialitäten bekannt ist.

Nützliches

- Am Parkplatz liegen eine kleine **Metzgerei** sowie **Obst- und Gemüsestände.**
- Der **Minimarkt Plus** an der Promenade führt ein umfangreiches Basissortiment.
- Oberhalb des Parkplatzes liegt etwas versteckt die **Post (Wechselstube),** geöffnet nur Mo bis Fr 8–15 Uhr (Pause 12.30–13.30); direkt nebenan **Erste-Hilfe-Station.**
- **Banken mit Automat** (Privredna und Erste) an der Promenade; Mo bis Fr 8–14 Uhr, Sa 8–12 Uhr.
- **Telefonzelle** an der Eisdiele Riva.
- **Ausflüge und Inseltouren** können direkt am Pier organisiert werden, z.B. Ilovik/Susak-Tagestour 170 K, Šilba/Ilovik 200 K (Devin-Tours, mobil 098-9919580).
- **Bootstaxis** z.B. für Individualtouren zu vorgelagerten Inseln können unter mobil 098-260088 geordert werden.

Belej und Ustrine

Das **Straßendörfchen Belej** bietet keine touristisch herausragenden Attraktionen, zeichnet sich aber durch einige Lokale (Konoba Leut und Bife Gromača) aus, in denen fast rund um die Uhr knusprige Spanferkel zum Zwischenstopp locken. Am Ortsrand werben ferner Honigverkäufer für meist hausgemachte Produkte. Nördlich von Belej liegt übrigens die offizielle Verwaltungsdistriktsgrenze der Inselteile Cres und Lošinj, die natürlich nichts mit den tatsächlichen geografischen Gegebenheiten zu tun hat.

Zwischen Belej und Osor zweigen eine neuere und eine ältere Nebenstraße nach **Ustrine** ab. Der Ort war schon in römischer Zeit besiedelt (Mosaiken- und Keramikfunde), man vermutet aber, dass Urnenfunde sowie der Name (Ustrinum = Totenverbrennungsplatz) auf eine Bestattungsanlage hindeuten, die schon in der Jungsteinzeit entstanden war. Heute hat sich hier, etwas abseits der Inselhauptstraße, ein kleines landwirtschaftliches Zentrum (Schafzucht) entwickelt. Touristen sieht man weniger, wenngleich immer mehr Einheimische das Zubrot als Zimmervermieter für sich entdecken. Die **Buchten** unterhalb des Ortes zählen noch immer zu den „Geheimtipps" für Badeurlauber: Von der romantischen Kirche des Hl. Martin führt eine asphaltierte Straße extrem steil (geschätzte 20 % Steigung!) hinunter zu den drei Buchten von Ustrine: Porat, Veli Žal und Županj.

Punta Križa

Vor der Brücke in Osor führt links eine schmale Seitenstraße (für Bootshänger/Wohnmobile bei Gegenverkehr ziemlich kanpp) zur zwölf Kilometer entfernten Landzunge Punta Križa. Diese Landzunge, die auch gleichzeitig den **Südrand der Insel Cres** bildet, zeichnet sich durch eine einigermaßen geschlossene Vegetation und die hier wieder angesiedelten **Rotwildbestände** aus (Achtung: in der Dämmerung häufiger Wildwechsel auf dieser Straße!). Außerdem findet man hier einen sehr beliebten Campingplatz mit FKK-Bereich.

Der gleichnamige **Ort Punta Križa** selbst liegt auf einem kleinen Hügel nicht direkt am Meer, dennoch hat man von den meisten Ferienwohnungen (Hotels Fehlanzeige) eine herrliche Rundumsicht. An der (einzigen) Kapelle in der Ortsmitte führt ein befestigtes Sträßchen hinunter zu einer kleinen **Bucht** an der Ostseite (**Uvala Ul,** ca. 1500 m; 10 Minuten zu Fuß) mit Bademöglichkeit.

Folgt man von Punta Križa aus der „Hauptstraße" vier Kilometer weiter, endet das Sträßchen am **Campingplatz Baldarin-Uvala** in einer ansonsten unbebauten, einsamen Bucht. Hier findet man gute **Bademöglichkeiten,** das Areal ist trotz Schranke auch für Nichtcamper offen (vor der Zufahrt parken); der FKK-Bereich befindet sich ganz am Ende rechts die Bucht entlang (beschildert).

Wanderung Punta Križa – Camp Baldarin

An der kleinen Bucht Uvala Ul (s.o.) wird das Sträßchen zur Piste und führt danach als Wanderweg Richtung Camp Punta Križa, mit dem Auto kann man vorsichtig bis zum Kap Zaklopica mit schöner Aussicht über die Inselwelt fahren (nicht aber zum Camp).

Man folgt von der Uvala Ul zu Fuß der Beschilderung „Lusare/40 Minuten" die breite Piste entlang an umzäunten Parzellen vorbei. Nach einer halben Stunde muss man gut aufpassen, die Gabelung **Lusare** ist nämlich nicht weiter beschildert; man achte auf rote Wegmarkierungen rechter Hand an Felsen (geradeaus käme man nach ein paar Minuten zu einem runden Waldparkplatz, wo die breite Piste als Waldweg geradeaus weiterführt). Bei dieser „Bemalung" sieht man zwei kleine Wege, einen nach vorne rechts

Bootsverleih in Punta Križa

an einer Ruine vorbei (verkehrt!), und scharf rechts den richtigen Weg zum Camp (nicht für Pkw oder Rad geeignet!). Bald darauf passiert man einen Tümpel (links liegen lassen) und folgt dem Pfad den kleinen Hang aufwärts. Oben angelangt geht der Weg/Untergrund zunächst in Schotter über, dann wird er steinig (schwer zu gehen), man kann sich aber nicht verirren. Nach insgesamt etwa anderthalb Stunden passiert man eine Schranke, die bereits im Campingareal liegt (rechts Sträßchen bzw. geradeaus Fußweg zur Rezeption).

An- und Weiterreise

- **Bus:** Im Sommer besteht Mo bis Fr 2x tgl. Busverbindung von/nach Osor (6.05 und 15.10 Uhr ab Osor, 6.30 und 15.30 Uhr ab AC Baldarin).

Unterkunft

- Voraborganisation von **Ferienwohnungen** z.B. unter www.puntakriza.com oder www.tourist-online.de; privat bei €€**Apartmani Biondic/Vila Fiena,** Punta Križa 36a, Tel. 051-235670, schöne und preiswerte kleine FeWos am Ortsausgang Richtung Camp (rechts, unten Naturstein, oben hellrot).

Camping

- €€**FKK-AC Baldarin-Uvala,** Tel. 051-235680, Fax 604646, info@camp-baldarin.

com. Sehr abgeschieden und ruhig, mit Minimarkt und Obstständen, geöffnet Mai bis Okt. Auf dem Gelände befindet sich der **Bootsverleih Dodig** (Segelboot 320 K/Tag, Surfbrett, Kanu, Tretboot je 250 K/Tag, Kajak 120 K/Tag, Motorboot 600–900 K/Tag), wo auch Räder für 100 K/Tag erhältlich sind (mobil 098-368778). Auch das **Bife Lučica** im Camp wird sehr gelobt für seine ausgezeichneten Muschelgerichte.

Nützliches

- Das kleine Straßendorf verfügt über einen **Minimarkt** (tgl. 7-12 und 18–19.30 Uhr, So nur vormittags; hier auch eine Telefonzelle) sowie direkt daneben die sehr beliebte **Konoba Tina** mit exquisitem Spanferkel (nur Mi und am Wochenende sowie auf Bestellung, mobil 098-328381).

Osor

Das gerade einmal 100 Einwohner zählende, aber viel größer wirkende Städtchen Osor bildet das **Nadelöhr zwischen Cres und Lošinj** (Hinweis: Die Brücke wird um 9 und 17 Uhr ca. 15 Minuten lang für Segelboote geöffnet - kurzer Stau!). Apsirtides hieß die Doppelinsel, als sie an dieser Stelle einst verbunden war, der Hauptort war Apsorus (Osor). So gibt sich der kleine Ort auch heute noch als das eigentliche, **kulturelle Zentrum der Inseln.** Über 25.000 Einwohner sollen in der römischen Ära in Apsorus gelebt haben - der Kanal bildete eine beliebte Zwischenstation auf dem Seeweg von Aquilea nach Hellas.

Heute ist Osor eine „Stadt der Kunst“, ziehen zahllose **moderne Plastiken** die eher erstaunten Blicke der Besucher auf sich. Der berühmteste Sohn der Stadt, *Ivan Antolčič* (siehe Glossar), seines Zeichens moderner Impressionist, prägt den kleinen Ort. Im ehemaligen Rathaus am Kirchplatz unterstreichen eine kleine **Galerie** (EG, Eintritt frei) und das **Museum** (1. OG, 10–13 und 19–22 Uhr, Eintritt 10 K, Kinder 5 K, Mo geschlossen) diesen Eindruck.

Vor der Kathedrale steht die **„Flöterin“** des ebenfalls berühmten dalmatinischen Bildhauers *Ivan Meštrović* (siehe Glossar). Selbst in der **Kathedrale** herrschen moderne Figurinen vor. Das Gotteshaus aus dem 15. Jahrhundert im Stil der frühen Renaissance birgt die Reliquien des einstigen Bischofs *Gaudentius,* dem die Ausrottung aller Giftschlangen auf den Inseln nachgesagt wird.

Weitere Kunstwerke findet man unmittelbar an der alten Stadtmauer am Kanal (gegenüber der Konoba Adria), wo nacheinander die **Büsten** von *Stjepan Šulek* (1914–1986, Dirigent und Komponist), *Andrija Mohorovičić* (1857–1936, Mathematiker, Physiker und Seismologe), *Dora Pejačevoć* (1885–1923, Komponistin), *Igor Kuljerić* (1938–2006, Komponist und Dirigent) sowie *Stanko Horvat* (1930–2006, Musikpädagoge und Komponist) zu sehen sind.

Interessant ist auch die **Friedhofskapelle** am nördlichen Ortsende, deren Mosaikböden aus der römischen Antike stammen.

Auch der kleine **Ortsstrand** direkt am Kanal ist nicht zu verachten, und sei es nur um die Boote bei der Passage durch den Kanal zu beobachten.

Camping

- Am Ortseingang rechter Hand erreicht man schnell das €€**AC Bijar,** Tel. 051-237027, Fax 237115, www.camps-cres-losinj.com.
- Das €€€**AC Preko Mosta,** Tel. 051-237350, Fax 237007, www.jazon.hr, liegt unmittelbar hinter der Brücke. Mai bis Ende September.
- 1,5 km hinter Osor Richtung Nerezine folgt das moderne €€**AC Lopari,** Tel. 051-237128, Fax 237127, www.losinjplov.hr, geöffnet 1.4. bis 30.9. Hier auch ein Sportzentrum für Bootsverleih, Surfschule usw., mobil 091-5335600.

Essen und Trinken

In der Gastronomie liegen die Preise in einer „Künstlerstadt" naturgemäß etwas höher (ohne dass die meisten Künstler etwas davon hätten ...), so auch in Osor.

- Direkt um die Ecke der Hauptkirche findet man die **Pizzeria Orfej,** Tel. 051-237135, für günstige Pizzen und Nudelgerichte.
- Die **Konoba Adria** unmittelbar an der Brücke serviert Kleinigkeiten und Snacks sowie Hausmannskost tgl. von 11–23 Uhr. Manchmal gibt es Lamm vom Grill.
- Die sehr beliebte **Konoba Livio** um die Ecke von der Post am Dorfplatz bietet Deftiges (Tel. 051-237242): Grüne Nudeln mit Lachs, Kotelett, Schweinemedaillons in Salbei mit Gnocchi, Jägergulasch oder Schaschlik mit Pfahlmuscheln sind nur einige wenige der sehr guten Gerichte hier; tgl. 11–23 Uhr, Mittagspause 15–18 Uhr.
- Sehr zu empfehlen ist auch die nobel-rustikale **Konoba Bonifačić** direkt oberhalb vom Kanal/kleinen Strand. Hier gibt es auch die typischen Spezialitäten Cres-Lammbraten, Schinken oder Schafskäse, aber auch istrischen Eintopf oder Lammsuppe. Sehr gut sind auch die Fischplatte sowie das Filet mit Spiegelei. Tel. 051-237413, tgl. 11–23 Uhr.
- Eine günstige, sehr gute **Eisbude** liegt an der Bushaltestelle 100 m vor der Brücke.

Nützliches

- Die kleine **Post** am Kirchplatz hat Mo bis Sa 8–12 und 18–21 Uhr geöffnet, **Wechselstube** nebenan (Mo bis Fr 7.30–14.30 Uhr).
- Wiederum nebenan versorgt ein **Minimarkt** mit allem Lebensnotwendigen, sogar Deutschlands größtes Massenblatt mit vier Buchstaben wird vertrieben; um die Ecke findet man einen winzigen **Obst- und Gemüsemarkt** für Frischwaren (Pflaumen, Kartoffeln, Paprika günstig, sonst eher teuer).
- Die **Touristeninformation** in Osor hat sich offenbar nicht rentiert, Infos findet man heute online unter **www.tz-malilosinj.hr.** Der **öffentliche Fernsprecher** am Dorfplatz ist dagegen geblieben.
- Die **Bushaltestelle** liegt von Cres kommend 100 m vor der Brücke an der Hauptstraße rechter Hand unterhalb der Kirche; Anbindung in beide Richtungen.
- Die nächste **Tankstelle** findet man gleich hinter dem Camp Lopari an der Hauptstraße Richtung Nerezine.

Nerezine

Der einzige nennenswerte touristische Ort zwischen Osor und Mali Lošinj beheimatet nicht nur 400 Einwohner, sondern in den Sommermonaten auch Heerscharen von Touristen. Ein modernes Einkaufszentrum mit Bank, Coiffeur, Boutiquen und Supermarkt, eine neu angelegte Uferpromenade, vor allem aber die Lage unterhalb des **Osorščica-Gebirgszugs** und einige gut beschilderte Wanderwege („Sv Nikola", „Televrina" – am Ortsausgang rechter Hand) um dessen 588 Meter hohen Gipfel mit unvergesslichen Panoramablicken machen Nerezine zunehmend beliebter.

Seit Eröffnung der Umgehungsstraße ist der Ort deutlich ruhiger geworden, alle Einrichtungen sind entlang der alten Durchgangsstraße gut beschildert - die kleine Marina ebenso wie der Campingplatz. Yachtcharter ist in der Randgemeinde Podgora möglich.

Franziskanerkloster

Vom Ort aus den Campingplatz immer am Ufer entlang passierend, erreicht man an einem ehemaligen kleinen Hafenbecken das Franziskanerkloster. Es wurde als Stiftung der Familie *Kolan Draž* aus Osor 1510 begründet und beheimatete in seinen Glanzzeiten über 100 Mönche. Heute lebt hier nur noch ein einziger Franziskanerbruder, der sich praktisch im Alleingang um Besichtigungen, Messen, Klostererhalt usw. kümmert. Der **Renaissance-Glockenturm** wurde um 1600 errichtet, im Kircheninneren sind der Altar von *Girolama di Santacroce* und ein Bild der „Muttergottes mit Kind" eines unbekannten venezianischen Meisters aus dem 15. Jahrhundert sehenswert.

Maria-Heil-Pfarrkirche

Die einschiffige Maria-Heil-Pfarrkirche am Zentrumsplatz Trg Studenac entstand 1877; auf dem Hauptaltar ist das **Titularbild** der Muttergottes mit dem Hl. Nikolaus und dem Hl. Gaudentius zu sehen, das ein weniger bekanntes Werk des Ende des 16. Jahrhunderts führenden venezianischen Künstlers *Jacopo Palma Giovanne* (der Jüngere, 1548–1628) sein soll.

An- und Weiterreise

- Die **Bushaltestelle** befindet sich an der Ortsstraße am Parkplatz vor dem kleinen Einkaufszentrum; Fahrplan/Inselbus siehe Anfang des Inselkapitels.
- Man parkt am besten an der alten Durchgangsstraße vor der Bushaltestelle meerseitig auf dem größeren **Parkplatz** (kostenlos). Direkt unterhalb liegt das kleine Einkaufszentrum am Ufer, von wo aus man links zum Kloster und Campingplatz oder rechts zur Marina und (hinter dem Hotel Televrin wieder rechts) zum kleinen Ortskern Trg Studenac gelangt.

Unterkunft

- **Agentur Marina Nerezine,** Obala nerezinskih pomoraca 3, Tel. 051-237038, Fax 604353, www.marina-nerezine.hr. Ausflüge, Exkursionen, Unterkunft usw.; Mo–Fr 8–14 und 15.30–21 Uhr, Sa 8–12 Uhr, So 9–12 Uhr.
- €€€€**Hotel Manora,** im Vorort Podgora gelegen, klein und überschaubar. Vermittelt werden auch Privatunterkünfte (Zimmer und Wohnungen) überall auf der Insel, Infos/Buchung unter www.manora-losinj.hr.
- Direkt am Ufer und absolut zentral im Ortskern kann man im €€€**Hotel Televrin** unterkommen, Obala nerezinskih pomoraca, Tel. 051-237121, Fax 867415, www.televrin.com.
- Privatanbieter mit **Zimmern und FeWos** in Nerezine werden von der Agentur Marina (s.o.) vermittelt, ein Direktanbieter wäre auch €€**Šegota Šime,** Marinculiceva 13, Tel. 051-237210, www.adria-kroatien.com, oder die direkt am Hafenbecken (kurz vor dem Campingplatz) gelegenen €€€**Apartmani Skipper,** *Fr. Mirela Kramberger,* Tel. 051-237179. Wenn man am Hafenbecken (an der Agentur Marina vorbei) hinten um die Ecke geht, steht man vor den €€€**Apartmani Satalic** (Tel. 051-237001, apartmani-msatalic@mail.inet.hr) - sehr schöne Alleinlage am Ortsrand und direkt am Ufer.

Camping

- €€**AC Rapoca,** Tel. 051-237145, Fax 237146, www.losinjplov.hr. Liegt wirklich toll im Wäldchen am Meer und absolut ortsnah - aber auf der Promenade bewegen sich natürlich auch viele Spaziergänger (Mai bis Ende September).

Essen und Trinken

- Das **Café Express** bietet Erfrischungen und Kleinigkeiten sowie Eiscreme (neben dem Einkaufszentrum).
- **Am Zentralplatz Trg Studenac** sollte jeder etwas nach seinem Geschmack finden, hier liegen gleich mehrere Gastronomiebetriebe in enger Nachbarschaft. Die **Pizzeria Mornar** (Studenac 11) bietet schmackhafte und preisgünstige Pizzen und Snacks. Etwas gehobenerer - aber nicht überteuert - gibt sich das **Bonaparte** (tgl. geöffnet, Mittagspause 15–18 Uhr) mit guter Fischsuppe, herzhafter Käsesuppe, Miesmuscheln oder Rumpsteak.
- **Tipp:** Hinter dem Bonaparte rechts den Weg hinein liegt etwas versteckt die **Gostionica Meduza** (Trg Oslobodenia 3, Tel. 051-237086, 1.5.–31.8. tgl. durchgehend geöffnet), wo man zünftig, gut und preiswert essen kann: Käse, Schinken oder Čevapi, Calamari vom Rost, auch Spanferkel und Lamm, aber nicht täglich; auch die Riesenpizzen sind hier preiswert und gut.

Einkaufen

- Das kleine **Einkaufszentrum** am Ufer unterhalb des Parkplatzes verfügt über Bankomat, Supermarkt (tgl. 7–21 Uhr), Telefonzelle, Souvenirgeschäfte usw.
- **Fischgeschäft** am Hotel Televrin; geöffnet tgl. 7–12 Uhr.
- **Bäckereien:** Loznati, Ul. Spičića, um die Ecke vom Hotel Televrin, geöffnet tgl. 6–13 und 16–21 Uhr; Pekara Martina, am Trg Studenac, geöffnet tgl. 6–23 Uhr.
- **Metzgerei,** Ul. Spičića, neben der Bäckerei Loznati, tgl. 7–12 und 18–20 Uhr, So nur 7–10 Uhr.

Nützliches

- **Post** (Mo bis Fr 8–21 Uhr, Sa 7.30–12 Uhr, jeweils um 10 und 17 Uhr 30 Minuten Pause) und **Apotheke** am Zentralplatz Trg Studenac.
- **Zeitschriftenhandel/Telefonkarten** am Trg Studenac (8–20 Uhr).
- **Diving Center,** nahe Einkaufszentrum, Richtung Camp, etwas zurückgesetzt, Tel. 051-237362.

Artatore

Artatore im Zentrum von Lošinj ist ein Ort, der eigentlich noch im Entstehen ist und bislang zu 95 % aus **Ferienwohnungen,** allerdings einzelnen (also keine hässliche Siedlung!), besteht. Hier kann man sehr schön wohnen, ohne dass Tagestouristen die Ruhe stören würden. Artatore stellt man sich am besten als Zwischending aus „Goldgräberstimmung“ (es wird ständig weiter gebaut, vor allem Richtung Flughafen) und „mondänem Vorort“ von Mali Lošinj vor. Artatore erstreckt sich als reines Straßendörfchen entlang der gleichnamigen **Bucht** (Bademöglichkeit) Richtung Flugplatz.

Unterkunft

- An der Ortszufahrt kann man über die **Agentur Artatore** (kleine Bude linker Hand, Tel. 051-233070, tgl. 9–13 und 17–23 Uhr) Unterkünfte mieten.
- Einige Direktanbieter sind die €€€**Pansion Ana** (www.pansion-ana.com), die €€€**Apartmani Čaić** (Tel. 13691015 Fax 13637557, www.apartmani-losinj.com) oder €€**Apartmani Pletikosa** (Tel. 051-235019, www.losinj-artatore.com).

Essen und Trinken

- Für das leibliche Wohl sorgen u.a. die **Schänken Eki,** Tel. 051-233007, und **Oasa Kordiš,** Tel. 051-235013, tgl. 8–24 Uhr.
- Für die Grundbedürfnisse des Reisealltags steht ein **Minimarkt** zur Verfügung.

Traditioneller Kurort des Wiener Adels: Mali Lošinj

Mali Lošinj

Zwischen Nerezine und Mali Lošinj wird der **Bewuchs dichter,** die Insel Lošinj wirkt hier grüner. Vor Mali Lošinj liegt die kleine landwirtschaftliche Siedlung Čunski unweit des Inselflughafens, den man von der Hauptstraße aus erspähen kann.

Gegründet im späten 14. Jahrhundert von kroatischen Zuwanderern als Malo Selo („kleines Dorf"), entstand der Ort rund um die **Landzunge Sv Martin** an der gleichnamigen Kapelle. Zu venezianischer Zeit wurde der Schiffsbau gefördert – Mali Lošinj entwickelte sich zu einer kleinen Hochburg. Eine Marineschule und Segeljachtwerften folgten im 18. und 19. Jahrhundert. Mit der Dampfmaschine und dem Bau schnellerer Dampfschiffe stagnierte der **Yachtbau,** und der **Tourismus** trat seinen Siegeszug an: Schmucke Villen entstanden auf der Čikat-Landzunge, im Jahr 1892 wurde Mali Lošinj zum **Kurort** erhoben; der Wiener Hochadel nahm hier fortan Quartier. Heute sind Yachtbau und Tourismus die Basis des spürbaren Wohlstands der rund 6600 Einwohner.

Die touristische Bedeutung für die gesamte Insel äußert sich nicht nur in einer nahezu **vollständigen Infrastruktur** und einem Angebot, welches den Küstenstädten auf dem Festland in nichts nachsteht, sondern auch in den inzwischen sehr guten Einkaufsmöglichkeiten, die auch von den Einheimischen gern genutzt werden. Das Besondere an Mali Lošinj ist der Orts-

kro046 Foto: wl

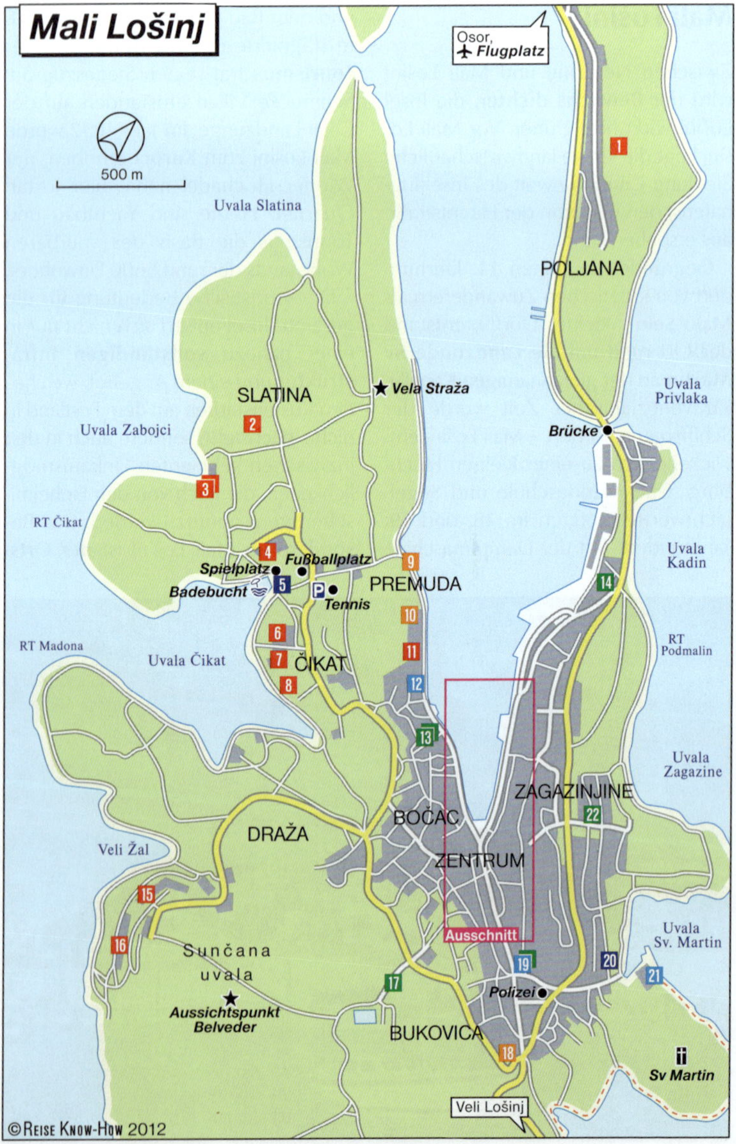
Mali Lošinj
Osor,
Flugplatz
500 m
Uvala Slatina
POLJANA
SLATINA
Vela Straža
Uvala Zabojci
Uvala Privlaka
Brücke
RT Čikat
Fußballplatz
Spielplatz
Badebucht
Tennis
PREMUDA
Uvala Kadin
RT Madona
Uvala Čikat
ČIKAT
RT Podmalin
Uvala Zagazine
ZAGAZINJINE
BOČAC
DRAŽA
Veli Žal
ZENTRUM
Ausschnitt
Uvala Sv. Martin
Sunčana uvala
Polizei
Aussichtspunkt Belveder
BUKOVICA
Sv Martin
Veli Lošinj
1
2
3
4
5
6
7
8
9
10
11
12
13
14
15
16
17
18
19
20
21
22

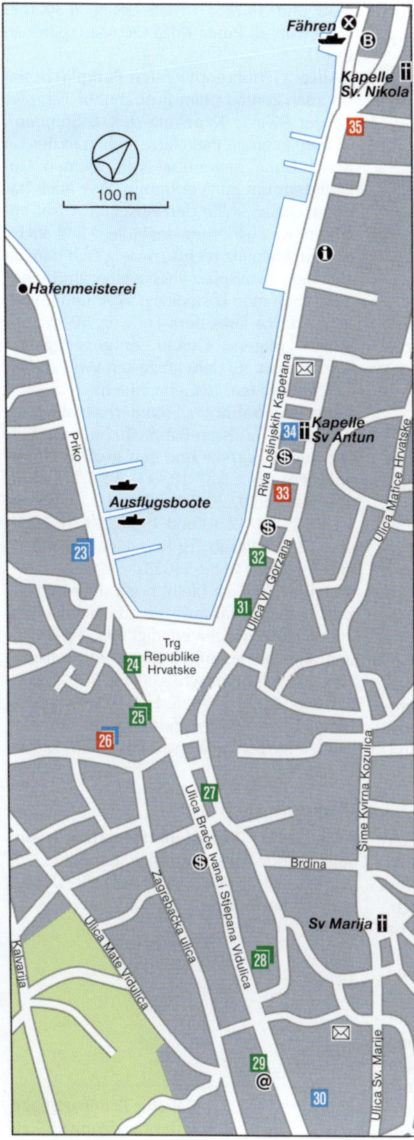

Übernachtung
1 AC Poljana
2 AC Čikat
3 Hotel und Camping Kredo
4 Hotel Helios
6 Hygeia
7 Hotel Bellevue
8 Hotel Alhambra
11 Villa Antonia
15 Hotel Aurora
16 Hotel Vespera
26 Hotel Villa Margarita
33 Hotel Apoksiomen
35 Mare Mare Suites

Essen und Trinken
12 Konoba Odyssey
19 Konoba Corrado
21 Laterna
23 Bulldog, Sportmar
26 Villa Margarita
30 Pizzeria Draga
34 Za Kantuni

Nachtleben
9 Disco-Fähre „Open Bar"
10 Disco-Bar VIlla Anna
18 Miomirisni Otočki Vrt

Wassersport
5 Sunbird (Wassersport)
20 Sumartin Divers

Einkaufen/Sonstiges
13 Agenturen Manora, San-Mar
14 Agentur Capelli
17 Supermärkte Diskont, Konzum
19 Bäckerei
22 gr. Minimarkt
24 Fischmarkt, Metzgerei
25 Minimarkt, Bäckerei
27 Bäckerei
28 Supermarkt/Delikatessen
29 Mini-Einkaufszentrum
31 Apotheke
32 Agentur Lošinjska Plovidba

kern: sein bunter, von prachtvollen spätbarock-klassizistischen **Bürgerhäusern** umsäumter Hafen, in dem Obst- und Gemüseverkäuferinnen direkt vom Boot aus frische Ware feilbieten, die dahinter liegenden **Altstadtgassen** mit der dreischiffigen Pfarrkirche **Sv Marija** von 1696 (Treppenaufgang in der Ulica Braće Vidulića), von der man eine herrliche Aussicht hat, und die Kastell-Ruinen.

Eine durchgehende **Uferpromenade** führt von Sv Martin bis zum Nachbarort Veli Lošinj. Um den Ort herum erstrecken sich ausgedehnte **Pinienwälder** sowie das **Erholungs- und Freizeitgebiet Čikat.** Besonders bei Seglern und Tauchern ist Mali Lošinj ein ausgesprochen beliebter Standort.

An- und Weiterreise

- **Fähren:** Passagierverbindungen per Katamaran bestehen von/nach Premuda – Šilba – Olib – Zadar zweimal tgl. und per Autofähre 1x wöchentlich (Juli und August täglich); Katamaran nach Rijeka täglich. Details siehe www.jadrolinija.com oder vor Ort im Jadrolinija-Büro am Pier (Riva Lošinskih Kapetana, Mo bis Sa 8–16.30 Uhr, So 10–13 und 15–16.30 Uhr).
- **Flüge:** Am Sportflugplatz von Mali Lošinj (Privlaka 19, vor der Ortszufahrt rechter Hand, Tel. 051-231466, www.airportmalilosinj.hr) werden **Rundflüge** (52 Euro/3 Pers.), aber auch **Taxiflüge** nach Italien, Süddeutschland und Österreich/Wien (ca. 1330 Euro/3 Pers.) angeboten.
- **Busse:** Der neue kleine Busbahnhof liegt unmittelbar vor der Fähranlegestelle in der Riva L. Kapetana und in direkter Nähe zur Touristeninformation; (direkte) Anbindung besteht **Osor/Punta Križa** (sonst Umsteigen in Cres) und teilweise bis Rijeka und Zagreb (Gesamtplan siehe Kapitelanfang Cres/Lošinj). Der Bus nach Osor/Punta Križa fährt 5.30 und 14.15 ab Mali Lošinj, 6.30 und 15.30 Uhr ab Punta Križa (20 Min. später ab Osor).
- **Auto:** Gebührenpflichtige **Parkplätze** findet man zentral beim Busbahnhof/Fährpier an der Riva L. Kapetana (8 K/6 Stunden), weitere zentrale Parkplätze stehen in der Ul. Braće Ivana gegenüber vom kleinen Einkaufszentrum zur Verfügung. Wer auch baden möchte, sollte den Abschnitt Čikat anfahren (Beschilderung der Hotels) und auf einen Fußballplatz rechts sowie gleich danach auf einen Tennisplatz links achten; am Tennisplatz kann man kostenlos parken und unmittelbar davor links dem Fußweg 50 m zum Strand folgen. Genau entgegengesetzt kommt man auf dem kürzesten Weg zu Fuß ins Zentrum (ca. 15 Gehminuten).
- **Touristenbahn:** Im Sommerhalbjahr pendelt eine Touristen-Bimmelbahn zwischen **Trg Rep. Hrvatske** und den großen **Hotelanlagen;** ab Čikat 10, 11, 12 Uhr sowie abends um 19, 20, 21, 22 und 23 Uhr; um 10.30, 11.30, 12.30 und 19.30, 20.30, 21.30 und 22.30 Uhr ab Trg Rep. Hrvatske (15 K, Info-Tel. mobil 098-653023).
- **Taxi:** Schließlich bleibt noch die Möglichkeit, im Bedarfsfall auf Taxis zurückzugreifen; in den Hotelanlagen erledigt dies die Rezeption, allgemeine **Rufnummern** (englischsprachig, teilweise deutsch) sind Tel. 051-231531 und mobil 098-329825. Eine Fahrt von Mali Lošinj/Zentrum zu den Hotels auf der Landzunge Sunčana Uvala kostet z.B. 120 K.

Info und Agenturen

- Die „echte" **Touristeninformation Lošinj** liegt in der Riva Lošinjskih Kapetana 29, Tel./Fax 051-231547. 8–20 Uhr, So 9–13 Uhr, www.tz-malilosinj.hr.

Beliebte Badebucht auf der Landzunge Čikat

An **Agenturen** für Unterkunft, Transport, Genehmigungen, Bootsverleih, Ausflüge u.Ä. seien genannt:

- **Manora,** Priko 29, Tel. 051-04015742, Tel./Fax 051-233391, www.manora-losinj.hr. Hier werden nicht nur Unterkunft und Ausflüge arrangiert, sondern auch Mopeds, Räder und Quads vermietet; geöffnet tgl. 9–14 und 17–21 Uhr. Betreibt auch das Hotel in Podgora-Nerezine (s.u.), auf der Website werden Privatunterkünfte auf der gesamten Insel angeboten.
- Wenige Meter weiter (Priko 24) liegt die **Agentur San-Mar** (Tel. 051-233571, www.sanmar.hr), ebenfalls mit Exkursionen, Tauchen, Unterkunft, Rad- und Scooterverleih, Räder kosten durchschnittlich 120 K/Tag, Scooter 250–300 K.
- **Lošinjska Plovidba,** Riva L. Kapetana 8, Tel. 051-233077, Fax 231611, www.losinjplov.hr, 8–22 Uhr, So 9–13 und 18–21 Uhr. Unterkunft, Bootscharter, Ausflüge.
- **Capelli,** Kadin (vor der Ortszufahrt rechter Hand), Tel. 051-231582, Fax 231562, www.cappelli-tourist.hr, mit Autovermietung.

Unterkunft

In der Hauptsaison besteht ein breites Angebot an Unterkünften aller Art. Dabei hat sich als allgemeiner Schwerpunkt die Landzunge Čikat herauskristallisiert, deren **riesige**

kb077 Foto: wl

Hotelanlagen allerdings nicht unbedingt für Schönheitspreise nominiert werden dürften; hier landen nahezu 90 % der Pauschalreisenden. Wer es etwas individueller mag, sollte einen **Privatunterkunft (Apartment, Zimmer)** über eine der örtlichen Agenturen oder direkt bei Anbietern vorziehen.

Alternativ sollte man erwägen, eventuell im **Nachbarort Veli Lošinj** zu wohnen und Tagestouren nach Mali Lošinj zu unternehmen – die Busanbindung ist sehr gut, notfalls kann man auch zu Fuß gehen.

Hotels:

●€€€€€**Hotel Kredo,** Čikat, Tel. 051-233595, www.kredo.hr. Tolle Lage in mehreren angeschlossenen kleinen Villen im Bereich Čikat, aber auch im Zentrum, aber sehr teuer.

Im angeschlossenen €€€**Camp Kredo** kostet die Woche/Hauptsaison für eine 4-köpfige Familie inkl. Stellplatz und „Öko-Zuschlag" rund 400 Euro, Mobilheime (4 Pers.) sind für 90–140 Euro/Tag erhältlich.

●Das ehemalige einfache Istra wurde zum €€€€**Apoksiomen** (Tel. 051-520820, Fax 520830, www.apoksiomen.com) luxussaniert und nennt sich nunmehr „Boutique-Hotel". Absolut zentral an der Promenade Riva Lošinskih Kapetana und tadellos.

●Um die Ecke von der Touristeninformation, ebenfalls an der Riva Lošinskih Kapetana, liegen die €€€**Mare Mare Suites,** mit B&B-Angebot. Beide Häuser sind schöner als die Čikat-Hotels und wegen der Lage unmittelbar bei Bushaltestelle und Fährpier ideal, wenngleich nicht unbedingt billig.

●€€€**Hotel Villa Margarita,** etwas versteckt im Altstadtzentrum (Bočac 64, Tel. 051-233838, Fax 231940, www.vud.hr). Komplett renovierte Aristokratenvilla mit nur 4 Apartments und 6 DZ. Sehr beliebt ist auch das angeschlossene Hotelrestaurant.

●Im Distrikt Čikat liegen die drei großen Hotels €€€**Helios,** Tel. 051-232124, Fax 232104, jadranka@ri.htnet.hr, €€**Alhambra,** Tel. 051-232022, Fax 232042, alhambra@jadranka.htnet.hr, und €€€**Bellevue,** Tel. 051-231222, Fax 231268.

●Neueren Datums, dafür auch eine Preisklasse höher, sind die Hotels der Landzunge Sunčana Uvala, z.B. das €€€**Aurora,** Tel. 051-231324, Fax 231542, hotel.aurora@jadranka.htnet.hr, und das €€€**Vespera,** Tel. 051-231304, Fax 231402, hotel.vespera@jadranka.htnet.hr.

Die genannten Hotels **in Čikat und Sunčana Uvala** – alle ziemlich fade und gesichtslos, aber eben unmittelbar am Ufer – sind auch auf www.losinj-hotels.com vertreten; einige sind reine Sommerhotels von Juni bis September. Wichtig für Besucher dieser Häuser mag der **Hotelbus** sein, der von 5 bis 22 Uhr (außer 15 bis 17.30 Uhr) etwa alle 45 Minuten zwischen Altstadt und den Hotels Bellevue und Aurora pendelt.

Ferienwohnungen und Privatzimmer:

●Vor Ort über die o.g. Agenturen und die Touristeninformation bzw. vorab auch über die ca. 120 verschiedene Privatanbieter umfassende Homepage **www.tz-malilosinj.hr** (hier „Mali Lošinj" und dann „private Anbieter" aufsuchen) in einer Preisspanne ab 35 Euro/DZ bis zu Mittel- und Oberklasseapartments für 4 bis 6 Personen. Weitere gute Seiten für die Voraborganisation sind etwa **www.sunbird.de** (eigentlich Surfschule, aber mit zahlreichen Angeboten zu Wohnungen, Zimmern und auch Campern) oder **www.manora-losinj.hr** (Hotel Podgora mit vielen FeWos zu Mali Lošinj). Viele der dort angebotenen Unterkünfte liegen hübsch am Hang im Bezirk Bočac (Fußweg vom Hotel Villa Margarita die Ulica Vresikovo hinauf zur Hauptstraße).

●Wer direkt am Ufer nachfragen möchte: €€€€**Villa Antonia,** Velopin 23, Tel. 051-232192, insgesamt 4 Wohneinheiten für 3 bis 4 Personen. Sehr hübsche Anlage, teilweise mit Balkon. Neben den Agenturen haben oftmals auch Tauchbasen Zimmer und Ferienwohnungen für Tauchgäste im Angebot.

Luxus-Ferienwohnungen:

●Im Bezirk Čikat wurden in direkter **Ufernähe** einige stilvolle ehemalige **Herrenhäuser** aufwendig restauriert und für den Tourismus umgebaut. Dies erfolgte in Kooperation mit dem Alhambra-Hotel, welches für zubuchbares Catering auf Wunsch zuständig ist. **Hygeia,** Luxusausstattung mit Internetanschluss, Waschmaschine, Klimaanlage usw.,

200 Euro/Tag (4 Pers.) bis 450 Euro/Tag (bis zu 10 Pers.), Tel. 051-232022, Fax 232042, www. hygeia.com.hr.

Camping

- €€**AC Čikat,** Tel. 051-232125, Fax 231708, www.camp-cikat.com. Eher für Schwimmer und Taucher.
- €€**AC Poljana,** Tel. 051-231728, Fax 231524, www.losinjplov.hr. Ideal für Bootsbesitzer, aber etwas weit weg vom Zentrum und zudem erstreckt sich die Anlage entlang der Hauptstraße, ist also nicht immer ruhig.

Essen und Trinken

Mali Lošinj bietet Dutzende guter Restaurants, Snackbars und Pizzerien, wobei die unmittelbar am Hafen gelegenen sich naturgemäß das „Setting" mitbezahlen lassen und nicht immer die besten Köche des Ortes beschäftigen. Daher hier ein paar Tipps abseits des Hafens:

- In der günstigen Kategorie sollte man unbedingt einmal in der **Pizzeria Draga** (Tel. 051-231132, Ulica Braće Vidulića) gegessen haben. Ab 18.30 Uhr stehen die Leute Schlange, die Portionen sind riesig, gut und preiswert.
- Für Fischplatten zu moderaten Preisen in netter Lage am kleinen Fischerhafen Sv Martin empfiehlt sich das **Laterna** (Tel. 051-233625).
- Am östlichen Ende des Hafenbeckens, bei der kleinen Kapelle Sv Antun, liegt linker Hand in einer Seitengasse das **Restaurant Za Kantuni** mit günstigsten und guten Fisch- und Fleischplatten für 2 Personen, Muschelsalat mit Kräutern, Suppen, Pizzen, frittierten Calamari und als Spezialität Kalbsleber vom Rost. Rustikal-angenehmes Ambiente.
- Reisende loben das **Hotelrestaurant Villa Margarita** (Bočac 64, Tel. 051-233838; nur Abendküche 18–22 Uhr): Käseplatten zu 60 K (für 2 Personen!), Scampicocktail für 60 K, grüne Nudeln mit Scampi 60 K oder hausgemachte Suppen zwischen 15 und 25 K. Spezialität des Hauses ist die Fischplatte für 2 Personen, die mit 220 K zu Buche schlägt. Das Lokal liegt etwas zurückgesetzt und ist auch äußerlich kein typisches Hotelrestaurant.
- Im gehobeneren Preissegment serviert man sehr exquisite Fisch- und Fleischgerichte zu moderaten Preisen in der **Konoba Corrado,** etwas versteckt in einem Innenhöfchen der Ulica Sv Martin (Tel. 051-232487, nur Ende Mai bis Mitte Oktober).
- Die schönsten **Cafés und Bars** zum Verweilen liegen rund um den Hafen, u.a. **Bulldog** (Sandwiches und Snacks) oder **Sportmar.**
- Weiter am Ufer entlang Richtung Čikat/ Disco-Fähre bietet die kleine **Konoba Odyssey** (Velopin 14) Lammbraten, Sardellen und fangfrische Fischgerichte je nach Saison an.

Nachtleben

Abendunterhaltung – von den Café-Bars am Hafen abgesehen – bieten die **Hoteldiscos** und die **Disco-Bar Villa Anna.** Urig ist auch die riesige, zum Dance Club umgebaute **Fähre „Open Bar"** am südlichen Hafenbecken/Premuda unmittelbar vor dem Abzweig zur Badebucht Čikat (geöffnet Mi, Fr, So 10–2 Uhr, sonst 10–18 Uhr).

- Leider nur am Mittwochabend findet im **Miomirisni Olučki Vrt** (Bukovica 6, an der Kurve V. Lošinj Richtung Supermärkte rechter Hand) ab 21.30 Uhr die beliebte **„Garden Night Party"** mit gemeinsamer Gartenbegehung, typischer Musik und Drinks statt – alles unter dem Motto „Mittelmeerdüfte". Eintritt inkl. 2 Getränke 40 K, mobil 098-326519.

Aktivitäten

Das Freizeitzentrum für **Schwimmer, Schnorchler und Wassersportler** liegt in Čikat an der hübschen Promenade zwischen den Hotels Bellevue und Helios: Katamaran-Kurse, Rad- und Surfbrettverleih usw. direkt am Ufer. Ähnliches wird an der Promenade Velopin geboten: Wasserski, Scooter, Motorroller, Ruderboote, Fahrräder. **Sonnenanbeter** finden überall ein Plätzchen, **FKK-Freunde** suchen das Gebiet beim Hotel Vespera auf. Für **Kinder** gibt es Wasser-Hüpfburgen, einen kleinen Spielplatz, Tischtennis, Popcorn- und Hamburgerbuden und, und, und ...

Man kann sehr weitläufig in der **Čikat-Bucht baden,** was für Gäste der ufernahen Hotels kein Problem darstellt. Wer als Tagesgast mit dem Auto anreist, sollte am Tennisplatz parken (s.o.), sodass die „Tragewege“ kurz bleiben. Einige Hotels sind dazu übergegangen, Parkmarken an ihre Gäste auszugeben - Schwarzparken ist sehr teuer!

Surfbretter und sonstige Aktivitäten: **Sunbird,** direkt am Ufer im Knick der Čikat-Bucht (www.sunbird.de).

Auch für **Spaziergänge** bietet sich der Raum Mali Lošinj an, etwa die Fußgängerpromenade von/nach Veli Lošinj (am südlichen Ortsrand neben der Hauptstraße) oder im **Čikat Forest Park,** der sich durch eine interessante Vegetation mit seltenen Pflanzen auszeichnet (erklärende Hinweisschilder, siehe auch www.ju-priroda.hr) und von dessen höchstem Punkt (Vela Straža, 62 m) man eine fantastische Rundumsicht genießt.

Tauchbasen:

- **Adriatic Divers,** Čikat, Tel. 051-232918, www.adriaticdivers.de.
- **Diving Sports Centre,** Čikat, Tel. 051-232800, www.diver.hr/losinj.
- **Sumartin Divers,** Sv Martin, Tel. 051-232835, www.sumartin.com, am Ufer.
- **Sub 1000,** angeschlossen an die Hotelsiedlung Sunčana Uvala, Tel. 051-232038.

Bootsfahrten:

Direkt am Pier fahren Ausflugsboote zu den **vorgelagerten Inseln:** Tourbuchung über die o.g. Agenturen oder direkt an den Kais, z.B. **S. Busanić** (mobil 098-715570) oder **Kapitän Krško** (mobil 091-5162840) für Susak oder Ilovik/Orjule oder Delfinbeobachtungen, jeweils ganztägig 10–18 Uhr (inkl. Fischpicknick).

Einkaufen

Selbstversorger und Souvenirjäger finden in Mali Lošinj alles, was das Herz begehrt:

- Gelegentlich wird am Hafenbecken direkt **vom Boot frisches Obst und Gemüse** verkauft - allerdings bemerken dies nur Frühaufsteher.
- Auf dem **Fischmarkt** am Trg Rep. Hrvatske (7–13 Uhr) kann man fangfrische Meeresdelikatessen einkaufen; nebenan befindet sich eine **Metzgerei.**
- **Bäckereien** (z.B. Pekarna Lo-Pek, hier Burek, Pizzateile, Baguettes usw.) und einen **Minimarkt** findet man ebenfalls direkt am Trg Rep. Hrvatske sowie in der Ulica Braće Vidulića (Pekarna Pjazza).
- Vom Trg Rep. Hrvatske die Ulica Braće Vidulića hinaufgehend, finden sich zahlreiche **Fachgeschäfte und Boutiquen,** auf halber Höhe ein **Supermarkt** (tgl. 7–22 Uhr) mit Delikatessenabteilung außen (8–12 und 18– 22 Uhr) sowie ein Stück weiter ein kleines **Einkaufszentrum** mit Obst-/Gemüseständen, Minimarkt (tgl. 7–21 Uhr, So 7–12 Uhr), Bars und Cyber-Café.
- Die beiden größten **Supermärkte** der Inseln (**Diskont** und **Konzum,** beide tgl. 7–21 Uhr) findet man an der Hauptstraße (kurz nach der Abzweigung nach Veli Lošinj) Richtung Hotelbereich/Čikat; an der Ampelkreuzung nach links in das neue Industriegebiet fahren - hier nach 150 m beidseitig der Straße. Riesenauswahl, Frischetheken (Brot, Fleisch, Kuchen etc.), Bankautomat usw. Vor dem Eingang des Diskont findet man rechts die zentrale Leergut-Sammelstelle.

Nützliches

- **Autovermietung: AVIS,** Privlaka, Tel. 051-231938.
- **Post:** Mo bis Fr 8–21 Uhr, Sa 8–12 Uhr, in der Ulica Braća Ivana.
- **Bank/Geldautomaten:** mehrere Geldautomaten entlang der Uferzone und in der Riva Lošinskih Kapetana.
- **Notruf:** Tel. 051-231824.
- **Ambulanz:** am Trg Rep. Hrvatske um die Ecke vom Fischmarkt, Mo bis Fr 7–12 und 18–20 Uhr, Sa 7–12.30 Uhr.
- **Apotheke:** am Trg Rep. Hrvatske (linke Seite, Riva L. Kapetana).
- **Polizei/Notruf:** Tel. 051-231822.
- **Pannenhilfe:** Tel. 051-231054.
- **Marina:** im Bezirk Privlaka, Tel. 051-231626, Fax 231461. Sehr beliebt, 350 Plätze.
- **Hafenmeisterei:** Riva L. Kapetana, Tel. 051-231438.

kb079 Foto: wl

Veli Lošinj

Ein sehr empfehlenswerter, drei Kilometer langer **Spaziergang** führt von der Landzunge Sv Martin an den wunderschönen, von kristallklarem Wasser umspülten und von Pinien und Föhren gesäumten Felsbuchten entlang über den Hotelkomplex Punta nach Veli Lošinj, dem einst größten Ort der Insel Lošinj. Er liegt in einer **fjordartigen Bucht** und zieht sich dann um eine größere Landzunge herum (sehr hübscher Spazierweg!) zum **alten Fischerhafen Rovenska,** der durch die Pinienhaine der Landzunge vom Zentrum getrennt ist.

Früher war „Veli" (kroat.: groß) Lošinj der Hauptort der Insel, der günstigere Tiefwasserhafen von Mali Lošinj lief dem einstigen Zentrum im 19. Jahrhundert dann allerdings den Rang ab. Die wohlhabenden Kapitäne blieben mit ihren Familien in Veli Lošinj und bauten teilweise prunkvolle Bürgerhäuser.

Sv Antun

Das Zentrum des kleinen Fjords dominiert die **Pfarrkirche** Sv Antun aus dem 17. Jahrhundert (erst 1774 fertiggestellt auf einem Vorgängerbau aus

Ausflugsboot in der Bucht von Veli Lošinj

Übernachtung
1 Hotel Punta
3 Vila San
5 Pansion Saturn
6 Villa Mozart
7 HFHS-Jugendherberge
8 Privatvermietung Pjacal

Essen und Trinken
1 Restaurant Punta
3 Terrassenrest. Vila San
4 Trattoria Marina
6 Villa Mozart

Nachtleben
1 Disco Punta

Einkaufen/Sonstiges
2 Fischgeschäft, Flohmarkt
7 Agentur Turist
8 Minimarkt
9 Agentur Palma, Bäckerei Loznati
10 Minimarkt
11 Agentur Val

dem 14. Jahrhundert) mit etlichen **Malereien** italienischer Sakralkünstler. Eine Besonderheit ist die untypisch frontal oberhalb des Hauptaltars angebrachte **Orgel.** Die wohlhabenden Familien ließen sich früher übrigens in Gruften in der Kirche ohne Sarg - nur in Leinen gehüllt - bestatten.

Waldpark

Oberhalb der Kirche liegt ein hübscher, von **Spazierwegen** zum Ortsteil Rovenska durchzogener Waldpark mit über 150 verschiedenen Baumarten, einem bewirtschafteten **Strandbad** sowie mehreren Aussichtspunkten. Im Bezirk Rovenska bestehen weitere Bademöglichkeiten und bieten sich Uferspaziergänge an.

Kunstgalerie

Auf der gegenüberliegenden Seite des Hafenbeckens führt eine Gasse neben der Post zum runden **Kula-Turm,** in dem eine kleine Kunstgalerie untergebracht wurde (tgl. 10–13 und 19–23 Uhr).

Marine Educational Center

Wenige Meter weiter das Hafenbecken entlang öffnet sich ein kleiner Platz, wo links um die Ecke das Lošinj Marine Educational Center (Tel. 051-604666, www.blue-world.org) interessante theoretische Einblicke in die reichhaltige **Unterwasserwelt** der Region bietet (im Sommer tgl. 10–21 Uhr, Winter bis 14 Uhr, Juni und Sept. bis 18 Uhr, Eintritt 15 K, Kinder ab 7 Jahre 10 K.

Bootsausflüge

Auch wenn das Marine Center sehr interessant ist, wollen viele Besucher die Meeresbiologie doch ganz unmittelbar mit einem Ausflugsboot erleben. Im Hafen werden nicht nur Tagesausflüge auf vorgelagerte oder benachbarte **Inseln** angeboten (u.a. Ilovik, Oruda, Susak, Šilba oder auch Rab), sondern auch **Delfinbeobachtungen,** die immer wieder faszinierend sind. Auch komplette Boote können direkt am Hafen gechartert werden (rund 1500–2000 K/Tag).

An- und Weiterreise

- Es besteht eine gute **Busanbindung** nach Mali Lošinj (siehe Gesamtübersicht am Anfang des Kapitels), wobei der letzte Bus um 23 Uhr in Mali Lošinj abfährt und somit auch gemütliche Abende im Nachbarort verbracht werden können.
- Von den **Parkplätzen** an der kleinen Bus-Endstation orientiere man sich an der kleinen zwiebelgetürmten Kirche Sv Marija und folge dort der Hauptgasse Ulica Nazora hinunter zum Zentrum.

Agentur

- **Agentur Val,** Vladimira Nazora 29 (bei der Marienkirche), Tel. 051-236 604, Fax 236352, www.losinj-val.com.

Unterkunft

Als Alternative zu dem zumindest in der Hochsaison etwas gedrängt anmutenden und in den großen Hotelanlagen wenig anheimelnden Mali Lošinj bieten sich in Veli Lošinj eine größere Aparthotelanlage sowie etliche kleinere Pensionen an.

- Links die Bucht hinauf gelangt man zum €€€-€€€€**Hotel Punta,** Tel. 051-236002, Fax 236301, www.losinj-hotels.com. Mit Diskothek, Swimmingpool, Restaurant usw. Neben

DZ werden 4er Apartments vermietet. Riesige Anlage, sehr beliebt und gar nicht so übel.

- Direkt am Zentralplatz Obala M. Tita rechts gehend, findet man die hübsch restaurierte €€**Villa Mozart** (Kaciol 3, Tel. 051-618769, www.villa-mozart.hr). Direkt nebenan liegt die €€**Pansion Saturn** mit etwas höheren DZ-Preisen. Das Haus gehört zur Agentur Val (s.o.) und ist unter www.losinj-val.com auch online buchbar.
- Neben dem Turm um die Ecke von der Post findet man den **Privatvermieter €€Pjacal** (Kaštel 3, Tel. 051-236244, 098-1847115, www.pjacal.com, www.pjacal.eu). Hauseigenes Ausflugsboot mit Inseltouren, Fischpicknick usw.
- Am Weg hinauf zum Hotelbereich bietet sich die €€**Vila San** an, in der angeblich schon Mitglieder der k.u.k. Familie ihr Haupt gebettet haben sollen; Tel./Fax 051-236016, www.vila-san.com.
- Um die Ecke der Villa Mozart liegt eine Zweigstelle der kroatischen €**HFHS-Jugendherbergen** (Kaciol 4, Tel. 051-236234, www.hfhs.hr). Auf B&B-Basis zahlt man hier pro Person je nach Saison zwischen 17 und 20 Euro/Nacht.

Essen und Trinken

Cafés:

- Rund um das kleine Fjordbecken findet der Hungrige etliche Cafés und Restaurants, etwa das nette **Café Mladost** am Obala M. Tita oder das benachbarte **Café Veny,** wo man auch Burek bekommt. Für einen kühlen Drink oder einen Espresso empfehlen sich die **Café-Bar Eskimo** sowie das **Café Riva** auf der linken Hafenbeckenseite.

Restaurants:

- Gut und zünftig speist man am Obala M. Tita Vila in der **Villa Mozart** (Tel. 051-618769) mit biergartenähnlichem Restaurant.
- Direkt am Ufer an der linken Hafenseite findet man die **Trattoria Marina,** die eine österreichische Schauspielerin unter dem Motto „Kreative Küche" begründet hat – heute ein begehrtes Spezialitätenrestaurant für italienisch-istrische Gerichte (Trüffel); Tel. 051-236178, tgl. 9–24 Uhr (Nov.–März geschl.).
- Wenige Meter den Hügel hinauf Richtung Hotelanlage Punta bietet das sehr beliebte **Terrassenrestaurant Vila San** u.a. Fischplatte für 300 K für 2 Pers., Medaillons mit Feigen und Salbei für 7 K, istrischen Käse mit Trüffel für 65 K oder Seebarschfilet für 80 K. Der Koch zählt zu den bekanntesten Fernsehköchen Kroatiens; Tel. 051-236160.
- Auch die **Hotelanlage Punta** verfügt über ein sehr schön gelegenes angeschlossenes Restaurant mit toller Aussicht (geöffnet für Nicht-Hotelgäste, tgl. 10–23 Uhr).

Einkaufen

Man findet im Zentrum alles, was man für einen Tagesaufenthalt benötigt, wenngleich die Auswahl in Mali Lošinj natürlich ungleich größer ist.

- Am Zentralplatz Obala M. Tita liegt ein **Minimarkt,** gleich links am Hafenbecken die **Bäckerei Pekara Veli** mit warmen Burek und leckeren Kuchenteilchen. Von hier aus die Nazora 100 m Richtung Parkplatz gehend, erreicht man die **Bäckerei Loznati.**
- Ein kleines **Fischgeschäft** (Ribarnica) findet man direkt am Ufer unterhalb der Vila San, und zumindest in den Sommermonaten wird am Weg hinauf zur Vila San ganztägig eine Art **Flohmarkt/Andenkenmarkt** abgehalten.

Nützliches

- **Geldautomat** am Platz Obala M. Tita.
- **Internet:** Agentur Val (s.o.).
- **Telefonzellen** stehen direkt am Ufer vor dem Café Riva.
- Die **Post** am linken Hafenbecken hat Mo bis Fr 8–20 Uhr, Sa nur 8–12 Uhr geöffnet.

Rijeka und Umgebung

Rijeka

Größere Fährhäfen im Allgemeinen und Rijeka im Besonderen werden von Touristen meist links liegen gelassen, da sie dem „Urlaubsprofil" der Mehrheit der Reisenden nicht entsprechen. Rijeka, mit gut 170.000 Einwohnern **drittgrößte kroatische Stadt** nach Zagreb und Split, passt nur teilweise in dieses Klischee, auch wenn naturgemäß Seehandel, Industrieanlagen (INA-Raffinerie), großstädtischer Verkehr und hässliche Vorstadtviertel zu einem negativen Ruf beitragen. Die Bedeutung als Fährhafen und kulturelles Zentrum (Universität, Theater und Museen) sowie eine angenehme Fußgängerzone in der Altstadt mit **interessanten Sehenswürdigkeiten** und vor allem gute **Einkaufsmöglichkeiten** führen letztlich doch zu einer gewissen Attraktivität der wichtigsten Metropole des Kvarner Landes.

Rijeka unterhält einige Städtepartnerschaften, darunter auch mit Neuss oder Rostock, mit letzterem sogar schon seit den 1960er Jahren – somit ist dies eine der ältesten deutsch-kroatischen Partnerschaften überhaupt!

Geschichte

Als Tarsatica (60 v. Chr.) bildete Rijeka in römischer Zeit eine Grenzstadt des liburnischen Limes. Vom 8. bis 15. Jahrhundert vorwiegend in kroatischer Hand, fiel die Stadt 1466 an das Haus **Habsburg** und entwickelte sich zu einer Rivalin der Dogenrepublik Venedig. Erneute Unabhängigkeit folgte im 17. und 18. Jahrhundert, ehe *Maria Theresia* 1776 Rijeka zum Sonderverwaltungsgebiet erklärte. 1848 unterstützte Rijeka den ungarischen Aufstand gegen Österreich, woraufhin der kroatische Vizekönig Gouverneur von Rijeka wurde. Ungarn als Binnenstaat benötigte einen Hafen und betrieb den rasanten Ausbau der Stadt. 1919/20 wurde der **Freistaat Fiume** gegründet – auf Verlangen der im Ersten Weltkrieg siegreichen Italiener mit italienischem Namen –, 1924 von Italien annektiert und nach der italienischen Kapitulation im Zweiten Weltkrieg (1943) zwei Jahre lang von deutschen Truppen besetzt. Nach dem Zweiten Weltkrieg zunächst jugoslawisch, erfreut sich die Stadt seit der Unabhängigkeit Kroatiens immer größerer Beliebtheit bei durchreisenden Touristen.

Sehenswertes im Zentrum

In Rijeka wurden alle wichtigen Bauwerke, Sehenswürdigkeiten und Museen vorbildlich **mehrsprachig beschildert.** Ein **Rundgang** beginnt zweckmäßigerweise am Trg Jelačić beim Kanal Mrtvi und führt hier halbrechts zum Dom Sv Marija.

Dom

Die ehemalige Kathedrale wurde im 13. Jahrhundert errichtet und im frühen 19. Jahrhundert mit einer klassizistischen Fassade versehen. Mit dem 33 Meter hohen **Glockenturm** hat es eine kleine Besonderheit auf sich: Er hat sich wegen des feuchten und instabilen Bodens um einen knappen halben Meter zur Seite geneigt, sodass er der **„schiefe Turm von Rijeka"** genannt wird. Die Feuchtigkeit zeigt sich auch im Inneren: Da die Kirche sehr schlecht zu belüften ist, sind die Wandmalereien arg in Mitleidenschaft gezogen, sodass große Teile des Gotteshauses verhüllt sind und Reparaturen vorgenommen werden müssen.

Sv Vid

Die Šporera ein kleines Stück hinaus liegt die Kirche Sv Vid. Sie ist von ihrer **„legendären" Entstehungsgeschichte** her viel interessanter als der Dom: Im Jahre 1296 spielte ein Mann Karten, hatte aber Pech und verlor. Daraufhin warf er verärgert einen Stein an ein Christuskreuz und traf dieses auf der linken Seite. Blut floss aus dem Kreuz, und wo es auf die Erde tropfte, öffnete sich ein großer Schlund – der Werfer wurde von ihm verschlungen. Ein Gouverneur im 17. Jahrhundert, zunächst ungläubig, als er diese Geschichte vernahm, ließ den Boden umgraben – und tatsächlich fand man den Leichnam. Der Gouverneur ließ die Überreste verbrennen, eine Bronzehand als Mahnmal an der besagten Stelle aufstellen und die Veitskirche darüber errichten. Die Bauarbeiten wurden 1638 begonnen und dauerten fast 100 Jahre. Prunkstück wurde eine **säulengetragene Kuppel** über dem Zentralraum.

Rijekas Prachtstraße Korzo

Museen

Am Muzejski Trg 1, oberhalb der Veitskirche, entstand im ausgehenden 19. Jahrhundert ein neobarocker Prunkbau für den jeweiligen Gouverneur; heute ist hier ein interessantes **Marine- und Heimatmuseum** mit Exponaten zur Regional- und Seefahrtsgeschichte der Kvarner Bucht untergebracht. Besonders interessant ist die kunsthandwerkliche Abteilung aus dem 18. und 19. Jahrhundert (Pomorski Muzej, Tel. 051-213578, Di bis Fr 9–20, Sa 9–13 Uhr). Eintritt 10 K.

Nur wenige Meter entfernt steht das kleine, weniger lohnenswerte **Stadtmuseum** (Tel. 051-336711, Mo–Fr 10–13 und 16–19 Uhr, Sa 10–13 Uhr; Eintritt 10 K, Mo frei), dessen Ausstellungsstücke sich ausschließlich auf Rijeka beschränken.

Das vielleicht schönste Museum für Kinder liegt oberhalb des Marinemuseums im Park V. Nazora: das **Naturwissenschaftliche Museum** (Prirodoslovni Muzej, Tel. 051-553669, Mo–Sa 9–19 Uhr, So 9–15 Uhr; Eintritt 10 K) mit Ausstellungen zu Meeresflora und -fauna, einer guten Erläuterung der Geomorphologie der Kvarner Bucht sowie Aquarium und Tierpark.

Triumphbogen

An den römischen Teil der Stadtgeschichte erinnert der römische Triumphbogen (Stara Vrata), der als **ältestes erhaltenes Bauwerk** Rijekas gilt. Die mannigfaltigen Veränderun-

kb014 Foto: wl

gen späterer Epochen lassen den antiken Ursprung allerdings nur noch erahnen.

Korzo

Vorbei am ehemaligen Rathaus und Geburtshaus des Komponisten *Ivan Zajc* am Trg Koblera passiert man das Tor des alten Stadtturms. An ihm prangen noch heute die Büsten der Kaiser *Leopold I.* und *Karl VI.* (sie ernannten Rijeka zur Freistadt) sowie der Doppeladler. Dahinter liegt die **Haupteinkaufsstraße** von Rijeka, genannt Korzo, mit zahlreichen Kaufhäusern, Boutiquen, Buchhandlungen und Geschäften für Luxusartikel.

Hieronymuskirche

Durch einen Durchgang schräg gegenüber von McDonald's erreicht man den **Trg Riječke Rezolucije** mit der Hieronymuskirche (ehemaliges Augustinerkloster). Die Kirche aus dem 17. Jahrhundert ist durchaus sehenswert, die modernen Kristall-Lüster wirken jedoch deplatziert.

Kunstgalerie

Wenige Meter entfernt in der Ulica Dolac (beim Hotel Grand Bonavia) wurde die **Galerie der modernen Künste** eingerichtet (Tel. 051-334280, tgl. 10–13 und 17–20 Uhr).

Kapuzinerkirche

Oberhalb des Busbahnhofs lohnt ein Blick in die Kapuzinerkirche **Gospe Lurdske,** wegen ihres markanten Äußeren ein recht häufiges Fotomotiv. Sie wurde 1908 anlässlich des 50. Jah-

Übernachtung
- **1** Neboder
- **2** Hotel Jadran
- **3** Jugendherberge
- **13** Apartments Korzo
- **23** Grand Bonavia

Essen und Trinken
- **4** Brun
- **5** Konoba Feral
- **9** Café Sv Vida
- **11** Pizzeria Delfino
- **14** Snackbar Hamby
- **16** Sewed City
- **19** Ri
- **20** McDonald's
- **21** Municipium
- **25** Restaurant-Pizzeria Bračera
- **26** Zlatna Školjika
- **30** Arca Fiumana

Nachtleben
- **7** Bar Dva lava
- **10** Irish Pub
- **24** Hemingway Disco-Bar
- **28** Svid Rock Café

Einkaufen/Sonstiges
- **6** Kino Kvarner
- **8** Apotheke
- **12** Kaufhaus Korzo
- **15** Buchhandlung
- **16** Kaufhaus Robna Kuća Rijeka
- **17** Agentur Globalturist
- **18** Gradski Casino
- **22** Agentur Generalturist
- **24** Bonbonniere Kraš
- **25** Agentur Tours
- **27** Buchhandlung
- **29** Fährgesellschaft Jadrolinija
- **31** Autovermietung Vučetić
- **32** Spielautomaten-Casino

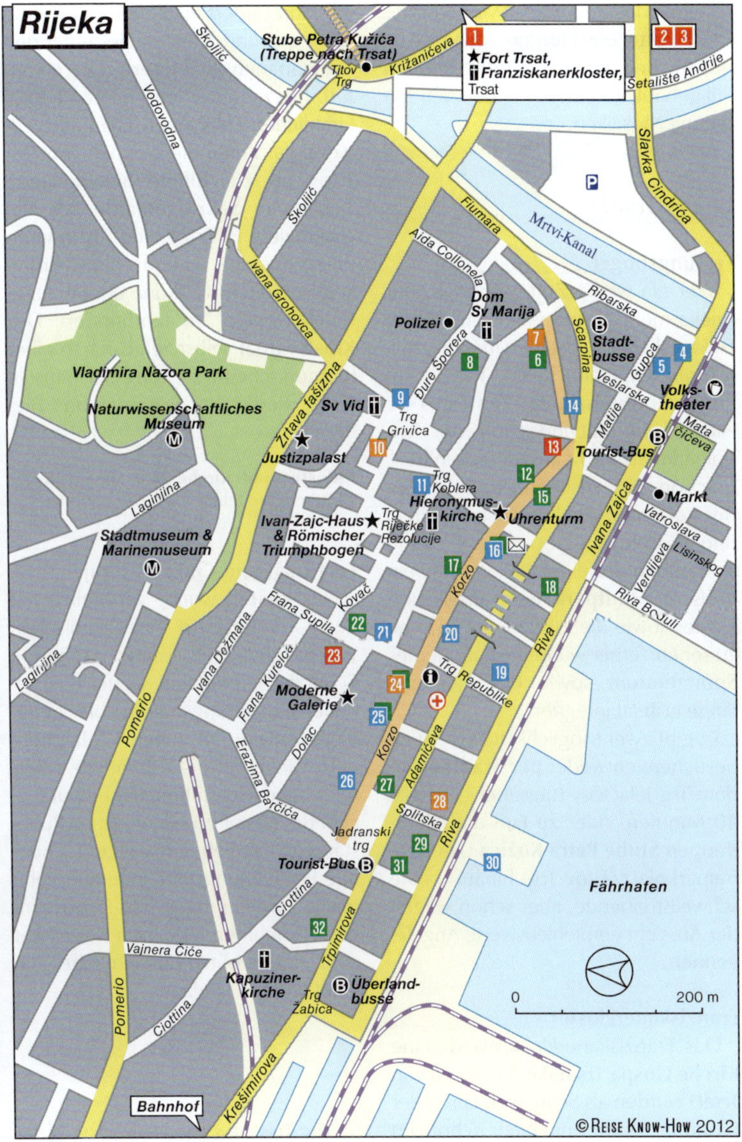
Rijeka
Stube Petra Kužića (Treppe nach Trsat)
Titov Trg
Križanićeva
1
★Fort Trsat, Franziskanerkloster, Trsat
2 3
Šetalište Andrije
Školjić
Vodovodna
Slavka Cindrića
Mrtvi-Kanal
Fiumara
Aida Collonela
Ivana Grohovca
Ribarska
Dom Sv Marija
Polizei
Scarpina
Stadt-busse
Dure Šporera
7
6
8
4
5
Gupca
Veslarska
Vladimira Nazora Park
Naturwissenschaftliches Museum
Žrtava fašizma
Sv Vid
9
Trg Grivica
14
Volks-theater
Matije
Mata Čićeva
Justizpalast
10
13
Tourist-Bus
Laginjina
Trg Koblera
11
12
15
Markt
Hieronymus-kirche
Uhrenturm
Ivana Zajca
Vatroslava Lisinskog
Ivan-Zajc-Haus & Römischer Triumphbogen
Trg Riječke Rezolucije
Stadtmuseum & Marinemuseum
16
17
Korzo
18
Verdijeva
Riva Boduli
Frana Supila
Kovač
22
21
20
Ivana Dežmana
23
Riva
Laginjina
Frana Kurelca
Trg Republike
19
Moderne Galerie
24
25
Pomerio
Dolac
Erazima Barčića
Adamićeva
26
27
28
Splitska
Jadranski trg
29
Tourist-Bus
31
30
Fährhafen
Ciottina
32
Tripimirova
Vajnera Čiće
Kapuziner-kirche
Trg Žabica
Überland-busse
0
200 m
Pomerio
Ciottina
Krešimirova
Bahnhof
©Reise Know-How 2012

restages des „Wunders" von Lourdes (dort hatte ein Hirtenmädchen Marienerscheinungen) im neogotischen Stil gebaut, im Inneren finden sich rotbraune Mosaiken.

Bezirk Trsat

Festungshügel

Wer ein wenig Zeit mitbringt oder Rijeka mehr als nur einen Kurz- oder Einkaufsbesuch abstatten möchte, sollte unbedingt den Bezirk Trsat besuchen, der **oberhalb des Zentrums** die Altstadt überragt und schon vom Zentralparkplatz leicht auszumachen ist.

Schon zu illyrischen Zeiten wurde der gesamte Hügel als Festungshügel und Rückzugsgebiet genutzt, heute sind neben der eigentlichen Feste ein größerer **Stadtpark,** ein Franziskanerkloster sowie die lokale Georgskirche zu sehen; ferner wurden ein modernes Sportzentrum sowie ein Messegelände in Trsat integriert.

Es gibt zwei Möglichkeiten, Trsat zu besuchen: entweder **per Stadtbus** ab dem Trg Jelačićev (tagsüber etwa alle 40 Minuten) oder **zu Fuß** die Pilgertreppen **Stube Petra Kužića** (am Zentralparkplatz/Titov Trg) hinauf – eine schweißtreibende, aber schon wegen der Aussicht empfehlenswerte Angelegenheit.

Franziskanerkloster

Das Franziskanerkloster und seine **Kirche Gospa Trsatske** (Hl. Maria von Trsat) wurden als Schrein zu Ehren der Jungfrau Maria angeblich schon im 13. Jahrhundert zu Zeiten der Kreuzzüge gegründet und später unter den Frankopanen als **Pilgerkirche** erweitert. Noch heute sieht man an hohen kirchlichen Feiertagen Gläubige teilweise auf Knien die Treppen vom Trg Titov bis zur Kirche hinaufpilgern. Zahlreiche **Sakralgemälde** des Barockmalers *C. Tasce* sind im Inneren untergebracht, Hauptsehenswürdigkeit ist jedoch die Ikone der Hl. Jungfrau aus dem 14. Jahrhundert. Das **Klosterareal** selbst zeigt sich in einer harmonischen Mischung der Baustile Gotik, Renaissance, Barock und Biedermeier.

- **Kloster und Kirche** sind außerhalb der Gottesdienste tgl. 6–19.30 Uhr geöffnet.

Fort Trsat und Crkva Sv Juraj

Das **Kastell** wurde vermutlich auf den Grundmauern eines römischen Wachturms und einer späteren Schutzburg errichtet, wobei das genaue Entstehungsdatum bis heute nicht festliegt. Im frühen 19. Jahrhundert wählte der irischstämmige österreichische Heerführer Graf *Laval Nugent* das Kastell zu seiner letzten Ruhestätte und verlieh der Anlage das heutige Erscheinungsbild, indem er zahlreiche Erweiterungen und Erneuerungen vornehmen ließ. Vom Kastell hat man eine schöne Aussicht über die Stadt und das Umland.

Fort Trsat, das Wahrzeichen von Rijeka

Unterhalb des Kastells liegt die einstige Pfarrkirche von Trsat, **Sv Juraj (Georgskirche),** aus dem 16. Jahrhundert, die im Laufe vieler Jahrhunderte permanenten Umbauten unterworfen war.

- **Fort Trsat,** Mo bis Fr 10–13 und 17–20 Uhr, Sa 10–13 Uhr, Eintritt 15 K.

Praktische Tipps

An- und Weiterreise

Auto:

Aus welcher Richtung man auch kommen mag, und auch dann, wenn man einfach nur durchfahren möchte: Man sollte immer der **Beschilderung „Centar"** folgen, da alle Umgehungen im weiteren Verlauf wieder zusammenführen und für Ortsfremde meist nur Verwirrung stiften! Ein idealer **Parkplatz** („Delta") liegt unmittelbar am Mrtvi-Kanal, wo das östliche Ende der Fußgängerzone ist. Von diesem größten öffentlichen Parkplatz (gebührenpflichtig Mo bis Fr 7–22 Uhr, Sa 7–16 Uhr, So frei) ist man sofort im Zentrum und kann wahlweise auch am Nordende/Titov Trg die Pilgertreppe nach Trsat hinauf nehmen.

Rijeka war übrigens die erste Stadt weltweit, die eine Bezahlung von **Parkgebühren** per SMS ermöglichte. Dazu muss man das Kfz-Kennzeichen ohne Lücken oder Sonderzeichen an die vierstellige Nummer der entsprechenden Zone, in der man parkt (Schilder beachten), senden; Bestätigung und Abbuchung über die Telefonrechnung folgen sofort (nur über kroatische Mobiltelefon-Netzbetreiber möglich). Ansonsten bezahlt man am Automat (zweisprachig) bzw. beim Aufseherhäuschen.

Bahn:

Gute Bahnanbindung besteht nach **Norden** (Ljubljana) 4x tgl. und **Osten** (Zagreb)

4–6x tgl.; auch der **Südosten** (Zadar, Šibenik, Split) wird bedient (3–4x tgl.). Juni–Sept. Sa auch Direktzug über Salzburg und München bis Hamburg. In allen Fällen aber scheint die Bahnreise eher etwas für Nostalgiker zu sein – Busse und Schiffe sind angenehmer und preiswerter. Der **Bahnhof** liegt 400 m westlich des Busbahnhofs; Tickets am besten unter Tel. 051-213333 (Hauptbahnhof) oder bei einer Touristenagentur reservieren.

Busse:

- Die orangefarbenen **Stadt- und Umlandbusse** stehen alle am Jelačić-Trg (Mrtvi-Kanal). Hier besteht mehrfach tgl. Anbindung nach Lovran via Opatija, in östlicher Richtung bis Crikvenica. Es fährt auch der **Flughafenbus** für 30 K einfach oder der Bus 1/1A von/nach Trsat. Autotrans, Tel./Fax 051-271553, www.autotrans.hr und www.autotrans-turizam.com, ist für die regionalen Busverbindungen zuständig (auch Flughafenbusse).
- Ein Pendelbus verbindet den Regionalbusbahnhof mit dem **zentralen Busbahnhof** am Trg Žabica (Tel. 060-302010), wo die **Langstreckenbusse** fahren – z.B. zu den Inseln der Kvarner Bucht (Krk, Rab, Lošinj) sowie nach Zagreb, Split/Dubrovnik, Zadar, Pula usw. Hier verkehren auch internationale Linien mit Anbindung u.a. nach Frankfurt, München, Sarajevo oder Belgrad. Ticketschalter (tgl. 5.30–22.30 Uhr) und deutschsprachige Information in der Wartehalle, außerdem gibt es eine Gepäckaufbewahrung, 5.30–22.30 Uhr, 12 K/Stunde.
- In einigen Hotels, bei der Touristeninformation oder auch beim Fahrer kann man für 80 K eine 48 Stunden gültige Karte für den **Touristenbus** (offener, kunterbunter Doppeldecker) erwerben; er pendelt 7x tgl. 9–19.30 Uhr zwischen Rijeka (Jadranski Trg) und Opatija mit Kommentaren zu den wichtigsten Sehenswürdigkeiten in zehn Sprachen.

Fähren:

Anders als etwa Zadar oder Split in Dalmatien dient Rijeka weniger als Angelpunkt für zahlreiche Pkw-Fähren, sondern mehr für den schnellen **Katamaran-Personenverkehr.** Wer mit dem eigenen Fahrzeug die Kvarner Inseln bereisen möchte, muss mit den Fähren in Brestova (Cres/Lošinj) und Jablanac (Rab) Vorlieb nehmen.

Die **Fährgesellschaft Jadrolinija** hat ihr Büro gegenüber dem Fährhafen in der Riva 16 (Tel. 051-211444, www.jadrolinija.hr, Mo bis Fr 7–18 Uhr, Sa 8–14.30 Uhr). Die wichtigsten **Linien** sind die Personenfähre von/nach Mali Lošinj über Cres, Martinšćica, Unije und Ilovik (1x tgl.), die Personenfähre von/nach Pag über Rab (nur im Sommer tgl.), die Personenfähre zu den Inseln Silba, Olib und Premuda (1x wöchentlich Sa) sowie die Autofähre von/nach Dubrovnik via Split, Hvar und Korčula (nur Mo und Fr Abend – hält nicht mehr in Zadar!). Details stehen im Internet unter www.jadrolinija.hr.

Taxi:

Für längere Strecken, mit viel Gepäck oder zu den günstigen Hotels empfiehlt sich vielleicht ein Taxi. Im Stadtzentrum gibt es drei **Taxistände,** und zwar am Busbahnhof, Tel. 051-335138, in der Stadtmitte/Matije Gupca, Tel. 051-335417, sowie am Bahnhof, Tel. 051-332893; Zentralstand am Busbahnhof. Der **Fahrpreis** wird berechnet nach den Zonen 1 (5 km, 35 K), 2 (8 km, 45 K), 3 (11 km, 55 K) und 4 (14 km, 70 K); darüber hinaus kostet jeder weitere Kilometer 8 K.

Flüge:

Hinweis: Der oft als **Rijeka Airport** bezeichnete Flughafen liegt nicht in Rijeka, sondern auf der Insel Krk (s. dort)!

Info und Agenturen

- Die eigentliche **Touristeninformation** Rijeka liegt zentral in der Korzo 33, Tel. 051-335882, Fax 214706, www.tz-rijeka.hr, geöffnet Mo–Fr 8–20 Uhr, von Juni bis September zusätzlich Sa 8–20 Uhr und So 8–14 Uhr. Neben Auskünften und Infomaterialien bietet die Dienststelle die Vermittlung von Privatunterkünften (ab ca. 40 Euro/DZ) an. Außen findet man eine elektronische Infosäule mit den wesentlichen Informationen zur Stadt (rund um die Uhr). Ein kleines Büro liegt auch am Fährpier/Riva.

Daneben bieten einige **Agenturen** ihre Dienste an (wie üblich werden Unterkünfte, Fahrkarten usw. organisiert), u.a.:

- **Generalturist,** F. Supila 2, Tel. 051-212900, Fax 331496, www.generalturist.com, 8–19, Sa 8–13 Uhr.
- **Globalturist,** Korzo 40, Tel. 051-276677, www.globalturist.hr.
- **Tours,** Korzo 22, Tel. 051-214915, www.tours.hr. Wie üblich werden Unterkünfte, Fahrkarten usw. organisiert.

Unterkunft

Touristen nächtigen im Allgemeinen in den umliegenden Feriendomizilen **Crikvenica** und **Opatija,** in Rijeka selbst gibt es daher kaum Privatzimmer oder ähnlich günstige Unterkünfte. Es empfiehlt sich bei Bedarf eine Nachfrage in einer der Touristenagenturen. Für Geschäftsleute oder Reisende, die mit öffentlichen Verkehrsmitteln unterwegs sind, bietet die Stadt einige Hotels. Wer etwas Günstigeres sucht, ist allerdings auf ein Taxi angewiesen.

Hotels:

- €€€€**Grand Bonavia,** Dolac 1, Tel. 051-357100, Fax 335969, www.bonavia.hr. Top-Hotel im Zentrum am Trg Jadranski mit allen Annehmlichkeiten.
- €€€€**Jadran,** Šetalište XIII Divisije Nr. 46, Tel. 051-216600, Fax 436202, www.jadran-hoteli.hr. Kürzlich umgebaut und renoviert, Stadtbus 2.
- €**Neboder,** Strossmayerova 1, Tel. 051-373538, Fax 373551, www.jadran-hoteli.hr, noch zentrumsnah, das Haus würde allerdings nicht unbedingt einen Preis gewinnen (die Zimmer sind okay!).

Privatunterkunft:

- Auch in Rijeka kann man eine Privatunterkunft organisieren: Man wendet sich vor Ort an die **Touristeninformation** oder an eine der Agenturen (s.o.).
- Natürlich kann man sich auch direkt mit Vermietern in Verbindung setzen, etwa bei den **Apartments Korzo,** Korzo 2, mobil 091-2010298, 091-2605959, Fax 216254, www.apartmanirijeka.com; außerhalb Richtung Westen im Bezirk Kantrida direkt am Meer **Villa Nora,** Podkoludricu 4, mobil 099-2158511, Fax 623006, www.villanora.info.

Jugendherberge:

- Erst vor wenigen Jahren öffnete die städtische €Jugendherberge in der Šetalište XIII Divisije (ca. 1,5 km vom Zentrum Richtung Krk/Crikvenica, Tel. 051-406420, Fax 406421, rijeka@hfhs.hr) ihre Pforten. Hübsche alte Jugendstilvilla mit nur einem Dutzend Zimmer für 2 bis 8 Personen, 16–19 Euro/Person inkl. Frühstück, DZ 40–55 Euro (2 Pers., saisonabhängig). Stadtbus 1.

Camping

- Am Ortsrand Richtung Osten liegt das €€€**Camp Preluk-Paviki,** Tel. 051-621913, Fax 214429. Es gibt im Umland wesentlich schönere Campingplätze als hier in Raffinerienähe!

Essen und Trinken

Einfache Snacks:

- Einfache Snacks hält die **Snackbar Hamby** in der A. Starčevića bereit (Pizzaschnitten, Sandwiches usw.).
- Weitere Snacklokale/Bäckereien usw. findet man entlang der M. Gupca Richtung Korzo, z.B. **Sewed City** am Kaufhaus Robna Kuća Rijeka (Korzo).
- Beste amerikanische Küche wird bekanntlich bei **McDonald's** (Korzo/Trg Rep. Hrvatske) in einem umgebauten ehemaligen Traditionscafé geboten.
- Sehr günstig und in einer schier unglaublichen Vielfalt bietet der **Supermarkt im Rijeka Tower Center** (s.u.) eine Salatbar und warme Theke mit Speisen und Snacks (nur zum Mitnehmen) von Pizzen über Schweinshaxe bis zu Backfisch.
- Als reine Kaffeehäuser seien das **Café Sv Vida** an der Kirche Sv Vid sowie das **Ri** im gleichnamigen Kaufhaus an der Uferstraße gegenüber vom Fährpier erwähnt. Im spartanisch möblierten Ri, Tel. 051-311026, gibt es eine große Salatbar oder regionale Besonderheiten wie *jota* (Sauerkrautsuppe); Mo–Sa 8–22 Uhr.

Restaurants:

- Wer einfach und preiswert eine gute Pizza essen möchte, achte am Korzo kurz hinter der Touristeninformation rechter Hand auf ein Schild in die Gasse Kružna Ulica, welches auf das **Restaurant-Pizzeria Bračera** hinweist. Man kann drinnen oder draußen an den wenigen, urigen Tischen in der engen Gasse speisen. Wirklich nicht schlecht und sehr zentral. Geöffnet tgl. 11–23 Uhr, Tel. 051-322498.
- Sehr zentral liegt auch die **Pizzeria Delfino,** wenngleich etwas versteckt links hinter dem „Mühlraddenkmal" (Trg Koblera, Tel. 051-336736; ab Korzo durch den Stadtturm bis zum markanten Mühlstein gehen). Es handelt sich um eine Filiale des Delfino in Lovran, welche als eine der besten Pizzerien des Landes gilt. Angenehme Altstadtterrasse. Geöffnet Mo bis Do 8–22 Uhr, Fr 8–24 Uhr, Sa 12–24 Uhr und So 12–22 Uhr.
- Gute und keineswegs überteuerte Fischgerichte werden in der **Konoba Feral,** Tel. 051-212274, in der M. Gupca serviert, kleine und sehr gute Speisekarte, Mo–Fr 10–22 Uhr, Sa 11–18 Uhr.
- Praktisch um die Ecke (Ribarska/Ecke I. Zajca) bietet das gepflegte **Brun,** Tel. 051-212544, gutbürgerliche und internationale Küche, dabei spezialisiert auf Mittagsgerichte. Sehr beliebt bei Einheimischen. Mo bis Fr 10–22 Uhr, Sa 10–15.30 Uhr, So Ruhetag.
- Als sehr zentral, beliebt und dennoch nicht überteuert empfiehlt sich das **Fischlokal Zlatna Školjika** in der Kružna Ulica Nr. 12 (Seitengasse des Korzo), Tel. 051-213782; den Betreibern gehört auch die nahe gelegene Pizzeria Bračera (s.o.).
- Als das Top-Restaurant gilt in Rijeka derzeit das **Municipium,** Trg Riječke rezolucije 5, Tel. 051-213000, in einem der ältesten erhaltenen Bürgerhäuser Rijekas zentral in der Altstadt. Traditionelle kroatische Fleisch- und Fischgerichte mit Schwerpunkt leichte Küche. Geöffnet tgl. außer So 10–23 Uhr.
- Tipp für Liebhaber rustikaler einheimischer Küche: **Konoba Borik,** Šetalište XIII Divisije Nr. 102, Tel. 051-458526. Zünftiges Interieur, leckere heimische Spezialitäten (Lamm im Schmortopf), nur nicht ganz leicht zu finden und etwas außerhalb: mit dem Auto Richtung Krk/Crikvenica bis etwa Höhe Rijeka-Tower-Einkaufszentrum, hier in Fahrtrichtung rechts Hinweisschild beachten. Mit dem Bus: Linie 2 (Pečine Plumbum).
- Und zum Schluss noch etwas Besonderes: In die Marktlücke einer Mischung aus Pub und Spätrestaurant stieß das **Arca Fiumana,** Adamićev gat, Tel. 051-319084, ein umgebautes festgemachtes Schiff. Fischgerichte und Gulasch, aber auch das Prosciutto mit Pilzen werden hoch gelobt, ebenso die hausgemachten Brote. Geöffnet So 12–24 Uhr, Fr/Sa 12–5 Uhr, Mo bis Do 12–2 Uhr, warme Küche bis gegen Mitternacht, Barbetrieb tgl. ab 18 Uhr.

Nachtleben

- In der Užarska, zwischen Mariendom und Kobler-Platz, liegt eine ganze Reihe guter Café-Bars auch für die Abendstunden. Urig bei gutem Bier geht es im **Irish Pub,** Tel. 051-215235, gegenüber der Kirche Sv Vid zu.
- „Fetzige" Abendunterhaltung erwartet einen im **Svid Rock Café,** Riva/Ecke Splitska.
- Das **Dva lava,** A. Starčevića 8, Tel. 051-332390, wirkt mit seinem Interieur – überwiegend schwarz und Chrom – sehr futuristisch. Zwei Ebenen nebst Terrasse, gute Weinkarte, geöffnet tgl. bis 23 Uhr, Do bis Sa bis 4 Uhr (DJ-Abende).
- In einem hübschen österreichisch-ungarischen Bürgerhaus nahm Rijekas Filiale der in kroatischen Städten (u.a. Pula) weit verbreiteten Cocktailbar-Kette **Hemingway,** Korzo 28, mobil 099-5414444, ihren Sitz. Snacks, Kaffee, Zigarren, gute Drinks und gediegene Atmosphäre. Geöffnet tgl. 7–1 Uhr, Fr/Sa bis 6 Uhr.
- Bei Nachtschwärmern ist auch die Bar des **Arca Fiumana** (s.o.) sehr beliebt, ab 18 Uhr; Tel. 051-319084.
- **Ciné-Star Kinowelt,** Rijeka Tower (s. „Einkaufen"), Infos unter www.blitz-cinestar.hr.
- Das **Kino Kvarner,** Ulica A. Starčevića, zeigt viele Hollywoodstreifen im Original.
- Gediegene Unterhaltung verspricht das städtische **Volkstheater** in der Ulica Ivana Zajca (die Touristenagenturen verfügen über den aktuellen Spielplan und helfen bei der Kartenreservierung).

• Westlich des Trg Jadranski liegt ein kleiner Nachtbezirk mit einschlägigen Etablissements und **Automatenhallen;** ein weiteres Automatenkasino findet man am Trg. Koblera, das modernste liegt wenige Meter hinter der Veitskirche am Mlekarski Trg (Admiral, tgl. 10–2 Uhr).
• Sollten noch Reisespesen übrig sein – im **Gradski Casino** (Riva/Trg 111 brigade, Tel. 051-311246, www.lutrija.hr) kann man sie leicht loswerden.

Einkaufen

• Auf der Flaniermeile Korzo liegen mehrere große **Kaufhäuser,** z.B. **Korzo** und **Robna Kuća Rijeka** (Mo bis Fr 8–19 Uhr, Sa 9–13 Uhr). Letzteres ist auch von der Uferstraße Riva her erreichbar und bietet ein überraschend gutes Café (s.o.) im Obergeschoss.
• Sehr beliebt ist die **Bonbonniere Kraš,** zu altjugoslawischen Zeiten eine Art Intershop für Spirituosen, heute eine exquisite Adresse für erstklassige Süßwaren – Kraš ist heute Kroatiens größter Schokoladenhersteller; mehrere Filialen, z.B. am Korzo (schräg gegenüber der Touristeninformation).
• **Vinoteka,** A. Starčevića 7, 20 m neben dem Hamby-Schnellimbiss, Mo–Fr 8–20 Uhr, Sa 8–13.30 Uhr, Tel. 051-335755.
• In den **Buchhandlungen** am Korzo und im Rijeka Tower Center findet man die größte Auswahl im Raum Istrien und Kvarner Bucht.
• Tipp: Als der Einkaufsmagnet für das gesamte Umland von Rijeka gilt das neue **Rijeka Tower Center** im Bezirk Pečine (von Crikvenica/Krk kommend an der Bakar-Bucht immer der Küstenstraße folgend nach Rijeka hinein, dann mehrfach beschildert rechter Hand) mit gigantischem Konzum-Supermarkt (hier tolle Brot-, Wurst- und Käsetheken, warme Theke usw.), zahlreichen Fachgeschäften (DM-Drogerie, Buchhandlung usw.) und Boutiquen, Geldautomaten, Parkhaus, Kinderbetreuung, Cinestar Kinowelt, Gastronomiebetrieben usw. Interessant mit Blick auf Speicherkarten und Elektronik ist das Fachgeschäft Technomax – was es hier nicht gibt, findet man anderswo auch nicht. Geöffnet Di bis Sa 9–21 Uhr, So 10–19 Uhr, Mo 13–21 Uhr.
• Wer um Rijeka herum die Umgehungs-Autobahn fährt und nicht ins Zentrum möchte, findet beispielsweise an der Abfahrt Škurinje/Škurinjska Draga weitere große **Supermärkte** (Konzum, Merkator).

Nützliches

• **Ambulanz:** Korzo 32, Tel. 051-212839.
• **Polizei:** Đure Šporera, nahe Mariendom.
• **Apotheke:** Đure Šporera gegenüber der Polizei oder in der Zadarska/Trg Jadranski.
• **Bank/Geldautomaten:** Im Zentrum allgegenwärtig, z.B. Riječka Banka, Korzo 1/Ecke Trg Jadranski, in der Starčevića oder Korzo (neben der Post).
• **Hauptpost (mit Wechselstube):** Korzo, neben dem großen Kaufhaus Robna Kuća Rijeka.
• **Autoverleih:** Direkt gegenüber vom Eingang von Jadrolinija um die Ecke vom Trg Jadranski liegt die kleine **Fa. Vučetić,** Zadarska 3b, Tel. 051-336558. Große Anbieter (u.a. **AVIS,** Tel. 051-311135, www.avis.com.hr, oder **Hertz,** Tel. 051-311098, www.hertz.hr) findet man beim Fährpier an der Uferstraße Riva 6 bzw. 8 (uferseitig am großen Kaufhaus Robna Kuća Rijeka).
• **Internet:** Im Stadtzentrum zahllose kostenfreie **WLAN-Points;** ein gut erreichbares Internetcafé ist das **Ecomclub,** I. Zajca 24a, nahe dem Kasino (Eingang Ulica I. Hencke), tgl. 7–22.30 Uhr, max. 15 K/Stunde.

Bucht von Bakar

Die Fahrt von Rijeka Richtung Osten entlang der Bucht von Bakar scheint den Eindruck vom ungetrübten Urlaubsparadies zunächst empfindlich zu stören: Die INA-Raffinerie, Docks und Gleisanlagen gruppieren sich um die endlos lang wirkende Bucht und übertünchen doch sehr deren eigentliche Schönheiten: das mittelalterliche, unterhalb der Magistrale gelegene **Fran-**

kro260 Foto: wl

kopanen-Wehrdorf **Bakar** selbst, dann das **Fischerdorf Bakarac** mit den seltsamen Holzsitz-Leitern am Ufer. Hierbei handelt es sich um jene sehr selten gewordenen Thunfisch-Beobachtungsposten, auf denen die Fischer früher die Schwärme in der Bucht beobachteten und ihre Boote dirigierten. Und schließlich **Kraljevica** mit einem (allerdings nur von Weitem) malerischen Frankopanen-Schlösschen aus dem 17. Jahrhundert. Schließlich erreicht man die **Brücke zur Insel Krk** (Krk-Most), eines der beliebtesten Fotomotive der Gegend.

Unterkunft

- €€**Hotel Jadran,** Bakar, Palada 32, Tel. 051-762100, Fax 761047, www.hotel-jadran-bakar.com.

Camping

- €€€€**AC Ostro,** Kraljevica, Tel. 051-281218, Fax 281404, Buchungen auch über die Agentur Novi Turist in Novi Vinodolski (Tel. 051-792210, www.novi-turist.hr).
- €**AC Bakarac,** Tel. 051-291893, Fax 293 033, etwas beliebter, da vor wenigen Jahren umfassend renoviert.

Blick auf Bakar

Insel Krk Überblick

60 Meter über dem Meer überspannen zwei Brückenbögen die 1310 Meter zwischen dem Festland und der Insel Krk, unterbrochen nur von der kleinen Felsinsel Sv Marko dazwischen. Seit der Eröffnung der **Krk-Brücke** im Jahr 1980 ist die mit 410 km² **größte Insel der Adria** (neueste Vermessungen haben allerdings ergeben, dass Cres auf den Meter gleich groß ist!) mit dem Festland verbunden, ohne jedoch das Inselflair verloren zu haben. Die durch das Gebirge der Kvarner Bucht sehr geschützte und daher trockene Insel zeichnet sich durch ein **breites Freizeitangebot,** vielfältige Sehenswürdigkeiten, aber auch unberührte Landschaften und Wandermöglichkeiten aus. Auf der Insel leben ca. 16.800 Menschen. Die Fährverbindungen nach Cres (Valbiska – Merag) und Rab (Valbiska – Lopar) machen Krk auch zu einem wichtigen Transitpunkt und zum Zentrum des „Inselhüpfens".

Geschichte

Krk war zwar schon in frühgeschichtlicher Zeit besiedelt, die ersten historisch belegten Bewohner sind jedoch die **Liburner** mit dem in römischer Zeit sogenannten Munizipium Curicum (bekannt durch die Seeschlacht *Caesars* gegen Pompeji 49 v. Chr.). Nach Rom folgte ein byzantinisches Zwischenspiel, und von etwa 1000 bis 1797 stand Krk nominell unter venezianischer Herrschaft. De facto regierte jedoch das regionale **Fürstengeschlecht der Frankopanen.**

Ab 1797 österreichisch, fiel auch Krk 1918 an Italien, allerdings nur für zwei Jahre. Im Zweiten Weltkrieg nochmals unter deutsch-italienischer Besatzung, folgte anschließend der gesamtjugoslawische und seit 1991 der kroatische Teil der Geschichte.

Information

Als eines der am weitesten entwickelten Reiseziele Kroatiens verfügt Krk über **touristische Informationsstellen** in den Ortschaften sowie einen eigenen zentralen **Fremdenverkehrsverband:** Trg. Sv Kvirina 1, 51500 Krk, Tel. 051-221359, Fax 222336, www.krk.hr.

An- und Weiterreise

Brücke und Fähre:

Es bietet sich entweder die **Krk-Brücke** (30 K, Wohnmobil und -wagen 50 K, gezahlt wird nur Richtung Krk) oder eine der beiden **Fährverbindungen** an:

- **Route Merag** (Cres) – Valbiska (Krk): 5.45–22 Uhr in der Hauptsaison 13x tgl. (ca. alle 75 Minuten, sonst 9x tgl.), Pkw inkl. 2 Personen rund 20 Euro.
- Die **Route Lopar** (Rab) – Valbiska (Krk) ersetzt die alte Baška-Lopar-Linie; ca. 40 Euro (PKW mit 2 Pers.) und fährt im Winterhalbjahr nur je einmal vor- und nachmittags (Sommer: derzeit je 4x tgl. in beide Richtungen, Infos unter www.croatia-rab.com/eng/

Die kroatische Karstlandschaft

Der Begriff Karst (serbokroatisch: *kras,* italienisch: *carso*) bezeichnet die meist waldlose Kalkhochfläche östlich des Golfs von Triest auf dem Balkan sowie in Italien. Diese Karstlandschaften dürften eine jener natürlichen Besonderheiten sein, von denen jedes Kind im Geografieunterricht hört, wenn das südöstliche Europa besprochen wird.

Karst bezeichnet einen **Millionen Jahre dauernden Prozess,** an dessen Ende bizarre Tropfsteinhöhlen, Täler und Kraterlandschaften stehen. Voraussetzung dafür sind extrem **weiche Kalkgesteine** sowie Kohlensäure. Die wasserlöslichen Gesteine wie Kalk und Gips werden vom Oberflächen- und Grundwasser ausgelaugt und ausgespült. Das Ergebnis sind **Höhlen** (Blasen) und **Schluchten** (aufgeplatzte Blasen). Sickerwasser lässt später in diesen Hohlräumen **Tropfsteinhöhlen** entstehen. Der Prozess setzt sich permanent fort und wird in Millionen von Jahren weitere Naturkunstwerke kreieren. Die Karstlandschaften sind sehr kalkhaltig und erstrecken sich entlang der gesamten Küste sowie im Hinterland. In der Kvarner Bucht sind derartige Höhlen im Nationalpark Risnjak oder auf der **Insel Krk** zu besichtigen.

kb090 Foto: wl

Tropfsteine in der sehenswerten Rudine-Höhle

kakodonas-redvoznje.php und www.split tours.hr).

Busse:

- **Rijeka** (7.15, 12.15, 17 Uhr; 2 Std., 110 K) – **Omišalj** (13 und 17.40 Uhr; 78 K) – **Njivice – Malinska** (13.05 und 17.50 Uhr; 74 K) – **Fähre – Cres.** Diese Linie ist prinzipiell nur für die Orte der Nordwestküste von Belang, um nach Rijeka oder nach Cres/Lošinj fahren zu können. Es gibt keine Busverbindung von Krk-Stadt nach Cres!
- **Krk-Stadt – Rijeka** von 4.30–20.30 Uhr 20x tgl., 51 K, via Omišalj – Njivice – Malinska (jeweils ca. 32 K).
- **Krk-Stadt – Zagreb** 4.30 und 9.30 Uhr; 190 K.
- **Krk-Stadt – Baška** (7, 7.40, 11, 13.30, 14, 16.35, 19 und 19.30 Uhr; 30 K; Sa/So auch 9.30 Uhr).
- **Krk-Stadt – Stara Baška** (7 und 14 Uhr; 28 K).
- **Krk-Stadt – Vrbnik** (12.30, 14, 15.05 und 15.10 Uhr; 25 K); der Bus um 14 und 15.10 Uhr fährt weiter bis Klimno (33 K).
- **Krk-Stadt – Brzac** (für Glavotok; 7, 12.30, 14 und 15.10 Uhr, 26 K).

Flüge:

Flughafen Rijeka-Krk: Direkt an der Nordspitze der Insel, ostseitig der Inselstraße, liegt der Flughafen von Rijeka-Krk (Tel. 051-841865, www.rijeka-airport.hr). Abgesehen von den **internationalen Flügen** (siehe Kap. „Reisetipps A–Z, Anreise“) sind auch Privatflüge, beispielsweise Transferflüge von/nach **Mali Lošinj** möglich (Details unter www.airport malilosinj.hr).

Omišalj

Nach der Überquerung der Krk-Brücke passiert man zunächst den Flughafen und einen kleinen Campingplatz. Dann folgt das auf einer Anhöhe oberhalb der **Omišaljski-Bucht** gelegene Omišalj, neben Krk-Stadt der älteste und somit kulturträchtigste Ort der Insel. Rundum liegen **petrochemische Betriebe,** daher ist ein Stadtbesuch schön, der Standort eher nicht.

Der nahe Flughafen, die Raffinerien und auch die Nähe zum urbanen Zentrum Rijeka haben in Omišalj zu einem gewissen Wohlstand geführt, den der Tourismus noch ein wenig zu untermauern hilft. Selbst oben in der Altstadt haben viele Häuser eine kleine Gartenanlage unmittelbar am Haus, die gesamte Altstadt sieht sehr gepflegt und restauriert aus, auch wenn das Umland – man gehe einmal zum Aussichtspunkt im Dubec-Park – wenig anheimelnd wirkt.

Omišalj gliedert sich in mehrere vollkommen unterschiedliche und auch voneinander getrennte Abschnitte. Was man als **Tagesbesucher** ansteuert, ist die hoch gelegene Altstadt. **Parken:** Am Kreisel der Beschilderung zu den Hotels folgen, es kommen gleich linker Hand zwei größere Parkplätze (kostenlos); dann vom Kreisverkehr rechts in die (autofreie) Altstadt hinein. Die **Krk-Busse** halten am Zentralkreisel vor der Altstadt (Frequenz siehe Krk-Stadt).

Unterhalb der Altstadt, verbunden durch einen sehr steilen Fußweg, liegt der **Hafenbereich für Sportboote** mit einem kleinen Sand-Kiesstrand, einem **Kiesstrand** und einem Uferrestaurant (mit dem Auto vom Kreisel aus der Straße folgen, hinter dem Ort scharf rechts hinunter; zu Fuß: gegenüber vom Restaurant Barbi Gerga dem Fußweg immer abwärts folgen); hier liegen einige wenige **Ferienwohnungen** - hier zu wohnen, ist weitaus angenehmer als in den Hotels.

Baden kann man am kleinen Sand-Kiesstrand Kupalište Učka mit Dusche oder am Kiesstrand Plaža Pesja hinter der Marina (Kiosk; Parkplatz 10 K/Tag).

Am Kreisel Richtung Hotelbereich führt das Sträßchen zum Ufer und einigen extrem renovierungsbedürftigen **Hotelanlagen** sowie über mehrere Kilometer hinweg zu einzelnen Häusern (teilweise **Ferienwohnungen**) bis zum **Autocamp Pušća** beim Flughafen - überall am Ufer muss man allerdings auf die JANAF-Raffinerien blicken.

Vom Kreisel in östlicher Richtung immer geradeaus kommt man zur Hauptstraße und den Raffinerien - hier entlang (beschildert) geht es zu den **Ruinen von Mirine-Fulfinum.**

Altstadt

Insgesamt ist die hoch gelegene Altstadt durchaus sehenswert und lohnt einen Besuch. Man startet am besten beim Zentralplatz an der Bushaltestelle, folgt der Hauptgasse (alles Fußgängerzone) Prikešte bis zu einer Gabelung und folgt hier der Pod Dubca und geht dann quasi im Uhrzeigersinn durch die Altstadt.

Bedeutendstes Monument ist die dreischiffige **romanische Basilika** von 1213 **(Sv Marija),** deren Seitenkapellen bis ins 18. Jahrhundert umgestaltet und restauriert wurden. Die heilige Taufe wurde bis ins 17. Jahrhundert in der Seitenkapelle des Hl. Johannes durchgeführt. Zahlreiche **glagolitische Inschriften** zeugen von der altkroatischen Geschichte des Bauwerks, so die Fragmente romanischer Steinreliefs außen oberhalb des Hauptportals (9./10. Jahrhundert). Der Campanile wurde 1533 bis 1536 von einheimischen Baumeistern angefügt. Außen sind ausführliche mehrsprachige Beschreibungen zur Kirche angebracht worden, das Gotteshaus kann tagsüber (außer zu Messen) jederzeit besucht werden.

Bevor man zu dieser Kirche kommt, passiert man ein kleines **Lapidarium** (tgl. 10–12 und 18–21 Uhr, Eintritt frei), das durchaus einen Blick lohnt.

Am Westrand der Altstadt (Beschilderung „Park Dubec") erreicht man den netten, weitläufigen **Stadtpark Dubec** mit der Kapelle Sv Anton, einem alten Wasserturm und mehreren sehr schönen Aussichtspunkten über der Bucht.

Vor der Altstadt liegt ein kleiner **Gedenkpark** für die Weltkriegsopfer, unmittelbar darunter ein größerer Kinderspielplatz.

Unten den Fußweg zur Marina/den Stadtstränden hinab, passiert man die kleine **Kapelle Sv Nikole** aus dem 18. Jahrhundert - leider sowohl verschlossen als auch Opfer des lokalen und internationalen Vandalismus.

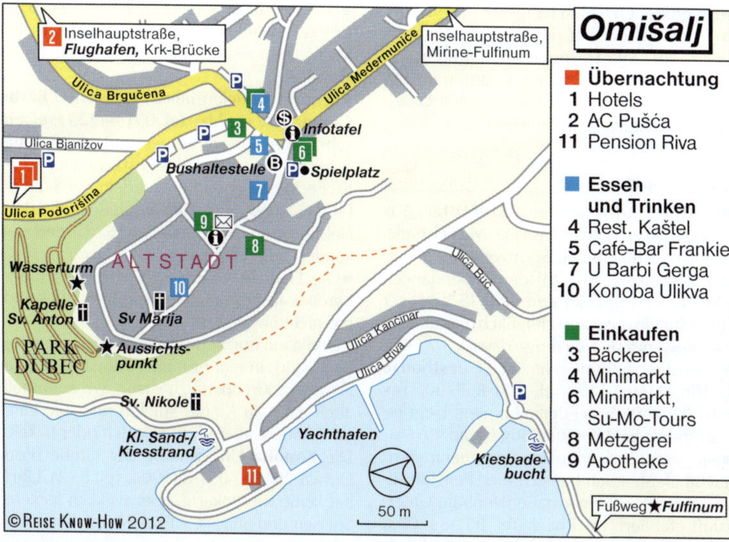

Ruinen von Mirine-Fulfinum

Eines vorab: Die **Anfahrt** mutet etwas merkwürdig an, fährt man doch auf der Zufahrt zu der rund um die Uhr videoüberwachten Raffinerieanlage JANAF. Erst unmittelbar vor dem Werkstor zweigt die eigentliche Zufahrt nach links ab. Kurz vor dem Ufer gibt es Haltemöglichkeiten, ein **Uferweg** führt direkt zur 150 m entfernten Anlage.

Fulfinum ist vermutlich die **älteste städtische Siedlung auf Krk,** die unter den **Römern** etwa um 300 entstand. Da zu diesem Zeitpunkt das Christentum im Vormarsch war, entstand auch eine außergewöhnlich große **frühchristliche Kirche,** die Anfang des 5. Jahrhunderts fertiggestellt worden sein soll. Das Bauwerk ist – nicht zuletzt durch hervorragende Restaurationsarbeiten – überraschend gut erhalten, und es verwundert, dass hier noch kein Museum eröffnet wurde. Auch außerhalb der Kirche sind zahlreiche Ruinen bzw. Grundmauern erhalten, teilweise sind die Bauten mehrsprachig beschildert (sehr ausführlich).

Die Anlage ist nicht umzäunt und kann jederzeit besucht werden (Eintritt frei). Man kann auch zu Fuß vom Kiesstrand Plaža Pesja hinter der Marina gehen (ca. 20 Minuten).

Info und Agenturen

- Die **Touristeninformation Omišalj** befindet sich in der Haupt-Altstadtgasse Ribarska Obala 10 (neben der Post), Tel. 051-841042, www.tz-njivice-omisalj.hr. Geöffnet Mo bis Sa 8–20 Uhr, So 8–12 Uhr.

- Ein großer **Ortsplan** hängt am Parkplatz.
- In der Altstadt hat die (einzige!) Agentur des Ortes, **Su-Mo-Tours** (Medermuniće 1, Tel./Fax 051-842230, www.sumotours.hr), ihren Sitz genommen und vermittelt Unterkunft, Ausflüge, Aktivitäten usw.

Unterkunft

- €€€**Hotel Adriatic,** Tel. 051-842126, Fax 842226, www.hoteli-omisalj.hr. Mit Felsbadestrand, Nachtklub und Sportzentrum, gilt als die Nummer 1 vor Ort; die Dependancen Marina und Primorka sind rund 15 % billiger (hier stehen fast ausschließlich ungarische und slowenische Fahrzeuge davor).
- Günstiger kommt man im €**Guesthouse Delfin,** Strana 22, Tel. 051-867780, Fax 841003, www.hotel-delfin.hr, weg. Liegt etwas abseits am Ufer Richtung Camp.
- Auf der Landzunge im (angenehmeren) Yachthafenbereich hat sich die €**Pension Riva** als einzige einigermaßen zentrale Unterkunft etabliert. Na Rivi 2, Tel. 051-842083, www.members.goldenindex.com/villariva.
- Als eine weitere kleine empfehlenswerte Anlage in Altstadt-Gehnähe empfiehlt sich die €€**Vila Eva,** Zagradi 4, Tel. 051-841041, www.vila-eva.hr. Sehr schöne dreistöckige alte Villa mit herrlicher Terrasse am Ufer, alle Zimmer mit Sat-TV, Minibar und a/c. Auch kleine 4er-Apartments sind verfügbar, allerdings ohne Küche. Beliebtes Restaurant.
- Wer direkt vor Ort nachfragen möchte: Im **Restaurant U Barbi Gerga,** Tel. 051-842255, werden FeWos vermittelt.

Camping

- €**AC Pušća,** Zufahrt direkt gegenüber vom Flugplatz, Tel./Fax 051-841440. Mit Blick auf den Rijeka-Hafen und die Ina-Raffinerie – der Campingplatz ist eigentlich nicht zu empfehlen, aber sonst gibt es keinen ...

Essen und Trinken

- Die einfache **Café-Bar Frankie** direkt hinter der Haltestelle empfiehlt sich auf einen Drink zur Überbrückung der Wartezeiten auf den Bus.
- Das **Restoran Kaštel** (Baječ 2, Tel. 051-841039) bietet einfache und gute kroatische Küche. Sehr zentral, untere bis mittlere Preisklasse.
- Schon seit vielen Jahren hat sich **U Barbi Gerga,** Prikešte bb., Tel. 051-842255, einen sehr guten Ruf als uriges und gleichzeitig qualitativ ansprechendes Restaurant für kroatische Küche erworben. Nudeln mit Scampi (100 K) und die Fleischspieße mit drei Fleischsorten nebst Beilagen (62 K) sind besonders zu empfehlen.
- Die **Eisdiele/Caféteria Caffe** gegenüber bereitet ausgezeichnetes Speiseeis zu – und das nicht überteuert.
- Und dann noch etwas ganz Feines, wenn es nicht stört, in einer ruhigen Fußgängergasse an einem Kirchplatz zu sitzen, wo eventuell auch ein paar Kinder spielen oder die eine oder andere ältere Frau klöppelt oder häkelt: Die **Konoba Ulikva** nahe der Kirche (Pod Dubca 20, Tel. 051-841004, tgl. 9–21 Uhr) hat keine Riesenkarte, aber wirklich leckere Speisen und Snacks – Tipp der mittleren Kategorie!
- Das **Terrassenlokal der Villa Eva** (s.o.) etwas außerhalb Richtung Hotelbereich wird

kro263 Foto: wl

von Reisenden sehr gelobt. Gleiches gilt für das **Delfin** auf halbem Weg am Ufer entlang Richtung Campingplatz, Stran 22, Tel. 051-867058.

Nützliches

- **Post:** Neben der Touristeninformation, Mo bis Fr 7.30–19 Uhr, Sa bis 14 Uhr.
- **Apotheke:** In der Gasse Prikešte neben der Post (10 m).
- **Tankstelle:** Direkt an der Nordwest-Abfahrt der Inselhauptstraße.
- Selbstversorger finden am Zentralkreisel zwei größere **Minimärkte** sowie eine sehr gute **Bäckerei;** in der Gasse gegenüber vom Restaurant U Barbi Gerga liegt eine **Metzgerei** (7–12 und 17–20 Uhr, So nur vormittags).

Njivice

Echte Strandfreuden kommen in Njivice auf, einem kleinen und neu wirkenden Strandbadeort an der Nordwestküste. Tatsächlich aber unterhielten schon die Römer in Castrum Musculum, wie sie Njivice nannten, eine Garnison. Entlang der kleinen **Promenade** (Parkmöglichkeit 2 K/30 Minuten) verkaufen Händler Souvenirs, Snacks und sonstige Dinge, mehrere Lokale (empfehlenswert sind die Pizzeria Treff und das Restaurant Miramare) sorgen für das leibliche Wohl.

Bademöglichkeiten bestehen rundum, es empfiehlt sich aber wegen des Meerblicks, den Fußweg nach links ein Stück hineinzugehen (Süßwasserduschen, Kiesstrand, Hüpfburg, Surfbike, Bootsverleih, Jetski, Parasailing etc.). In der anderen Richtung (Camp sichtbar) hat der Besucher die Qual der Wahl: Bistros, Cafés und Restaurants buhlen um die Gunst der Kunden. Die aushängenden Fischernetze zeugen von der Tradition als Fischerort, sind heute aber nicht mehr als eine Dekoration mit rustikaler Note. Einzige Sehenswürdigkeit ist die **Pfarrkirche Uznesenje Marije** aus dem frühen 20. Jahrhundert, erbaut nach Vorlagen des kroatischen Sakralbaumeisters *Mate Vitesić*.

Glagolitische Inschrift an der Kirche Sv Marija in Omišalj

Info und Agenturen

- **Touristeninformation für Omišalj und Njivice:** Ribarska Obala 10 (Treppe neben der Apotheke), Tel. 051-846243, www.tz-njivice-omisalj.hr, tgl. 8–20 Uhr, So 8–12 Uhr.
- Professionell arbeiten die **Agenturen Klub Tours** (Draga 33, Tel. 051-847664, www.appkrk.com) und **Miramare** (An der Uferstraße Ribarska Obala 4, Tel. 051-867740, www.miramarenjivice.hr).

Unterkunft

- In den großen €€€€Hotels **Jadran** (Tel. 051-661444, Fax 846116, 10 Minuten vom Zentrum, keine direkte Strandlage) und €€€€**Beli Kamik** (Tel. 051-846222, Fax 846116, direkt am Ufer) sind DZ in der Hauptsaison nicht unter 1000 K zu haben – dabei bieten sie nicht einmal besonderen Luxus. Website für beide: www.hoteli-njivice.hr.
- Einzige Alternative neben Privatzimmern über die Agenturen sind die unter Jadran-Verwaltung stehenden €€**Flora-Bungalows,** Primorska cesta, Tel. 051-846720, Fax 846116, sie liegen allerdings nicht am Meer.
- Ein relativ junges Hotel wurde mit dem €€€**Miramare** (Tel. 051-867740, www.miramarenjivice.hr) direkt am Ufer bei der Post eröffnet: DZ mit Balkon, TV, Minibar usw.

Camping

- €€€**Camping Njivice,** vor der Ortseinfahrt rechts (beschildert), Tel. 051-846168, Fax 846116, www.hoteli-njivice.hr, geöffnet Anfang Mai bis Anfang Okt.

Essen und Trinken

- Einfach und günstig speist man in der **Pizzeria Dundo,** Tel. 051-846616, Ribarska Obala 29, oder in der **Pizzeria Victoria** am linken Hafenbeckenende (Ribarska Obala 49, Tel. 051-859222): Pizzaschnitten, Pizza sowie Pasta und Miesmuscheln; sehr gut sind im Victoria die Fischplatte mit Kalamar, Thunfisch, Seehecht und Glatthai sowie das mexikanische Rumpsteak.
- Sehr nett liegt das **Restaurant Plava Terasa** („Blaue Terrasse", mittlere bis gehobene Kategorie, Tel. 051-846158), das seinem Namen gerecht wird: Die atriumähnliche Konoba scheint fast mit dem Meer zu verschmelzen.
- Die **Konoba Vijon** (Ribarska Obala, 50 m neben der Post; Tel. 051-846842) serviert Frühstück für ab 30 K, als Vorspeise sind die Sardellen, als Hauptspeise die gemischten Grillplatten mit Salzkartoffeln sowie die Scampi vom Rost sehr zu empfehlen.

Aktivitäten

- **Ausflugsanbieter** finden sich an der Promenade – sehr beliebt ist das „Fischpicknick" ab etwa 30 Euro, daneben werden Touren nach Rab, Delfinbeobachtung oder Fahrten mit dem Glasbodenboot angeboten.
- **Riki Scooter- und Radverleih,** Kralja Tomislava 57, Tel. 051-846412, riki@post.t-com.hr. Scooter 30 Euro/Tag, Mountainbike 10 Euro/Tag; auch Kinderräder mit Stützen sind zu haben.

Nützliches

- **Apotheke** (Mo bis Fr 8–20 Uhr, Sa 8–14 Uhr, So 8–12 Uhr), **Bank** (Riječka Banka, 8–12 und 19–21 Uhr) und **Post** (Mo bis Fr 7–21 Uhr, Sa 7–12 Uhr) liegen direkt an der Promenade neben der Touristeninformation (Ribarska Obala).
- **Telefonzellen** stehen vor der Post.
- **Taxistand** vor der Post, mobil 098-258995.
- **Parkplatz** vor der Post (5 K/Std., Automat).
- Hinter der Post und dem Miramare-Hotel verläuft die kleine **Fußgängerstraße Placa Kala** mit zwei Minimärkten, dem Obst-/Gemüseladen Sabine, Zeitschriftenkiosk und der Bäckerei Barba Toni.
- Eine **Metzgerei** liegt in der Ulica Od Vojak Draga/Ecke Primorska (Zufahrtsstraße zum Ufer und Hotel Jadran).

Malinska

Anfang der 1970er Jahre entstand das **sozialistische Urlaubsparadies Haludovo** als Paradestück und Devisenmagnet. Hotel neben Hotel, Sportanlagen, Park, Promenaden und Wanderwege verteilen sich auf dem Areal, das traditionell von Pauschalreisenden angefahren wird. Entlang des ausgedehnten **Uferweges Rajska Cesta** lässt sich einiges entdecken, z.B. einsame, winzige Buchten oder der interessante Stadtmarkt. Unter dem Strich ist Malinska als Standort für alle zu empfehlen, die ein etwas gehobeneres Ambiente bevorzugen und Inselausflüge unternehmen wollen.

Info und Agenturen

- **Touristeninformation,** Obala 46, Tel. 051-859207, www. tz-malinska.hr, Mo bis Fr 9–13 und 17–20 Uhr, im Sommer 8–20 Uhr.
- **Atlas,** Tel. 051-859490, Fax 859110, www. atlas-malinska.hr, Ul. Lina Bolmarčića 32a bei der Bushaltestelle. Arbeitet auch mit Aquavision am Hafenbecken (neben dem Adria-Hotel) zusammen.
- **Olivari,** Dubašljanska 111, Tel. 051-859 990, Fax 850000, www.aprtments-krk.com.
- **Apolinar,** Dubašljanska 71, schräg gegenüber von Bushaltestelle und Tankstelle, Tel. 051-869011, Fax 869012, www.apolinar.hr.
- **Agentur Malinska,** Dubašljanska 212, gegenüber der Tankstelle, Tel. 051-615418, cu karikafe@gmail.com, tgl. 9–22 Uhr. Bietet neben Unterkünften und Ausflügen auch ein Internetcafé sowie Scooter- und Radverleih (ca. 20 bzw. 10 Euro/Tag).

Unterkunft

- **€€€Malin,** Kralja Tomislava 23, Tel. 051-850234, Fax 850259, www.hotelmalin.com. Hotel und Aparthotel, vermietet werden DZ und 4er-Apartments. Sauna, kein Pool.
- Absolut zentral direkt am Hafenbecken liegt das einfache **€€Hotel Adria,** Tel. 051-859311, www.hotel-adria.com.hr.
- **€€€Lavanda,** Apartmentsiedlung, Put Haludova 3, Tel. 051-655888, Fax 655999, www.apartments-lavande.hr.

Camping

Vier Minicamps säumen die Buchten um Malinska:

- **Draga,** Palih boraca 4, Tel. 051-859905.
- **Marica Kosić,** Tel. 051-859113.
- **Kranjec Nevenka/Stašic,** Tel./Fax 051-858173.
- **Vila Iva,** Portic 4.

Essen und Trinken

- Empfehlenswertestes Lokal ist die **Gostionica Rupa** am Südende der Promenade mit köstlichen Fischgerichten (im Winter geschlossen).
- Tipp im mittleren Preissegment: Mexikanische Küche, heimische Fleisch- und Fischgerichte bietet in rustikalem Ambiente die **Pizzeria Matteo** in der J. Tončića 7 etwas rückwärtig vom Hafenbecken in einer Parallelstra-

ße mit schöner Veranda. Tel. 051-858150, tgl. 12–24 Uhr.

- **Pizzeria Mia,** Tel. 051-858433, am Hafenbecken. Gute und günstige Pizzen nebst Lieferservice.

Nachtleben

- **Disco Crossroad,** Dubašljanska Ul., direkt an der Nordzufahrt von der Insel-Hauptstraße nach Malinska. Geöffnet im Sommer tgl. 23–5 Uhr, Live-DJs jeden Mittwoch und an Wochenenden, Tel. 051-859960, www.crossroad-discotheque.com.

Einkaufen

- **Bäckerei Ilierija,** Obala (am Hafenbecken).
- **Metzgerei** (tgl. 8–16 Uhr, So 7–11 Uhr), Obala (neben der Pizzeria Mia).
- **Konzum-Supermarkt,** Dubašljanska 111 (tgl. 8–20 Uhr), von der Nordabfahrt kommend kurz vor dem Zentrum.
- **Markt (Trgovina Krk):** Absolut zentral wurde an der Durchgangsstraße der städtische Markt eingerichtet, teilweise außen und innerhalb des zweistöckigen Gebäudes. Zwei **Fischgeschäfte** (tgl. 7–12 Uhr) sowie **Obst- und Gemüsestände** und die kleine **Vinothek Žlahtina** (Wein vom Fass 16 K/Liter, tgl. 7.30–20 Uhr, So bis 13 Uhr) liegen parkplatzseitig hinter dem kleinen Marktzentrum. Innen findet man einige **Souvenirhändler, Fachgeschäfte** und **Boutiquen.**

Aktivitäten

- **Tauchen:** Branko i Etične, Brzac 33, Tel./Fax 051-844744, www.correct-diving.hr.

Übernachtung
1 Apt. Lavanda
7 Hotel Adria
13 Hotel Malin
14 Camping Draga
15 Minicamps

Essen und Trinken
5 Pizzeria Matteo
6 Gostionica Rupa
9 Pizzeria Mia

Einkaufen/Sonstiges
3 Agentur Apolinar, Supermarkt Konzum
4 Minimarkt
8 Agentur Olivari
9 Metzgerei
10 Agentur Atlas
12 Agentur Malinska

Nachtleben
2 Disco Crossroad

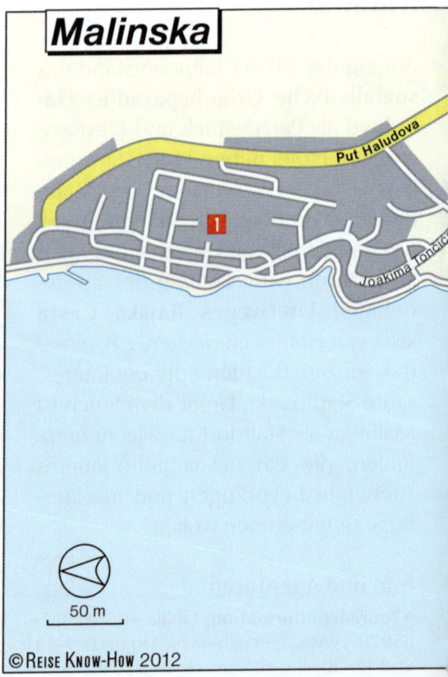

- An den Badeabschnitten werden **Kajaks** vermietet: 7 Euro/Stunde bzw. 45 Euro/Tag; **Boote** kosten ab 20 Euro/Stunde.

Nützliches

- Größerer **Parkplatz** an der Bushaltestelle (wo die Durchfahrtsstraße Dubašljanska fast bis an das Hafenbecken führt), 6 K/Stunde, Tagesticket 25 K (Automat).
- Mehrere **Geldautomaten** an der Promenade Obala.
- An der Promenade Obala/Ecke M. Radića liegt die **Post,** geöffnet Mo bis Fr 7–19 Uhr, Sa 7.30–14 Uhr. Bei der Post finden sich auch **Telefonzellen.**
- **Internetcafé:** Agentur Malinska, s.o.

Porat

Die Bucht westlich von Malinska ist ebenfalls besiedelt, aufgrund der weniger guten Bademöglichkeiten jedoch längst nicht so (touristisch) intensiv wie bei Malinska selbst. Folgt man der Beschilderung Richtung Porat, passiert man die heute mehr oder weniger mit Malinska zusammengewachsenen Orte Zidarići und Vantačići und erreicht am Ende der Fahrstraße Porat, das **abgeschieden und ruhig** liegt (Sackgasse). Der winzige Ortskern liegt am kleinen Hafenbecken; man

achte auf ein hohlen Baum am rechten Fahrbahnrand – hier auch Parkmöglichkeit für das Kloster. In den letzten Jahren gab es eine erhebliche Ausweitung der Infrastruktur insbesondere im Apartment-/Pensionsbereich.

Magdalenenkloster

Hauptsehenswürdigkeit der gesamten Bucht von Malinska ist das **Samostan Sv Marije Magdalene u Portu** (Magdalenenkloster von Porat). Die Klosteranlage wurde schon 1480 als Schaffensort von Franziskanermönchen amtlich dokumentiert, als die Anlage an der Stelle einer zerfallenen früheren Kapelle genehmigt worden war. Mit Fertigstellung der spätgotischen Klosterkirche wurde die Innenausgestaltung vorgenommen, wobei die venezianischen Sakralkünstler *Francesco* und *Girolamo da Santacroce* für den sechsteiligen Polyptichon am Hauptaltar verantwortlich zeichneten. Im Keller steht eine **Original-Ölmühle** aus dem Jahr **1850,** als im Kloster die Ernte der gesamten Region verarbeitet wurde. Der Innenhof des Außenbereichs wurde als Lapidarium gestaltet und beherbergt zahlreiche steinerne **glagolitische Inschriften,** alles Kopien der ältesten erhaltenen kroatischen Schriftstücke.

Direkt gegenüber vom Kloster leben noch heute einige **Nonnen der barmherzigen Schwestern von Heiligkreuz,** die nicht nur soziale Dienste übernehmen, sondern sich auch um den Erhalt des Klosters kümmern. Das Kloster wird früh geöffnet (ca. 7 Uhr) und etwa „gegen Sonnenuntergang" wieder verschlossen (Eintritt frei).

Unterkunft

Zimmer und Ferienwohnungen in Porat werden über die Agenturen in Malinska vermittelt – noch gibt es keine Agentur in Porat selbst.

- €€**Pansion Cvelić,** Porat 13 (am kleinen Hafen), Tel. 051-867052, pansioncvelic@porat-krk.com. Studios und Apartments.
- Sehr günstig kommt man in den €**Apartments der Familie Dujmović** unter, allerdings nicht direkt am Ufer. Porat 50, Tel. 051-867065, idujmovic.porat50@gmail.com. Die beiden genannten Direktanbieter sind auch online unter www.porat-krk.com vertreten.
- Schön und ufernah wohnt man in der €€**Villa Margaret** (Porat 25, zwischen Kneipen und Kloster, Tel. 051-867023, Fax 867024, www.villa-margaret.com) in insgesamt 14 stilvollen DZ oder Dreibettzimmern. Eigener Strandbereich und frische Fischgerichte (eigener Kutter).
- Einzige Hotelunterkunft ist am Westrand der Bucht das €€€€**Hotel Pinia-Porat,** Tel. 051-866333, Fax 866133, www.hotel-pinia.hr. Halbpension, Wellness und Hallenbad.

Nützliches

- Am kleinen Fischerhafen kümmern sich die **Restaurants Piccola Venecia,** Tel. 051-867062, tgl. 9–24 Uhr, italienisch-kroatische Küche und **Konoba Porat,** Tel. 051-867046, tgl. 9–23 Uhr, gut-bürgerliche Hausmannskost, um das leibliche Wohl ihrer Gäste.
- **Telefonzellen** und ein **Minimarkt** (tgl. 7–15 Uhr) liegen ebenfalls im kleinen Zentrum am Hafenbecken.

Milohnići

Anstatt von Malinska direkt nach Krk-Stadt zu fahren, bietet sich ein kleiner **Umweg über Glavotok am Westkap** der Insel an. Nur sehr wenige Besucher machen sich auf den Weg, die engen, mauergesäumten Sträßchen, vorbei an Olivenhainen und Feigenbäumen, zu erkunden. Schade, denn dieser Teil liegt etwas abseits und dürfte der vielleicht **ruhigste und idyllischste Abschnitt der Insel** sein.

Es gibt zwei Anfahrtsmöglichkeiten: Richtung Cres-Fähre und an der Kreuzung (links Vrh/Krk, rechts Glavotok) der Hauptroute folgend oder - etwas abenteuerlicher - vier Kilometer vorher bei Bajčići links bis Poljica fahren und dort auf der Waldpiste (befahrbar) bis Milohnići.

Wanderung von Milohnići zur Kapelle Sv Krševan

Im Dörfchen Milohnići wende man sich an der zentralen kleinen Kreuzung (von Linardići kommend rechts) Richtung Poljica; nach wenigen Metern zweigt ein beschilderter Wanderweg zur Seekapelle Sv Krševan ab. Der Pfad führt erst asphaltiert, dann als Piste bis zu einem Gatter (500 m davor Parkmöglichkeit); dahinter 30 m links dem Wirtschaftsweg (Schild) dann 30 Minuten dem Pfad durch ein einsames Waldstück und über ein Ziegengatter hinweg folgen bis zu einer kleinen Gabelung (Steinzeichen): Rechts geht es in zwei Minuten zum malerischen, absolut **einsamen Ufer,** links in einer Minute zur Ruine der Kapelle Sv Krševan - ein echter Tipp!

Fährpier Valbiska

Zurück Richtung Krk-Stadt an der Kreuzung führt die rechte Straße drei Kilometer hinunter durch einsame Landschaft zum Fährpier Valbiska, wo die **Fähren nach Merag/Cres** ablegen, mit Tankstelle und Snackbar.

Information

- Die kleine **Touristeninformation** gegenüber vom Minimarkt (Hinterhof, Treppe hinauf) hat sehr gute Wanderkarten (nur April bis Okt., Mo bis Fr 8–14 Uhr, Sa 8–13 Uhr, So geschlossen, Tel. 051-220226).

Unterkunft

- Die ersten Veranstalter haben Milohnići als Ferienstandort entdeckt, z.B. die schweizerische Firma **Interchalet** mit einigen hübschen Angeboten zwischen 220 und 450 Euro/Woche (je nach Saison und Schlafzimmerzahl); www.e-holidayhome.ch.
- Im **Nachbardorf Brzac** kann man in den €**FeWo Rusin,** mobil 091-5360405, www.entercroatia.com, entweder im 2er-Apartment oder in der großen Wohnung für max. 6 Personen unterkommen. Beide Einheiten mit a/c, Grill, Terrasse, Parkplatz - uriges, traditionelles, allein stehendes Steinhaus! Nach *Hr. Cimerman* fragen.
- Die **Tauchbasis Correct-Diving** bietet ebenfalls Unterkunft an (s.u.).

Aktivitäten

- **Tauchen:** Correct-Diving, Brzac 33, Tel./Fax 051-869289, www.correct-diving.com. Verschiedene Kurse, Tauchpension Gaspar im Ort, Vermittlung weiterer Unterkünfte und Campingplätze usw.
- Im Ortsteil Linardići (Richtung Krk linker Hand an der Durchgangsstraße) bietet die britische Firma **Adriatic Adventures** (Tel. 0044-20-85662449, www.adriaticadventu

res.com) unter dem sympathischen Motto „responsible tourism" u.a. organisierte Tauchgänge, Surfkurse, Mountainbike-Touren, Wanderungen, Kajaktouren usw. als Pauschaltour an. Hier auch Moped- und Quadverleih.

Nützliches

- An der Dorfkreuzung in Milohnići Richtung Klosterbucht/Camping folgt rechter Hand ein **Minimarkt** (tgl. 7–21 Uhr, So bis 13 Uhr). **Geldwechsel** im Minimarkt möglich, davor auch Telefonzellen.
- Etwas außerhalb, an der Ortskreuzung nach rechts Richtung Sv. Krševan, liegt die **Konoba Pod Trevolt,** in der ordentliches Essen aufgetischt wird.

Glavotok

Von Brzac sind es noch etwa zwei Kilometer bis Glavotok; an einer Straßengabelung fährt man rechts zum Camp und links hinunter zum Weiler Glavotok. In dem zehn Häuser umfassenden idyllischen **Fischerdörfchen** direkt am Ufer dominiert ein **Franziskanerkloster** die kleine Bucht: 1507 entstand die einschiffige Kirche Sv Maria mit gotischem Chor, die Seitenkapellen folgten 1760. Die Altarbilder im Inneren stammen von *Girolamo da Santacroce,* der auch im Kloster von Porat gearbeitet hat. An der Außenfassade ist eine interessante Sonnenuhr mit glagolitischer Schrift angebracht. Im Jahr 1879 war der Wellengang so hoch, dass die Anlage einige Meter weiter ins Landesinnere verlegt werden musste. Wegen zahlreicher Piratenüberfälle ummauerte man das Anwesen und verstärkte die Portale mit Eisentoren.

In der Hauptsaison ist ein **Kiosk** an dem kleinen Parkplatz beim Kloster geöffnet (Eis, kühle Getränke, Snacks wie Hotdog, Cheeseburger oder Čevapi).

Wer dem Trubel der Touristenorte einmal entgehen möchte, wird Glavotok lieben! Toll für **Schnorchler,** sogar an der alten Anlegestelle! Nahe der Straßengabelung Richtung Camp oberhalb von Glavotok führt nach links ein **Fußpfad** ab; er verläuft direkt und ufernah bis zum Camp (ca. 15 Minuten). Man achte dabei auf eine befestigte kleine Plattform am Ufer – hier kann man sehr schön schnorcheln.

Camping

- Sehr beliebt ist das einsame, abgelegene €€**AC Glavotok,** Tel. 051-862117, www.kamp-glavotok.hr. Mit Laden, Restaurant, Boots-Slip; maximal 250 Plätze.
- Falls Glavotok voll sein sollte, man aber dennoch an der Südküste campen möchte: In einer Nachbarbucht vom Fährpier Valbiska liegen – sehr einsam und idyllisch – die **Minicampingplätze** €€**AC Amar,** Njivine 8 im Weiler Pinezići, Tel. 051-863029, für zehn Personen (!), und €€€**AC Marta,** Skrpčići 29, Tel. 051-863126, für 30 Personen.

Am Seetor von Krk-Stadt

Krk-Stadt

Von Glavotok oder Malinska kommend, durchquert man bei der Fahrt zur Inselhauptstadt größere Mais- und Weinfelder, wobei die insgesamt empfehlenswertere **Route über den Ort Vrh** führt (Nebenstrecke).

Das **römische Munizipium Curicum** war traditionell kultureller, wirtschaftlicher und verkehrstechnischer Schnittpunkt der Insel. Überfälle und Zerstörungen führten zu wehrhaften Verstärkungen der Altstadt, deren bastionsartige **Wälle** sehr gut erhalten sind und das Stadtbild prägen. Die Stadt Krk (ca. 5500 Einwohner) bemüht sich sichtlich, das historische Erbe zu bewahren (viersprachige Hinweisschilder), ohne dabei übertriebenen Prunk herauszukehren - die Gebäude der Altstadt geben einen außerordentlich gelungenen Eindruck einer **mittelalterlichen Frankopanenstadt.**

Uferpromenade und Kastell

Vom Kreisel/Parkplatz westlich der Altstadt am Hafen achte man linker Hand auf einen ehemaligen Waschplatz **Krušija,** der am Austritt eines unterirdischen Bachlaufes lag (Hinweisschild). Die Uferpromenade, gesäumt von Souvenirhändlern, führt zur eigentlichen, vom 12. bis 15. Jahrhundert allmählich von Frankopanen und Venezianern aufgebauten und **ummauerten Altstadt,** die man von der großen Anlegestelle aus durch das **Kleine Stadttor** (Mala Vrata, 1398)

kro268 Foto: wl

betritt. Der Mahvica-Gasse nach rechts folgend, passiert man den ehemaligen **Gerichtssaal** (Sudnica, 1191) und das **Frankopanenkastell** (Kaštel, 1407) am Trg Kamplin, beide sehr beeindruckend.

Kathedrale

Bedeutendstes Bauwerk von Krk-Stadt ist die dreischiffige **Marienbasilika** mit Zwiebelturm, um 1150 errichtet auf den Relikten römischer Thermen aus dem 6. Jahrhundert. Das linke Seitenschiff birgt eine frankopanische Kapelle aus dem 15. Jahrhundert, der Hauptaltar eine ebenfalls frankopanische silberne Madonnenfigurine sowie ein Altarbild der Bestattung Christi von *G. Pordenone* (frühes 16. Jahrhundert).

Direkt angebunden sind die „gruftige" romanische **Kirche Sv Kvirin** aus dem 10. Jahrhundert, der **Glockenturm** aus dem 16. Jahrhundert sowie

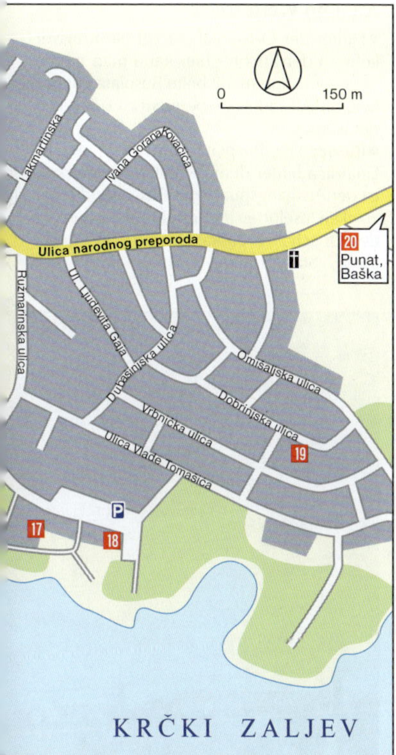

Übernachtung
2 AC Bor
3 AC Ježevac
11 Hostel Krk
14 Hotel Marina
17 Hotel Tamaris
18 Hotel Dražica
19 Vila Cabrajac
20 FKK Camp Politin

Essen und Trinken
5 Bistro Deni
6 Galeb
8 Café-Bar Forum
12 Bacchus
13 Frankopan
16 Pizzeria Kantun

Nachtleben
10 Disco Cocktail Bar Jungle

Einkaufen/Sonstiges
1 Konzum-Supermarkt, Agentur Turist Biro Otok
5 Trgovina Krk Shoppingcenter
7 Scooterverleih
9 Drogeriemarkt DM
15 Butižica Krk

Wassersport
4 Fun Diving, Cormoran Diving

der **erzbischöfliche Palast** mit einer interessanten Sammlung venezianisch-italienischer Gemälde.

• **Öffnungszeiten:** tgl. 9.30–13 Uhr; der Kathedralenkomplex kann nur als „Komplettpaket" zum Preis von 10 K besichtigt werden, Tickets im Turm.

Vela Placa

Durch die von Juwelieren und Boutiquen beherrschte Strossmeyera kommt man durch das **Haupttor** (Magna Porta Civitatis, 1493) zum prachtvollen **Zentralplatz** Vela Placa mit Cafés und Verwaltungsgebäuden. Von hier führt das **Seetor** (Kula Na Obali, 1470) wieder auf die Promenade.

Klöster

Es lohnt ein Spaziergang vom Vela Placa aus die Ulica J. Križnica hinauf zum Trg Krckih Glagoljaša, um von dort einen Blick auf das Nordtor (12. Jh.) und die Klöster Franjevački

Samostan und Benediktinski Samostan zu werfen. Der Platz wird wegen seiner besonderen Konzentration traditionsreicher Sakralbauten bei Einheimischen auch (etwas spöttisch) „Kleiner Vatikan" genannt.

Das **Franziskanerkloster** entstand um 1277 als Teil der nördlichen Stadtmauer und wurde bis ins 20. Jahrhundert ständig erweitert und renoviert. Kunstfreunde werden das Werk „Madonna mit Kind" des Renaissancemalers *Vittoreo Carpaccio* in der Klosterkapelle zu schätzen wissen. Die Entstehungsgeschichte des **Benediktinerinnenklosters** reicht bis ins 13. Jahrhundert zurück, wobei zunächst nur ein Klosterteil bei der Konventskirche gebaut wurde und weite Teile der Gesamtanlage erst im 19. Jahrhundert hinzukamen, als von 1803 bis 1906 eine Grundschule auf dem Gelände von den Nonnen betrieben wurde. Die Konventskirche stammt aus dem 14. Jahrhundert und wurde später vom Kvarner Sakralbaumeister *Sebastijan Petrucci* aus Rijeka ausgestaltet.

Schließlich steht am Trg Krčkih Glagoljaša die **Kirche Majka Božja od zdravlja** (Muttergottes der Gesundheit) aus dem 11. Jahrhundert, die ursprünglich zum Benediktinerinnenkonvent gehörte und dem Hl. Michael geweiht war. Später wurde die Kirche abgegliedert und erhielt während einer Cholera-Epidemie im 19. Jahrhundert ihre heutige Bezeichnung.

An- und Weiterreise

- Hinter der Ortseinfahrt folgt ein Kreisverkehr an der Bucht - hier kann man gegenüber vom Supermarkt beim Busplatz gut **parken,** die Altstadt kann bequem zu Fuß erkundet werden.
- **Busse:** Der Busplatz von Krk in der Ul. Linardića hinter dem zentralen Kreisverkehr ist der Ausgangspunkt der Busverbindungen zu allen Inselorten. Es besteht Verbindung zu den Ortschaften Baška, Omišalj, Njivice, Malinska, Stara Baška, Vrbnik, Klimno und

kb064 Foto: wl

Der markante Turm der Kathedrale in der Altstadt

Brzac/Glavotok sowie nach Rijeka oder Zagreb auf dem Festland (siehe Übersicht am Kapitelanfang).

Info und Agenturen

• **Touristeninformation,** Vela Placa 1, Tel./Fax 051-221414, www.tz-krk.hr, Sa/So 8–13 Uhr, sonst 8–15 Uhr. Achtung: Das Büro soll angeblich in Kürze für den Publikumsverkehr geschlossen werden, sobald alle sehenswerten Punkte in der Stadt mit Hinweistafeln versehen und Informations-Stadtpläne aufgestellt sein werden.

Organisierte **Ausflüge, Privatzimmer** und wunderhübsche **Ferienwohnungen** (sehr individuell) vermitteln die Agenturen (viele liegen an der Promenade).

• **Kvarner Express,** an der Promenade, Tel. 051-221403, www.kvarner-express.hr.

• **Autotrans,** am Busbahnhof, Tel. 051-222661, Fax 222110, www.autotrans-turizam.com, Fahrräder, Zimmer.

●Beim Konzum-Supermarkt an der Ausfallstraße nach Brzac liegt die **Agentur Turist Biro Otok,** Tel. 051-221120, www.turistbiro-krk.com. FeWos, Ausflüge, Bootsverleih.

Unterkunft

●In der Dinka Vitezića 23 in der Nähe der Kathedrale dürften die meisten Backpacker landen: Das €**Hostel Krk,** Tel. 051-220212 und 220320, www.hostel-krk.hr, hat günstige Zimmer.

●Im Zentrum selbst, Promenade Hrvatske Mornarice 6, gibt es nur das €€**Hotel Marina,** Tel. 051-221128, Fax 221357, www.hotelikrk.com. Die günstigste und zentralste Hotelunterkunft direkt am Ufer.

●In der Nachbarbucht liegt das teurere €€€**Hotel Tamaris,** Tel. 051-221022, www.hotelikrk.com, nebst Dependance €€€**Dražica** (gleiche Tel./Homepage). Management und Preise sind dieselben wie beim Marina.

●Privatunterkunft und Apartments arrangiert man über eine Agentur (s.o.); ein unabhängiger Direktanbieter wäre die €€**Vila Cabrajac** in der Dobrinjska 18, Tel. 051-222047, www.free-zg.t-com.hr/krk1, mit drei Wohnungen für 4 bis 6 Pers.

●Privatunterkunft in DZ und Apartments bietet in der nahe gelegenen Bucht von Punat z.B. **Divesport** (s.u.: Punat).

Camping

●€€**AC Bor,** Tel. 051-221581, Fax 222429, www.camp-bor.hr, westlich der Stadt (nicht direkt am Wasser).

●€€€**AC Ježevac,** Tel. 051-221081, Fax 221362, www.zlatni-otok.hr. Besser als Camp Bor und in Gehnähe zum Zentrum, aber unpersönlicher.

●€€€**FKK Camp Politin,** Tel. 051-221351, Fax 221246, www.zlatni-otok.hr, am östlichen Ortsausgang Richtung Punat (an der Tankstelle rechts, beschildert).

Essen und Trinken

●Das **Bistro Deni** am Trgovina-Krk-Einkaufszentrum (Tel. 051-221503) hat Kleinigkeiten und Snacks im Angebot; weitere einfache Bistros und Pizzerien liegen an der Promenade und am Jelačić Trg.

●Die **Café-Bar Forum,** Vela Placa 1, Tel. 051-222739, eignet sich vorzüglich, um das geschäftige Treiben am traditionsreichen Hauptplatz von Krk-Stadt bei einem kühlen Getränk oder einem Kaffee zu beobachten.

●In der **Pizzeria Kantun,** Tel. 051-222979, am Ostende der Strossmeyera/Ecke Stepinća sitzt man nicht nur sehr angenehm, es gibt weit mehr als nur Pizza, etwa slawonische Kulen, eine Grillplatte oder eine riesige Fischplatte.

●Das **Bacchus,** Strossmeyera 3, Tel. 051-222002, inmitten der Altstadtgassen hat einen für Weinfreunde verlockenden Namen, Chef *Branko* legt aber Wert darauf, dass außer den flüssigen auch die festen Verköstigungen hohen Ansprüchen genügen.

●Im **Frankopan** an der Kathedrale (Trg Sv Kvirina, Tel. 051-221437, tgl. 11–23 Uhr, Nov./Dez. geschl.) speist man sehr gediegen, auch wenn es als „Restaurant-Pizzeria" firmiert; Spezialität: Gerichte mit fangfrischem Fisch.

●Sehr gut isst man auch im **Galeb** direkt an der Uferpromenade; neben einer reichhaltigen Auswahl an Cocktails wird nationale und internationale Küche geboten. Angenehmes Ambiente, aber nicht ganz billig. Obala hrvatske mornarice 3, Tel. 051-221261, April bis Sept. tgl. 8–23 Uhr.

Nachtleben

●Abends flaniert man durch die Altstadt oder geht in die **Disco Cocktail Bar Jungle** (zentral in der Stjepana Radića Tel. 051-221503, Mai–Sept. tgl. ab 20.30 Uhr, an Wochenenden bis 5 Uhr).

Einkaufen

●Vom Vela Placa kommend wenige Meter die Strossmeyera hinein, bietet eine **Metzgerei** linker Hand u.a. frische Grillhähnchen.

●**Bäckereien** (z.B. Ilirija Krk) und **Snacks** auf die Hand (z.B. Obelix Snackbar) findet man zahlreich entlang der Strossmeyera in der Altstadt.

●Sowohl diverse lokale Schinken- und Käsespezialitäten als auch Schnäpse und Weine bietet die **Butižica Krk** in der Frankopanska/Ecke Strossmeyera; hier auch sonstige Souvenirs (Honig usw.).

- Am Kreisverkehr vor der Altstadt liegt das kleine **Einkaufszentrum Trgovina Krk** mit Supermarkt, Bäckerei, Fischgeschäft (rechts um die Ecke) und Geldautomat.
- Größer und besser ist der neue **Konzum-Supermarkt** an der Umgehungsstraße/Kreuzung Richtung Vrh (tgl. 7–20 Uhr, So bis 13 Uhr); nimmt alle Plastik-Pfandflaschen an!
- **Drogeriemarkt DM** in der S. Radića.

Aktivitäten

- **Bademöglichkeiten** bestehen an der Landzunge zwischen Marina und Campinganlagen sowie beim Hotel Dražica (Surfen, Tennis, Bootsverleih).
- **Bootsausflüge** aller Art arrangieren die Agenturen (s.o.), sie können aber auch direkt an der Promenade bei den zahllosen Anbietern direkt gebucht werden; z.B. Rundfahrten (120 K), Fischpicknick (250 K) oder Ausflüge zur Insel Košljun.
- **Tauchbasen: Fun Diving,** Lukobran 8, Tel. 051-222563, www.fundiving krk.de, und **Rainer & Garvens Cormoran Diving,** Lukobran 10, Tel. 051-220141.
- **Radverleih:** Agentur Autotrans und Hotel Dražica.
- **Scooterverleih:** Rent-a-scooter, am Trg Bana Jelačića, mobil 098-643515, 45–50 Euro/Tag, sowie beim Internetcafé Nekrepnine.

Nützliches

- **Post:** am Trg Jelačića; Mo bis Fr 7–21 Uhr, Sa bis 12 Uhr.
- **Bank/Geldautomat:** am Kreisverkehr; 8–14 und 15–20 Uhr, Sa bis 12 Uhr; Automaten auch in den Supermärkten.
- **Hafenmeisterei** (Kapetania): Tel. 051-221380, **Marina:** Tel. 051-221221.
- **Apotheke:** am Vela Placa.
- **Internet:** Nekrepnine am Einkaufszentrum Trgovina Krk; darin Enigma-Cybercafé; Krk sistemi, am Busbahnhof, tgl. 9–22 Uhr, liegt für Backpacker sehr günstig und kostet 10 K für 20 Minuten.
- **Taxiruf:** Tel. 051-221456.

Klosterinsel Košljun

Die kreisrunde Insel Košljun in der fast geschlossenen **Bucht von Punat** östlich von Krk-Stadt wirkt in ihrer natürlichen Schönheit geradezu pittoresk-surreal und lohnt jederzeit einen Ausflug. Einzig ein **einsames Kloster** thront erhaben auf dem gut 6400 m² großen Eiland, auf dem im 13. Jahrhundert Benediktinermönche eine Abtei errichteten, die im 15. Jahrhundert von den Franziskanern übernommen wurde. Sehenswert ist hier die **Marienkirche** mit dem mehrteiligen Altargemälde, auf dem auch Sv Kvirin, der Krker Schutzpatron (Stadt in Händen), verewigt wurde. Im angeschlossenen **Sakral- und Heimatmuseum** werden unersetzliche glagolitische Schriften sowie Utensilien und Trachten vergangener Jahrhunderte aufbewahrt. Beachtenswert ist ferner der Grabstein der letzten Frankopanenfürstin *Katarina* (gest. 1529).

- **Tagestouren** inklusive Museumsbesuch werden für ca. 60 Euro an der Promenade in Krk angeboten.

Punat

Im Südosten der Insel Krk liegen einige Abschnitte, die unterschiedlicher nicht sein könnten: das aktive, lebhafte und durch die Marina mondän wirkende Punat und auf der anderen Seite, getrennt durch einen Bergpass, das ruhige Stara Baška (s.u.).

Der **zweitgrößte Ort** auf Krk (knapp 2000 Einwohner) wird wegen der in Kroatien seltenen und schönen **Sandstrände** sowie wegen der gigantischen **5-Sterne-Marina** (Tel. 051-654111, Fax 654110, www.marina-punat.hr) als mondäner Ferienort beworben. Offen gestanden: Wer nicht zur privilegierten Schicht gehört und im Besitz einer Yacht ist, dürfte sich hier kaum wohlfühlen. Das mag vielleicht etwas übertrieben sein, auf jeden Fall aber ist Punat fest in der Hand der **Segler,** der Durchschnittstourist wird sich (auf den ersten Blick) deplatziert vorkommen.

Info und Agenturen

- Die **Touristeninformation** liegt am Busplatz in der Pod topol (nur im Sommer 8–20 Uhr geöffnet), Tel./Fax 051-854970, www.tz-punat.hr und www.punat.com (Unterkunftsseite).

Übrigens werden hier auf Rechnungen nicht nur die **Kurtaxe** (meist 7 K pro Tag und Person), sondern auch eine **Ekotaxe** (Öko-

steuer) in Höhe von derzeit 1 K pro Tag und Person aufgeschlagen. In anderen Regionen ist die Praxis einer Umweltabgabe (noch) nicht verbreitet.

- Für Unterkünfte, Ausflüge und Aktivitäten aller Art wende man sich an die **Agentur Marina Tours,** Obala/Ecke Kljepina, Tel. 051-854375, Fax 854340, www.marina-tours.hr, mit Filiale am Yachthafen oder an die **Agentur More** (Tel. 051-855033, www.more-punat.hr); beide liegen zentral an der kleinen Promenade.

Unterkunft

- Beliebt bei Seglern, da in der Nähe der Anlegestellen (Obala 94), ist das €€€**Falkensteiner-Hotel Park,** Tel. 051-854024, Fax 855 001, www.hoteli-punat.hr. Mehrere neuere Dependancen (Park II und Kvarner) in unmittelbarer Nähe. Etwas überteuert.
- Das €€€€**Hotel Kanajt,** Kanajt 5, Tel. 051-654340, Fax 654341, www.kanajt.hr, liegt direkt bei der Marina und ist ein sehr ansprechendes Familienhotel.
- In der Frankopanska liegen die €€€**Apartments Omorika,** Tel. 051-654500, www.omorika-punat.com, nicht gerade billig.
- Das meist als „Jugendherberge" verkaufte €**Hostel Haluga,** Novi Put 8, Tel./Fax 051-854037, www.nazor.hr, liegt im Zentrum; geöffnet Mai bis Sept.
- Günstige **Zimmer und Ferienwohnungen** vermitteln auch die örtlichen Tauchschulen.

Camping

- €€€**AC Pila,** Tel. 051-854122. Platz für 2000 Menschen, etwas außerhalb im Süden mit breiter Badeplattform.
- €€€**FKK-Camp Konobe,** Tel. 051-854049, Fax 854101, in fjordähnlicher Bucht am Ufer

Übernachtung
1 Camping Maslinik
2 Hotel Kanajt
16 Falkensteiner Hotel Park
17 Hostel Haluga
19 Apt. Omorika
20 AC Pila
21 FKK-Camp Konobe

Essen und Trinken
6 Sidro
7 Vele Vode
12 Pizzeria Ragusa
14 Lanterna
18 Aurora

Einkaufen/Sonstiges
4 Minimarkt
8 Bäckerei Milo
9 Agentur Marina Tours
10 Bäckerei
11 Minimarkt
12 Metzgerei
13 Apotheke
15 Agentur More

Wassersport
3 Tauchbasis Divesport
5 Tauchbasis Tauchertreff

Richtung Stara Baška. Keine Pkw-Parkmöglichkeit in den Parzellen, einige Mobilheime können gemietet werden.

• An der Durchgangsstraße liegt der von der Marina betriebene kleine Platz €€**Maslinik,** mobil 091-1654445, www.kamp-maslinik.hr.

Essen und Trinken

• An der Ausfallstraße nach Stara Baška liegt linker Hand das sehr zu empfehlende **Restaurant Aurora** (Kralja Zvonimira 143, Tel. 051-855352), bekannt für gutbürgerliche Fleisch- und Fischgerichte.

• Im **Restaurant Lanterna** (Ul. Kljepina, Tel. 051-654926) bekommt man neben Pizzen und Suppen auch zahlreiche vegetarische Gerichte.

• Die **Pizzeria Ragusa** (Kljepina 8, Tel. 051-855010) hat von Mitte März bis Mitte Okt. täglich 12–24 Uhr (Winter 22 Uhr) geöffnet, neben Pizzen (ab 38 K) ist hier die mexikanische Küche (Tacos, Burritos, Fajitas usw. zwischen 50 und 90 K) hervorzuheben.

• Die Käsespezialisten im **Restaurant Vele Vode** (Obala 29, Tel. 051-854109) bieten gemischte Käse-/Schinkenteller, Knoblauchcremesuppe und zahlreiche Fischkreationen (Haifischsteak oder Scampi vom Rost).

• Ebenfalls sehr gut und ufernah speist man im **Restaurant Sidro** (Obala 18, Tel. 051-854235, geöffnet tgl. 11–24 Uhr, im Winter bis 22 Uhr). Sehr zu empfehlen sind hier die Fischsuppe, Calamari Sidro mit Rohschinken und Reis, Gnocchi 4 Käse sowie hausgemachte Bratwürste mit Beilagen.

Einkaufen

• An der Durchfahrtsstraße liegt ein **„Cash & Carry"-Minimarkt,** ein weiterer in der Ul. Kljepina (tgl. 6.30–21 Uhr).

• Die **Bäckerei** in der Ul. Kljepina hat tgl. 6.30–13.30 Uhr geöffnet, So 7–13 Uhr, die Bäckerei Milo am Ufer (Obala bb.) 6–24 Uhr.

• Eine **Metzgerei** liegt neben dem Restaurant Ragusa in der Ul. Kljepina.

• Kunstfreunde mögen sich vielleicht einmal in der kleinen **Galerie Toš** (Ul. Klančić) umsehen wollen, geöffnet wird nur auf Verlangen (klingeln).

Aktivitäten

• Entlang der Promenade gibt es mehrere **Bademöglichkeiten,** allerdings nicht unmittelbar im Ortszentrum selbst. Am schönsten ist es etwas außerhalb Richtung Krk am Plaža Punat. Von Krk-Stadt kommend, folgt nach der Abzweigung Richtung Punat ein größerer Strandabschnitt mit Restaurants, Tauchbasis und Wasserskilift.

• **Tauchen:** Die beste und bekannteste Basis liegt nördlich des Ortes an der Bucht von Punat, direkt an Gabelung von Krk-Stadt Richtung Baška/Punat: **Divesport** (Tel. 051-867303, www.divesport.de). Es wird auch preiswerte Unterkunft im Ortsteil Kornić nahe der Strandbucht vermittelt.

Schon fast als Einheimischer gilt *Erwin Kropp* mit seiner Tauchbasis **Tauchertreff** (Pasjak 1, Tel. 051-855120, www.tauchertreff-punat.de) mit Taucherpension (30 Zimmer) und Restaurant.

• Wenige hundert Meter außerhalb von Punat (Hauptstraße Richtung Stara Baška) liegt der gut beschilderte Ausgangspunkt für **Wanderungen** über den **Veli Vrh** (549 m) nach **Jurandvor** (12 km). In diesem sehr gut markierten Wandergebiet liegt auch der höchste Gipfel von Krk, der **Obzova** (569 m).

• **Pape,** Kljepina 30 (nahe Minimarkt/Apotheke), vermietet **Scooter.**

• **Bootsverleih Punat,** Tel. 051-654170, www.mcp.hr.

Nützliches

• **Ambulanz, Apotheke, Bank, Post** (Mo bis Fr 7.30–18 Uhr, Sa bis 14 Uhr) und **Autoverleih** liegen direkt landseitig an der Promenade, eine weitere Bank und eine Apotheke auch in der Ul. Kljepina.

• Eine **Touristenbahn** (10 K) verkehrt im Sommer tagsüber **zwischen Marina und AC Pila.**

Blick vom Straževnik-Pass auf die Badebucht bei Stara Baška

Stara Baška

Zehn Kilometer von Punat entfernt locken die **einsamen Kiesstrände** von Stara Baška (Sackgasse). Die Gegend erinnert in ihrer rauen Unwirtlichkeit ab dem 238 m hohen **Svinsko-Pass** stark an das südöstliche Rab bzw. Pag. Kurz hinter dem Pass geht es steil abwärts; hier kann man rechts hinunter in die schöne **Badebucht Uvala Stara Baška** (mit Kiosk) gehen (Parken nur auf der anderen Straßenseite am Rand möglich).

Unten in der Bucht folgt dann noch einen Kilometer vor dem Ort das **Camp Škrila,** dann kommt Stara Baška, das sich die enge Straße entlangzieht und in den steilen Hang gebaut ist. Auch von hier aus bestehen **Wandermöglichkeiten:** auf den 549 m hohen Veli Vrh (an der Straße mehrfach beschildert) sowie über den Veli Hlam (482 m) und Batomalj nach Jurandvor sowie direkt nach Baška.

Unterkunft

- In der Ortsmitte mit der kleinen Fußgängerzone zum Meer hinunter liegt die **Agentur Zala** (Tel. 051-844755), die für Unterkunfts- und Ausflugsarrangements in Anspruch genommen werden kann.
- Zimmer bietet die €**Pension Stanka** (Stara Baška 1, Tel. 051-844654) am Ortseingang.
- Ein Stückchen weiter die Straße in der Nummer 28 verfügt das Haus €**Stara Baška,** Tel. 051-844658, www.baska-apartmani.com, über DZ und Apartments.
- In €**Nr. 185,** rechts der Hauptstraße, Tel. 051-844611, gibt es ebenfalls günstige DZ.

kb067 Foto: wl

- Am Ende der Straße etwas oberhalb liegt die €€**Pension-Restaurant Nadia,** Stara Baška 253, Tel. 051-844663, www.nadia.hr, mit **Tauchbasis,** www.divepoint-croatia.com.

Camping

€€€**AC Škrila,** Tel. 051-844678, Fax 844725, www.skrila.cjb.net. 850 Personen haben Platz, überwiegend unbewachsenes Gelände (kein Schatten!), direkte Meereslage, langer Kiesstrand.

Nützliches

- Im Ort verstreut liegen einige **Gaststätten,** etwa der **Felix-Grill** (Frühstück, Pizza, Fischgerichte) direkt am Meer in der Senke.
- **Parken** ist ein Kunststück, am besten bleibt man auf dem großen Platz am Ortsende bei der Pension Nadia (5 K/Stunde).

Von Punat nach Baška

Von Punat bis Vrbnik bildet ein Höhenzug eine natürliche Barriere zwischen dem belebten und besiedelten Nordwestteil der Insel und dem idyllischen, eher ruhigen Ostteil. Die sehr schöne Hauptroute führt Richtung Baška im Süden: Erst durch karge, dann durch pinien- und kiefernbewachsene Landschaft windet sich die Straße über einen malerischen **Pass am Straževnik** (367 m) hinauf zu einem Aussichtspunkt mit herrlichem Fernblick auf 320 Meter Höhe. Dann öffnet sich das Bergland abrupt gleich einer Schere nach beiden Seiten hin, und die Straße fällt jäh ab, während beidseitig die 300 bis 400 Meter hohen Bergzüge allmählich einer abgeschotteten Talebene weichen. An der Abfahrt plätschert eine erfrischende **Süßwasserquelle** (Trinkwasser) rechter Hand an der Straße - hier halten auch viele Einheimische, um Trinkwasser zu zapfen.

Draga Bašćanska

Die erste Ortschaft im **Ričina-Tal,** benannt nach dem zumindest außerhalb des Sommers wasserführenden Ričina-Flüsschen, ist Draga Bašćanska, ein landwirtschaftlich orientiertes Straßendorf mit einem Plus-Minimarkt und einigen **Obst-, Öl- und Honigverkäufern** direkt an der Straße.

Nützliches

- Am Ortsausgang bietet die **Agentur Igen,** Tel. 051-844095, www.igen.hr, u.a. Unterkunftsvermittlung und Scooterverleih.
- In Draga Bašćanska hat die **Tauchbasis Delphin,** Draga Bašćanska 38, Tel. 051-880233, www.tauchbasisdelphin. com, ihren Sitz.

Jurandvor

Der folgende Abstecher ist unbedingt empfehlenswert: In Jurandvor-Batomalj achte man rechter Hand auf die Beschilderung „Batomalj, Sv Majke"; das Sträßchen führt hinauf zu einer **Bergkapelle** aus dem Jahr 1902 mit **sagenhaftem Ausblick** über das Tal von Baška. Das schlichte einschiffige Kirchlein **Sv Majke** wurde 1415 erbaut und mit Altarbildnissen aus weißem Marmor und einem Marienbildnis von *Celestin Medović* ausgestattet. Der Glockenturm wurde 1594 ergänzt und soll angeblich immer dann genutzt werden, wenn der Bischof von Baška zu Besuch ist.

Wanderung

Im Weiler **Batomalj** treffen sich die Wanderwege **Stara Baška - Baška** (beschildert) und weitere Wanderwege von/nach Baška und zum AC Zablaca (alles beschildert), sodass auch längere Wanderungen zur Kapelle von Baška möglich sind. Oben an der Kirche (am Gittertor links von der Kapelle) führt ein mit „Lipica" bezeichneter Weg zum Nordrand von Draga Baščanska.

Sv Lucija

Zurück an der Durchfahrtsstraße liegt gleich dahinter nach links ausgeschildert („Sv Lucija, Baščanska Ploča") die kleine **Lucienkapelle** mit der berühmten **Steintafel von Baška,** dem ältesten kroatischen Schriftstück überhaupt. Die Tafel bezeugt die Abtretung des Kapellenlandes durch König *Zvonimir* (gest. 1089) an die Kirche sowie den Bau der Kapelle. Das Gelände ist heute ein archäologischer Park, daher kann die Kirche selbst nur noch im Rahmen einer Führung besucht werden (Führungen 10–12 und 16–22 Uhr, 20 K).

● Einkaufsmöglichkeiten bestehen im **Plus-Minimarkt** im Ort. An der Abzweigung zur Kapelle Sv Majke bietet die **Konoba Malin,** Tel. 051-856149, deftige Lammgerichte und Spanferkel.

Baška

Das in die **südliche Inselbucht** eingebettete Städtchen Baška empfiehlt sich für all jene, die es nicht so bieder-touristisch wie an der Nordwestseite von Krk mögen und eventuell einmal halbtägige Wanderungen durch die stille Landschaft unternehmen möchten, ohne dabei auf umfangreiche touristische Angebote wie Abendunterhaltung, Tauchen, Wassersport usw. verzichten zu müssen. Der kilometerlange **Sand-Kiesstrand Velika Plaža,** geradezu paradiesisch umrahmt von kargen Hügeln, die engen Gassen des kleinen Zentrums und nicht zuletzt die majestätisch oberhalb des Ortes thronende Johanneskirche tun ihr Übriges, alljährlich Zehntausende von Besuchern in den Kreis der „Baška-Fans" zu ziehen. Wichtig: Die Autofähre von/nach Rab (Lopar) verkehrt jetzt nicht mehr hier, sondern ab Valbiska.

Orientierung

Gleich hinter Jurandvor liegt eine Straßengabelung: Rechts geht es zu den Hotels, dem Camp Zablace und zu Parkplätzen für einen reinen Strandbesuch. Die **Hauptstraße** zieht sich um den Ort herum zum FKK-Camp Bunculuka und der Bergkirche Sv Ivan; kurz vor der Zufahrt zu Sv Ivan (Vogelschutzgebiet „Ornitoložska Zona") führt die Kralja Tomislava nach rechts zum Bushalteplatz und einigen Parkplätzen – hier ist man schnell im Altstadtkern, aber etwas weiter vom Strand- und Hotelbereich entfernt.

Der Tourismuspionier von Baška – Emil Geistlich (1870–1922)

Der Strand von Baška ist wirklich eine Klasse für sich, ob man sich nun in die Fluten stürzt oder nur die Promenade Emil Geistlicha entlang flanieren möchte. Apropos: *Emil Geistlich* – nicht gerade ein typisch kroatischer Name! Der gebürtige Tscheche und Leiter der Prager Zeitungsdruckerei „Narodna Politika" (Heimatpolitik) kam 1909 zunächst mehr oder weniger zufällig als Tourist nach Baška. Er war vom Meer und dem örtlichen Strand so sehr angetan, dass er beschloss, in Baška zu bleiben, und schon bald betätigte er sich als nachhaltiger Förderer des Tourismus in der Region: 1910 ließ er den **ersten vorgefertigten Strandpavillon** aufstellen, und ein Jahr später begann der Druckereispezialist mit dem **Druck von Werbebroschüren** über Baška. 1912 organisierte er die **„Abende von Baška"**, eine Art Vorläufer folkloristisch geprägter touristischer Veranstaltungen, die in den Sommermonaten heute landesweit üblich geworden sind. 1914 folgte seine **Zeitschrift „Baška"**, die insgesamt jedoch nur neunmal erschien, nicht zuletzt wegen des Ersten Weltkrieges, der den bis dahin ungestörten Tourismus unterbrach. Am Ende des Krieges stand die italienische Okkupation, die Branche konnte sich nicht erholen. *Emil Geistlich* blieb seiner Liebe Baška jedoch treu und lebte hier bis zu seinem Tod am 7. Juli 1922. Auf seinen Namen trifft man immer wieder – als Uferpromenade, als Denkmal oder bei einem Besuch der Bergkirche Sv Ivan.

kb070 Foto: wl

Das Grab von Geistlich bei der Kirche Sv Ivan

Pfarrkirche und Museum

Im kleinen Zentrum sind die barocke Pfarrkirche **Sv Trojice** aus dem frühen 18. Jahrhundert und das benachbarte, 1974 eröffnete **Heimatmuseum** sehenswert (Mo–Fr 16–21 Uhr, Sa/So 9–14 Uhr, Eintritt 20 K). Die acht wertvollen Altartafeln des 2007 komplett restaurierten Altarraumes stammen von venezianischen Künstlern, u.a. von *Palma dem Jüngeren* die Muttergottes mit dem Hl. Markus sowie das letzte Abendmahl. Das Triptychon des Hl. Michael wird *Paolo Campsa* zugeschrieben (1514). Die Glasfenster wurden erst vor wenigen Jahren eingebaut. Als Sitz des Kapitels von Baška ersetzte sie nach ihrer Inauguration am 29. Juni 1740 die Bergkirche Sv Ivan.

Aquarium

Aufs Meer blickend am linken Ende der Badebucht den Weg hinauf, liegt in der Kralja Tomislava (Richtung Bushalteplatz) linker Hand das Aquarium mit einer der größten **Muschel- und Schneckensammlungen** der Adria. Es werden über 400 Muschel- und rund 100 Fischarten gezeigt.

- **Aquarium,** St. Radica 26, Tel. 051-860171, tgl. 9–22 Uhr, Eintritt 30 K.

Sv Marka

Am Velika Plaža, zwischen Villa Adria und Hotel Atrium, liegt die kleine unscheinbare Kapelle Sv Marka **(Markuskirche).** Es handelt sich um einen frühchristlichen Komplex, der vermutlich bis ins 5. Jahrhundert zurückreicht. Recht gut erhalten sind die typischen römischen Mosaikböden jener Zeit, das heutige Bauwerk stammt allerdings erst aus dem 16. Jahrhundert (tgl. 8–11 und 18– 21 Uhr, Eintritt 5 K).

Sv Ivan

Geradezu ein Muss ist der Aufstieg bzw. die Auffahrt zur markanten, ockerfarbenen Friedhofskirche Sv Ivan mit **phänomenalem Ausblick** über den Velika Plaža bis zur Insel Rab. Einige der wildwestartigen, schlichten Holzkreuze verleihen der Szenerie hier oben eine schaurig-pietätvolle Note. Hier befindet sich auch die letzte **Ruhestätte von Emil Geistlich** (siehe Exkurs).

Info und Agenturen

- Die **Touristeninformation** liegt in der Kralja Zvonimira 114, Tel. 051-856817, www.tz-baska.hr, tgl. 8–22 Uhr, im Winter nicht So und nur bis 18 Uhr.

Zahlreiche zentral gelegenen Agenturen arrangieren **Geldwechsel, Unterkunft, Ausflüge, Bootsverleih** usw., insbesondere für Apartments/Ferienwohnungen wird man kaum um sie herumkommen. Die vier folgenden Agenturen liegen an der Hauptfußgängerstraße im Ortszentrum.

- **Aventura,** Zvonimira 194, Tel./Fax 051-856774, www.aventura-baska.hr.
- **Guliver,** Zvonimira 98, Tel./Fax 051-856004, www.pdmguliver.hr.
- **Primaturist,** Zvonimira 98, Tel. 051-856132, Fax 856971, www.primaturist.hr.
- **Splendido,** Zvonimira 148, Tel. 051-856116, Fax 856616, www.splendido.hr,

Unterkunft

- **Zimmer und Ferienwohnungen** vermitteln die Touristeninformation und die Agenturen; privat findet man Apartments (2 bis 4 Personen, 35–100 Euro/Apartment und Tag) z.B. unter www.baska.at oder www.baska-krk.at. Weitere Privatanbieter sind die **Apartmani Dvori Narca** und die **Apartments Petrinic,** beide unter mobil 095-8370999, www.baska.info zu kontaktieren.
- Über ein Hotelmonopol in Baška verfügt seit Urzeiten die Gruppe **Hoteli Baška,** der alle unten genannten Häuser (teilweise Aparthotel) gehören und die über die Internetseite www.hotelibaska.hr gebucht werden können.
- Neu und direkt am Badestrand bietet die €€€€**Villa Adria,** E. Geistlicha 39, Tel. 051-656111, Fax 856584, mondäne und luxuriöse Apartmentunterkunft für 2 bis 6 Personen.

• Wenige Meter entfernt liegt ebenfalls in der ersten Reihe das neue €€€€€**Atrium Residence** mit DZ und Studios in glamourösem Ambiente, Tel. 051-656890, Fax 656889.

• €€€**Corinthia Baška,** Riesenhotel mit drei Flügeln in der E. Geistlicha 38, Tel. 051-656800, 656111, Fax 856109. Mit Poollandschaft und diversen Gastronomiebetrieben, inzwischen wegen der Neubauten in der zweiten Reihe.

• Das €€€€**Zvonimir** (Tel. 051-656810, Fax 656811) mit 70 Zimmern und 15 Apartments ist eine Mittelding zwischen dem Hotel Corinthia und den Nobelapartments. Noch überschaubar und schöne Lage an der Strandpromenade.

Camping

In Baška können Camper auf zwei Plätzen unterkommen: Zablače liegt näher am Velika-Plaža-Strand, dafür ist es nach der Schließung der Fähre in Bunculuka ruhiger. Infos im Internet für beide Plätze unter www.hoteli baska.hr.

• €**AC Zablače,** Tel. 051-856909, Fax 856604, www.campzablace.info.hr. Geöffnet Mai bis Sept., flaches Wiesengelände, Kapazität 1600 Personen, Mietcaravans, Sport- und Einkaufsmöglichkeiten.

• €€**FKK Camp Bunculuka,** Tel. 051-856806, Fax 856595, www.bunculuka.info. Geöffnet Mai bis Sept. Restaurant, Bar und Minimarkt auf dem Gelände, welches sehr verschachtelt an einem Hang liegt (ein Teil der Plätze ohne Pkw-Parkmöglichkeit; Zentralparkplatz), 1200 Personen Maximalkapazität, Sportzentrum (Tauchen, Surfen, Minigolf, Tennis).

Essen und Trinken

Snacks:

Eine kleine **Spezialität** sind die an der Promenade Geistlicha in Buden gebackenen, einer länglichen, essbaren Schuheinlage ähnelnden **Pačića** ab 7 K, eine Art Krapfen mit Puderzucker. Pačića gibt es in einigen Varianten: mit Ketchup, Käse, Schokolade, Zucker, Marmelade usw.

• Beinahe englisch mutet der kleine Self-Service **Fish & Chips Fast Fish** am Uferfußweg Palada an; Sardellen, Calamari, Sardinen, Garnelen, auch Pommes und Softdrinks sind erhältlich.

• Wer mehr auf einen fleischhaltigen Imbiss steht – wenige Meter weiter gibt es einen **Dönerstand.**

Restaurants & Bars:

• Für einen gemütlichen Drink bieten sich die ein wenig Südseeatmosphäre verbreitende **Buddha-Bar** am Strand (nahe Restaurant Galeb) oder beim ehemaligen Fährpier die **Café-Bar Marinero** an.

• Am linken Ende des Velika Plaža (E. Geistlicha 3) gibt es in der **Konoba Mare** günstige Pizzen (ab 40 K), heimische Schinken- und Käseteller, grüne Nudeln mit Meeresfrüchten (60 K) oder Fischplatte (sehr gut!) für 2 Personen für 275 K.

• In der Kralja Zvonimira kann man in der **Pizzeria-Konoba Lanterna** Pizzen zwischen 35 und 68 K oder Fischgerichte sowie heimischen Käse genießen. Besonderheiten sind hier das Curry-Hühnchen oder hausgemachte Teigwaren mit Lammgulasch.

• Etwas gediegener speist man im **Restaurant Galeb,** E. Geistlicha 38, kurz vor dem Camp, Tel. 051-856651.

• Ebenfalls an der Strandpromenade zaubert das Bistro-Restaurant **Lantino,** E. Geistlicha 30, Tel. 051-856484, gute Salatkreationen wie Meeresfrüchtesalat oder Oktopussalat sowie Pasta mit Meeresfrüchten oder die fast schon legendären Krebsfleischspieße mit Beilagen. Sehr gepflegtes und angenehmes Ambiente.

• Nur wenige Meter weiter (E. Geistlicha 22a, Tel. 051-856013) kreiert der inselweit bekannte Koch *Eda Bogdešić* im **Restoran Cicibela** landestypische Kleinigkeiten und Fleischplatten. Seine Spezialität sind jedoch Fischgerichte wie Jakobsmuscheln, Scampicocktail oder die Fischplatte, nur April bis September tgl. 10–24 Uhr geöffnet.

In den Gassen von Baška, im Hintergrund Sv Ivan

Kvarner Bucht: Krk

kb080 Foto: wl

●Als die Rab-Fähre Lopar - Baška noch in Betrieb war, rentierten sich auch die zahllosen Lokale rund um die Fähre; heute bietet hier nicht einmal mehr eine Handvoll ihre kulinarischen Schöpfungen an: **Captains** (Tel. 051-856541, April bis Nov. tgl. 10–24 Uhr) serviert leckere Suppen, Fleischplatte, Sardellen und Miesmuschen.

Einkaufen

Noch gibt es keine Supermärkte in Baška, was Sommerurlauber angesichts der Menschenmengen immer wieder etwas verwundert. Wenn man aber bedenkt, dass acht Monate lang nur rund 1000 Einwohner vor Ort leben, erklärt sich dieser Mangel von selbst. Dennoch sind die Einkaufsmöglichkeiten ausreichend, für Großeinkäufe sollte man den Konzum-Supermarkt in Krk aufsuchen.

●Ein **Minimarkt** liegt in der Hauptgasse Kralja Zvonimira, ebenso ein **Metzger** (Mo bis Sa 7–13 und 17–20 Uhr, So nur vormittags) und eine **Bäckerei** (tgl. 6.30–22 Uhr); einen weiteren Bäcker findet man in der E. Geistlicha beim Zvonimir-Hotel.

●Die örtliche **Ribarnica** (Fischgeschäft) liegt in der Palada/Ecke Nazora und hat tgl. 7–11 Uhr geöffnet.

■ **Übernachtung**
2 Hotel Zvonimir
5 AC Zablače
6 Corinthia Baška
7 Atrium Residence, Villa Adria
14 FKK Camp Bunculuka

■ **Essen und Trinken**
3 Buddha-Bar
4 Galeb
8 Lantino und Cicibela
9 Konoba Mare
10 Fish & Chips Fast Fish
11 Pizzeria-Konoba Lanterna
13 Captains, Café-Bar Marinero

■ **Einkaufen/Sonstiges**
12 Fischgeschäft

■ **Wassersport**
1 Squatina und Delphin Tauchbasen
15 Scuba Tironi

Aktivitäten

- **Tauchen:** Die Tauchbasis **Delphin** hat Niederlassungen nahe der kleinen Marienkapelle und im FKK-Camp, E. Geistlicha 46, Tel. 051-880233, www.tauchbasisdelphin.com. Es gibt vor Ort noch **Scuba Tironi,** Kircin 12, Tel. 051-856536, www.rare-bird.org, sowie **Squatina Diving,** Zarok 88a, Tel. 051-856034, www.squatinadiving.com.
- Eine **Surf-Schule** liegt an der Zufahrtsstraße zum AC Zablače.
- Die Hotel- und Campinganlagen bieten **Tennis, Volleyball, Fitness- und Wellnessprogramme.**
- Am linken Strandende bietet **Water Sports Baška** Banane (10 Euro/Std.), Paragliding (40 Euro/Std.), Surfbrettverleih (10 Euro/Std.), Kajakverleih (8 Euro/Std.) usw.
- **Sonnenschirme und Liegen** (je 4–5 Euro/Tag) gibt es am Strand, ebenso die **„Käfer"-Tretboote** (10 Euro/Std.).
- Wer **Klettern** (echtes Climbing) exerzieren möchte: Es wurden jüngst zwei Abschnitte – Bunculuka im FKK-Camp und Portafortuna außerhalb im Tal – eröffnet, Infos unter www.climbinbaska.com.
- Wer am 15. April auf Krk ist, sollte das **Markusfest** zu Ehren des Dorfheiligen nicht versäumen. Gefeiert wird überall im Ort.

Nützliches

- **Post** (mit Telefonzellen; geöffnet Mo bis Fr 7.30–21 Uhr, Sa 7.30–14 Uhr), **Bank** und eine **Apotheke** liegen an der Haupteinfahrtsstraße Richtung Strand (nahe dem Hotel Corinthia).
- **Ambulanz:** Ul. Kralja Zvonimira 100, Notruf 856825.

Vrbnik

Die eher karge Landschaft südöstlich von Krk-Stadt mit vorwiegend Krüppelkiefer- und Strauchbewuchs steht in deutlichem Kontrast zur **Nordostküste** mit intensivem **Weinbau** rund um Vrbnik – das hölzerne Fass am Ortseingang von Vrbnik unterstreicht die Bedeutung dieses Inselteils als zentrales Weinbaugebiet. Das Städtchen (900 Einwohner) liegt 48 Meter oberhalb eines kleinen Fjords und wehrte sich schon im 12. Jahrhundert gegen die Einführung des Lateinischen – seither galt Vrbnik als Hochburg slawisch-glagolitischer Schriftkultur. Auch der letzte Sprecher des Dalmatischen soll hier Ende des 19. Jahrhunderts gelebt haben.

Touristisch betrachtet ist Vrbnik ein typisches Ausflugsziel für ein paar Stunden, man nutzt am besten den **Parkplatz** unmittelbar vor der Altstadt und den Trg Skujica für 4 K/Stunde.

Vom Trg Skujica geht man die Fußgängergasse Ulica Potocina hinauf. Ein besonderes Vergnügen bereitet es immer wieder, arglose Touristen im wahrsten Sinne des Wortes durch Vrbnik rutschen zu sehen! Vorbei an zwei **Kapellen** (Sv Ivan und Sv Martin mit glagolitischen Inschriften) und dem Placa Vrbničkog Statuta „gleitet" man sanft über die spiegelglatten Pflastersteine der Roč Ulica Richtung **Pfarrkirche.** Der prachtvolle Hauptaltar im Inneren mit den beidseitigen Schnitzereien ist ein Werk des kroatischen Meisters *I. Rendica.* Im Glockenturm der Marienkirche ist ein **Lokalmuse-**

um (10–12 und 18–21 Uhr) untergebracht. Dahinter liegt ein Aussichtspunkt mit dem Weinlokal Nada. Die engen Gassen weiter entlang, folgt eine **Kunstgalerie** (Ulica Petrisa), von der aus der Zentralplatz gleich wieder erreicht ist. Eine **Bademöglichkeit** gibt es im Kies-Strandbad am nördlichen Ortsrand.

Info und Agenturen

- **Touristeninformation,** Trg Vrbničkog Statuta 4, Tel. 051-857479, www.vrbnik.hr.
- **Agentur Mare Tours,** Trg Skujica, Tel. 051-604401, www.mare-vrbnik.com. Vermittelt werden DZ ab 20 Euro, in der Hauptsaison bis 40 Euro, oder FeWos von 25–60 Euro, in der Hauptsaison bis 80 Euro.
- Ähnliches bietet **Vrbnik-Tours,** Trg Sv Ivana, Tel. 051-857128, mobil 091-5466296, 8–13 und 18–20 Uhr (So nur vormittags).

Unterkunft

- Das einfache €€**Hotel Argentum** liegt an der Hauptstraße vor der Altstadt, Tel. 051-857352, http://apartments-croatia.info/hotel-argentum/de.htm; nur 10 Zimmer.

Essen und Trinken

- Noch vor dem Ortseingang liegt die sehr empfehlenswerte **Konoba-Vinarija Katunar,** Tel. 051-857391, www.katunar.hr. Hier besteht die Möglichkeit zu einer Weinprobe inkl. Imbiss (ab 10 Personen) oder Menü (je 3x Fisch bzw. Fleisch zur Auswahl).

Nützliches

- **Post:** Ul. Varoš, nebenan **Ambulanz.**
- **Geldautomat** beim Bäcker, Trg Sv Ivana.
- **Internetcafé** in der Agentur Mare-Tours (s.o.).
- **Bushaltestelle** am Parkplatz (Anbindungen siehe Gesamtübersicht am Anfang des Kapitels).
- Eine **Touristenbahn** fährt alle Ortsteile von Vrbnik außerhalb der Altstadt an, 12 K.
- **Einkaufen:** Backwaren bietet die Bäckerei Pekara Vrbnik am Trg Sv Ivana 6, 6.30–13 Uhr, So 7–12 Uhr. Gegenüber hat die Ribarnica frischen Fisch und der Minimarkt Draga ein Basissortiment für Selbstversorger (7–21 Uhr, So 7–11 Uhr). Minimarkt Stupec beim Parkplatz die Varoš hinein.

Šilo

Šilo in der **Stipanja-Bucht** war einst ein Fährort zum gegenüber auf dem Festland gelegenen Crikvenica, geriet aber mit dem Brückenbau trotz der insgesamt guten touristischen Infrastruktur etwas ins Abseits. Auf der Abfahrt hinunter zum Ort passiert man die kleinen Weiler Polje und Zupanje, in denen vereinzelt Privatunterkunft geboten wird. Dann gelangt man über die Nova Cesta hinunter zum Ufer (Parkmöglichkeiten). Ein schmaler Fahrweg führt dort rechts zu Tauchbasis und Camp (knapp 1 km), unmittelbar links liegt das kleine Zentrum rund um das Hafenbecken.

Bademöglichkeiten bestehen am Ufer rechts gehend an befestigten Abschnitten sowie Richtung Camp an Sandstrand-Abschnitten. Weitere kleine Buchten liegen beim Campingplatz, unterhalb der Ruinen-Kurzwanderung sowie am Fußweg Richtung Klimno.

Kurzwanderung zur Ruine

Hinter der Bäckerei am Ufer entlang Richtung Camp passiert man nach ca. 100 m das Hinweisschild „Roman Villa 650 m“. Nach einem kurzen Anstieg endet das Sträßchen, eine Piste führt weiter landeinwärts; nach ca. 200 m zweigt dann nach links ein Pfad (wieder beschildert) ab, dem man noch etwa 10 Minuten bis zu den Ruinen eines allerdings kaum mehr als solches erkennbaren **spätrömischen Anwesens** gelangt. Die Anlage selbst ist weniger sehenswert, allerdings hat man von hier eine **sehr schöne Aussicht.**

Fußweg nach Klimno

Hinter der Apotheke zweigt ein Weg (Borići) ab, der zunächst durch Wohngebiet führt und sich nach ca. 10 Minuten gabelt. Rechts erreicht man in 5 Minuten eine kleine Badebucht, links führt ein markierter Wanderweg über den 114 m hohen Sladova ins ca. 5 km entfernte Klimno.

Info und Agenturen

- **Touristeninformation Šilo,** Stara Cesta bb., Tel./Fax 051-852107 (neben der Agentur Estee).
- Ein paar örtliche Agenturen helfen bei der Unterkunftssuche: **Agentur Tina,** Nova Cesta, Tel. 051-852311, www.atina.hr, am Ortseingang rechter Hand; am Hafenbecken die **Agentur Šiloturist,** Tel. 051-852203, www.siloturist.hr; am Ende des Hafens um die Ecke das Sträßchen hinauf die **Agentur Estee** (Tel. 051-852241, www.estee.hr), jeweils tgl. 8–20 Uhr geöffnet.

Unterkunft, Camping

- **Ferienwohnungen** (über 50 FeWo-Angebote) kann man beispielsweise unter www.siloturist.com arrangieren.
- €€**Pension Zeba,** www.zeba.hr, rechter Hand am Ortseingang.
- €€€**AC Tiha,** Tel. 051-852120, Fax 852362, geöffnet Mai bis Sept.

Essen und Trinken

- An der kleinen Promenade liegen einige preiswerte **Snackbars.**
- Die **Konoba Portić,** Cesta bb., Tel. 051-852170, zaubert marinierte Sardellen mit Ruccola und Kartoffeln auf den Teller, Miesmuscheln oder hausgemachte Pasta mit Scampi.
- **Bistro-Pizzeria Roko,** Stara Cesta 1, Tel. 051-852342, u.a. vorzügliche Meeresfrüchtepizzen zu 35–50 K.

Nützliches

- **Post:** in der Stara Cesta, Mo bis Fr 8–12 und 13–17 Uhr.
- **Internetcafé** in der Agentur Estee (s.o.).
- **Geldautomat** und **Apotheke** neben der Touristeninformation in der Stara Cesta.
- Direkt am Hafenbecken beim Parkplatz liegen ein **Minimarkt** und eine gute **Bäckerei** (tgl. 7–13 Uhr), ein weiterer Minimarkt (7–21 Uhr, So 7–13 Uhr) findet sich in der Stara Cesta neben der Touristeninformation.
- Tauchen (auch mit Unterkunft) bietet das **Tauchcenter Neptun,** Tel. 051-604404, www.neptun-silo.com.

Soline-Bucht

Klimno

In der nächsten Bucht namens Soline liegt am Ende einer Stichstraße das Dörfchen Klimno, noch heute **Zentrum des Fischerbootsbaus.** Viele neue Häuser prägen das Ortsbild. An der kleinen Promenade liegen eine Agentur (Ausflüge, Bootsverleih), die Marina und ein glagolitisches Denkmal. Am Ende der Bucht befindet sich ein kleiner Campingplatz – die Zufahrt mit breiten Fahrzeugen ist eine Kunstübung. Rund um die **Bucht von Soline** kann man überall baden.

Unterkunft, Essen und Trinken

Noch herrscht vor Ort einigermaßen Ruhe - sehr zu empfehlen, wenn man abseits von Malinska oder gar Baška eher Entspannung und Einsamkeit auf Krk sucht. Schöne **Ferienwohnungen** finden sich online unter www.klimno.net/klimno_deu.htm, vor Ort hilft die **Agentur Paralela-Tours** (am Ufersträßchen, Tel. 051-850504, www.paralela-klimno.com) weiter, wenn es um Unterkunftssuche, Geldwechsel, Fahrzeugverleih, Ausflüge usw. geht.

- **Infos** (nicht nur) zu Klimno unter www.klimno.net.
- Kulinarisch empfehlen sich in Klimno das **Fischrestaurant Žal,** Klimno 44, Tel. 051-853242, sowie die **Konoba Oleander,** Klimno 36, Tel. 051-853144, tgl. 9–24 Uhr, Febr. geschl., für Schinken und Käse, Muscheln, Scampi und Fleischgerichte auf Bestellung.

Soline

Weniger der nächste Weiler der Soline-Bucht, als vielmehr das Treiben unmittelbar außerhalb Richtung Čižići ist mehr als nur einen Blick wert. Die Bucht ist hier extrem flach und am Buchtende von mineralsalzhaltigem **Heilschlamm** geprägt. Ein langer Betonsteg ragt hier ins Meer hinein, beidseitig sind **vulkantrichterähnliche Bodenvertiefungen** auszumachen. Und in diesen Trichtern befindet sich der zähflüssige Schlamm, in dem sich Männer, Frauen und Kinder im echten Wortsinne wälzen und anschwärzen – ein Erlebnis für Jung und Alt. Diese Gruben sind nur hüfttief und ungefährlich; selbstredend sollte man Kinder im Auge behalten.

Čižići

Das Dörfchen Čižići am Nordwestrand der Soline-Bucht findet - wenn überhaupt - Eingang in die Reiseliteratur durch den Hinweis auf die einige Kilometer außerhalb gelegenen Tropfsteinhöhle (s.u.). Ein Touristenmagnet wird die 250-Seelengemeinde wohl mittelfristig nicht werden, immerhin aber findet der Durchreisende mehrere Bademöglichkeiten, die Tamaris Pizzeria & Apartments am Ortsrand landseitig, die Snackbar Café Porto Fango sowie einen Zeitschriftenkiosk am Ufer.

Tropfsteinhöhle Rudine

Folgt man der Uferstraße und hinter dem Ortsausgang von Čižići an einer Abzweigung der Beschilderung „Biserujka“, endet der Weg an der sehenswerten Tropfsteinhöhle Rudine (Špilja Biserujka). Die Höhle ist zwar nicht besonders groß, dafür hält sich der Andrang in Grenzen und man kann die „Reise zum Mittelpunkt der Erde“ einmal genießen!

Von der Uferstraße aus (von der Höhle kommend rechts halten) windet sich das Nebensträßchen durch ein karges, wenig bewachsenes Gebiet bis zur Haupt-Inselstraße bei Omišalj.

- **Tropfsteinhöhle Biserujka-Rudine:** April, Mai und Okt. 10–15 Uhr, Juni 9–17 Uhr, Juli und August 9–18 Uhr, Sept. 9–17 Uhr, Nov. bis März geschlossen, Tel. 051-852203, Eintritt 25 K, Kinder 6–12 Jahre 15 K.

Die Ostküste der Kvarner Bucht

Crikvenica

Zwischen der kleinen Landzunge Kačjak und Selce bietet die Kvarner Bucht ein etwa zehn Kilometer langes, zusammenhängendes **Ferienzentrum** mit rund 12.000 Einwohnern und den Orten Dramalj und Crikvenica als Zentrum. Ausgezeichnete Wasserqualität, ein riesiges Angebot an Unterkünften und Freizeitmöglichkeiten und vernünftige Preise machen die Riviera von Crikvenica zu einem sehr beliebten Urlaubsziel. Vor Ort hat man die Wahl, in den eher auf Sommerurlauber spezialisierten Campingarealen Selce oder Dramalj/Kačjak unterzukommen oder aber zentral in Crikvenica mit allen Annehmlichkeiten einer Kleinstadt.

Der Ort war schon den römischen Legionären als Station Ad Turres bekannt, wurde unter den Frankopanen erweitert (Paulinerkloster, heute Hotel Kaštel) und unter den Habsburgern zum **Kur- und Badeort.** Das mediterrane Klima mit – laut Tourismusprospekt – über 2500 Sonnenstunden im Jahr sowie die reine und klare Luft sind Balsam für die Atemorgane, aber auch Rheumatismus und Allergien können in Crikvenica kuriert werden.

Uferpromenade und Aquarium

Das Sightseeing beschränkt sich auf ausgedehnte **Spaziergänge** entlang der weitläufigen Uferpromenade (mehrere Bademöglichkeiten und ein Strandbad) sowie einen Besuch des kleinen Aquariums. In 24 Wasserbecken sind hier Flora und Fauna aus dem Mittel-

kb021 Foto: wl

meer und aus tropischen Gewässern zu sehen.

• **Aquarium:** Ul. Vinodolska 8, in der Nähe des Busbahnhofs, Tel. 051-241006. Geöffnet tgl. 9–18 Uhr, im Sommer bis 22 Uhr.

Trg Radića

Wer am Ufer entlang flaniert, wird am Trg Radića in der **Grünanlage** auch die **Büste des Stjepan Radić** entdecken; er ziert nicht nur die 200-Kuna-Banknote, nach ihm sind auch in vielen kroatischen Orten wichtige Plätze oder Straßen benannt. *Stjepan Radić* (1871–1928) war Gründer und Vorsitzender der kroatischen Bauernpartei HSS und verfolgte die Idee einer unabhängigen Bauernrepublik Kroatien, weshalb er im Nationalrat 1918 als einziger gegen die Bildung eines Königreiches Jugoslawien stimmte. Bei späteren Wahlen errang er mit der HSS in einigen Regionen (insbesondere im bäuerlichen Slawonien) teilweise die absolute Mehrheit und verstand sich als kroatisch-nationalistischer Gegenpol zur Zentralregierung in Belgrad. Er wurde von einem montenegrinischen Extremisten während einer Parlamentssitzung im Juni 1928 angeschossen und erlag fünf Wochen später seinen Verletzungen.

Im Zentrum von Crikvenica

An- und Weiterreise

Busse:

Vom Busbahnhof (Kartenschalter 6.30–19.30 Uhr, Sa/So 8–14.30 Uhr für den Kartenvorverkauf) am Trg Radića bestehen ganzjährig **gute Verbindungen** 9 bis 14x tgl. tagsüber nach Rijeka, 12–14x tgl. nach Novi Vinodolski, 7x tgl. nach Split (davon 2 bis Dubrovnik), 4x tgl. nach Zagreb, 3x tgl. nach Pula sowie je zwei Direktbusse bis Rab (7.20 und 14.40 Uhr) und Pag (11.10 und 14.45 Uhr; nur im Sommer!).

Strandbahn:

Eine Touristenbahn verkehrt zwischen Zentrum und **Kajčak** (Nord) sowie Zentrum und **Selce** (Süd) jeweils tgl. 9–22.30 Uhr etwa alle 30 Minuten für 15 K.

Auto:

Selbstfahrer haben es schwer: Nur selten sind die Straßen ausgeschildert, viele haben keinen Namen. Die lange Uferpromenade (Einbahnstraße!) dient im Abschnitt Dramalj auch als kostenloser Parkplatz. Die **Küstenstraße** liegt nur 300 Meter Luftlinie vom Meer entfernt, aber weit oberhalb des Ufers, sodass sich die Straßen und Gassen steil die Hänge hinaufschlängeln. Die Privatzimmer und Ferienwohnungen liegen beidseitig der **Hauptstraße.** Man frage die jeweiligen Vermieter nach dem kürzesten Fußweg zur Promenade, da sich die Hauptstraßen fast endlos hinziehen; es gibt aber für Fußgänger etliche Schleichwege. Tagesbesucher parken am besten auf dem (gebührenpflichtigen) **Großparkplatz** beim Busbahnhof um die Ecke von der Touristeninformation (5 K/Std.).

Info und Agenturen

- **Touristeninformation Crikvenica,** Trg. S. Radića 1, Tel. 051-241051, Fax 241867. Hier auch Vermittlung von Unterkunft, Ausflügen usw. Geöffnet im Sommer tgl. 8–21 Uhr, sonst Mo bis Fr 8–15 Uhr und Sa/So 8–13 Uhr, offizielle Webseiten: www.tzg-crikvenice.hr und www.crikvenica.hr (Stadt). Eine elektronische Informationssäule befindet sich vor der Touristeninformation sowie am Busbahnhof.
- **Touristeninformation Dramalj,** Ulica Gajevo Šetalište 48, Tel./Fax 051-786363, Mo bis Sa 8–20 Uhr und So 8–14 Uhr.
- **Touristeninformation Selce,** an der Promenade, Tel./Fax 051-782127. Der Sektor Selce wird auch auf den Internet-Seiten www.selce24.com und www.tzselce.hr gesondert vorgestellt.

Zahlreiche Agenturen in der Stadt haben **Unterkunftsvermittlung, Geldwechsel, Touren** usw. im Angebot, u.a.:

- **Autotrans,** Tel. 051-243800, www.autotrans.hr, direkt am Busbahnhof, betreibt das Busnetz und arrangiert Unterkünfte, Ausflüge usw.
- **AK-Tours,** Kralja Tomislava, Tel. 051-785060, Fax 784321, www.ak-tours.hr.
- **Crikvenica Tourist,** Trg Radića 1, Tel. 051-241516, Fax 241249, www.crikvenica-tourist.net; direkt bei der Touristeninformation.
- Günstig zentral gelegen bietet **Klek-Tours,** Brozičević, vor dem Markt, Ausflüge, Unterkünfte und Geldwechsel.

Unterkunft

Das Angebot ist überwältigend; vom Luxushotel bis zum Privatzimmer wird alles geboten. Man kann sich vor Ort entweder an eine der Agenturen oder die Touristeninformation wenden, auch die folgenden Internetseiten kann man gut für die Vorabsuche einer Ferienwohnung heranziehen: www.selce24.com, www.selce.kroatische.de, www.tzg-crikvenica.hr.

Alle genannten Häuser sind im Internet unter www.jadran-crikvenica.hr buchbar.

Im Zentrum:

- Das €€**Hotel International,** Ulica Skomerže 1, Tel. 051-241324, Fax 241681, schont bei Preisen ab 48/DZ den Geldbeutel und liegt absolut zentral neben Post und Touristeninformation beim Hafenbecken.
- Wenige Meter entfernt und damit gleichfalls zentral und ufernah empfiehlt sich das etwas stilvollere €€**Hotel Crikvenica,** Strossmeyerovo Šetalište 8, Tel. 051-241199, Fax 241129, www.hotelcrikvenica.com, das schon seit über 120 Jahren über alle Höhen

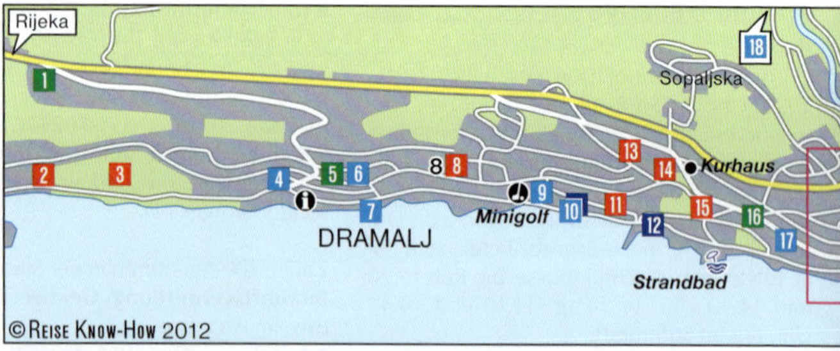

und Tiefen hinweg Gäste aus aller Welt beherbergt. Rund 80 DZ, nach Möglichkeit sollte man eines zur Seeseite hin buchen. Auch einige Apartments sind zu haben.

- Am Schnittpunkt der Straßen Dr. Sobol/K. Tomislava liegt etwa mittig zwischen dem Zentrum und Dramalj die €**Pension Klaudija.** Alle Zimmer verfügen über einen meerseitigen Balkon. Julija Klovica 2, Tel. 051-785175, www.pension-klaudija.com.
- Außerhalb der Hauptsaison (da ist es zu teuer!) empfiehlt sich auch das €€**Hotel Falkensteiner Therapia,** Br. Buchoffer, Tel. 051-209700, Fax 785072, www.therapia.falkensteiner.com.
- Erwähnenswert ist auch das einfache €€**Hotel Ad Turres,** K. Tomislava 111, Tel. 051-785003, Fax 785079, das sich bis zur Magistrale erstreckt und schöne Unterkunft bietet.
- Schließlich sei das schon optisch sehr auffällige €€€€**Kaštel,** Frankopanska 22, Tel. 051-241044, am Ostrand des Zentrums direkt uferseitig hinter dem Flüsschen genannt. 1988 wurde das festungsähnliche ehemalige Kloster in ein Luxushotel umgewandelt.

Außerhalb des unmittelbaren Zentrums:

- Die angenehmsten Hotelunterkünfte der mittleren bis gehobenen Kategorie in Dramalj sind das €€€**Hotel Esplanade,** Stross-

Übernachtung
2 Sportzentrum Kačjak
3 AC Kačjak
8 Hotel Omorika
11 Hotel Esplanade
13 Hotel Ad Turres
14 Pension Klaudija
15 Hotel Falkensteiner Therapia
19 Hotel Varaždin
20 Hotel Selce
21 AC Selce
23 Hotel Crikvenica
25 Hotel International
30 Hotel Kaštel

Essen und Trinken
4 Domino Grill
6 Pivovara Crikvenica
7 Bistro Aries
9 Pizzeria Galija
10 Rony's Café
17 Fischrest. Moslavina
18 Konoba Griškinja
22 Bistro Pizza-Cut
24 Café Nik und Rest. Luka
28 Bistro Tržnica

Einkaufen/Sonstiges
1 Tankstelle
5 Konzum-Supermarkt Dramalj
16 AK-Tours
22 Made in Croatia
25 Agentur Autotrans
26 Agentur Crikvenica Tourist
27 Computershop & Zeitschriften
28 Konzum-Supermarkt, Markt, Klek-Tours
29 Plodine-Supermarkt

Wassersport
10 Wassersport
12 Dive City

meyerovo Šetalište 52, Tel. 051-785006, Fax 785090, und das €€€**Hotel Omorika,** Muževica 35, Tel. 051-785023, Fax 785015; recht preiswert sind hier die sogenannten *Paviljoni* (Bungalowzimmer).

• Im Sektor Kačjak vermietet das Sport- und Erholungszentrum €€**Kačjak,** Tel. 051-786 444, Fax 786262, DZ und günstige Apartments – bei Familien sehr beliebt.

• Im Bereich Selce bietet das €€€**Hotel Varaždin,** Tel. 051-764032, Fax 764091, angenehmen Luxus.

• Relativ schlicht wirkt dagegen das €€€**Hotel Selce,** Tel./Fax 051-765465, Fax 765464, info @hotel-selce.com.

Camping

• €€**AC Kačjak,** Tel. 051-786250, Fax 786262, www.jadran-crikvenica.hr. Geöffnet Anfang Mai bis Ende Sept., klein und ruhig.

• €€**AC Selce,** Tel. 051-764038, Fax 764066, www.jadran-crikvenica.hr, 3 km südlich des Busbahnhofs. Geöffnet Anfang April bis Ende Okt. – die zweite Wahl!

• In der Nähe (gut beschildert) liegt das €€€**AC Uvala Slana,** Tel. 051-764246, Fax 764042, www.club-adriatic.hr. Schöne Lage, geöffnet 1.6. bis 5.10.

Essen und Trinken

Kleinigkeiten und Snacks:

- Für einen Happen zwischendurch bietet sich das **Bistro Pizza-Cut** (mit Internetcafé) in der Strossmeyerovo Šetalište 28 neben dem Hotel Crikvenica an. Geöffnet tgl. 10–24 Uhr.
- An der Uferpromenade findet man mehrere **Bäckereien** (z.B. Sv Jelena, Strossmeyerovo Šetalište 34), ebenso am Marktplatz.
- Am Marktplatz selbst kann man Burek (kleine Seitengasse Richtung Bach, beschildert) und Grillhähnchen im **Bistro Tržnica** genießen (ganzes Brathuhn, Sardellen, Čevapi).
- Ausgesprochen gute Speisen serviert das sehr preiswerte **Bistro Aries** an der Promenade mit kleiner Fischplatte für 50 K oder frischen Tintenfischringen für 38 K. Imbissatmosphäre, aber gut!

Restaurants:

- Besonders nett sind die Cafés an der palmengesäumten Promenade im Zentrum von Crikvenica, u.a. **Café Nik** und **Café/Restaurant Luka,** Trg S. Radića 11, Tel. 051-243301, geöffnet tgl. 10–24 Uhr; hier kann man von der Terrasse im OG sehr schön den Hafenbereich überblicken.
- Gute und günstige Pizzen backt die **Galija-Pizzeria** gegenüber der kleinen Marina, außerdem kann man hier auch gut frühstücken. Gajevo 1, Tel. 051-784710, geöffnet tgl. 7–2 Uhr.
- Der Tipp schlechthin im mittleren Preissegment ist die ausgesprochen nette Lokalbrauerei **Pivovara Crikvenica** nahe dem Hotel Riviera/Dramalj, M. Muzevica 88, Tel. 051-7886888.
- Wer es eher nobel mag, diniert im **Domino Grill** (Grillspezialitäten) in Dramalj, nahe Konzum-Supermarkt, Braće Car 23, Tel. 051-786472, tgl. 10–24 Uhr, oder im exquisiten **Fischrestaurant Moslavina,** Braće Sobol 13, Tel. 051-785186, tgl. 12–24 Uhr.
- Schließlich noch ein Tipp ein gutes Stück außerhalb für Selbstfahrer: Die Vinodolska (unter der Brücke) nach Norden hinauf erreicht man die Inlands-Nebenstraße bei Bribir; hier links bis Blaškovići, dort wieder links

085is Foto: wl

(Karlići) zur **Konoba Griškinja,** Koštelj 88, Tel. 051-240049. Sehr schön restauriertes, uriges Landgasthaus mit deftiger Küche und angenehmer traditioneller Livemusik Fr und Sa ab 20 Uhr (Reservierung empfehlenswert).

Aktivitäten

Gesundheitszentren:

- Als traditioneller Kurort bietet Crikvenica im Bereich Dramalj ein echtes **Kurhaus** (Thalassotherapie) zur Behandlung von Atemwegserkrankungen. Informationen in den Agenturen oder im Kurhaus unter Tel. 051-241433.
- Im Bereich Selce können die Dienste des **Gesundheitszentrums Terme Selce,** Ribara 8, Tel./Fax 051-764055, in Anspruch genommen werden.

Wassersport:

Rund um Rony's Café ist das Zentrum für wassersportliche Aktivitäten (Bootsverleih, Wasserski usw.); an einigen Strandabschnitten ist Beach-Volleyball möglich. Über ein umfangreiches Sportangebot verfügt u.a. das **Zentrum Kačjak** (ursprünglich ein Sporthotel/Trainingslager), aber auch alle **Hotelanlagen** und Campingplätze bieten Bootsverleih und Surfen, teilweise auch Tennis- und Segelkurse.

Strand:

Schwimmen ist **an allen Strandabschnitten** möglich, wobei nördlich der kleinen Marina zahllose Felsabschnitte locken. Südlich davon liegt zunächst der (kostenlose) **Plaža Balustrada** mit kleinem Spielplatz und sehr hübscher Bepflanzung, dann folgt ein umzäunter und flacher Strandabschnitt, der 15 K Eintritt kostet (Kinder 3 bis 14 Jahre 8 K). Die einsamsten Stellen findet man auf dem Weg nach Kačjak hinter der Touristeninfo Dramalj.

Ufer-Spaziergänge:

Ausgedehnte Spaziergänge ohne Schwierigkeitsgrade sind entlang der zentralen Uferpromenade möglich oder z.B. auf den sehr beliebten Routen Hotel Kaštel – Bucht Slana (1 Std., mit Info-Punkten) oder Hotel Omorika – Halbinsel Kačjak (ebenfalls 1 Std.).

Sonstiges:

- **Bootsausflüge** (u.a. Rab, Krk, Disco-Party) werden direkt am Hafenbecken angeboten; Infotel. 051-785085. **Bootstaxis** (z.B. von/nach Dramalj oder Selce) können unter mobil 098-323380 geordert werden.
- **Bustouren** organisieren die oben genannten Agenturen; Preisbeispiele für diverse Landausflüge: Postojna-Höhlen/ Slowenien 320 K, Rijeka und Opatija 200 K, Istrien-Rundfahrt inkl. Mittagessen 380 K, Plitwitzer Seen 300 K, Venedig 650 K.
- **Tauchen: Dive City,** Buchoffer 18, Tel. 051-784174, www.divecity.net. Vermitteln auch Ferienwohnungen.
- Zwischen der kleinen Marina und dem umzäunten Strand liegt landseitig eine **Minigolfanlage mit Billard-Café.** Nebenan werden Mopeds (Scooter) und Fahrräder verliehen.
- Auf Höhe der Touristeninformation befindet sich am Ufer vor dem Hafenbecken im Sommer ein kleiner **Kinderpark** mit Hüpfburg, Mini-Quad usw. Eintritt 10 K.

Nachtleben

In der Hauptsaison fahren Pkws die Promenade entlang und verkünden per Lautsprecher, wann und wo diverse **Abendaktivitäten** stattfinden (Turniere, Misswahl o.Ä.).

- An der Promenade nahe dem Busbahnhof zeigt das **Kino Jadran** oft englischsprachige Filme mit Untertiteln.
- Mit vielerlei Spielgeräten locken das große **Automatenkasino** am Trg Radića sowie das **Bistro Mandy** (am Marktplatz) mit angeschlossener Spielhalle.

Einkaufen

- Ein **Bäckereiwagen** fährt zu unregelmäßigen Zeiten durch den Ort; ein Standort ist nahe dem Supermarkt von Dramalj.
- Im Zentrum von Crikvenica befindet sich der große **Frischwarenmarkt** landseitig der Touristeninformation, Zidarska/Ecke Vinodolska, mit Metzgerei (Mo bis Fr 7–20 Uhr, Sa 7–14 Uhr, So 7–11 Uhr), Ribarnica (Fisch-

Beachvolleyball am Strand von Crikvenica

geschäft, 7–12.30 Uhr, So bis 11.30 Uhr), Bäckereien, Obst- u. Gemüseständen usw.

- Auf dem Marktgelände liegt auch ein **Konzum-Supermarkt** (ebenso am Hang oberhalb der Touristeninformation Dramalj und in der Strossmeyerovo am Hafenbecken); geöffnet tgl. 7–21 Uhr, So bis 13 Uhr. Ein Stück weiter (Fußgängerweg über den Bach) folgt ein großer **Plodine-Supermarkt** (gleiche Öffnungszeiten; hier kann man prima umsonst parken!).
- Ein Stückchen versetzt vom Markt (unterhalb der Riesenbrücke) liegen mehrere größere **Geschäfte** (Supermarkt, Baumarkt).
- **Made in Croatia,** Strossmeyerovo Šetalište 38. Souvenirs, teilweise kitschig, aber auch manche interessante Mitbringsel sind darunter wie eingelegte Honigerzeugnisse, Schnäpse, Trachtenpuppen usw. Geöffnet im Sommer tgl. 9–23 Uhr, sonst tgl. außer So 9–13 und 16–19 Uhr.

Nützliches

- **Ambulanz:** Strossmeyerovo Šetalište, Tel. 051-241111.
- **Apotheke:** am Markt sowie am Trg Radića.
- **Polizei:** oberhalb Trg S. Radića, Tel. 051-439010.
- **Bank/Geldautomat:** u.a. Riječka Banka, an der Promenade (nahe Trg Radića), 7.30–13.30 und 15–20.30 Uhr; Geldautomat außerdem vor der Touristeninformation.
- **Post:** Trg Radića, beim Hotel International; geöffnet Mo bis Sa 7–20 Uhr, So 7–14 Uhr.
- **Marina:** Abwicklung über die Touristeninformation, Trg Radića, Tel. 051-241867.
- **Hafenmeisterei:** Trg Nikole Cara 1, Tel. 051-241029.
- **Tankstelle:** große 24-Stunden-Tankstelle an der Küstenstraße.
- **Fahrzeugverleih:** Crikvenica Tourist (siehe „Agenturen"); ein reiner Scooterverleiher liegt direkt am Markt (Rent-a-Scooter, ab 300 K/Tag, Tel. 051-242985).
- **Internetcafé:** Am zentralsten liegen das **Café Balustrada,** Strossmeyerovo Šetalište 21, mobil 098-358889, und das **Bistro Pizza-Cut** (mit Internetcafé) in der Strossmeyerovo Šetalište 28 neben dem Hotel Crikvenica; **Internet-Club** am Busbahnhof.

Novi Vinodolski

Der Begriff „Vinodolski" bedeutet Weintal und bezieht sich auf die Weinbaugebiete, die sich von Novi Vinodolski entlang der Orte Bribir und Grižane bis nach Crikvenica und Kraljevica hinziehen. 1288 errichteten Frankopanenfürsten ein Kastell in der Oberstadt und nannten die Siedlung „Novi" (neu), erst seit 1953 trägt der Ort seinen heutigen Namen.

Er gliedert sich in die alte, hübsche **Oberstadt am Hang** (Stari Grad mit Fußgängerzone), die **touristische Unterstadt** entlang der Küstenstraße und die reinen **Feriensiedlungen Zagori und Povile.** Der Ort wirkt insgesamt sehr anziehend, wozu die alleeartigen Sträßchen ebenso beitragen wie das Flair einer mittelalterlichen Stadt. Auch muss man anerkennen, dass die Verantwortlichen in den letzten Jahren den Innenbereich kräftig saniert haben, was sowohl den alten Ortskern als auch die Zentralplätze und die kleine Flanier- und Einkaufsmeile Korzo Hrvatskih Branitelja betrifft. Nicht zuletzt deshalb gilt Novi Vinodolski als der beliebteste Ferienort des Kvarner Landes südlich von Rijeka – kann die Masse irren? Bademöglichkeiten bestehen entweder (nicht so schön) bei den Plattformen im Hafenbecken, vor allem aber entlang der äußeren Promenade Šetalište Kneža Domagoja.

Sv Filip

Alle wichtigen Gebäude in und vor der Altstadt sind mit Hinweistafeln versehen worden. Prunkstück ist die

Pfarrkirche Sv Filip, die in ihrer jetzigen Form aus dem Jahr 1520 stammt. Die Stuckarbeiten wie auch der Hauptaltar sind Werke der Schweizer Brüder C. und G. *Somazzi.* Vom Kirchplatz hat man einen schönen Blick über Stadt und Bucht.

Frankopanski Trg

Auf dem Hauptplatz Frankopanski Trg unmittelbar an der Altstadt steht ein quadratischer **Turm,** Kvadrac genannt, ein Überbleibsel der alten frankopanischen **Kastell-Anlage** aus dem 13. Jahrhundert. Berühmt sind in die-

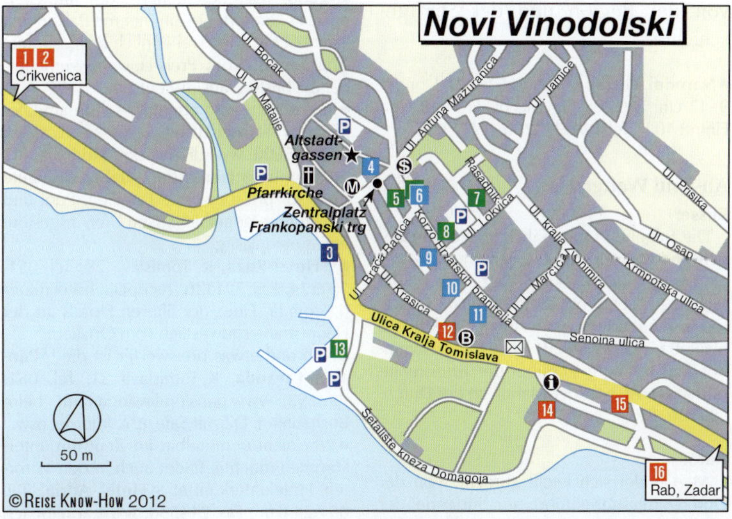

Übernachtung
- **1** Hotel Adria
- **2** Hotel Novi
- **12** Pansion Lavanda
- **14** Hotel Lišanj
- **15** Tamaris Hotel
- **16** Hotel Ruža

Essen und Trinken
- **4** Pizzeria Charlie
- **6** Konoba Nautika
- **9** Konoba Mate
- **10** Pakito Snackbar
- **11** Eiscafé Kalipso

Einkaufen/Sonstiges
- **5** Metzgerei Petrak
- **6** Bäckerei
- **7** Markthalle
- **8** Apotheke
- **13** Captain's Club

Wassersport
- **3** Bootsverleih

sem Zusammenhang die in Glagolitisch verfassten „Gesetze von Vinodolski“ (Vinodolski-Kodex) aus dem Jahr 1288, erlassen von den Frankopanenfürsten zur rechtlichen Regelung des Gemeinschaftswesens. Geöffnet ist der Turm von 10–12 und 20–23 Uhr.

Museum

Wenige Meter weiter vermittelt das kleine Museum mit **Galerie** (Narodni Muzej Galerija) einen netten Eindruck von der Region und der Stadtgeschichte.

• **Narodni Muzej:** 9–12 und 19–21 Uhr, So 9–12 Uhr; Winter: nur Mo bis Fr 9–12 Uhr, Eintritt 10 K, Tel. 051-244266.

An- und Weiterreise

Busse:

Die folgenden **ganzjährigen Verbindungen** sind für Touristen evtl. von Interesse: 10 bis 14x tgl. nach Rijeka, 6–7x tgl. nach Split (davon 2 bis Dubrovnik), je 3x tgl. nach Zagreb und nach Pula sowie zwei Direktbusse bis Rab (7.35 und 14.50 Uhr); der Busbahnhof liegt schräg gegenüber der Touristeninformation ostseitig der Marina an der Durchfahrtsstraße.

Auto:

Man findet sich leicht zurecht: Von der Durchgangsstraße führt am Südende der Bucht eine einzige Straße – **Korzo Hrvatskih Branitelja** – hinauf Richtung Altstadt (davor gebührenpflichtiger **Parkplatz**), ansonsten parkt man unten in der Bucht beim Jachthafen (ebenfalls Automat). Am nördlichen Ende der Bucht führt auf der anderen Straßenseite ein Stufenweg hinauf zum Museum und zum Kirchplatz.

Info und Agenturen

• Die **Touristeninformation** liegt in der Kralja Tomislava 6 gegenüber der Tankstelle an der Hauptstraße, Tel./Fax 051-791171, www.tz-novi-vinodolski.hr; tgl. 8–20 Uhr.

• **Adria,** Tel./Fax 051-244397, www.hotelinovi.hr, bei der Touristeninformation.

• **Maritours,** Tel. 051-792134, Fax 792135, www.maritours.com, am Busbahnhof.

Unterkunft

• Als eines der größten Spa & Wellness-Hotels Europas wirbt das supermoderne Luxusresort €€€€€**Novi** um den betuchteren Kunden. Direkt am Meer, Tel. 051-006684, www.novi.hr.

• €€€€**Tamaris,** K. Tomislava 14, Tel. 051-792280, www.hoteltamaris.com. Im Uferpark, 13 komfortable Zimmer mit Balkon und Meerblick sowie zwei ähnlich ausgestattete Apartments. Vom Preis-Leistungsverhältnis her die beste Wahl im Zentrum.

• In der Nähe und ebenfalls schön am Ufer liegt das €€**Hotel Lišanj,** Lišanjska Ulica, Tel. 051-665600, www.lisanj.com. Kinder bis 12 50 %, unter 6 Jahren frei – daher eine gute Wahl für preisbewusste Familien. Pool und großzügige Liegeflächen am Ufer, insgesamt etwas betonlastig.

• €€**Hotel Ruža,** K. Tomislava 28, Tel. 051-791324, Fax 791326, recepcija-hotel.ruza@ri.t-com.hr. Eines der älteren Hotels an der Hauptstraße südwestlich vom Ortskern.

• Neu und etwas preiswerter ist die €€**Pansion Lavanda,** K. Tomislava 31, Tel. 051-792293, www.pansion-lavanda.com, beim Busbahnhof. DZ mit Safe, a/c, Internet usw.

• Wer nicht unmittelbar im Zentrum unterkommen möchte, findet auch in den Vororten Hotelunterkünfte: €€**Hotel Adria,** Tel. 051-244766, Fax 244530, www.adriabeachhotel.de, am nördlichen Ortsende in der Obala Krešimira; €€**Hotel Zagori,** Tel. 051-244122, Fax 244622, hoteli-novi1@ri.htnet.hr. Zagori liegt etwa 3 km außerhalb Richtung Rijeka, Povile 3 km Richtung Zadar. Buchung über die Agenturen, man kann auch direkt an der Rezeption nachfragen.

Camping

• €€**AC Zagori,** Tel. 051-244644, Fax 244622, ca. 3 km westlich des Zentrums, recht groß, mit Freizeitangeboten.

• €AC **Punta Povile,** Tel. 051-793083, Fax 244307, ca. 3 km östlich des Zentrums, bewaldet und am Meer, klein, schnuckelig, ohne besondere Angebote.

Essen und Trinken

• Die **Snackbar Pakito** gegenüber vom Parkplatz vor der Fußgängerzone bietet Sandwiches und Pizzaschnitten an (Korzo hrvatskih branitelja 42, Tel. 051-245556).

• Für einen Café, kühle Getränke oder auch Eiscreme bieten sich die Cafés in der Fußgängerzone an; wer etwas abseits vom Trubel mit Blick aufs Meer sitzen will: Im **Eiscafé Kalipso,** Korzo H. Branitelja, sitzt man sehr angenehm auf der Terrasse mit schöner Aussicht.

• Am östlichen Altstadtzugang (Stari Grad 1) serviert die **Pizzeria Charlie,** Tel. 051-245987, in einem an den großen Filmpionier *Chaplin* angelehnten Ambiente gute und günstige Pizzen und Snacks.

• Empfehlenswert für urige Atmosphäre und gute Küche ist die **Konoba Mate** am Ende der Fußgängerzone 30 m in die Gasse hinein, Tel. 051-245817, Korzo V. Zakona 36b.

• Einfache Gerichte, auch Fisch, bietet die **Konoba Nautika** in der Fußgängerzone.

Einkaufen

• Die Zufahrtsstraße zur Altstadt - Korzo Hrvatskih Branitelja - wurde im oberen Bereich bis zum Zentralplatz Frankopanski Trg zur **Fußgängerzone** umgestaltet; hier finden sich zahlreiche Cafés, Supermarkt Konzum, Zeitschriftenhandel, Bäckereien, Fachgeschäfte usw.

• In der großen **Markthalle** werden Fleisch, Geflügel, Obst und Gemüse sowie frischer Fisch verkauft; hier auch mehrere Bäckereien; geöffnet 7–12.30 Uhr, So 8–11 Uhr.

• **Metzgerei Petrak,** Korzo H. Branitelja 9 (Fußgängerzone), geöffnet tgl. 7–13 und 16–20 Uhr, So und Feiertage 7–12 Uhr.

Aktivitäten

• **Bootsverleih:** direkt an der Ortspromenade beim Hafen, Tel. 09-7920150, ab ca. 100 Euro/Tag je nach Boot.

• Am Hafenbecken, Obala Branimira, Tel. 051-244039, organisiert der **Captain's Club** Bootsausflüge nach Vrbnik (200 K), Baška (180 K), Fischpicknick (250 K) usw.

Nützliches

• **Bank/Geldautomat:** am Frankopanski Trg; Trg Mazuranića; Geldautomaten wurden u.a. direkt vor der Post und der Touristeninformation installiert.

• **Post:** um die Ecke vom Busbahnhof am Ostrand der Korzo H. Branitelja, geöffnet Mo bis Fr 7.30–13 Uhr, Sa 7.30–14 Uhr.

• **Telefonzellen,** Frankopanski Trg (bei der DM-Drogerie).

• **Apotheke,** in der Fußgängerzone, tgl. 7.30–20.30 Uhr, So 8–11 Uhr, Tel. 051-244354; Erste-Hilfe-Station am Busbahnhof.

Senj

Lediglich ein paar Dörfer (u.a. Bunica, Klenovica) mit kleinen Campingplätzen und einigen Straßenlokalen säumen die Route von Novi Vinodolski bis Senj.

Die Stadt Senj war bis ins 15. Jahrhundert in Frankopanenhand, sie durfte sich zu dieser Zeit der berühmtesten glagolitischen Druckerei rühmen. Dann übernahmen die von den Türken zurückgeworfenen **Uškoken,** eine mittelalterliche Seeräuberbande (siehe Glossar), den Ort. Die Uškoken bauten Senj zur Festung aus, bekämpften die Türken, arrangierten sich aber 1540 mit ihnen, um fortan freie Hand für Überfälle auf venezianische Schiffe zu haben. Nach einem Pakt zwischen Österreich und Venedig im 17. Jahrhundert wurden die Uškoken aus ihrem Zentrum Senj vertrieben; die Stadt verlor ihre Bedeutung.

Uškokenburg Nehaj

Das Ortszentrum bilden die Bucht und der **Pavlinski Trg** mit Cafés und Restaurants. Hinter dem Platz führen beschilderte Fußwege durch das Altstadtzentrum, vorbei am **Gelnica Trg** mit der Büste des Uškokenführers *Nikola Jurisič* (1490–1545), hinauf zur markanten Festung Kula Nehaj, welche weithin sichtbar oberhalb der Stadt thront. Die quadratische Uškoken-Bastion Nehaj wurde 1551–59 errichtet und galt als nahezu uneinnehmbar. Nach umfangreichen Renovierungsarbeiten ist sie zur Besichtigung freigegeben worden. Ausgestellt sind alte Waffen, Rüstungen, Gewän-

kb025 Foto: wl

der und Utensilien der Uškoken sowie eine Sammlung glagolitischer Schriften. Besonders witzig ist der „Uškoken-Freefall-Tower“, ein ganz oben nach außen hin angebautes Türmchen mit einem Sitzplatz mit einem auch von unten sichtbaren Loch – WC-Spülungen gab es damals noch nicht!

Gleich hinter dem Zugang zur Festung passiert man das **Uškokenorakel,** ein mit Münzen eingedecktes Wasserbecken; hier soll man über die Schulter eine Münze ins Becken werfen, gelingt es, hat man einen Wunsch frei – mehrmalige Versuche sind ausdrücklich erlaubt.

- **Uškokenburg Nehaj,** Mai/Juni, Sept./Okt. 10–18 Uhr, Juli/August 10–21 Uhr; Eintritt 20 K, Kinder 10 K, Tel. 051-885277.

Information

- **Touristeninformation,** mittig im Zentrum an der Durchfahrtsstraße, Tel. 051-881068, www.tz-senj.hr.
- **Informationszentrum Nationalpark Nordvelebit,** Obala Tudmana 6, Tel. 051-884551, www.velebit.hr.

Camping

- €**Minicamp Škver,** Tel. 053-885266, kamp_skver@yahoo. com, direkt im Zentrum am Ufer.
- €**Camp Ujca,** 3 km außerhalb in südlicher Richtung in Sv Juraj, Tel. 053-884626, www.camp-ujca.com. Hier bietet auch die **Tauchbasis Explorator,** Tel. 053-244431, www.tauchen-explorator-hr.de, ihre Dienste an; sie vermittelt auch Unterkunft.
- Weitere Plätze sind etwa das **Eurocamp Rača** bei Sv Juraj, Tel. 053-883209, info@sojat.net, oder das Camp **Bunica** des gleichnamigen Dörfchens, Tel. 053-616718, www.urlaub-anbieter.com/batina.htm.

Essen und Trinken

- Für das leibliche Wohl sorgen die ordentliche **Restaurant-Pizzeria Krešimir,** Obala Zvonimira 10, tgl. 8–24 Uhr, Tel. 053-

Herrlicher Blick von der Uškokenburg über Senj

885247, am Hafenbecken sowie das **Restoran Košare** am Zentralplatz der Altstadt, Frankopanski Trg 2, Tel. 051-884041, in der mittleren bis gehobenen Preisklasse.

Nützliches

- **Bank mit Geldautomat, Post und Apotheke** direkt am Hafenbecken links der Hauptstraße.
- Großer **Konzum-Supermarkt** in der N. Suzana (parallel zur Uferstraße; von Norden kommend an der INA-Tankstelle linker Hand links hinein). Eine **Bäckerei** liegt direkt am Ufer nahe der Touristeninformation in der Zvonimira.

Plitwitzer Seen

Knapp 1½ Fahrtstunden von Senj entfernt (in Senj beschildert) liegen im **Hinterland** der Region Kvarner die bekannten Plitwitzer Seen, die unbedingt einen **Tagesausflug** wert sind. Wer erinnert sich nicht an die malerischen Wasserfälle, von denen der Apachen-Häuptling Winnetou seinem weißen Blutsbruder Old Shatterhand zuwinkt, um hernach in die Fluten zu stürzen? Noch immer ziehen die überwältigenden **Kaskaden** der Plitwitzer Seen - Drehort etlicher Karl-May-Filme - alljährlich Hunderttausende begeisterter Besucher an, und das ohne große Werbung.

Wasserspiele faszinieren die Menschen seit jeher und erst Recht, wenn sich **16 größere und kleinere Seen** ganz natürlich, mal als kleine Kaskade, mal als **hoher Wasserfall,** auf einer Gesamtlänge von 7,2 Kilometern inmitten von sattem Grün ineinander ergießen und dabei insgesamt 156 Höhenmeter hinabfallen. Die kristallklaren Seen nehmen eine Gesamtfläche von 2,2 km^2 ein, die Fläche des Nationalparks beträgt 295 km^2 und erstreckt sich um den **Gebirgszug Mala Kapela,** ein Ausläufer der dinarischen Alpen.

Das „Land der fallenden Seen", wie Plitvice oft genannt wird, ist eine Region des permanenten natürlichen Wandels. Die östlichen dinarischen Alpen sind von **Kalkgestein** geprägt, das Wasser durchlässt und allmählich unterirdisch ausgewaschen wird (Tropfsteinhöhlen; siehe auch Exkurs zur Karstlandschaft). Im Raum Plitvice trat das nunmehr extrem kalkhaltige Wasser aus dem Gebirge heraus und floss naturgemäß abwärts. In den entstandenen Bach- und Flussläufen siedelten sich Moose an, die für ihre Vermehrung den Kalk herausfiltern und binden, um im Laufe der Zeit dann selbst zu Kalkgestein zu werden. Daher verändern sich die Bachbette und auch Seen und Wasserfälle fortlaufend.

Schon 1928 wurde Plitvice per Gesetz zum Nationalpark ernannt, 1949 international anerkannt und 1979 schließlich ins **UNESCO-Welterbe** aufgenommen. Nicht zuletzt deshalb

Kristallklar ergießt sich das Wasser von See zu See

139nd Foto: wl

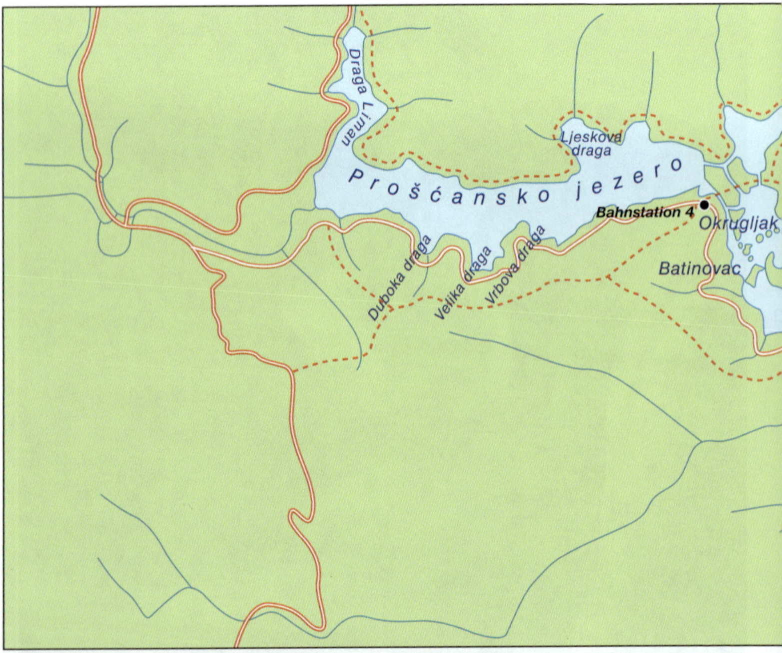
Draga Liman
Ljeskova draga
Prošćansko jezero
Bahnstation 4
Okrugljak
Batinovac
Duboka draga
Velika draga
Vrbova draga

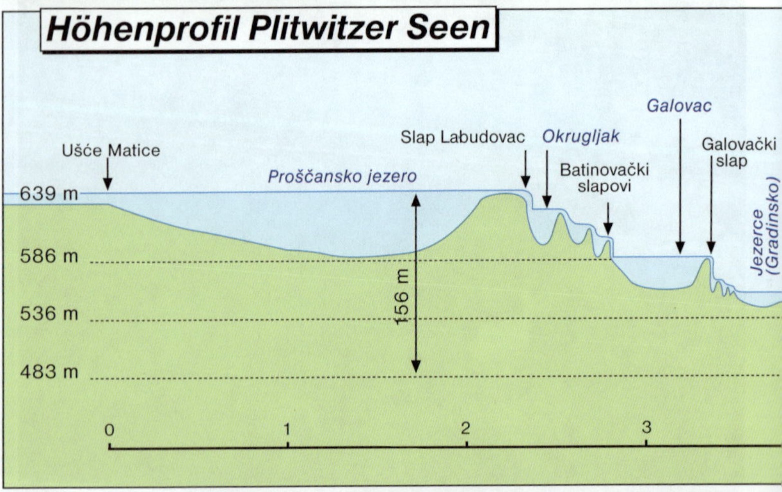
Höhenprofil Plitwitzer Seen
Galovac
Slap Labudovac
Okrugljak
Galovački slap
Ušće Matice
Batinovački slapovi
Prošćansko jezero
Jezerce (Gradinsko)
639 m
586 m
536 m
483 m
156 m
0
1
2
3

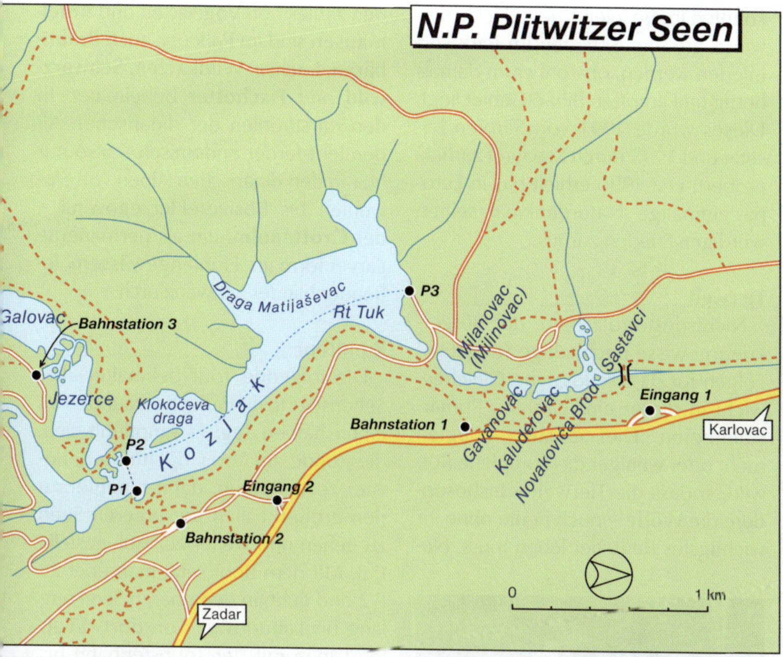
N.P. Plitwitzer Seen
Galovac
Bahnstation 3
Jezerce
Klokočeva draga
P2
P1
Draga Matijaševac
Rt Tuk
P3
Kozjak
Eingang 2
Bahnstation 2
Bahnstation 1
Milanovac (Milinovac)
Gavanovac
Kaluderovac
Novakovića Brod
Sastavci
Eingang 1
Karlovac
Zadar
0
1 km

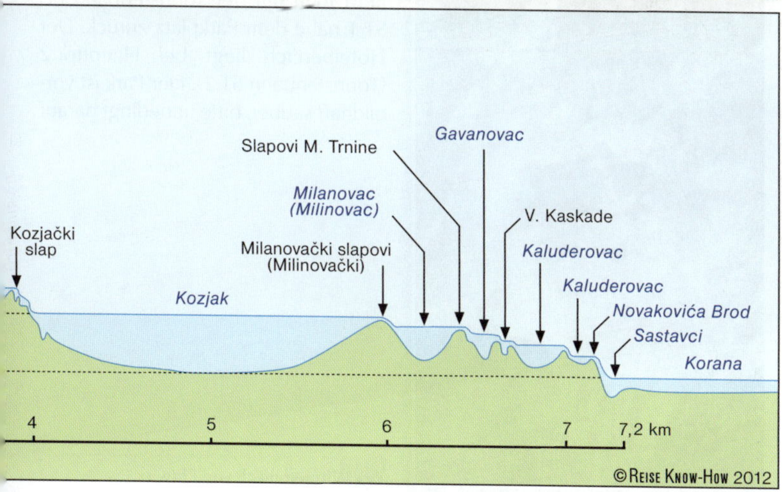
Kozjački slap
Kozjak
Milanovački slapovi (Milinovački)
Milanovac (Milinovac)
Slapovi M. Trnine
Gavanovac
V. Kaskade
Kaluderovac
Kaluderovac
Novakovića Brod
Sastavci
Korana
4
5
6
7
7,2 km

konnten im Bosnien-Krieg glücklicherweise größere Schäden im Park vermieden werden, obwohl er im damals heftig umkämpften Bihač-Gebiet liegt. Dieses wurde 1991 von Serbien besetzt und 1995 durch Kroatien zurückerobert; erst 1996 erhielt das in Europa einmalige Naturdenkmal seinen würdigen Frieden zurück.

Tierwelt

Nichtsdestotrotz hatte der Bürgerkrieg gewisse nachhaltige (negative) Folgen für das ökologische Gleichgewicht in dieser einzigartigen Primärwaldregion: Die Soldaten erlegten mehr oder weniger das komplette Rotwild, sodass die Tierwelt – insbesondere die **Wölfe** – noch heute ohne ihr wichtigstes Beutetier leben muss. Neben zahleichen Vogelarten und **Rötelmäusen** sind im Park u.a. auch **Braunbären, Luchse, Wildkatzen, Schwarzwild** und **Fischotter** beheimatet. In den Karsthöhlen der dinarischen Alpen lebt ferner endemisch – also nur hier in den dinarischen Alpen von Slowenien bis Bosnien-Herzegowina – der **Grottenolm,** ein als permanente Larvenform in Höhlengewässern lebender blinder Schwanzlurch.

Rundtour

Die folgende Tour beinhaltet alles Sehenswerte im Park und dauert etwa einen halben Tag: Es empfiehlt sich, die Runde am Tor 1 (Richtung Karlovac) zu beginnen, dann hinunter zu den großen Fällen der unteren Seen zu gehen und weiter zur Anlegestelle P 3. Mit dem Boot setzt man über zu P 2 und geht an den oberen Seen entlang bis Labudovac. Von dort (ST 4) fährt man mit der Touristenbahn bis ST 1 nahe dem Parkplatz zurück. Der Hotelbereich liegt bei Haupttor 2 (Touristenbahn ST 2). Der Park ist vorbildhaft sauber, bitte unbedingt darauf

133nd Foto: wl

Der Winnetou-Fall von Plitwitz

achten, dass dies auch so bleibt! Jegliche Art von Wassersport ist strengstens verboten.

- **Öffnungszeiten:** Der Park ist im Sommer tgl. 8–20 Uhr geöffnet, sonst 8–18 Uhr, im Winter 9–16 Uhr. Eintritt 110 K, Winter 80 K, Kinder (7–18 Jahre) 55 K, Kleinkinder frei, 2-Tageskarten 180 K (Winter 130 K), Kinder 90 K (Winter 60 K). Alle Fahrten (Boote, Touristenbahn) sind im Preis enthalten; gebührenpflichtige **Parkplätze** liegen an den Haupteingängen 1 und 2. Die Tickets sollte man aufbewahren, da Kontrollen vorkommen. Hunde sind nur angeleint zugelassen.
- **Informationen** zum Park unter *Nacionalni Park Plitvicka Jezera,* 53231 Plitvicka Jezera, Tel. 053-751015, Fax 751013, www.np-plitvicka-jezera.hr, www.tzplitvice.hr und www.plitvicer-seen.de.

Unterkunft, Camping

- €€€**AC Korana,** Tel. 053-751888, Fax 751882, Preise und Reservierungen über www.np-plitvicka-jezera.hr. Wer als Zwischenstation in Plitvice übernachten möchte, findet diesen sehr angenehmen Campingplatz mit Minimarkt, Snackbar und Miethungalows ca. 8 km vor Plitvice Richtung Karlovac im Dorf Grabovac.
- Erst vor wenigen Jahren wurde der Campingplatz €€€**Borje** 15 km südlich des Parks eröffnet. Sehr netter Platz mit Restaurant, Geldwechsel und kleinem Laden. Tel. 053-751790, www.np-plitvicka-jezera.hr.
- Im Bereich von Eingang 2 des Parks wurden drei Hotels etabliert, das günstigste ist das €€**Hotel Bellevue** (Tel. 053-751700, Fax 751165, www.np-plitvice.com) – hier greift man aber schon um einiges tiefer in die Tasche. Die Parkhotels werden wegen ihres „sozialistischen Charmes" von vielen Besuchern als Notlösung betrachtet.
- **Privatunterkünfte** bieten mittlerweile fast alle Ortschaften zwischen Slunj und Jezerce (nördlich und südlich des Parks) recht preiswert an, vor allem rund um Grabovac. Eine gute deutschsprachige Homepage mit Mietangeboten findet man unter www.plitvice24.com/de.

Jablanac

Südlich von Senj erstreckt sich im Hinterland das **Velebit-Gebirge.** Die Besiedlung entlang der **Küstenstraße** zwischen dem Höhenzug und den vorgelagerten Inseln Rab und Pag ist äußerst dünn.

Während die meisten Fährhäfen der Kvarner Bucht praktisch nur aus einem Pier bestehen, darf man Jablanac (75 Einwohner), den **Fährort zur Insel Rab,** durchaus als malerisches Dorf bezeichnen. An einer kleinen Bucht gelegen, hat es immerhin eine Pfarrkirche, zwei Schänken und ein Hotel aufzuweisen (unterhalb Bademöglichkeit). Die Wartezeit kann man mit einem Spaziergang (ausgeschilderter Weg am Ortseingang rechts) zum **Planinarski Dom,** einem schönen Aussichtspunkt, überbrücken.

Insel Rab Überblick

Die 94 km² große Insel Rab gilt als die **mondänste Insel der Kvarner Bucht,** zugleich ist sie am **üppigsten begrünt** und am dichtesten besiedelt. Die Stadt Rab verzückt jeden, ob man nun auf kulturhistorischen Spuren wandeln oder einfach das erfrischende Seebad mit städtischem Flair genießen möchte. Ein Nachteil ist, dass es auf Rab weniger Bademöglichkeiten als auf anderen Inseln gibt: Die zum Festland gelegene Ostseite ist steil und unzugänglich, auf der Westseite sind viele Abschnitte entlang der Hauptstraßen in Privatbesitz und umzäunt. Nichtsdestotrotz gibt es natürlich auch auf Rab einige großartige und vielseitige Strandbereiche mit Zentrum rund um Lopar, wenn auch teilweise etwas versteckt.

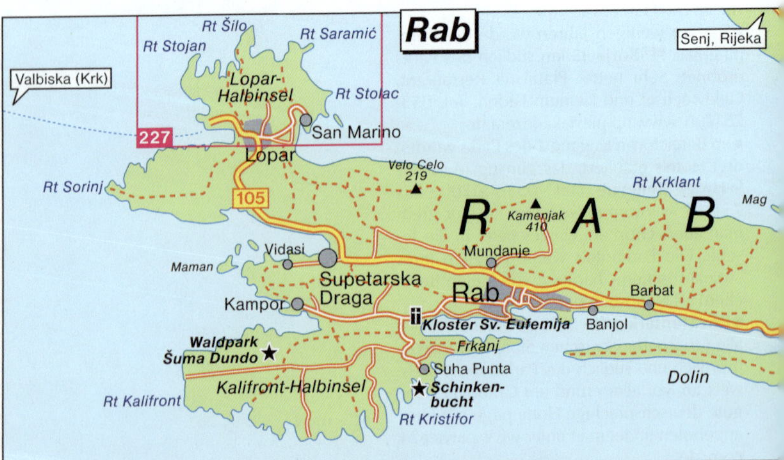

Geschichte

In vorgeschichtlicher Zeit von illyrischen Liburnern bewohnt (illyrisch Arb = „grün, bewaldet"), wurde die Insel als **Arba** 155 v. Chr. römische Kolonie. Unter Kaiser *Augustus* erfolgte der Ausbau der Hauptstadt mit Wehrtürmen, Stadtmauer und Hafen. Mit der Völkerwanderung zunächst byzantinisch, stand Arba vom 9. bis 15. Jahrhundert unter kroatischer, von 1409 bis 1797 unter venezianischer, bis 1918 unter österreichischer und bis 1943/45 unter italienisch-deutscher Herrschaft. Anfang des 20. Jahrhunderts setzte eine touristische Entwicklung ein, die heute das Rückgrat der lokalen Wirtschaft bildet – so soll der **erste FKK-Strand Jugoslawiens** auf Rab entstanden sein. Angeblich soll *Edward VIII.*, später König von England, 1934 um die Genehmigung des hüllenlosen Badevergnügens für seine Frau *Wallis* ersucht haben.

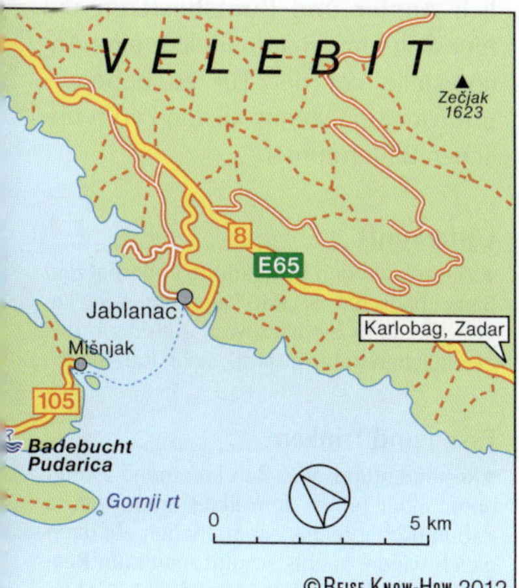

An- und Weiterreise

Fähren:

- Die Fähre **von Jablanac nach Mišnjak** auf Rab (häufigste und schnellste Fährverbindung) legt in der Hauptsaison von 3.30 bis 23 Uhr permanent ab; 2 Personen inklusive Pkw zahlen ca. 20 Euro; Info unter www.rapska-plovidba.hr.
- „Inselhüpfer" werden die alte Route Lopar – Baška (Krk) vermissen, sie wurde durch die Verbindung **Lopar – Valbiska** (Krk) ersetzt; in beide Richtungen 2x tgl. (nur im Hochsommer 4x tgl.) für rund 40 Euro (PKW plus 2 Pers.), www.splittours.hr.
- Neben Personenverbindungen von/nach **Rijeka** und **Novalja** (Insel Pag, Katamaran-Schnellboot, www.jadrolinija.com) besteht eine direkte Fährverbindung in die Schwesterstadt **San Marino** auf dem italienischen Festland, www.emiliaromagnalines.it.

Busse:

Dreh- und Angelpunkt für alle lokalen und Langstreckenlinien ist der **Busbahnhof Rab-Stadt** an der Durchgangsstraße vor der Altstadt; Infos unter www.rab-croatia.com.

- **Langstreckenbusse** nach Zagreb starten 4 bis 5x tgl. (5.25 und 6.40 Uhr sowie 2–3x am Nachmittag), nach Rijeka tgl. 5.25, 13.40 und 15.40 Uhr. Die Agenturen in Rab organisieren auch Direktlimousinen-Service vom/zum Flughafen Rijeka-Krk (4 Personen 100 Euro/einfach) oder im Linienbus (etwa 25 Euro einfach p.P.).

Die **wichtigsten lokalen Verbindungen** auf der Insel sind:

- **Rab – Lopar:** 4.30, 5.45, 8.30, 10.15, 12.15, 14.15, 14.45 (nur Fr und So), 15.15, 18 und 22.15 Uhr.
- **Lopar – Rab:** 5, 6.10, 9, 10.45, 12.45, 14.45, 15.45, 18.30 und 22.45 Uhr.
- **Rab – Kampor:** 5, 6.15, 6.45, 10.15, 13.40, 15.15 Uhr, vom 1.7. bis 31.8. nur Fr und So: 17.30 und 22.15 Uhr.
- **Kampor – Rab:** 5.20, 6.30, 7, 10.30, 13.55, 15.30 Uhr, vom 1.7. bis 31.8. nur Fr und So: 17.45 und 22.30 Uhr.

- **Rab – Barbat:** 5.40, 6.30, 6.40, 7.15, 10, 14.15, 14.40 und 15.40 Uhr.
- **Barbat – Rab:** 5.50, 6.40, 7.30, 9.20, 10.15, 11.20, 14.30, 16.50 und 21.55 Uhr.
- **Rab – Dumici/Supetarska Draga:** 7.15, 10.15, 13.15, 15.15 und 19.30 Uhr.
- **Dumici/Supetarska Draga – Rab:** 7.30, 10.30, 13.30, 15.30 und 19.45 Uhr.
- **Rab – S. Punta:** 8.45, 12, 13.40, 18.50 Uhr und 22.15 Uhr (nur 1.7. bis 31.8.).
- **S. Punta – Rab:** 9, 12.10, 14, 19 Uhr und 22.30 Uhr (nur 1.7. bis 31.8.).

Information

- Speziell auf in Deutschland organisierbare **Boots-** und **Tauchreisen** bzw. Unterkunftsvermittlung für Rab (preiswert, breites Angebotspaket) hat sich die **Yachtschule Am Katthagen,** Gittruper Str. 67, 48157 Münster, Tel. 0251-3211212, Fax 3211213, www.yacht-ak.de, spezialisiert.
- Unter www.apartmani-hrvatska.com findet man Angebote für **Ferienwohnungen** besonders zu Rab; weitere Websites sind www.rabonline.net, www.reisen-nach-rab.de, www.apartmani-rab.net.
- Eine sehr umfangreiche Homepage mit zahlreichen guten Informationen, v.a. Unterkünften in allen Orten auf Rab findet man unter **www.rab-croatia.com.** Auch die offizielle Homepage von Rab (www.tzg-rab.hr, hier: „Ortschaften" klicken) hilft bei der Suche nach Hotel-, Privat- und Campingunterkunft.

Barbat und Banjol

Von der **Fährstelle Mišnjak** erstreckt sich zunächst ödes, unbesiedeltes Land – wie man es von Pag her kennt – den Hang hinauf. Unmittelbar gegenüber der vorgelagerten Insel Dolin liegt die beliebte **Badebucht Pudarica** (Sand!). Ab Barbat ändert sich das Bild grundlegend: Das Land wird deutlich grüner, Wein, Mais und Tomaten werden angebaut. Eine ununterbrochene Besiedlung entlang der beiden Hauptstraßen bis Lopar bzw. Kampor wird sichtbar.

Bei Barbat und Banjol, einst eigenständige Dörfer, handelt es sich heute praktisch um eine zusammenhängende Verlängerung der Stadt Rab in Form eines Straßendorfes **entlang der Uferstraße** auf der der Insel Dolin zugewandten Seite. Irgendwelche Ortsgrenzen sind nicht zu erkennen – ab einem bestimmten Punkt (etwa Hausnummer 800) heißt die Uferstraße einfach „Barbat" statt „Banjol".

Die Bademöglichkeiten sind hier eher mäßig (meist befestigte kleine Plattformen und winzige Kiesabschnitte). Viele der Häuser entlang der sehr schmalen Uferstraße bieten Ferienunterkunft an, oder besser: Wer ein Haus in der ersten Reihe besitzt, vermietet mit hoher Wahrscheinlichkeit Zimmer oder Wohnungen. Es sind hauptsächlich **Angler und Bootsbesitzer,** die hier wohnen, um unmittelbar eine Anlegestelle vor der Tür zu haben – und/oder ein wenig Abstand vom üblichen Baderummel.

Unterkunft

- Vielfach werden Unterkünfte in Barbat und Banjol pauschal als **„Rab"** angeboten, sie liegen allerdings ziemlich weit außerhalb des eigentlichen Rab (Altstadt); siehe Rab-Stadt.

Essen und Trinken

- Restauranttipp: Von Rab kommend zweigt unmittelbar hinter dem Eko-Centar Natura Rab in Barbat rechts ein Sträßchen ab; dann gleich wieder rechts kommt man zum **Restaurant Bimbo,** Barbat 643, Tel. 051-721176, geöffnet Mitte Mai bis Mitte Okt. 11-14 und 17-24 Uhr. Immer gut gefüllt, keine Laufkundschaft, angenehme Terrasse, super Essen (Fischteller „Bimbo"!) - eines der qualitativ besten Lokale der Insel, dabei aber insgesamt durchaus günstig.

- Etwas näher am Ufer isst man auch gut im **Restaurant Leut,** Barbat 254, Tel. 051-724064, März bis Sept. tgl. 11-23 Uhr, geboten wird fangfrischer Fisch, aber auch die Fleischspieße sind ausgezeichnet.
- Das kleine **Bistro-Konoba Puntica** kurz vor dem Ende des Uferstäßchens linker Hand bietet Erfrischungen und Snacks wie Čevapi im Fladenbrot, Hamburger, Thunfischsandwich an.
- **Kaštel Cocktail-Bar** und **Internetcafé** kurz vor dem Bootskran von Barbat am Ufer.

Einkaufen

- An der Hauptstraße (Fährpier - Rab-Stadt) liegt im Bezirk Barbat das markante **Eko-Centar Natura Rab** rechter Hand, Tel. 051-721927, wo man hauptsächlich Liköre, Honig, Früchte, Weine usw. aus ökologischem Anbau erwerben kann; eine Filiale befindet sich in Rab-Stadt am Trg Municipium Arba. Die Homepage www.natura-rab.hr informiert über weitere Details zum beginnenden Öko-Anbau auf Rab.

Nützliches

- **Tauchbasis Mirko,** Barbat 710, Tel./Fax 051-721154, www.mirkodivingcenter.com. Arrangiert werden auch Genehmigungen und Boots-/Tauchexkursionen.
- In der Bucht hinter dem Restaurant Leut liegen ein **Minimarkt** sowie ein **Fahrrad-/ Scooterverleih.**

Rab-Stadt

Die Altstadt von Rab wird neben Dubrovnik oft als **schönste Stadt der kroatischen Küste** bezeichnet. Ihr unverkennbares Wahrzeichen sind die vier in einer Reihe stehenden Kirchtürme. Der Ausgangspunkt für Besichtigungstouren der Altstadt liegt am kleinen Stadtpark auf der Buchtseite, von hier verläuft die Uferpromenade Obala Krešimira IV unterhalb der sich rechts den Hügel hinauf erstreckenden Altstadt. Hier und in der Donja Ulica („Talstraße") liegen etliche Bars, Restaurants und Eisdielen, das Bild der Srednja Ulica („Mittelstraße") wird von Juwelieren und Boutiquen geprägt, während die Gornja Ulica („Bergstraße") den schönsten und kulturell bedeutendsten Teil der Stadt umfasst. Rab-Stadt bietet gleich zwei zentrale Ortsplätze mit „Glanz und Gloria": den Trg Kristofora und den Trg Municipium Arba. Die Altstadt ist überwiegend für Autos gesperrt, **Parkplätze** (7 K/Std.) liegen vor der Altstadt am Hafenbecken beim Hotel Imperial.

Rab-Stadt umfasst im Kern die **Altstadt** und nördlich davon den recht zersiedelten Bezirk **Palit** mit Busbahnhof, Einkaufspassage und einigen Unterkünften. Gegenüber der Altstadt liegen die Marina und der sich nach Osten am Ufer entlang erstreckende Bereich **Banjol** (s.o.) u.a. mit dem großen Campingplatz Padova.

Trg Sv Kristofora

Es empfiehlt sich für einen allgemeinen Überblick, zunächst vom Trg Sv

Übernachtung

9 Hotel Imperial
10 Hotel Istra
19 Hotel Rab
24 Hotel Arbiana
25 AC Padova
26 Hotel Padova

Essen und Trinken

4 Velum
7 Konoba Amfora
13 Restaurant Grand
16 Pizzeria San Marco
17 Konoba Rab
20 Astoria, Café San Antonio
21 Paradiso

Nachtleben

12 Disco-Bar Vox
20 Club San Antonio

Geschäfte/Sonstiges

1 Konzum-Supermarkt
2 Fischgeschäft
3 Apotheke
5 Einkaufspassage Banka, Markthalle
6 Atlas Tours
8 Drogerie DM
11 Minimarkt und Ag. Katurbo und Numero Uno
14 Winterkino/Galerie
15 Open-air-Kino
18 Minimarkt
22 Atlas Tours, Eko Centar Natura Rab
23 Admiral's Club

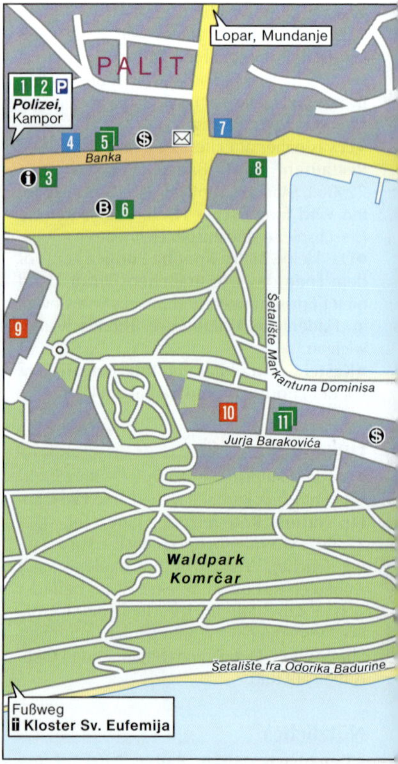

Kristofora die Treppen zu den gleichnamigen **Ruinen** aus dem 15. Jahrhundert hinaufzugehen – von der kleinen Galerie Vidikovac hat man den typischen Panoramablick mit den vier Türmen. Unmittelbar daneben liegt das **Kristoferus-Museum** (10.30–12.30 und 19.30–21.30 Uhr, So nur abends) mit Lapidarium. Die kleine **Kapelle Sv Antun** neben dem Restaurant am Trg Sv Kristofora wurde von *F. Prazza* im 17. Jahrhundert gestiftet.

Kirchen

Auf den Grundmauern einer Basilika aus dem 6. Jahrhundert entstand im 11. Jahrhundert die **Johanneskirche (Sv Ivan Evanđelista);** zu sehen sind nur noch einige Säulen und der Turm (man kann jederzeit hinauf – sehr eng, sehr schöne Aussicht). Direkt daneben steht die **Kirche Sv Križ** (Hl. Kreuz, 16. Jh.). Bemerkenswert sind einige alte Bodenmosaike, die von einer unbekannten Vorgängerkirche stammen.

Die **Kirche Sv Justina** (16. Jh.) mit einem integrierten Sakralmuseum ist leicht an ihrer kronenähnlichen Kirchturmspitze zu erkennen, während die Türme der anderen Kirchen spitz und kantig sind. Sehenswert ist das zentrale Altarbild „Tod des Josef" aus dem 16. Jahrhundert.

Der dritte Turm steht auf dem Areal der Kirche des Benediktinerinnenklosters **Sv Andrija** (11. Jh.), das noch von einigen Nonnen bewohnt ist. Gegen-

0900is Foto: wl

über der Klosterkirche achte man auf die schweren, mit aufwendigen Ornamenten verzierten Türen der Privathäuser.

Der vierte und hinterste Turm schließlich gehört zur **Kirche Sv Marija Velika** (Große Maria, 1177 von Papst *Alexander III.* geweiht) mit einem sehr hübschen Marienbildnis im linken Flügel. Typisch byzantinisch sind die Säulengänge der Seitenflügel und der baldachinähnliche Hauptaltar. Da die Kirche erst im 11. Jahrhundert gebaut wurde (lange nach Byzanz), nimmt man an, dass sie einem an gleicher Stelle erbauten älteren Vorbild nachempfunden wurde. Taufbecken und Portal (15. Jh.) stammen vom kroatischen Baumeister *Peter* aus Trogir. Die Relikte des Stadtpatrons, des Hl. Christoph, werden in der Schatzkammer aufbewahrt. Der frei stehende, 26 Meter hohe Campanile (10–13 und 19–22 Uhr, Eintritt 5 K) gilt als Paradestück des gesamten Mittelmeerraumes.

Rab-Stadt mit den berühmten vier Türmen

Kloster Sv Antun

Rechts um Sv Marija herum – hier hat man einen schönen Ausblick über die Bucht – gelangt man schließlich zum Kloster Sv Antun mit einer kleinen Kapelle. Beide Gebäude wurden ver-

kb033 Foto: wl

mutlich Ende des 15. Jahrhunderts von *Katarina,* der letzten Frankopanenfürstin, aus Furcht vor den auf dem Festland herannahenden Türken errichtet.

Uferpromenade

Von der Ulica Gornja führen einige Treppen hinunter zum herrlichen Uferweg (bis zum Eufemija-Kloster) mit guten **Bademöglichkeiten** im kristallklaren Wasser und zum angenehmen **Waldpark Komrčar,** der sich bis zum Hotel Imperial erstreckt.

Trg Municipium Arba

Von Sv Antun durch den Klosterpark gehend, durchschreitet man das kleine Seetor zur Uferpromenade. Es folgt der Trg Municipium Arba, ein zu römischen Zeiten angelegter, zentraler Stadtplatz. Hier steht das bedeutendste weltliche Bauwerk von Rab-Stadt, der ehemalige **Fürstenhof** (Knežev Dvor) und spätere Rektorenpalast aus dem 13. Jahrhundert, zu erkennen an den venezianischen Löwen, die den Balkon stützen. Weitere für das Stadtbild recht typische Familienpaläste liegen in den Gassen Donja und Srednja.

Kloster Sv Eufemija

Von Rab Richtung Kampor, immer die besiedelte, aber dennoch landwirtschaftlich geprägte Hauptroute entlang, überrascht hinter einer Kurve ein verträumt liegendes Klosterareal aus dem 15. Jahrhundert, genannt Sv Eufemija (sehr empfehlenswert ist der

Fußweg von Rab-Stadt am Ufer entlang; ca. 1 Std.). Auf dem Hauptaltar sticht ein recht seltenes zehnteiliges, farbiges Ikonenbildnis ins Auge.

- **Museum:** geöffnet 10–12 und 16–18 Uhr, 15 K.

Mundanje

An der Inselhauptstraße beim kleinen landwirtschaftlichen Weiler Mundanje kann man hausgemachte Weine erwerben (Schilder „vino"), je nach Saison auch Obst oder Honig. Hier lohnt die Auffahrt zum 410 Meter hohen **Kamenjak** mit einmaliger **Aussicht auf Rab-Stadt.** Das Sträßchen ist okay, aber sehr eng und erfordert bei Gegenverkehr haarsträubende Manöver – am besten sehr früh hinauffahren, wenn man mehr oder weniger alleine ist (bestes Licht!).

An- und Weiterreise

Der **Busbahnhof** liegt günstig vor der Altstadt an der Durchfahrtsstraße, Verbindung besteht von hier sowohl zu den **wichtigsten Inselorten** als auch auf das **Festland** (u.a. Rijeka, Zagreb; Details siehe Kapitelanfang). Tickets direkt am Busbahnhof (Autotrans), tgl. 5.15–19.15 Uhr.

Info und Agenturen

- **Touristeninformation Rab,** Škver 6, am Trg Municipium Arba, Tel. 051-771111, Fax 771110, www.tzg-rab.hr, Mo bis Sa 8–15 Uhr, im Sommer tgl. 8–22 Uhr, mit Filiale in der Fußgänger-Einkaufszone hinter dem Busbahnhof (8–21 Uhr).

Unterkunftsvermittlung, Ausflüge und Geldwechsel bieten z.B. folgende Agenturen:

- **Atlas Tours,** Trg Municipium Arba und Busbahnhof, Tel. 051-724585, Fax 725028, www.atlas-rab.com.
- **Katurbo,** Dominisa 5, Tel. 051-724495, Fax 777015, www.katurbo.hr.
- **Numero Uno,** Dominisa 5, Tel./Fax 051-724688, www.numero-uno.hr.

Unterkunft

Hotels:

- Segelfreunde bevorzugen das €€€**Hotel Padova,** Tel. 051-724544, Fax 724418, www.imperial.hr, da es noch in Gehnähe zum Zentrum nahe der Marina liegt. Riesenanlage mit tollem Blick auf die Altstadt.
- Der relativ neue Zweckbau des €€€**Hotel Imperial,** Tel. 051-724522, Fax 724126, www.imperial.hr, liegt gegenüber vom Busbahnhof und wird gerne von Reisegruppen genutzt. Keine schöne Aussicht aus den meisten Zimmern, aber zentral.
- Das ebenfalls zentrale €€€**Hotel Istra,** Tel. 051-724276 und 724134, Fax 724050, www.hotel-istra.hr, gilt zu Recht als ältestes und stilvollstes Hotel von Rab. Sehr schönes gehobenes Ambiente.
- Die vielleicht schönste Lage fast an der Spitze der Altstadt-Landzunge nimmt das €€€€**Hotel Arbiana** ein (Obala Krešimira IV Nr. 12, Tel. 051-775900, www.arbianahotel.com). 1928 als Exklusivhotel für betuchte Gäste eröffnet, bieten 28 großzügige Wohneinheiten gediegenen Luxus für die Oberklasse (alle Zimmer mit a/c, Internet, Sat-TV, Safe usw.).
- Alternativ empfiehlt sich noch das €€€**Hotel Rab** (ehem. Ros Maris), Obala Kresimira 4, Tel. 051-774875, Fax 724876, www.hotelrab.com, ein umfassend renoviertes, gehobenes Mittelklassehotel am Hafen mit Hallenbad, Wellness und komfortablen Zimmern.

Pensionen und Ferienwohnungen:

- Die meisten Privatunterkünfte liegen im Ortsteil **Banjol** hinter dem Sportplatz (für Vorabarrangements s.o.: Agenturen und am Anfang des Rab-Kapitels „Unterkunft").
- Recht beliebt im Bezirk Banjol ist die €€€**Vila Lučica,** Banjol 737, Tel./Fax 051-721510, hellrotes Haus mit Palme und antiker Brunnenschale davor, mit Apartments und Zimmern.

- Ein weiterer Anbieter ist die €€€**Villa Petrac,** Banjol 590, Tel. 051-771088, www.villa-petrac.hr, schöne Apartments für max. 8 Personen.
- Am anderen Ortsrand, im Distrikt Palit, empfiehlt sich die €€**Villa Ana,** mobil 091-1000059, www.villaana-rab.com, Richtung Kampor kurz vor dem Kloster.

Camping

- €€**AC Padova** *(Padova I bis III),* Tel. 051-724355, Fax 724539, ein gutes Stück außerhalb am kleinen Kap Artić in Banjol gelegen, zu Fuß 45 Minuten bis zur Altstadt. Infos unter www.rab-camping.com. Die Beschilderung in Rab vor dem Supermarkt Tina linker Hand beachten.

Essen und Trinken

Cafés und Snacks:

- **Essensstände** rund um den Trg Kristofora haben oft Fettgebackenes (eine Art Minikrapfen) im Angebot, eine Spezialität auf Rab und Krk.
- In der Fußgängerzone hinter dem Busbahnhof findet man mehrere **Cafés, Bäckereien und Snacklokale.**
- Guten Cappuccino serviert das **Café San Antonio** am Trg Municipium Arba mit schönem Blick über den Hafen.

Restaurants:

Hier soll nicht verschwiegen werden, dass viele Lokale in Rab-Stadt (nicht alle!) vom **Tagestourismus** leben und viele Reisende daher einen gewissen Qualitätsabfall im Vergleich zu Lokalen in anderen Inselorten bemängeln; außerdem sind die Gaststätten in Rab etwas teurer (Getränke!) als gewohnt. Praktisch alle Restaurants liegen an den beiden Sträßchen Sredna und Donja Ulica, man sollte durchaus einmal beide entlanggehen und sich inspirieren lassen.

Innerhalb der Altstadt:

- Sehr schön und zentral am Trg Kristofora wurde das **Restaurant Grand** in die Altstadtmauern integriert. Nationale und internationale Küche, geöffnet tgl. bis 23 Uhr, Tel. 051-724115.
- In der Ulica Rabske Brigade, abzweigend von der Srednja Ulica, liegt recht versteckt mit kleinem Außenbereich die **Pizzeria San Marco,** deren Portionsgrößen legendär (Lasagne!) sind; die Getränke sind teuer, Tel. 051-724820.
- Mit einigen empfehlenswerten Spezialitäten wartet die **Konoba Rab,** Branimira 3, Tel. 051-725666, geöffnet März bis Okt. 10–24 Uhr, Wochenende 17–23 Uhr, auf: Im Angebot stehen Meeresfrüchtesalat, Lamm im Tontopf oder Kalbshaxe. Auch die Getränkepreise sind für Raber Verhältnisse günstig.
- Das **Paradiso** in der Srednja Ulica/Ecke Radića 1, Tel. 051-771109, tgl. 8–24 Uhr, an der alten Loggia bietet Frühstück, eine angeschlossene Vinothek, ein stilvolles Restaurant (im Sommer an Wochenenden Hintergrundmusik) und auch DZ (ab 60 Euro inkl. Frühstück).
- Als eines der trendigsten Oberklasserestaurants von Rab hat sich das **Astoria** etabliert, Trg Municipium Arba 7, Tel. 051-774844, geöffnet tgl. 12–15 und 18–23 Uhr. Die Jakobsmuscheln sind ein Gedicht, ebenso die Kalmare vom Grill mit Knoblauch oder die Fischsuppe nach Hausfrauenart. Sehr lieblich schmecken die Putenmedaillons mit Pflaumen. Hier wird Wert auf die Verarbeitung heimischer, im ökologischen Anbau erzeugter Produkte gelegt.

Vor der Altstadt:

- Das **Restaurant Velum,** Palit 71, Tel. 051-774855, in der Einkaufspassage ist eines der nobleren von Rab: Pasta- und vor allem Fischspezialitäten, sehr gut sind die Riesengarnelen auf Nudeln.
- Die kleine **Konoba Amfora** ist eines der wenigen Spanferkelrestaurants auf Rab, Banjol 1, Tel. 051-776394, geöffnet tgl. 8–14 und 16–24 Uhr, Jan./Febr. geschlossen. Einfach und zünftig, einziger Nachteil ist die Lage direkt an der Straße.

Nachtleben

- Am Abend wird die **Disco-Bar Vox** (um die Ecke vom Trg Kristofora) vor allem von der einheimischen Jugend angesteuert.

- Neueste Musik wird im **Club San Antonio** am Trg Municipium Arba gespielt.
- Das **Open-air-Kino** (Ljetno Kino) zeigt an Sommerabenden englischsprachige Filme (Aushänge beachten).
- An der Treppe zwischen Trg Kristofora und dem Aussichtspunkt liegt linker Hand ein Saal, der im Sommer als **Kunstgalerie,** im Winter als **Kino/Theater** dient.
- Es wirkt in Rab ein wenig deplatziert, aber man kann rund um die Uhr im **Admiral's-Club-Automatenkasino** zocken (am Trg Municipium Arba).

Einkaufen

- Selbstversorger shoppen im kleinen **Supermarkt** neben dem Hotel Istra oder in der **Einkaufspassage Banka** mit Kaufhaus hinter dem Busbahnhof; hier auch mehrere **Bäckereien** (tgl. 6.30–22 Uhr).
- In der Einkaufspassage Banka liegt auch die **Tržnica Rab** (**Markthalle,** neben dem Merkur-Kaufhaus) mit Metzgerei, Fischgeschäft, Obst- und Gemüseständen (nur vormittags).
- **Ribarnica (Fischgeschäft):** 20 m vor dem Parkplatz des Konzum-Supermarktes rechter Hand, nur vormittags geöffnet.
- Groß sind die beiden **Supermärkte** von Rab: **Petra** (an der Hauptstraße, von Mišnjak kommend kurz vor der Kurve ins Zentrum; tgl. 7–22 Uhr) und **Konzum Cash & Carry** (tgl. 6.30–21 Uhr; mit Bankautomat), ca. 150 m hinter dem Busbahnhof Richtung Lopar nach rechts; hier hinter dem Eingang um die Ecke Pfandflaschensammelstelle für ganz Rab.
- **Eko Centar Natura Rab,** am Trg Municipium Arba, 9.30–13 und 19–22 Uhr, Verkaufsfiliale des Eko Centar Barbat (siehe dort).
- **Drogerie DM:** am Hafenbecken.

Nützliches

- **Ambulanz:** Blato 1, Tel. 051-775165.
- **Apotheke:** bei der Einkaufspassage Banka neben der Touristeninformation.
- Die **Hauptpost** in der Einkaufspassage hat Mo bis Fr 7–20 Uhr, Sa 7–14 Uhr geöffnet.
- **Bank/Geldautomat:** in der Altstadt am Trg Municipium Arba und in der Einkaufspassage am Busbahnhof.
- **Marina Rab:** Tel. 051-724023, Fax 724229.
- **Polizei:** Ortsausgang Richtung Suha Punta neben dem Fischgeschäft vor dem Konzum-Supermarkt rechts 100 m.
- **Scooterverleih:** bei der Tankstelle in der Šetalište Dominisa.
- **Hafenmeisterei:** neben der Touristeninformation, Tel. 051-776122.
- **Bootsausflüge** arrangieren die Agenturen, man kann aber auch direkt am Stadthafen vor der Altstadt die Boote begutachten und buchen.
- **Internetcafé:** Online-Internet, Srednja Ulica, Ecke Domagoja, www.digitalx-rab.com.

Halbinsel Kalifront

Suha Punta

Nördlich des Klosters Sv Eufemija Richtung Kampor setzt eine intensivere landwirtschaftliche Nutzung ein. Die **Feriensiedlung** Suha Punta unterbricht diesen Eindruck deutlich. Am Ende der **Bucht Sv Fumija** (Eufemija) zweigt die einzige befestigte Straße in ein zusammenhängendes größeres **Waldgebiet** ab. Am Ende dieses Sträßchens liegt die zu den älteren Feriensiedlungen gehörende Anlage Suha Punta, in der Sportmöglichkeiten wie Wasserski, Surfen, Reiten und Tennis angeboten werden; Fahrradverleih im Hotel Eva. Familien sollten ihren Standort eher in Lopar suchen.

Unterkunft

- €€€**Hotel Carolina,** Tel. 051-669100, Fax 669428, carolina@imperial.hr. Alle Zimmer mit Seeblick.
- €€**Hotel Eva,** Tel. 051-668200, Fax 668518, eva@imperial.hr. Tennis, Restaurant und Bootsanlegestelle.

•€€**Suha Punta,** Tel. 051-724060, Fax 724562, www.imperial.hr. Sehr beliebte Apartmentanlage.
•€€€**Villa Anka,** Suha Punta 90, Tel. 051-724775, www.suha-punta.com. Moderne DZ mit a/c, Sat-TV und Frühstück. Das Haus liegt an der kleinen Straße zwischen den Hotels Carolina und Eva.

Buchten und Wanderwege

Die gesamte bewaldete, fast unbewohnte Halbinsel Kalifront ist mit Wegen zu den zahlreichen Badebuchten (FKK-Möglichkeiten) und Wanderwegen (teilweise beschranktes Naturschutzgebiet) durchzogen. An den Hotels selbst bestehen eher bescheidene Bademöglichkeiten, sehr schön und ruhig sind die Buchten am **Kap Kristifor** – Hinweisschilder „Uvala Gozinka/Schinkenbucht" (tatsächlich so!) an der einzigen Abzweigung von der Hauptstraße beachten.

Für längere Spaziergänge bietet sich der **Waldpark Šuma Dundo** an (am Hinweis „Uvala Gozinka/Schinkenbucht" geradeaus bis zur Schranke), welcher bereits in den 1950er Jahren als kleines Waldreservat eingerichtet wurde (Eintritt frei, Infos unter www.jupriroda.hr. Hier findet man einige ruhige Buchten (Bademöglichkeiten) sowie unberührte Flora und Fauna (Zwergeulen, Gelbrückenmaus).

Schinkenbucht

Gleich hinter der S-Kurve in den Wald Richtung Suha Punta führt eine schmale Asphaltstraße rechts ab; hier entlang achte man linker Hand auf eine Abzweigung „**Uvala Gozinka**/Schinkenbucht". Dabei handelt es sich um eine winzige **Anlegestelle am Kap Kristifor** mit einem sehr beliebten Uferlokal (Muscheln!) und einigen wenigen Privatvermietern.

Die Parkmöglichkeiten sind begrenzt; wo sich das Zufahrtssträßchen gabelt, geht es links hinunter zum Lokal (Parkplatz), rechts zu einigen Wohnungen und einem kleinen Waldparkplatz rechter Hand – hier geht es am Ende hinab zur anderen Buchtseite (**Cifnata,** mehrere schöne Badebuchten und Spaziermöglichkeiten). Folgt man hier immer dem Ufer-Fußweg, erreicht man u.a. eine FKK-Bucht mit beschilderten Lehrabschnitten (z.B. ein alter Meiler).

Unterkunft

•Alles ist im Augenblick noch sehr untouristisch; einige Zimmeranbieter: **Vila Lucija – Srečko Kurelić,** Tel. 051-772510, http://vilalucija.com; **Marija Kurelić,** Kampor 100, Tel. 051-724815 (Zimmer und Apartments); **Sonja i Petar Kurelić** (Tel./Fax 051-725426) oder **Vesna Kurelić,** Tel. 051-724882, www.suhapunta.info. DZ kosten zwischen 40 und 50 Euro, Apartments 75–90 Euro für 4 bis 6 Personen.

Kampor

Der Name des Ortes Kampor („Camp, Lager", gemeint ist KZ) hat einen faden Beigeschmack: Von **Juli 1942 bis September 1943** unterhielt die italienische Besatzungsmacht hier ein **Konzentrationslager,** in dem 15.000 „Staatsfeinde", großteils Juden und Slowenen, inhaftiert waren. Das ehemalige Lager ist heute ein antifaschistisches Mahnmal (Eintritt frei, Schild „Groblje Žrtava Fašista" vor dem Ort links beachten).

Kampor ist ein winziges **Fischerdorf** mit ein paar Badebuchten rund um den Ort und zwei Tauchbasen. Man wohnt hier relativ abgeschieden, dennoch gibt es alles Notwendige vor Ort im Einkaufszentrum (unübersehbar) mit Bäcker, Minimarkt und Agentur (Unterkunft, Radverleih). Die Straße ist im Ort zu Ende (Buswendeplatz), dahinter halbrechts über den Hügel verteilt liegen weitere kleine Buchten und ein schmaler, befestigter Ufer-Fußweg bis Donji Supetarska Draga.

Unterkunft

- **Privatvermieter (FeWo): €€Ralf Waldeck,** Kampor 396, mobil 098-1303078, www.rab-apartments.eu; €€**Vila Staničić,** Kampor 412, Tel. 051-776027, www.rab-kampor412.com; €€€**Fam. Gušćić,** Kampor 446, Tel./Fax 051-7766695, www.guscic.com; €€€**Starturist Vile Kampor,** Kampor 443, Verwaltung in Rab-Stadt, Tel. 047-645600, www.villas-rab.com.

Essen und Trinken

- Kleine **Kioske und Pizzerien** (z.B. **Pizzeria Viktoria**) findet man an der Hauptstraße und am Ende des langen Strandes (am Minimarkt halb links blickend).
- Mehr für das Frühstück oder einen Drink eignet sich das **Café Trto** (tgl. 7.30–24 Uhr) neben dem Minimarkt.
- Richtig gut essen kann man in Kampor im ausgezeichneten **Restaurant der Tauchbasis Kron** (s.u.): Spezialitäten sind u.a. Spieß für 2 Personen inkl. Beilagen (250 K), Seehecht in Weinsauce (70 K), ausgezeichnete Steaks, alles mit sehr guten und frischen Zutaten! Auch Paulaner Weißbier ist zu haben.

In der Bucht von Supetarska Draga

Aktivitäten

- **Tauchen: Kron Diving,** Kampor 413a, Tel. 051-776620, www.kron-diving.com, ausgezeichnete Basis, tolles Restaurant anbei, auch sehr schöne Unterkünfte; **Rab Eko Diving,** Kampor 378, Tel. 051-776671, www.rab-eko.hr.

Nützliches

- **Agentur Matovica,** gegenüber vom Minimarkt, Tel. 051-604199, www.matovica.hr, tgl. 7.30–22 Uhr, Räder und Scooter, Geldwechsel, Ausflüge, Unterkunft usw.
- Der **Minimarkt** bietet alles Notwendige; gegenüber verkauft der **Bäcker** frische Backwaren.

Supetarska Draga

Vom 11. bis zum 16. Jahrhundert Klosterort, zieht das beidseitig der Bucht (vor der Bucht links Donji Supetarska Draga, rechts Gornji Supetarska Draga) gelegene Straßendorf in erster Linie **Wassersportler** an. Zum Baden ist der Ort weniger gut geeignet, dafür liegen die Strände von Lopar nahe.

Kurz vor Supetarska Draga weist ein braunes Hinweisschild auf **Sv Petar** nach rechts hin. Das **Kloster** geht auf eine großzügige Stiftung der Bürger der Stadt Rab zurück und wurde 1059 im romanischen Stil errichtet. Trotz mehrfacher Restaurationsarbeiten gilt Sv Petar als eine der am besten erhaltenen Sakralanlagen des Landes, deren Glockenturm die älteste Glocke Kroatiens beherbergt.

Richtung Lopar nach dem Ortsausgang liegt linker Hand ein größerer **Aussichtspunkt-Parkplatz** - unbedingt halten, denn der Ausblick ist wirklich toll! Die Bucht unten ist trotz des Fährwracks aber nicht empfehlenswert; 200 Meter weiter folgt links ein Feldplatz (Parkmöglichkeit), dann dem Trampelpfad halbrechts folgen.

Unterkunft

Es werden ausschließlich **Ferienwohnungen bzw. Zimmer** angeboten, und zwar sowohl links in Donji Supetarska Draga (Dumići, Gonar) in den Hängen als auch in Gornji Supetarska Draga entlang der langen Durchgangsstraße. Hinweis: Schöner und auch ruhiger wohnt (und isst) man im Bezirk Donji Supetarska Draga, der ziemlich verstreut in die Hügel gebaut ist.

- Man kann entweder über eine der Agenturen (siehe bei Rab), allgemeine Webseiten (siehe „Unterkunft" zur Insel Rab ganz allgemein) oder direkt über die Webseiten der Vermieter Vorabbuchungen vornehmen, z.B. **M. Dumić,** Sup. Draga 245, Tel. 051-776158, www.sikic-rab.com; **S. Dumi,** Sup. Draga 263, Tel. 051-776122, www.arbia.hr; **Z. Eminefendić,** Sup. Draga 469, Tel. 051-776435, www. arbia.hr; **F. Gulić,** Sup. Draga 399, Tel. 051-776227, www.apartments-subic-rab.com, oder **M. Precca,** Sup. Draga 375, Tel. 051-776425, www.precca.com. Alle genannten Vermieter haben mehrere Wohnungen im Angebot und liegen in einer Preisklasse zwischen 45 und 90 Euro/Tag je nach Größe und Saison.
- Die €€**Pension Royal,** Donji Sup. Draga, www.rab-royal.com, Tel./Fax 051-776320, hat Zimmer und Apartments inkl. Tennis, Fitness und Bootsanlegeplatz direkt vor der Tür.

kb032 Foto: wl

- Sehr günstig kann man im €-€€**Belveder** unterkommen, Tel. 051-776162, www.belvederrab.com.
- Sehr ruhig liegen in Donji Sup. Draga-Gonar Nr. 304 die €€**Apartments Boni Lilijana,** Tel. 051-776619, www.gonarboni-rab.com.

Essen und Trinken

- Marktführer vor Ort ist das **Belveder-Stiegenwirt,** Donji Sup. Draga 223, Tel. 051-776162, geöffnet 8–24 Uhr; sehr schöne Terrasse.
- Das **Restaurant Valentino** in Donji Sup. Draga bietet gutbürgerliche Küche zu überraschend günstigen Preisen. Viele Einheimische.
- **Snackbar Mareta,** Donji Sup. Draga-Dumići, an der Gabel des Sträßchens rechts, Tel. 051-776114.
- Am Ende des Sträßchens, Donji Sup. Draga-Gonar, Dreiergabel rechts, liegt die **Konoba Gonar,** Tel. 051-776638, tgl. 10–24 Uhr. Kroatische Küche, frischer Fisch.
- **Bistro Snoopy,** Donji Sup. Draga-Gonar, Dreiergabel geradeaus, hier führt auch ein Uferweg nach Kampor, geöffnet tgl. 9–24 Uhr. Es gibt Snacks und merkwürdig anmutende Katergerichte wie Rührei mit Oktopus.
- Um die Ecke vom Snoopy beginnt ein kleiner Promenadenweg mit dem **Restaurant More,** Tel. 051-776457. Schöne Terrasse, große Auswahl von Pizza über Snacks (Schinken, Čevapi) bis hin zu feinen Fischmenüs.

Aktivitäten

- Die **Agentur Valentino,** Donji Sup. Draga, bietet neben Unterkunftsvermittlung auch Bootsverleih, ebenso der **Bootsverleih Dumičić,** mobil 098-289686.
- **Bademöglichkeiten** beim Restaurant More (betonierte Liegeflächen); hier auch **Telefonzellen.**
- **Nautic-Bootsverleih und Wassersport:** am Badeufer beim Restaurant More (tgl. 9.30–18 Uhr, 15 Minuten 25 Euro), Boote ab 90 K/Stunde, Motorjachten ab 1500 K/ Tag. Infos und Buchung unter www.nautic.hr.
- **Marina,** Tel. 051-776268, Fax 776222).
- **Aquasport Diving,** Donji Sup. Draga-Gonar (an der Dreiergabelung rechts), Tel. 051-776145, www.aquasport.hr, vermietet auch €Zimmer und €€Apartments.

Nützliches

- **Bäckerei und Minimarkt** an der Durchfahrtsstraße (Gornji Sup. Draga).

Lopar

Lopar, die zweitgrößte Siedlung auf Rab und **Fährhafen nach Krk,** lebt vom Tourismus und von den zahlreichen Wein- und Gemüsepflanzungen außerhalb. Im Ort bietet fast jedes zweite Haus Privatzimmer an. Lopar verfügt über mehr als zwanzig Badebuchten, von denen drei (Ciganka, Sahara und Stolac) den Nudisten vorbehalten sind. Insgesamt ein idealer Ferienort für Familien mit Kindern sowie für jüngere Reisende, denen Rab-Stadt und Suha Punta zu „gediegen" sind.

Hauptstrand ist die weitläufige, kinderfreundliche, flache **Sandbucht San Marino** (Veli Mel) mit dem riesigen Campingplatz. Der Legende zufolge war ein gewisser *Marin von Lopar* der Gründer der Schwestergemeinde San Marino auf der anderen Seite der Adria.

In der abgelegenen Ciganka-Bucht

kb034 Foto: wl

Das Areal ist vollständig erschlossen mit Bars, Snackbuden, Restaurants, Souvenirständen sowie Wassersport (linkes Buchtende Richtung Hotels). Man kann ein Inselchen in der Bucht erkennen, ein beliebtes Ziel von Tretbootfahrern. Erwachsene können zwei Drittel des Weges durch das flache Wasser gehen, sodass man auch ohne Boot hinüberkommt.

Tipp: Die **ruhigen Badebuchten** liegen alle etwas abseits der Siedlung Lopar auf der Nordseite der gleichnamigen **Halbinsel.** Am einfachsten orientiert man sich an der Ortseingangsgabel (bei der Touristeninformation) und fährt/geht links, bis nach ca. 200 Metern ein Schild auf das Restaurant „Madonna" hinweist; man folgt diesem Hinweis und dem befestigten Weg am Restaurant vorbei in den Wald hinauf bis zu einem Parkplatz. Dort geht es nur zu Fuß (im Sommer wird der weitere Weg versperrt) geradeaus weiter bis zu Wegweisern (mit Entfernungsangaben) zu den einzelnen Buchten. Hier kann man der Beschilderung **„Ciganka"** - Bucht - folgen (sehr schön, zwei FKK-Abschnitte).

Die **anderen Buchten** des Wegweisers (Dubac, Sturić etc.) erreicht man auch (und etwas schneller), wenn man an der Gabelung bei der Touristeninformation immer geradeaus (Kirche im Blick) das Gässchen hinauf fährt (beschildert).

An- und Weiterreise

- **Bushaltestelle:** an der Agentur Numero Uno/Campingzufahrt und kurz vor dem Fährpier.
- Die **Parkplätze** an der Straße sind im Hochsommer gebührenpflichtig.
- Eine **Touristenbahn** verkehrt tagsüber zwischen den einzelnen Ortsteilen von Lopar entlang der Hauptstraße.

Info und Agenturen

- **Touristeninformation Lopar,** Tel. 051-775508, Fax 775487, www.lopar.hr, am Ortseingang/Gabelung linker Hand, geöffnet tgl. 7.30–20 Uhr.
- Professionell arbeitet die **Agentur Turist-Biro,** Tel. 051-771105.
- **Agentur Numero Uno,** am Minimarkt/Abzweigung zum Camp, Tel. 051-775073, www.numero-uno.hr, geöffnet tgl. 8–22 Uhr. Ausflüge, Geldwechsel, Unterkunft, Internetcafé, Fahrzeugverleih, Radverleih usw.

Unterkunft

Die drei Hotels liegen in der Zufahrt zur Badebucht.

- €€€**Hotel San Marino,** Tel. 051-775144, Fax 775128, www.imperial.hr. Riesenkomplex mit über 1000 Betten.
- €€**Hotel Zlatni Zalaz,** Tel. 051-775150, Fax 775465, www.zlatnizalaz.com. Das 500-Betten-Haus liegt günstig zur Marina mit eigenem Zugang zum schönen Badestrand.
- €€€**Hotel Epario,** kurz vor der Zufahrt zum Campingplatz/San-Marino-Strand linker Hand, etwas abseits vom Trubel, Tel. 051-777500, Fax 777510, www.epario.net. Fitness, Kinderbetreuung, Sportcamps usw., 28 Zimmer, familiär.
- €€**Apartments Paparić,** Lopar 466, zentral und doch etwas abseits des Trubels, Tel. 051-775308, www.rajka-lopar.com. Insgesamt vier schöne und große Wohnungen für 4 Personen.
- Gegenüber der Parkplätze am großen Strand (neben dem Bäcker) liegen die €€€**Apartmani Lorena,** Lopar 491, Tel. 051-775575, www.apartmani-lorena-lopar.com. Moderne helle Wohneinheiten.
- Dem Sträßchen Richtung Fähre folgend, liegen noch vor den großen Hotels rechter Hand oberhalb der Bucht die €€**Apartmani**

Jerić, Lopar 555, Tel. 051-775320, www.rab-jeric.com. Apartments für 2 bis 6 Personen.

- Sehr beliebt ist auch die €€**Pension Lavanda** am Hügel im Hotelbereich (Lopar bb., Tel./Fax 051-775399, www.pension-lavanda.com). DZ inkl. Halbpension, Sat-TV, Internet, Balkon, Meerblick, Apartments mit ähnlicher Ausstattung.
- Schließlich sei noch auf die €€**Pension Dragica** (s.a. „Essen und Trinken") verwiesen.
- Weitere **Wohnungsanbieter** findet man **online** unter www.rabonline.net, www.reisen-nach-rab.de und www.apartmani-rab.net.

Camping

- €€€**AC San Marino,** Tel. 051-775133, Fax 775290, www. imperial.hr. Sehr großer Platz am Strand mit etlichen Sportangeboten und Tauchbasis Moby Dick (s.u.), Boots-, Scooter-, Wasserskiverleih (am Ufer, mobil 098-9702439) u.Ä. mehr. Besonders gut sind hier die Einkaufsmöglichkeiten (für jedermann zugänglich, s.u.), weniger gut ist das eintönige Erscheinungsbild der Parzellen, das einem Schrebergarten-Musterkatalog entnommen sein könnte – es fehlen nur noch die Gartenzwerge ...

Übernachtung
3 Hotel San Marino
4 Hotel Epario
5 Aptm. Paparić
6 Aptm. Lorena
7 AC San Marino
9 Aptm. Jerić
10 Hotel Zlatni Zalaz
11 Pension Dragica
12 Pension Lavanda

Essen und Trinken
1 Madonna
11 Dragica, Sv Marin

Einkaufen/Sonstiges
2 Bäcker, Minimarkt
8 Minimarkt, Agentur Nr. Uno

Essen und Trinken

Das gastronomische Angebot in und um Lopar entspricht der touristischen Bedeutung des Ortes, kurz: Man kann hier sehr gut essen. Die Betreiber sind in aller Regel keine Pächter (wie in Rab), sondern Eigentümer und somit noch mehr auf wiederkehrende Besucher angewiesen.

- Eines der versteckten Lokale von Lopar ist das **Restaurant Madonna,** Lopar 38, Tel. 051-775173, geöffnet 12–15.30 und 17.30–23 Uhr. Gutbürgerliche Küche, schöne Terrasse und gute Fleisch- und Fischgerichte. Vor der Fähre nach rechts beschildert.
- Die **Gostionica Frankys** neben der Touristeninformation hat Spanferkel und Lamm vom Grill im „Programm".
- Das **Sv Marin** an dem Sträßchen zum Hotelbereich linker Hand, Tel. 051-775074, verfügt über einen schönen Außenbereich (Veranda), serviert großartige Pizzen, aber auch Eintopf Hausmacher Art, Gulasch, gefüllte Paprika und sonstige Leckereien.
- Ganz in der Nähe liegt auch die **Pension Dragica,** Tel. 051-775420, www.pensiondragica.com, mit Internetcafé, Bootsverleih, Pensions- und Restaurantbetrieb. Einfache und leckere Kost nicht nur für Gäste.
- **Obst- und Grillhähnchenstände** (ca. 6 Euro/Hähnchen; *pečeni pilić*) an der Abzweigung zum Campingplatz; **Snacklokale** am linken Buchtabschnitt mit Tischtennis, Spielplätzen usw.

Nachtleben

- Ein kleines **Vergnügungszentrum (Marineros)** mit Bars, Billard, Kinderbelustigung (Trampolin, Hüpfburg) und abendlicher Sommerdisco (Millennium, tgl. 21–4.30 Uhr) liegt neben dem Parkplatz am Hauptstrand.
- An Wochenenden bietet die **Sunset Bar** am Nordrand der Siedlung während der Sommermonate Livemusik, an Donnerstagen Beachparty.

Einkaufen

- **Minimarkt, Apotheke** und **Bäckerei** rund um den Kreisel bei der Touristeninformation am Ortseingang; ein zweiter Minimarkt (tgl. 7–21 Uhr, So bis 20 Uhr) mit Geldautomat und Bäckerei (tgl. 6–21 Uhr) liegt vor der Zufahrt zum Campingplatz.
- **Fischgeschäft** (tgl. 7–11 Uhr), **Metzgerei** (Mo bis Fr 7–19.30 Uhr, Sa/So 8–12.30 und 17–19.30 Uhr), **Bäckerei** (tgl. 7–22 Uhr), **Zeitschriftenhandel** und **Minimarkt** (tgl. 7–21 Uhr) im Camp (zugänglich).
- Auch auf der anderen Ortsseite **Richtung Pier** kann man im **Minimarkt** und in der **Bäckerei** (gegenüber vom Kinderspielplatz) einkaufen.

Aktivitäten

- Am Nordrand der Bucht **Tennis** (70 K/Stunde), **Minigolf** (15 K), **Tischtennis** (30 K/Stunde), Sonnenschirm- und Liegestuhlverleih.
- **Ausflugsboote** zu den Inseln Goli Otok und Sv Grgur fahren unregelmäßig am Pier unterhalb des Hotelbereiches ab; hier auch **Wassersport** (Jetski, Banane, Glasbodenboot usw.) sowie **Bootsverleih** ab 60 Euro/Tag. Infos und Reservierung direkt am Pier und unter mobil 091-5258147 sowie 091-5391300.
- **Tauchen: Moby Dick,** Tel. 051-775577, 091-5201643, www.moby-dick1.com, im AC San Marino (s.o.).
- **Wassersport** aller Art unterhalb des Hotelkomplexes San Marino, im Campingareal und entlang des San-Marino-Strandes.

Nützliches

- **Internetcafé:** Gostionica Dragica und Agentur Numero Uno (s.o.).
- **Post:** am kleinen Platz neben der Touristeninformation, Mo–Fr 8–21 Uhr (Pause 16–17 Uhr), Sa 8–12 Uhr.
- **Süßwasserduschen** bei den Tennisplätzen am Uferweg.
- **Ambulanz:** an der Hauptstraße gegenüber der Agentur Numero Uno.
- **Geldautomat** neben der Touristeninformation.

Inseln Sv Grgur und Goli Otok

Von Lopar aus können zwei größere **vorgelagerte Eilande** im Rahmen eines Ausfluges besucht werden, wobei die beiden Inseln sehr unterschiedlich sind.

Goli Otok

Heute zwar gänzlich **unbewohnt,** findet man dennoch zahlreiche Spuren einstiger menschlicher Aufenthalte auf Goli Otok. Lange Zeit diente die Insel als ein Weidegebiet für Schafe, wovon noch einige verfallene Hirtenschutzhütten und Zisternen zeugen. Nach dem Zweiten Weltkrieg suchten die Schergen *Titos* nach einem geeigneten „Gulag" für politische und schwerkriminelle (männliche) Häftlinge – man fand es auf dem nur 4,5 km² großen Goli Otok und errichtete dort ein **Hochsicherheitsgefängnis,** welches von 1949 bis 1988 in Betrieb war. Die Gefangenen – bis zu 3000 gleichzeitig – mussten unter härtesten Bedingungen Schwerstarbeit (Steinbruch und Marmorwerke) verrichten. Interessante Details und zahlreiche Hintergrundinformationen findet man bei einem sehr guten virtuellen Rundgang auf der (auch deutschsprachigen) Internetseite www.goliotok.com. Nach dem Zerfall Jugoslawiens wurde das Gefängnis als Synonym für menschenunwürdige Haftbedingungen geschlossen, Goli Otok ist seither unbewohnt. Bunker, Gleisanlagen, Fabriken und Gefängnis können besichtigt werden, ein **kleines Restaurant** bietet während der Sommermonate Erfrischungen und Snacks.

Sv Grgur

Die größere der beiden Inseln, Sv. Grgur, umfasst 6,4 km². Ähnlich wie Goli Otok war auch Sv Grgur eine **Gefängnisinsel,** allerdings ausschließlich **für Frauen.** Die Anstalt ist allerdings schon seit etwa 1980 geschlossen und der Zerfall relativ weit fortgeschritten, sodass Goli Otok die interessantere, Sv Grgur die unberührtere der beiden Inseln ist.

● **Anreise:** Das übliche Programm beinhaltet eine etwa dreieinhalbstündige Bootstour mit insgesamt jeweils einer Stunde Aufenthalt pro Insel, wobei einige Ausflugsanbieter auch gezielt eine Insel anfahren und z.B. einen mehrstündigen Badeaufenthalt anbieten. Als ein Beispiel sei das Glasbodenboot „San Marino" genannt (mobil 098-424660), das täglich um 10.30 und 15.30 Uhr in Lopar ablegt (120 K/Person, Kinder 60 K).

184nd Foto: wl

Norddalmatien

002da Foto: wl

kro446 Foto: wl

Inseln zwischen Dugi Otok und Ugljan

Der Nationalpark Paclenica im küstennahen Velebit-Gebirge ist ein beliebtes Ziel zum Wandern und Freeclimbing

Im Franziskanerkloster von Zadar

Überblick

Die **Region rund um Zadar** darf getrost als das **abwechslungsreichste Gebiet Dalmatiens** bezeichnet werden: Dutzende größerer und kleinerer Inseln sind von Zadar aus erreichbar, ein interessantes Hinterland mit zwei atemberaubenden Nationalparks lockt, und auch ein halbes Dutzend historisch und architektonisch faszinierender Kleinstädte zieht den interessierten Besucher in seinen Bann – nicht zu vergessen Zadar selbst, jene verwaltungstechnisch, logistisch und historisch bedeutendste Stadt des nördlichen Dalmatien.

Nationalpark Paklenica

Seien wir ehrlich: So schön und reizvoll die unterschiedlichen Regionen und Orte eines Küstenlandes auch sein mögen, nach einer Weile gelüstet es den Reisenden danach, das Hinterland zu erkunden oder die atemberaubende Berglandschaft aus der Nähe zu sehen. Es gibt nur wenige Möglichkeiten, den **Velebit** so intensiv kennenzulernen wie im küstennahen Nationalpark Paklenica. Ohne zu große Erwartungen wecken zu wollen – ein Tag in Paklenica wird zu einem bleibenden Erlebnis!

Faszinierend sind das phänomenale **Bergpanorama** und die **reiche Pflanzen- und Tierwelt:** Über 200 Vogelarten kreisen an den Hängen; Marder, Wiesel, Wolf oder Wildschwein kann

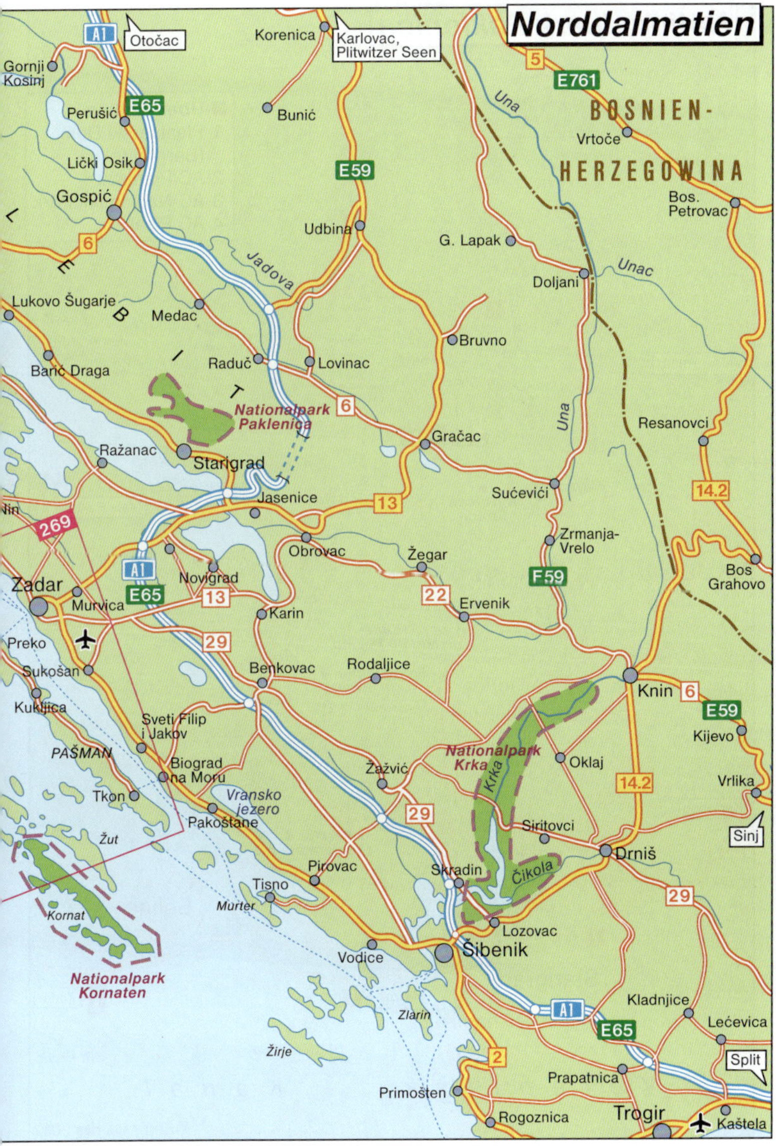
Norddalmatien
Otočac
Korenica
Karlovac,
Plitwitzer Seen
A1
E65
E59
E761
5
Gornji
Kosinj
Perušić
Bunić
BOSNIEN-
HERZEGOWINA
Vrtoče
Una
Lički Osik
Gospić
Bos.
Petrovac
Udbina
G. Lapak
6
Jadova
Unac
Doljani
Lukovo Šugarje
Medac
Bruvno
Barić Draga
Raduč
Lovinac
Una
Nationalpark
Paklenica
Resanovci
Gračac
Ražanac
Starigrad
14.2
Jasenice
Sućevići
13
269
Zrmanja-
Vrelo
Obrovac
Žegar
Bos
Grahovo
Zadar
Novigrad
F59
Murvica
22
Ervenik
Karin
Preko
29
Sukošan
Benkovac
Rodaljice
Knin
Kukljica
E59
Sveti Filip
i Jakov
Kijevo
PAŠMAN
Nationalpark
Krka
Oklaj
Biograd
na Moru
Žažvić
Krka
Vrlika
Tkon
Vransko
jezero
Pakoštane
Siritovci
Sinj
Žut
Drniš
Skradin
Čikola
Pirovac
Tisno
Murter
Kornat
Lozovac
Vodice
Šibenik
Nationalpark
Kornaten
Kladnjice
Lećevica
Zlarin
Žirje
2
Split
Prapatnica
Primošten
Trogir
Rogoznica
Kaštela

Nationalpark Paklenica
0
1,5 km
Übernachtung
1 Planinarski Dom (Berghütte)
2 AC Plantaža
3 AC Nacionalni Park
4 AC Pisak
Veliko Rujno
Forsthaus Lugamica
Marasovići
Njivarska Strana
Anica Luka
Jurline
Mala Paklenica
Vidakov Kuk
Höhle Manita Pećina
Anica Kuk
Freeclimber-Areal
Karlobag
Parktor & Information
Seline
Starigrad
Haupt-verwaltung
Zadar
Rt Stara Kula
Rt Pisak
Velebitski - Kanal
©Reise Know-How 2012

man mit Glück, Schlangen, Feuersalamander und andere Reptilien durchaus häufig beobachten. Der Nationalpark Paklenica steht in einem interessanten Kontrast zur sonst dominierenden Meereswelt in Dalmatien.

Während der großen **Waldbrände** in Südeuropa in den vergangenen Jahren wurde auch Paklenica in Mitleidenschaft gezogen; Feuerwehren der Region waren im Dauereinsatz, etliche Hektar Waldbestand wurden vernichtet. Dennoch kam Kroatien insgesamt, verglichen etwa mit Griechenland oder Italien, relativ glimpflich davon, insbesondere kamen keine Menschen ums Leben, die Region Starigrad musste auch nicht evakuiert werden.

Campen, Pflanzen sammeln oder gar Jagen sind im Park selbstverständlich tabu, Zuwiderhandlungen werden ebenso wie Umweltverschmutzung streng geahndet. **Bergkletterer** dürfen nur an ausgewiesenen Stellen klettern (Anmeldung am Parkeingang erforderlich). Das Areal ist nicht kinderwagen- oder rollstuhlgeeignet.

Zufahrt

Ausgangspunkt für einen Parkbesuch ist der Ort **Starigrad** an der Küste, der aufgrund seines guten touristischen Angebotes vor allem bei Kletterern und Freeclimbern ein sehr beliebter Standort ist. Baden ist hier in bescheidenem Umfang möglich. An der kleinen Marina liegen der Markt sowie – für größere Expeditionen wichtig – die **Hauptverwaltung** des Nationalparks.

Die Zufahrt zum Park liegt 200 Meter südlich des Hotels Alan an der Hauptstraße (braunes Schild) und führt vorbei am malerischen Gehöft Škinjići zum **Parkeingang** (Eintritt 40 K, Kinder 30 K, Faltblatt, Infos und Wanderkarten erhältlich). Von hier fährt man noch zwei Kilometer weiter die Schlucht hinauf zum Parkplatz, wo der Fußweg beginnt. Zahllose hervorragend **ausgeschilderte Wanderwege** durchkreuzen das Gebiet; wer Gipfel in Angriff nehmen oder Mehrtagestouren vornehmen möchte, wende sich an die Parkverwaltung. Auch die Besichtigung der Höhle Manita Pećina ist nur in Begleitung möglich.

Wandern

Zu empfehlen ist unbedingt der **Hauptpfad durch die Freeclimber-Schlucht,** über den man die Serpentinen hinauf zum Höhenweg Anica Luka gelangt. Das Geröllfeld rechter Hand (Schild „Anica Kuk") gibt den Blick auf einen Brutfelsen seltener **Greifvögel** frei (u.a. Weißkopfgeier), ist aber recht schwierig zu begehen. Ein Stückchen weiter auf dem Hauptweg sprudelt eine Quelle – das frische Gebirgswasser kann ab hier an mehreren Stellen des Weges genossen werden (Feldflasche mitnehmen!). Die **Abzweigung „Jurline/Mala Paklenica"** führt zum unberührtesten und damit wohl auch malerischsten Teil des Parks (vor der Wanderung nach der aktuellen Wegequalität fragen!); gleiches gilt für die Abzweigung nach links zur **Höhle Manita Pećina.**

Der **Hauptweg** ist weiter beschildert mit „Šumarska Kuta Lugarnica" (Forsthaus) und „Planinarski Dom" (Berghaus). In beiden ist tgl. von 10–17 Uhr Einkehr möglich, diese empfiehlt sich aber erst oben in der **Berghütte,** wo kleine Snacks und warme Getränke angeboten werden (ca. zwei Stunden Gehzeit ab Parkplatz). Das Berghaus bietet auch Schlafsaalunterkunft an (Schlafsack erforderlich, Reservierung unter Tel. 023-301636, www.pdpaklenica.hr). Tipp: Badesachen mitbringen, ein **Naturpool** lädt zur Erfrischung ein!

Von hier aus gibt es etliche interessante Möglichkeiten des Weiterwanderns, eine Detailkarte hängt oben am Berg-Blockhaus. Um einen kleinen **Rundweg** zurück zum Parkeingang zu gehen, halte man sich unmittelbar vor der Hütte stehend links (Veliko Rujno) und dann weiterhin stets links („Marasoviči", „Njivarska Strana", 5 Stunden Gesamtgehzeit).

Wählt man einen weiteren **Umweg über die Höhle** („Marasoviči/Manita Pećina", 6 Stunden Gesamtgehzeit), gelangt man zurück zum Hauptpfad.

Wer längere, eventuell mehrtägige Wanderungen, Mountainbiketouren oder auch Klettern im Park anstrebt, sollte über die örtlichen Anbieter (z.B. Wanderverein Malacka, Tel. 021-230149) oder vor allem über die Parkverwaltung (Tuđmana 14a, Starigrad, Tel. 023-369155 und -369803, www.paklenica.hr, zusätzliche Beschreibungen unter www.bergsteigen.at, www.faszination-kroatien.de/paklenica.htm). Hier kann man mehrere geführte Halbtages- und Tagestouren (400 bzw. 800 K/Gruppe) in unterschiedlichen Schwierigkeitskategorien buchen.

Unterkunft

- Das €€€**Hotel Alan,** Dr. Tuđmana 14, Starigrad, Tel. 023-209050, Fax 369202, www.hotel-alan.hr, bietet DZ und Apartments.
- Etwas günstiger kommt man im €€**Vicko,** J. Dokoze 20, Tel./Fax 023-369304, www.hotel-vicko.hr, unter.

Ferienwohnungen:

- Unterkunftsangebote auch unter www.starigrad-paklenica.net oder www.dalmacija.net/destination/Starigrad-Paklenica.
- Wer sich länger hier aufhalten möchte, wird sicherlich sowohl nah am Park als auch ufernah wohnen wollen; hier bieten sich die **Apartments Mia** an (Velebitska 25, Starigrad-Paklenica, Tel. 023-235335, www.apartmani-paklenica-dalmacija.htnet.hr), 4–8 Personen.

Camping

- Direkt am Ufer und beim Parkzentrum liegt das €€**AC Nacionalni Park** (Tel. 023-369202, www.paklenica.hr), das sehr einfach ausgestattet ist und hauptsächlich von Klettersportlern genutz wird.
- 2 km vom Park entfernt bei Seline bietet sich alternativ das €**AC Pisak** (Tel. 023-656129, www.autokamp-pisak.com) mit Mobilheim-/Bungalowvermietung an.
- Etwas mehr Komfort bietet das €€**AC Plantaža** (Put Plantaže 2, Tel. 023-369188, www.plantaza.com) mit Minimarkt, Snacklokal, Sportmöglichkeiten, Bootsverleih und einigen Mietbungalows.

Getrocknete Fledermaushäute auf Pag

Insel Pag

Die 63 km lange und nur 1,5–11 km breite Insel Pag zählt zwar administrativ zum Verwaltungsgebiet Rab und somit streng genommen zu den Inseln der Kvarner Bucht, doch nicht nur die logistische Anbindung durch die **Brücke bei Zadar,** sondern vor allem die **karge Landschaft** machen Pag in vielerlei Hinsicht zum „nördlichsten Teil Dalmatiens". Von der bizarr-faszinierenden Landschaft abgesehen, lohnt sich der Besuch der Insel besonders wegen der interessanten Städte Novalja und Pag. Die knapp **8500 Einwohner** leben traditionell vom Wein- und Olivenanbau sowie von der Schafzucht, vor allem die jüngere Generation konzentriert sich aber vorwiegend auf den allmählich aufblühenden Tourismus. Zwei besondere Spezialitäten von Pag sind hervorzuheben: zum einen der landesweit berühmte **Pager Schafskäse** *(paški sir),* zum anderen die Pager **Spitzen-Stickereien.** Die Stickkunst führte 1906 sogar zur Gründung einer eigenen „Spitzenstick-Schule" im Hauptort.

003da Foto: wl

Geschichte

Wie andere kroatische Adriainseln kannte auch Pag **jungsteinzeitliche Besiedlung.** Historische Erwähnung aber fand die Insel erstmals während der römischen Kolonisation im 1. Jahrhundert, als die Römer hier illyrisch-liburnische Grabstätten und Siedler vorfanden und beschrieben. So nimmt man an, dass der Name Pag vom lateinischen *pagus* (Dorf) stammt. Nach dem Untergang Westroms im Jahr 476 fiel Pag nominell an **Ostrom** (Byzanz, siehe Glossar), wurde aber von kroatischen Königen verwaltet. Damit begann auch jenes permanente Wechselspiel in der Oberhoheit über Pag, welches noch heute die Frage aufwirft, ob die Insel eher zu Dalmatien oder zu Nordkroatien (Kvarner) zu zählen ist: König *Krešimir IV.* nämlich schenkte 1078 den Nordteil von Pag an die Stadt Rab, wohingegen der Südteil an Zadar fiel. Und damit war Pag zum Spielball der unterschiedlichen Interessen geworden: Ungarn/Kroatien kämpfte gegen Venedig um Rab, und Rab wiederum kämpfte gegen Zadar um Pag. Der Grund war das **Salz der Salinen von Pag,** ein bis in die Neuzeit höchst wertvolles Handelsgut. Venedig errang schließlich 1376 den politischen Sieg (Abtretung der Oberhoheit durch Kroatenkönig *Ludovig Veliki*). Erst unter den **Habsburgern** (ab 1797) und mit dem damit verbundenen Wirtschaftsaufschwung konnte ein neues Nationalbewusstsein entwickelt werden. 1918 war Pag zunächst Bestandteil des jugoslawischen Königreiches, 1941 folgte die italienische Besatzung, während der bei Slano nahe Pag-Stadt ein Konzentrationslager ähnlich dem auf Rab errichtet wurde. Im April 1945 ging die Insel in Jugoslawien und somit in Kroatien auf.

An- und Weiterreise

Fähre:

- Die Fährgesellschaft Jadrolinija betreibt die Überfahrt zum Norden der Insel, von **Gradina-Prizna** auf dem Festland nach **Žigljen** (8–20 Uhr halbstündig, 20–8 Uhr 10 Nachtfähren; 15 Euro/Pkw inkl. 2 Pers.). Achtung: Die Fähre legt bei schlechtem Wetter auf Pag nicht in Žigljen, sondern in **Stara Novalja** an und ab! Das Büro von Jadrolinija liegt neben dem Hotel Loža in Novalja.

Auto:

- Einfach haben es Reisende von Süden her, da eine **Brücke bei Ražanac** nördlich von Zadar („Paški Most", kostenlos) vom Festland nach Pag führt.

Busse:

- Von den beiden Hauptorten Pag und Novalja besteht eine Busverbindung mit **Rijeka und Zadar** (2–3x tgl.). Inselbusse verbinden alle wichtigen Orte miteinander (z.B. Pag – Novalja 5–7x tgl.).

Info

- Allgemein informieren die Internetseiten www.pag-tourism.hr, www.croatia-online.de sowie www.pag24.com.
- Über die Websites **www.novalja-pag.net** und **www.novalja.com** können Ferienwohnungen auf ganz Pag organisiert werden.

Aktivitäten

Pag mausert sich allmählich zum **beliebten Bikerziel** in Norddalmatien, über ein Dutzend interessanter thematischer Touren sind bislang ausgearbeitet worden; Details inkl. Höhenprofil zum Ausdrucken findet man auf der Website www.novalja.com.

Novalja

Von der **Anlegestelle Žigljen** kommend (tolles Panorama Richtung Festland), trifft der Reisende mit Novalja (ca. 2000 Einwohner) auf den zweitgrößten Ort der Insel Pag. Eine weitläufige Uferpromenade und ein gutes Freizeitangebot von Kiesstränden bis zu Diskotheken machen den einstigen Fischerort zum **beliebtesten Ferienziel** auf der Insel.

Vom kleinen, verwinkelten Ortskern abgesehen wirkt Novalja heute eher modern und großzügig. Sehenswert sind das **Heimatmuseum** mit stadtgeschichtlichen Exponaten sowie die **Kirche Sv Majka Božija** aus dem 17. Jahrhundert, die auf den Resten einer frühchristlichen Basilika aus dem 4. Jahrhundert steht; die moderne **Pfarrkirche Sv Katarina** dahinter wurde erst 1906 erbaut. Sehr seltsam mutet derzeit das **„Römische Museum"** an (Schild mit Aquädukt beachten; „Rimskij", 8–13 und 18–20 Uhr), wo in einem Neubau-keller ein antikes römisches Wasserleitungssystem gefunden wurde.

An- und Weiterreise

- Inselbusse und Festlandsverbindung s.o.; sehr wichtig sind die **Strand-Shuttle-Busse** um 9, 12, 14 und 18 Uhr vom Kai zu den Stränden **Zrče** und **Straško;** alle Busse halten auch am AC Straško.

Info und Agenturen

- Die kleine Filiale der offiziellen **Touristeninformation** liegt direkt an der Promenade, Tel. 053-661404, www.tz-novalja.hr.

Eine Hand voll zuverlässiger Agenturen bietet wie üblich Wechsel, Unterkunft, Ausflugsorganisation, z.B.:

- **Sv Marija,** an der Bushaltestelle, Tel. 053-651484, Fax 662160, www.svmarija.hr.
- **Sunturist,** Kranjčevićeva, Tel. 053-661211, Fax 661611, www.sunturist.hr, am Ortseingang.

Bei den Agenturen sind **Ausflüge zu den umliegenden Inseln** (Kornaten, Fylet, Gite usw.) sowie das berühmte Pager „Disco-Picknick" an einem einsamen Strand sehr gefragt. Ein sehr umfangreiches Wohnungsangebot zur Voraborganisation in Novalja und Pag findet man unter www.novalja-pag.net.

Unterkunft

- €€€**Gajac-Hostin,** sehr beliebte Anlage, allerdings 5 km außerhalb gelegen, Richtung Pag, Asphaltweg rechts, mit hübschen Ferienwohnungen und Minimarkt, Post, Bank, Restaurants usw.; Tel. 053-684367, Fax 684368, www.hostin.hr.
- **Studios/Apartments** bietet ufernah bei der großen Anlegestelle die *Familie Vidusin* (€€**Apartmani Vidusin,** Primorska, Tel. 053-661957, www.vidusin.novalja-pag.net). Alle fünf gut ausgestatteten Wohneinheiten verfügen über Balkon mit Meerblick. In derselben Straße und ebenfalls ufernah (ca. 30 m) liegen die insgesamt zehn top-modernen €€€**Apartments Tolo** (Primorska, Tel. 053-661067, www.apartmani-tolo. com) für 2–6 Gäste.
- €€€**Hotel Loža,** Tel./Fax 053-663381, Fax 663430, www.turno.hr. Liegt unmittelbar im Altstadtzentrum am alten Kai und bietet abends Tanzmusik auf der hoteleigenen Terrasse.

Camping

- €€€€**AC Straško,** Tel. 053-661226, Fax 661225, www.kampstrasko.hr. 2 km südlich von Novalja an der Südseite der Insel; geöffnet Mai bis September. Sehr schönes und komplett ausgestattetes Camp mit Kiesstrand, Restaurant, Minimarkt und Wassersport-Aktivitäten. Mobilheime (42–116 Euro) erhältlich, detaillierte, parzellengenaue Buchung vorab möglich (s. Homepage).
- Zwischen Novalja und Lun liegt an der Hauptstraße die von Einheimischen gelobte **Konoba Vitalo.** Kurz dahinter zweigt ein Asphaltweg zum kleinen, malerischen und ruhigen **Camp Dražica** ab (nur für Zelte, Tel. 053-661294, www.autocampdrazica.com).

Essen und Trinken

- Einige nette Cafés und Snackbars säumen den hübschen Marktplatz im Zentrum, besonders hervorzuheben ist die **Konoba Ankora** (Tel. 053-287168, vom Marktplatz aus in die kleine Seitengasse Ribarska 19 hinein) mit der bislang besten Küche von Novalja; exquisite Fleisch- und Fischgerichten; Spezialität: Leber.
- In der unteren Preisklasse bieten mehrere Pizzerien ihre Gerichte an. Erwähnung verdienen **Stara Novalja** (auch etliche Nudelgerichte) sowie die **Pizzeria Maestral** (Ortsausgang Richtung Lun) mit sehr großen und preiswerten Portionen.
- Für Fischgerichte sei **Starac i more** („Der alte Mann und das Meer") empfohlen – auch wegen des originellen Fischerbootes im Hofgarten, Brace Radic bb., Tel. 053-662423.

Aktivitäten

- **Baden:** Zu den diversen Stränden der unmittelbaren Umgebung gehen Wege oder Pisten von der Hauptstraße Richtung Kolan ab – auf die Beschilderung „plaža" achten! Weitere empfehlenswerte Strände erreicht man Richtung Žigljen an der kleinen Nebenstraße Caska – Metajna, wobei besonders die herrlichen **Buchten um Caska** Beachtung verdienen. Im Ort badet man im Hotelbereich.

- **Tauchen:** In Stara Novalja (nahe der alten Anlegestelle) bieten die beiden Basen **Nautilus,** Tel. 053-651258, und **Lagona Divers,** mit Tauchpension Mama, Tel. 053-651328, www.lagona-divers.com, Land- und Bootstauchgänge an.
- **Tanz** bietet das Hotel Loža.
- **Sport-** und **Leihmöglichkeiten** (Surfbretter, Räder, Boote usw.) bestehen im AC Straško sowie in einigen der Badebuchten rund um Novalja.

Nützliches

Im Ortskern zwischen Marktplatz, Busbahnhof (am Kai) und Hauptstraße findet der Reisende alle notwendigen Einrichtungen:

- Die örtliche **Ambulanz** ist unter Tel. 053-661367 zu erreichen.
- **Apotheke:** an der Hauptstraße, Tel. 053-661370.
- Die **Post** öffnet werktags 7–21 Uhr, Sa nur 9–12 Uhr.
- **Banken:** Privredna, Mo bis Sa 7.30–13 Uhr; Riječka, Mo bis Fr 7.30–20 Uhr.
- Ein **Supermarkt** liegt an der Uferpromenade neben dem Fischrestaurant Stari Mrlin, frisches **Obst** gibt es auf dem Markt hinter der Post. **Souvenirs** (Brillen, T-Shirts etc.) verkaufen die Stände entlang der Promenade.

Landzunge Lun

Über die 20 Kilometer lange und nur einen knappen Kilometer breite Landzunge Lun führt ein sehr einsamer und karger Höhenweg zur Siedlung **Lun-Tovarnele.** Die Fahrt empfiehlt sich besonders dann, wenn man auf Pag länger wohnt und Zeit mitbringt – hier oben scheint sie nämlich still zu stehen. Lediglich Feigenbäume und Ziegen bevölkern die karge Landschaft. Eine „Einbahnstraßen-Schlinge" durchzieht den kleinen Ort mit Kai, zwei Zimmeranbietern, der Konoba Bonaca und dem Fischlokal Jadran, einem Minimarkt und einer kleinen Kiesbadebucht.

Rund um den Sv Vid

Zwischen Novalja und Pag erhebt sich die malerische Bergregion des Sv Vid (Hl. Veit), mit 349 Metern die höchste Erhebung der Insel. Bedeutendste Siedlung des Landesinneren ist **Kolan,** bekannt für Wein- und Käseprodukte (kleine Käserei) sowie Spitzendecken, die an den Straßen feilgeboten werden. Sehr zu empfehlen sind das Grill-Restaurant Kolan im Ort sowie ein Besuch des kleinen **völkerkundlichen Museums** an der Hauptstraße (nur Mi, Sa und So 18–21 Uhr geöffnet). Auch der **Gipfel des Sv Vid** kann von Kolan aus erwandert werden (knapp zwei Stunden ab Ortsmitte, roter Kreis als Markierung); atemberaubende Blicke auf das Umland und die beiden vorgelagerten **Inselchen Škrda und Maun** lohnen die Mühen. Lediglich Maun (ca. 10 km^2) ist von einigen Schafhirten bewohnt; die Inseln sind nur mit Fischerboot ab Mandre oder Šimuni an der Südseite von Pag zu erreichen.

Die **Küstenroute** zwischen Šimuni und Pag-Stadt ist landschaftlich besonders sehenswert. **Mandre** ist zwar ein noch relativ ruhiger, kleiner Fischerort ohne Hektik und Trubel, zahlreiche Ferienwohnungen lassen das Dörfchen im Sommer aber aufleben.

Unterkunft, Essen und Trinken

- In allen genannten Orten offerieren zahlreiche Privatvermieter **Zimmer,** ebenso die örtlichen Touristikagenturen an den Hauptstraßen. Besonders empfehlenswert sind in Mandre die netten €**Apartments Marija** in der Rijecka 46 (Tel. 023-662160, www.pag holiday.com) mit drei verschiedenen Häusern in schön angelegtem Garten mit Außengrill, bis zu 6 Pers./Einheit möglich.
- Zum Essen empfiehlt sich das **Grill-Restaurant Smirka** in Šimuni.

Camping

- €€**AC Šimuni,** in Šimuni, Tel./Fax 023-697441, www.kamp-simuni.hr, mit Animationsprogrammen, Boots- und Radverleih sowie allerlei Sportmöglichkeiten. Busanbindung Pag/Novalja, gut 10 Minuten per Fahrzeug ab Pag-Stadt.

Aktivitäten

- Šimuni hat eine sehr gute **Marina** mit Restaurant, Tel. 053-698020, Fax 698025.
- **Tauchbasis Šimuni** im gleichnamigen Ortsteil unter österreichischer Leitung (mobil 091-5699238, www.tauchen-kroatien.com).

Pag-Stadt

Der mit knapp 2500 Einwohnern größte Ort der Insel bildet das wirtschaftliche und administrative Herz von Pag. Kleinstädtisches Flair, eine kleine Altstadt, emsiges Markttreiben und sogar Strandleben ergeben eine angenehme Mischung aus **Betriebsamkeit und Gelassenheit.** Besonders auffällig wird der krasse Gegensatz zur ansonsten stillen und fast öden Insel, wenn man aus Richtung Zadar kommt und den Südteil von Pag erkundet hat; natürlich tragen auch die kargen, weitläufigen **Salinenfelder** und die Salzfabrik am südlichen Ortsende zu diesem Bild bei.

Der zentrale Uferparkplatz bildet einen sehr guten Ausgangspunkt für einen **Rundgang;** wer mit dem Fahrzeug nahe an den Strand möchte, parkt am besten bei den Lagerhallen auf der anderen Seite der Salinen.

Interessant ist in Pag selbst vor allem der **historische Altstadtkern** rund um den Trg Kralja Krešimira. Hier liegt die dreischiffige **Basilika Kolegiata,** errichtet vom bekannten kroatischen Baumeister *Juraj Dalmatinac* um 1466 in stilistischer Mischform: Über dem gotischen Portal erhebt sich beispielsweise eine Rosette mit zwei Erzengeln im Renaissance-Stil; man beachte auch die interessante Semiplastik im Altarbereich. Auch der benachbarte **Rektorenpalast** stammt von Dalmatinac. In den Altstadtgassen rund um den Trg Krešimira, insbesondere in der Velika Ulica, wird allerlei lokale **Kleinkunst und Handwerkliches** feilgeboten – Bilder, Spitze, Taschen, Bekleidung und auch Käse; Wechselstuben und Banken sind reihenweise zu finden.

An der alten **Stadtmauer,** einem restaurierten Teilstück aus dem 15. Jahrhundert, liegt die kleinere Benediktinerkirche Sv Margarita aus dem Jahre 1526. Zum Flanieren lädt die **Uferpromenade** ein, hier hat man die größte Auswahl an Restaurants und Cafés, auch werden Souvenirs und Andenken angeboten. Über die Fußgängerbrücke an der Touristeninfo gelangt man zum nur wenige Gehminuten entfernten **Kiesstrand;** Bademöglichkeiten in begrenztem Umfang finden sich auch vor dem Hotel Pagus. Einige Tauchschulen bieten im Ort ihre Dienste an.

An- und Weiterreise

- Die Bushaltestelle liegt neben dem Pkw-Parkplatz (kleiner Ticketschalter); hier fahren **Lokal-** sowie **Langstreckenbusse** ab (z.B. von/nach **Zagreb** 7x tgl., **Ljubljana** 1x tgl.).
- Der zentrale **Uferparkplatz** bildet einen sehr guten Ausgangspunkt für einen Rundgang; wer mit dem Fahrzeug nahe dem Strand möchte, parkt am besten bei den Lagerhallen auf der anderen Seite der Salinen.

Info und Agenturen

- Offizielle **Touristeninformation,** Obala Tita 1 (an der Brücke), Tel. 053-611286, www.pag-tourism.hr, tgl. 8–21 Uhr.
- Privatunterkünfte, Ausflüge, Leihfahrzeuge usw. vermitteln die Agenturen, z.B. **Mediteran,** Tel./Fax 023-611238, www.mediteranpag.com.

Übernachtung
1 Apartments Vrban
2 Hotel/Spa Cissa
11 Hotel Biser

Essen und Trinken
3 Taverna Grill
4 Dva Ferala
5 Restaurant Rendez-Vous
7 Konoba Bodulo
8 Cafés & Bistro Diogen

Einkaufen/Sonstiges
6 Agentur Mediteran
9 Souvenirstände
10 Supermarkt

Unterkunft

- €€**Biser,** Matoša 8, Tel. 053-611333, Fax 611444, www.hotel-biser.com, etwas außerhalb mit eigenem Strand.
- €€€**Hotel/Spa Cissa** (vorm. Pagus), Starčevića 1, 053-611210, Fax 611101, www.coningturizam.hr, neben dem Pkw-Parkplatz gelegen, schlicht und okay, mit Wellness-Bereich.
- €€**Apartments Vrban,** Tel. 053-611406, www.novalja-pag.net/vrban, 2–6 Pers., Gartengrill, Balkon/Terrasse mit Meerblick, sehr gepflegt und neu, 15 Gehminuten zu Strand und Zentrum. Sat-TV und a/c.

Essen und Trinken

- Das **Bistro Diogen** nahe der Brücke bietet sich für herzhafte Kleinigkeiten an.
- Preiswerte lokale Gerichte werden im **Taverna Grill** gegenüber vom Hotel Pagus serviert.
- Gehobenere Küche offerieren das **Rendez-Vous** (französisch), die urige **Konoba Bodulo** bei der Stadtmauer, nur Juni bis Sept. tgl. 12–24 Uhr, nicht zu teuer, Tel. 053-611989, das **Dva Ferala,** Tel. 053-612693, nur April bis September tgl. 12–1 Uhr, mit seinem sehr hübschen Innenhof, Lammspezialitäten.

Nützliches

- Ein großer **Supermarkt** an der Ausfallstraße Richtung Novalja bietet Selbstverpflegern alles, was das Herz begehrt.
- Frisches **Obst** und **Gemüse** wird auf dem Markt bei der Margarita-Kirche verkauft.
- **Postfilialen** liegen nahe der Stadtmauer sowie an der Promenade; hier sowie in den **Banken** und **Wechselstuben** der Velika Ulica ist Geldwechsel meist durchgehend 8–20 Uhr möglich.

Halbinsel Povljana

Zwischen der Stadt Pag und der Brücke zum Festland erstreckt sich **eines der kargsten Gebiete Kroatiens,** die Povljana-Halbinsel. Trotz des Mangels an Bewuchs hat auch diese Gegend ihren Reiz, vor allem für diejenigen, die Abgeschiedenheit und Einöde nicht als Nachteil eines Reiseziels empfinden.

Vorbei am Salzwerk von Pag und an den Salinen erreicht man die winzige, im Schilf liegende Salzarbeitersiedlung **Gorica,** wo eine Abzweigung zur 650-Seelen-Gemeinde **Povljana** führt, die (noch) als Tipp erwähnenswert ist. **Süßwasserquellen** auf den Anhöhen rund um das Dorf verwandeln die umliegenden Parzellen beinahe in eine Oase für Obst- und Gemüseanbau. Das kleine Zentrum liegt rund um die Pfarrkirche, allerdings darf nicht mehr als ein paar Obst- und Gemüsestände und ein Minimarkt erwartet werden.

Dem Sträßchen hinter der Kirche nach rechts folgend, findet der Sonnenanbeter mit der **Plaža Dubrovnik** trotz der permanenten Umbauten und Erweiterungen (Ferienwohnungen usw.) den noch immer vielleicht schönsten Strand der Insel mit der Kapelle Sv Nikola und ein paar kleinen Schenken. Gute Fisch- und Grillgerichte isst man auch im Grill Mornar (Tel. 053-692092) in der M. Krleže 11. Westlich des Ortes gibt es größere **Heilschlamm-Vorkommen,** die gegen Rheuma eingesetzt werden. Achtung: In allen erhältlichen Karten ist eine Straße zwischen Povljana und Smokvica verzeichnet – es gibt aber keine!

Die **Touristeninformation** an der Hauptstraße (Ul. St. Radića 20, Tel. 053-692003, www.tz-povljana.hr; im Sommerhalbjahr Mo–Sa 8–12 und 18–21 Uhr) organisiert auch Unterkunft.

004da Foto: wl

Die **Verbindungsstraße Povljana – Velo Blato** (großer Sumpf) wird jedem Durchreisenden als „Mondlandschaft" in Erinnerung bleiben; lediglich kleine Mauern im typisch mediterranen Stil grenzen die weitläufigen, öden Parzellen ab, und man fragt sich unwillkürlich: Warum eigentlich? – Es wächst doch ohnehin nichts! Der große **Sumpf** passt im Sommer in dieses Szenario; in der Regenzeit, in der die Oberfläche des Sees sich vervielfacht, bildet er ein unverzichtbares **Biotop** für Wildgänse, Fasane und andere Vögel.

Ein Abstecher führt nach **Vlašići,** einer 200 Einwohner zählenden Gemeinde am Ende der Nebenstraße. Das Zentrum liegt unmittelbar an der Kirche (hier auch Minimarkt), hinter der Kirche führt eine S-Kurve den Hügel hinauf zu Ferienwohnungen, wo man gleich darauf einen sehr hübschen Badestrand erreicht.

Noch vor Vlašići zweigt eine schmale Nebenstraße nach **Smokvica** ab, einem kleinen landwirtschaftlichen Weiler auf 70 Höhenmetern. Hier kann man hausgemachte Produkte einkaufen, vor allem aber zu unberührten Badebuchten auf schmalen Pfaden hinunterwandern.

Wieder zurück an der Hauptstraße am Velo Blato, erreicht man über das Dörfchen **Dinjiška** (mit kleinem Strand und Privatcamp Dinjiška) die 340 m lange **Brücke Paški Most** zum Festland Richtung Nin und Zadar.

Nin

Knapp 20 km nordwestlich von Zadar, auf dem Weg zur Insel Vir, stößt der Reisende auf das alte Salzstädtchen Nin (ca. 2500 Einwohner), bekannt für seine **gesunde,** überdurchschnittlich salzhaltige **Luft** sowie **Heilschlamm,** der zur Rheumatherapie eingesetzt wird. Der Ort bietet sich als idealer Standort an, wenn man Norddalmatien erkunden möchte, ohne in der Großstadt Zadar zu wohnen. Idyllische Abgeschiedenheit, **gute Bademöglichkeiten** sowie einige interessante Sehenswürdigkeiten ergeben einen sehr positiven Gesamteindruck.

Nin war bereits vor den Römern bewohnt und zählte zu den Hauptsiedlungsgebieten der Liburner (siehe Glossar); die zahllosen liburnischen **Gräber** machen Nin zu einem der wichtigsten Ausgrabungsorte Kroatiens. Relikte einer größeren Tempelanlage und Augustusstatuen (im Archäologischen Museum von Zadar zu sehen) legen Zeugnis von der nachfolgenden **römischen Besiedlung** ab. Im Hochmittelalter erkannte die Stadt den ungarisch-kroatischen Doppelmonarchen an, fiel dann aber 1328 an **Venedig** (vgl. die Stadtgeschichte von Zadar). Im Spätmittelalter wurde Nin mehrfach bei kriegerischen Auseinandersetzungen mit den vorrückenden **Türken** zerstört, weshalb die Bewohner um 1400 einen Graben um die Stadtmauern herum zum Meer zogen - hierdurch wurde Nin eine Insel. 1797 ging der Ort in **Österreichisch-Dalmatien** auf.

Der Strand von Vlašići
im Südosten von Pag

Kapelle Sv Nikolaj

Noch vor Nin liegt - von Zadar kommend linker Hand - ein seltsamer Turm auf einem Hügel; hierbei handelt es sich um die Kapelle Sv Nikolaj aus dem 11. Jahrhundert, errichtet auf einem prähistorischen Hünengrab. Der turmähnliche obere Teil wurde als **Beobachtungsposten** während der Türkenkriege aufgestockt.

Sv Anselmo

Betritt man Nin durch das Stadttor hinter der Fußgängerbrücke, liegt halbrechts der Hauptweg, halblinks das Parallelsträßchen dazu. Folgt man dem Hauptweg, trifft man neben der Reiseagentur auf die Pfarrkirche Sv Anselmo aus dem 9. Jahrhundert, deren besondere Attraktion die angeschlossene **Schatzkammer** sein dürfte: Neben zahlreichen holzgeschnitzten sakralen Kunstschätzen sind lokale Feinschmiedearbeiten in gotischem und romanischem Stil zu bewundern. Ebenso sind Reliquien des *Hl. Anselm* zu sehen: ein Schulterblatt und eine Hand. Das Kirchengebäude selbst und dessen Innenmalereien wurden im 18. Jahrhundert vollständig renoviert.

- **Öffnungszeiten:** nur 15.6.–15.9. Mo–Sa 10–12.30 und 17.30–21 Uhr, Eintritt 15 K, Kinder 8 K.

Archäologisches Museum

Weiter die Straße entlang, vorbei an Restaurants und Ständen mit Likören der Region, erreicht man das Archäologische Museum (Arheološki Muzej) mit Exponaten zu den Ausgrabungen der liburnisch-römischen Epoche sowie zur Lokalgeschichte mit einer Kopie des berühmten **Višeslav-Taufbeckens** aus dem 9. Jahrhundert. Dieses stammt aus der Zeit, als Missionare die südslawischen Kroaten zum Christentum bekehrten. Links am Museum vorbei liegt am Ende des Weges ein **römisches Ausgrabungsfeld** von bemerkenswerten Ausmaßen.

- **Öffnungszeiten:** tgl. 9–12 und 18–21 Uhr, Eintritt 15 K.

Sv Križ

Etwa 250 Meter weiter rechts steht man unvermittelt vor der **kleinsten Kathedrale der Welt,** Sv Križ (Heilig-Kreuz)! Der eher unscheinbare vorromanische Bau aus dem 9. Jahrhundert diente dem jeweiligen Bischof von Nin als bischöfliche Kirche und stand daher mit jeder anderen Kathedrale der Welt auf einer Stufe.

Wenige Meter weiter steht das **Denkmal** des Nationalhelden *Grgur Ninski* (Bischof *Gregor von Nin,* siehe Glossar), jenes norddalmatischen Freiheitskämpfers, der für den Erhalt der slawischen Sprache und ein starkes Kroatentum eintrat.

An- und Weiterreise

- **Busse:** Haltstelle der Linie **Vir – Zadar** an der Post, Verbindung nach Vir etwa alle zwei Stunden, nach Zadar alle 75–90 Minuten.
- **Auto:** Nin liegt an der Route **Zadar – Insel Vir;** an der Ortseinfahrt teilt sich für den Selbstfahrer der Ort: Man kann entweder am Kreisverkehr vor der Fußgängerbrücke parken (Schild „Centar", hier kleiner Markt; in dieser Gegend liegen auch die meisten Privatzimmer) oder zunächst Richtung Vrsi (beschildert) durch das Salinenfeld bis zur kleinen Autobrücke linker Hand und dort in die Stadt hineinfahren (keine großen Parkplätze). Von der Fußgängerbrücke kommend, betritt man das alte Stadttor und steht unmittelbar im alten Zentrum der künstlichen Insel.

Information

- **Infobüro** vor der Fußgängerbrücke bei der Post, Mo bis Sa 8–21 Uhr, Tel. 023-64280, Fax 265247, www.nin.hr; tgl. 8–15 Uhr, im Sommer bis 21 Uhr.

Unterkunft, Camping

- Für eine Organisation vorab empfiehlt sich der Anbieter **www.fewo-direkt.de** mit einem umfassenden Wohnungsangebot in und nahe der Stadt.
- Eine **Privatunterkunft** – auch unter der Hand – ist in Nin leicht zu bekommen, sehr viele Privatvermieter hängen ihre Schilder nahe der Fußgängerbrücke aus (Festlandseite, nicht in der Altstadt).
- Viele Reisende bevorzugen die €€€-€€€€**Feriensiedlung Zaton** 2 km vor Nin, Tel. 023-280211, Fax 264225, www.zaton.hr, insgesamt sehr empfehlenswerte Anlage. Mobilheime im beliebten, zur Siedlung gehörenden **Campingareal** sind nicht günstiger (45–160 Euro/Tag je nach Saison; Tel. 023-280215, camping@zaton.hr), liegen aber großteils schöner. Das Freizeitangebot reicht von Tennis über Surfen bis zu Reitsport. Berühmtheit erlangte vor allem die **Disco Saturnus** – eine der größten Diskotheken Dalmatiens. Weitergehende Informationen zum Bezirk Zaton findet man unter www.zaton.hr. Die anlageneigene Ausflugsagentur (Tel. 023-211005, agency@zaton.hr) bietet Touren in die großen Nationalparks, Rafting, Stadtbesuche usw. an.
- An der Straße Richtung Vrsi liegen weitere, kleinere Campingplätze wie €€**AC Ninska La-**

guna (Tel. 023-264265, www.ninskalaguna.hr) und €Camp Peros (Tel. 023-265830, www.autocamp-peros.hr), die vom Angebot her nicht mit Zaton vergleichbar sind.
- Ebenfalls im Bezirk Zaton liegt in der Dražnikova 17 das beliebte €€**Aparthotel Onk'l Ivan,** Tel. 023-265900, Fax 265901, www.onklivan.hr, mit sehr schönen Zimmern und Apartments.

Essen und Trinken

Einige hübsche und preiswerte Lokale locken die Kundschaft in Nin. Viele liegen in der Hauptstraße nahe der Kirche; jeder Besucher wird bald seinen Favoriten gefunden haben. Dass Nin ein kulinarisches El Dorado ist, hat sich weit herumgesprochen, ab 19 Uhr wird es schwierig, noch einen Platz zu bekommen, was aber nicht zu einer Schnellservier-Mentalität geführt hat! Je nach Geschmack und Reisekasse sind besonders zu empfehlen:
- In der **Pizzeria** außen vor dem Stadttor (Fußgängerbrücke) ist die Auswahl klein, aber die Gerichte sind preiswert und gut.
- In der preislich unteren, geschmacklich aber mindestens mittleren Kategorie sei **Tomislavs Bufet** (links um die Ecke vom Archäologischen Museum, Šubića Bribirskih 1, Tel. 023-264373) wärmstens empfohlen. Die gebratenen Sardellen stehen übrigens nicht auf der Karte.
- Dalmatische Spezialitäten bietet das **Sokol,** Tel. 023-264412, mit hübschem Innenhof hinter dem Stadttor (Branimirova bb.).
- Exquisite Fischgerichte und nationale Delikatessen serviert die **Konoba Aenona,** Tel. 023-264052, beim Grgur-Denkmal (P. Zoranića 2, mittlere bis gehobene Preisklasse).
- Außerhalb, in der Siedlung Zaton, loben Reisende das **Restaurant Kruške i Jabuke** („Birnen und Äpfel"), Tel. 023-280356, Mai bis Sept. durchgehend geöffnet, lokale und internationale Spezialitäten in angenehmem Ambiente.

Aktivitäten

- **Sportmöglichkeiten, Verleihstellen** und **Disco Saturnus** in der Feriensiedlung Zaton (s.o., Tel. 023-280315).
- **Baden** ist an etlichen **Stränden** rund um Nin möglich; auch im Hochsommer sehr ruhig ist es 1,5 km außerhalb Richtung Vrsi, hinter der Salzfabrik und den Lagunen links (wo ein einsamer Schlot sichtbar wird).
- **In Vrsi,** nur wenige Kilometer von Nin entfernt, gibt es ebenfalls mehrere **gute Strandabschnitte,** außerdem die **Pizzeria Bonaca** sowie die bei Nachtschwärmern sehr beliebte **Diskothek Atlantik.**

Nützliches

- **Post:** am Kreisverkehr beim Markt vor der Fußgängerbrücke, Mo bis Sa 7–9.30, 10–17 und 17.30–21 Uhr (auch Geldwechsel).
- Selbstversorger finden eine **Bäckerei** sowie mehrere **Minimärkte** in der Altstadt-Hauptstraße; Obst und Gemüse bietet der **Markt** landseitig vor der Fußgängerbrücke.
- Eine kleine **Apotheke** befindet sich bei der Post.
- **Erste-Hilfe-Station:** im Camp Zaton (s.o.), Tel. 023-64444.

Insel Vir

Mit nur 22 km² und 3500 Bewohnern erweist sich die Insel Vir – Ferienhochburg der Norddalmatier – nicht gerade als riesig. Auch was die ausländischen Besucherzahlen anbelangt, dürfte Vir eher eines der Schlusslichter unter den Inseln sein – aber vielleicht ist gerade das für manchen der besondere Reiz.

Das urkundlich schon in der Regentschaft von König *Krešimir* (11. Jahrhundert) erwähnte Vir besticht weniger durch historische Bauten, als vielmehr durch seine schlichte Rolle als **Erholungsinsel.** Das Eiland wurde per Brücke an das Festland angebunden, ein

Abstecher bietet sich insbesondere vom nahe gelegenen Nin an.

Vir-Stadt

Die Zufahrtsstraße ab der Brücke mit eher hässlichen Neubauten und Industrieparzellen bis zum Ortseingang des Hauptortes Vir wirkt zunächst ernüchternd, wovon man sich aber nicht abschrecken lassen sollte. In Vir-Stadt (Einbahn-Rundstraße, dem Schild „Zadar" folgen) locken Straßenbäckereien mit sehr gutem Burek, auch ein guter Supermarkt liegt an der Hauptstraße.

Information

- An der Marina findet man das örtliche **Turist Biro,** Tel./Fax 023-362196, www.otok-vir.info, das Privatzimmer vermittelt, Bustickets verkauft usw. Ferienwohnungen auf Vir können auch über die Homepage kontaktiert werden.

Unterkunft

- Sehr nett sind die örtlichen Pensionen €**Bašić,** Tel. 023-362224, und €**Ivo,** Tel. 023-362240.

Camping

- Campingmöglichkeiten bieten das €€**AC Kotarina** (Tel. 023-362196, Fax 362018) hinter der Marina, das €**AC Matea** (Tel. 023-362474, Fax 362102) sowie kurz davor das nette €**AC Ann** direkt am Strand. Das €**AC Sapavac** (Put bunara, mobil 091-2072267, bei Batalaža) ist für seinen Heilschlammstrand bekannt.

Nützliches

- Die **Dorfpost** am Ortsausgang Richtung Torovi (Mo bis Sa 8–20 Uhr) bietet auch Geldwechsel.
- Ein großer **Supermarkt** liegt am Ortsausgang an der Gabelung Torovi – Lozice.

Lozice und Torovi

Die Strecke nach Lozice ist wenig bebaut und ruhig, in der Ansiedlung gibt es einen Minimarkt („Biss") und eine Schenke. Der Weg endet in einer meist einsamen **Badebucht** – wenn man Wochenenden und Feiertage meidet.

Richtung Torovi passiert man den Inselfriedhof und hat an einer weiteren Gabelung die Möglichkeit, den 112 m hohen **Sv Jurai** rechts oder links bis Torovi zu umrunden – in beiden Fällen enden die Wege inmitten weit verstreuter Neubauten und üppiger Felder. Nur zu Fuß oder per Allradfahrzeug lassen sich die Wege zu den einzelnen Buchten weiter erkunden (lohnenswert!).

Zadar, die bedeutendste Stadt Norddalmatiens

Zadar

Kaum ein Reisender wird die Handels- und Fremdenverkehrsmetropole Zadar (ca. 95.000 Einwohner) links liegen lassen. Neben dem Tourismus bilden Nahrungs- und Genussmittelproduktion, Schiffbau und Textilfertigung die wichtigsten Säulen des regionalen Wirtschaftslebens. Besondere Bekanntheit erlangte die Spirituosen-Industrie mit dem berühmten **Maraschino-Likör,** gewonnen aus den Kirschen des sehr fruchtbaren Umlands von Zadar.

Wer auf dem **Seeweg** zu anderen dalmatischen Städten oder auf eine der vorgelagerten Inseln des Zadar-Archipels fahren möchte, reist ebenso über Zadar wie diejenigen, die von hier aus Ziele in Italien per Autofähre (Ancona, Triest) oder Schnellboot (Venedig) besuchen wollen.

Für die „Inselfahrer" ein wichtiger Hinweis: Auf dem Weg zum Fährhafen passiert man große Supermärkte (Lidl, Plodine, Getro, Mercator, Kaufland – alle gut ausgeschildert). **Selbstversorger** mit Ferienwohnung sollten hier noch einmal groß einkaufen, da in den Insel-Minimärkten viele Dinge doch deutlich teurer sind als in Zadar. Von den meisten Inseln kann man aber auch während des Aufenthaltes einen Tagesausflug nach Zadar (ohne Fahrzeug, einfach nur per Fähre direkt zur Altstadt) für eine Besichtigungs- und Einkaufstour auf dem Markt einplanen.

Das **Stadtbild** ist **zweigeteilt:** Die „altjugoslawischen" **Außenbezirke**

Norddalmatien

130nd Foto: wl

wirken auf den ersten Blick eher abstoßend und ähneln denen in anderen Großstädten wie Rijeka oder Split. Dafür darf die auf einer Landzunge gelegene **Altstadt** in ihrer architektonischen Gesamterscheinung ganz sicher als eine der Perlen der kroatischen Kultur und Geschichte bezeichnet werden.

Geschichte

Im 2. Jahrhundert v. Chr. übernahmen die **Römer** die vom illyrischen Stamm der Liburner angelegte Hafenstadt und bauten sie unter dem Namen **Jadera** weitläufig aus: Es entstanden ein Kapitol, eine Kanalisation, Thermen mit Wasserversorgung vom 20 km südlich gelegenen Vransko Jezero, Befestigungsmauern sowie ein Amphitheater. Im Frühmittelalter nominell byzantinisch, geriet Zadar vom 11. Jahrhundert an unter den starken Einfluss der **kroatisch-ungarischen Monarchie,** womit eine kulturelle und ökonomische Blütezeit ihren Anfang nahm.

Die Stadt widersetzte sich lange Jahre erfolgreich den Übernahmeversuchen Venedigs, wurde im 13. Jahrhundert jedoch überrannt und mit Ausnahme einiger Sakralbauten vollkommen zerstört. Der ungarisch-kroatische König *Ladislav* sah sich schließlich gezwungen, ganz Dalmatien 1409 an **Venedig** zu verkaufen. Positiv wirkte sich vom 15. bis 17. Jahrhundert die Gefahr durch die **Türken** aus, als die norddalmatische Metropole als Bollwerk gegen die Türken stark befestigt wurde. Ruhe kehrte ab 1571 ein, als eine vereinigte Flotte aus venezianisch-dalmatischen Kriegsgaleeren und solchen des maltesischen Johanniterordens die Türken in der Seeschlacht von Lepanto entscheidend besiegte. Während der anschließenden **österreichischen Phase** (1797–1918), unterbrochen nur von den Feldzügen *Napoleons,* wurde Zadar die Hauptstadt Dalmatiens und Hort des intellektuellen Widerstandes gegen jegliche Fremdbestimmung – Ziel der Südslawen war eine Vereinigung Dalmatiens mit Kroatien.

Nach dem Ende des Ersten Weltkriegs fiel Zadar (ital: Zara) an **Italien** und wurde eine italienische Enklave im ersten jugoslawischen Königreich. Im Zweiten Weltkrieg war Zadar eine der am härtesten von Gefechten betroffenen Städte Jugoslawiens und wurde im Oktober 1944 von *Tito* erobert.

Mit Ausbruch des **Bürgerkriegs 1991** nach dem Fall der sozialistischen Republik Jugoslawien, der damit einhergehenden serbischen Besetzung der Krajna um Knin und der anschließenden mehrjährigen Einkesselung Zadars folgte eine erneute Zeit des Leidens und der Zerstörung. Fast pausenlos beschoss **serbische Artillerie** die Stadt – die meisten Bewohner harrten während der dreijährigen Belagerung in Kellern aus oder flohen, etliche Bauten wurden beschädigt oder zerstört.

Die vollständig restaurierte Altstadt erweckt heute den Eindruck, als sei nie etwas passiert. Promis frequentieren Zadar heute wieder regelmäßig – zuletzt *Jean Reno,* um ein Konzert von *Lenny Kravitz* zu besuchen.

Sehenswertes

Stadttore

Von der Obala Branimira aus betritt man die Altstadt über die Fußgängerbrücke und das **Neue Landtor** (Nova Vrata) zwischen dem kleinen Yachthafen und den weitläufigen Fähranlegestellen. Das **Alte Seetor** (Morska Vrata) gegenüber den Fährpiers birgt den venezianischen Löwen sowie eine Erinnerungstafel an die berühmte Seeschlacht von Lepanto.

Das Neue Landtor ist nicht zu verwechseln mit dem **Stara Vrata** (Altes Tor) direkt am Fischmarkt an den Stadtmauern, welches kaum auffällt und nicht viel mehr als ein Durchgang durch die Mauer ist. In den Morgenstunden vertreiben hier die zahllosen **Fischer** aus dem Umland ihre Ware – frischer geht es kaum, auch wenn der Duft nicht gerade dem eines Blumengartens entspricht ...

Durch das Alte Tor kommt man zum eigentlichen **Markt,** wo von Schafskäse über Dalmatinerschinken bis zu Obst und Gemüse alles erhältlich ist, was die Natur des Landes hergibt. Wer es lieber modern mag: Direkt an den Markt schließt sich die **Meggi Boutique** an, eine Kombination aus Supermarkt und kleineren Boutiquen.

Antikes Glasmuseum

Nach diesen ersten exquisiten, wenngleich auch überwiegend kulinarischen Eindrücken der Altstadt dürfte das Antike Glasmuseum mit Wechselausstellungen, experimenteller Kunst und permanenten Exponaten zu Glas- und Keramikfunden der Region von Interesse sein. Die Sammlung gilt als eine der besten Sammlungen **römischer Keramik- und Glasware** außerhalb Italiens.

- **Muzej Antičkog Stakla,** Poljana Zemaljskog odbora 1 (nahe Neues Landtor), Tel. 023-363831, Mo–Sa 9–21 Uhr, Eintritt 30 K.

Sv Krševan

Die nur wenige Meter entfernte dreischiffige **romanische Kirche** Sv Krševan aus dem 12. Jahrhundert wird das Auge des architektonisch Interessierten erfreuen: Die mit üppigen, verspielten Galerien, Bögen und angedeuteten Säulen reich verzierte Kirche war 1103 Stätte der Krönung *Ladislavs* zum kroatisch-ungarischen König, jenes *Ladislavs* also, der sechs Jahre später Dalmatien an Venedig verkaufen sollte. Auch wenn die spätmittelalterlichen Fresken im Inneren nur mehr zu erahnen sind, ist Sv Krševan dennoch ein gut erhaltenes Beispiel der Sakralarchitektur des Hoch- und Spätmittelalters. Der im 16. Jahrhundert begonnene Campanile blieb unvollendet, die Kirche selbst wurde im 18. Jahrhundert im barocken Stil restauriert. Die **Statue des Petr Oranic** (1508–1543) zeigt den Lokalpatrioten der Unabhängigkeitsbestrebungen Dalmatiens von Venedig.

Forum und Sv Donat

Das alte, 3,6 ha große **römische Forum,** damals wie heute **zentraler**

Zadar
0
200 m
PKW - Fährpier
Ancona-Pier
Istarska obala
Brčica
Jeliča
Gospa od Zdravlja
Trg tri bunara
Arsenal
Bedemi
Jurja
Danila
B. Petranonića
Br. Bilsić
Bianchinija
Knezova
Karamana
Trg Sv Stošije
Trg Sv Frane
Franziskanerkirche
Sv Stošija
Sv Donat
Meeresorgel
Zelini Trg Forum
Obala Kralja P. Kreşimira IV
Zadaeskog
Kanal von Zadar
Übernachtung
3 AC Borik
4 Jugendherberge
18 Apartman Borelli
21 FeWo
27 Drunken Monkey Hostel
Essen und Trinken
13 Pizza-Grill/Eis
14 Atrij
16 Konoba Marival
20 Pizzeria Zadar
21 Studentenkneipen
22 Café Plaza
23 Café-Bar Kolona, Pet Bunara
24 Downtown
25 Foša
Nachtleben
6 Maraschino-Bar
10 Maya Pub
15 The Garden
21 Gina
Einkaufen/Sonstiges
1 Jadrolinija-Hauptstelle & Agentur Miatours
2 Croatia Airlines
5 Agentur Atlas
7 Eurobike
8 City Galeria
9 Jadrolinija Inseltickets
11 Meggi-Boutique
12 Agentur Kompas, Buchhandlung, DM
17 Agentur Croatia Express
©Reise Know-How 2012

Marina,
Borik,
Puntamika
Schnell- und Personenfähren
Liburnska obala
Zadarskih pobuna
Altes Seetor
Ugljan-/ Dugi Otok-Pier
Obala Branimira
Stjepana Radica
Hauptbahnhof,
Busbahnhof,
Autobahn, Bibinje
Hafen
Seefahrts-Museum
Divnica
Trg Sv Krševana
Subica
Sv Krševan
Fischmarkt
Altes Tor
Fußgängerbrücke
Vrulje
Kmarutića
Dalm.-Sobora
Bobirskin
Simuna Kozicica
Markt
Bedemi
Archäologisches Museum
Sv Andrija
Neues Landtor
zadarskih pobuna
Sv Marija
Siroka ulica
Narodni Trg
Patrizier-Palast
Yachthafen
Antikes Glasmuseum
Madijevaca
Vranjanin
Stadtwache
F. Grisogona
Stadtloggia
Don Prodana
Zore Dalmatinske
Borelli
Klaića
Kotromanić
Obala Tomislava
1358
Sv Mihail
Sv Šimun
Varoška
Nautisches Museum
B. Kasica
Brusine
Trg Zoranica
Mihovila
Treppen-aufgang
Bastion
Rudera Boskovića
Land-tor
Trg pet bunara
Pavlinovica
Yacht-hafen
Stadtmauer
Foša
Norddalmatien

Platz der Stadt, weist zwar keine römischen Bauten mehr auf, die alten Säulen und die Weitläufigkeit des Platzes vermitteln jedoch einen guten Eindruck dieses erhabenen, antiken Ortes. Heute dominiert der markante, 27 m hohe **Rundbau Sv Donat** das Forum; die Rotunde zählt zu den exorbitanten Sakralbauten Dalmatiens und wurde im 9. Jahrhundert zunächst als repräsentative Hauskapelle des Episkopats von Zadar unter Bischof *Donatus* (8./9. Jahrhundert) errichtet. Die mittlere der drei Seitenkapellen im Erdgeschoss beherbergte einst den Hauptaltar, eine Treppe führt an der Innenseite der Kapellmauer hinauf zur beeindruckenden Galerie. Sv Donat dient heute keinen liturgischen Zwecken mehr, wegen der hervorragenden Akustik werden hier gelegentlich **klassische Konzerte** abgehalten.

• Der **Eintritt** beträgt 15 K/Person, auf den benachbarten Campanile (56 m) mit tollem Blick über Zadar 5 K, geöffnet tgl. 9–15 Uhr, im Sommer bis 21 Uhr.

Sv Stošija

Unmittelbar neben Sv Donat steht die zwischen dem 12. und 14. Jahrhundert errichtete **romanische Kathedrale** Sv Stošija (Anastasia). Die drei Portale des semizyklischen Vorbaus führen in das Innere der dreischiffigen Basilika, deren Seitenschiffe zahlreiche wertvolle Reliquien bergen, u.a. die der *Hl. Anastasia,* die hier auf Anweisung des Bischofs *Donatus* von Zadar ihre letzte Ruhestätte fand. Das Hauptschiff führt zum erhöhten Altarbereich mit Baldachin von 1332 sowie dem original venezianischen Chorgestühl aus dem 15. Jahrhundert. Der abgesetzte, 56 m hohe **Campanile** wurde im 15. Jahrhundert begonnen und erst im 19. Jahrhundert nach dem Vorbild der Kathedrale von Rab fertig gestellt. Im rechten Seitenschiff existiert ein Zugang zum Innenhof des Gesamtareals mit den Grundmauern eines frühmittelalterlichen Baptisteriums aus dem 6. Jahrhundert; von hier gibt es Verbindungsgänge zur Donat-Kirche und zur Kathedralsakristei.

Archäologisches Museum

Ebenfalls am Forum, gegenüber Sv Donat, öffnet das Archäologische Museum, erbaut auf den Fragmenten des ursprünglichen erzbischöflichen Palastes, seine Pforten. Die Sammlung von **über 80.000 Exponaten lokaler und regionaler Funde** aus der Jungsteinzeit bis ins Mittelalter untermalt die historischen Eindrücke zu Zadar. Das liegt zum einen an der aufgelockerten Darbietung, zum anderen an den konkreten Inhalten zur liburnischen (1. Jt. v. Chr.), römischen (2. Jh. v. Chr. bis 5. Jh. n. Chr.) und insbesondere altkroatischen (8. bis 11. Jh.) Kultur der Region Dalmatien, die in keinem anderen Museum des Landes so konzentriert zu finden sind.

• **Öffnungszeiten:** Mo bis Fr 9–14, Sa 9–13 Uhr, April bis Oktober tgl. 9–21 Uhr, die benachbarte Schatzkammer (Sakralna Umjet-

Campanile der Kirche Sv Stošija

nost) hat tgl. 10–13 und 18–20 Uhr (So nur vormittags) geöffnet, Infotel. 023-250516, Eintritt: 15 K.

Sv Marija

Unmittelbar neben dem Museum steht das **Benediktinerinnenkloster** Sv Marija mit der gleichnamigen dreischiffigen Klosterkirche aus dem späten 11. Jahrhundert. Das im Zweiten Weltkrieg stark in Mitleidenschaft gezogene Bauwerk wurde jüngst umfassend restauriert, insbesondere die aufwendigen spätbarocken Stuckornamente im Inneren. Durch das polierte weiße Gestein wirkt die Kirche außergewöhnlich lichtdurchflutet. Das Kloster beherbergt eine **kunsthandwerkliche Feinschmiede-Ausstellung** zum Thema „Gold und Silber von Zadar" mit zahllosen wertvollen Sakralgegenständen und Kirchengemälden venezianischer Meister. Legenden zufolge wurden die Kunstschätze in den 1940er Jahren unter dem Klosterfundament vergraben und überstanden so den Krieg unversehrt.

kro309 Foto: wl

Gospa od Zdravlja

Am Ende der Ulica Bianchinija (Trg Tri Bunara) steht die kleine **Kapelle** Gospa od Zdravlja mit einem wertvollen Sakralkunstwerk dalmatischer Skulpturkünstler, einem von Marmorengeln flankierten **Marienbildnis** aus dem späten 16. Jahrhundert im vergitterten Altarbereich. Die Kapelle wurde 1990 zerstört, mittlerweile aber wieder vollständig restauriert.

Sv Frane

Geht man vor der Kapelle Gospa od Zdravlja die kleine Gasse Ul. Tri Bunara entlang, erreicht man das **Franziskanerkonvent** Sv Frane, im 13. Jahrhundert im gotischen Stil errichtet. Die Kirche, ohne Seitenschiffe gebaut, wirkt weiträumig und schlicht. Auf der rechten Seite ist eine Statue des Ordensheiligen *Franziskus* zu sehen, im Hauptaltarbereich ein Franziskusgemälde aus dem 18. Jahrhundert von *G. Pitteri*. Die nur auf Anfrage zu besichtigende Ordensschatzkammer birgt Kruzifixe und Sakralmalereien, die im Laufe der Jahrhunderte zusammengetragen wurden. Rechts der Kirche liegt der Klosterbereich mit einem atriumähnlichen Innenhof und Grabplatten ehemaliger Ordensbrüder an den Säulengängen.

Altstadtgassen und Sv Mihail

Vom Franziskanerkloster sind es nur wenige Schritte zur parkähnlichen **Uferpromenade Obala Kralja Krešimira IV** mit Blick auf die vorgelagerten Inseln des Zadar-Archipels. Der Promenade folgt man südwärts bis zur **Ul. Stomorica** und wendet sich Richtung Altstadtmitte. Durch nette Gassen mit zahllosen kleinen Straßenkneipen und Cafés erreicht man die **Ul. Brusine** mit der kleinen Kirche Sv Mihail, deren stille Schmucklosigkeit und kühler Marmor in angenehmem Kontrast zu den lebhaften Innenstadtgassen stehen.

Landtor und Bastion

Die Ul. Brusine weiter in südlicher Richtung entlanggehend, achte man linker Hand auf einen Treppendurchgang, der zur alten Bastion oberhalb des Landtores führt. Letzteres wurde 1553 vom Venezianer *Sanmicheli* erbaut und gilt als wichtigstes Renaissancedenkmal Zadars. Unverkennbar sind die beiderseits des Portals angebrachten **venezianischen Löwen** sowie der *Hl. Chrysogon,* der städtische Schutzheilige. Auf der alten Bastion sind die fünf Brunnen zu sehen, welche dem offenen Platz den Namen Trg Pet Bunara verleihen. Die Bastionsmauern selbst, Mitte des 16. Jahrhunderts erbaut, dienen heute als **kleiner Park** mit Aussicht über den inneren Yachthafen Foša.

Sv Šimun

Von der Bastion aus überquert man den Trg Zoranica und steht unvermittelt vor der rötlich-ockerfarbenen Kirche Sv Šimun aus dem 14. Jahrhundert. Zentrales Kunstwerk im Inneren ist der **Sarkophag des Hl. Simeon,** gefertigt 1377 auf Anordnung der Gattin des ungarisch-kroatischen Königs *Ludwig I.* Den Sarkophag zieren – neben der liegenden Simeon-Figur auf dem Deckel – hauptsächlich Darstellungen monarchischer Ereignisse wie der Einzug *Ludwigs* in Zadar oder das Wappen des Hauses *Anjou,* dem *Ludwig* entstammt.

Narodni Trg

Neben dem Forum stellt der inmitten der Altstadt gelegene Narodni Trg **(Volksplatz)** den Mittelpunkt Zadars dar. Hier wurden die bedeutendsten weltlichen Bauwerke der venezianischen Epoche, etwa die **Stadtloggia** (1565 von *Sanmichele* erbaut) mit ihren für die Renaissance so markanten pseudorömischen Doppelsäulen oder die **Stadtwache** mit dem typischen Uhrturm aus dem Jahre 1562, erbaut. Im Inneren der Stadtwache ist heute die ethnografische Sammlung Zadars untergebracht. Das relativ moderne **Rathaus** entstammt der italienischen Besatzungszeit. Auf dem Platz verkaufen lokale Künstler Aquarelle und Radierungen – es lohnt sich zu handeln!

- **Narodni muzej** (ethnografische Sammlung), Tel. 023-251851, außer an Feiertagen Mo–Sa 8–20 Uhr, Sommer 9–22 Uhr, So 9–13 Uhr, Eintritt 10 K.

Uferpromenade

Unbedingt empfehlenswert ist ein Spaziergang entlang der Uferprome-

165nd Foto: wl

Norddalmatien

nade **Obala Kralja P. Kresimira IV** mit schönem Blick auf die vorgelagerte Inselwelt (Ugljan, Pašman) und mit einigen interessanten Hinweistafeln, etwa zu dem berühmten Filmregisseur *Alfred Hitchcock* und dessen Aufenthalt in Zadar. Das hier ausgestellte, sehr bekannte Hitchcock-Porträt stammt von *Ante Brkan*.

Meeresorgel

An der Promenade stößt man automatisch auf das derzeit weltweit einmalige Projekt des Architekten Nikola Bašic, die Meeresorgel von Zadar. Dabei verdrängt das Meerwasser die Luft aus insgesamt 35 unterirdisch mit dem Meer verbundenen „Orgelpfeifen" – das Naturinstrument stimmt immerhin sieben Akkorde an! Bašic erhielt dafür 2006 in Barcelona den **europäischen Architekturpreis** für das beste öffentliche Projekt.

Praktische Tipps

An- und Weiterreise

Busse:

Von der Fußgängerbrücke (Altstadtseite) der Uferstraße Obala Tomislava rund 1,5 km folgen bis zur Zagrebačka, dann rechts bis zur Kreuzung mit der Ante Starčevića; hier liegen **Bahnhof und Hauptbusbahnhof** nebeneinander; **Stadtbusse** (Linien 2 und 4, ca.

Blick auf den Hafen

Fährverbindungen ab Zadar zur Hauptsaison

Hafen	Insel	Fährart	Abfahrt/ Frequenz	Preis p.P.	PKW[3]
Brbinj	Dugi Otok	Trajekt	09:00, 12:30, 16:30, 20:00	3,00	18,75
Zaglav	Dugi Otok	KAT	05:30, 10:00, 15:30, 20:00	2,75	
Sali	Dugi Otok	KAT	05:30, 10:00 15:30, 20:00	2,75	
Božava	Dugi Otok	KAT	i.d.R. 1 mal tgl.nachmittags	2,60	
Preko	Ugljan	Trajekt	05:00 - 24:00, 18 mal	2,50	12,00
V. & M. Iž	Iž	KB	14:00, 16:30	3,00	20,50
Bršanj	Iž	Trajekt	15:15	2,60	18,00
Rava	Rava	KB	14:00, 16:30	3,00	20,50
Mala Rava	Rava	Trajekt	Di, Do, Sa 15:15	3,00	20,50
Ošljak	Ošljak	Trajekt[1]	11:30, 14:45	2,50	
	Ist - Olib - Šilba - Premuda - M. Lošinj	Trajekt	09:00	3,00 (Ist) - 5,80 (Lošinj)	18,00 - 27,50
	Olib - Šilba - Premuda	KAT	Tgl. nachm., So 2 mal	Je 2,50	
Zapuntel	Molat	KAT	11:00, 16:30	2,50	
Brgulje	Molat	Trajekt	14:05	2,75	17,50
	Rivanj - Šestrunj - Zverinac - Molat	Trajekt[2]	i.d.R. täglich 10:00	2,00 (R, S) 2,50 (Z, B)	17,50
Pula	via Šilba, Ilovik, Lošinj, Unije	KAT	16:00	5,75 - 16,50	

Trajekt = KFZ-Fähre, KB = Klasični Brod (bis 7,5 t),
KAT = Katamaran (Personenbeförderung)
[1]Ošljak: autofreie Insel, wird mit der Ugljan-PKW-Fähre angefahren
[2]keine Fahrzeugentladung in Rivanj und Zapuntel
[3]PKW-Preis beinhaltet den Fahrer,
alle Preise in Euro (Hauptsaison, sonst -25%)
Alle Daten dieser Tabelle sind vorläufig für die Sommersaison 2012

alle 10–15 Min., 5.40–23 Uhr) verbinden den Busbahnhof mit der Bushaltestelle Liburnska Obala (Jadrolinija-Büro) auf der Altstadt-Halbinsel. Wichtig sind auch Linien 5 und 8, die Puntamika/Borik mit dem Zentrum von 5 bis 23.15 Uhr alle 10–30 Minuten verbinden.

Alle anderen Routen – Langstrecke wie auch in andere Stadtteile (insbesondere zu den Campingplätzen) – werden nur vom genannten Hauptbusbahnhof aus angefahren. **Täglich angefahren** werden 5–22 Uhr: Zagreb/Nordkroatien 18–21x (Zagreb 130 K), Split 25–26x durchgehend, Rijeka 3–10x, Dubrovnik 8x, Novalja/Pag 10.15, 10.45, 14, 17 und 20 Uhr, Nin (Zaton) 5.50–22.20 Uhr 13–19x, Petrčane 6.50–22.20 Uhr 10–15x, Insel Vir 6.30–22.20 Uhr 9–13x.

Reservierungen, Auskünfte und Informationen unter Tel. 023-211555, www.liburnija-zadar.hr. **Innenstadt- und Regionalbusse** sind weiß, die Innenstadtbusse halten außen vor dem Busbahnhof.

Bahn:

Die Bahnverbindungen sind **sehr bescheiden.** Im Bahnhof (Tel. 023-333444) gibt es eine Information, eine Wechselstube sowie ein Ausflugsbüro, Fahrkarten bekommt man an dem gelben Schalter in der Ecke. Bei den Zügen handelt es sich in aller Regel nur um **Zubringerzüge** bis Knin, wo dann umgestiegen werden muss.

Fähren:

Das **Hauptbüro** der Fährgesellschaft **Jadrolinija** liegt zwischen den Ancona- und Inselfähren bei Pier (Vez) 2 und ist Mo bis Fr 7–21 und 23.30– 1 Uhr, Sa 7–2 Uhr und So 7–12 und 14–1 Uhr geöffnet. Eine kleine Verkaufsstelle gibt es zudem bei Pier 7 (z.B. für Ugljan).

Das **Ticketbüro** für die Inseln (Tel. 023-254800, www.jadrolinija.hr) liegt genau gegenüber der Zufahrt der Ugljan/Dugi-Otok-Anlegestelle. An den Sommerwochenenden wird diese Zufahrt ziemlich chaotisch; am besten man parkt in der (richtigen!) Warteschlange und besorgt dann während der Wartezeit das Ticket (sonst keine kostenlose Parkmöglichkeit bei den Fähren); tgl. geöffnet von 7 Uhr bis ca. Mitternacht.

Die üblichen **Autofähren** („Trajekt") zu den vorgelagerten Inseln sind (zumindest in der Hauptsaison) sehr zahlreich: Ugljan/Pašman und Dugi Otok, aber auch kleinere Inseln wie Molat oder Šilba, werden ebenso wie Städte in Istrien/Kvarner Bucht angefahren (siehe Tabelle).

Ferner gibt es reine (Schnell-)**Personenfähren** zu den Häfen Ilovik, Olib, Silba, Rivanj, Rava, Žverinac, Molat, (Brgulje, Zapuntel), Ist, Premuda, Sestrunj, Božava, Iž, Lošinj und Pula – allerdings nicht unbedingt täglich, sodass sich eine vorherige Anfrage zu den Verbindungen schon vor der Anfahrt nach Zadar lohnt, entweder bei Jadrolinija Zadar (Tel. 023-212003, Fax 311151), in der Zentrale in Rijeka (Fax 051-211485) oder unter www.jadrolinija.hr bzw. www.miatours.hr (Tel. 023-254300) für einige Katamaran-Linien. Hier erfährt man alle aktuellen Fährverbindungen und -preise.

Flüge:

Eiligen Reisenden bietet der 13 km östlich des Zentrums gelegene **Flugplatz Zemunik** (www.zadar-airport.hr) Anbindung an das Luftnetz mit rund zehn nationalen Flügen täglich; das Büro von **Croatia Airlines** liegt in der Poljana Nodila 7 (Tel. 023-314272, Fax 314835, www.croatiaairlines.com). Jeweils abgestimmt auf Ankunft/Abflug pendelt ein städtischer Linienbus zwischen Altstadthaltestelle, Busbahnhof und Flugplatz (siehe auch im Kap. „Reisetipps A–Z", „Anreise").

Auto:

Durch das Schild „Trajekt" (Fähre) wird man automatisch ins Zentrum geleitet; es empfiehlt sich aber, sofern man nicht zu einer Fähre möchte, in der Obala Branimira gegenüber der Altstadthalbinsel zu **parken** (noch kostenlos). In der Altstadt selbst kosten Parkplätze per Parkscheinautomat (z.B. bei den Fährpiers) 5–12 K pro Stunde. Münzgeld scheint hier noch schwieriger zu ergattern zu sein als anderswo!

Info und Agenturen

- **Touristeninformation Zadar,** Narodni Trg, Tel. 023-316166, nur von Mai bis Oktober tgl.

Mo bis Fr 8–24 Uhr, Sa/So 9–13 Uhr geöffnet, außen zusätzlich Touchscreen-Infomat.

• Die offizielle Website ist die sehr umfassend aufgebaute Seite **www.tzzadar.hr.** Die Seite **www.zadar.hr** beinhaltet auch Teile des Umlandes.

Tickets (Flug/Bahn/Bus), **Unterkunft, Leihfahrzeug, Ausflüge** aller Art (z.B. Kornaten, Plitvice, Kajak) usw. bieten u.a. folgende Agenturen (allgemeine Infos auch unter www.fortuna-zadar.com):

• **Atlas,** Obala Branimira 12, Tel. 023-235850, Fax 235772, atlas@zadar.net.

• **Croatia Express,** Široka Ul. 9, Tel. 023-250502, Fax 250499, www.croatiaexpress.com, schräg gegenüber vom Donat, hier auch Wechselstube usw.

• **Kompas,** Široka Ul., Tel./Fax 023-251892, www.kompas-travel.com.

• **Miatours,** Tel. 023-254300, www.miatours.hr, Liburnska Obala 3, neben dem Jadrolinija-Büro, vermietet auch Fahrzeuge und betreibt einen Personenkatamaran zu kleineren Inseln.

Unterkunft

Es bieten sich nur zwei Varianten an: entweder die Unterkunft in einem der recht günstigen Privatzimmer über eine der Touristenagenturen (z.B. für Zwischenübernachtungen) oder eines der Hotels im Stadtteil Borik (Stadtbus Nr. 5 ab dem Busbahnhof), die unter **www.hoteliborik.hr** reserviert werden können und für die sich länger in Zadar wohnende Gäste zumeist entscheiden.

• **€Jugendherberge Centr Omladinski,** Obala K. Trpimira 76, Tel. 023-331145, Fax 331190, www.hfhs.hr, an der Marina von Borik-Puntamika (Stadtbus/Fährpiers in der Altstadt: „gelbe" Linie Richtung Puntamika oder „hellrote" Linie Richtung Friedhof = Gradsko groblje). Anmeldung drei Wochen vorher empfehlenswert; ab 20 Euro/Person, 2-, 4- und 6-Bettzimmer.

• Als echte Backpacker-Hochburg gilt das **€€Drunken Monkey Hostel,** J.K. Skenderbega 21, Tel. 023-314406 , www.drunkenmonkeyhostel.com, in der Neustadt in Gehnähe zum Busbahnhof und zum Stadtstrand Kolovare, 38 Schlafsaalbetten sowie einige DZ.

• Die Universität von Zadar bietet Schülern und Studenten Unterkunft im **Studentski Dom,** F. Tuđmana 24 d, Tel. 023-315471, www.unizd.hr/studentskidom (Richtung Hauptbusbahnhof). Übernachtung mit Frühstück im Mehrbettzimmer kostet 150 K, Vollpension 260 K.

• Zentral in der Altstadt liegt das **€€Apartman Borelli,** Borelli 6, mobil 098-9387731. Renoviert und modernisiert, allerdings kein Seeblick.

• Über **Café-Gallery Gina** (Varoška 2) sind vier neue Apartments/Zimmer zu vermieten, sehr geschmackvoll eingerichtet und relativ preiswert. Kontakt: *Renata,* mobil 091-3247555.

• **€€€Aparthotel Donat,** M. Radovana 7, Borik, Tel. 023-206500, Fax 332065, www.hoteliborik.hr. Gehört wie einige Anlagen im Raum Zadar zur Falkensteiner-Gruppe, bietet Zimmer und kleine Apartments.

• Am oberen Ende der Preisskala rangieren die **Anlagen €€€€Funimation** (ehem. Novi Park, Tel. 023-206636, Fax 332065, www.hoteliborik.hr, in Seenähe am Campingplatz in Borik, und **€€€€Diadora,** Tel. 023-555911, Fax 555901, www.hoteliborik.hr, mit eigenem Casino.

• Zwischenübernachtungen wie auch längere Aufenthalte können schon in Deutschland organisiert werden, z.B. in der **€€€Pension Stanić,** kleiner Familienbetrieb in Borik, 250 m vom Ufer entfernt, www.pension-stanic.de, Tel. in Deutschland 07251-56862. Leser bestätigen einen vorzüglichen Abholservice vom Busbahnhof/Hafen.

• Ähnliches bietet die **€€€€Villa Ivana** (Tel. 023-335871, www.villa-ivana.com) im Distrikt Puntamika (s.o., Jugendherberge). Direkt am Meer, herrlicher Blick über die Inselwelt und sehr zu empfehlen, wenn man eine Stadtrandlage in Zadar sucht. Nicht ganz billig, und auch nicht für Familien/Gruppen (2er- bis 3er-Apartments).

• Leser empfehlen für Zwischenübernachtungen im Raum Zadar die **€Pension Lavanda** in Karin Gornji, rund 30 km außerhalb, nördlich der Autobahn (genaue Anfahrtsbeschreibung s. Homepage). Eine Reservierung wird dringend empfohlen; Tel. 023-687532, www.casa-lavanda.com.

Camping

- €€**AC Borik,** Majstova Radovana 7, Ortsteil Borik, Tel./Fax 023-332074, www.camping.hr/borik) mit Mobilheimen, Tauchbasis, Wassersport und Rad-/Bootsverleih, Busanbindungen siehe Jugendherberge.

Essen und Trinken

- Am Marktplatz bietet das kleine **Bufet Pod Redemom** Erfrischungen.
- Einen kleinen Imbiss auf die Hand (z.B. Pizzastücke) sowie Eiscreme bietet **Pizza-Grill** in der Široka Ulica.
- Am Trg Zoranica (bei den fünf Brunnen) liegen gleich mehrere nette, kleine Cafés/Pizzerien – besonders empfehlenswert ist hier die **Café-Bar Kolona,** zu erkennen an der markanten (pseudo-)römischen Säule. Sehr gut speist man hier auch im **Pet Bunara** (Tel. 023-224010, tgl. 11–23 Uhr), je nach Saison sind neben leckeren Pizzen auch gegrillter Thunfisch oder Tintenfisch in rustikal-gemütlichem Ambiente erhältlich.
- Zünftig kroatisch speist man in der **Konoba Marival** am Narodni Trg (Ecke D. Ive Prodana 3, Tel. 023-213239).
- Die **Konoba Martinac** (mittlere bis gehobene Kategorie) am Trg Tri Bunara (Papavije 7, Tel. 023-251589) mit schöner Innenhofterrasse tischt tgl. von 11–23 Uhr ausgezeichnete Risotto- (55 K), Fisch- (ab 60 K) und Muschelgerichte auf.
- Das **Café Plaza** in der Režnica zieht eher jugendliches Publikum an.
- An der Promenade bietet die **Pizzeria Zadar** (sehr schöner Blick auf die Inselwelt) Suppen für 20 K, Bier für 18 K, Pizza ab 38 K, Schinken oder Käse für 48 K und ein vorzügliches Pfeffersteak für 100 K an.
- Eine ganze Reihe uriger **„Studentenkneipen“,** die meist aus nicht mehr als einem Brett an der Hauswand bestehen, häufen sich in der Varoška Ul./Ul. Stomorica.
- In der gehobeneren Preisklasse darf besonders das **Restaurant Atrij** (Tel. 023-215461) am großen Stadttor hervorgehoben werden, welches neben hervorragenden dalmatischen auch internationale Gerichte kreiert.
- Für sehr gute kroatische Fischspezialitäten sei das **Foša** außerhalb der Zitadellmauern am Yachthafen empfohlen (Kralja D. Zvonimira 2, Tel. 023-314421, tgl. 11–24 Uhr).

Nachtleben

- An der inneren Promenade Liburnska Obala Nr. 6 sitzt es sich sehr nett bei einem Drink im **Maya Pub** (Tel. 023-251171, geöffnet bis 1 Uhr, Fr/Sa/So bis 3 Uhr). Ganz in der Nähe in der R. Boskovica bietet die Café-Bar **Downtown** Drinks und Snacks.
- Interessant ist sicherlich der **Skipper Pub** (in der City-Galeria, siehe unten) mit einem riesigen Meerwasseraquarium und modernistisch-nautischem Interieur; tgl. 8–24 Uhr, an Wochenenden bis gegen 4 Uhr.
- Klein, aber fein präsentiert sich die **Café-Gallery Gina** in der Varoška 2 (Tel. 023-314774) mit Livemusik in engem, aber bei Einheimischen sehr beliebtem Ambiente.
- Tagsüber Café, abends Disco und Livekonzerte – das bietet die **Maraschino-Bar** (Branimira 6, Tel. 023-211250) auf der Festlandseite der Brücke; an Wochenenden im Sommer durchgehend geöffnet.
- **The Garden,** Bedemi zadarskih pobuna 5, Tel. 023-254509, tolle Open-Air-Lage nahe Stadttor, komfortabel, mit Jazz (auch live), Latino, Slow Electronica – sehr beliebt zum Abhängen und Relaxen.

Aktivitäten

- Auf den Campingplätzen im Ortsteil Borik bzw. am dortigen Strand werden **Tretboote, Surfbretter** usw. verliehen.
- **Ausritte** arrangiert das **Horse Riding Center Zaton** (Tel./Fax 098-472227, www.horse-center-libertas.hr); auch Kutschfahrten und Reitschule sind im Angebot.
- **Kino Pobjeda** (Altstadt, schräg gegenüber vom Narodni Trg), 2x wöchentlich fremdsprachige Filme im Original.
- Zwischen Trg Tri Bunara und Kapetanija findet man im **Arsenal** eine Mischung aus **Kunstgalerie, Café und Verkaufsstelle** für lokale dalmatische Produkte aller Art, geöff-

net je nach Veranstaltung 9–19 oder bis 21 Uhr, Tel. 023-253833).

- Segler finden zwei **Marinas:** Ul. I. Mestrovića/Obala Branimira, Tel. 023-204850, Fax 333917, www.marinazadar.com (mehr für heimische Mitglieder), sowie die neuere Marina Borik, Kneza Domagoja 1, Tel. 023-333036, Fax 331018, www.marinaborik.hr, 500 Liegeplätze, Charter, Reparaturen, Snackrestaurant.
- **Tauchen: Zadar Sub,** Dubrovacka 20, Tel. 023-214848, www.zadarsub.hr, oder **Diveclub Zlatna Luka** in Bibinje, Tel. 023-261413, www.diving-zlatnaluka.net.
- **Leihräder** (interessant für die Mitnahme auf Inseln für Nicht-Motorisierte) und Ersatzteile bietet günstig gelegen **Eurobike** in der Kneza Branimira 6c (gegenüber der Altstadt), Tel. 023-241243.
- Ein Stückchen nördlich der Stadt Richtung Nin, im Dorf Kožino, wurde ein **Adventure Park** aufgebaut, der sich mit 100 verschiedenen Kletter-Parcours vor allem an die Jüngeren richtet. Es gibt aber keine Altersbegrenzung, für jeden ist etwas in unterschiedlichen Schwierigkeitsstufen vorhanden. Geöffnet tgl. 9 Uhr bis Dämmerung (außer Juli/Aug. Mo/Di geschlossen), mobil 091-9049185, Eintritt 90 K.

Einkaufen

- Entlang der Ausfallstraßen (Richtung Nin und Split) findet man zahlreiche riesige **Supermärkte,** u.a. Lidl und Kaufland (beschildert; mit Geldautomat und Wechselstube). Ein kleinerer Konzum-Supermarkt (Mo bis Sa 7–21, So bis 20 Uhr) befindet sich zentral in der Široka Ulica.
- Einfache Snacks und zahllose regionale Spezialitäten (Ziegen-/Schafskäse, Schnäpse) findet man auf dem **Markt** (Bäckereistände, halbe Hähnchen, Burek- und Käsestände, vormittags frischer Fisch usw.).
- **DM-Drogerie** im Innenhof neben dem Konsum-Minimarkt (Široka Ul.).
- **Buchhandlung Svjet Knjige** neben dem DM-Drogeriemarkt im Innenhof in der Široka Ulica; Mo–Sa 8–21 Uhr.
- Richtung Busbahnhof (am Ostende der Branimira in die Frankopanska, erste größere links/Polacišce, 150 m rechter Hand) liegt das moderne **Einkaufszentrum City Galeria** mit zahlreichen Boutiquen und Fachgeschäften sowie Gastronomie- und Unterhaltungseinrichtungen.

Nützliches

- **Post:** Ul. Šimuna Kožičića, Mo bis Sa 7–21 Uhr. Hier gibt es auch schöne uund preiswerte Ansichtskarten.
- **Bank/Geldautomaten:** u.a. Dalmatinska Banka, Trg Sv Stošija; Hypo-Adria Banka, Ul. M. Klaića; Torgovačka Banka, Ul. M. Boreli, Zagrebačka Banka (hinter dem Seetor) und Splitska Banka, Ul. P. Borc V., zahlreiche Geldautomaten in der Kožicica und Široka Ulica (ab Forum).
- **Internet: Izbor** am Trg Tri Bunara (Tel. 023-466288); **Internet-Point,** gegenüber der Touristeninformation; **Internet-Center,** Varoška 3 (Tel. 023-311265, tgl. 9–22 Uhr); **Aeris-Net,** F. Gisogona 8 (Tel. 023-346211, www.internet-zadar.net).
- **Erste Hilfe:** Medizinisches Zentrum Zadar, Tel. 023-315677, Stadtbusse 2 und 4.

Sveti Filip i Jakov

Ab Zadar in südlicher Richtung beginnt das eigentliche dalmatische Festland. Hinter den hässlichen Petro-Werken unmittelbar an der Küstenstraße (hier auch sehr großer Supermarkt) folgt nach dem Vorort Sukošan (Abzweigung zum Flughafen) der ruhige **Badeort** Sveti Filip i Jakov (4600 Einwohner). Einzige kleine Sehenswürdigkeit sind die **römischen Relikte** des Heereslagers Liburnium aus dem 1. Jh. (beschildert „Roman Relics") unweit der Hauptstraße. Sprachwissenschaftlich Interessierte finden außerdem glagolitische Inschriften in der Hauptkirche.

Info und Agenturen

- Auskünfte und Organisationshilfen zu dem recht jungen Touristenort Filip i Jakov gibt die **Touristeninformation Filip i Jakov,** Obala Tomislava 16, Tel. 023-389071, www.sv-filip jakov.hr. Die Seite bietet direkte Kontaktaufnahme zu Wohnungs- und Zimmeranbietern.
- **Agentur Sirena,** Obala Tomislava 2, Tel./ Fax 023-389147, www.sirena-tours.hr; hauptsächlich Tickets (auch Flugtickets) und Unterkunft.
- **Agentur Iris Dalmatica,** Tel. 023-388246, www.irisdalmatica.hr, sehr beliebt für Fahrten nach Plitvice und Raftingtouren.

Unterkunft

Wer länger in der Nähe von Zadar wohnen möchte, ist in Sv Filip i Jakov sicher gut aufgehoben – hier ist es sowohl ruhiger als auch deutlich preiswerter als in der Stadt. Im Dorf um die Pfarrkirche „Philip und Jakob" aus dem 16. Jahrhundert mit seinen angenehmen Kiefernwäldern hat der Unterkunftssuchende die Wahl:

- €€€**Hotel Villa Donat,** Tel. 023 383556, www.ilirijabiograd.com, 2010 neu eröffnetes, traditionelles Haus mit 16 sehr komfortablen Zimmern sowie einer modernen Dependance mit 56 Zimmern.
- Das schlichtere €€**Alba,** Tel. 023-388667, bietet 2- bis 4-Bettzimmer, alle mit Balkon/ Meerblick in direkter Strandlage.
- €**Apartments Petrina,** Tel. 023-388801, www.sv-filipjakov.hr/apartmanipetrina, etwas zurückgesetzt, dafür sehr ruhig und preiswert. Insgesamt sieben Einheiten mit Studios und FeWo für 2–6 Personen mit Balkon/Terrasse, teilweise mit Meerblick.
- €€**Apartmani Tatarović,** Tel. 023-290100, Fax 388667, www.apartmani-croatia.com. Sehr moderne Anlage mit Einheiten für 2–6 Personen.
- €€**Apartmentsiedlung Margarita Maris,** Put Promorja 131, Tel. 023-292400, www. vud.hr, sehr schöne Anlage, aber nur für zwei Personen empfehlenswert.

Camping

- €€€€**AC Đardin,** Tel. 023-388960, www. camping-croatia.com, schöne Lage an teils sandigem Ufer mit Beachvolleyball und kleinen vorgelagerten Inselchen, kein Freizeitangebot.
- €€**Minicamp Filip,** Put Primorja 10, Tel. 023-389196, www.campingfilip.com.

Die norddalmatische Inselwelt

„Und als der Herr die Gestaltung der Erde beendet hatte, bemerkte er, dass von den Naturschönheiten, die er der Erde zugedacht hatte, noch eine ganze Reihe übrig geblieben waren. Der Herr blickte auf sein Werk und war erstaunt über das tiefblaue Meer, welches er kurz zuvor unter dem Saum Südeuropas versteckt hatte. Also nahm er die restliche Naturpracht und ließ sie in der Adria fallen" – so entstand einer Legende nach die Landschaft des norddalmatischen Inselarchipels.

Tipp: Es empfiehlt sich, vor einem Wochentrip auf die Inseln in **Zadar noch einmal günstig einzukaufen,** da die Preise auf den Inseln etwas höher liegen als in den Supermärkten des Festlandes. Für die **Anreise per Fähre** siehe die Tabelle bei Zadar.

Insel Olib

Das 25 km² große Olib liegt etwa mittig zwischen der Insel Lošinj und Zadar, wird aber nur von Letzterem aus per Fähre angefahren und führt daher ein eher stiefmütterliches Dasein im norddalmatischen Fremdenverkehr. Die Inselform ähnelt der ihrer bekannteren Schwester Silba, nämlich der einer Eieruhr mit dem Hauptort im Mittelpunkt. Olib wurde im 15. Jahrhundert als **Fluchtinsel vor den Türken** von Kroaten besiedelt und begann unter dem Lokaladel zu prosperieren (Oliven, Wein, Schafzucht). Mit den Wirren des Ersten Weltkriegs setzte eine umfangreiche Auswanderungswelle, vorwiegend nach Nordamerika, ein – heute leben nur rund 160 Menschen auf Olib. Den Reiz der Zurückgezogenheit auf der autofreien Insel kennen bislang vorwiegend kroatische Besucher vom Festland.

Sehenswert ist im Ort Olib die **Pfarrkirche Sv Marija,** die um 1785 an eine noch heute sichtbare Kapelle angebaut wurde. Das Innere birgt ein schlichtes Holzkreuz, welches von Pater *Cetinjanin,* dem Anführer der Flüchtlinge des 15. Jahrhunderts, nach Olib gebracht worden war. Auf der Südwestseite stehen die Reste des alten Klosters Sv Ante Opata, das 1948 aufgegeben wurde.

An- und Weiterreise

- Die **Autofähre Zadar – Olib** fährt derzeit täglich um 9 Uhr ab Zadar und um 19.50 Uhr ab Olib, im Winterhalbjahr nur an bestimmten Wochentagen (Details und Preise siehe unter www.jadrolinija.hr). Daneben bietet der kleine regionale Fährdienst *Miatours* einen ganzjährigen Katamaranservice (mind. 1–2x tgl., 12–18 K, www.miatours.hr) an.

Information

- **Touristenbüro am Hafen,** Tel. 023-370162, Mo bis Sa 16.30–20.30 Uhr, vermittelt auch Privatzimmer.

Aktivitäten

- Gute **Bademöglichkeiten** bestehen unmittelbar in der **Bucht von Olib-Stadt** (befestigt) sowie in der zu Fuß in gut 15 Minuten erreichbaren **Bucht Slatinica** auf der Ostseite (Sand).

Nützliches

- Die (noch) einzige offizielle €€**Pension Amfora** (Tel. 023-376010, mireilletelesmanic@net.hr) liegt am Hafen, ebenso wie **Post, Laden** und **Marktstände.** Ein Ferienhaus für 4–7 Personen mit Terasse und Innenhof kann unter www.olib-silba.com arrangiert werden.
- Kühle Getränke bietet die **Konoba Plavnik** (Tel. 376099) am Hafen, gute Lokalküche gibt es in der **Gostionica Olib** (Tel. 023-376163). Gehobenere Küche wird im Seglertreff **Gostionica Amfora** (s.o., Mai bis Oktober tgl. 8–24 Uhr) geboten.
- Bargeld vorher tauschen – bislang war in der Dorfpost **kein Geldwechsel** möglich!

Insel Silba

Das 15 km² große Silba unterscheidet sich – von der Form einer Eieruhr mit Hauptort im Mittelpunkt abgesehen – sehr stark von der Nachbarinsel Olib. Während Olib hinsichtlich Vegetation und Kultur die Nähe zum kargen Pag widerspiegelt, zeigt Silba deutliche Ähnlichkeiten zu Lošinj: eine einst reiche **Seefahrer- und Kapitänsinsel** mit milderem Klima und gepflegtem Bewuchs, nur in geringem Umfang landwirtschaftlich genutzt. Mit dem Untergang der Segelschifffahrt – Anfang des 20. Jahrhunderts lagen im Hafen noch 200 inseleigene Segler vor Anker – folgte eine Umstellung auf den „Durchreisetourismus“ zu See von

Mali Lošinj nach Zadar. Heute gilt Silba als beliebteste nordwestliche Insel des Archipels von Zadar.

Die bekannteste Sehenswürdigkeit ist der **Liebesturm,** ein schlanker, hexagonaler Aussichtsturm, den ein ortsansässiger Kapitän im 18. Jahrhundert seiner Liebsten errichtete, damit sie sein Schiff überall auf dem Meer erspähen könne!

An- und Weiterreise

- Die **Autofähre** fährt einmal täglich von/nach Zadar, ab Zadar um 9 Uhr und um 19.05 Uhr ab Silba, im Winterhalbjahr nur an bestimmten Wochentagen; Infos unter www.jadrolinija.hr. Daneben bietet der kleine regionale Fährdienst *Miatours* einen ganzjährigen Katamaranservice (mind. 1–2x tgl., 18 K, www.miatours.hr) an.
- **Auskunft und Buchung** im Jadrolinija-Büro am Fährhafen (Tel. 023-370010, tgl. 6–12 Uhr sowie vor den Abfahrtszeiten) oder bei der *Mik*-Agentur im Ort.

Unterkunft

- **Zimmer und Ferienwohnungen** vermittelt die **Agentur Mik,** Tel./Fax 023-370030, tgl. 8.30–20.30 Uhr. Eine ganze Reihe von Apartmentvermietern haben sich auf der offiziellen Homepage der Insel (www.silba.net) zusammengeschlossen.
- €€€**Pension Fregadon,** Tel. 023-370104, www.pansion-silba.com, bietet hübsche Zimmer mit a/c, TV und Terrasse/Balkon.
- €€**Studio/Aptm. Darija Vanjak,** Tel. 023-393370, zvonimir.vanjak@fer.hr, mit Sat-TV und a/c für 1–4 Personen (nur Juli/August), ufernah.
- €€**Apartman Mareta,** direkt am Strand, Balkon, 2 Schlafzimmer, max. 4–6 Pers., *Tanja Telesmanic,* Tel. 023-305606, tanjate@net.hr.

Essen und Trinken

- Gastronomisch haben etliche Cafés und Restaurants kulinarische Leckerbissen im Angebot, besonders empfehlenswert sind das **Silba** (Luka Mul, Tel. 023-370371, April bis Oktober 7–24 Uhr) für Fischgerichte und die **Pizzeria Jadran** (Tel. 023-370090) nebenan.

Nachtleben

- Die **Disco Bar Skipper** lädt ein zu Tanz und Musik, zudem gibt es Spieltische und ein angenehmes Freigelände, 22–3 Uhr.

Nützliches

- Im Ort sind alle touristisch wichtigen Einrichtungen vorhanden (alle in der Nähe des Liebesturms): **Post, Erste-Hilfe-Station, Läden** usw.

Insel Molat

Unterholz und Baumschulen wie auch die zerklüftete Küste prägen das Landschaftsbild der 23 km² großen Insel Molat, deren rund 230 Bewohner sich auf die Orte Molat, Brugljе und Zapuntel verteilen. Sie leben ausschließlich von **Schafzucht, Ackerbau, Fischfang und Tourismus.** Seit 1409 venezianisch, wurde Molat an die Adelsfamilien von Zadar als Lehen vergeben, was das faschistische Italien 1941–1943 „aus historischen Besitzgründen" zum Anlass nahm, hier ein Konzentrationslager zu errichten. Heute ziehen die vielen kleinen Buchten **Angler, Segler und Badefreunde** an. Autoverkehr ist auf Molat rar, alle Ziele werden zu Fuß erschlossen. Mehrere kleine Kies- und Sandbuchten an der Nordseite sind in wenigen Minuten erreichbar – auf dem Weg passiert man das ehemalige italienische Konzentrationslager.

031da Foto: wl

Knapp drei Viertel der Inselbewohner leben im **Hauptort Molat,** wo man Post, Bäckerei, Minimarkt, Apotheke mit Erste-Hilfe-Station sowie Ferienwohnungen (am Hafen) findet. Reservierungen für Unterkünfte (allerdings teilweise recht exklusive und teure) kann man über die Internetseite www.casamundo.de oder auch direkt, z.B. bei den €€€Apartments Mia (Tel. 023-371889, www.molat.hostzi.com, 4er-Apartment 65–75 Euro/Tag), vornehmen.

Das „landwirtschaftliche Zentrum" **Brgulje** bietet zwei Kneipen, einen Minimarkt sowie eine Hand voll Privatzimmer (€). Zehn Gehminuten unterhalb des Dorfes liegen die kleine Mari-

na sowie mehrere Kies- und Sandbuchten. Am Pier legt die Fähre Zadar – Polat an, aber nicht immer!

Der drittgrößte Weiler auf Molat besteht aus **Zapuntel** und dem etwas unterhalb gelegenen Hauptfährpier **Polat.** Beide Teilorte haben je eine Dorfschenke zu bieten.

An der malerischen Küste von Molat

An- und Weiterreise

- Tgl. außer samstags **PKW-Fähre** von/nach Zadar, zusätzlich 1x tgl. **Personenfähre** (www.jadrolinija.hr und www.miatours.hr).

Insel Ist

Vom 174 m hohen **Straža** blickt eine kleine Kapelle seit Urzeiten über das 10 km² große praktisch autofreie Ist (das Auto kann mitgeführt und abgestellt werden). Während man auf anderen Inseln vorwiegend Ackerbau und Viehzucht betreibt, leben die 280 verbliebenen Seelen auf Ist seit Jahrhunderten vom **Fischfang.**

An- und Weiterreise

- Die **Autofähre** von/nach Zadar verkehrt derzeit nur Do 11 Uhr sowie Fr und Sa 9 Uhr ab Zadar und Mo, Fr 20.10 Uhr sowie Do 19.25 Uhr ab Ist (www.jadrolinija.hr). Eine reine Personenfähre verkehrt außerdem täglich zu unterschiedlichen Zeiten, siehe unter www.miatours.hr.

Aktivitäten

- **Bademöglichkeiten** gibt es in den kleinen Nachbarbuchten (Kies/Fels) des einzigen Dorfes der Insel, Wassersportmöglichkeiten bietet die Tauchschule (s.o.).
- **Tauchschule Ist-Diving,** Tel. 023-372444, www.ist-diving.com, ist auch bei der Buchung von €-€€Privatunterkunft behilflich.

Nützliches

- Wichtigste Anlaufstelle im 140-Seelen-Dorf ist neben der Tauchbasis das **Restaurant Maestro,** dessen Besitzer große Pläne für den in den Anfängen begriffenen Tourismus hat:

Neben dem Lokal und dem **Turist Biro** (Tel. 023-372419, Fax 372464) betreibt er auch den Tennisplatz und vermittelt €€Ferienwohnungen/Zimmer, u.a. für die **Pension Maestro,** Tel./Fax 023-372419, ist@zd.tel.hr.

● Der kleine Ort verfügt über **Post, Erste-Hilfe-Station,** ein paar **Läden,** mehrere **Restaurants** und schließlich eine **Marina** für die vielen Segelsportfreunde (Meldung im Turist Biro).

Inseln Ugljan und Pašman

Die beiden lang gestreckten, Zadar und Biograd vorgelagerten Inseln Ugljan (50,2 km², ca. 7500 Einwohner) und Pašman (57 km², ca. 3500 Einw.) sind durch eine Brücke miteinander verbunden und werden von vielen Touristen gleichsam „in einem Aufwasch" besucht. Pauschal gesprochen kann man sagen, dass Urlauber bevorzugt auf Ugljan wohnen, ohne dass die Insel dabei überlaufen oder sehr touristisch wirkt, wogegen Pašman einen eher einsamen Eindruck macht.

Da viele Bewohner auf dem Festland arbeiten, wurde eine **sehr gute Fähranbindung** geschaffen, die es auch dem Reisenden ermöglicht, gegebenenfalls spontan und ohne große Vorplanung Ugljan-Pašman zu besuchen. Die übrigen Inselbewohner leben von der **Landwirtschaft** (Wein, Feigen, Oliven, Früchte), wobei die Fruchtbarkeit von Nord nach Süd abnimmt, was auch die deutlich dünnere Besiedlung auf Pašman erklärt.

Das **Landschaftsbild** ist von hügeligen Waldbereichen (Nadel- und Laubgehölz) auf Ugljan und Nord-Pašman geprägt, die Südhälfte Pašmans weist vorwiegend kräuterbewachsene Karstlandschaften auf. Höchste Erhebungen sind der Šćah (286 m) auf Ugljan sowie der Bokolj (272 m) auf Pašman, wobei auf beiden Inseln jeweils die Festlandseite mit den Siedlungen flach, die Südwestküste steil abfällt.

Viele Kroaten aus Zadar und Biograd haben ein Landhäuschen auf den Inseln errichtet und verbringen ihren Urlaub oder die Wochenenden dort, vermieten aber auch an Touristen. Es steht daher eine **Vielzahl an Unterkünften,** allerdings nur wenige Hotels zur Verfügung; Touristen nehmen oft auch mit den zahlreichen Campingmöglichkeiten im Nordosten vorlieb.

Auf Pašman geht es deutlich ruhiger zu als auf Ugljan; eine (gut markierte) Jeeppiste führt südlich der Hauptstraße auf dem Höhenzug die gesamte Insel entlang von Tkon bis Ždrelac – ideal für Wanderer, Mountainbiker und Liebhaber einsamer Buchten. Besonders für Wanderer und Biker auf der Suche nach den weniger befahrenen Nebenwegen empfiehlt sich die ausgezeichnete **Karte** „Island Ugljan/Pašman Trekking & Mountain Biking" (1:20.000), die von der regionalen Tourismusbehörde (www.zadar.hr) herausgegeben wird und bei den örtlichen Touristeninformationen (manchmal gegen eine kleine Gebühr von 10–15 K erhältlich ist. Nicht ganz so gut, aber auch brauchbar ist die ebenfalls dort erhältliche kostenlose Karte „Ugljan Trekking and Biking", die nur die Insel Ugljan abdeckt (plus einem

Inseln
Ugljan - Pašman
Sestrunj
Rivanj
Idula
Rt Sv. Petar
Punta Scala
Petrčane
Rt Radman
Leuchtturm
Sušica
D. Selo
Ugljan
Leuchtturm
Ceprljanda
Ivanac
Brbinj
PKW Dugi Otok
Kožino
Adventure Park Zadar
Poljica Brig
Poljak
Dračevac Ninski
Gruse
Bokanjac
Briševo
Leuchtturm
Oštri rat
Rt Zaglav
Rt Sv. Grgur
Leuchtturm
Hafen
Zadar
Murvica
Autobahn
Smokovići
Lukoran
Ščah 286
Sutomišćica
Poljana
PKW-Fähre
Crno
Sv. Mihovil
Preko
Vell Iž
Rutnjak
Ošljak
Ošljak
Ploče
Dračevac
Babindub
Božava, Veli Rat
UGLJAN
IŽ
Kali
Rava
Knežak
Rt Otrić
Bibinje
Mali Iž
Kobiljak 199
152
Leuchtturm
Tomešnjak
Školj Veli
Bisage
Rt Podvara
Sukošan
Leuchtturm
Sv. Kasijan
Luka
Rt Parda
Kukljica
Leuchtturm
Makarska
Debeljak
Podvršje
Žman
Ždrelac
Krava
Martinjak 139
Donje Raštane
Zaglav
Tukošćak
Mryonjak
Panoramski Put
Dobropoljana
Sveti Petar na Moru
DUGI OTOK
Sali
V. Bokolj 272
Nevidane
Lavdara
Vela Balabra
Gar-menjak
Galešnjak
Turkljača
PAŠMAN
Mrljane
Komornik
Turanj
Naturpark Telašćica
Lavdara mala
Kurba mala
Sit
Pašman
Babac
Leuchtturm
Sv. Ante
Sveti Filip i Jakov
Vela Skala
Brušnjak
Mala Skala
Kraj
Telašćica Bucht
G. Aba
Glamoč
Biograd na Moru
Katina
V. Buč
M. Buč
Šćitna
Ugrinići
Franjevački samostan
Bizikovica
Gangarol
Tkon
Aba Vela
Strižna
Golubovac
184
Sv. Kuzma i Damjan
Nationalpark Kornaten
Tovarnjak
Bicarijica
Vela Vršata
Žut
Gustac
Košara
0
4 km
Lučica
Pristanišće
Leuchtturm
KORNAT
Levrnaka
Žižanj
Rt D. Borovnjak
© REISE KNOW-HOW 2012

191nd Foto: wl

kleinen Teil der Nachbarinsel (Download unter tz.preko.hr). Dies funktioniert jedoch nur über die englische bzw. kroatische Version, der deutsche Link ist seit Jahren „blind".

Beide Inseln waren schon in der Antike besiedelt, sowohl illyrische als auch römische Ruinen zeugen davon. Die heutigen Siedlungen entstanden im Mittelalter als **Fluchtorte während der Türkenkriege.** Da das Festland weiträumig in türkischer Hand war, dienten die Inseln gleichzeitig auch als „ausgelagertes Ackerland" der Bewohner von Biograd und Zadar. Nur Ugljan war mit Pinienwäldern, Feigenbäumen, Weinbergen und Olivenhainen bedeckt und verdankt seinen Namen dem seit Jahrtausenden aus den über 100.000 **Olivenbäumen** gewonnenen aromatischen Öl.

Die Geschichte der Doppelinsel weist übrigens interessante Parallelen zu Cres-Lošinj in der Kvarner Bucht auf, da dort wie auch hier die Inseln ursprünglich miteinander verbunden waren. Der heutige Kanal an der flachsten Landstelle entstand erst im späten 19. Jahrhundert, um den Schiffsverkehr zwischen den Inseln zu ermöglichen. In den 1970er Jahren schließlich verband man Ugljan und Pašman wieder mittels einer (kostenlos befahrbaren) **Brücke.**

Von Pašman stammt übrigens der auf Gesuch des UN-Kriegsverbrecher-

Das Franziskanerkloster in Ugljan

tribunals in Den Haag im Dezember 2005 auf Teneriffa verhaftete General *Ante Gotovina*.

Ein allgemeiner **Hinweis für Badefreunde:** Viele Ortschaften verfügen über Badeplattformen und liegen an der Nordostseite der beiden Inseln (Richtung Zadar), während südwestseitig Steilküsten mit teilweise schwer zugänglichen, meist unerschlossenen kleinen Felsbuchten locken.

Noch eine kleine Merkwürdigkeit zu Ugljan: Auf der Insel nimmt man es nicht immer so genau mit der **Kfz-Zulassung,** auffallend viele Autobesitzer haben ein „Faible" für nordamerikanische Fantasiekennzeichen entwickelt.

An- und Weiterreise

- **Zwei Fähren** bieten von Juni bis September eine **gute Verbindung zu den Inseln:** Zadar - Preko (5.30–24 Uhr 12–18x tgl., Pkw mit 2 Personen ca. 16 Euro) und Biograd - Tkon (6–22.30 Uhr 8–13x tgl., Pkw mit 2 Personen 10,50 Euro); Fahrzeit je eine knappe halbe Stunde.
- Öffentliche **Busse** verbinden, auf die jeweiligen Fährzeiten abgestimmt, **alle Inselorte beider Inseln und beide Fährpiers.** Die Übersicht gibt die Abfahrtszeiten in den Hauptorten wieder; Preisbeispiele: Preko - Ugljan und Preko - Kukljica je 10 K, Preko - Tkon 20 K. Für einen Tagesausflug nach Zadar sollte man mit dem Bus zur Fähre fahren; Info-Tel. 023-211555.

Busverbindungen auf Ugljan/Pašman

Preko – Ugljan:
6.00, 6.50, 8.00, 10.00, 12.00, 14.00, 15.15, 16.00, 17.10, 18.30, 19.50, 21.10

Ugljan – Preko:
5.15, 6.20, 7.20, 9.20, 11.30, 12.45, 13.55, 14.50[2], 16.40[1], 18.00, 19.20, 20.40

Preko – Kukljica:
6.00, 6.25, 7.15, 8.00, 10.00, 12.00, 14.00, 15.15, 16.00, 17.10, 18.30, 19.50, 21.10

Kukljica – Preko:
5.20[1], 6.15, 7.30, 7.45[2], 9.45, 11.45, 13.20, 15.15, 16.50, 18.05, 19.30, 20.45

Preko – Tkon:
6.25[1], 8.00, 10.00, 12.00, 14.00, 15.15, 17.10, 18.30, 19.50, 21.10

Tkon – Preko:
4.50[1], 5.50, 7.15, 9.15, 11.15, 12.50, 14.45, 17.30, 18.55, 20.15

[1]nur werktags
[2]nur am Wochenende und an Feiertagen

Dorf Ugljan

Der Fischerort Ugljan ist keinesfalls der Hauptort der Insel, bietet allerdings eine recht breit gefächerte touristische Infrastruktur. Er erlangte durch zwei Anlagen einige Bekanntheit: einmal durch das **Franziskanerkloster Sv Franje** von 1430 auf der Nordseite am Ufer (für die Öffentlichkeit zu besichtigen nur 16–17 Uhr), dann durch die **Landzunge Muline mit römischen Ruinen,** von denen etliche noch unter Wasser liegen und zum beliebten Ziel für Taucher wurden.

Richtung Muline am T-Ende rechts fahrend, kommt man gleich links zu einem (beschilderten) Feldweg, der zum ummauerten „Schlösschen", dem **Dvorac Califfi** genannten einstigen Landsitz der Adelsfamilie *Beršić* führt (heute im Privatbesitz des ehemaligen Basketballstars *Krešimir Ćosić*). Ein Stückchen weiter (nächster Weg rechts) lohnt ein kurzer Abstecher zur

Allerheiligenkapelle, die einsam mitten auf der Landzunge steht.

Info und Agenturen

- Die **Touristeninformation,** Tel. 023-288011, www.ugljan.hr, Mo bis Sa 8–21 Uhr, So 8–12 und 18–21 Uhr, mit Zimmervermittlung und sehr guten Karten zu Ugljan liegt am kleinen Platz im Zentrum neben der Agentur Galius.
- Die **Agentur Galius,** Tel. 023-288314, www.apartmaniugljan.com, vermietet Boote (Ugljan bietet einige Bootsliegeplätze), vermittelt Unterkünfte (42–52 Euro/4er-Apartment) und bietet Tagesausflüge zu den Kornaten an.

Unterkunft, Camping

Zu Ugljan zählen heute auch die Vororte Uvala Činta/Čeprljanta (südlich) sowie Batalaža und Sušica (nördlich) mit zahlreichen Unterkünften und auch Campingplätzen.

- Das einfache €**Hotel Ugljan** direkt an der Promenade im Zentrum, Tel. 023-288024, Fax 288004, www.hotel-ugljan.com, bietet preiswerte Zimmer und verleiht auch Fahrräder. Das Hotel bietet außerdem einige Ganztagesausflüge auf dem Festland (Plitwitzer Seen, Kornaten, Bergpark Paklenica und Krka-Fälle) an.
- Wenige Meter weiter Richtung Kloster wohnt man sehr schön am Ufer in der €€**Villa Oleandar** (Tel. 021-878454, zu buchen u.a. über www.apartmani-sobe-hrvatska.com).
- Im Bereich Uvala Činta/Čeprljanta findet man hauptsächlich private Apartmentvermieter, etwa €€**Dajana Šarin** (Tel. 023-288014, dajana.sarin@ugljan.hr) mit Ferienwohnungen für 2–5 Personen oder €**Denis Karlović** (Tel. 023-288275, mobil 098-317626, vladimir.karlovic@ugljan.hr), bei dem bis zu 6 Personen die Ferien verbringen können.
- Sehr empfehlenswert nördlich des Zentrums ist die €€**Restaurant-Pension Stari Dvor** (Tel. 023-288688, www.staridvor.hr) im Bezirk Batalaža. Sehr schön und ufernah kommt man hier auch bei **Draga Židov** unter (mobil 091-2527057, www.apartmaniena.com).

- Der noch weiter nördlich gelegene Abschnitt Sušica wird hauptsächlich von Campern des €**AC Porat** (Tel. 023-288318, www.campingporat.com, familientauglich mit Sandstrandabschnitt) und des €**AC Mekelenić** (Tel. 023-288108, ivan.mekelenic@ri.t-com.hr) frequentiert. Direkt am Meer findet man hier auch €€Ferienwohnungen für 2–4 Personen bei **Nenad Funčić** (Tel./Fax 023-288646, nenad-petar.funcic@zd.t-com.hr).
- Abgesehen von den großen offiziellen Autocampingplätzen bieten einige „Minicamps" ohne Komfort etliche Stellplätze rund um Ugljan: **Marijo** (Tel. 023-288172, www.auto-

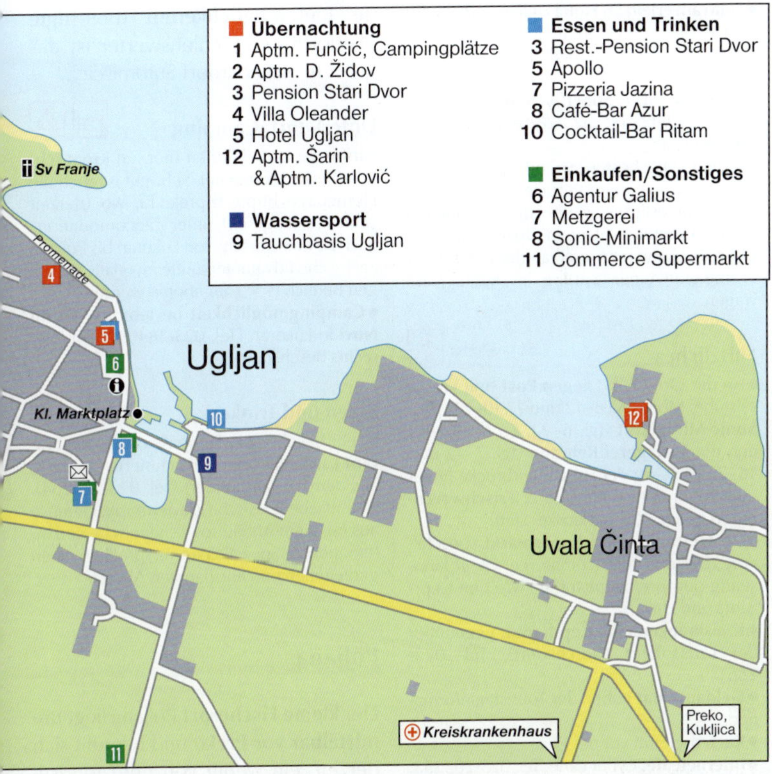

campstipanic.com), **Batalaža** (Tel. 023-288153), **Pavlešina** (Tel. 023-288102) und **Stipanić** (Tel. 023-288035).

Essen und Trinken

- Als die Nummer Eins vor Ort im Zentrum von Ugljan behauptet sich derzeit das **Apollo** (Tel. 023-288394) mit schöner Terrasse direkt am Ufer.
- Gute und günstige Gerichte serviert die kleine **Pizzeria Jazina** (Tel. 023-288525, tgl. 9–24 Uhr) an der Ortszufahrt bei der Post.
- Kleine Erfrischungen bietet die **Café-Bar Azur** (Tel. 023-288253) neben dem Minimarkt am kleinen Marktplatz.
- Auf der anderen Seite der Dammbrücke liegt die sehr schöne **Cocktail-Bar Ritam** mit Spielmöglichkeiten (Billard, Tischfußball) – gemütlich, kleine Snacks, Blick auf Zadar und das Kloster.

Aktivitäten

- **Tauchbasis Ugljan,** Tel. 023-288022, www.diving-ugljan.com.

- **Fahrradverleih** im Hotel Ugljan und bei der Tauchschule, außerdem findet man in Muline (Plaža Luka) einen Moped-, Rad- und Bootsverleih (mobil 098-1842793).
- **Angelausflüge/Sportfischen** bietet MB Pišmolj (Tel./Fax 023-288105) im AC Mekelenić an.
- **Baden:** Die besten Strände liegen beim Kloster (Sand), beim verfallenen Hotel Zadranka (befestigt) sowie bei den zahlreichen kleinen Campingplätzen in Ortsrandlage. Im Ort selbst kann man auch an der befestigten Promenade einen Sprung ins kühle Nass wagen.

Nützliches

- An der Ortszufahrt liegen **Post** (mit Wechselstube, Mo bis Sa 8–12 und 17.30–21 Uhr), **Sonic-Minimarkt** (tgl. 6–22, So 6–13 Uhr) und die **Metzgerei Rehrana** (tgl. 7–12 und 18–20 Uhr), vor der Fußgängerbrücke findet täglich vormittags ein kleiner **Frischwarenmarkt** (auch Zeitungskioske) statt.
- Ein **Getränke- und Supermarkt** (beschildert „Diskont Bure Commerce") liegt landseitig der Inselhauptstraße zwischen Čeprljanta und Ugljan.
- **Kreiskrankenhaus Čeprljanta,** gegenüber der Ortszufahrt (beschildert), Tel. 023-286179.
- **Geldautomat** neben der Touristeninformation.
- **Kartentelefon** vor der Post.
- **Internetcafé:** Cyber caffe, Tel. 023-288253.

Lukoran und Sutomišćica

Die beiden **Buchten nördlich von Preko** werden bislang kaum von Reisenden frequentiert und bieten auch keine großen Besonderheiten. Eine neue Verbindungsstraße schließt Lukoran an Sutomišćica an, sodass mittelfristig auch hier eine gewisse touristische Infrastruktur entstehen wird. Bislang gibt es in Lukoran nur **bescheidene Bademöglichkeiten** (befestigte Plattform), empfehlenswerter ist das größere Nachbardorf Sutomišćica.

Unterkunft, Camping

- **Infos** zu Unterkünften (nur auf Kroatisch) unter www.lukoran.net. Sehr gut ist auch die Homepage http://tz.preko.hr, wo (derzeit „nur" auf Englisch) unter „accomodation" auch zu den Dörfern von Lukoran bis Poljana zahlreiche Privatunterkünfte im relativ günstigen Bereich (€-€€) angeboten werden.
- **Campingmöglichkeit** besteht im €**Camp Novi** in Lukoran (Tel. 023-284090, am Ufer rechts beschildert).

Essen und Trinken

- Sehr beliebt ist in Sutomišćica das **Restaurant Lantana** in einem restaurierten Landsitz aus dem 17. Jahrhundert (Tel. 023-268264). Abendliche klassische Klaviermusik, Gemüse aus eigenem Anbau sowie heimische und internationale Spezialitäten versprechen einen gediegenen und entspannten Abend.

Poljana

Der **kleine Fischerort** Poljana liegt **unmittelbar vor Preko** und bemüht sich derzeit, ein wenig von dem touristischen Segen dort abzukriegen. Eine neue Badeplattform, Kinderspielplatz, das Bistro Garofulin (Tel. 023-268328, mit Pizza-Lieferservice), die Spaghetteria Moka (Tel. 023-282404), ein Minimarkt und eine Dorfpost (hier Telefonzelle) bilden das kleine Infrastrukturgerippe.

Unterkunft

Unterkünfte s. oben bei „Lukoran".

Preko

Angesichts des gegenüberliegenden Zadar (kroat. *preko* = gegenüber) nimmt sich Ugljans Hauptort Preko (rund 4000 Einwohner) bescheiden aus, er bietet aber eine ganze Reihe touristischer Annehmlichkeiten (derzeit noch einzige Tankstelle der Doppelinsel!). Sehenswert sind die **romanische Johanneskirche** aus dem frühen 13. Jahrhundert sowie die lebhafte **Uferpromenade.**

An- und Weiterreise

- **Autofähren** verbinden Preko mit Zadar von 5.30–24 Uhr etwa 18x tgl. Der Fährpier liegt etwa 1 km südöstlich und ist mittels einer Uferpromenade an das Zentrum angebunden (Pkw müssen weit außen herumfahren).
- Abgestimmt auf die Fähren bestehen drei **Buslinien** von/nach Ugljan, Kukljica und Tkon (s.o.).

Info und Agenturen

- Die **Touristeninformation** (Auskünfte zu Fähren, Bussen und Unterkunft) liegt rückwärtig auf Höhe der Badeinsel Galovac zentral an der Promenade; Tel. 023-286108, http://tz.preko.hr und die Gemeindepräsentation auf tz.preko.com.
- Neben Jadrolinija (am Pier, ca. 15 Gehminuten vom Zentrum) bietet die **Agentur Rušev** (Tel. 023-286085) im Zentrum Auskünfte, Ausflüge und Unterkunftsvermittlung. Sehr gut für die Voraborganisation ist vor allem die oben genannte Seite der Touristeninformation.
- An der Promenade/Ortsrand Richtung Poljana bietet die **Agentur Con Sole** (Tel. 023-647284, www.islandugljan.com) Mopeds, Räder, Ausflüge und Unterkunftsvermittlung.

Unterkunft

- €€**Vinko-Apartments,** Tel. 023-861163, web@promjena.com.
- Etwas erhöht und mit tollen Blicken bis Zadar wohnt man auch in den €€**Apartments Štulec,** Tel. 023-286073, free-kr.t-com.hr/apartmani-stulec. Am oberen Preis-Leistungslevel bewegt sich die €€€**Villa Eden** mit qualitativ sehr hochwertigen Wohneinheiten für 2–6 Personen. Praktisch direkt am Strand, Boots- und Fahrradverleih werden arrangiert. Jaz 18, Tel. 023-286075, www.eden.hr.
- €**Košta-Apartments** direkt am Ufer (Tel. 023-268345, www.preko-apartments.com), hübsche 2–4-Personenwohnungen mit Balkon/Terrasse.
- In einer Preisspanne von 40 Euro bis max. 75 Euro bietet *Nada Matic* **2–4-Personenapartments** etwas zurückgesetzt am nördlichen Rand der Ortsbucht an (Kustroina 2a, Tel. 023-286651, www.apartmani-preko.com).

Essen und Trinken

- Für Erfrischungen und einen Espresso bietet sich die **Café-Bar Luna** an der Uferpromenade an.
- Die **Café-Bar Kobra** (direkt auf das Inselchen blickend) mit Cocktails und Poolbillard zieht mehr die Jugend an.
- An der Promenade Richtung Fähre findet man die **Konoba Petrina** (Tel. 023-286860, tgl. 11–24 Uhr) mit dalmatischen Spezialitäten wie Muschel- und Krebsplatten, aber auch Nudelgerichten, Pizzen und Salaten.
- Das **Restaurant Jardin** (Tel. 023-286358, 12–23 Uhr) bei der Post bietet internationale Küche in der gehobenen Preisklasse.

Aktivitäten

- **Badefreunde** lockt die angenehme und nett angelegte **Uferanlage Plaža Jaz** (Duschen, Liegeflächen, Spielplatz, Beachvolleyball), die schon mehrfach die „Blaue Flagge" für außerordentlich gute Strandanlagen erhielt.
- Ansonsten kann man zur kleinen, unmittelbar vorgelagerten **Badeinsel Galovac** mit ihrem alten Franziskanerkloster schwimmen (es sind keine 100 m) oder eine **Wanderung zur Bergfeste Sv Mihovil** (gut 1½ Stunden) unternehmen.
- **Radverleih** direkt neben der Touristeninformation sowie bei der Agentur ConSole.

• **Kinderhüpfburgen** an der rechten Landzunge bei der Post.

Nützliches

• Für Selbstversorger bieten sich ein **Sonic-Supermarkt,** zwei **Metzgereien** (tgl. 6.30–12 und 18–20 Uhr), eine **Bäckerei** sowie ein **Obst- und Gemüsemarkt** direkt im Zentrum an. An der Anlegestelle (knapp 2 km außerhalb) findet man **Minimarkt, Bank** mit Geldautomat, **Tankstelle,** Grillhähnchen und Frischfischverkauf (vormittags).

• **Bank** (Nova Banka) und **Post** liegen im Zentrum an der Promenade.

• **Internetcafé Mediastar** (Tel. 023-286649) im Zentrum an der Promenade, tgl. 16–22 Uhr; auch Spielhalle.

Festung Sv Mihovil und Bucht Uvala Svitla

Höchste Erhebung auf Ugljan ist an der Südwestseite der Insel der **286 m hohe Berg Škah,** in dessen Nähe die Reste der alten venezianischen Festung Sv Mihovil (Hl. Michael) auf 260 Höhenmetern stehen. Über die Festung ist relativ wenig bekannt, im 11. oder 12. Jahrhundert sollen Benediktinermönche eine Abtei des *Hl. Michael* gegründet haben, die im 13. Jahrhundert von den Venezianern übernommen und zur Festung ausgebaut worden sein soll. Später wurde sie verlassen und zerfiel teilweise, heute nutzen Mobilfunkgesellschaften und das Militär die Anlage als „Schüsselhalter". Von den Mauern bietet sich dem Besucher ein **herrlicher Blick** sowohl nach Zadar (beste Sicht nachmittags) als auch bis hinüber nach Dugi Otok (vormittags).

Großartige Aussicht von Sv Mihovil auf Zadar

• **Sv Mihovil,** Eintritt frei, unbedingt empfehlenswert. Die Anfahrt ist sehr gut beschildert, das Teersträßchen bis zum Parkplatz oben kann gut befahren werden, alternativ bieten sich auch Wanderungen ab Preko an; Einzelheiten findet man unter www.preko.hr und auf den oben genannten Detailkarten.

Uvala Svitla

Auf halbem Weg hinauf zur Festung weisen Schilder auf eine **Badebucht** („Plaža", Wanderwege 3 und 4) hin. Man kann diesen Pisten (mit Pkw nur vorsichtig) bis zu einer kleinen Parkfläche folgen und dort dem Pfad hinunter zur Uvala Svitla, einer bei Einheimischen beliebten Badebucht mit Bootsanlegestelle (sehr ruhig, keine Bewirtschaftung).

Kali

Die größte und vermutlich **älteste Gemeinde Ugljans** erstreckt sich beidseitig der Inselhauptstraße, wobei der alte, die Hänge hinunter gebaute Ortskern nordostseitig liegt, ein kleines Industriegebiet dagegen südwestseitig. Kali hat zwar noch keinen größeren touristischen Aufschwung erlebt, spielt aber dennoch eine herausragende Rolle auf Ugljan. Der traditionelle Fischerort verfügt nämlich gleich über zwei Fischereihäfen, einen älteren im Altort sowie einen neueren auf der

Südwestseite der Insel. Eine **Muschelzucht** sowie eine Fischfabrik siedelten sich an und bieten wichtige Arbeitsplätze für die Inselbevölkerung.

Der von engen Einbahngässchen geprägte Ort hat keine Attraktionen an sich zu bieten, für den Reisenden kommt ein Besuch des traditionellen **Fischerfestes** am zweiten Augustwochenende in Betracht (Banderolen an der Straßenbeleuchtung beachten sowie www.kali.hr/kali/ribarske_noci.asp).

Information

● Die **Touristeninformation** für Auskünfte und Unterkunftsvermittlung findet man an der Durchfahrtsstraße nahe Zebrastreifen (Tel. 023-282406, www.kali.hr).

Unterkunft

● **Apartments** werden zahlreich angeboten, z.B. bei €*Goran Blaslov* (Tel./Fax 023-281596, www.kali.hr/blaslov) direkt am Ufer oder bei €*Kurtin Tino* am Hang etwas zurückgesetzt (Tel. 023-286254, www.kali.hr/kurtintino/index.htm). Oberhalb der Bucht mit schöner Aussicht, dafür straßennah wohnt man sehr günstig bei €*Zdenko Lukin* (Tel. 023-281607,

203nd Foto: wl

Norddalmatien

www.kali.hr/zdenkolukin/index.htm), der mehrere Wohnungen für 2 bis 9 Personen anbietet.

Aktivitäten

- Die beste (bescheidene) **Bademöglichkeit** ist in der kleinen **Bucht Kali-Lamjana** gegeben, wo auch die örtliche Fischfabrik/Muschelzucht am Ende der Bucht steht.

Nützliches

- Im Zentrum des Altortes verteilen sich die **Café-Bar Riva,** die **Café-Bar Bubalo** an der Kirche Sv Lovre sowie ein paar **Obst- und Zeitungsstände.**
- Neben der Touristeninformation findet sich ein **Geldautomat;** ein **Sonic-Minimarkt** liegt ebenfalls an der Durchfahrtsstraße (etwa Ortsmitte).

Kukljica

Das alte Bootsbau- und Fischerdorf Kukljica bietet heute eine gut ausgebaute touristische Infrastruktur mit zahlreichen preiswerten Apartments/Zimmern, einem netten Marktplatz sowie reihenweise guten und preiswerten Restaurants entlang des Hafenbeckens. Die meisten Touristen steigen im Ferienkomplex Zelena Punta ab (mit eigenem Strand, Bootsliegeplätzen und Tenniscourts).

Küstenpfad Kukljica – Kali

Als kleine Wanderung mit Bademöglichkeit bietet es sich an, von der **Gnjojišća-Bucht** (die Seite mit dem kleinen Sprungturm, dort links) im Bezirk Zavrh immer am Ufer entlang bis zur **Kapelle Sv Jerolim** (bis dahin recht guter Fußweg) zu gehen. Unmittelbar hinter der Kapelle liegt die nette **Kostanj-Sandbucht** (Bademöglichkeit), dahinter – die Treppenstufen landeinwärts hinauf – kann man dem Pfad bis Kali an der Küste entlang folgen (insgesamt 5,5 km, ca. 1½ Std.).

Kukljica – Sabuša – Kapelle Gospa Snježna

Hinter dem Marktplatz folgt man der Beschilderung „Plaža Velika Sabuša" durch die schrebergartenähnliche Wohnsiedlung von Kukljica etwa 10 Minuten bis zum Zebrastreifen an der Inselhauptstraße. Auf der anderen Straßenseite geradeaus am Friedhof vorbei erreicht man nach weiteren 10 Minuten die **Sabuša-Bucht,** wo man sich links am Ufer entlang hält. Am Ende der Bucht wird der Fußweg zu einem dünnen Wald-Uferpfad, der sich immer wieder dicht am Ufer entlang (manchmal schwer zu sehen!) bis zur **Villa Kunčabok** erstreckt. Vor dieser am Meer gelegenen Villa muss man (noch vor den Mauern!) 30 m „querfeldein" landeinwärts bis zum breiten Zufahrtsweg vor dem Anwesen gehen. Diesem folgt man bis zu einem T-Ende und wendet sich nach links bis zur Hauptstraße, der man wieder links etwa 10 Minuten aufwärts folgt. In einer lang gezogenen Kurve zweigt dann auf der Anhöhe ein Feldweg nach rechts ab, dem man etwa 15 Minuten hinunter bis zur Kapelle Gospa Snježna am **Ždrelac-Kanal** folgt (da dieser Abschnitt an einem Schrottplatz vorbeiführt, plant die Gemeinde einen alternativen Fußweg, der 200 m vorher von der Hauptstraße rechts abführen soll; dieser ist zwar schon auf den offiziellen Karten eingezeichnet, bislang aber nicht in natura vorhanden!).

Von der Kapelle führt der Weg immer am Ufer entlang in ca. 30 Minuten zurück nach Kukljica. Die gesamte Wanderung dauert ca. 90 Minuten.

Information

- Auskünfte über Privatunterkünfte (ab 180 K/DZ) erteilt das **Turist Biro,** Tel./Fax 023-373276, www.kukljica.hr, am Hafen Richtung Zelena Punta (links), tgl. 8–21 Uhr.

Unterkunft

- **Touristenkomplex** €€**Zelena Punta,** Tel. 023-373337, Fax 373545, www.coning-turizam.hr, Bungalows, zumindest außerhalb der Hauptsaison sehr preiswert. Mehrere Restaurants, Tauchschule, Ausflugsangebote (Fischpicknick, Kornaten usw.), Spielplatz, Badeplattformen usw., am Ende des Ortes schön im Wäldchen gelegen. Geöffnet Ende April/Anfang Mai–Ende Oktober.
- Die €€**Pansion Anđelka,** Tel. 023-373411, www.dragom.eu, am Marktplatz (beschildert), bietet 8 Zimmer sowie ein Studioapartment.
- Fast eine Institution ist in Kukljica die sehr beliebte Apartmentvermieterin €€**Marija Ugarković,** Tel. 023-373346, mobil 091-5876918, dunja.frkovic@ri.t-com.hr.
- Unmittelbar am Ufer wohnt man sehr schön bei €€**Rino Vojvodić,** 2–5 Personen, Tel. 023-373373, rino.vojvodic@zd.t-com.hr.
- An der Promenade Richtung Zelena Punta bietet Bruder €€**Mladen Vojvodić** unterschiedliche Ferienwohnungen für 2–6 Personen an (Tel. 023-373636, auffälliges Haus mit 8 Balkonbögen).
- Den Clan vervollständigt €€**Marijana Vojvodić** mit Studios/Apartments für 2–4 Personen, Tel. 023-373301, marko.vojvodic@zd.t-com.hr.
- Sehr schöne €€€**Ferienwohnungen** für 2–6 Personen bietet auch die **Familie Mavra,** alle Einheiten mit Klima, Telefon und Sat-TV sowie einem kleinen Kinderspielplatz; Tel. 023-373603, venko.mavra@zd.t-com.hr.

Essen und Trinken

- Sehr empfehlenswerte Lokale sind u.a. das **Kod Barba Tomé** (Tel. 023-373323) für Fisch (Thunfischsteak, frittierte Sardellen usw., mittlere bis gehobene Preisklasse) links neben der Touristeninformation sowie das **Stari Mlin** (mittlere Kategorie, Tel. 023-373304) wenige Meter weiter. Direkt nebenan werden im **Zaglav** (Tel. 023-373585) tellergroße Pizzen zu günstigen Preisen gebacken.
- Sehr gute Küche bietet auch das **Ciao Ciao** (Tel. 023-223732) mit Platten für 2 Personen und tellergroßen Pizzen; günstige Preise und angenehmes Ambiente.
- Im Bereich der Feriensiedlung Zelena Punta bietet das **Restoran Punta** (Tel. 023-373337) Kleinigkeiten und regionale Gerichte an.

Nachtleben

- Für abendliche Unterhaltung sorgt die **Disco Coco's** (Zelena Punta).

Aktivitäten

- **Bademöglichkeiten** existieren reichlich rund um die **Sabuša-Bucht** (beschildert) und die **Jelenica-Bucht** (Felsbucht, FKK), beide an der Westküste und in 20 Minuten zu Fuß vom Ort aus zu erreichen (Fußweg beschildert; keine Parkmöglichkeiten an den Buchten), sowie in der **Kostanj-Bucht** Richtung Kali; alle drei gelten übrigens offiziell als Sandbuchten. Auch im Ort selbst kann man baden, und zwar in der **Gnjojišća-Bucht** (kleiner Sprungturm) und rund um die **Landzunge Zelena Punta,** um die herum auch ein schöner **Uferrundweg** (Kukljica – Zlena Punta – Gnjojišća-Bucht – Kukljica, ca. 30 Minuten) führt.
- Als weiterer Spaziergang bietet sich der sehr einfache und flache **Uferweg zur Kapelle Gospa Snježna am Ždrelac-Kanal** (30 Minuten) mit schönem Blick auf die Brücke an (siehe auch Rundwanderung oben).

Einkaufen

- Selbstversorger finden – zumindest in den frühen Vormittagsstunden – alles Notwendige auf dem kleinen **Marktplatz** vor dem **Minimarkt.** Obst-, Gemüse-, sehr früh morgens auch Fischstände, Kioske und ein Bäckereiwagen (sehr gut!) vertreiben preiswerte lokale Produkte, alles Weitere erhält man im Minimarkt. Die **Metzgerei** am Marktplatz hat tgl. 6–14.30 Uhr geöffnet.

Nützliches

- **Polizei** (Tel. 023-345111) und **Internetcafé Ive** (Tel. 023-373863) am Marktplatz.
- **Geldautomat** am Minimarkt.

Ždrelac

Hinter Kukljica erreicht man recht bald die 210 m lange **Brücke nach Pašman.** Erste Anlaufstation ist meist das Dörfchen Ždrelac mit Post, Einkaufsmöglichkeit und einem kleinen Turist Biro, welches sehr einfache, dafür aber auch sehr günstige Zimmer und Ferienwohnungen vermittelt. Camper loben das €AC Ruža am Ortseingang zum Altort trotz des Mankos, dass es nicht unmittelbar am Meer liegt. Mehrere Badebuchten liegen beiderseits des Hafenbeckens sowie rund um den Ort (beschilderte befestigte Sträßchen), die kleine Tauchbasis Doris-Sport ermöglicht Tauchgänge.

Wer in Ždrelac Urlaub machen möchte, muss wissen, dass der Ort sich über **drei Abschnitte** erstreckt: gleich hinter der Brücke der Abschnitt **Gladuša** (hier Aufbau eines Touristenkomplexes), der 3 km entfernte **Altort** rund um den alten, kleinen Hafen sowie die **Bucht Matlovac** mit dem Strandbad 1 km weiter.

Kurz hinter der Brücke beim neuen Touristenkomplex Podgladuša findet man rechter Hand die Zufahrt zum sogenannten **„Panoramski Put“** (Panoramaweg, beschildert), einem auf dem Höhenzug von Pašman entlangführenden Feldwegsystem von Ždrelac bis Tkon. Über diesen Weg sind wunderschöne Buchten an der Südwestküste erreichbar (u.a. Lanđin, Žinčena, Sv Ante, Soline); diese Wege kann man nur eingeschränkt und sehr vorsichtig mit Pkw befahren – für Wanderer und Mountainbiker sind sie wie geschaffen.

Unterkunft

- Schöne **Ferienwohnungen** (UG behindertengerecht) mit Pool in Ždrelac am Ufer bietet beispielsweise *Werner Geiselsöder,* 91325 Adelsdorf, Hans-Rebhan-Str. 1, Tel. 09195-2521, bzw. in Ždrelac, Put Rogaca 1, Tel. 023-374642, www.rogaca.de, für 4–6 Personen zu 70–85 Euro in der Hauptsaison. Der Vermieter kümmert sich auf Wunsch auch um Transfer, Rad-, Bootsverleih und Ausflüge.
- Ebenfalls sehr hübsche Angebote findet man bei **Mladen Loncar,** Ul. Gladuša 8, Handy 098-772345, www.dina-apartmani.com mit Preisen ab 45 Euro (Hauptsaison).
- Auch **www.croliday.com** oder **www.24cro.com** vermitteln Wohnungen in Ždrelac.

Aktivitäten

- **Bademöglichkeiten** bestehen links vom Hafenbecken (kleiner FKK-Abschnitt) sowie hauptsächlich im schönen **Strandbad der Nachbarbucht Matlovac** (am Hafenbecken beschildert, enges Sträßchen) mit Wasserrutsche, Volleyballplatz (gute Parkmöglichkeiten sind vorhanden).

Nützliches

- Am alten Fischerhafen findet man eine Ribarnica (**Fischgeschäft,** tgl. 7–12 Uhr), **Kar-**

192nd Foto: wl

Auf dem Wanderweg Panoramski Put auf Pašman

tentelefon, Minimarkt, darüber die **Touristeninformation** (Tel. 023-260155, 8–12 und 18.30–20.30, So 8–11 Uhr) und die **Konoba Moka Rica.**

- Die **Ambulanz** hat Tel. 023-269298.
- Eine kleine **Dorfpost** (Mo–Sa 7–12 und 17–21 Uhr) liegt neben dem Camp oben an der Ortszufahrt, die **Busse** halten an der Hauptstraße.

Neviđane (auch: Naviđane)

8 km weiter auf der Inselstraße erreicht man die landwirtschaftliche Hochburg der Doppelinsel, die 450-Seelen-Gemeinde Neviđane mit einer enormen **Schaf- und Ziegenzucht.**

Information

- Das **Turist Biro** an der Durchfahrtsstraße, Tel. 023-269239, vermittelt Privatzimmer, auch unter **www.apartmani-laguna.com** können **Ferienwohnungen** arrangiert werden (sehr preiswert, ab 20 bis 50 Euro).

Aktivitäten

- **Bademöglichkeiten** bestehen in Sand- und Kiesbuchten Richtung Süden.

Nützliches

- **Post, Minimarkt** und **zwei Gaststätten** gewährleisten eine grundlegende touristische Versorgung.

Dorf Pašman

Administratives Zentrum der Teilinsel Pašman ist der gleichnamige Ort (400 Einwohner), etwa mittig auf der Inselnordseite gelegen. Weinbau und Tourismus sind die Haupterwerbsquellen der schon zu illyrischer und römischer Zeit besiedelten Ortschaft. Die lange Geschichte beweisen **archäologische Funde** an der Küste, teilweise auch im Meer, deren Erschließung allerdings mangels Geldgeber noch auf sich warten lässt.

Information

- **Touristeninformation,** Tel. 023-260155, www.pasman.hr, mit Ausflugsangeboten (z.B. in die Kornaten ab 20 Euro/Person) und Zimmervermittlung.

Unterkunft, Camping

- €**AC Lučina,** Tel./Fax 023-260173, www.lucina.hr, in der nahe gelegenen Bucht, ca. 2 km außerhalb, sehr schlichter Campingplatz mit Radverleih.
- Nebenan liegt die €€**Pension Lučina,** Tel. 023-269381.

Aktivitäten

- **Bademöglichkeiten** gibt es zahlreich in der **Lučina-Bucht** sowie in den Nachbarbuchten (befestigte Badeplattform, Sand/Kies).

Nützliches

- **Post, Bäckerei, Minimarkt,** mehrere **Restaurants** (Mureta, Del Oro) am Hafenbecken sowie für Fisch vor allem das **Tamaris** (Nr. 14, Hauptstraße, Tel. 023-260022).

Tkon

Auf dem Weg nach Tkon bietet sich ein Besuch des Historischen Museums (Eintritt 8 K) in **Kraj** an, welches einen Überblick über die Funde und den Ausgrabungsstand der römischen und illyrischen Relikte auf Pašman bietet.

Tkon (800 Einwohner) selbst basiert auf der Gründung des Benediktinerklosters Sv Kuzma (s.u.) aus dem 12. Jahrhundert auf dem „Hausberg" Čokovac (kroat. *čak* = Amsel).

Durch den natürlichen Hafen und die Nähe zu Biograd auf dem Festland erfuhr Tkon mit der neuen **Fährverbindung** eine weitere Aufwertung.

Sveti Kuzma i Damjan (Čakovac)

Das **Kloster** wurde von *Theodorus,* dem Bischof von Biograd, auf den Ruinen einer byzantinischen Vorgängerkapelle errichtet, als der ursprüngliche Ordenssitz der Benediktiner in Biograd während der Kreuzzüge zerstört wurde. Nach Auseinandersetzungen mit Venedig nahmen die Benediktinermönche weitreichende Veränderungen an der gotischen Klosteranlage vor (14./15. Jahrhundert). Die **festungsartige Bauweise** zeugt noch heute von der Schutzfunktion des Klosters, in dessen unmittelbarer Umgebung in den folgenden Jahrhunderten Fischer und Bauern, auch auf der Flucht vor den Türken, eine neue Heimat suchten. Seit dem Spätmittelalter hat sich das Kloster zu einem **Hort der glagolitischen Schriftkultur** entwickelt, die auf den norddalmatischen

Inseln bis weit in das vergangene Jahrhundert hinein emsig gepflegt wurde. Das Kloster erlangte dabei eine weitreichende Autonomie, da es von Papst *Clemens VI.* mit der Übersetzung lateinischer Bibeltexte ins Glagolitische betraut wurde und somit unter höchstem Schutz stand. 1808 (Napoleonische Kriege) wurde Sveti Kuzma i Damjan geschlossen, dem letzten Mönch *Petar Plestiković* gelang es aber, die Klosteranlage der österreichischen Verwaltung abzukaufen. 1849 vermachte er das Kloster der Gemeinde von Tkon, die einen Pachtvertrag mit der bekannten Touristenagentur Liburnija schloss, die heute noch etliche Buslinien in Zadar und hier auf den Inseln betreibt. Diese errichtete eine Art **Hotel/Pilgerstätte** (wie auch in Sv Mihovil/Tkon und Sv Ilija/Pelješac, Süddalmatien). Es gab sogar Pläne zur Errichtung einer Seilbahn für Touristen, die jedoch wieder verworfen wurden. 1965 wurde die Anlage wieder von den Benediktinern übernommen, heute leben hier **sechs Mönche mit Prior Bruder Jozo.** Čakovac ist damit das letzte aktive Benediktinerkloster in Dalmatien und gilt noch heute als einzigartiger Hort der glagolitischen Lithurgiesprache.

- **Sveti Kuzma i Damjan,** das Kloster kann gegen eine kleine Spende (etwa 10 K/Person) von Mai bis September tgl. außer So von 16–18 Uhr besichtigt werden; auch die herrliche Aussicht lohnt den Aufstieg.

An- und Weiterreise

- **Busanbindung** Richtung Preko 9–10x tgl., abgestimmt auf die Biograd-Fähre.
- **Fähre** von/nach Biograd von 6–22.30 Uhr 8–13x tgl., im Sommer je nach Bedarf auch nonstop; Pkw mit Fahrer umgerechnet rund 10,50 Euro.

Information

- **Turist Biro,** Tel. 023-285213, www.tkon.hr (Engl., im Aufbau) an Sonn- und Feiertagen 7–12, sonst 7–21 Uhr. Vermittlung von Ausflügen und Unterkunft; gute Wander-/Bike-Karten.

Unterkunft

- Privatunterkunft wird in Tkon etwas seltener angeboten, die meisten Reisenden bevorzugen die örtlichen Campingmöglichkeiten. Zimmer/Apartments vermittelt die Agentur **Tourist Agency** neben dem Arka-Restaurant, die man auch unter **www.islandpasman.com** im Netz findet. Interessant ist vielleicht ein Häuschen auf einer kleinen vorgelagerten Insel für einen sogenannten „Robinson-Urlaub" (115 Euro/Tag, 5–7 Pers.). Geöffnet Mo bis Fr 8–22, Sa 7–22, So 9–20 Uhr, auch Ausflüge und Exkursionen (Kornaten usw.).
- Im Vorort Kraj kann man sehr schöne Wohnungen bei *Ivanka Kontin* (€€€**Vila Kruna,** Tel. 023-285410, www.vilakruna.com) anmieten. Pool, Internet, Sat-TV, HP möglich.

Camping

- Wegen seiner flachen Sandstrände am Campingplatz und in den Nachbarbuchten wird das 1,5 km außerhalb am Inselende gelegene €€**AC Sovinje,** Tel. 023-285541, Fax 285304, sehr gut frequentiert (FKK), Animationsprogramm, Rad-/Bootsverleih, Restaurant. Ganz in der Nähe liegt das €€**AC Adriana** (Tel. 023-285017, www.adrianatkon.8m.com).

Essen und Trinken

- Einkehr mit zünftigen Gerichten bietet das **Restoran Maestral** (Obala 247, Tel. 023-285316, Juni bis September tgl. 10–23 Uhr).
- Das **Restaurant Arka** (Tel. 023-286445) bietet vorzügliche lokale Speisen, sehr lecker ist der Ziegenkäse.

Nützliches

- **Minimarkt Bure, Metzgerei, Bäckerei Hajduk** (hier auch Pizzateilchen usw.), **Bankomat, Apotheke** und **Post** bieten dem Besucher rund um die Anlegestelle das Nötige für den Alltag. Die größte Bäckerei der Insel findet man in Kraj (mit Verkaufsstelle) einige Kilometer außerhalb.
- Im Ort bieten viele Privaterzeuger (Schilder) **Olivenöl, Rakija** und **Wein** an.
- Die **Zufahrt zur Piste „Panoramski Put"**, die sich inlandseitig auf dem Höhenzug bis Ždrelac erstreckt, liegt direkt hinter dem Minimarkt Bure (beschildert).

Insel Iž

Obgleich nur 17,6 km² groß und ohne größere Bodenschätze, Naturhäfen oder andere Anziehungspunkte, besiedelten illyrische Stämme das Inselchen Iž schon vor der Zeitenwende. Auch griechische Quellen verweisen auf eine frühe Besiedlung, die im 8. Jahrhundert kroatisch dominiert war. In der Folgezeit entwickelte sich Iž kulturell zu einer Hochburg des glagolitischen Schrifttums - noch in den 1970er Jahren schrieben die örtlichen Priester glagolitisch - und wirtschaftlich zu einem bedeutenden Seefahrerort.

Veli Iž bildet bis heute den Hauptort, das wenige Kilometer entfernte **Mali Iž** blieb ein beschauliches Fischerdorf. Die Anbaumöglichkeiten rund um den knapp 170 m hohen Korinjak beschränken sich auf **Feigen, Oliven und Wein,** ansonsten sind **Schafzucht, Fischfang und Tourismus** der Broterwerb der rund 600 Bewohner von Iž.

Iž hat kulturell einiges zu bieten; so ist das traditionelle **Töpferhandwerk** noch heute eine Teilbeschäftigung einiger Bewohner. Besonders beliebt ist das **Fest Iška Kralj** („Königssuche", Ende Juli/ Anfang August), das auf dem alten Brauch basiert, einen ungekrönten König aus den Reihen der Bewohner zu wählen, der für zwei Wochen alle Festbesucher freizuhalten hat! Ob dieser ruinösen Regelung wurde die Wahl offiziell längst abgeschafft, in touristischer Form aber im Sommer wiederbelebt.

Sehenswert ist das **Ethnografische Museum** von Veli Iž (im Juni Mo, Mi, Fr 10–12 und 18–20 Uhr, im Juli 10–12 und 19–21 Uhr, Eintritt: 15 K) mit Exponaten zur Inselgeschichte (Trachten, Handwerk usw.). Ansonsten kann man viel **wandern,** beispielsweise in das eine Gehstunde entfernte Mali Iž, wo sich ein Besuch der altkroatischen **Marienkirche** sowie der **Pfarrkirche Pavel i Petr** anbietet.

An- und Weiterreise

- **Fähre:** Die Anfahrt mit der Fähre ist nur von Zadar möglich, tgl. verkehrt eine Pkw-Fähre (im Sommer 2x tgl.) zum Fährort Bršanj; Fr und So zusätzlich Personenfähre. Den besten aktuellen Fährplan findet man unter dem kroatischen Link www.otok-iz.com/dolazak.htm. Nachmittags, allerdings zu wechselnden Zeiten (www.liburnja-zadar.hr/prijevoz/otoci_linije.php) verbindet ein Inselbus Bršanj mit Veli Iž.

Information

- Die **Informationsstelle am Hafen** von Veli Iž, Tel. 023-277021, www.otok-iz.com, ist für Fährtickets und Unterkunftsvermittlung zuständig.

Unterkunft

- Günstig ist das €€**Hotel Korinjak** bei der Hafeneinfahrt von Veli Iž mit **Campingplatz,** Tauchschule, Tennis, Bootsverleih und Disco (Tel. 023-277064, www.odmorzadusu.com).
- In Mali Iž gibt es eine Dorfpost und die €**Pension/Restaurant Knež,** Tel. 023-278111, www.otok-iz-apartmaniknez.hr) für Unterkunft und Verpflegung. Sehr schöne Apartments für 2–8 Personen.

Aktivitäten

- **Baden** ist **in der Nähe des Hotel Korinjak** am schönsten, ansonsten fährt man per Bootstaxi zur kleinen vorgelagerten **Badeinsel Rutnjak.**

Nützliches

- Veli Iž verfügt über **Post (Geldwechsel), Ambulanz, Läden,** eine Hand voll **Restaurants** (Pizzeria Batela für einfache und günstige Speisen oder die traditionelle Konoba Luzarija, Tel. 023-962601, April bis November tgl. 16–24 Uhr) sowie eine **Marina,** Tel. 023-277006.

Insel Dugi Otok

Die 43 km lange, aber maximal nur 5 km breite **„Lange Insel"** nimmt die größte Gesamtfläche aller norddalmatischen Inseln ein, doch nicht einmal 3000 Bewohner sind hier heimisch. Die Insel liegt gleich einer länglichen Nudel zwischen der Insel Molat und den Kornaten, wird aber überraschend selten von westlichen Touristen als Ziel ins Auge gefasst. Dies mag daran liegen, dass Dugi Otok trotz einigermaßen guter Fährverbindungen keine „Stimmungskanone" unter den kroatischen Ferieninseln wurde – und auch nie werden wollte! Die touristische Infrastruktur nimmt sich eher bescheiden aus. So waren es bislang denn auch mehr die Taucher und Individualisten, die sich mit den einfacheren Unterkünften zufriedengeben und oft noch sehr lange von dieser vielleicht schönsten norddalmatischen Insel schwärmen. Aber: Der Zulauf steigt!

Die **Vegetation** ist nicht gerade üppig; der Nordteil weist einige Zentimeter fruchtbaren Bodens auf, was das prägende Landschaftsbild aus Hainen, Buschwerk und Sträuchern erklärt, der Südteil dagegen ist felsig und karg, sodass im Norden bescheidener **Wein- und Olivenanbau,** im Süden mehr **Fischfang und Viehzucht** den Menschen ein Auskommen ermöglichen. Touristen ermöglichen ein kleines Zubrot und sind gerne gesehen. Der **Fremdenverkehr** konzentriert sich noch immer auf Sali und Božava im Norden, weitere Orte bemühen sich um eine konkurrierende Stellung.

Historisch gehört Dugi Otok – wie viele Nachbarinseln auch – zu jenem Zufluchtshort, der zwar schon in der Antike besiedelt wurde, jedoch erst während der Türkenkriege seine Bedeutung als Auffangbecken der Festlandsflüchtlinge fand.

Große Sehenswürdigkeiten sind auf Dugi Otok rar, es sind die **Ruhe** und die friedliche Landschaft, die den Gast in den Bann ziehen.

Noch eine kleine Merkwürdigkeit zu Dugi Otok: Auf der Insel nimmt man es nicht immer so ganz genau mit der **Kfz-Zulassung,** amtliche Kennzeichen sucht man gelegentlich vergebens.

330nd Foto: wl

Veli Rat auf Dugi Otok

An- und Weiterreise

- Dugi Otok wird fast ausschließlich von Zadar aus angefahren, einmal wöchentlich besteht in Brbinj zudem Anbindung an die **Personenschnellfähre** Rijeka - Split - Dubrovnik. **Fahrzeugfähren** legen in Brbinj ab (2-3x tgl., ca. 25 Euro/Pkw und 2 Personen, Sa immer 13.30 und 20 Uhr). Einmal tgl. fährt eine reine Personenfähre von Zadar nach Sali und Zaglav.
- Ohne eigenes Fahrzeug ist eine Rundreise schwierig; ein **Pendelbus** verbindet zwar alle Inselorte, aber nur die Linie Autofähre - Zaglav/Sali fährt wenigstens 4-5x tgl.; in die andere Richtung (Brbinj - Veli Rat) maximal 2x tgl. zu stets wechselnden Zeiten, s. www.liburnja-zadar.hr/prijevoz/otoci_linije.php.
- Achtung Selbstfahrer: Eine **Tankstelle** gibt es bislang nur im (Katamaran-)Hafen Zaglav!

Božava

Das von nur 150 Einheimischen bewohnte Dorf **im Norden von Dugi Otok** hat sich wegen seiner angenehmen Wassersportmöglichkeiten und der **friedlichen Idylle** zum „Touristenmagnet" entwickelt - nein, nein, es sind keine Tausende, die hier abends durch die wenigen Gassen rund um das Hafenbecken schlendern, aber der Trubel fällt eben doch auf, auch bedingt durch die große Hotelanlage.

An- und Weiterreise

- Am Hafenbecken 2-3x tgl. **Katamaran** (morgens 6.10 Uhr, retour z.B. 14.45 Uhr) über Rivanj, Šeštrunj und Zverinac von/nach Zadar.

Info und Agenturen

- In der Ortsmitte informieren die **Agentur Ami-Travel,** Tel. 023-377713, und die **Touristeninformation** neben der Post, Tel. 023-377607, tgl. 8–14.30 und 15–22 Uhr, So 11–14.30 Uhr, über Wissenswertes und vermitteln Zimmer und Ferienwohnungen. Auch Boote können gemietet werden.
- Internetseiten für die Unterkunftsorganisation auf Dugi Otok findet man etwa unter **www.kroadria.de** oder auch **www.adriagate.com/de.**

Unterkunft

- Im Zentrum kommt man im €€€**Hotel Maxim-Božava,** Tel. 023-291291, Fax 377682, www.hoteli-bozava.hr, unter. Es ist der wichtigste Anlaufpunkt für Wassersportler, da hier die (deutsche) **Tauchbasis Božava-Divers** ihre Dienste anbietet, Tel. 023-291816, www.bozava.de. Neben €€Hotelzimmern kann man auch €€Apartments für 2–3 Personen anmieten – Vorabarrangements beispielsweise unter www.adriatica.net oder die Homepage der Tauchbasis.
- Hübsche Privatwohnungen im Ort mit Grill und Klimaanlage bietet €**Familie Jerić,** www.apartmani-jeric.com, drei Wohneinheiten.

Aktivitäten

- **Bademöglichkeiten** bestehen in den Nachbarbuchten (Promenade Richtung Leuchtturm), gute Sandbuchten liegen etwas außerhalb im Nordwesten. Ein kleiner **Yachthafen** (Tel. 023-377230) ergänzt die touristische Infrastruktur.

Nützliches

- **Geldwechsel** ist in der **Post** (Mo bis Sa 8–12 und 17.30– 21 Uhr), im Hotel oder in der Agentur Ami-Travel möglich.
- Ein **Minimarkt,** eine **Erste-Hilfe-Station** sowie **Cafés und Restaurants** an der Promenade runden das Angebot ab. Empfehlenswert ist das **Veli Kamik** (Tel. 023-377614) nahe der Anlegestelle für sehr gute Muschelgerichte und Kalbskottelets. Eigentliche Spezialität ist allerdings Rinderlende.

Veli Rat

Wer etwas **einsamere Strandabschnitte** sucht, sollte das nähere Umland im Nordwesten von Božava erkunden; Sandstrände (mit Kies-Liegeflächen) locken in der **Bucht Sakarun** sowie bei Veli Rat. Beide sind nicht ganz leicht zugänglich (Richtung Leuchtturm, Feldweg nach links beschildert). Der Sakarun-Strand dürfte wohl einer der schönsten Flecken auf Dugi Otok sein, ein kleiner Kiosk bietet Erfrischungen (manchmal auch ein zweiter im Wäldchen ganz rechts).

Auch der Abschnitt rund um den **Leuchtturm** von 1849 am Ende der Halbinsel Veli Rat ist malerisch und sehenswert, zum Teil wird dort auch wild gecampt (nur Wohnmobile, Zelten verboten!).

An- und Weiterreise

- **Bus** nur von Brbinj gegen Mittag (und relativ spät abends), täglich unterschiedlich, siehe www.liburnja-zadar.hr/prijevoz/otoci_linije.php. In Verunic aussteigen und dann noch in Fahrtrichtung ca. 20 Minuten der Beschilderung zur Sakarun-Bucht (bald Feldweg links) folgen.

Nützliches

- Zur Einkehr bieten sich der **Verona-Grill** (Tel. 023-378038, Spezialitäten: Tintenfischsalat, Risottos) und die **DM-Bar** in Verunić an. Hier findet man auch einen **Minimarkt** und direkt am Ufer die **Gorgonia-Apartments** (Tel. 023-378153, www.gorgonia.hr).

Orte im Inselzentrum

Brbinj

Der **Fährort** Brbinj hat ein paar Yachtliegeplätze, begrenzte Bademöglichkeiten und eine Hand voll Privatunterkünfte; ein paar Obst- und Gemüsestände sowie ein Minimarkt sorgen für bescheidene Einkaufsmöglichkeiten.

Savar

Interessanter ist der Ort Savar, dessen bekannteste Sehenswürdigkeit die **vorgelagerte Friedhofsinsel** mit der altkroatischen Pelegrinus-Kapelle aus dem 13. Jahrhundert ist.

Luka

Unterhalb des höchsten Berges von Dugi Otok, des 340 m hohen **Vela Straža,** liegt das landwirtschaftliche Zentrum der Insel um den Ort Luka. Hier gibt es einen Minimarkt sowie das €€**Hostel Luka** (Tel. 023-372114). Beim Hostel breitet sich ein angenehmer Fels-/Kiesstrand aus, auch dem Surfsport wird hier gern nachgegangen (Verleih und Schule im Hotel). Unterkunft im Dörfchen Luka bietet auch die €€€**Pansion Alen** (Tel. 023-372218, www.lincarnica.com/alen).

Žman

Interessant zum **Baden** (befestigtes Ufer), aber auch für den **Einkauf heimischer Produkte** (kleine Stände, etliche Hinweisschilder für Olivenöl, Wein, Schinken und Käse) ist das Örtchen Žman. Zimmer vermittelt die kleine Touristeninformation am Hafenbecken, eine Dorfpost (nebenan Erste-Hilfe-Station), die Schänken Marija (qualitativ die beste vor Ort), Roko und Regula und ein kleiner Minimarkt sorgen für das Nötigste. Angenehm und nicht überteuert sind die €€**Apartments Jazina** (Tel. 023-372023, www.apartmani-jazina.com), die man auch über die deutschsprachige Homepage vor der Anreise anmieten kann.

Zaglav

Das ehemalige Fischerdorf Zaglav spielt heute vorwiegend als **Fährort** (Katamaran, s.o.) eine wichtige Rolle, beim Pier gibt es einen Minimarkt, die Inseltankstelle, eine Tauchbasis (www.kornati-divers.com), die kleine Rock'n' Roll Bar sowie zwei Zimmervermieter. Kulturhistorisch von Interesse ist das nahe gelegene **Franziskanerkloster Sv Mihovil** aus dem 15. Jahrhundert.

Sali

Mehr als ein Drittel der Inselbevölkerung lebt im Hauptort von Dugi Otok, vorwiegend deshalb, weil die örtliche **Fischfabrik Maraešić** – noch zumindest – als wichtigster Arbeitgeber für Auskommen sorgt. Auch der Tourismus profitiert vom relativen Wohlstand, eine Hotelsiedlung und ein Yachthafen sind entstanden. Sali entwickelte sich auch zum beliebten **Ausgangspunkt für Ausflüge** auf die Kornaten und Wanderungen ins Umland. Die nahen Bademöglichkeiten sind eher mäßig, beim Hotel ist ein teilweise befestigter Felsbadeabschnitt vorhanden. Interessant sind in Sali die

Pfarrkirche mit glagolitischen Inschriften sowie der **Bergfriedhof,** auf dem die neuen Gräber in den Fels gesprengt und später mit steinernen Grabplatten verschlossen werden.

Information

- Auskünfte und Unterkunftsvermittlung in der kleinen **Toristeninformation** am rechten Kai, Tel. 023-377094, www.dugiotok.hr, tgl. 8–12 und 17.30–20 Uhr.

Unterkunft

- €€**Hotel Sali,** Tel. 023-377049, Fax 377078, www.hotelsali.hr. Sehr angenehmes Ambiente sowie Disco für die schwungvolle Abendunterhaltung.
- Am Hafenbecken links 150 m entlang, erreicht man direkt am Ufer die moderne €€€**Apartment-Pansion Šoštarić,** Tel. 023-377050, bsostaric@gmail.com.
- Schön ausgestattet liegen direkt am Ufer die €€**Gorgonia Apartments** (Tel. 023-378153, www.gorgo nia.hr).
- Günstiger kommt man weiter oben bei den €**Mori Apartments** weg (Tel./Fax 023-377341, mobil 098-332266, www.angelfire.com/mt/franto).

Essen und Trinken

- An der Promenade liegen mehrere Gaststätten verstreut; besonders zu empfehlen sind das **Bife Toni** (Tel. 023-377486, April bis Oktober tgl. 16.30–0.30 Uhr) mit preiswerten und leckeren Grillplatten, mittig der rechten Hafenseite das **Tamaris** (einfache, gute Küche, Tel. 023-377377) und das **Restaurant Marin** (Tel. 023-377500) für Fischgerichte. Im **Kod Sipe** (Tel. 023-377137, tgl. 10–24 Uhr) gibt's ebenfalls Fischgerichte, im Sommer findet gelegentlich gesangliche Unterhaltung statt.

Aktivitäten

- Kleine **Tauchbasis** in der Hotelanlage, Tel. 023-377079, Fax 377078, www.dive-kroatien.de.
- **Mopeds verleiht** die Konoba Marin (Tel. 023-377500) am Hafenbecken.
- **Bootsausflüge** zu den Kornaten oder zur Telašćica-Bucht werden im Hotel und im Turist Biro arrangiert, können aber auch direkt am Hafenbecken gebucht werden. Angeboten werden oft „Fischpicknick" inklusive Mittagessen und Kornatenrundfahrt (je nach Umfang ab 40 Euro).
- **Baden** kann man im Ort am besten beim Hotel Sali.

Nützliches

- Selbstversorger nutzen in den Vormittagsstunden den kleinen **Marktbetrieb am Hafenbecken** (Honig, Obst, Gemüse, manchmal Fisch), ansonsten versorgt ein **Minimarkt** wenige Meter weiter mit dem täglichen Bedarf.
- Im Ort findet der Besucher eine **Post** (Mo bis Sa 8–12 und 17.30–21 Uhr) sowie eine kleine **Erste-Hilfe-Station** (Tel. 023-377129). **Geldautomat** neben dem Minimarkt.
- **Polizei** am Hafenbecken (neben dem Minimarkt), Tel. 023-377022.

Telašćica-Bucht

Von Sali aus geht es nur per Boot oder zu Fuß nach Südosten weiter. **Pfade** führen zur 8 km langen Telašćica-Landzunge (**Naturpark**, Zufahrt 28 K/Person, Kinder 14 K). Eine neue Zufahrtsstraße verläuft bis zum **„Friedenssee"** (kleiner Binnensee mit hohem Salzgehalt), wo ein kleines Restaurant Erfrischungen und Snacks bereithält. Hauptsächlich aber kommen Bootsfreunde hierher; die Telašćica-Bucht bietet immerhin den bestgeschützten Naturhafen der gesamten Adria – eine Tatsache, die schon die k.u.k. Marine veranlasste, hier zahlreiche Manöver abzuhalten. Genaue Auskünfte zu den Wandermöglichkeiten erteilt das Turist Biro in Sali (s.o.), ein Orientierungsplan hängt am Ende des Zufahrtsweges.

Unterkunft

- Es besteht die Möglichkeit, im Naturpark einige wenige **Häuser in toller Alleinlage** anzumieten. Die Angebote liegen bei 400–700 Euro/Woche, sind aber jeden Cent wert. Buchungsanfragen unter www.kroatien-fewo.net/dugiotokfewo.html, Nr. 108 oder 168.

Aktivitäten

- Es werden auch **Angellizenzen** (100 K/Tag), **Offroad-** und **Jagdlizenzen** (bis zu 19.200 K) erteilt, kommerzielle Fotos werden mit 6000 K täglich belastet – da ist die Tauchlizenz für 40 K geradezu ein Schnäppchen! Details s. www.telascica.hr – bleibt zu hoffen, dass sich die Kommerzialisierung im Rahmen hält!

Nationalpark Kornaten

Die Kornaten genießen einen beinahe legendären Ruf als **„Robinson-Inseln"** und erfreuen sich vor allem bei Seglern, Tauchern und Individualisten großer Beliebtheit. Auf einer Fläche von 235 km² verteilen sich rund 150 praktisch unbewohnte Inseln und Inselchen, deren gesamte Landfläche gerade einmal 70 km² ausmacht. Die Kornaten sind nichts für diejenigen, die „mal eben auf dem Wege" die 1980 zum Nationalpark erklärten Inseln besuchen möchten; eine stolze Tagesgebühr und eine gewisse Voraborganisation verhindern den Massentourismus. Organisierte **Tagestouren, Tauchexkursionen und Segeltörns** sind denn

225nd Foto: wl

auch die Hauptattraktionen dieser vielleicht interessantesten, weil **unberührtesten Inselgruppe Kroatiens.**

Zu Beginn der österreichischen Phase in Kroatien, Anfang des 19. Jahrhunderts, kauften vor allem die Bauern von Murter sowie (in geringerem Umfang) die Fischer von Dugi Otok die Kornateninseln auf, um hier Landwirtschaft und Fischerei zu betreiben. Das spärliche Süßwasser lässt nur in geringem Umfang Wein-, Oliven- und Obstanbau zu, ansonsten war und ist wegen der **sehr kargen Landschaft** (Brandrodung) nur eine sogenannte „Gastnutzung" möglich – die Bauern und Viehzüchter haben auf einigen Inseln zwar kleine Felder und Viehbestände, wohnen aber in der „Zivilisation" von Murter bzw. Dugi Otok. Die meisten verbliebenen Häuser wurden entweder dem Verfall preisgegeben, werden als exklusive Ferienwohnungen vermietet oder dienen den Bauern und Viehzüchtern als saisonale Unterkunft.

So bestechen die Kornaten an Land durch friedliche Kargheit, unter Wasser durch einen immensen **Reichtum an Unterwasserflora und -fauna.** Rund 300 Meerestierarten wurden gezählt, zu den augenfälligsten gehören Muränen, Haie, Tintenfische, Brassen, Lippfische, Barsche, Schalentiere und sogar Korallen.

Der Nationalpark ist **autofrei,** die meisten Ausflügler gehen auf den **größten Inseln Kornat** (33 km²) und **Žut** (14 km²) an Land. Von den vielen kleineren Inseln sind etliche vollkommen einsam und nur mit eigenem Boot zu erreichen. Und manch einer wird sich bei der Anreise der Worte *George Bernhard Shaws* erinnern: „Am letzten Tag der Schöpfung wollte der Herr sein Werk krönen – also schuf er die Kornaten (kroat. für Krönung) aus Sternen, Tränen und göttlichem Atem!"

An- und Weiterreise

- Alle Besucher des Nationalparks Kornati müssen eine **Gebühr** in Höhe **von 150 K pro Tag** entrichten (häufige Kontrollen!), für Teilnehmer organisierter Tagesausflüge liegt der Gesamtpreis bei insgesamt rund 350 K. Derartige **Tagesausflüge** beinhalten Überfahrt, Menü und Landgänge mit Bademöglichkeit und werden von etlichen Nachbarinseln (Murter, Dugi Otok, Veli Iž, Ugljan, Pašman) sowie von Zadar und Biograd aus durchgeführt und in den dortigen Agenturen angeboten. **Individualreisende mit eigenem Boot** wenden sich vorab an die Parkverwaltung (siehe Murter oder www.kornati.hr) oder an eine der Marinas/Anlegestellen. Auch ohne Boot sind längere Aufenthalte möglich, hierzu vereinbart man mit den Agenturen der genannten Orte einfach einen späteren Rückfahrttermin.

Achtung Bootsführer: Wegen der zahllosen Untiefen in den Gewässern der Kornaten sei – so ein Hinweis der Parkverwaltung – vor einer Tour ohne das in einschlägigen Fachhandlungen erhältliche Seekartenmaterial eindringlich gewarnt!

- **Anlegestellen** gibt es auf Kornat, Žut, Ravni Žakan, Levrnaka, Vela Smokvica, Piškera und Lavsa, wobei lediglich die ACI Piškera, mobil 099-470009, Tel. 022-34341, und die ACI

Die Telašćica-Bucht

Žut, mobil 099-470028, Tel. 022-343353, Versorgungsmöglichkeiten bieten.

Information

- Internet: **www.kornati.hr.**
- Sehr empfehlenswert vor allem für Bootsführer gerade für die Kornaten ist der **Nautikführer „Kroatische Küste – Die Kornaten“** von *Bodo Müller.*

Unterkunft

- Die Agenturen (teilweise auch die Touristeninformationen) in Murter und Sali vermitteln auf Žut und Kornat **schmucke Fischerhäuschen** zu rund 700 Euro/Woche/4 Personen inkl. Überfahrt und Parkgebühr. Direktkontakt zu Vermietern und Voraborganisation ermöglichen Internetseiten wie www.direkt-kroatien.de/robinson-tourismus/zut, www.fishingrobinson.com oder http://robinson-kornati.com. Eine allgemeine „Robinsonurlaub“-Linksammlung findet man für ganz Kroatien unter www.smsportnet.com/apartments/robinson_tourismus_kroatien.php.
- **Zelten** ist strikt untersagt, ausgenommen in den ausgewiesenen Arealen von Ravni Žakan und Levrnaka.

Essen und Trinken

- **Restaurants** bieten ihre hervorragenden Fischgerichte in den Marinas an sowie auf den Inseln Žut, Piškera, Lavsa, Ravni Žakan, Smokvice, Levrnaka, Katina sowie auf Kornat – ansonsten ist Selbstverpflegung Trumpf!

Aktivitäten

- **Baden** (auch FKK) ist ohne Einschränkungen auf fast allen Inseln der Kornaten möglich; sicherlich findet jeder Selbstfahrer seinen eigenen Favoriten unter den Inseln.
- **Tauchen in Eigenregie** ist nur mit Sondergenehmigung möglich (erhältlich für rund 150 Euro bei der Parkverwaltung in Murter). Es empfiehlt sich die Nutzung der **Basis Božava-Divers** in Božava bzw. **Sali-Divers** in Sali auf Dugi Otok, die nicht nur die besten Tauchplätze kennen, sondern auch das Genehmigungsverfahren erledigen.

Biograd na Moru

28 km südlich von Zadar lockt die 5600-Seelen-Gemeinde Biograd mit Stränden, hypermodernen, ja geradezu futuristischen Marinas, einem recht umfassenden Freizeitangebot sowie diversen Unterbringungsmöglichkeiten. Zudem bietet sich Biograd als Sprungbrett für **Ausflüge zu den Nationalparks** Krka, Paklenica und Kornateninseln sowie zu der nur von hier aus zu erreichenden Insel Pašman an. Dennoch hat das Städtchen als Urlaubsstandort eine eher untergeordnete Bedeutung, obwohl es mit Blick auf Logistik, Einrichtungen und das kleinstädtische Flair durchaus attraktiv wirkt. Die Menschen leben von Landwirtschaft, bescheidenem Fischfang sowie vom Tourismus.

Historisch ist Biograd von Interesse, weil es erstmals im 10. Jh. urkundlich erwähnt und im 11. Jh. bereits zum Sitz der kroatischen Könige erkoren wurde. Im Jahre 1102 wurde König *Koloman* hier gekrönt. Mehrfache völlige Zerstörungen im Hoch- und Spätmittelalter waren eine Folge der Türkenkriege und der Auseinandersetzungen Dalmatiens mit Venedig.

Ältestes Relikt der Stadt ist die **Bruderschaftskirche Sv Ivan,** von den Benediktinern im Jahre 1069 gegründet. Das kleine **Museum** (tgl. 9–12 und 18–22 Uhr) gegenüber Pier 1 mit seinen vorwiegend römischen und altkroatischen Funden aus der Region ist einen Besuch wert.

An- und Weiterreise

- **Busse:** Dubrovnik 3x tgl., Murter 1x abends, Pag 1x vormittags, Zadar 21–25x tgl. 5–22 Uhr, Šibenik/Split 13–18x tgl., Zagreb 7x tgl., Rijeka 9x tgl. sowie Pula 2x tgl. Busstation am Trg Hrvatskih velikana, Tel. 023-383022.
- **Fähren:** Das Jadrolinija-Büro am Pier (Obala Kresimira IV bb., Tel. 023-384589) ist tgl. 6.30–20 Uhr geöffnet, Pausen 9–9.30 und 17–17.30 Uhr; angefahren werden insbesondere die Kornaten und Tkon auf Pašman für etwa 12 Euro/Pkw mit zwei Personen (8x täglich).

Information

- **Touristeninformation Biograd,** Trg hrvatskih velikana 2, Tel./Fax 023-383123, www-tzg-biograd.hr, die Stadt selbst stellt sich unter www.biogradnamoru.hr vor. Weitere und ausführlichere touristische Infos findet man unter http://biograd.info/en (engl.).

Camping

- Zentrumsnah und gut ausgeschildert ist der renovierte Campingplatz €€€**AC Park Soline,** Tel. 023-383351, Fax 384823, www.campsoline.com, mit Tennis, Minigolf, Rad- und Bootsverleih und Segelkursen. Angenehme, teilbewaldete Lage am Meer, Kapazität 3000 Personen.
- In der Nachbarschaft bietet sich alternativ das kleine, bewaldete Camp €€**Diana & Josip** (Tel. 023-385340, www.autocampdiana.com) oder das Minicamp €€**Biograd** (Tel. 023-385185, www.sangulin.hr) an.
- Wer weiter außerhalb wohnen möchte, sei auf die 5 km südlich vom Zentrum Richtung Vraner See gelegene Anlage €**Crvena Luka,** Tel. 023-383106, Fax 384915, bei Pakoštane verwiesen. Camping, Bungalows und Apartments sowie Hotelbetrieb.
- Privat kommt man z.B. gut in den €€**Apartments Peran** (www.peran.net) unter; u.a. 6-Personenapartment mit Meerblick.

Aktivitäten

- **Baden: Im Zentrum** (mittelgroßer Sand-/Kiesstrand am linken Promenadenende) sowie **im Bereich Crvena Luka** oder auf der vorgelagerten **FKK-Badeinsel Sv Katarina** (Fährtaxis für 25K/Person legen von der Promenade ab).
- **Tauchen:** Taucher steuern in Biograd das deutsche **Dolphin Divers** an, eine 5*-IDC-PADI-Basis, die u.a. auch Ausrüstungsverleih und -verkauf anbietet, Obala Branimira 1, Tel./Fax 023-384841, www.dolphin-divers.de. Per Schnellboot oder Holzkutter werden 25 interessante Tauchplätze der Gegend angefahren, insbesondere der Nationalpark Kornaten. Geöffnet von Ostern bis Ende November, bei Gruppenbuchungen auch länger. Kontakt in Deutschland über Dolphin Divers, Röntgenstr. 12f, 76829 Landau, Tel./Fax 06341-30383 oder 0172-6200792. Alternative Tauchbasen sind **Albamaris,** mobil 099-534783, www.albamaris.hr, sowie die niederländische Basis **Bougainville,** Tel. 023-385901, www.bougainville.nl.

Nützliches

- Von der Küstenstraße der Markierung „Centar" folgend, passiert man das **Hotel Alba Maris** (Tel. 023-383123, www.hoteli-biograd.net), zahlreiche **Zimmeranbieter** und das örtliche **Krankenhaus** (Tel. 023-383494).
- Über die Jadranska Magistrala fahren Selbstfahrer wie auch Busreisende weiter ins Zentrum von Biograd, zum Trg Kralja Tomislava IV (an der Schilder-Abzweigung „Centar – Busbahnhof/Kolodvor – Trajekt/Fähre" Parkplatz suchen). Hier liegen eng beieinander **Busbahnhof, Post** (Mo bis Sa 7–21 Uhr), **Apotheke, Polizei,** ein großer **Supermarkt** (tgl. 6–20 Uhr), die **Bank** Splitska Banka (Mo bis Fr 8–13 und 14–20 Uhr) sowie die **Uferpromenade** Obala Kralja Krešimira IV.
- An dieser findet der Reisende nacheinander **ValTours** (Tel. 023-386479, www.valtours. com), das günstige €€**Hotel Kornati** (Ujeviča 7, Tel. 023-383168, Fax 383008, www.ilirijabiograd.com) und die beiden Piers. Auch **Cafés, Pizzerien** und das städtische **Museum** sind hier zu finden.
- Am vorderen Ende der Promenade liegt die ältere **Marina Šangulin** (Tel. 023-385020, Fax 384944), am anderen Ende die neue **Marina Kornati** (Tel. 023-383556, Fax 383303)

mit dem edlen gleichnamigen **Restaurant** (Branimira 1, Tel. 023-384505, dalmatische Spezialitäten und täglich frischer Fisch) sowie **Bootsverleih.**

- Für den Großeinkauf bietet sich **Lidl** (tgl. 8–22 Uhr) an der Durchfahrtsstraße an.

Vraner See

Weiter auf der Küstenstraße durchquert der Reisende zwischen Biograd und Vodice eine Hand voll recht selten besuchter Ortschaften am **Vransko Jezero,** einem Süßwassersee mit großem Fischaufkommen **(Karpfen, Aale, Welse)** und Platz für zahllose **Zug- und Nistvögel** (Reiherarten). Leider sind neben Surfen und Wasserski auch Angeln und Vogelschießen eine bevorzugte Freizeitbeschäftigung in diesem Gebiet. Der etwa 12 km lange und 2,5 km breite Vraner See ist nur durch einen schmalen Damm vom Meer getrennt. Er ist mit 3000 Hektar Oberfläche das größte Süßwasserreservoir Kroatiens.

Am See liegt die im Jahre 1644 gegründete **Karawanserei Maskovica Han,** eines der seltenen türkischen Baudenkmäler Kroatiens.

Hauptort ist **Pakoštane** mit fast zwei Dutzend Campingplätzen und Resorts am Meer. Im 3 km entfernten Vorort **Drage** – mitten auf dem Damm gelegen – bieten sich etliche Stellen zum Baden an. An der Nordseite des Sees, rund 7 km im Inland, liegt **Vrana,** eine kleine landwirtschaftliche Ansiedlung, nach welcher der See benannt wurde. Südlich des Sees schließlich, an der Küstenstraße, findet man bei **Pirovac** einige unberührte Meeresbuchten mit Sandstränden (z.B. direkt am südlichen Ortsausgang über den Waldweg zum Ufer).

Hinweis für Radfahrer: Fahrräder sind rund um den See zu leihen, die Rundtour über gut 50 km und mit dürftiger Beschilderung sowie schlechten Wegen wird von manchen Lesern jedoch als eher negativ eingeschätzt.

Info und Agenturen

- **Information,** Trg Kralje Jelene 78, Tel. 023-381892, www.pakostane.hr.
- Ausflüge, Fahrzeuge, Unterkunft usw. arrangiert die **Agentur Dalmatia Adventures,** Tel. 023-381543, www.dalmatiadventures.com. Sehr beliebt sind die einwöchigen kombinierten Wander-/Rad-/Kajaktouren.
- In Pakoštane kann man über die Firma **Galeb Aventures** (Obala Krešimira 72, Tel. 023-381423, www.galebaventures.com) interessante Ausflüge am und um den See (Katamaran- und Kajakverleih) sowie ins Hinterland (Trekkingtouren) arrangieren.
- Für Privatunterkünfte bietet sich eine Reservierung über die sehr zuverlässige **Agentur Maxim** (Trg Tomislava, Tel. 023-381884, www.maximtours.hr) an. €€€-€€€€Apartments ab 45 Euro/Tag.

Camping

Von Biograd kommend, erreicht man in Pakoštane nacheinander (es gibt insgesamt rund 20 Campingplätze, die folgenden findet man leicht ab der Hauptstraße, weitere siehe www.pakostane.hr):

- €€**AC Crvena Luka,** s. Biograd.
- €€**AC Kozarica,** Tel. 023-381070, Fax 81068, www.adriamore.hr, Tauchen, Rad- und Bootsverleih, Animationsprogramme.
- €€**Kamp Nordsee,** Tel. 023-381438, www.autocamp-nordsee.com, deutsches Management, klein und ohne Angebote.
- €€**AC Strana,** Tel. 023-381580.
- Das kleine €€**Camp Jezero,** Tel. 023-381004, Fax 384814.

● Im Vorort Drage das €€**AC Oaza Mira** (Tel. 023-635419, wwwoaza-mira.com), Sport, Boots-/Radverleih, schöne Lage auf eigener Landzunge.
● In Vrana am Nordufer liegt das €€**FKK-AC Crkvine,** Tel. 023-381433, Fax 638511, mit eigenem Restaurant, Minigolf, Tennis und ca. 200 Stellplätzen.
● In Pirovac liegt das €€€**Camphotel Miran,** Tel. 022-466803, Fax 467022, mit mietbaren Holzbungalows.
● €€**Apartment-Siedlung Mara,** 2 km außerhalb von Pirovac (beschildert), Kresimira IV 61,Tel. 022-466669.

Aktivitäten

● **Reiten:** Konjicki Club Venzel, mobil 099-5188347, konjickikv@gmail.com; MK Ranch, mobil 098-2982501, www.mkranch.com.
● **Tauchen:** Nadji Laguna, mobil 091-5906617, www.nadji-laguna.com; Jadransko Ronjenje, mobil 091-1135035, www.potapeni-online.cz.

Insel Murter

Während das dalmatische Festland an der Küste eher karg und wenig fruchtbar ist, erstaunt die kleine **Halbinsel Kamena bei Tisno** ob ihres natürlichen Reichtums an Feigen- und Weinparzellen. Unmittelbar vorgelagert und durch das Festland klimatisch geschützt, schließt sich die knapp 20 km² große Insel Murter an diese Halbinsel an. Nachdem schon seit Urzeiten eine **Brücke** den in Tisno nur 25 m breiten Murterski-Kanal überbrückt – heute in Form einer modernen Drehbrücke –, erfreuen sich die zahlreichen Sandstrände und Yachthäfen der Insel zunehmender Beliebtheit. Die gut 5000 Inselbewohner leben von bescheidener **Landwirtschaft** (Oliven, Feigen, Wein, Obst) und von den vielen Sommerbesuchern zu Land und zur See.

Vier Siedlungen verteilen sich auf Murter: Tisno als Bindeglied zum Festland, der Yachthafen Jezera, der Hauptort Murter und das landwirtschaftliche Zentrum Betina. Einen guten Überblick bietet die Website www.murter-kornati.com, aber auch die offizielle Seite der Touristeninformation www.tzo-murter.hr. Auf beiden Seiten wird man auch hinsichtlich €-€€**Ferienwohnungen** fündig.

Tisno

Die Siedlung Tisno liegt beidseits der Murter-Brücke und ist dadurch und wegen der Wassersportmöglichkeiten (kleiner betonierter Streifen entlang der Straße) vorwiegend ein Transitort.

Information

● Auskünfte sowie **Zimmer- und Ausflugsvermittlung** (Kornaten) bietet das Turist Biro an der Brücke, Tel. 022-438920, tgl. 8–12.30 und 17.30–20 Uhr.

Unterkunft, Camping

● Auf der Festlandseite liegen vor der ersten Bucht die €**Apartment-Siedlung Hostin,** Rastovac, Tel. 022-438373, Fax 438722, www.hostin.hr, mit Apartments ab 55 Euro, das **Restaurant Carmen** (Schotterparkplatz mit Bademöglichkeiten, Tel. 022-438601, Mitte April bis Mitte Oktober tgl. 12–24 Uhr) und das €**AC Jazina,** Tel. 022-434580, www.murter-slanica.hr.

Nützliches

● Unmittelbar an der Brücke folgen **Bank** und **Post,** auf der Insel dann erste private **Weinverkäufer** (18 K/Liter), das **Restaurant Toni** (mit Zimmervermietung, Tel. 022-439203,

10–24 Uhr) sowie die empfehlenswerte **Konoba Broščica** (Tel. 022-438111, 9–23 Uhr, Lokalspezialitäten: Fischplatte für 2 Personen 160 K, Dalmatinerschinken 60 K).

Jezera

Von der Natur mit einer geschützten, zum Festland gerichteten Bucht gesegnet, wurde aus dem einstigen Fischerdorf durch die Anlage einer **modernen Marina** ein bei Seglern und Campern beliebtes Ziel.

Info und Agenturen

- **Turist Biro Jezera,** Tel. 022-439075, 7.30–21 Uhr, Ausflugs- und Zimmervermittlung.
- Die **Agentur Koima** (über Zagreb: Remetinečka 77, Tel. 01-6556667, Fax 6556888, apartmani@apartmani-hrvatska.com) vermittelt Privatunterkunft.

Unterkunft, Camping

- €€**AC Lovišća,** Tel. 022-439600, Fax 439 215, www.jezera-kornati.hr. Mit Disco, Minimarkt und Tennisplatz; auch FeWo.
- Zwischen Jezera und Murter finden Campingfreunde eine ganze Reihe hübscher, flacher Kies- und Sandbadebuchten mit guten Plätzen, u.a. die €**Camps Lantana,** €€**Slanica,** ca. 2 km außerhalb, unmittelbar am Ufer, Tel./Fax 022-434580, www.murter-slanica.hr, €**Kosirina,** Tel. 022-435268, Fax 435218 und €€**Plitka Vala,** Tel. 022-435268, Fax 435218.
- Die €€**Apartmentanlage Lovišća,** Tel. 022-439600, Fax 439215, www.lovisca.de, ergänzt das Unterkunftsangebot.

Essen und Trinken

- Das empfehlenswerteste Lokal (preiswert) ist die **Taverna Kukuljari** an der Zufahrtsstraße Donji Put (Tel. 022-439160, tgl. 10–24 Uhr) mit „Lamm unter Glocke" als Spezialität.
- In der hufeisenförmigen Bucht liegen die **Restaurants Kandela** (O. Sv Ivana bb., Tel. 022-438627, im Sommer 11–14 und 17–23 Uhr) und **Jezera** (Tel. 022-439239, Fisch) sowie ein Minimarkt.

Nützliches

- Im Ort gibt es **Post (Geldwechsel), Minimarkt, Obst- und Gemüsemarkt.**
- Die **ACI-Marina Jezera,** Tel. 022-439315, Fax 439294, verfügt über Reparaturwerkstatt, Minimarkt und ein Restaurant.
- Eine **Busverbindung** (ab Kriegerdenkmal) **nach Murter** besteht etwa alle 90 Minuten.

Murter

Unterhalb des **Hügels Gradina** mit der **Kapelle Blagorodica,** mit 125 m die höchste Inselerhebung, erstreckt sich an der Hramina-Bucht der Ort Murter selbst. Da Murter und Betina mittlerweile rund um die Marina zusammengewachsen sind, leben in der Doppelgemeinde rund drei Viertel der Inselbewohner. Die Orientierung ist leicht: An der Gabelung vor dem Kapellberg geht es links hinunter ins Zentrum von Murter, dort immer der Uferstraße Matije Kupica folgen, die über Betina zurück zur Kapellberg-Gabelung führt.

Dem aufmerksamen Reisenden wird der inflationäre Gebrauch des Wortes „Kornati" auf Murter auffallen, was sich aus der historischen Tatsache erklärt, dass in früheren Jahrhunderten die Bewohner von Murter nicht nur Bauern und Fischer, sondern auch **tüchtige Geschäftsleute** waren. Es gelang ihnen, desinteressierten Adelsfamilien aus Zadar zahllose Ländereien abzukaufen, u.a. im Gebiet um den Vraner See und auf den Kornateninseln. So vergrößerten sie ihre Herden

017da Foto: wl

Norddalmatien

und ließen diese auf den Kornaten weiden, während sie Obst und Gemüse am fruchtbaren Vraner See anbauten. Zwar gingen derartige Latifundien mit der Entstehung des sozialistischen Jugoslawien verloren, die enge emotionale Beziehung der „Murteri" zu den Kornaten besteht jedoch bis heute.

An- und Weiterreise

- **Busverbindung** besteht zwischen dem Hauptort Murter und Šibenik (stündlich), Biograd (1x tgl.), Zadar (3x tgl.) sowie (je 2x tgl.) Rijeka und Zagreb. Etwa alle 90 Min. werden die Inselorte per **Inselbus** angefahren.

Information

- **Touristeninformation Murter,** Rudina bb., Tel. 022-434995, www.tzo-murter.hr, tgl. 8–22 Uhr (Winterhalbjahr bis 15 Uhr).

Unterkunft

- Die meisten Reisenden wählen eine Privatunterkunft, recht angenehm ist aber auch das €€**Hotel Colentum** (Put Slanice, Tel. 022-431100, www.hotel-colentum.hr, strandnah, Pool, Sat/TV, All-Inclusive-Angebote usw., z.B. DZ/HP ab 300–580 Euro/Woche p.P.

Nützliches

- **An der M. Kupica** liegen hintereinander das **Aquanaut Dive-Center,** Tel. 022-434988, www.diving-murter.com, eine **Apotheke,** die **Agenturen Alga,** Tel. 022-435075, Fax 434010, und **Atlas,** Tel./Fax 022-434999, www.atlas-croatia.hr, die **Bank** Jadranska Banka (Mo bis Fr 7–12 und 18–21 Uhr), **Krešimir Fast-Food,** die **Post** (Mo bis Sa 7.30–20 Uhr), eine **Bäckerei,** eine **Pizzeria** (Tel. 022-435028, tgl. 17–24 Uhr) und ein

Neubauten prägen die Orte auf Murter

größerer geschotterter **Parkplatz,** dahinter beginnt der Ortsteil Betina.

- **Im Ortskern** sind **Schenken,** ein **Supermarkt,** die **Agenturen Suntourist,** Tel. 022-435220, und **Kornati Club,** Tel. 022-435099, sowie die **Nationalparkverwaltung der Kornaten,** Tel. 022-434662, zu finden. Hier werden neben Geldwechsel und Unterkunftsvermittlung vor allem Kornatenausflüge (Tagestour ab 30 Euro/Person) angeboten.
- Die **Marina Hramina,** Tel. 022-434411, bietet umfassenden Service sowie Segelkurse und Yachtverleih; westlich liegt die kleine (Ausweich-)**Marina Vinci,** Tel. 022-435299.
- Für **Taucher** empfiehlt sich die (deutschsprachige) Basis Najada in der Zrtava ratova 19, Tel./Fax 022-436020, www.najada.com.

Betina

Betina (1200 Einwohner), dessen **Zwiebelturmkirche** schon vom Festland aus zu sehen ist, strahlt mit seiner friedlichen Beschaulichkeit eine unvermutete ländliche Idylle aus. Der Ort wird von Nachkommen der im Spätmittelalter vor den Türken geflohenen Siedler vom Vraner See bewohnt. Der **Trg Dragutina Pilica** am Marinabecken bildet das winzige **Zentrum** mit Post, Markt, kleiner Promenade und dem sehr empfehlenswerten Restaurant Stari Mrlin. Es lohnt unbedingt, die Gasse Ul. Varos (vor dem Stari Mrlin) entlang zu spazieren, die einen guten Eindruck von der dörflichen Stille vermittelt. Hinter der €€**Pension Stiz** (Tel. 022-434275) in dieser Gasse führt ein Stichweg links hinauf zur **Pfarrkirche Sv Franžisk** (17. Jahrhundert), die nicht nur wegen ihrer Stilistik, sondern insbesondere aufgrund des malerischen Ausblicks über die umliegenden Buchten besticht.

Agenturen

- **Agentur Lori,** Zraće 2, Tel. 022-435631, Fax 4355540, www.touristagency-lori.hr.
- **Agentur Atlas,** Trg Republike Hrvatske 2, Tel. 022-434999, www.atlas-croatia.hr.

Aktivitäten

- **Tauchen:** Tauchgänge und Tagestouren (u.a. Kornaten) sind nur über den Ansprechpartner in Deutschland möglich: **Die Tauchbasis,** Otto-Schönhagen-Str. 4, 56070 Koblenz, Tel. 0261-805099, www.die-tauchbasis.de. Die Basis vermietet auch **Zimmer und Apartments.**
- **Marina:** N. Skevina 15, Tel. 022-434497, www.marina-betina.hr.

Vodice

Vodice passt nicht. Nicht in das Bild des Dalmatien-Reisenden, der karge Landschaft, ruhige Buchten und beschauliche kleine Orte mit historischen Zentren erwartet. Nein, Vodice (rund 11.000 Einwohner) wirkt wie ein mondänes, überwiegend aus betonierten Promenaden, Arkaden und Hotels bestehendes „Mini-St.-Tropez" **im Herzen der dalmatischen Adria.** Und es ist genau dieser Beigeschmack des Künstlichen, der den echten Dalmatien-Freund eher andere Örtlichkeiten aufsuchen lässt. Was die Logistik betrifft, so muss neidlos anerkannt werden, dass Vodice wirklich alles auf engem Raum bietet, was der (Durch-)Reisende dringend benötigen könnte. Und so ist es eben eine reine Geschmackssache, ob man das Städtchen zum Standort eines Kroatien-Urlaubs machen möchte oder eben nicht.

Ganz unhistorisch darf man sich Vodice auch nicht vorstellen, immerhin war es schon den Römern als Arausa Antonina bekannt.

Um ins Zentrum zu gelangen, folgt man am besten den Schildern zum Busbahnhof („Autobusni Kolodvor"), der praktisch der Kern von Vodice ist. Unmittelbar rundherum liegen Spital, Einkaufszentrum, Wechselstube, Post und Gaststätten. Das Sträßchen zwischen der Touristeninformation und der Agentur führt zur Pfarrkirche Sv Križa aus dem 17. Jahrhundert.

An- und Weiterreise

- Von der Marina fährt 2–3x tgl. eine **Fähre** zu den Inseln Zlarin und Prvić. 3–4x tgl. Personenfähre von/nach Šibenik.
- Auf der Rückseite des Busbahnhofs liegen ein Minimarkt, die Bussteige und der Ticketschalter für **Busse** von/nach Šibenik (6.15–22.30 Uhr etwa 20x tgl. Lokalbus plus 8x Intercitybus), Murter (6.05– 21.15 6–7x tgl. Lokalbus, 20 K), Trogir (2.10–20.12 Uhr 6–8x tgl.), Split (3.40–23.05 Uhr 20x tgl., 64 K), Makarska/Ploče/Dubrovnik (4.05, 7.10, 11.10, 12.30, 13.45Uhr), Zadar (6–20 Uhr 6x tgl., 46 K), Rijeka (13.10, 19.50 Uhr), Pula (10 Uhr), Zagreb (7.15–19 Uhr 7x tgl.), Varaždin (12.20, 14, 17.00, 23.15 Uhr), Ljubljana (19.35 Uhr).

Information

- **Touristeninformation,** Ivo Čače 1, Tel. 022-443888, www.vodice.hr.

Unterkunft, Camping

- Recht zentral bietet sich Campern das €€**ACI Marina Vodice** an, Tel. 022-443086, Fax 442470.
- €€€**AC Imperial,** 3 km südlich, Tel. 020-454412, Fax 440468, www.rivijera.hr. Der Platz liegt zwar nicht schlecht, wird aber oft als zu teuer und dabei laut (Hotelanimation, frühmorgendliche Müllabfuhr) und überlaufen (gemeinsamer Strand mit den Hotelgästen) empfunden.
- Direkt nebenan liegt das €€€**Hotel Imperial,** Tel. 022-454454, Fax 440468, www.rivijera.hr, mit unterschiedlichen Unterkünften.
- Ein günstiges Hotel ist das €€€**Kristina,** Šetalište 3, Tel. 022-443830, Fax 440473, www.hotel-kristina.hr.

Essen und Trinken

- Kulinarisches offerieren der **Markt** vor der Arkade (Obst, Hähnchengrill), das **Bufet Tony** (Obala I.J. Cota 21, Tel. 022-443116, Pizza, Nudeln) gegenüber sowie die benachbarte **Konoba Makina** (Tel. 022-440015, tgl. 8–24 Uhr, Januar geschl.) mit dalmatischen Spezialitäten.

Aktivitäten

- Zwei **Tauchbasen** vor Ort bieten ihre Dienstleistungen an: Neptun (im Hotel Punta, Tel. 022-200493, www.neptun.com.hr) und Vodice Dive (Cyril i Metoda 5, mobil 098-9196233, www.vodice-dive.com).
- Der lokale **Radclub Orlov krug** (mobil 098-336275, www.orlovkrug.hr) hat zahlreiche mittelschwere sowie schwere Routen ausgesteckt und bietet trainierten Radsportlern die Teilnahme am täglichen Training an.
- **Fahrradverleih** ist bei den Agenturen Homberger (Trag Branimira 32, Tel. 022-444109, hier auch PKW) sowie Brko (Trag Fržopa 53, mobil 091-5090942) möglich.
- **Open-Air-Discos** am Ortsrand sorgen am Abend für Stimmung.

Nützliches

- In der **„Duty-Free"-Einkaufsarkade** bieten mehrere höherpreisige **Restaurants** sowie eine **Bank** und eine **Wechselstube** ihre Dienstleistungen an.
- An der Küstenstraße, direkt an der Zufahrt nach Vodice, liegt der große **Supermarkt Plodine,** der mit den niedrigsten Preisen Kroatiens wirbt (tgl. 8–22 Uhr); beliebt und preiswert ist auch **Lidl,** ebenfalls an der Durchfahrtsstraße, tgl. 8–21 Uhr (So bis 18 Uhr).

023da Foto: wl

Zentral-dalmatien

kro359 Foto: wl

019da Foto: wl

Der innere Hafen von Trogir

Brunnen im antiken Salona

Šibenik mit der Kathedrale Sv Jakov

Šibenik

Die Stadt Šibenik (ca. 65.000 Einwohner) wird mit den großen Perlen Dalmatiens, Dubrovnik und Trogir, oft in einem Atemzug genannt. Dass Šibenik dabei stets an dritter Stelle steht, liegt wohl am ersten Eindruck, den der Besucher beim Anblick der von Industrie- und Hafenanlagen geprägten Außenbezirke gewinnt. Der Altstadtkern dagegen ist unbedingt sehenswert und beherbergt einige **herausragende Sehenswürdigkeiten.** Von Šibenik aus lassen sich auch sehr gut Ausflüge zu den Kornateninseln, den Krka-Fällen und zu kleineren vorgelagerten Inseln unternehmen. Das **Strandleben** spielt sich auf der nahe gelegenen **Landzunge Solaris** mit ihren Kiesstränden und Campingplätzen ab.

Geschichte

Die erste urkundliche Erwähnung des eher jungen Šibenik geht auf einen Besuch von König *Krešimir IV.* im Jahr 1066 zurück. Ab etwa diesem Zeit-

punkt (11./12. Jahrhundert) gehörte die Stadt zum **ungarisch-kroatischen Königreich,** ehe sich 1412 die siegreichen **Venezianer** zum neuen Herren von Šibenik aufschwangen. Unter dem Zepter der Dogenrepublik wurde die Stadt wegen der herannahenden Türken befestigt, es entstanden zahllose Prachtbauten. Während der **österreichischen Phase** geriet Šibenik eher in Vergessenheit und wurde im Vertrag von Rapallo (Ende des Ersten Weltkriegs) dem Königreich Jugoslawien zugesprochen. Während des Bürgerkrieges der 1990er Jahre drangen die Krajna-Serben bis in Küstennähe vor, Šibenik blieb aber von größeren Schäden verschont. Die **Altstadt** wurde jüngst von der UNESCO zum **Weltkulturerbe** erklärt.

Sehenswertes

Beginnend zwischen dem Volkstheater (Narodni Teatr) und dem Franziskanerkloster (Sv Franžisk) mit der markanten Sonnenuhr, lohnt sich ein Streifzug durch die **Altstadtgassen,** insbesondere durch die Zagrebačka und Tomislava. Alte, einst prachtvolle Bürgerhäuser sowie zahllose Kirchen und Kapellen (Sv Marija, Sv Duh, Sv Ivan, Sv Barbara) vermitteln einen feinen Eindruck von der städtischen Architektur der frühen Neuzeit – das kleinstädtische Alltagsleben der Gegenwart nicht zu vergessen!

Trg Republike Hrvatske

Als **zentraler Punkt der Altstadt** dient der Trg Republike Hrvatske an der Kathedrale, der mit seinem Pflaster aus polierten Steinplatten zu den schönsten Stadtplätzen Kroatiens zählt. Interessant ist zunächst die **Statue** des berühmten dalmatischen Architekten **Juraj Dalmatinac** (1407–73, siehe Glossar), ein Werk des modernen Künstlers *I. Meštrović.* Das große Gebäude mit den Bögen und großen Fenstern war einst **Stadtloggia und Rathaus,** vom Balkon verkündeten die Venezianer dem Volk ihre Beschlüsse. Verschlungene Gassen ziehen sich vom Platz den Hang hinauf Richtung Festung Sv Ana.

Kathedrale Sv Jakov

Zwischen Trg Republike und Uferpromenade erhebt sich der bedeutendste Sakralbau der dalmatischen Frührenaissance, gleichzeitig das **Wahrzeichen der Stadt:** die Kathedrale Sv Jakov. Der fast ausschließlich aus Marmor und Kalkstein von der Insel Brač errichtete Kirchenbau aus dem Hauptschiff und zwei Seitenschiffen wurde 1433 begonnen und erst 1536 fertig gestellt. Mehrere venezianische Architekten, vor allem aber der auf dem Trg Republike lebensgroß verewigte dalmatische „Stararchitekt" *Juraj Dalmatinac,* zeichneten für die Gestaltung verantwortlich. So gehen u.a. der kreuzförmige Grundriss, die Vierungskuppel und die 73 Köpfe an den Chorapsiden auf Dalmatinac zurück. Die **einzigartige Dachkonstruktion** aus ineinander verzahnten Platten – ohne Mörtel oder sonstige Bindemittel gebaut – ist ein Geniestreich des Dalmatinac-Schülers *N. Fiorentino.* Im Inneren der recht finsteren Kathedrale sind ferner der barocke Hauptaltar sowie die Schatzkammer mit Filigranschmiedearbeiten lokaler Künstler sehenswert. Die Treppe auf der rechten Seite führt in das Baptisterium mit einem anmutigen Taufbecken der frühen Renaissance. Sv Jakov wurde 1997 in die Liste des **UNESCO-Weltkulturerbes** aufgenommen.

• **Öffnungszeiten:** tgl. 9.30–19.30 Uhr (vorher und hinterher Messe – ohne Eintritt). Eintritt zur Kirche 10 K, das **Sakralmuseum** um die Ecke kostet 7 K extra. **Coat of Arms:** An der Ostseite der Kathedrale kann man einen Blick auf die Entstehung des Stadtwappens werfen. Die kleine Ausstellung ist tgl. 10–13 Uhr und 19–21 Uhr geöffnet, Eintritt frei.

Bischofs- und Rektorenpalast

Unterhalb der Kathedrale an der Uferpromenade Obala Palih Omladinaca schließt sich der ehemalige **bischöfliche Palast** an. Das aufwendig renovierte Gebäude erinnert an das einstige Luxusleben der sakralen Würdenträger. Nur ein paar Schritte daneben steht der trutzburgartige ehemalige **Rektorenpalast** (15. Jahrhundert); das befestigte und zugleich prunkvolle Bauwerk diente den venezianischen Kirchenherren als Dienstsitz. Heute beherbergt es das **Stadtmuseum** mit Exponaten zur dalmatischen Geschichte des 14. bis 17. Jahrhunderts sowie Wechselausstellungen zu Kunst und Geschichte.

• **Öffnungszeiten:** tgl. 10–13 und 17–19 Uhr, Eintritt je nach Veranstaltung; Tel. 022-213 880, www.muzejsibenik.hr.

Festung Sv Ana

Die beeindruckende, gut begehbare Ruine der Festung Sv Ana thront **oberhalb der Altstadt** und gestattet wahrhaft famose **Ausblicke** bis zu den Krka-Seen (halb rechts, Richtung Brücke blickend). Auch Sv Ana war eine Verteidigungsanlage der Venezianer während der Türkenkriege im 16. Jahrhundert (Eintritt 20 K).

Klostergarten

Von hier hinunter Richtung Promenade gehend, passiert man den **Me-**

dieval Garden Sv Lovre, der rechter Hand liegt (beschildert). Der ehemalige, hübsch um einen Brunnen angelegte, kleine Klostergarten ist eine echte Oase in der engen Altstadt.

- **Öffnungszeiten:** tgl. 9–19 Uhr, Eintritt frei, kleiner Souvenir- und Coffee-Shop.

Falknerei

Etwas außerhalb, im **Vorort Dubrava** (7 km, beschildert) lohnt sich vor allem für Familien mit Kindern ein Besuch der in Kroatien landesweit einzigartigen Falknerei.

- **Öffnungszeiten:** tgl. 10–17 Uhr, Centar grabljivica Skugori bb., Tel. 022-330116, emilio.mendjusic@si.t-com.hr.

Praktische Tipps

An- und Weiterreise

Bus:

Vom **Busbahnhof** (Tel. 060-368368, außen regional, innen Fernstrecken) in der Ul. Draga bestehen gute Verbindungen in alle Richtungen: von/nach Vodice (6.15–22.30 Uhr 20–22x tgl. Lokalbus plus 8x Intercitybus), Drniš/Knin (5x tgl.), Trogir/Split (22–31x tgl.), Zadar (12–14x tgl.), zum AC Solaris und Zablace 7–21 Uhr jeweils zur vollen Stunde, jeweils um .25 zurück (Nr. 6), Zaton 10x tgl., Tribunj (Filip i Jakov) 6.30–20 Uhr 8x tgl., Primosten 9.45, 11.45, 14, 15.30 und 20 Uhr, Jezera/Murter 5.45, 9, 11.30, 14, 15.30, 18, 21.10 Uhr; mindestens 1x tgl. Rijeka, Dubrovnik, Pula; Krka-Busse (Lozovac/Skradin) siehe NP Krka.

Bahn:

Der Bahnhof liegt 150 m vom Busbahnhof entfernt (Tel. 022-333696) und bietet hauptsächlich Verbindungen ins Hinterland bis Knin (5x tgl.).

Fähre:

Das Büro der Fährgesellschaft Jadrolinija (Tel. 022-23468, Fax 28663) an der Promenade gegenüber vom Pier verkauft Tickets zu den Inseln **Kaprije, Žirje, Zlarin** und **Prvić** sowie nach **Vodice** (je 2–4x tgl.). Problem: Tagesbesucher mit eigenem Fahrzeug müssen irgendwo den PKW abstellen und im Zentrum sind die Parkmöglichkeiten begrenzt und teuer!

Auto:

Durchfahrtsstraße ist die **Kralja Zvonimira,** auf der man der Beschilderung „Trajekt" (Fähre; Ul. V. Nazora) folgt. Am Ufer angelangt, liegt ein großer **Parkplatz** (Automat, 10 K/Std.) am Ende der Zufahrtsstraße zum Busbahnhof und am Ufer entlang. Von hier aus sind die Altstadt und alle wichtigen Einrichtungen in wenigen Gehminuten erreicht.

Info und Agenturen

- **Touristeninformation,** Obala F. Tudjmana 5 (nahe Fährpier) sowie in der Fußgängerzone am Trg Republike Hrvatske; Mo–Fr 8–14 Uhr, Sa 8–12 Uhr, im Sommer tgl. 8–22 Uhr; Tel. 022-212075, www.sibenik-tourism.hr.
- **Agentur Atlas,** Trg Republike Hrvatske 2, Tel. 022-330232, Fax 213045, www.atlas-croatia.hr.
- **Agentur Cromovens,** Trg Republike Hrvatske 4, Tel. 022-212515, www.cromovens.hr. Unterkunftsvermittlung, Geldwechsel und auch Tagesausflüge (z.B. zu den Kornaten für 25 Euro oder Krka (halber Tag) für 15–30 Euro).
- **Agentur Nik,** Ante Supuka 5, Tel./Fax 022-338550, www.nik.hr, kümmert sich um Unterkunftsarrangements, Fahrzeugverleih und gilt als Spezialist für die vorgelagerten Inseln.

Unterkunft

- €€**Hotel Jadran,** Tel. 022-212644, Fax 219160, www.rivijera.hr. Sehr nett, absolut zentral.
- Auf der Solaris-Landzunge liegen die Hotels des €€€**Solaris Holiday Resort,** einem Zusammenschluss der vormals selbstständigen Hotels Jakov, Andrija, Ivan, Jure und Niko,

um sich gegen die hier in der Region übermächtige Rivijera-Gruppe behaupten zu können. Die sehr unterschiedlichen Häuser – das Andrija z.B. ist für Familien (Kinderanimation, Spielplatz usw.) das Angenehmste – wurden aufwendig renoviert und zählen (mit Ausnahme des Jakov) zur 4-Sterne-Landeskategorie. Details s. www.solaris.hr oder www.kroatienfamilienresorthotels.com. Im Bereich Solaris gibt es eine Disco, Radverleih usw.

Camping

Während Šibenik selbst auf der Inlandsseite der Krka-Seen liegt, sind die Campingplätze und Resorts auf den seeseitigen Landzungen zu finden, allen voran das €€€**AC Solaris,** Tel. 022-364000, Fax 361801, www.solaris.hr (u.a. Restaurant mit Liveunterhaltung, Beach-Bar, Minimarkt, Tauchen, Rad-/Bootsverleih usw.), sowie das benachbarte €€**AC Zablaće,** Tel. 022-354051 (hübsch auf bewaldeter Landzunge). Beide haben Mitte März bis Ende Oktober geöffnet. Stadtbus Solaris – Zablace Nr. 6 fährt etwa stündlich 7–21 Uhr.

Essen und Trinken

- Gute **Cafés und Restaurants** liegen am Ende der Uferpromenade unterhalb der Kathedrale (mittelpreisig).
- Empfehlenswert ist die **Pizzeria Forum** (Nazora 7, Tel. 022-218646) neben der Post; sehr gelobt wird auch die **Pizzeria Zora** neben der Touristeninformation (Tel. 022-215841).

● Im gehoben Preis-Leistungssegment empfiehlt sich ferner das **Gradska Vijećnica** (Trg Republike Hrvatske 1, Tel. 022-213605, tgl. 8–1 Uhr); Lamm- und Fischspezialitäten.

● Exquisit speist man im **Hotelrestaurant Jadran** (Tel. 022-350220, tgl. 10.30–22.30 Uhr, teuer).

Nachtleben

● Abendunterhaltung verspricht die **Disco-Cafébar Peskarija** am Obala palih omladinaca (bis Mitternacht, Tel. 022-214900).

Aktivitäten

● **Tauchen:** Odysseus Diving, Šparadići 1, Tel. 022-577733, www.odysseusdiving.hr. Mit einem 11-Meter-Kutter werden Ausfahrten zu den Tauchplätzen der vorgelagerten Inseln durchgeführt; für Kurztrips in Kleingruppen liegt ein schnelles Schlauchboot bereit. Die angeschlossene **Taucherpension** vermietet ihre Zimmer sehr preiswert; für Camper steht ferner ein kleiner **Privatcampingplatz** zur Verfügung. Geöffnet ist von Ende April bis Mitte September.

● Lust auf Adrenalinschübe? Dann auf zum **Bungee-Jumping** von der Brücke (2 km außerhalb Richtung Zadar). Vom 1.7.–1.9. tgl. 10–20 Uhr (So bis 14 Uhr) kann der 40-Meter-Hupf unter www.bungee.com.hr arrangiert werden.

● Ausgewiesene **Wanderwege** wurden vom örtlichen Wanderverein angelegt, der auch Routenbeschreibungen und weitergehende

Übernachtung
4 Hotel Jadran
11 Solaris Holiay Resort, Campingplätze

Essen und Trinken
1 Bars & Cafés
2 Gradska Vijećnica
3 Coat of Arms
4 Restaurant Jadran
6 Pizzeria Zora
8 Pizzeria Forum

Einkaufen/Sonstiges
5 Fährgesellschaft Jadrolinija
7 Sommer-Kino, Agenturen Atlas, Cromovens
9 Minimarkt
10 Shopping Mall City Life und Agentur Nik
11 Einkaufszentrum Dalmare

Informationen sowie **geführte Touren** anbietet, www.sv-mihovil.hr.

- Ein gutes Stück außerhalb in Bukici können Freunde der Farbkugelballerei die regionale **Paintball-Anlage** nutzen; www.slaptours.hr, Tel. 022-311460.
- **Jeep-Safaris** ins Hinterland, zum Vraner-See oder bis zur Dinara bietet Magtours, Tel. 022-0201150, www.magtours.com; Halbtagestouren ab 50 Euro, Tagestouren ab 80 Euro.
- **Baden:** City Beach „Jadrija", per Boot ab Innenstadtpier 9–19 Uhr, 9x tgl., 10 K.

Nützliches

- **Post:** Ul. V. Nazora, Mo bis Sa 7–21 Uhr (auch **Geldwechsel**).
- **Geldautomaten** sind in der Altstadt rar, am Busbahnhof wird man fündig.
- **Notruf (Spital):** Tel. 022-246246, an der Hauptstraße S. Radica, 30 m neben Gericht und Polizei.
- Ein **Minimarkt** im Busbahnhof führt recht preiswert alles Notwendige.
- In der Ante Šupuka liegt ebenfalls sehr zentral die moderne **Shopping Mall City Life** (mehrfach ausgeschildert, Ante Supuka 10, Tel. 022-212832, tgl. 8–21 Uhr). Hier findet man auf vier Etagen neben einem riesigen Konzum-Supermarkt zahlreiche Boutiquen (u.a. S-Oliver, Nike), Fachgeschäfte und Restaurants.
- Direkt an der Umgehungsstraße Južna Magistrala wurde das riesige **Einkaufszentrum Dalmare** angelegt, mit einer großen Shopping-Mall (u.a. Konzum-Supermarkt, Deichmann-Schuhe, McDonald's mit Internet-Ecke, DM-Drogerie, Fachgeschäfte, Spielothek, Internet-Corner und Multiplex-Kinowelt; tgl. 8–1 Uhr); mehrere Automaten und eine Wechselstube sorgen für das nötige Kleingeld. Gegenüber vom Einkaufszentrum liegt ein **Lidl-Discountmarkt** (tgl. 8–21 Uhr, So bis 18 Uhr).
- **Internet:** Internet-Corner/Paparazzi-Café oder McDonald's, beide im Dalmare-Shoppingcenter.

Brodarica

Ursprünglich einmal ein kleines Fischerdorf, wuchs Brodarica inzwischen mit Šibenik fast zusammen und wird meist als Ortsteil der Stadt bezeichnet. Für den Reisenden ist es allerdings schlecht möglich, zu Fuß nach Šibenik zu gelangen, es sind etwa 5 km bis in die Altstadt. Der Ort selbst bietet keine Sehenswürdigkeiten, ist aber wegen etlicher **Bade- und Freizeitmöglichkeiten** (Tauchen, Reiten) und der **Fähre nach Krapanj** als Standort im Raum Šibenik durchaus zu empfehlen.

An- und Weiterreise

- **Busanbindung** besteht etwa 30x tgl. auf der Route Trogir – Šibenik entlang der Durchfahrtsstraße, Stadtbus Nr. 7 eingeschlossen.
- **Krapanj-Fähre:** Das Personenboot pendelt von 6.45 Uhr bis 24 Uhr ca. 20x tgl. (vormittags immer um „10 nach"), an Sonn-/Feiertagen nur 8.55, 13.10, 16.30 und 20.25 Uhr, Tickets 6 K/einfach. Zwei Zufahrtsmöglichkeiten: am Schild der Pegasus-Reitschule gegenüber links hinein oder beim Schild der Krapanj-Fähre, jeweils von der Hauptstraße abzweigend.

Unterkunft

- An der Hauptstraße bieten zahlreiche €-€€ **Privatvermieter** Zimmer und Wohnungen an.
- Schöner wohnt man allerdings unten am Meer, etwa in der **Pension €€€Zlatna Ribica** (Tel. 022-350659, www.zlatna-ribica.hr) an der Promenade. Die Anlage ist mit 8 Bungalows/Apartments und 22 DZ überschaubar und bietet einige Freizeitmöglichkeiten wie Fitnessstudio und Rad-/Bootsverleih, PKW-Vermietung, Ausflüge und Flughafentransfer sowie ein eigenes Restaurant mit zahlreichen

Gastro-Eventtagen (u.a. Spargeltag, Stockfischtag).

Aktivitäten

- **Tauchen:** Basis Croatia Inter-Diving von *Ivica Cvitkovič,* Krapanjskih Spuzv. 38, Tel. 022-350300 ab 20 Uhr, Fax 350695, www.cvitkovic.de. In Brodarica befinden sich außerdem die Basen Mediterraneo Sub, Tel. 022-350894, mobil 091-5394007, und Moranavi, Tel. 022-350736, beide vorwiegend von italienischen Tauchern frequentiert.
- **Reiten:** Pegasus (von Grebaštica kommend Ortseingang rechts, beschildert), Tel. 022-216901, www.pegasus.hr.

Nützliches

- Entlang der Hauptstraße liegen mehrere **Bäckereien,** am Krapanj-Fährpier bietet ein **Konzum-Supermarkt** alles Notwendige. Für Großeinkäufe bietet sich das nahe gelegene **Einkaufszentrum** am Ortseingang von Šibenik an (Lidl, Mercator, Boutiquen usw.).

Inseln vor Šibenik

Unmittelbar vor der Bucht von Šibenik liegen Dutzende, wenn nicht Hunderte teils einsamer und karger, teils bewohnter und mit einer kleinen touristischen Infrastruktur sogar gut besuchbarer Inselchen und kleinerer Inseln. Drei oder vier Wochen hier verbringen zu wollen, setzt jedoch schon beinahe eine gewisse Zivilisationsfeindlichkeit oder zumindest den **Wunsch nach absoluter Ruhe** voraus. So sind es bislang eher **Segler und Tagestouristen** aus Šibenik, die sich auf den Weg zu einer der Inseln machen, die (noch) ein touristisch überwiegend unberührter Flecken sind. Wer nicht die Zeit hat, alle Inseln zu erkunden und sich auf eine oder zwei beschränken muss, dem seien **Zlarin** (ab Šibenik, s. Tabelle Fährverbindungen) bzw. **Krapanj** (ab Brodarica) besonders empfohlen.

Insel Krapanj

Die mit nur 360 m² kleinste und am dichtesten besiedelte Insel des Šibeniker Archipels darf sich der Besonderheit rühmen, mit einer höchsten Erhebung von sage und schreibe 1,50 m die flachste aller bewohnten Adria-Inseln zu sein.

Die Insel fand 1435 erstmals urkundliche Erwähnung, als das seinerzeit unbesiedelte Eiland als Geschenk an den Franziskanerorden überging. Bis 1523 wurde die Ordenskirche gebaut, die in den Türkenkriegen den Bewohnern des Umlandes einigen Schutz bot. Die heutige **Kirche** stammt allerdings aus dem frühen 20. Jahrhundert, Elemente des Vorgängerbaus wurden integriert wie einige Exponate als Zeugnis zum Leben der Menschen hier in den vergangenen Jahrhunderten.

Die Nachkommen jener, die vor den Türken auf das Inselchen geflohen waren, nahmen zwar auf Krapanj ihren Wohnsitz, bebauten aber ihre alt angestammten Felder auf dem Festland. Erst im 18. Jahrhundert, als die Landwirtschaft nicht mehr als Broterwerb für alle ausreichte, begann man mit der **Fischerei** und dem **Schwammtauchen,** eine Tradition, die hier bis heute bewahrt wurde und einige Einkünfte (Schwammfabrik) ermöglicht.

Übernachtung
2 AC Zablaće
3 Solaris Holiday Resort, AC Solaris

Sonstiges
1 Bungee-Jumping Šibenik

Zentraldalmatien

Fährverbindungen Archipel von Šibenik zur Hauptsaison

Insel	Fährart	Abfahrt/ Frequenz	Preis p.P.	PKW[4]
ab Šibenik				
Kaprije	Trajekt	10:15, 16:00[1]	2,40	17,50
Kaprije	KAT	09:90, 14:15	1,80	
Žirje	Trajekt	10:15, 06:00[1]	2,40	17,50
Žirje	KAT	1 mal täglich, unregelmäßig	2,30	
Obonjan	Trajekt	16:00[1]	2,40	
Zlarin	Trajekt	10:15[2]	1,80	11,50
Zlarin	KB	90:30, 12:45[1], 15:30[1], 19:30	2,30	17,00
Prvić (Prvić Luka, Šepurine)	KB	90:30, 12:45[1], 15:30[1], 19:30	2,50	18,00
Vodice (Festland)	KB	90:30, 12:45[1], 15:30[1], 19:30	2,50	7,50
ab Vodice				
Prvić	KB	04:45, 11:00, 14:00, 18:00[3]	2,30	17,00
Zlarin	KB	04:45, 11:00, 14:00, 18:00[3]	2,30	17,00
Šibenik	KB	04:45, 11:00, 14:00, 18:00[3]	2,30	17,00
ab Brodarica				
Krapanj	Bootstaxi	Ca. stündlich 07:00 - 24:00	1,80	

Trajekt = KFZ-Fähre, KB = Klasični Brod (bis 7,5 t),
KAT = Katamaran (Personenbeförderung)
[1]außer So
[2]nur Do
[3]tgl. außer So (So nur 7:15 Uhr)
[4]PKW-Preis beinhaltet den Fahrer,
Richtpreise in Euro (Hauptsaison, sonst -25%)
Alle Daten dieser Tabelle sind vorläufig für die Sommersaison 2012

Die meisten Insulaner, vor allem die Jugend, leben und arbeiten vorwiegend auf dem Festland, ohne dabei die Schätze und die Traditionen der Insel vergessen zu haben. Ein interessantes Kulturerbe - Schwämme, Korallen, Amphoren, Antikgeschirr - sowie die authentische Schönheit der Steinhäuser und der engen Gassen sind ein Anziehungspunkt für viele Besucher.

Vom Pier führt ein zunächst befestigter Weg, am Ende der Bebauung dann ein Kiesweg fast um die Insel herum zum seeseitigen Inselende (Sportplatz, halbe Stunde Gehzeit), wo man auf den breiten, zentralen Weg (Ulica) mit moderneren Häuschen mit Garten trifft. Hier geht es links zur Hauptkirche und zum Hotel, rechts durch die Ortsgassen Richtung Pier mit einem Weltkriegsdenkmal und dem kleinen **Dorfmuseum/Galerie Zitak** (u.a. Schwämme; Trg I Nr. 6, Tel. 022-350950, tgl. 10–17 Uhr).

An- und Weiterreise

- **Fähre:** Krapanj wird nicht von Šibenik aus angefahren, sondern nur vom Vorort **Brodarica** (Vorteil: kostenloses Parken entlang der Uferstraße vor der Anlegestelle). Die Fähre fährt ab Brodarica 6.45–24 Uhr ca. 20x tgl. (vormittags immer um „10 nach"), an Sonn- und Feiertagen nur 8.55, 13.10, 16.30 und 20.25 Uhr, einfache Fahrt 6 K.

Unterkunft

- **Apartments und Häuser** kann man sehr leicht selbst vorab arrangieren: der Touristenverband Brodarica-Krapanj hat auf seiner Homepage **www.tz-brodarica.hr,** wie auch auf der englischsprachigen Seite http://krapanj.com etliche Privatanbieter konzentriert, die man direkt und ohne „Makler" kontaktieren kann.
- Das kleine €€€**Hotel Spongiola** (Tel. 022-384900, www.spongiola.com) verfügt über Restaurant, Souvenirshop (Schwämme), Wellnessbereich und Schwimmbad sowie eine hoteleigene Personenfähre.

Essen und Trinken

- Zur Einkehr bietet sich die **Konoba Ronilac** (Obala bb., mobil 099-563273, tgl. 12–1 Uhr) an der Promenade an; fangfrischer Fisch je nach Saison sowie hausgekelterte Weine.
- Zünftige regionale Gerichte offeriert die **Konoba Dalmata Krapanj,** Obala 1, Tel. 022-350101, nur 1.6.–30.9. tgl. 11.30–14.30 und 18–24 Uhr.
- Das **Hotelrestaurant Spongiola** (Tel. 022-348900, Mai bis Okt. durchgehend geöffnet) wird von Reisenden sehr gelobt.

Aktivitäten

- **Baden:** Ein kleiner Kiesstrand liegt beim Hotel Spongiola, eine sehr flache Bucht (Badeschuhe!) mit Kinderrutsche und Steg ein Stückchen weiter am Ende der Besiedlung.
- **Tauchen:** Dem Hotel Spongiola ist das **Diving Center Spongiola** (Tel. 022-348900, www.spongiola.com) angeschlossen.

Insel Prvić

Prvić, gut 1 km vor Vodice gelegen, hat eine Fläche von 2,37 km² und erstreckt sich mit einer Länge von 3,1 km vom nördlichen Kap St. Lucia bis zum südlichen Kap St. Anton.

Wie Krapanj wurde die Insel hauptsächlich im 15. Jahrhundert während der Türkenkriege besiedelt, und auch hier spielte zunächst die Landwirtschaft mit Feldern auf dem Festland rund um Vodice eine Schlüsselrolle beim Broterwerb. Ergänzend kam auf Prvić eine intensive Viehwirtschaft hinzu, wobei die großen unbewohnten

Nachbarinseln Zmajan und Tijat als Weideinseln genutzt wurden. Die heutigen Bewohner betreiben meist im Nebenerwerb **Wein- Oliven- und Feigenanbau,** gehen der **Fischerei** nach oder suchen eine Betätigung auf dem Festland.

Zwei kleine Siedlungen beheimaten die gut 600 Seelen zählende Inselbevölkerung, **Šepurine** an der Südwestküste und **Prvić Luka** in der geschützten Südostbucht. Zum Baden bieten sich mehrere Kiesbuchten rund um die Insel an.

Prvić Luka

In Prvić Luka mit seinen knapp 200 Bewohnern wurde nach Ankunft glagolitischer Mönche 1461 mit dem Bau der Kirche und des gleichnamigen **Klosters Sv Maria** begonnen, welches nach dem Großbrand von 1884 komplett restauriert werden musste. Das Grab in der Klosterkirche weist auf den Universalgelehrten *Fausto Vrančić* (16. Jahrhundert) hin, eine Art „dalmatischer da Vinci", der durch zahllose Maschinenkonstruktionen und die Veröffentlichung eines fünfsprachigen Wörterbuches (darunter erstmals Dalmatisch) große Bekanntheit erlangte.

Šepurine

Im **Hauptort** Šepurine (420 Einwohner) sind **drei kleine Kirchen** sehenswert, die 1479 errichtete Gospino Pohodenje (1878 restauriert), die 1620 gebaute Rochuskirche Sv Rok mit sehenswerten hölzernen Barockelementen im Altarbereich sowie die neue Pfarrkirche Velika Madona von 1878.

Unterkunft

- Unterkunft bietet in Prvić Luka das kleine, direkt am Ufer gelegene €€€**Hotel Maestral** (Tel. 022-448300, www.hotelmaestral.com) in rustikalem dalmatischen Stein-Holzambiente.
- In Šepurine wird wie in Prvić Luka **Privatunterkunft** ab 30 Euro angeboten.

Nützliches

- Zwei kleine **Konobas** (Nanini, Tel. 022-448105, und Val, Tel. 022-448300) sowie ein **Minimarkt** sorgen in Prvić Luka für den täglichen Bedarf.
- Eine kleine **Dorfpost,** ein **Minimarkt** und das **Fischlokal Ribarski Dvori** (Tel. 022-448511, Mai bis September tgl. 10–24 Uhr) sorgen in Šepurine für das Nötigste.

Insel Zlarin

Die etwa 1 km dem Festland vorgelagerte Insel Zlarin mit einer Gesamtgröße von rund 8 km² – wegen ihrer besonderen Naturschönheit mal „Goldene Insel", mal „Grüne Insel" und schließlich auch „Insel der Korallen" genannt – ist schon in der Jungsteinzeit besiedelt worden. Erste dalmatische Zuwanderer kamen im 13. Jahrhundert hierher, im 16. Jahrhundert dann nochmals während der Türkenkriege. Es entwickelten sich Landwirtschaft und Fischerei als Erwerbszweige, hauptsächlich aber wurden die Bewohner Zlarins als tüchtige **Seeleute** und vor allem als **Korallentaucher** bekannt. Letzteres wird nicht mehr aktiv betrieben, die Korallen rund um das Eiland sind geschützt, im kleinen **Korallenmuseum** (8–12 und 16–19 Uhr) kann man die Handverarbeitung der Korallen nachvollziehen und auch Korallenschmuck erwerben.

Die meisten der 150 Inselbewohner leben im **Hauptort Zlarin** in einer geschützten Bucht im Nordwesten, ein paar Dutzend auch im Weiler **Borovica** im Südosten der Insel. Sie sind heute nach dem Wegfall des umstrittenen Korallentauchens als Einkommensquelle meist in Šibenik berufstätig oder leben vom Tourismus. Kleine **Wälder, Buchten, Strände und kristallklares Wasser** ziehen vor allem Taucher, Segler und Sonnenanbeter an. Regionale Bekanntheit erlangte auch das **Zlariner Folklorefest** mit Musik und Tanz Mitte August.

Bedeutendste **Baudenkmäler** Zlarins sind die gotische Kirche „Unsere Liebe Frau von Rašelj" aus dem 15. Jahrhundert, die barocke Pfarrkirche Velioka Madona (1735 auf den Grundmauern eines Vorgängerbaus errichtet) sowie die Kapellen Sv Rok und Sv Simeon (17. Jahrhundert).

Und so wie Prvić mit *Fausto Vrančić* hat auch die Insel Zlarin eine ziemlich bekannte erfinderische Persönlichkeit hervorgebracht, nämlich *Ante Maglica,* eine Art „dalmatischer Daniel Düsentrieb" mit über 100 patentierten Erfindungen. Der USA-Emigrant wurde weltweit vor allem durch die nach ihm benannte und von der amerikanischen Polizei verwendete „Maglite-Taschenlampe" bekannt.

Unterkunft

- Unterkunft bieten in Zlarin u.a. das kleine €€**Hotel Koralj** (Obala boraca 15, Tel./Fax 022-553621, www.4lionszlarin.com), die €€**Apartments Marin** (Tel. 022-553737, www.infoadriatic.com/marin) für vier Personen mit Internetzugang und Waschmaschine sowie etwas zurückgesetzt die sehr hübschen €€**Apartments Katina** (Tel. 022-219786, www.zlarin.net) für 2–4 Personen.

Nützliches

- Im Hauptort Zlarin steht Reisenden eine **Touristeninformation** (Suncana Obala 14, Tel. 022-553557, nur Juli/August, die Website www.zlarin.net bietet ebenfalls Basisinformationen zur Insel), eine **Post,** eine **Metzgerei** sowie ein **Minimarkt** zur Verfügung.

Insel Kaprije

Die Insel Kaprije liegt im mittleren Teil des Šibeniker Archipels und erstreckt sich über eine Landfläche von knapp 10 km². Im 14. und 15. Jahrhundert im Besitz einer Adelsfamilie aus Šibenik, suchten auch hier während der Türkenkriege im 16. und 17. Jahrhundert zahlreiche Flüchtlinge Zuflucht und errichteten die **Petruskirche** im Dörfchen Kaprije, die um 1801 erweitert wurde. Der Inselname weist auf die Gewürzknospe der Kaper hin, die hier seit der frühen Neuzeit angebaut wurde. Heute leben die nur gut 100 Bewohner der Insel von bescheidener Landwirtschaft (Oliven, Wein), vom Fischfang und vom Tourismus.

Der windgeschützte und bei Seglern beliebte Hauptort an der Nordwestseite der Insel ist von Hügeln umgeben, vom höchsten, dem 132 m hohen **Velika Glavica,** hat man einen schönen Rundumblick über das Archipel von Šibenik.

Unterkunft

- Unterkunft findet man in **Privatzimmern** ab 25 Euro oder in der empfehlenswerten, ufernahen €**Pension Nada Gulin** (Tel. 022-449748, pansiongulin@vip.hr) mit 11 Zimmern und angeschlossenem Fischrestaurant.

Nützliches

- Der Hauptort bietet mehrere **Konobas** (günstig: Pizzeria Kaprije, mobil 098-1864568, Mai bis Oktober, tgl. 8–24 Uhr; zünftig; Konoba Toni, Tel. 022-449892, Mai bis Oktober, tgl. 11–15 und 17–24 Uhr), eine **Dorfpost** (Tel. 022-449810, tgl. außer So 7–14 Uhr) eine **Ambulanzstation** (Tel. 022-449813) sowie einen **Minimarkt.**

Insel Žirje

Der Name der entferntesten Insel (Gesamtfläche 15,5 km^2) im Šibeniker Archipel weist darauf hin, dass sie früher vermutlich von einem Steineichenwald bedeckt war (kroat. *žir* = Eichel). Das merkwürdige Relief der Insel ist von zwei Hügelketten mit einem dazwischen liegenden fruchtbaren Tal geprägt, wo **Oliven, Wein, Feigen und Pflaumen** gedeihen. Die durchtrennte Küste ist zusätzlich mit vielen Felsen und Inselchen durchzogen, die Gewässer sind besonders fischreich – Delfinschulen auf dem offenem Meer sind keine Seltenheit!

Schon spätsteinzeitlich besiedelt, spielte das Eiland dann unter den Römern eine strategisch bedeutende Rolle als Vorposten vor der ostadriatischen Küste. Im 6. Jahrhundert wurde eine **spätantike Festung** auf dem Hügel Gustijerna erbaut, deren Relikte noch heute sichtbar sind. 1059 schenkte der kroatische König *Peter Kresimir IV.* die Insel den Benediktinern, ab 1323 unterstand sie wieder der Region Šibenik. 1572 wurde die Insel von den **Türken** dem Erdboden gleich gemacht, wirtschaftliche Verarmung und Abwanderung auf das Festland waren bis in die Gegenwart die Folge.

Die rund 75 (noch) verbliebenen Einwohner Žirjes leben von Landwirtschaft, Fischerei und bescheidenem Tourismus. Segler und Badeurlauber erfreuen sich der **naturgeschützten Buchten,** aber auch **Rad- und Wanderwege** versprechen ruhige und abgeschiedene Erholung.

Unterkunft

- Unterkunft auf Žirje findet man etwa in den €€**Apartments Gacanin** (Muna-Bucht, www.infoadriatic.com/gacanin) oder gleich nahe der Fährstelle Muna bei €**Skorić-Apartments** (Tel. 022-462818, www.infoadriatic.com/skoric) mit Apartments für 2 bis 4 Personen.
- Eine hübsche Bildersammlung zur Einstimmung auf die Insel bietet die Website **www.zirje.biz.**

Badespaß an den Kaskaden der Krka – der Nationalpark liegt nicht weit von der Küste

Nationalpark Krka

Der Unterlauf des mit 72 km **längsten zentraldalmatischen Flusses,** der Krka, ergießt sich auf einer Länge von rund 20 km in **Kaskaden und sieben Wasserfällen** von Dračevića (Roški Slap) bis nach Skradin (Skradinski Buk). Anschließend fließen die Wassermassen ruhig in den **Prokljansko-See,** der sich bis nach Šibenik erstreckt. Hier mündet die Krka nach einem verengten, kurzen Teilstück in die Adria.

Günstige klimatische Bedingungen bei einem hohen Süßwasseranteil der Gewässer führten zu einem intensiven Bewuchs des Gebietes (rund 860 bekannte Pflanzenarten), was nicht weniger als **220 Vogel-, 18 Fisch- und unzählige Amphibienarten** anzog. Das gesamte Gebiet entlang der Krka von Skradin bis Knin wurde daher 1985 offiziell zum Nationalpark erklärt. Die Krka-Fälle sind im Sommer ein wohltuender Kontrast zur sengenden Küstensonne.

Klosterinsel Visovac

Das **Franziskanerkloster** auf der Insel Visovac lässt sich sehr gut mit dem eigenen Pkw anfahren. Vom Hochplateau aus bietet sich ein schöner Blick auf die Insel und das Krka-Tal, bevor die Straße ins Tal hinabführt. Zu jeder vollen Stunde (10, 11, 12 Uhr; 14, 15, 16 Uhr) kann man mit einem kleinen Boot auf die Insel übersetzen. Die Franziskaner jedenfalls erreichten Visovac im Jahr 1445, um eine bereits

020da Foto: wl

bestehende Eremitei zu übernehmen. Die heutigen Klostergebäude stammen aus dem 17./18. Jahrhundert. Die Schätze des Klosters sind in einem kleinen Museum ausgestellt.

Krka-Kloster

Das **Manastir Krka** wiederum, ein serbisch-orthodoxes Kloster am Oberlauf der Krka, ist über eine 3 km lange Stichstraße von Kistanje aus zu erreichen. Mitte des 14. Jahrhunderts errichtet, überlebte das Kloster mehrere Verwüstungen, zuletzt 1995 während der „ethnischen Säuberungen". Dem Kloster ist ein – mit Unterbrechungen – seit 1615 existierendes Knabenseminar angeschlossen.

Anfahrt

Zwischen den Abfahrten „Šibenik-Nord" und „Šibenik-Süd" der **Küstenstraße** zweigt die **Abfahrt „Krka/Drniš"** nordostwärts ins Hinterland ab. Nach 10 km folgt man dem Schild „Krka Park – Vodoslap" (Wasserfall) nach links und gelangt gleich darauf an eine Gabelung: Links geht es nach Skradin (zur Bootsfahrt s.u.), das Schild rechts führt zum Haupteingang des Krka-Nationalparks bei Tvornica-Lozovac (ab Parkplatz Shuttle-Bus, s.u.).

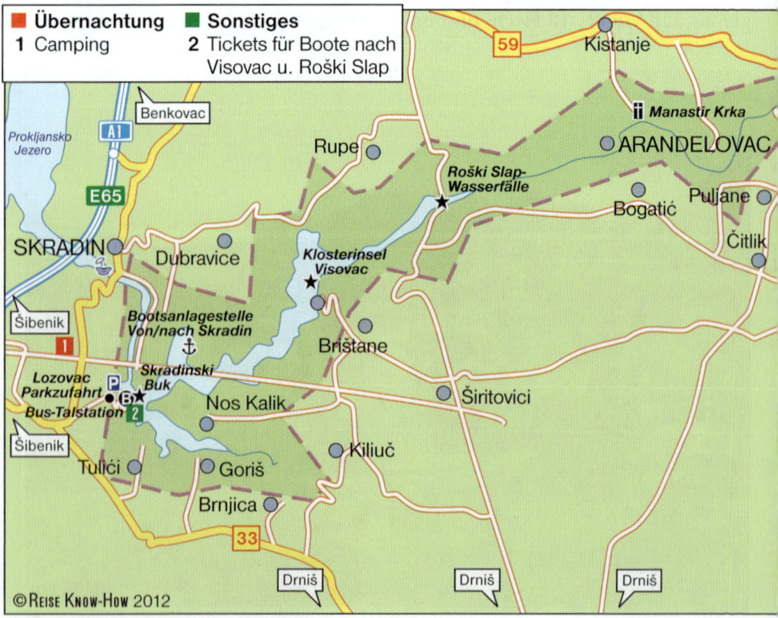

Mit dem **eigenen Fahrzeug** darf man mit Ausnahme der Stichstraßen zu den beiden Klöstern **nicht in den Park hineinfahren;** man muss sich also für **Bus oder Boot** entscheiden. Der Bus bietet den Vorteil eines kostenlosen Parkplatzes plus Panoramablicken von oben, beim Schiff (uriger) muss man in Skradin einen Parkplatz suchen oder auf den teuren Hauptparkplatz im Ort zurückgreifen.

Ein **Bus** verbindet Šibenik mit Lozovac und/oder Skradin um 9, 11.15, 12.45, 14, 15.20 und 20.15 Uhr, zurück um 14.10, 17.10 und 19.55 Uhr.

Touren

An einigen Stellen des Parks darf **gebadet** werden (z.B. Skradinski Buk), ansonsten bieten sich ausgedehnte **Spaziergänge** oder eine Bootsfahrt an. Im Gegensatz zu den Plitwitzer Seen gibt es keinen vollständigen Rundweg, sondern drei unterschiedliche **Abschnitte** (s.u.), die von den **Booten** (ab Skradin) bzw. **Bussen** (Lozovac, nicht so schön) angefahren werden.

Als **Ausflug ab Šibenik** dauert die Tour in Abschnitt 1 einen knappen halben, mit Abschnitt 2 einen vollen Tag; man sollte daher vorsorglich einen ganzen Tag für die komplette Tour erwägen. Die Boote ab Skradin fahren stündlich zwischen 8 und 18 Uhr zur vollen Stunde hin, zur halben Stunde zurück; das letzte Boot fährt um 19.30 Uhr zurück ab Skradinski Buk. Abschnitt 2 findet nur um 11 und um 14 Uhr statt.

Wer mit dem Boot kommt, landet fast direkt am „Badewasserfall", per Bus kommt man am Verkaufskiosk der Bootstour Kloster/Roški Slap an und geht nach links (Hauptweg 10 Minuten zum „Badewasserfall", Abzweigung rechts Naturpfad, ca. 30 Minuten reine Gehzeit).

Im Park bieten größere **Kioske** Snacks, Eis und gekühlte Getränke an (Skradinski Buk, Tvornica-Lozovac und Roški Slap).

Abschnitt 1:

Anfahrt bis Skradin, halbstündige Bootsfahrt zum **Wasserfall Skradinski Buk** mit Bademöglichkeit und Spazierwegen. Hier ist eine Rundwanderung auf markierten Wegen über die Fälle hinweg möglich. Sehr empfehlenswert – man sollte (je nach Gehrichtung) etwa 1 bis 2 Stunden einkalkulieren, zumal sich beeindruckende Wasserspiele und Aussichtspunkte auftun. Interessant ist das kleine **Ethnografische Museum** auf dem Weg, mit wasserbetriebenen Mühlsteinen sowie landwirtschaftlichen Geräten (tgl. 8–20 Uhr); die meisten Besucher fahren dann mit dem Boot zurück nach Skradin.

Abschnitt 2:

Franziskanerkloster-Inselchen Visovač bis Roški Slap; sehr empfehlenswert, wenn man nicht den Rundweg gehen möchte und vor allem, wenn man früh genug aufgebrochen ist. Diese zusätzliche, etwa dreistündige Bootstour findet nur 2x tgl. (11 und 15 Uhr) statt – die frühere Tour ist empfehlenswerter, um später unten zu baden. Wer per Bus vom Lozovac-Parkplatz kommt, passiert den Kartenschalter ohnehin, wer vom Boot (Skradin) kommt, geht über die Brücke am Bach entlang hinauf bis zum Sträßchen und zum Buswendeplatz Lozovac/unten (ca. 15 Minuten).

Abschnitt 3:

Vom nördlichen Parkende aus Anfahrt bis Tvornica-Lozovac, vierstündige Bootsrundfahrt auf dem Obersee (Krka-Verbreiterung) mit Besuch der Franziskaner-Klosterinsel und der Fälle Roški Slap (12 Kaskaden). Skradinski Buk und Roški Slap sind quasi unpassierbare „Hindernisse" für die Boote und man fährt jeweils nördlich und südlich zum nächsten Punkt bzw. Ausgangs- oder Endpunkt des Parks.

Gebühren:

Ab Skradin 95 K, Kinder 70 K (schöner als mit dem Bus; Eintritt, Boots-Shuttle Skradin – Skradinski Buk und Museum); oder ab Lozovac ebenfalls 95 K, Kinder 70 K (Bus-Shuttle Parkplatz – Lozovac, Eintritt und Museum); extra (unten an Bushaltestelle jederzeit buchbar): vierstündige Obersee-Bootsfahrt ab Lozovac (inkl. Klosterinsel) 130 K, Kinder 90 K.

Skradin

Der malerische kleine Fischer- und Ausflugsort Skradin wird heute vorwiegend als **Ausgangspunkt** für Fahrten in den **Krka-Nationalpark** genutzt. Die Wartezeit auf das nächste Boot zur vollen Stunde überbrückt man am besten mit einem Rundgang. An der kleinen Promenade findet der Besucher die Anlegestelle der Krka-Boote, eine Bank, Gaststätten, einen Obstmarkt und die **Parkinformation** (markantes modernes Gebäude rechts der Straße) mit Tickets für das Boot zum Wasserfall Skradinski Buk.

In den hinteren Parallelsträßchen scheint das Leben stillzustehen. Die verwinkelten Gassen führen zur **Pfarrkirche** aus dem 17. Jahrhundert – immerhin war Skradin vom 6. Jahrhundert bis 1830 Bischofssitz der Diözese des Šibeniker Hinterlandes! Allerdings eroberten die Türken 1522 die Stadt wie auch zahllose weitere Landstriche des bosnisch-kroatischen Hinterlandes.

Info und Agenturen

- Die **Touristeninformation Skradin** im kleinen Zentrum informiert über den Ort (hat nichts mit der Parkverwaltung zu tun), Trg Male Gospe 3, Tel./Fax 022-771306.
- Die **Parkverwaltung** zwischen Parkplatz und Ortskern (modernes Glasgebäude) ist für den Bootsticketverkauf, Informationen zum Park usw. zuständig, Tel. 022-201777, www.npkrka.hr (englisch), www.nationalpark-krka.hr (deutsch).

Unterkunft

- Privatunterkünfte vermittelt die **Agentur Nik,** Tel./Fax 022-778888, www.nik.hr.

- Das €€**Hotel Skradinski Buk,** Tel. 022-771771, Fax 771770, www.skradinski-buk.hr, ist die einzige offizielle Unterkunftsmöglichkeit in Skradin.
- Es werden im Ort auch einige €-€€**Ferienwohnungen** angeboten (www.skradin.com, z.B. www.infoadriatic.com/kroatien/skradin), wobei in den letzten Jahren teilweise 50 Euro Endreinigung berechnet wurden, was in Kroatien bislang weitgehend unüblich ist.

Camping

- Im Ort selbst gibt es keinen Campingplatz, aber zwei Plätze auf der Hochebene zwischen Skradin und Lozovac: €€**Marina** (Tel. 022-778503, www.camp-marina.hr) und €€€**Krka** (Tel. 022-778495, www.camp-krka.hr), Letzterer mit Snacklokal und kleinem Kinderspielplatz.

Nützliches

- Ein **Minimarkt** versorgt mit Lebensmitteln, die **Pizzeria Scardona** mit warmen Mahlzeiten. Gute dalmatische Gerichte servieren die beiden kleinen **Grill-Restaurants** an der kleinen Promenade.
- An der Promenade werden mehrfach **Leihräder** angeboten.
- **WIFI-Zugang** besteht in fast allen Gastronomiebetrieben.
- Am Ende der Promenade finden Segler die vom ADAC empfohlene **ACI Marina Skradin,** Tel. 022-771365, Fax 771163, mit angeschlossenem Restaurant Marina (Tel. 022-771310, April bis November tgl. 8–1 Uhr) der gehobenen Mittelklasse.
- Kostenlose **Parkplätze** sind rar, am besten früh kommen (am Friedhof und an der Straße dort beim Badeplatz gibt es ein paar); der Zentralparkplatz vor dem Dorf kostet 7 K/Stunde.
- Für Badefreunde lohnt sich unbedingt der schöne **Badeplatz** zwischen Ort und Brücke (Getränkekiosk, Pfannkuchenstand) gegenüber vom Friedhof.

Städte im dalmatischen Hinterland

Wer auf der empfehlenswerten **Inlandsroute über Karlovac** nach Zentral- oder Süddalmatien reist, passiert unweigerlich einige sehenswerte Städte des dalmatischen Hinterlandes. Übernachtungen oder gar längere Aufenthalte lohnen sich nicht, aber als Abstecher oder Zwischenstopp auf der Route nach Süddalmatien bietet sich ein Besuch durchaus an.

Knin

Die in einem Talkessel gelegene Garnisonsstadt Knin (16.000 Einwohner) war einst Sitz der kroatischen Könige, im 16./17. Jahrhundert Hauptquartier der Türken und schließlich im Bürgerkrieg bis 1996 Hauptstadt der ominösen, selbst ernannten **„Serbischen Republik Krajina“.** Die Kriegsschäden sind allerdings längst beseitigt und auch die Rücksiedlungen wurden mittlerweile abgeschlossen. Die Stadt ist heute Bahn- und Straßenknotenpunkt im zentraldalmatischen Hinterland.

Die wichtigste Sehenswürdigkeit, die alte **Königsburg Spas** (15. bis 18. Jahrhundert), liegt rechter Hand oberhalb der Stadt an der Hauptstraße in Richtung Drniš (T-Gabelung: links Split/Sinj, rechts Drniš/Šibenik). Am Ortsausgang Richtung Drniš wird der Fluss Krka am Nordende des gleichnamigen Nationalparks überquert.

Wenige Kilometer östlich der Stadt, erreichbar über eine Abzweigung von der E71 Richtung Sinj, liegt die **Quelle der Krka** *(Izvor Krke)*. Vom Parkplatz sind es zu Fuß etwa 5 Minuten bis zur Quelle, die glasklar aus einer Felsenhöhlung hervorsprudelt. Wenige Meter unterhalb der Quelle ergießt sich im Winter der 22 m hohe **Wasserfall Topolski buk** in die noch junge Krka.

Unterkunft

- €**Hotel Mihovil,** Vrpolje bb., Tel. 022-664444, Fax 664442, www.hotelmihovil.com, kleines Familienhotel mit einfachen Zimmern.
- In den €**Apartments Tri Lovca** (IV. Gardijske brigade 32, Tel. 022-662642, www.tri-lovca.hr) sind günstige Ferienwohnungen zu mieten; Restaurant/Pizzeria angeschlossen.

Nützliches

- Im Zentrum (Ul. Tudjman/Trg A. Starčevića) gibt es etliche **Einkaufsmöglichkeiten** (Kaufhaus Robin, Lidl-Supermarkt); **Bahnhof** (Tel. 022-663722) **und Busbahnhof** (Tel. 022-661005) liegen nebeneinander an der Durchfahrtsstraße.
- Die **Pizzeria Palma** (7. Gardijskie brigade 1, Tel. 022-663820) und das **Restoran Putnik** (K. Zvonimira 45, Tel. 022-660372) sorgen für das leibliche Wohl.
- **Touristeninformation:** Tudmanova 24, Tel. 022-664822, www.tz-knin.hr.
- **Erste Hilfe/Spital:** Notruf 660552.

Drniš

Zwischen Knin und Drniš wird rund um Kosovo intensiver Weinbau betrieben (das Dörfchen hat nichts mit dem serbisch-albanischen Kosovo zu tun!). Kurz vor Drniš (8700 Einwohner) bei Siverić (Hinweisschild beachten) liegt das **Mausoleum** des hier geborenen dalmatischen Nationalkünstlers *Ivan Meštrović* (siehe Glossar).

Im Ort selbst sind die aus einer ehemaligen Moschee entstandene **Pfarrkirche** sowie die ehemalige **türkische Festung** (1520 Eroberung des Hinterlandes durch die Türken) oberhalb des Flusses Čikola sehenswert. Der Fluss mündet wenige Kilometer südlich im Nationalpark in die Krka. Von Drniš aus Richtung Dračevića sind es 15 km bis zum oberen Parkeingang Roški Slap; ansonsten führen zwei beschilderte und gut befahrbare Panorama-Nebenstrecken nach Šibenik und Trogir.

Sinj

Wer in Knin der Binnenstraße weiter Richtung Split folgt - anstatt Richtung Drniš zu fahren –, passiert Sinj, die letzte und südlichste nennenswerte Siedlung des dalmatischen Hinterlandes; weiter südlich folgen nur noch Split und die Küstenstädte, wenige Kilometer landeinwärts liegt bereits Bosnien. Sinj (27.000 Einwohner) ist ein bedeutendes **Landwirtschafts- und Verkehrszentrum** zwischen Livno/ Bosnien und Split.

Bemerkenswert ist im Ort ein religiöser Tourismus zur **Pfarrkirche Heilige Mutter von Sinj** (mit angeschlossenem Franziskanerkloster, erbaut 1698). Dem gleichnamigen Titularbild aus dem 17. Jahrhundert werden Wunderheilkräfte nachgesagt, weshalb alljährlich Tausende von Pilgern der Kirche einen Besuch abstatten. Im zentraldalmatisch-bosnischen Grenzgebiet sind derartige Wunderkirchen keine Seltenheit, erwähnt sei nur der berühmte Wallfahrtsort Međugorje (Muttergottes-Erscheinung) auf der anderen Seite der Grenze. In Sinj geht damit ein Spektakel einher: Am nächstgelegenen Sonntag zu Himmelfahrt (15.8.) findet alljährlich das **Fest Sinjska Alka** statt. Dabei spielt sich ein sehenswertes Schauspiel ab: In vollem Galopp müssen die Dorfrecken mit einer Lanze einen aufgehängten Ring aufnehmen – ein Vergnügen für Jung und Alt! Auch Pferderennen u.Ä. werden an diesem Tag durchgeführt (Ausreitmöglichkeiten an der Pferderennbahn).

Das **Franziskanerkloster** besitzt darüber hinaus eine kleine archäologische Sammlung (Besichtigung nach Voranmeldung). Für Fußballfans mag der **römische Grabstein** eines siebenjährigen Knaben von Interesse sein, der in die Fassade des Hauses ul. Vrlicka 10 im Stadtzentrum eingemauert ist. Der gezeigte Knabe hält einen runden Gegenstand in der Hand, der manchen als die älteste bekannte Darstellung eines Fußballs gilt.

Sehenswert ist auch die **Festung Kamičak** oberhalb des Ortes aus dem 18. Jahrhundert mit famosen Ausblicken über Stadt und Hinterland.

Information

- **TZ Sinj,** Vrlicka bb., Tel. 021-826352, www.tzsinj.hr.

Unterkunft

- €€**Hotel Alkar,** Vrlička 50, Tel. 021-824474, Fax 824505, www.hotel-alkar.hr.
- €**Motel Matanovi Dvori,** Gornje Glavice 650, Tel./Fax 021-824570, matanovi.dvori@inet.hr, mit Restaurant.

Essen und Trinken

- **Restauranttipp:** Für Spezialitäten des dalmatischen Hinterlandes wie Wildgulasch oder Lammkeule auf Blattspinat empfiehlt sich die **Konoba Ispod Ure,** Istarska 2, Tel. 021-822229, tgl. außer So 9–23 Uhr.

Grebaštica

Zwischen Šibenik und Primošten passiert man eine tief eingeschnittene **kleine Bucht,** an deren Hängen die Ortschaft Grebaštica eingebettet liegt. Viel ist hier nicht los, aber genau das, wie auch die zumindest mit eigenem Fahrzeug relative Nähe zu zahlreichen touristischen Zielen der Umgebung, haben das Dörfchen zu einem lohnenden Urlaubsstandort reifen lassen.

Zudem verbirgt sich am Ortsrand auf der Halbinsel Ostrica ein unübersehbares Highlight, die mehrere Hundert Meter lange **Schutzmauer Bedem** aus den Türkenkriegen. Sie entstand im 15. Jahrhundert, ist bis zu 10 m hoch und etwa einen Meter breit. In der Bucht vor der Mauer kann man prima **baden.** Zufahrt/Zugang: letzte Abzweigung in den Ort Richtung Šibenik links kurz vor der Höhe am Ortsausgang (Schild „Uvala Zalesnica"), dann gleich wieder rechts den Feldweg entlang. Hier sieht man auch einige Wildcamper.

Der Ort scheint etwas merkwürdig aufgebaut zu sein: Von der Hauptstraße führen zwei Zufahrtsstraßen Richtung Ufer, wo man dann nur auf dem Ufer-Fußweg von einem Teil in den anderen gelangt; Selbstfahrer müssen also genau wissen, wohin sie wollen. Im kleinen Zentrum am Ufer gibt es im Sommer Eisstände und Vergnügungsbetriebe für Kinder, ein Stückchen weiter entlang des Uferweges kann man schwimmen (Fels) bzw. an den Kiesplätzen der Camps baden.

An- und Weiterreise

- **Busanbindung:** die Busse zwischen Šibenik und Primošten halten an der Hauptstraße.

Information

- **TZ Grebaštica,** an der Zufahrt zur Uferstraße 20 m vorher links im Hof; Tel. 022-577044, www.tz-grebastica.hr, tgl. 9–20 Uhr, im Winter bis 15 Uhr.

Unterkunft

Hotels gibt es nicht, aber wer einmal den Uferweg entlangschlendert, entdeckt reihenweise schöne Objekte in strandnaher Lage; die Preise liegen zwischen 13 und 19 Euro/Tag p.P. Man kann über die Touristeninformation Ferienwohnungen und Zimmer arrangieren.

- Alternativ kann man auch privat in den €€**Apartments Blue Eye** bei *Siniša* und *Zdravka Kovač* unterkommen, mobil 095-9001297, sinisakovac@net.hr. Tolle 4er-Apartments mit Meerblick, sehr kinderfreundlich, Opa und Oma spendieren zur Erntezeit frische Feigen und „Selbstgebrannten".
- Auf der anderen Seite der Bucht liegen die €**Apartments Toni Sparada,** Tel. 022-577404, www.dalmatianet.com/private-accomodation/sparada, max. 5 Personen. Minimarkt im Erdgeschoss.

Camping

In und um Grebaštica gibt es mehrere Plätze für Campingurlauber, die ersten drei absolut zentral:

- €€**Minicamp & Pension Vala,** Tel. 022-577435, www.infoadriatic.com/vala, Pension, kleiner Campingplatz unmittelbar daneben, direkte Kiesstrandlage im Ort, Zufahrt Uvala Zalesnica (wie zur Mauer).
- Die Minicamps €€**Sunce,** Zufahrt um die Ecke von der Touristeninformation, und €€**Kamp** (Tel. 022-577487, beschildert ab Hauptstraße) liegen an der ersten Zufahrtsstraße des Ortes.
- €€**Ante & Toni,** Tel. 022-577538, www.dalmatianet.com/sparada.
- €€**Camp Tomas,** Tel. 022-331587, www.camp-tomas.com. Auf der Südseite der Ortsbucht etwas außerhalb am Hang gelegen.
- €€**AC Adriatic,** Richtung Primošten, Tel. 022-571223, www.camp-adriatic.hr. Bereits mehrfach als bester Platz Kroatiens ausgezeichnet, sehr schöne Lage, Caravanvermietung, Animation, Sport, Tauchbasis.

Essen und Trinken

- Sehr gelobt wird das **Restaurant Stari Šibenik** an der Hauptstraße (Tel. 022-755536), tgl. 8–23 Uhr; mittlere bis gehobene Kategorie.
- Auch unten am Uferweg liegen einige Restaurants, u.a. das **Buffet Delfin** mit einfachen Speisen und Snacks.

Nützliches

- Zwei **Minimärkte,** Mrdesa und Studenac (beide tgl. 6.30–21 Uhr), liegen direkt am Ufer, dazwischen **Zeitungskiosk** und ein kleiner **Fisch-/Gemüse-/Obstmarkt** (nur vormittags). Ein **Bäckerwagen** fährt morgens durch die Nebenstraßen (Vermieter nach der genauen Uhrzeit fragen).

Primošten in äußerst malerischer Lage

022da Foto: wl

Primošten

Ein ins Meer, direkt vor das Ufer „geworfener" Hügel, verbunden mit dem Festland durch eine Brücke, bebaut im Laufe der Jahrhunderte mit Fischerhäuschen und einer Kirche auf dem höchsten Punkt – so in etwa darf sich der Reisende das **reizvolle,** auch als Urlaubsstandort empfehlenswerte **Städtchen** Primošten vorstellen, ein knapp 3500 Einwohner zählendes, größeres Küstendorf zwischen Šibenik und Trogir.

Der Ort ist heute natürlich über das Inselchen hinausgewachsen, aber nach wie vor klein und überschaubar. Die teils ummauerte Insel bildet die **Altstadt,** der gegenüberliegende Bereich mit der neuen Promenade und dem Tennis-/Hotelbereich die **Neustadt.**

Das winzige **Inselzentrum** liegt gleich am Stadttor, wo sich eine Bäckerei und ein Minimarkt befinden. Geradeaus führt die Gasse hinauf zur Kirche, links zieht sich der Weg an den Fischerbooten außen an der Insel entlang. Folgt man diesem, erreicht man die Ul. Terzačka (rechts hinauf Konoba Babilon) und die **Pfarrkirche Sv Juraj** aus dem 15. Jahrhundert (im 18. Jahrhundert restauriert). Hier bietet sich ein schöner Blick über die schiefergedeckten Dächer des Ortes, die einen farblich eindrucksvollen Kontrast zum tiefblauen Meer bilden. In der Kirche befindet sich der Sarkophag des Šibeniker Bischofs *Arnerić;* auch der Ortsfriedhof liegt unmittelbar neben der Kirche. In den Gärten der Altstadthäuschen werden Wein und Feigen angepflanzt, Letztere legen die Bewohner oft einfach auf einem Tuch mitten in der Gasse zum Trocknen aus.

An- und Weiterreise

An der Abfahrt von der Küstenstraße fährt man rechts hinunter bis zum großen **Parkplatz** am Kreisverkehr oder weiter am Tennisplatz (je 10 K/Std.). Von beiden Parkplätzen geht man Richtung Meer und hier nach links die „Souvenir-Promenade" entlang zum Stadttor der Altstadt.

Info und Agenturen

• **Touristeninformation,** Rudina Biskupa, J. Arnerića 2, Tel. 022-570111.

• An der Zufahrtsstraße bieten die **Agentur NIK,** Tel./Fax 022-571200, www.nik.hr, wie auch die **Agentur Dalmatinka,** Tel. 022-570323, www.dalmatinka.hr, neben Zimmervermittlung und Auskunft eine Reihe interessanter Ausflugsmöglichkeiten, z.B. Krka rund 25 Euro ganztägig, Kornaten inklusive Fischessen 35 Euro ganztägig und sogar eine Pilgerfahrt ins bosnische Međugorje inklusive Mittagessen für 40 Euro.

Unterkunft

• Im Innenstadtbereich empfängt den Einfahrenden gleich eine ganze Armada von Agenturen, die €-€€€**Zimmer und Ferienwohnungen** vermitteln. Sucht man auf eigene Faust, seien die €€**Apartments More** (F. Tuđmana 1, Tel. 022-570775, www.infoadriatic.com/more) gegenüber der Konoba Babilon im Zentrum der Altstadt wärmstens empfohlen. Direkte Strandlage, 3er- und 4er-Apartments.

• Mehrere Hotelanlagen der Adriatiq-Gruppe liegen am Tennisplatz/Parkplatz in unmittelbarer Gehnähe zur Altstadt, allesamt häufiges Ziel von Pauschalreisegruppen. €€€-€€€€ **Hotel Zora-Adriatiq,** Bana Jelačića 7, Tel. 022-581111, Fax 571161, www.hotelzora-adriatiq.com. Schöne Anlage mit Pool- und Strandbereich, unterschiedliche Zimmerkategorien (Familienzimmer mit Extra-Kinderschlafzimmer, Suiten) Blick auf die Altstadt und Sportangebot.

Essen und Trinken

• In der Altstadt empfehlen sich die **Konoba Babilon** (Težacka 15, Tel. 022-570769, April bis September tgl. 12–14 und 18–24 Uhr, Fischplatte für 2 Personen 240 K) und die **Konoba Maestral,** ebenfalls mit guten Fischplatten (360 K für 4 Personen; Tel. 022-570074, Mai–Sept., tgl. 12–24 Uhr), zwischen Bäckerei und Kirche.

• Mit Innenhof und Terrasse bietet das **Rudina** (Svetog Jurja 5, Tel. 570950, tgl. 12–15 und 18–24 Uhr) kleine Gerichte und Snacks zu günstigen Preisen.

• An der Promenade der Neustadt reihen sich mehrere **Cafés** (ohne Speisen) und Eisdielen aneinander.

• Die **Pizzeria Rtic** (Tel. 022-726731) oben am Tennisplatz bietet günstige und leckere Pizzen und Nudelgerichte.

• Sehr beliebt ist hier auch das **Galija** (Tel. 022-570374, tgl. 8–24 Uhr, Innen- und Außenplätze) mit kroatischen und internationalen Gerichten.

• **Weinprobe und -verkauf:** hinter dem Altstadtplatz halblinks der Gasse folgen, nur an einem Schild „Vino" und Holzbänken zu erkennen.

Nachtleben

• Zum Abhängen bietet sich der irische **Disco-Club Legend Pub** am Trg Don Ive Šarica kurz vor dem Altstadttor an; mobil 098-384207.

• Lesertipp: Am Ortsrand Richtung Trogir führt rechts ein Sträßchen hinunter zum **Open Air Dance Floor des Aurora Club** mit wechselnden Themenabenden (Foam Party, Ladies' Night, New Disco usw.); nur Fr/Sa,

Das Landtor von Trogir mit dem Stadtpatron Ivan Ursini

Tel. 022-570836, mobil 098-9201964, Eintritt je nach Event.

Aktivitäten

- **Marina Kremik,** Tel./Fax 022-570068, www.marina-kremik.hr, unterhalb der Hotels gelegen.
- **PKW und Mopedverleih:** in der Altstadt am Hauptplatz bei der Kleidungsboutique (!), Mopeds kosten hier 400 K/Tag.
- **Bootsverleih:** an der Promenade am Hotelstrand, mobil 091-5231542.
- **Wassersport:** am Hotelstrand, mobil 091-2225503, tgl. 10–19 Uhr Bootsverleih, Paragliding, Jetski, Banane usw.; außerdem unterhalb des Tennis-/Parkplatzes (Abgänge auf der anderen Parkplatzseite).

Nützliches

- **Konzum Supermarkt:** uferseitig des Kreisverkehrs links im Souterrain, tgl. 7–21 Uhr, So bis 20 Uhr.

kro351 Foto: wl

- **Geldwechsel:** günstig tauscht **Western Union** am Kreisverkehr bei der Zentrumszufahrt/Parkplätze; nebenan **Jadranska Banka** mit Automat; weitere **Geldautomaten** beim Konzum Supermarkt.
- **Post:** neben der Touristeninformation in der Altstadt sowie Hauptpost am Zufahrtskreisel, Mo–Sa 7–20 Uhr; hier auch Geldautomat.
- **WLAN:** z.B. Konoba Jerko an der Promenade.

Trogir

Es muss wohl eine Eigenheit der Kroaten gewesen sein – angesichts der Türkengefahr im Spätmittelalter vielleicht auch ein raffinierter Trick –, dass man um eine am Meer gelegene Siedlung einen Graben grub und so eine **künstliche Insel** schuf. Berühmte Beispiele hierfür sind Primošten, Nin und auch Trogir, die **Perle Zentraldalmatiens.**

In der Tat kann ein – auch längerer – Aufenthalt in Trogir, von der UNESCO zum **Weltkulturerbe** erklärt, wärmstens empfohlen werden, denn es wird eine **vollständig erhaltene, verkehrsfreie Altstadt** geboten, die als eine der Top-Destinationen in Dalmatien gilt. Mit der vorgelagerten und per Brücke angebundenen **Insel Čiovo** liegen Bade- und Wassersportmöglichkeiten vor der Tür, der internationale Flughafen Split ist nur 15 Fahrminuten entfernt, und Ausflugsziele wie Split (ausgezeichnete Busanbindung), Solin, Primošten oder der Krka-Nationalpark liegen in der Nähe. Es gibt ein breites Angebot an Unterkunfts-, Verpflegungs- und Unterhaltungsmöglichkeiten (einschließlich Tauchbasis und Marina).

Viele der rund 11.000 Bewohner (davon etwa ein Drittel in der Altstadt selbst) leben folglich vom Tourismus, ansonsten hat Trogir einen guten Namen im Yachtbau (was leider zu hässlichen Werftanlagen führte) sowie im Pharma- und Tabakhandel.

Geschichte

Schon im 3. vorchristlichen Jahrhundert als griechisches Tragurion belegt, entwickelte sich Trogir während der römischen Phase durch die Nähe zu Split zu einem bemerkenswerten **Handelshafen.** Diese Bedeutung nahm noch zu, als das antike Salona (Solin) zerstört wurde und die Bevölkerung nach Split oder Trogir floh. Im 9. Jahrhundert slawisiert (Anerkennung der kroatischen Könige) und im 11. Jahrhundert christianisiert (Begründung der Diözese Trogir), entwickelte sich das städtische Gemeinwesen, was zur Anerkennung als **freie Stadt** unter König *Koloman* (1107) und zum Ausbau der heutigen Insel und Altstadt vom 13. bis 15. Jahrhundert führte.

Zwar ging 1420 ganz Dalmatien an Venedig, nicht aber die freien Städte, weshalb Trogir belagert und schließlich erobert wurde. Die **städtische Architektur** wurde daraufhin zwar im venezianischen Stil teilweise ergänzt oder restauriert, aber kaum neu gestaltet. Änderungen am Stadtbild sind, auch platzbedingt, seit dem 17. Jahrhundert nicht mehr vorgenommen worden. Während der österreichischen (1797–1918) und altjugoslawischen Phase (1918–1990) entwickelten sich lediglich die Neustadt und die Insel Čiovo.

Sehenswertes

Stadtmauern

Vom Festland und von der Durchfahrtsstraße Trpimira/Stepinca über die Brücke auf die Insel fahrend, blickt man direkt auf die Stadtmauern und das **Landtor** mit dem Stadtpatron *Ivan Ursini.* Der aufmerksame Beobachter wird in Trogir feststellen, dass es nur sehr wenig „echte" Stadtmauer gibt und dass vielmehr die **äußeren Häuser** in engem Schulterschluss aneinandergebaut wurden, was der Stadt einen wehrhaften Charakter verleiht. Pkws dürfen lediglich die Blaža Jurjeva auf dem Weg zur Insel Čiovo benutzen.

Stadtmuseum

Das ehemalige venezianische Patrizierdomizil **Palazzo Fanfogna** beherbergt heute das Städtische Museum in Form eines Adelssalons mit angeschlossener **Galerie** lokaler Künstler. Interessanter dürfte für Althistoriker das dazugehörige **Lapidarium** mit griechischen und römischen Skulpturen sowie Bauteilen aus dem Mittelalter sein.

- **Öffnungszeiten:** tgl. 10–20 Uhr, Eintritt 15 K, Beschriftungen nur auf Kroatisch.

Altstadt und Trg Ivana Pavla II

Zentrale Spaziergasse ist die **Gradska,** die 1991–2001 zum Dank für die staatliche Anerkennung durch

Deutschland (Vorreiter in der EU) „Ulica Kohl-Genschera" hieß! Die engen Gassen weiten sich in Trogir nur ein einziges Mal, nämlich zum Trg Ivana Pavla II, benannt nach Papst *Johannes Paul II.* Der **Paradeplatz der Stadt** mit seinen auf einen Cappuccino lockenden Cafés ist Standort mehrerer Prachtbauten.

Čipiko-Palast

Der Stadtpalast der Adelsfamilie *Čipiko* zählt zu den typischsten dalmatischen **Patrizierhäusern** aus der venezianischen Epoche **im spätgotischen Stil.** Im 15. Jahrhundert errichtet, wurde er nach Bauabschluss mit Zierornamenten (Spruchbänder, Porträts) versehen, was bereits auf den Einfluss der frühen Renaissance hinweist.

Kathedrale Sv Lovro

Als das unbestrittene **architektonische Prunkstück** von Trogir gilt die Kathedrale, da sich in ihr - bedingt durch die lange Bauzeit vom 13. bis 15. Jahrhundert - mehrere Baustile erkennen lassen. Das Hauptportal von 1240, ältester Teil der Laurentius-Kathedrale, zeigt weit mehr Verzierungen als sonst üblich: Adam und Eva auf steinernen Löwen, Heiligenfiguren und einen detaillierten Jahreslauf der zwölf Monate. Das Portal und seine sehr realistischen Darstellungen sind ein Werk des dalmatischen Künstlers *Radovan.*

Auf ihn geht auch das **Ziborium** über dem Hauptaltar der dreischiffigen Basilika zurück. Das geschnitzte **Chorgestühl** zählt zu den feinsten jemals gearbeiteten seiner Art. Erst 1468 wurde die nördliche **Kapelle** des Stadtheiligen *Ivan Ursini* hinzugefügt. Sie ist eine Koproduktion der dalmatischen Renaissancekünstler *Andrija Aleši* (Dalmatinac-Schüler), *Ivan Duknović* und *Niccolo Fiorentino* und beherbergt überdies, neben den figürlich dargestellten Heiligenfiguren auch einen gotischen Sarkophag mit den Gebeinen des Bischofs *Ivan Ursini.*

Im **Campanile** schließlich gipfelt die Stilmischung in einem spätromanischen Unterbau aus dem späten 14. Jahrhundert, einem gotischen ersten Geschoss (frühes 15. Jahrhundert), dem zweiten Stockwerk in venezianischer Spätgotik (um 1425) und dem Renaissance-Obergeschoss aus dem 16. Jahrhundert.

In der **Schatzkammer** sind u.a. königliche Siegel und Sakralreliquien aus der langen Kirchengeschichte Trogirs zu besichtigen. Eine spannende Geschichte ist mit der ausgestellten Haube von König *Bela IV.* verbunden, der 1242 auf der Flucht vor den Hunnen in Trogir Zuflucht nahm und der Stadt zum Dank neben Ländereien auch seine Kopfhaube vermachte.

- **Öffnungszeiten:** tgl. 8–12 und 15–20 Uhr, Schatzkammer (externer Zugang) tgl. nur vormittags 8–12 Uhr, Eintritt 20 K.

Loggia und Rektorenpalast

Die beeindruckende, säulenbestandene **Loggia** mit dem klobigen **Uhrturm** ist aus dem 15. Jahrhundert und diente ursprünglich als städtischer Gerichtshof. Die Verzierungen und Skulpturen stammen von *Niccolo Fiorentino.*

Straßen

A Gradska Ul. (ehem. Kohl-Genschera)
B Šubičeva
C Matije Gupča
D Augustina Kažotica
E Obrova
F Duknovica
G Mornarska
H Ribarska
J Matice Hrvatske
K Vukovarska
L Budislavićeva
M Šubičeva
N Hrvatskog Proljeća 1971

Übernachtung
1 Campingplätze
2 Medena
3 Aparthotel Bellevue
4 Zimmervermittlung
12 Villa Carrara
14 Hotel Fontana
16 Villa Meri
18 Hotel Concordia

Essen und Trinken
9 Marjana
10 Monica
11 Tragos
15 Kristian, Bistro Jambo u.a.
20 Schwimmendes Fischlokal

Nachtleben
2 Medena
22 Club Monaco

Einkaufen/Sonstiges
5 Radverleih
6 Kaufhaus, Konzum-Supermarkt
7 Agentur Čipico
8 Buchhandlung
13 Apotheke
17 Agentur Kairos
21 Privater Weinverkauf
23 Agentur Atlas

Wassersport
2 Medena
19 Dalmatia-Charter

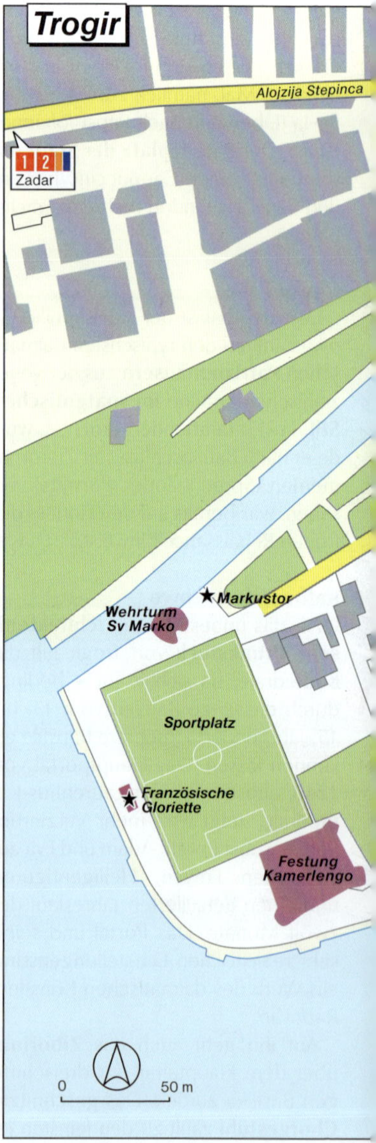

Zentraldalmatien

Unmittelbar neben der Loggia steht der dreigeschossige ehemalige Rektorenpalast, der heute als **Rathaus** von Trogir dient. Er stammt ebenfalls aus dem 15. Jahrhundert und ist mit dem Stadtwappen verziert.

Benediktinerabtei

Der erste größere Orden in Trogir war der der Benediktiner. Ihre Abtei wurde im 13. Jahrhundert an der **Ostseite der Stadt** errichtet. Von der Abteikirche zu Ehren *Johannes des Täufers (Sv Ivan)* abgesehen, ist von den einst weitläufigen Bauten nichts geblieben. Die Kirche selbst birgt ein Lapidarium und eine Galerie mit Kirchenkunstschätzen.

Sv Barbara

In der Gradska Ulica schließt sich unmittelbar an die Loggia die **Basilika** Sv Barbara (10. Jahrhundert) an. Die kleine Kirche macht zwar keinen spektakulären Eindruck, ist aber das älteste erhaltene Bauwerk der Stadt. Beim Bau wurden einige römische Säulen eines Tempels verwendet, der an diesem Platz gestanden hatte.

Sv Nikolaj und Kairos-Sammlung

Kurz vor dem südlichen Ende der Gradska Ulica liegt linker Hand das **Benediktinerinnenkloster** Sv Nikolaj, gegründet im 11. Jahrhundert. Das Klostergebäude dürfte Kunsthistoriker in wahre Wonne versetzen, wird doch im Innenhof das einzige erhaltene griechische Schriftzeugnis Kroatiens aus dem 4. Jahrhundert v. Chr. aufbewahrt.

kro354 Foto: wl

Die ordenseigene Kairos-Kunstsammlung – vorwiegend mit **Gemälden** aus Mittelalter und früher Neuzeit – verdankt ihren Namen dem ebenfalls griechischen Marmorrelief der Gottheit *Kairos* (Gott des glücklichen Moments) aus dem 1. Jahrhundert v. Chr. Die seltsame Haarpracht des Gottes erklären die Benediktinerinnen damit, dass es sich um ein Sinnbild der These handele, man solle Chancen, wenn sie sich bieten, beim Schopfe packen (Haarpracht vorn), denn wenn

Der Glockenturm am Rathaus von Trogir

die Gelegenheit vorbeigeeilt sei (kahler Hinterkopf), sei die Chance vertan (Eintritt 15 K).

Sv Dominik

Den Benediktinern folgten die Dominikaner nach Trogir und errichteten im 14. Jahrhundert außerhalb der inneren Stadtmauern ihre Bruderschaftskirche. Auffallend ist an der **schlichten Klosterkirche** der Glockenturm im venezianischen Stil.

Svi Sveti

Nur wenige Meter stadteinwärts, an der Ecke Vukovarska/Kažotica, trifft der Kunstliebhaber auf die **Kapelle** Svi Sveti (Allerheiligen), in der heute eine **Galerie** mit Werken lokaler Künstler untergebracht ist.

- **Öffnungszeiten:** Mo bis Sa 9–11.30 und 18.30–22.30 Uhr, So 9–12 Uhr.

Festung Kamerlengo

„Und ist die Stadt auch noch so klein, ein Fußballplatz, der muss wohl sein" – das westliche Ende der gerade einmal 500 x 200 m messenden Altstadtinsel wird in der Tat von einem **Fußballfeld** vereinnahmt, das sich zwischen die Überreste der einst mächtigen venezianischen Festung Kamerlengo aus dem 15. Jahrhundert zwängt. Erhalten ist an der Čiovo-Seite noch ein Teil der Wehranlage, an der Kanalseite das **Markustor** und an der Nordseite – einmalig in Kroatien – ein **Rundpavillon** aus der kurzen französischen Besatzungszeit (1805–12) unter *Napoleon.*

- **Öffnungszeiten:** Die Anlage kann tgl. 10–17 Uhr besichtigt werden, schöne Ausblicke, Eintritt 20 K.

Seetor und kleine Loggia

Wenige Meter hinter der Klosterkirche Sv Nikolaj durchbricht das Seetor die Außenmauer zur inneren Uferpromenade. Hier schließt sich unmittelbar die kleine Stadtloggia an, bei der täglich der **Fischmarkt** mit geradezu jahrmarktähnlichem Charakter stattfindet; dieser soll allerdings künftig ans Festland vor der Brücke verlegt werden.

Es lohnt sich insbesondere in den Abendstunden, die Stadt auf der **Uferpromenade** zu umrunden und auch einmal einen Blick von der gegenüberliegenden **Insel Čiovo** herüberzuwerfen, um das großartige mittelalterliche Stadtpanorama einzufangen.

Praktische Tipps

An- und Weiterreise

Bus:

- **Nahverkehr:** Slatine/Čiovo Mo bis Sa 9–11x tgl., So 7x tgl.; Donji Okrug/Čiovo Mo bis Sa 8x tgl., So 9, 14.10, 17 und 19.10 Uhr; Split 4–23.30 Uhr tgl. (etwa alle 20 Minuten)
- **Fernverkehr:** Šibenik/Zadar etwa alle 30 Minuten von 5.30 Uhr bis Mitternacht; Zagreb 10–11x tgl., Rijeka/Pula 7–8x tgl.; Dubrovnik 10x tgl. (letzter Bus 16.10 Uhr); München, Nürnberg, Wiesbaden, Berlin tgl. 10.30 Uhr; Hannover, Hamburg Mo, Sa und So 10.30 Uhr; München Do und Sa 14.30 Uhr.

Fähre:

- Fährverbindung **nach Veli und Mali Drvenik** Mo bis Sa täglich 10.30 (Di 12.30 Uhr) und 17 Uhr (Mo und Mi 15 Uhr) und 14 Uhr sowie Boote von/nach **Gornji Okrug** und zur **Hotelanlage Medena** 8–22 Uhr stündlich, 15 K, beide ab Fährpier/Promenade vor der Kamerlengo-Festung.

Auto/Taxi:

- Trogir liegt neben der Küstenstraße; man gelangt über die Durchgangsstraße Trpimira/Stepinca zur Brücke und ins Zentrum. **Parkmöglichkeiten** vor dem Busbahnhof (8 K/Std.) und auf der Insel Čiovo (wenn man Glück hat kostenlos, 10 Minuten Fußweg).
- **Taxis** kosten 12 K plus 9,50 K/km. Vom Flughafen von Split ist man per Taxi in gut 10 Minuten im Ort, was etwa 25 Euro kostet.

Info und Agenturen

- **Touristeninformation Trogir** mit zwei Filialen jeweils an den Stadttoren der Gradska Ulica (Tel. 021-885628, www.tz-trogir.hr), Mo bis Fr 8–14 Uhr, im Sommer tgl. außer So 8–19 Uhr (Hochsommer bis 21 Uhr). Viel aufschlussreicher ist die Website www.trogironline.com.

Unterkunftsvermittlung, Ausflüge, Fahrzeuge usw. arrangieren u.a. folgende Agenturen:

- **Atlas,** Čiovo, an der Brücke, Tel. 021-881374, Fax 884744, www.atlas-trogir.hr.
- **Čipico,** Gradska Ul. 41, Tel./Fax 021-881554, www.cipico.com.
- Die Agentur **Kairos** an der Promenade (Obala Berislavica 21, Tel. 021-796290, www.kairos-trogir.com) arrangiert Ausflüge und Bootstouren aller Art, vermietet Fahrzeuge und dient auch als Internetcafé.

Unterkunft

In der Altstadt wie auch in der unmittelbaren Umgebung (z.B. Insel Čiovo) sind reihenweise Unterkunftsmöglichkeiten zu finden, viele sogar in Gehnähe zum Zentrum.

- €-€€€**Privatzimmer und Ferienwohnungen** werden über die Agenturen vermittelt; man wird aber auch gerne „unter der Hand" aufgenommen, wobei die meisten Unterkünfte auf Čiovo oder an der Lagune Richtung Split liegen.
- Sehr schön und angenehm wohnt man beispielsweise in der hübsch auf Čiovo gelegenen, keine 50 m vom Strand entfernten €**Ferienwohnung Bernardica;** schlicht und zweckmäßig eingerichtet mit Balkon oder Terrasse und zusätzlich gemeinsamer Grillterrasse, zu buchen über: Familie *Klingenberg*, Am Ölberg 9, 55459 Grolsheim, Tel. 06727-892477 oder unter www.privaturlaub-kroatien.de.
- Leser waren mit der Unterkunft im €€**Aparthotel Bellevue,** A. Stepinca 42, www.bellevue.com.hr, sehr zufrieden. Große Zimmer mit Einbauküche, Fußweg zur Altstadt ca. 3 Minuten über die Fußgängerbrücke; großes Frühstücksbuffet.
- Die €€€**Villa Carrara,** Gradska 15, Tel. 021-881075, www.karara-ap.com, bietet zentral in der Altstadt EZ, DZ, 3er-Zimmer und 4er-Apartments inkl. Frühstück. Alle Wohneinheiten verfügen über Klimaanlage und Kühlschrank, ferner werden kostenloser WLAN-Zugang, Restaurant und Bar sowie Parkmöglichkeiten geboten.
- Ebenfalls hübsche Zimmer und Apartments findet man in der Altstadt in der €€€**Villa Meri,** Splitska 1, Tel. 021-882555, www.villa-meri.com.
- 3er- oder 4er-Apartments bietet €-€€**Emotha-Apartments** in der Ul. Kamenita (auf Čiovo, auf Höhe der Brücke 30 m landeinwärts; Tel. 021-885414, www.apartments-emotha-trogir.com). Traditionelles Steinhaus, innen hübsch renoviert.
- Etwas außerhalb, dafür in direkter Meerlage bietet Herr *Ivanovic* €€€**Apartments** und **Bungalows,** Tel. 021-895 025, www.apartmani-ivanovic.com. Er hat mehrere Objekte, nicht ganz billig, aber traumhaft schön!
- An Altstadthotels bieten sich an: das €€€**Fontana,** Obrov/Ecke Monarska, Tel. 021-885744, Fax 885755, www.fontana-trogir.com, und das €€**Concordia,** Obala Berislavića, am Kastell, Tel. 021-885400, Fax 885401, www.concordia-hotel.htnet.hr.
- Von der Vielzahl an Hotels Richtung Zadar empfiehlt sich vor allem in Seget Donji die €€€**Hotelanlage Medena,** Tel. 021-880588, Fax 880019, www.hotelmedena.com, mit DZ und Apartments, Disco, Tauchbasis, Bootsverleih. Zwei zurückgesetzte Hauptgebäude sowie zwei Dependancen am Ufer.

Camping

- An der Abzweigung der Küstenstraße nördlich vor Trogir liegt das schöne €€€**AC Seget-Vranjica Belvedere,** Tel. 021-798222, www.vranjica-belvedere.hr, mit Segelboot- und Surfverleih sowie Wassersport, Minigolf und Radverleih.
- In Seget-Donji liegt das €**Minicamp Seget,** Tel./Fax 021-880394, www.kamp-seget.hr, Mitte April bis Mitte Okt., mit Minimarkt und Radverleih.

Essen und Trinken

Die **Altstadt und ihre unmittelbare Umgebung** bieten preiswerte und originelle Gastronomie im Überfluss.

- Das **Bistro Jambo** (Ul. Obrov, Tel. 021-885630, tgl. 14.30–1 Uhr) kleine gute und preiswerte Nudel-Pizzeria, teilt sich den Platz mit mehreren Gaststätten, u.a. dem mittelpreisigen **Restaurant Kristian** (Pizza, dalmatische Fleischspezialitäten, April bis Oktober).
- Als Fischlokal im mittleren Preissegment ist das **Marjana** mit angenehmem Innenhof hervorzuheben (Fischplatte für 2 Personen für 200 K); Matije Gupca 13, Tel. 021-885012, April bis Okt. tgl. 10–24 Uhr.
- Das **Tragos** (Budislaviceva 3, Tel. 021-884729, tgl. 10–24 Uhr) um die Ecke ist ebenfalls ein – etwas gehobeneres – Fischlokal, auch mit nettem Hof.
- **Konoba Monika** (Ul. Budislaviceva 12, Tel. 021-884 808, tgl. 10–24 Uhr), Lamm- und Fischgerichte.
- Das **schwimmende Fischlokal Čelika** (= Schiff) auf der Čiovo-Seite erlaubt neben dem kulinarischen auch einen optischen Genuss durch den schönen Blick auf die Altstadt, Tel. 021-882344, tgl. 14–24 Uhr.

Nachtleben

- **Nachtclub und Disco** im **Hotel Medena.**
- Im Sommer (1.7.–31.08.) **Trogir-Festival** mit Freiluft-Musikkonzerten bis in die Nacht und folkloristischen Darbietungen in den Altstadtgassen.
- Eher das jüngere Publikum lockt die **Disco Diamant** rechts der Brücke auf Čiovo an.
- Für Nachtschwärmer bietet sich der **Club Monaco** (Čiovo-Promenade, tgl. 6–21 Uhr Café, bis 3 Uhr Nightclub-Betrieb) an.
- Eine hübsche Drink-Bar ist auch das **Capo** (Tel. 021-885334, tgl. 11–1 Uhr) am Südtor, sehr schön und ufernah gelegen.

Aktivitäten

- **Baden:** Beim Sportplatz bedingt, ansonsten an den Uferabschnitten Richtung Zadar und Split und vor allem auf Čiovo.
- **Tauchen:** Über die Tauchbasen des Hotel Medena (s.o.) und in Gornji Okrug/Insel Čiovo (s.u.).
- **ACI Marina Trogir,** Tel. 021-881226, Fax 881258, mit Restaurant und Nachtclub, auf der Čiovo-Seite.
- **Bootsverleih/Wassersport** in der Ferienanlage Medena. Auf Bootsverleih ist Dalmatia Charter (Tel. 021-2179 7239, www.dalmatiacharter.com) am Yachthafen/Čiovo spezialisiert.

Nützliches

- Selbstversorger finden am Landtor einen **Minimarkt,** in der Stadt **Bäckereien,** einen **Obst- und Gemüsemarkt** an der Brücke sowie ein größeres **Kaufhaus** (mit Konzum) gegenüber vom Busbahnhof. An der südlichen Kreuzung Flughafen/Trogir/Split kann man seinen Großeinkauf bei **Lidl** erledigen.
- **Bank/Geldautomat:** u.a. Splitska Banka, Ul. Trogiranina, Mo bis Fr 7–12 und 14–19 Uhr, Sa nur vormittags. Automaten am Trg I. Pavla II sowie am Busbahnhof.
- **Post:** um die Ecke vom Landtor, Mo bis Sa 7–21 Uhr, in der Hauptsaison auch So.
- **Krankenhaus:** Ul. Stepinca, zwischen Markt und Parkplätzen.
- **Internetcafés:** Klik (Duknovica, um die Ecke vom Tragos-Restaurant), Capo, am Seetor (Ribarska 2, Tel. 021-885334), mit Bar- und Restaurantbetrieb, sowie Agentur Kairos an der Promenade.

Insel Čiovo

Trogir vorgelagert und mit einer Brücke verbunden, dient die gut 30 km^2 große Insel Čiovo als Erholungsgebiet und Ferieninsel. Eine Marina, angenehme Strände, Campingmöglichkeiten und zahllose Privatunterkünfte machen Čiovo, obwohl es keine Sehenswürdigkeiten zu bieten hat, zu einem beliebten Standort für einen Urlaub in der Region Trogir/Split.

Die **Inselgeschichte** liest sich wie ein historischer Krimi: Verbannungsort unter den Römern, Quarantänestation für Leprakranke im Mittelalter, später Zufluchtsort vor den Türken. Im 19. Jahrhundert wurde die Insel für ihre Heilkräuter berühmt.

Die **Orientierung** entlang der fast durchgehend besiedelten nördlichen Küstenstraße ist leicht: Hinter der Brücke liegt der gleichnamige Bezirk Čiovo, der eigentlich ein Ortsteil von Trogir selbst wurde. Links der Brücke geht es über den alten Dominikanerkonvent Sv Križ/Arbanja (15. Jahrhundert) nach **Slatine.** Es gibt hier etliche Zimmervermieter, die Aparthotels €Villa Sanda und €Villa Tina, einen kleinen Fischer- und Yachthafen mit Gaststätte (hier Bushaltestelle) sowie eine ca. 2 km lange Schotterpiste mit etlichen Bademöglichkeiten. Split scheint hier zum Greifen nahe zu liegen (ca. 3 km entfernt). Über Trampelpfade kann man noch bis zum Ende der Insel und zur kleinen Kapelle Gospa Prizidnica sowie zu der am Ufer gelegenen Einsiedelei gehen, eine Inselumrundung ist jedoch nicht möglich.

Folgt man der Beschilderung nicht die Küste entlang bis Slatine, sondern noch in Čiovo einer schmalen Straße rechts nach **Žedno,** erreicht man nach wenigen Minuten den ruhigsten Bezirk der Insel. Vom **Rudine,** dem mit 218 m höchsten Punkt der Insel, hat man einen guten Überblick über Trogir und die umliegenden Inseln Veli Drvenik, Šolta und Brač.

In Čiovo geht die Straße rechts durch die endlosen, zusammengewachsenen Neubauten zum Bezirk **Gornji Okrug** mit mehreren Badebuchten. Den Hügel hinauf führt rechts die einzige Abzweigung nach **Donji Okrug,** etwas weiter liegen eine kleine, aber feine und flache Bucht sowie das Trogir Diving Center.

Richtung Donji Okrug findet man erstmals einen weniger besiedelten Streifen der Insel. Die Straße endet an einer kleinen, wenig überlaufenen Bucht mit Parkplatz. Der Ortsteil Donji selbst ist winzig, er bietet eine Post am Ortseingang sowie das Restaurant Leut (18–22 Uhr).

Nützliches

- In Gornji Okrug findet man **Zeitschriftenhandel, Bäckerei, Minimarkt,** das €€€**Hotel Miramar, Fahrrad- und Wasserscooterverleiher** sowie das gute **Restaurant Zerdela** mit dalmatischen Fleisch-Spezialitäten.
- **Tauchen: Trogir Diving Center,** Tel./Fax 021-886299, www.trogirdivingcenter.com, Unterkunft in einem der angeschlossenen Gästezimmer möglich, die 50 schönsten Tauchplätze der Umgebung werden per Tauchkutter oder Schnellboot angefahren; geöffnet Ostern bis Ende Okt.
- Leser loben den **Campingplatz Labaduša** (mobil 091-3777705, www.labadusa.com) mit eigenem Restaurant; Anfahrt: Hinter der

Brücke von Trogir kommend rechts und der Straße folgen, bis das Autocamp rechts über eine längere enge Piste angeschrieben ist. Mopedverleih am Platz, 20 Gehminuten zur Bushaltestelle.

- Etwa 500 m vom Platz entfernt liegt die **Konoba Duga** - toller Ausblick, schönes Ambiente, superfreundliches Personal, trinkbarer Weißwein und sehr gutes Essen! Die gegrillten Calamari sind ein Gedicht. Uvala Duga, mobil 091-5818666.

Solin - das antike Salona

Die Straße zwischen Trogir und Split nennt sich „Kaštela" (Kastell, Burg), benannt nach den 13 venezianischen Wehranlagen zwischen den beiden Orten; auch der internationale Flughafen trägt diese Bezeichnung. Zu sehen sind nur noch wenige Reste, so ein Kastellturm am Ortsende von Trogir vor der Auffahrt auf die Küstenstraße.

Salona, der antike Name des heutigen Solin, war um die Zeitenwende bis etwa zum 8. Jahrhundert die bedeutendste Stadt Dalmatiens - kein Geringerer als der römische **Kaiser Diokletian** baute Salona als **Sommerdomizil** aus. Die Stadt beherbergte damals rund 50.000 Bürger. Im Mittelalter vergessen und zerfallen, kümmern sich heute wieder Heerscharen von Archäologen um die Ausgrabung der antiken Stätten. Tatsächlich findet man überall in und um Solin **Tempelreste, Aquädukte und Mauern.**

Ein wirklich sehenswertes Teilstück sei - schon wegen der herrlichen römisch-kaiserlichen Gartenanlage mit Blick auf Split - auch dem geschichtlich vielleicht nicht so Interessierten empfohlen: Küstenstraße Abfahrt „Kaštela/Sinj", dann gleich rechts Richtung Sinj (Kaštelanska Ulica), 300 m hinein bis zur Fernfahrer-Imbissbude Café-Bar Salona rechter Hand (Parkplatz, Bushaltestelle); hier liegt die große **archäologische Stätte Salona** mit einem sehr gut erhaltenen, blühenden Berggarten und etlichen weitläufigen Tempelrelikten (Juni bis September 9–18 Uhr, sonst 9–13 Uhr, So geschl., 10 K inkl. Informationszentrum; Busanbindung siehe Split).

Split

„Nirgends auf der Welt sah ich so große Männer und so schöne Frauen als in Split!" (*R. Templeman*, Journalist) Mag diese begeisterte Bekundung auch etwas übertrieben erscheinen, so ist doch nicht zu leugnen, dass aus **Kroatiens zweitgrößter Stadt** (225.000 Einwohner) nicht weniger als drei bekannte NBA-Basketballer und einige Miss-World-Nominierungen hervorgingen. Aber auch historisch, wirtschaftlich und politisch erweist sich Split als das vitale Herz Mitteldalmatiens. Während andere große Hafenstädte - allen voran Rijeka - nur wenige Reisende anziehen, ist Split mit dem **monumentalen Diokletianspalast** und der nur wenige Gehminuten entfernten hügeligen Landzunge Marjan letztlich auch touristisch ein Magnet, auch wenn der erste Eindruck der umliegenden Wohnvorstädte dieses Bild zunächst etwas trübt.

Für die Bewohner der Stadt und des Umlandes gilt Split als Kernstück und Kopf Dalmatiens, es ist **zentraler See- und Fährhafen,** Sitz peripherer Industrie, Heimat kritischer Tageszeitungen und wissenschaftlicher Fakultäten (Geschichte und Seefahrt), besitzt Museen, Bibliotheken und andere **kulturelle Einrichtungen,** zu denen für die meisten Einheimischen auch der international bekannte **Fußballclub Hajduk Split** gehört, dessen Duelle mit Dinamo Zagreb schon beinahe nationaldalmatischen Charakter tragen.

Wer nicht als Pauschalreisender einen längeren Aufenthalt in Split hat, sollte zumindest einen **Tagesbesuch** (z.B. per Fähre von einer der vorgelagerten Inseln aus) einplanen.

Geschichte

Illyrische Siedler hatten sich etwa um 500 v. Chr. im nahe gelegenen Salona niedergelassen, wurden aber bereits um 350 v. Chr. von den **Griechen,** welche den Raum Salona/Split/Issa/Hvar kolonisierten, aufgesogen und assimiliert. Ab 80 v. Chr. erschienen auch die Legionen des Imperium Romanum vor den Pforten Salonas und legten einen Hafen im Bereich des heutigen Split an. Unter **Kaiser Diokletian** begann der weiträumige Ausbau der Stadt. Mit dem Fall Westroms und der einsetzenden Völkerwanderung wurde Salona zerstört, die Bewohner flohen in die einstigen römischen Mauern von Split, welches Ostrom (Byzanz) unterstand.

Im **Hochmittelalter,** mit Entstehung des kroatischen Königreiches, war eine weitgehend autonome Stadt entstanden, die ihre relative Unabhängigkeit während der Zugehörigkeit Dalmatiens zur kroatisch-ungarischen Doppelmonarchie bis ins frühe 15. Jahrhundert bewahren konnte. Mit der Regentschaft Venedigs (1420) begann ein wirtschaftlicher und politischer **Niedergang,** der sich einerseits aus der permanenten Türkengefahr, und andererseits aus der bewussten Schwächung der Stadt durch die venezianische Dogenrepublik entwickelte.

Die **Habsburger** (1797–1918) erweiterten Split zu einer großstädtischen Seemetropole. Anstelle von Wehrmauern und Bastionen, die aus dem Stadtbild verschwanden, entstanden Promenaden, breite Alleen sowie prächtige Wohn- und Verwaltungsgebäude. Mit Gründung des Königreichs Jugoslawien nach dem Ersten Weltkrieg stieg die Bedeutung Splits als dalmatisches Zentrum und jugoslawischer Handelshafen immens an, da die anderen wichtigen Seemetropolen Zadar und Rijeka unter italienische Kontrolle kamen. So erwies sich Split im Zweiten Weltkrieg als Hort der Partisanenbewegung *Titos,* und auch im **Bürgerkrieg** 1991–1995 hielt die Stadt zahllosen Bombardements durch Serbien stand. Seit 1991 sieht sich Split – ähnlich wie Pula in Istrien – als „erhobener Zeigefinger“ gegen die Zentralregierung in Zagreb. Einige Intellektuelle träumen gar von einer (Teil-)Autonomie Dalmatiens mit der Hauptstadt Split.

Das römische Imperium unter Kaiser Diokletian

In historischen Dimensionen betrachtet, wird *Diocletianus* (240–315) aufgrund seiner (entfernt ähnlich scheinenden) Taten bisweilen mit *Peter dem Großen* oder dem chinesischen Reichsgründer *QinShi Huang-Di* in eine Schublade gesteckt. 240 in Salona (Solin) geboren, erwarb er sich in einer lang anhaltenden Phase der innenpolitischen Unordnung Roms und der außenpolitischen Bedrohungen an allen Ecken des Reiches als **erfolgreicher Feldherr** die Gunst der Cäsaren. 284 denunzierte und tötete er den kaiserlichen Gardepräfekten und ließ sich in Nicomedia (südlich von Byzanz) zum Kaiser ausrufen. 285 besiegte er den noch lebenden Kaiser *Carinus* und wurde Alleinherrscher. Mit zahllosen durchgreifenden **Reformen** in Wirtschaft und Militärwesen gelang ihm (wie *QinShi* in China vor ihm und *Peter* in Russland nach ihm) eine Stabilisierung des Imperiums. 293 verteilte *Dioklетian* die Macht freiwillig auf **vier Parallelkaiser** (ihn eingeschlossen, **„Tetrarchie"**): *Maxentius* (Italien/Afrika), *Constantius* (Gallien/Britannien), vor allem seinen Kriegskameraden *Galerius* (Kleinasien/Persien) und *Diocletianus* selbst (Ostadria, Hellas), der **Split** zum **Zentrum** wählte (Bau des Diokletianspalastes). In dieser Tetrarchie lagen letztlich auch die Wurzeln für die spätere Teilung in Ost- und Westrom begründet (siehe Byzanz, Glossar).

Galerius, seines Zeichens aus persönlichen Motiven heraus Christenhasser, stiftete *Diokletian* zur großen **Christenverfolgung** an (Edikt der Kirchenschließung 303), was sogar Frau und Tochter *Diokletians* auf den Scheiterhaufen brachte. Doch war die Verbreitung des Christentums schon relativ weit vorangeschritten: Die Co-Kaiser *Maxentius* und *Constantius* hielten sich nicht an die Edikte, *Diokletian* starb 315, und *Galerius* resignierte kurz vor seinem Tod letztlich auch. Die Nachfolger von *Diokletian* griffen die Verfolgungen zwar wieder auf, doch ließ sich der Siegeszug des Kreuzes nicht mehr aufhalten.

kro362 Foto: wl

Diokletianspalast – Porta Argenta

Zentraldalmatien

Split
Luka Lora
Luka Poljud
U. Špinut
Šetalište
Put Supavla
Zrinjsko-Frankopanska
Sutrojičin Put
Poljudsko
Hajduk-Stadion
POLJUD
Hrvatske Mornarice
Kaštelanska
SKALICE
Put Skalica
Glavičina
SUKOJIŠAN
TABLE
Starčevićeva
Poljudsko Šetalište
ŠPINUT
Museum der schönen Künste
Polizei
Archäologisches Museum
Bakotićeva
LOVRET
Teslina
Gundulićeva
Domovinskog Rata
Ulica Slobode
Tršćanska
BOL
Mažuranićevo
Šetalište M. Tartaglie
Matoševa
Mandaliski Put
Tor & Fußweg zu Badebuchten
MARJAN
Plinarska
Svačićeva
Vukovarska
Zag rebačka
Tolstojeva
Držićeva
MANUŠ
Nazorov Prilaz
Marjanski Put
Milićeva
Križeva
STARI GRAD
VELI VAROŠ
Zoo
Diokletianspalast
Zagrebačka
LUČAC
Kapelle Sv Nikolaj
MEJE
352
Flughafenbusse & Stadtbusse
Kralja Zvonimira
Museum kroatischer archäologischer Monumente
Gunjačina
Put Meja
Dražanac
Branimirova Obala
Gradska Luka
Bahnhof
Pojišanska
BAČVICE
Jadranska
Bijankinijeva
Gupčeva
Galerie Meštrović
Šetalište Ivana Meštrovića
U. Baluni
Fährhafen
Hafen-park
U. Zvončac
U. Bačvice
Put Stinica
0
500 m
©Reise Know-How 2012

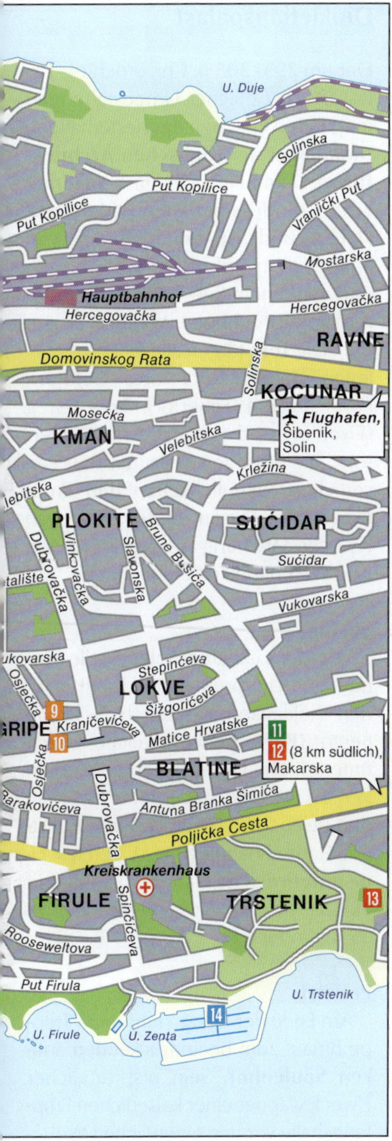

Übernachtung
2 Hotel Marjan
3 Apartm. Margarita
7 Hotel Park
12 Hotel Senator
13 Radisson Blu Resort Hotel

Essen und Trinken
6 Enoteka Terra
7 Bruna
14 Konoba Koralj

Einkaufen/Sonstiges
4 Autovermieter (Avis, Budjet, Hertz)
5 Fährgesellschaft Jadrolinija
8 Einkaufszentrum Joker
11 Lidl-Supermarkt

Nachtleben
1 Disco Kakadu
2 Disco Admiral
9 Disco Master-S
10 Disco Metropolis

Orientierung

Der gesamte **altstädtische Bereich** vom Fährhafen bis zur Landzunge Marjan ist durchaus zu Fuß zu bewältigen, ansonsten stehen Stadt- und Flughafenbusse am Diokletianspalast zur Verfügung.

Selbstfahrer kommen zur Marjan-Landzunge, indem sie hinter dem Hajduk-Stadion auf der Kaštelanska vor dem Tunnel rechts und vor der kleinen Tankstelle scharf links (Matoševa) hinauf zum Eingang fahren. Dies empfiehlt sich auch bei einem Tagesaufenthalt in Split, da hier oben kostenlos geparkt und die Altstadt von oben auch leicht zu Fuß erreicht werden kann.

Rundgang

Ein Rundgang beginnt zweckmäßigerweise am **Diokletianspalast,** wobei dieser kein Palast, sondern eine **Ummauerung** eines Teils der Altstadt – des alten römischen Kerns – ist und somit auch keinen Eintritt kostet. Er sollte einmal – höchst umstrittenen amerikanischen Plänen zufolge – abgerissen und zu einem modernen Konsumtempel umgebaut werden. Nach der Aufnahme in die Liste des **UNESCO-Weltkulturerbes** wurden derlei Ideen gottlob rasch dem Reißwolf zugeführt. Daneben gibt es einige interessante Sehenswürdigkeiten in der Altstadt außerhalb des sogenannten Palastes wie auch in der Neustadt.

Das Stadtzentrum mit der Promenade

Diokletianspalast

Der um 295–305 n. Chr. errichtete Palast ist trotz etlicher Umgestaltungen in späteren Epochen das besterhaltene Monument der **römischen Architektur** in Dalmatien. Der fast quadratische Grundriss hat knapp 40.000 m² Fläche und ist durchgehend von knapp 20 m hohen, turmbewehrten und von einem See- und drei Landtoren unterbrochenen Mauern umgeben. Die **Tore** tragen alle einen „metallenen“ Namen: *Porta Aurea* (Goldtor), *Porta Argenta* (Silbertor), *Porta Ferrea* (Eisentor) und *Porta Aenea* (Kupfertor). Die einstigen Thermen und kaiserlichen Räumlichkeiten und Empfangsräume lassen die für *Diokletian* typische Mischung aus Repräsentation und Wehrhaftigkeit erahnen.

Seetor

Von der Galeeren-Anlegestelle, der heutigen Uferpromenade, betritt man den Diokletianspalast durch das kleine Seetor **(Porta Aenea),** welches durch unterirdische Gewölbegänge mit dem Peristyl verbunden ist. Heute bieten in den beleuchteten Katakomben Kunst- und Ramschhändler ihre Waren feil. Eine **unterirdische Galerie** ist 9–13 und 18–20 Uhr zu besichtigen, Eintritt 15 K, Kinder 8 K.

Peristyl

Am Ende der Gänge führt eine Treppe hinauf zum beeindruckenden antiken **Säulenhof.** Sein ursprünglicher Zweck war der einer kaiserlichen Empfangshalle vor den eigentlichen Wohnbereichen. Heute bildet das Peristyl eine theaterreife Kulisse für die kleinen Straßencafés.

Kathedrale Sv Duje und Ethnografisches Museum

Unmittelbar neben dem Peristyl erhebt sich die Kathedrale Sv Duje, die im 6./7. Jahrhundert auf achteckigem Grundriss errichtet wurde. Sie diente zunächst als Mausoleum des Kaisers *Diokletian* und fungiert bereits seit dem 10. Jahrhundert als **Bischofskathedrale.** Das Gotteshaus mit seinen schweren, verzierten Holzportalen aus dem 12. Jahrhundert von *A. Buvina* wirkt trotz der schmucklosen Kuppel und der für eine Kathedrale geringen Größe monumental. Oberhalb der Marmorsäulen sind unter dem Gebälk Reliefs von *Diokletian* und seiner später verbrannten (christlichen) Frau zu sehen. Die **Sarkophage** bergen die Relikte der einstigen Bischöfe und städtischen Schutzheiligen *Anastasius* und *Domnius,* denen auch die beiden Seitenältäre (rechts *Domnius,* links *Anastasius*) gewidmet sind. Die dahinter liegende **Sakristei** enthält wertvolle **Sakralkunstschätze,** beispielsweise das Ölgemälde der Hinrichtung des *Judas.* Das Altarrelief der Folterung Jesu wurde von dem berühmten dalmatischen Bildhauer *J. Dalmatinac* (siehe Glossar) erst Mitte des 15. Jahrhunderts angefügt. Auch der **Campanile** wurde im 15./16. Jahrhundert fertiggestellt und weist unterschiedliche Stilmerkmale auf. Von oben bietet sich ein herrlicher Rundblick.

028da Foto: wl

Aus der Kathedrale kommend links die Treppen hinauf und hinter dem Durchgang wieder links liegt das **Volkskundliche Museum.** Hier werden Ausstellungsstücke aus ganz Dalmatien wie **Trachten, Gebrauchsgegenstände** und **Schmuck** gezeigt.

• **Etnografski Muzej,** Tel. 021-344164, Mo–Sa 9–13, im Sommer Mo–Fr 9–19 Uhr, Sa bis 13 Uhr). Am Zugang zur Kathedrale (links am Portal entlang auf der Rückseite) befindet sich der Kartenschalter mit Kombitickets für die Kathedrale mit Glockenturm und Volkskundlichem Museum (35 K); Kathedrale und Krypta/Jupitertempel können auch separat besucht werden (15 K).

Jupitertempel

Vom Peristyl aus die Kraj Sv Ivana 50 m in westlicher Richtung entlanggehend, öffnet sich ein kleiner Platz mit dem ehemaligen Jupitertempel, seit dem 6. Jahrhundert die **Kapelle Sv Ivan Krstitelj** *(Johannes der Täufer).* Vom ursprünglichen Tempel blieb das Deckengewölbe vollständig erhalten. Das **Taufbecken** aus dem 12. Jahrhundert entstammt der Epoche des kroatischen Königreiches und wird von zeitgenössischen Ornamenten geschmückt; die Johannes-Bronze im Inneren ist ein modernes Kunstwerk von *I. Meštrović.*

Stadtmuseum

Nicht nur römische und altkroatische Relikte zieren den Diokletianspalast, auch kroatische Kaufleute und Venezianer hinterließen Spuren. Am bekanntesten ist der **Stadtpalast der Patrizierfamilie Papalić,** ein von *Dalmatinac* im 15. Jahrhundert nach Vorbildern der venezianischen Gotik gestalteter Familiensitz. Heute stellt hier das Städtische Museum Artefakte der Stadtgeschichte sowie eine bemerkenswerte Münzsammlung aus.

Weitere prachtvolle Gebäude sind der **Palazzo Agubio** (Dioklecijanova Ul.) und der barocke **Palazzo Cindro** (Krešimirova Ul.).

• **Muzej Grada,** am Silbertor, Tel. 021-360171, im Sommer Di–Fr 9–21, Sa–Mo 9–16 Uhr, im Winter Di–Fr 10–17 und Sa–Mo 10–13 Uhr, an Feiertagen geschlossen, Eintritt 10 K.

Sehenswertes in der Altstadt

Stadtpark

Vor dem Diokletianspalast an der **Porta Aurea (Goldtor)** erstreckt sich beiderseits der Straße der **Stadtpark Strossmayerov** (siehe Glossar). Direkt an die Palastmauern wurde im 9. Jahrhundert die **Kapelle Sv Martin** angebaut. Wenige Meter weiter steht seit 1957 die Statue des Bischofs *Grgur Ninski* (*Gregor von Nin,* siehe Glossar), ein Kunstwerk von *I. Meštrović.* Auf der gegenüberliegenden Straßenseite laden Spazierwege und Brunnen zum Verweilen ein.

Markt und Sv Dominik

Am **Silbertor (Porta Argenta)** in der Hrvojeva unterbricht Marktgeschrei die erhabene Stille, die innerhalb der Mauern herrscht. Der **Fischmarkt (Ribarnica)** wird ergänzt durch zahllose Stände mit Obst, Gemüse, Schnäpsen und allerlei Souvenirs. Dem Tor direkt gegenüber liegt der **Domi-**

nikanerkonvent aus dem 16. Jahrhundert mit vorwiegend barocker Ausgestaltung.

Uferpromenade

Unterhalb des Marktes erstreckt sich die prachtvolle, **von Palmen gesäumte** Flanier- und Uferpromenade Obala Hrvatskog Narodnog Preporoda. Hier öffnet sich dem Auge die einzigartige optische Kombination aus Palastmauern am Meer mit dem 180 m hohen **Telegrin-Hügel** im Hintergrund. Zahllose Straßencafés an den historischen Mauern laden zur Verschnaufpause ein.

Trg Radić

In der Mitte der Promenade werden die Altstadthäuser von zwei Durchlässen zum Trg Brače Radić unterbrochen. Hier sind ein **venezianischer Wachtturm** aus dem 15. Jahrhundert, der venezianische **Palazzo Milesi** aus dem 17. Jahrhundert (hier Buchhandlung Znanstvena) sowie ein Denkmal des kroatischen Nationaldichters und Humanisten **Marko Marulić** (1450–1524), ebenfalls ein Werk *Meštrovićs*, zu bewundern.

Narodni Trg

Direkt an das **Eisentor (Porta Ferrea)** schließt sich der von den Einheimischen liebevoll „Pjaca" (ital.: *piazza*) genannte Narodni Trg (Volksplatz) an. Wer sich umsieht, wird ein **architektonisch-stilistisches Sammelsurium** feststellen, das seinesgleichen sucht. Da protzt zunächst das Rathaus im barocken Stil, daneben schließt sich der Palazzo Karapića (Renaissance) an, und Richtung Porta Ferrea entdeckt man, verziert mit einer Heiligenfigur des *Sv Antun,* gotisch-romanische Häuser. Zu erkennen sind ferner die Relikte der ehemaligen Stadtloggia und des Uhrturms.

Sv Frane

Am Ende der zentralen Uferpromenade thront in exponierter Lage die **Franziskuskirche** aus dem 13. Jahrhundert. Die grundlegend restaurierte und in ihrer ursprünglichen Form stark veränderte Kirche dient als Grabstätte berühmter lokaler Persönlichkeiten aus Kunst und Politik.

Trg Republike

Das selbst für Laien unverkennbar venezianische architektonische Erbe der Stadt liegt gleich neben der Franziskuskirche: der Trg Republike (Platz der Republik). Den rechteckigen Platz umgeben **rötliche Patrizierbauten,** deren Längsseiten Säulengänge mit Rundbögen aufweisen – eine Nachahmung der venezianischen Prokuratorenpaläste.

Trg Gaje Bulata

Vom Trg Republike die Marmontova bis zum Mauerdurchbruch der äußeren (venezianischen) Stadtbefestigung entlanggehend, öffnet sich der modernere Trg Gaje Bulata, der den **Übergang zur Neustadt** bildet. In der Marmontova kann man gut einkaufen (Foto, Kaufhalle, Star Rock Café), das Kaufhaus Prima mit Kino und Wechselstube liegt am Trg Bulata selbst.

027da Foto: wl

Auch das Nationaltheater und die Kirche Gospa od Zdravlja sind hier zu finden. Vom Trg Bulata aus sind die Sehenswürdigkeiten der Neustadt gut zu Fuß erreichbar.

Sehenswertes in der Neustadt

Archäologisches Museum

Am Trg Bulata links (Teutina) und gleich rechts die Ujevićeva Poljana/ Zrinjsko-Frankopanska keine 500 m hineingehend, erblickt man linker Hand das Archäologische Museum (Nr. 25). Hier sind sehr interessante und seltene griechische Artefakte aus der Region, vor allem aus Salona, zu sehen. Ohnehin liegt der Schwerpunkt des Museums auf der **griechisch-römischen Phase** der Regionalgeschichte. Es werden auch weitergehende Auskünfte zu den derzeit aktuellen Ausgrabungen, insbesondere zu Salona, erteilt.

Unverkennbar venezianisch: Patrizierhäuser am Trg Republike

● **Arheološki Muzej,** Tel. 021-329340, Mo–Sa 9–14 und 16–20 Uhr, So geschlossen, im Winter Sa nur 9–14 Uhr, Eintritt 20 K, Kinder 10 K, Gruppen nach Vereinbarung.

Museum der Schönen Künste

Von der Ujevićeva Poljana die Svačićeva/Starčevićeva 400 m entlang bis zur Lovretska (hier rechts, Nr. 11) gehend, erreicht man das Museum der Schönen Künste. **Malereien** und **Skulpturen** dalmatischer Künstler vom Spätmittelalter bis zur Gegenwart sowie eine für Slawisten sehr interessante **Ikonensammlung** sind die zentralen Ausstellungsbestandteile.

● **Öffnungszeiten:** Di–Sa 11–19 Uhr, So 10–13 Uhr, So/feiertags geschlossen, Eintritt 20 K, Kinder und Studenten 10 K, Tel. 021-480149. Eine Erweiterung/Auslagerung befindet sich am Trg Tomislava 15, Tel. 021-348387, www.galum.hr.

Landzunge Marjan

Das Erholungs- und Freizeitgebiet rund um den 183 m hohen, Split überragenden **Hügel Telegrin** ist sowohl mit dem eigenen Fahrzeug als auch zu Fuß von der Altstadt aus schnell erreicht. Man folge einfach der Šperun/Senjska rechts von Sv Frane bis zum Ende und halte sich dort links den Weg hinauf zur **Terrassengaststätte** (ca. 20 Min. ab Sv Frane), wo der Cappuccino mit Blick über die Stadt besonders mundet. Nur wenige Meter höher liegt malerisch die kleine **Kapelle Sv Nikolaj,** darüber der ärmlich wirkende städtische **Zoo** (Tel. 021-46773). Vom Zoo aus folgt man dem asphaltierten Sträßchen halb rechts bis zu einem Aussichtspunkt; links davon führt ein Trampelpfad hinunter zu einer gesperrten Straße (hier liegt auch der Parkplatz für Selbstfahrer). Links entlang geht es zu einigen Kiesbuchten mit Süßwasserduschen – **Splits beste Bademöglichkeit.**

Museum Kroatischer Monumente

Während sich das Archäologische Museum auf antike Fundorte spezialisiert, werden im Museum Kroatischer Archäologischer Monumente vorwiegend kostbare Stücke der kroatisch-dalmatischen Geschichte mit dem Schwerpunkt **Früh- und Hochmittelalter** aufbewahrt. Ausgestellt sind u.a. das Višeslav-Taufbecken aus Nin sowie Schmuckstücke und Münzen der frühkroatischen Epoche. Wer gut zu Fuß ist, erreicht das Museum von der Altstadt aus in einer guten halben Stunde. Es fahren Stadtbusse 12, 7 und 8.

● **Öffnungszeiten:** Mo–Fr 9–16 Uhr, Sa 9–14 Uhr, So/feiertags geschlossen, Šetalište I. Meštrovica 18, Tel. 021-358420, Eintritt 10 K, Kinder und Studenten 5 K, Mo und Do frei.

Meštrović-Villa

Etwa 250 m vom Museum Kroatischer Archäologischer Monumente entfernt liegt die einstige Sommervilla des **dalmatischen Nationalkünstlers Ivan Meštrović** (siehe Glossar). Das Gebäude ließ er in den 1930er Jahren erbauen, es beherbergt heute einen Großteil der Werke des wohl bekanntesten kroatischen Bildhauers.

● **Öffnungszeiten:** Di–So 9–19 Uhr, im Winter Di–Sa 9–16 Uhr und So 10–15 Uhr, Mo/feiertags geschlossen, Tel. 021-340800, Eintritt 30 K, Kinder und Studenten 15 K, Kunststudenten frei.

Castello Cavagnini

Nochmals 500 m weiter in einem malerischen Park oberhalb des Meeres liegt das ehemalige Castello Cavagnini aus dem 18. Jahrhundert, erworben von *Ivan Meštrović,* der es zu einem prächtigen Familiensitz **in malerischer Parklandschaft** umbauen ließ. Zum Anwesen gehört auch eine Hauskapelle; das Areal kann auf Anfrage besichtigt werden (in der Galerie oder telefonisch anmelden).

- **Öffnungszeiten:** Di–Sa 9–16, So 10–15 Uhr, im Sommer Di–Sa 9–21, So 12–21 Uhr, Tel. 021-358185, Busse s.o., Eintritt 20 K.

Praktische Tipps

An- und Weiterreise

Flug:

Der internationale **Flughafen Split-Kaštelet** liegt etwa 20 km außerhalb der Stadt zwischen Split und Trogir.

Auskünfte über Preise und Flugdaten erteilen die **Flughafenauskunft,** Tel. 021-203506, **Croatia Airlines** (international), Obala Hrvatskog Narodnog Preporoda 12, Tel. 021-362997, oder (national) **Air Dalmatia,** Obala Kneza Domagoja, Tel. 021-338447. **Tickets** sind auch über die Agenturen (s.u.) oder die allgemeine Flugreservierungsnummer 062-777777 sowie über die Split anfliegenden Fluggesellschaften (s.a. Kap. „Reisetipps A–Z, Anreise") erhältlich.

Stadtbusanbindung: Die Firma Pleso betreibt einen Flughafen-Transferbus vom Ausgang zum Passagierhafen, 30 K/einfache Fahrt (in der Stadt: letzter Bus vom Palast Richtung Fähren gehend, gegenüber vom Jadrolinija-Haupteingang). Außerdem fährt tagsüber etwa alle 20 Minuten die Nahverkehrslinie 38 (aber nur zwischen 6 und 7 Uhr 5x sowie um 12.30 und 13 Uhr ab Flughafen).

Taxis:

Taxis kosten in Split 20 K Grundgebühr und 10 K für jeden angefangenen Kilometer.

Fernbusse:

Der **Busbahnhof** (mit Gepäckaufbewahrung) liegt außerordentlich günstig nur wenige Meter von Diokletianspalast, Fährhafen und Bahnhof entfernt. Busse fahren in alle Himmelsrichtungen von **vier Bussteigen:** Norddalmatien, Istrien, Slowenien, Italien auf Steig 1, Süddalmatien auf Steig 2, Bosnien-Herzegowina und Osijek auf Steig 3 und dalmatisches Hinterland (Sinj, Knin usw.) auf Steig 4.

Angefahren werden nationale wie internationale Ziele, Details kann man telefonisch (Auskunft: Tel. 060-327777) oder online unter www.ak-split.hr erfahren. Der allgemeine Ticketschalter liegt bei Steig 1. Einige Beispiele: Rijeka (5–21.30 Uhr 7x tgl.), Zadar (5–1 Uhr 21x tgl.), Dubrovnik (1.30–20.30 Uhr 18x tgl.), Makarska (durchgehend 24x tgl.), Zagreb (6–2.20 Uhr 27x tgl.).

Stadtbusse:

Die blau-grün-gelben Stadtbusse der Fa. Promet (www.promet-split.hr) bedienen in der Zeit von 5.30 bis 23.30 Uhr alle städtischen Bezirke und das **nähere Umland** (z.B. Omiš, Trogir). Berechnet wird nach vier Zonen, wobei der gesamte Stadtbereich zur ersten Zone (10 K), Trogir zur vierten Zone (20 K) gehört. An Kiosken können **10er-Karten** erworben werden, die 15–30 K/Stück kosten, also mehr als die normale Einfachfahrt), dafür aber zweimal verwendet werden können (z.B. hin und zurück). Die Busse fahren am Rondell am palastseitigen Ende der Uferpromenade ab, viele Besucher nutzen die Trogir-Verbindung (Nr. 37, 4–23.30 Uhr rund 50x tgl.), die 71, 79, 80 von/nach Drniš oder die Linien von/nach Solin (22, 23, 35).

Bahn:

In Split endet die Bahnlinie nach Dalmatien, weiter nach Süden fahren nur noch Busse. **Bedient werden** mehrfach tgl. Knin (umsteigen nach Šibenik), Drniš und Karlovac/Zagreb (5x tgl.), einmal tgl. Ljubljana. Infotelefon: 060-333444.

Bahnreisende müssen darauf achten, nicht am Glavni Kolodvor (Hauptbahnhof), sondern erst am **Kopfbahnhof am Fährhafen** *(Trajekt)* auszusteigen. Der zentrale Busbahnhof liegt unmittelbar neben diesem kleinen Bahnhof am Fährhafen.

Fähren:

Von der Altstadt Richtung Busbahnhof/ Fährpiers gehend, passiert man zunächst **Pier 1 für Pkw-Fähren** nach Vis und Hvar (Stari Grad); der Ticketschalter liegt direkt gegenüber.

Erst am Ende der Zufahrt liegt der eigentliche, sehr große **Passagierhafen mit Pkw-Fähren** zu den Inseln Lastovo, Korčula, Šolta und Brač. Im Sommerhalbjahr helfen Einweiser der Fährgesellschaft Jadrolinija auf der Zufahrtsstraße, die richtige Fähre zu finden. Man stellt sich am besten in der richtigen Schlange an und kauft dann das Ticket (sonst keine Parkmöglichkeiten). Fußgänger können auch an dem kleinen Schalter auf der Verkehrsinsel beim Palast ihr Ticket kaufen.

Zusätzlich verbinden reine **Personenfähren** (in der Regel Katamaran-Schnellboote) Split unregelmäßig mit Rijeka, Zadar, Rab, Brbinj, Hvar, Korčula, Sobra, Dubrovnik, Brač, Drvenik und Trogir.

Die Agentur Splittours (Tel. 021-352582, www.splittours.hr) betreibt die **Personen-**

Insel-Fährverbindungen ab Split zur Hauptsaison

Hafen	Insel	Fährart	Abfahrt/Frequenz	Preis p./P.	PKW[4]
Rogač	Šolta	Trajekt	6.45, 9.15, 11.45, 16.15, 18.45, 21.15 Uhr	4,00 €	18,00 €
Vis	Vis	Trajekt	9, 15, 20.30, 21 Uhr	5,80 €	38,00 €
Jelsa	Hvar	KAT	16 Uhr	3,25 €	–
Hvar	Hvar	KAT	11.30, 15 Uhr	3,25 €	–
Stari Grad	Hvar	Trajekt	1.30, 5, 8.30, 11, 14.30, 17, 20.30 Uhr	5,50 €	36,50 €
Vela Luka Ubli	Korčula Lastovo	KAT	11.30, 15 Uhr	4,00 €	–
Supetar	Brač	Trajekt	5.15–24 Uhr 14x	4,10 €	18,00 €
Bol	Brač	KAT	16 Uhr	3,30 €	–
Milna	Brač	KAT	nur Di 11.30 Uhr	3,40 €	–
Veli/Mali Drvenik[1]	Veli Drvenik Mali Drvenik	KB	9.30, 15, 20.30 (Mo, Mi, Do, Sa); 9.30, 17.30 Uhr (Di, Fr, So)	3,50 €	17,50 €
Sumartin[2]	Brač	Trajekt	7.30, 10.30, 13.30, 16.30, 20 Uhr ab Makarska	4,00 €	18,50 €
Sučuraj[3]	Hvar	Trajekt	7.30–22.30 Uhr 10x tgl. ab Drvenik	1,80 €	12,50 €

Trajekt = KFZ-Fähre, KB = Klasicni Brod (bis 7,5 t), KAT = Katamaran (Personenbeförderung)

[1] Veli/Mali Drvenik auch ab Trogir

[2] Sumartin (Brač) nur ab Makarska (Süddalmatien)

[3] Sučuraj (Hvar) nur ab Drvenik (Süddalmatien)

[4] PKW-Preis beinhaltet den Fahrer (alle Preise in der Hauptsaison, sonst –25 %)

Alle Angaben sind vorläufig für die Sommersaison 2012

schnellfähre Split - Hvar - Bol - Jelsa - Vis/Komiža für 180 K (Kinder 95 K), Abfahrt 8.30 Uhr.

Die wichtigste Verbindung nach Italien besteht zwischen Split und **Ancona** (1x tgl., ca. 190 Euro für Pkw mit 2 Personen), im August empfiehlt sich eine Vorabreservierung bei Jadrolinija (im Hafengebäude), Tel. 021-355 339, Fax 363050, www.jadrolinija.hr, tgl. 7–21 Uhr (Schalter für Lokallinien durchgehend geöffnet).

Auto:

Split erreicht man von der Küstenstraße aus über die mehrspurigen **Straßen** Zbora Narodne Garde und Domovinskog Rata (Schild: „Centar/Trajekt"). Sobald man in der Zagrebačka ist, sollte man einen **Parkplatz** suchen. Ansonsten kann man an der Promenade vor dem Diokletianspalast für ab 10 K/Stunde parken. Wer nicht direkt zu den Fähren will, sollte zur Marjan-Halbinsel fahren (freies Parken) und von dort über den Hügel hinunter zur Altstadt gehen (ca. 15 Minuten). Das lohnt sich wegen des Panoramablickes ohnehin und erspart den Stau in der Innenstadt.

Info und Agenturen

- Bei der Touristeninformation, in Agenturen und größeren Hotels ist die **Split-Card** für umgerechnet 5 Euro erhältlich: 72 Std. gültig, freier Eintritt in einige Museen, Ermäßigungen zwischen 5 und 50 % für zahlreiche Restaurants, Veranstaltungen und Autoverleiher. Wer länger als drei Tage in Split wohnt, erhält die Karte umsonst (Unterkunftsnachweis erforderlich).
- **Touristeninformation Split,** Peristyl (vor der Kathedrale), tgl. 8–20.30 Uhr, So bis 13 Uhr, Tel. 021-345606, www.visitsplit.com.
- Vor der Touristeninformation werden **geführte Altstadrundgänge** (90–120 K) angeboten.
- **Split-Vision Sightseeing** ist ein offener Bus, der in fester Route hauptsächlich Neustadt und Marjan-Halbinsel ab Riva (am Hafenbecken vor dem Palast oder ab Franziskanerkirche) abfährt. Es gibt neun Stationen, man kann nach Belieben ein- und aussteigen; Tickets beim Fahrer, 70 K, Familienkarte 180 K.

Die bekanntesten Agenturen und Zimmervermittler sind:

- **Atlas,** Trg Brače Radić, Tel. 021-346333, Fax 346299, www.atlas-croatia.com.
- **Daluma-Reiseagentur,** neben Hauptbahnhof/Bushauptbahnhof, Tel. 021-338484, www.daluma-travel.hr.
- Ebenso am Busbahnhof: **Jadroagent,** Tel. 021-338228, Fax 338210, www.travel.jadro agent.hr.

In der Obala Lazareta Nr. 3 (Uferpromenade) bieten fünf Agenturen alles, was das Herz begehrt:

- **F-Tours,** Tel. 021-344842, Fax 339609, www.f-tours.hr.
- **Generalturist,** Tel. 021-345183, Fax 347056, www.generalturist.com.
- **Kompas,** Tel. 021-323300, Fax 323303, www.kompas.hr.
- **San Diego Tours,** Tel./Fax 021-343307, san-diego-tours@st.t-com.hr.
- **Split Tours,** Tel. 021-325523, Fax 352482, www.splittours.hr.

Unterkunft

Split ist, wie viele andere größere Städte, eher ein Nebensaisonziel oder Transitpunkt zu den Inseln, sodass vorwiegend **Tagesausflügler** in die Stadt kommen und das Unterkunftsangebot insgesamt nicht so breit ist, wie man es vielleicht erwartet. Dennoch gibt es - wenn auch begrenzte und teure - Möglichkeiten der Übernachtung in der Stadt. Ein Dutzend weiterer Hotelanlagen wurde rund um Split bzw. in den Vororten in Meeresnähe gebaut. Sie werden vorwiegend von Reisegruppen als Quartier gewählt; Individualreisende bevorzugen daher meist eine Unterkunft in Trogir oder Omiš (oder eine vorgelagerte Insel) und kommen für einen Tagesbesuch in die Stadt.

Zimmer und Apartments:

Privatzimmer in Split werden von den Agenturen vermittelt und kosten rund 340 K bei einem Mindestaufenthalt von drei Tagen,

Apartments sind ab etwa 60 Euro zu haben. Der Onlinevermittler Splitapartments bietet Objekte in und um Split an und gilt als einer der günstigsten. Backpacker werden meist schon am Busbahnhof auf Zimmer angesprochen (Pappschilder „Sobe" beachten).

- In Gehnähe zum Diokletianspalast liegen die €€**Apartments Rubić** (Tel. 021-473993, www.splitapartment.com), für 2–4 Personen, mit Terrasse.
- Sehr ruhig und trotzdem attraktiv und zentral liegen die €€**Apartmani Margarita** (Solurat 2, Tel. 021-490121, www.apartment-margarita.com) am Zugang zur Marjan-Halbinsel. Für längere Aufenthalte werden erhebliche Preisnachlässe gewährt.

Zentrale Hotels/Hostels:

- €€**Staytosee-Hostel,** P.K. Jelene 2 (nahe der Touristeninformation), mobil 091-3332207, www.staytosee.com, nur wenige DZ, spartanisch, aber absolut zentral.
- €€**Hotel Bellevue,** Bana Jelačića 2, Tel. 021-345644, www.hotel-bellevue-split.hr, Mitte Juni bis Mitte September 55 % Aufschlag. Die Lage ist das Hauptplus, die Zimmer sind sonst eher schlicht und funktional.
- €€€**Hotel Adriana,** an der Promenade Obala Preporoda 8, Tel. 021-340000, www.hoteladriana.hr, schön restauriert, moderne Ausstattung, Meeres-/Altstadtblick.
- Direkt neben dem Silbertor liegt das kleine Familienhotel €€€€**Peristil,** Tel. 021-329070, www.hotelperistil.com, mit luxuriösen, stilvollen Zimmern.

Außerhalb der Altstadt:

- Das stilvolle, umfassend renovierte €€€€**Hotel Park** an der Bucht Uvala Bacvice bietet 54 luxuriös eingerichtete Zimmer, ein vorzügliches Restaurant, gediegenes Ambiente, diverse Wellness- und Erholungseinrichtungen einschließlich Sauna und Solarium. Zudem liegt es sehr günstig zur Altstadt (ca. 15 Min. zu Fuß) wie auch zum nahe gelegenen Badestrand. Anschrift und Reservierungen unter Hatzeov perivoj 3, Tel. 021-406400, Fax 406 401, www.hotelpark-split.hr.
- Wer auf Casino, Geschäftszentrum, Nightclub, Privatbadestrand, Schönheitssalon u.Ä. Wert legt, dem sei das €€€€**Radisson Blu Resort Hotel** im südlichen Stadtteil Trstenik (ufernah) empfohlen. Modernes Hotel in einem netten, parkähnlichen Areal, alle Zimmer sind angenehm und praktisch ausgestattet, verfügen über Klimaanlage und einen Balkon wahlweise mit Park- oder Meerblick. Anschrift und Reservierungen unter Put Trstenika 19, Tel. 021-303030, Fax 303031, www.radissonblu.com/resort-split.
- Auf der anderen Seite der Altstadt, ebenfalls unmittelbar am Meer (nahe ACI-Marina) und in Gehnähe zum Diokletianspalast, bietet das ebenfalls kürzlich umfassend renovierte €€€**Hotel Marjan** einfache Zimmer der Mittelklasse mit Bad und Balkon (Meerseite buchen!). Obala Kneža Branimira 8, Tel. 021-399211, Fax 399210, www.hotel-marjan.com.
- 8 km südlich auf einer kleiner Anhöhe von Podstrana, etwa 200 m vom Strand entfernt, bietet das €€**Hotel Senator** nett eingerichtete Zimmer und Apartments mit Balkon oder Terrasse mit Blick auf Berge und Meer sowie die Insel Brač. Angeschlossenes Restaurant mit großer Frühstücksterrasse und Grillkamin; günstige Alternative zu den Stadthotels! Bartola Basica 9, Podstrana, Tel./Fax 021-335 773, www.senator-st.com.

Camping

- €**AC Stobreč-Split,** etwa 10 km südlich der Stadt gelegen (beschildert), Tel. 021-325426, Fax 325452, www.campingsplit.com. Kapazität für 1200 Gäste, Tennis, Tischtennis, Boots- und Radverleih, Animation, Restaurant, neue sanitäre Anlagen, gute Anbindung an Split-Zentrum (Bus 25, 6–22.40 Uhr etwa stündlich).

Essen und Trinken

Einfach und mittlere Preiskategorie:

- Einfache Snacks holt man sich am **Markt** (Fischmarkt am Westrand der Stadtmauern und Stari Pazar an der Ostseite des Palastes) oder in den günstigen Imbissstuben und Cafés an **Hafen und Busbahnhof.**
- Für Kaffee und Kuchen bietet sich das sehr beliebte **Café Bobić** am Trg Republike an.
- **An der Uferpromenade** nahe der Stadtbus-Haltestelle seeseitig liegen einige preiswerte

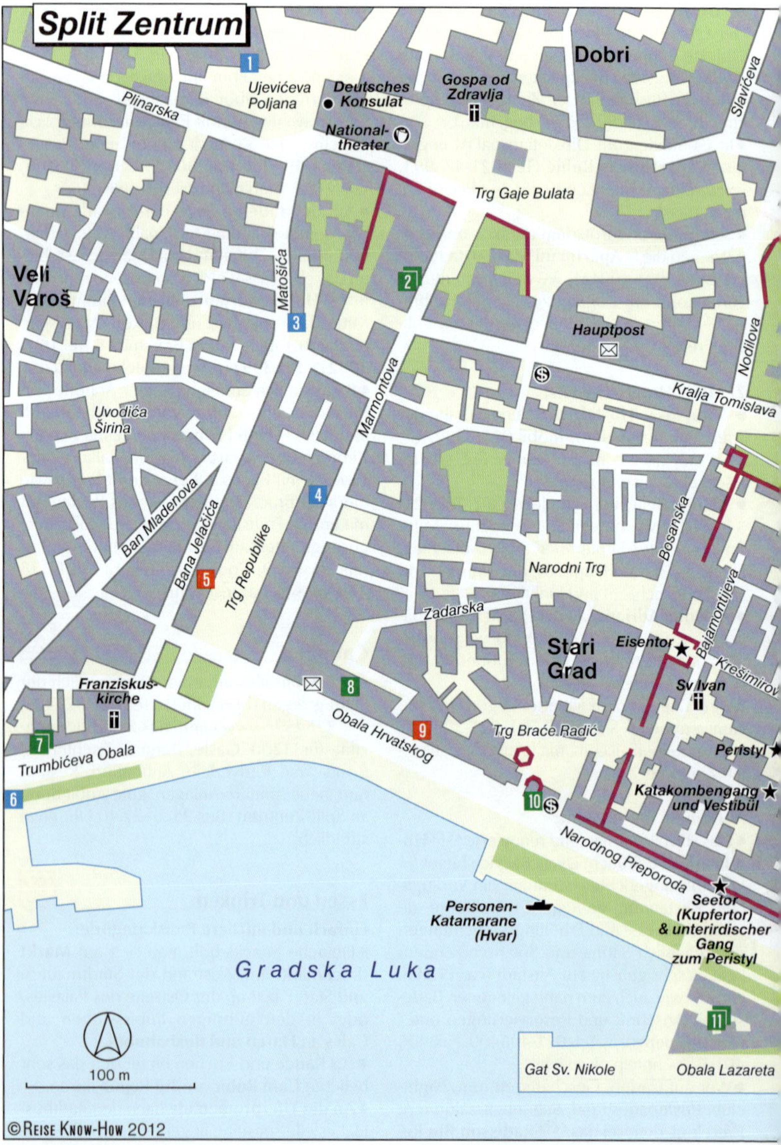

Split Zentrum
Dobri
Ujevićeva Poljana
Deutsches Konsulat
Gospa od Zdravlja
Slavićeva
Plinarska
National-theater
Trg Gaje Bulata
Veli Varoš
Matošića
Hauptpost
Nodilova
Marmontova
Kralja Tomislava
Uvodića Širina
Ban Mladenova
Bana Jelačića
Trg Republike
Bosanska
Narodni Trg
Bajamontijeva
Zadarska
Stari Grad
Eisentor
Krešimirova
Franziskus-kirche
Sv Ivan
Obala Hrvatskog
Trg Braće Radić
Peristyl
Trumbićeva Obala
Katakombengang und Vestibül
Narodnog Preporoda
Personen-Katamarane (Hvar)
Seetor (Kupfertor) & unterirdischer Gang zum Peristyl
Gradska Luka
100 m
Gat Sv. Nikole
Obala Lazareta

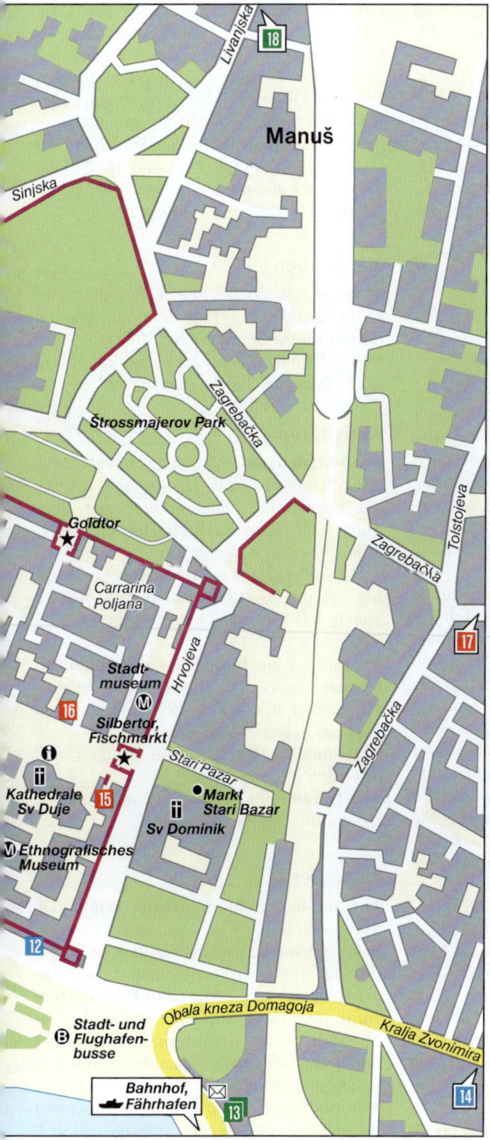

Übernachtung
5 Hotel Bellevue
9 Hotel Adriana
15 Hotel Peristil
16 Staytosee-Hostel
17 Apartments Rubić

Essen und Trinken
1 Pizzeria Obelix
3 Pizzeria Galija
4 Café Boblić
6 Adriatic Grašo
12 Adriana
14 Boban

Einkaufen/Sonstiges
2 Fotoladen, Kaufhaus Prima
7 Buchhandlung
8 Croatia Airlines
10 Agentur Atlas
11 Agenturen Kompas, Generalturist u.a.
13 Daluma-Reiseagentur, Jadroagent
18 Einkaufszentrum Joker

Cafés und Imbissstuben, wohingegen man bei den palastseitigen (z.B. **Restaurant Adriana,** Tel. 021-344079, tgl. 7–24 Uhr, Spezialität: Gegrilltes) etwas tiefer in die Tasche greifen muss.

- Gut isst man in der **Pizzeria Galija,** K. Tončića 12, Tel. 021-347932, tgl. 9–24 Uhr.
- **Pizzeria Obelix** (Ul. Poljana/Vijugasta 75, Tel. 021-533999, tgl. 8–22 Uhr, bietet zur Happy Hour 10–14 Uhr Pizza und Softdrink zu 35 K an.
- Wer in Split gut Fisch essen möchte, dem sei die **Konoba Koralj** im Yachthafen, Uvala Baluni, Tel. 021-398568, empfohlen.

Restaurants der gehobenen Klasse:

- Das **Restaurant Boban** ist trotz des eher schlicht-modernen Interieurs eines der bekanntesten Häuser in Split mit 45-jähriger Tradition und zeichnet sich durch hervorragende dalmatische Küche aus. Spezialitäten sind Meeresfrüchte-Risotto, Schweinemedaillons mit Champignons sowie ausgezeichnete Jakobsmuscheln. Hektoroviceva 49, Tel. 021-543300, www.restaurant-boban.com, tgl. 10–24 Uhr, Sa/So ab 12 Uhr.
- Das gehobene **Adriatic Grašo,** unmittelbar am Meer gelegen, ist ein Verfechter der Slow-Food-Bewegung und hat seine Küche entsprechend darauf abgestimmt. So stehen seltene Spezialitäten wie Heringscarpaccio, Shrimps in Blätterteig mit Trüffeln, Fischtatar oder Shrimpcarpaccio neben ausgefallenen Geflügelspezialitäten von Truthahn oder Strauß auf der Karte. Modernes Interieur und schöne Terrasse unmittelbar am Yachthafen. Der Inhaber *Zoran Grašo* ist übrigens der Vater des bekannten kroatischen Popstars *Petar Grašo.* Uvala Baluni bb. (ACI Marina), Tel. 020-398560, tgl. 12–24 Uhr.
- Ein angenehmes Ambiente bei Klaviermusik lässt die Diners im **Restaurant Bruna** besonders munden. Die darüber hinaus herrliche Aussicht und exquisite Küche mit einer reichhaltigen Auswahl an Muscheln, Fisch und Fleischspezialitäten vom Grill sprechen vor allem die gehobenere Klientel an. Geöffnet tgl. 6–24 Uhr, Hatzeov perivoj 3 (Hotel Park), Tel. 021-406400.
- Besonderer Tipp für Weinliebhaber: Die **Enoteka Terra** kombiniert die gediegene Atmosphäre einer Weinprobe mit den Gaumenfreuden dalmatischer Spezialitäten. Neben einer der umfangreichsten Weinkarten der Region werden zu den edlen Tropfen Snacks in Olivenöl, diverse Bruschette, Pager Käse oder istrischer Schinken, aber auch umfangreiche Menüs und sogar Trüffelgerichte serviert. Geöffnet tgl. 9–15 und 16–24 Uhr, Prilaz brace Kaliterna 6 (nahe Hotel Park), Tel. 021-314800, www.vinoteka.hr.

Nachtleben

- **Discos:** Kakadu, Suspitanski Put (beim Hotel Jadran Koteks, Nähe Marina); Admiral (Obala Kneža Branimira 8); Metropolis und Master-S (in der Osječka, ab Stadtbus 750 m die K. Zvonimira hinein, dann links).

Aktivitäten

- **ACI-Marina:** unterhalb des Marjan-Hügels, Uvala Baluni, Tel. 021-355886, Fax 361310, die Busse 8 und 12 fahren vom/zum Zentrum. Hier auch **Yachtcharter** (Tel. 021-398566, www.pbz-leasing.hr).
- Vier weitere, kleine **Yachthäfen** sind Mornar, Tel. 021-362130, Split, Tel. 021-46745, Spinut, Tel. 021-581653, und Zenta, Tel. 021-514039.
- **Baden** ist am besten auf der **Halbinsel Marjan** möglich. Eine Touristenbahn verkehrt im Sommer stündlich zwischen Marjan und Trg Gaje Bulata (Nationaltheater).
- **Nationaltheater:** Trg Gaje Bulata 1, Tel. 021-585999.
- **Reitverein:** nördlich des Hauptbahnhofes, Ul. Slobode 31, Tel. 021-663217.

Einkaufen

- In der Innenstadt **Kaufhaus Prima** (Ul. Marmontova).
- Vor Inselbesuchen sollte man aber besser eine der großen Malls aufsuchen, z.B. im Vorort Solin das große **Mercator-Einkaufszentrum** (Matoševa 10, Solin, Info-Tel. 021-204400). Neben dem riesigen Supermarkt findet man hier Bars, Cafés, Fachgeschäfte und Boutiquen aller Art.
- Als noch größer und moderner präsentiert sich das erst vor wenigen Jahren fertiggestell-

te **Einkaufszentrum Joker** (Info-Tel. 021-396909, Put Brodarice, auf der Domovinskog rata Richtung Norden fahrend, gut beschildert, rechter Hand). Hier findet man neben einem großen Supermarkt ebenfalls reihenweise Fachgeschäfte und westliche Errungenschaften wie McDonald's, Deichmann, DM usw., sowie die große Kinowelt Broadway kina.

- Wer vor seinem Inselurlaub noch den Großeinkauf bei **Lidl** erledigen möchte: Poljička cesta 37 (südliche Stadtzufahrt, beschildert), tgl. 8–21 Uhr.
- Ein großer **Konzum-Supermarkt** liegt an der Durchfahrtstraße Richtung Makarska.

Nützliches

- **Post:** Kralja Tomislava 9 (Mo bis Sa 7–20 Uhr), Zweigstelle landseitig Richtung Fährhafen.
- **Bank/Geldautomat:** An der Uferpromenade liegen Splitska und Narodna Banka, eine Privredna Banka gibt es am Fährhafen (Mo bis Fr 7.30–13 und 14–20 Uhr, Sa nur vormittags).
- **Medizinische Versorgung:** Krankenhaus Firule, Spinčićeva 1, Tel. 021-556111; Bolnica Križine, Šoltanska 1, Tel. 557111, Notruf 94 (Anfahrt siehe Campingplatz); Erste Hilfe Split, Tel. 021-587222; Achtung Taucher: Druckkammer-Notruf (24 Std.), Tel. 021-354511.
- **Polizei:** Notruf 92, Verkehrspolizei Split, Bracka bb. (nahe Museum der Schönen Künste), Tel. 021-504036.
- **Internetcafé** und **Spielomatenhalle:** Obala kneza demagoja bb., Tel. 021-345014; auch im Jadrolinija-Büro am Hafen liegt ein Internetcafé.
- **Mietwagen:** Zahlreiche namhafte PKW-Vermieter reihen sich in der Branimirova Obala aneinander.

Insel Šolta

Die von knapp 1500 Menschen bewohnte und ca. 59 km² große Insel Šolta steht touristisch im Schatten der Nachbarn Brač und Hvar - und das macht sie besonders attraktiv. Neben den kultivierten Parzellen (Oliven, Wein und Feigen) prägen **Kräuterwiesen** (Rosmarin) und **Nadelholzwäldchen** das Landschaftsbild. Einsame Felsbadebuchten und eine Hand voll kleinerer Siedlungen am Meer verteilen sich auf Šolta. Höchste Erhebung ist der Vela Starža mit 237 m.

Die Insel wurde während der Völkerwanderung im 7. Jahrhundert von Flüchtlingen aus dem zerstörten Salona besiedelt und erlangte für vorzüglichen **Wein und Honig** einige Bekanntheit. Sie untersteht seither der Stadt Split, teilt deren Stadtgeschichte und dient heute den wohlhabenderen Städtern als Wochenenddomizil.

Info und Agenturen

- Allgemeine Informationen: **www.solta.hr** (englisch). Inselweite **Unterkunft** wird über die Spezialisten Soltatours (www.soltatours.net) angeboten.

Rogač

In Rogač legen die **Fähren von/nach Split** an; rund um die **Anlegestelle** finden sich Kiosk, Tankstelle, ein Café sowie nebenan das Jadrolinija-Büro und die Touristeninformation (arrangiert auch Unterkunft in Rogač). Unmittelbar oberhalb der Anlegestelle liegt rechts hinauf eine hübsche kleine **Badebucht.**

An- und Weiterreise

- Zwei **Buslinien** verbinden von Rogač aus die Orte der Insel: Rogač – Stomorska sowie Rogač – Maslinica (5–9x tgl.).
- **Taxis** ab dem Fährhafen kosten 25 K bis Grohote, zu den anderen Inselorten pauschal 60 K.
- **Personen-Katamaran:** Rogač – Split (7 und 13 Uhr, ab Split 12.10 und 20.30 Uhr).
- **Pkw-Fähre** (Jadrolinija): siehe Fährtabelle Split; Information: Obala Sv Tereze 3, Tel. 021-654491.

Grohote

Der **Hauptort** Grohote wirkt verschlafen und rückständig. Seine Bewohner

leben vorwiegend von Weinbau und Landwirtschaft im unmittelbaren Umland. Immerhin gibt es zwei Supermärkte, eine **Touristeninformation** (Tel. 021-654151, Fax 654130, Mo bis Sa 8–12.30 Uhr), die Inselpolizei und die Pizzeria Oasa (alles an der Hauptstraße) sowie am Ortsausgang Richtung Maslinica linker Hand eine Erste-Hilfe-Station. Ein Bankautomat befindet sich im Zentrum.

Maslinica

Maslinica, ein hübscher, versteckt in einer umwaldeten Bucht gelegener Fischerort, birgt ein interessantes **Barockschlösschen** aus dem späten 18. Jahrhundert, in dem heute ein Restaurant dalmatische Spezialitäten in gediegenem Ambiente serviert. Maslinica bietet gute **Wassersportmöglichkeiten** von mehreren Felsbadebuchten und vorgelagerten Badeinselchen (Bootstaxi) sowie einen Bootsverleih. Am Hafenbecken liegen eine **Touristeninformation** (tgl. 8–11 und 18–20 Uhr) sowie das bekannte Fischlokal Riblja Konoba Moni.

Nečujam

Die einstige Fischersiedlung Nečujam, Geburtsort des kroatischen Humanisten *Marko Marulić* (siehe Split, Trg Radić), liegt östlich vom Fährort Rogač und dient heute als (hässliche!) Ferienbungalowsiedlung. Die Straße endet kurz hinter der Post (linker Hand) in einem T-Ende (hier Bushaltestelle); links erstreckt sich der Yachthafen, rechts liegt nach 500 m das Café De Paris – auf dieser Seite gibt es auch einige Bademöglichkeiten.

Information

- **Touristeninformation:** Šetaliste Marulića 1, Tel. 021-650121.

Unterkunft

- **Ferienwohnungen** für zwei Personen kosten in Nečujam ab ca. 70 Euro in der Hauptsaison und können zentral über den deutsch-kroatischen Anbieter e-Adria (Fam. *König*, Obala Sv Petra 49, Nečujam, Tel. 021-650230, in Deutschland Tel. 07531-66439, www.eadria.com) gebucht werden. Vermittelt werden zahlreiche Objekte auf der

kro378 Foto: wl

ganzen Insel, teilweise sehr günstig und in direkter Uferlage.

- Einzige offizielle Unterkunft ist die **Apartmentsiedlung €Nečujam,** Šetaliste Marulića 1, Tel./Fax 021-650270, solta@ st.t-com.hr, z.B. über www.adriaticislands. net/tag/solta, mit 200 Wohneinheiten für 2–5 Personen.

Stomorska

In Bezug auf Restaurants und Ferienunterkünfte hat sich Stomorska beinahe zum **Zentrum auf Šolta** entwickelt. Der dennoch ruhige und überschaubare Ort bietet den einzigen **€€Campingplatz Mido,** Tel. 021-658011, Fax 658232, auch Ferienwohnungen werden am Camp (vor dem Ortseingang scharf rechts) vermietet. Achtung: große Camper werden Mühe haben, sehr enge Zufahrten! Entlang des Hafenbeckens liegen ein **Turist Biro** (Tel. 021-658404, Ausflüge Hvar, Brač u.a.), die Post, mehrere Minimärkte, die empfehlenswerte Pizzeria Volat sowie das in mehrerlei Hinsicht bemerkenswerte **Restaurant Nevera** (Tel. 021-658063, tgl. 8–2 Uhr, Nov.–März geschlossen): Abgesehen vom wirklich guten Essen kann man hier als Selbstversorger frischen Fisch bestellen, die Bestellungen werden gesammelt, abends um 18 Uhr legt der Fischer an und verkauft direkt am Pier.

Kultivierte Parzellen auf der Insel Šolta

Auf der gegenüberliegenden Beckenseite liegen das **Restaurant Turanj** (mobil 095-9141877, Mai bis September tgl. 11–24 Uhr) mit Lammspezialitäten vom Grill sowie der für etwas Stimmung sorgende **Disco-Club Cuvita** (mit Billard und Spielautomaten).

An- und Weiterreise

Kairos-Schnellboot (nur Personen) um 6.30 Uhr ab Split, 7 Uhr Stomorska und 7.15 Uhr Nečujam, dann retour nach Split; 9.30 Uhr ab Split, 10.15 Uhr ab Nečujam, 10.30 Uhr ab Stomorska, 19.15 Uhr Split, 20 Uhr Nečujam, 20.15 Uhr Stomorska, zurück nach Split (sonn- und feiertags nur früh und spät).

Mit diesem Boot werden übrigens auch die **Tagesausflüge zu den umliegenden Inseln** (zu buchen in den kleinen Agenturen in Stomorska und Nečujam) durchgeführt – eine urige Angelegenheit mit Fischpicknick und Rotwein.

Information

- **Touristeninformation:** Riva Pelegrin 64, Tel. 021-658404.

Unterkunft

- Unterkünfte liegen auf beiden Seiten der Bucht und können über die Information (z.B. **€€Pension Olint**, Tel. 021-658141) oder auch direkt gebucht werden, beispielsweise bei der familiären und empfehlenswerten deutsch-kroatischen **Tauchbasis Leo Novaković,** Tel. 021-658302, www.leomardiving center.de mit prima €€-€€€Taucher-Apartments und Badeplätzen vor der Tür. *Leo* kennt die Tauchplätze der umliegenden Inseln wie kein Zweiter und weiß zahllose Anekdoten zu erzählen, etwa dass Gitarrenvirtuose *Mark Knopfler* der Tauchgang auf Šolta wichtiger war als sein Konzert mit den Dire Straits in Split.
- Weitere **Privatzimmer** in Stomorska können lokal unter www.saskinja.de, inselweit unter www.eadria.com, arrangiert werden.

Inseln Mali und Veli Drvenik

Die Drvenik-Inseln bilden das **nördliche Ende des Archipels** von Split. Touristisch noch unterentwickelt, sind es vor allem **Tagesausflügler** aus Trogir und Split sowie **Bootsbesitzer,** die eine der beiden kleinen Inseln auf der Suche nach Ruhe und Beschaulichkeit ansteuern.

Auch die Drveniki waren im 15. Jahrhundert ein Zufluchtsort vor den Türken. Die Neusiedler rodeten die bestehenden Nadelwälder und lebten vom Wein-, Feigen- und Olivenanbau. Heute werden außerdem Zitrusfrüchte, Mandeln und Granatäpfel angebaut, in sehr bescheidenem Umfang wird auch Schafzucht betrieben. Zusatzeinnahmen liefern der Fischfang sowie der mäßig vorhandene Tourismus.

Wenn überhaupt, dann wird – vorwiegend an Wochenenden und Feiertagen – die 12 km^2 große Insel Veli Drvenik von Trogir oder Split aus besucht. In dem gleichnamigen in den Hang gebauten Hauptort fällt nur die **Georgskirche Sv Juraj** (15. Jahrhundert) auf, ansonsten gleichen sich die Kalksteinbauten. Fußwege führen zu den **Badebuchten** (Kies, Fels, aber auch Sand) auf der Ostseite der Insel; höchste Erhebung ist der 178 m hohe Buhaj.

Die nur 4 km^2 kleine Schwesterinsel Mali Drvenik wird nur von Trogir mit der Personenfähre angefahren. In der kleinen Siedlung gibt es Privatunterkünfte, auch hier empfiehlt sich bei Bedarf eine Vorabbuchung in Trogir. Ansonsten bietet die Insel schöne **Kies- und Sandbuchten.**

An- und Weiterreise

- Die einzige **Personenfähre** fährt von/nach Trogir (Mo bis Sa 1x tgl.) und Split (siehe Fährtabelle Split).

Unterkunft

- **Privatzimmer** werden von Schildern („Sobe") angepriesen, ansonsten empfiehlt sich die Reservierung bei einer Agentur in Trogir oder z.B. über www.unterkunftinkroatien.de/drvenik.
- €€**Pension Vila Eleonora,** Tel. 021-893485, mit angegliedertem, sehr gutem Restaurant am Hafenbecken.
- €€**Villa Kamena,** Donja Vala 130, Tel. 021-680009, www.villakamena.com, vier hübsche Wohneinheiten (2er und 4er), allerdings etwas inlandseitig und ohne Meerblick.
- Diesen bietet die €€**Pansion Roko** unmittelbar am Strand (Tel. 021-628175, www.pansion.roko.com) mit DZ, 4er- und 6er-Zimmern sowie 2 Apartments für 3–4 Personen.

Nützliches

- In Veli Drvenik gibt es einen **Minimarkt.**
- Eine gute **Konoba** ist die Lude Godine (Tel. 021-893046) dessen Inhaber Luka Meštrović übrigens nicht mit dem gleichnamigen Künstler (s. Glossar) verwandt ist.

Kristallklares Wasser vor der Insel Brač

Insel Brač

Was verbindet das amerikanische Weiße Haus, den Berliner Reichstag und den Diokletianspalast von Split mit der Insel Brač? Alle wurden aus dem weltberühmten **Kreidekalk** der mit 395 km^2 **größten dalmatischen Insel** gebaut! Neben dem Kalkabbau spielen auf der Insel der Weinbau und die Schafzucht (Käseproduktion) eine große wirtschaftliche Rolle, wobei dem Fremdenverkehr eine stetig wachsende Bedeutung zukommt.

Die Insel Brač (16.500 Einwohner) unterscheidet sich in mehrfacher Hinsicht von ihren Nachbarn: Ihre massive Gestalt, die Süßwasserknappheit und der Bewuchs (Kiefern und Macchia, wenig Palmen und Zitrusfrüchte) lassen Brač eher karg, keinesfalls aber ärmlicher erscheinen als etwa Korčula oder Hvar. Auch wirken die bis zu 780 m hohen Berge wegen der großen Landmasse weit weniger monströs.

Die touristische Infrastruktur ist durchweg gut, Zentrum des Fremdenverkehrs ist Bol, der einzige nennenswerte Ort der Südküste. Hier liegt Dalmatiens **berühmtester Strand,** die aus Sand bestehende **Landzunge Zlatni Rat** (Goldenes Horn). Eine Fährverbindung besteht sowohl nach Makarska (ab Sumartin im Osten) wie auch nach Split (ab Supetar im Nordwesten), was Brač zu einem beliebten Durchreiseziel mit Aufenthalt für ein paar Tage macht.

018da Foto: fz

In der Antike lag die Insel nicht im Siedlungsgebiet der Griechen, die illyrischen Siedlungen wurden direkt von den Römern übernommen. Auf eine bis ins frühe 15. Jahrhundert andauernde Periode der wechselnden Herrschaften folgten eine Stabilisierung unter Venedig (ab 1420) und ein wirtschaftlicher Aufschwung unter den Habsburgern (ab 1797). Nach dem Ersten Weltkrieg ging es mit der heimischen Industrie - vor allem dem Kalkabbau - rapide bergab, was eine drastische **Abwanderungswelle** zum Festland mit sich brachte. Erst mit dem Bau von Wasserleitungen vom Festland (seit 1977) gelang es, die Landwirtschaft zu konsolidieren, den Tourismus zu intensivieren und weitere Abwanderungen zu verhindern.

Brač hat sich zur bedeutendsten Urlauberinsel Mitteldalmatiens entwickelt, hauptsächlich wegen des großen **Surferzentrums Bol,** aber auch bei zahllosen **Radlern** erfreut sich die Insel einer aufgrund der immensen Steigungen schon fast unerklärlichen Beliebtheit. Von Bol abgesehen, gibt es zahlreiche kleinere Orte von höchst unterschiedlichem Charakter und einige sehr schöne Badeplätze, aber auch **kulturelle Höhepunkte und Sehenswürdigkeiten.** Zudem bietet sich Brač als Sprungbrett für Tagestouren nach Split an oder als Zwischenstation auf dem Weg weiter nach Süddalmatien (Makarska-Fähre).

Informationen

Allgemeine **Informationen** bieten die deutschsprachigen Websites www.otokbrac.com sowie www.brac24.de, auf denen auch Ferienwohnungen angeboten werden.

An- und Weiterreise

- **Fähren:** Makarska - Sumartin 3x tgl. (etwa 30 Euro für Pkw mit 2 Personen), Split - Supetar 10-12x tgl. (gleicher Preis).

  Ein **Schnellboot** fährt in der Hauptsaison die Route Split - Bol (70 K/Person).

  In Milna und Sutivan ist in der Hauptsaison eine unregelmäßige **Fährverbindung** von/nach Split (4x wöchentlich) eingerichtet.
- Im Sommer bestehen **Direktflugverbindungen** mit Austrian Air und Croatia Air zwischen Brač (Flugplatz bei Bol) und Wien, Klagenfurt, Graz, Linz, Salzburg sowie Innsbruck. Regelmäßige Flüge von/nach Zagreb (tgl. 10.40 Uhr ab Zagreb, 15.25 Uhr zurück) kosten 640 K. Das Flughafenbüro für Tickets und Auskünfte liegt am Busplatz in Supetar, Tel. 021-631370, www.airport-brac.hr. Die Informationsstellen helfen bei Reservierungswünschen.

Supetar

Mit knapp 5000 Einwohnern und einer beachtlichen touristischen Infrastruktur ist Supetar („Heiligpeter", altkroatisch für „Sv Petar") nach Bol das zweitwichtigste Zentrum des Fremdenverkehrs auf Brač. Dies ist sowohl auf seine Bedeutung als **Fährhafen** als auch auf seine besondere Attraktivität als Standort für Inselausflüge zurückzuführen. Die Bürgerhäuser an der schlichten Promenade mit ihren Souvenir- und Imbissbuden wirken wuchtig und trutzig, ebenso die **Pfarrkirche Sv Petar** mit dem hohen Glockenturm, die ihre heutige Erscheinung Modernisierungsmaßnahmen im 18. Jahrhundert verdankt.

Zwei Gründe ziehen Besucher nach Supetar: zum einen der **gute Bade-**

strand (Hotelbucht, dahinter FKK), zum anderen das interessante **Petrinović-Mausoleum** am Ende der Bucht. Es wurde 1914 von *T. Rosandić* als Grabmal der lokalen Reederfamilie *Petrinović* in europäisch-orientalischem Mischstil gebaut und ist u.a. die Ruhestätte des bedeutenden Bildhauers *I. Rendić* (1849–1932). Entlang der Promenade Richtung Hotels hat sich in den letzten Jahren ein reges gastronomisches wie auch Abendunterhaltungsangebot entwickelt.

Hinweis für Selbstfahrer: der östliche Ortskern mit dem Fährpier ist nicht durch eine Uferstraße mit dem Strand-/Hotelabschnitt verbunden; man muss also über Kreisverkehr und Umgehungsstraße Richtung Mirca der Hotelbeschilderung folgen.

An- und Weiterreise

- Von Supetar aus verbinden **Linienbusse** sternförmig alle Orte auf Brač (Bushauptbahnhof am Fährhafen). Von touristischem Nutzen sind hauptsächlich die Linien 3 und 4 von/nach Bol (6.30, 9, 10.25, 11.45, 12.35, 14, 15.35 und 17.50 Uhr). Die Linien 1 und 2 bedienen Povlja/Sumartin, 1, 3 und 5 Splitska und Postira, die 6 Milna. Der maximale Fahrpreis beträgt 35 K/einfach. Infotel. 021-630414.

Info und Agenturen

- **Touristeninformation,** Porat 1, Tel./Fax 021-630551, www.supetar.hr.
- **Agenturen** im Zentrum u.a.: **Atlas,** Tel. 021-631105, www.atlas-croatia.com, und **Start,** Tel. 021-630824, www.startagencija.hr, mit Unterkunftsvermittlung und Ausflügen zu Zielen auf Brač, aber auch nach Dubrovnik oder zu den Krka-Fällen; beide direkt am Fährhafen, letztere mit Mopedverleih.

Unterkunft

Ferienwohnungen:

- Apartments werden von den Agenturen vermittelt, ein sehr guter Direktanbieter ist *Jure Bilic* mit der €€**Apartmentanlage Pama-Luko** (Put Vele Luke 14, Tel. 021-630399, www.pama-luko.com) im Hotelbereich. Alle Einheiten sind hell und modern eingerichtet.

Hostels/Pensionen:

- €**Pansion Palute,** Put Vele Luke (schräg gegenüber vom Waterman-Supetrus-Hotel), Tel. 021-631541, www.palute.hr, zentral und dennoch ruhig.
- **Hostel Funky Donkey,** Ive Jakšica 55, Tel. 021-630937, klassisches Hostel nahe Kreisverkehr (ca. 10 Gehminuten ab Fähre) mit 12 Schlafsaalbetten zu 120 bis 140 K, nur von Mitte April bis Mitte Oktober. Wäscheservice, WLAN, kleine Bibliothek und Gemeinschaftsküche.
- Nicht weit entfernt liegt Hotel-Pension €€**Villa Britanida,** in der Hrvatskih Velikana 26, Tel./Fax 021-631038, britanida@st.t-com.hr, auch drei Familienzimmer, insgesamt einfach, a/c und WLAN inklusive.

Hotels:

- Das €€€-€€€€**Hotel Waterman-Supetrus,** Tel. 021-631133, www.watermanresorts.com, wird von Reisenden sehr gelobt. Bietet Zimmer, Apartments und Villen für jeden Geldbeutel, sehr gepflegte Anlage in klassisch-traditionellem Stil mit modernem Interieur. Fitness, Wellness, Radverleih usw., häufige Top-Angebote bei Online-Buchung unter 38 Euro p.P./Tag!
- Am Uferweg Richtung Mirca liegt ganz am Ende der Besiedlung das €€€**Hotelresort Velaris** (Put Vele Luke 10, Tel. 021-606606, www.velaris.hr). Die Anlage besteht aus dem Hauptgebäude „Amor" sowie zwei gesonderten Annexen. Das Hotelrestaurant wird von vielen Reisenden als mäßig bezeichnet.
- Ganz exklusiv etwas außerhalb am Uferweg Richtung Mirca wohnt man im €€€€**Bračka Perla** (Put Vele Luke 52, Tel. 021-755530, www.perlacroatia.com). Zu entsprechendem Preis erhält man perfekten Luxus in einem kleinen Agro-Resort mit Käse und

©Reise Know-How 2012
Petrinović-Mausoleum
Friedhof
Put Vele Luke
Put Vele Luke
Odojak
Ante Minanovića
Junaka Vukovara
Kralja Tomislava
Kralja Petra Krešimira
XII. Dalm Brigade
Branka Deškovića
Bana Josipa Jelačića
18. Rujna
Put Pašika
Tina Ujević
Put Jezerina
Mirca, Sutivan
D114
Übernachtung
1 Bračka Perla
2 Velaris
3 Apts. Pama-Luko
5 Waterman-Supetrus
6 Pansion Palute
16 Villa Britanida
17 Hostel Funky Donkey
18 Camping AC Vrilo Supetar
Essen und Trinken
5 Kaktus
10 Bistro Neven
13 Bistro Riva
14 Konoba Gusti Mora
20 Konoba Oliva
Nachtleben
11 Discos
Wassersport
8 Wasserrutschen, Tretboote
Einkaufen
4 Minimarkt Studenac
7 Minimarkt, Bäckerei, Obst-/Gemüsemarkt
9 Motorino Mopeds/Quads
12 Bäckerei, Metzger
15 Agenturen Atlas und Start
19 Lidl-Supermarkt

Supetar (Brač)
200 m
Split
11
Put Vele Luke
Vlačica
Kustičeva
Madimira Nazora
15
14
13
12
Sv Petar
Hrvatskih Velikana
D113
Hvarska
Put Vrila
Mladena
Vodanovića
16
17
Jadranska
Dolčić
Bulatova
Put Barba Maškova
8. Ožujka
Petra Jakšića
Ive Jakšića
Ulica Put Kriza
Put Svelog Roka
18 19
Postira
D113
D114
Put Varoša
D113
20
Bol, Blaca

Marmelade aus eigener Herstellung in modernem Ambiente.

Camping

- €€**AC Vrilo-Supetar,** Tel. 021-630088, Fax 631344, www.campsupetar.com, liegt sehr ruhig etwas außerhalb, etwa 1 km östlich vom Zentrum, geöffnet Anfang Mai bis Ende September.

Essen und Trinken

- **Bistro Neven** (Tel. 021-630551) an der Straße beim Hauptstrand mit Kleinigkeiten und Snacks.
- **Konoba Gusti Mora,** Pizza und Gegrilltes, am Hafenbecken, Tel. 021-631056.
- Ebenfalls am Hafenbecken offeriert das **Bistro Riva** (Tel. 021-631155) Pizza und Steaks.
- Feinschmecker loben das **Kaktus** im Hotel Waterman-Supetrus.
- An den Serpentinen Richtung Bol bietet die **Konoba Oliva** sehr gute Hausmannskost und kroatische Spezialitäten wie sauren Rinderbraten, *Peka,* Lammgerichte und Suppen. Mobil 091-7992316, tgl. 12–24 Uhr. Tolle Aussichtsterrasse.

Nachtleben

- Zwischen Hafenbecken und Hotelmeile haben sich neben Automatencasinos einige Discos und Clubs etabliert. Sehr beliebt sind der **Thriller All Night Club** und die **Paparazzo Bar.**

Aktivitäten

- **Atlas Supetar,** Porat 10, Tel. 021-756798, www.atlas-supetar.com, bietet als Agentur neben Ausflügen und Unterkünften auch **Fahrzeug-, Boots- und Radverleih.**
- **Mopeds und Quads** verleiht Motorino an der Uferstraße (mobil 091-1364848); auch organisierte Quad-Safaris werden angeboten.
- **Tretboote** am Hauptstrand kosten 40 K/Stunde, die Wasserrutschen 5 K.

Vorbereitung für den nächsten Tauchgang

Einkaufen

- Selbstversorger finden am Kreisverkehr einen **Lidl-Supermarkt** sowie 500 m weiter hinter dem AC Vrilo-Supetar einen **Konzum-Supermarkt.**
- Für Hotelgäste an der westlichen Hotelmeile liegt der **Studenac-Minimarkt** in der Put Vele Luke (bei der Feuerwehr nahe Hotel Velaris) günstig, ein Stück weiter Richtung Hauptstrand/Zentrum liegen ein weiterer **Minimarkt,** eine **Bäckerei** und ein kleiner **Obst-/Gemüsemarkt** unmittelbar nebeneinander.
- Weitere **Minimärkte/Metzgereien** findet man im Zentrum am Hafenbecken.

Nützliches

- **Polizei Supetar,** neben dem Hotel Velaris, Tel. 021-631145
- An der Fußgängerpromenade liegen die **Bank** Splitska Banka (Mo–Fr 8–20 Uhr) und eine **Post** (Ul. Vlačica 13, Mo–Sa 7–21 Uhr) unmittelbar nebeneinander; davor Karten-Telefonzellen.

Mirca

Zwischen Supetar und Sutivan durchquert der Reisende das **Dörfchen** Mirca (350 Einwohner), das in einem starken Kontrast zum quirligen benachbarten Fährort steht. Wer ein eher **ruhiges Urlaubsdomizil** auf Brač sucht, kann bei einem der zahlreichen Privatvermieter oder der Apartmentanlage Otok Gromela fündig werden. Ein kleiner Kiesstrand im Zentrum mit schöner Aussicht auf das Festland und eine kleine, aber ausreichende touristische Infrastruktur runden das Angebot ab. Von der einzigen Zufahrtsstraße zum Ufer zweigt ein beschilderter Fuß-/Radweg Richtung Supetar ab, sodass man in gut 20 Gehminuten die Fähre sogar zu Fuß erreichen und somit gut Tagesausflüge nach Split planen kann.

Unterkunft

- €€**Apartments Vujić & Aždajić,** mobil 099-6992023, www.brac-apartments.com. Tolle, moderne Wohnungen mit Balkon, Klimaanlage und Sat-TV unmittelbar am Meer.
- €€€**Apartments Otok Gromela,** mobil 099-7332281, www.otokgromela.hr. Apartments für 4–6 Personen mit Spülmaschine, Balkon/Terrasse, Sat-TV, Klimaanlage, kleinem Gemeinschaftspool und angeschlossenem Restaurant. Die sehr gepflegte Anlage liegt direkt am kleinen Ortstrand.

Essen und Trinken

- Gute Lokalküche und Pizza bietet die **Konoba Mate** (mobil 099-7332281) direkt bei den Apartments Otok Gromela am Ufer.
- Wer nur einen Drink am Strand genießen möchte, wird in der gegenüberliegenden kleinen **Strandbar** fündig.
- Selbstversorger finden an der Durchfahrtsstraße einen kleinen **Minimarkt** (tgl. 6.30–18.30 Uhr).

Sutivan

Das altkroatische Wort „Sut-Ivan" *(Sveti Ivan, Hl. Johannes)* deutet auf eine frühchristliche Basilika dieses Namens hin, auf deren Resten die heutige Pfarrkirche am Ende des Hafenbeckens steht. Eine alte Windmühle (an der Promenade fünf Minuten nach rechts gehend) und **barocke Adelshäuser,** z.B. der schön restaurierte Ilic-Komplex (frühes 16. Jh.) am Anfang der Promenade mit großem Innenhof, zeugen von einstiger Größe. Heute wird das Bauern- und Fischerdorf eher selten angesteuert. Wer Ruhe sucht, ist

kro410 Foto: wl

auch hier genau richtig, wenngleich in Sutivan etwas mehr los ist als in Mirca. Im Ort rund um das kleine Hafenbecken gibt es mehrere Gaststätten und einen Minimarkt. Unregelmäßig hält eine Personenfähre von/nach Split. **Gute Fels- und Kiesstrände** sowie ein **Meerwasserbecken** unterhalb der Hauptkirche runden das Angebot im Ort ab.

Etwa eine Kilometer außerhalb Richtung Milna rechter Hand wurde der **Park Prirode Sutivan** eröffnet (mobil 098-1337345, tgl. 8–21 Uhr), in dem Spielplätze, Esel- und Pferdereiten für die Jüngeren sowie ein Minizoo, Spazierwege und ein Snacklokal zum Entspannen zur Verfügung stehen.

Vom Hauptparkplatz (Sonntags frei) kommend, erreicht man einen kleinen Platz noch vor dem Meer; hier liegen die **Post** (Mo–Fr 7.30–12.30 und 18–20.30 Uhr, Sa nur vormittags), ein kleiner **Obst- und Gemüsemarkt,** ein Internetcafé sowie die Touristeninformation.

Info und Agenturen

- **Touristeninformation Sutivan,** Tel. 021-638357, Juli/Aug. Mo–Sa 8–22 Uhr, So 8–12 Uhr, Juni/Sept. Mo–Fr 8–12 und 17–20 Uhr, Sa 8–12 Uhr; sonst Mo/Fr/Sa 8–12 Uhr und Di/Mi/Do 8–14 Uhr.
- Die **Agentur Cromaris** (mobil 091-2324322, www.cromaris.com) arrangiert Touren aller Art; **Aldura-Sports** (Tel. 021-638512) arrangiert Trekking, Kanutouren, Mountainbiking sowie Unterkünfte (beide Agenturen an der Promenade).

Unterkunft

Im Ort lebt wohl nahezu jeder vom Fremdenverkehr, kaum ein Haus ohne entsprechenden Vermietungshinweis! Man kann entweder über die Touristeninformation vor Ort anfragen oder Unterkunftsarrangements vorab unter www.otok-brac.info/tzo-sutivan (englisch; „accommodation") treffen.

- Schöne €€**Ferienwohnungen** mit TV und Balkon bietet *V. Ursić,* Tel. 021-638389, www.apartments-ursic.com; etwas zurückgesetzt im Ort.
- Unmittelbar an der Promenade Obala Tomislava vermietet *Matko Tonšić* €€**Ferienwohnungen** in einem renovierten Altstadthaus für vier Personen, Tel. 012-638112, www.sutivan.ch/tonsic.

Essen und Trinken

- Zu den empfehlenswerten Lokalen an der Promenade zählen das **Restoran Miki** (Tel. 021-638311, im Sommer tgl. 12–1 Uhr) in der mittleren Kategorie sowie die einfache **Konoba Porat** (Tel. 021-638494, 8–10 und 13–24 Uhr).

Nützliches

- Selbstversorger kaufen im **Konzum-Supermarkt** zentral am Hauptparkplatz ein. Ein **Studenac-Minimarkt** (tgl. 7–22 Uhr) liegt an dem Zufahrtssträßchen vor dem Ufer gegenüber eine Metzgerei.
- Neben Aldura-Sports an der Promenade liegt ein **Internetcafé** (tgl. 8.30–14 und 17–21 Uhr).

Ložišća

Zu Ložišća gehört die malerisch in einer kleinen Bucht gelegene Gemeinde **Bobovišća na moru,** die man vor dem eigentlichen Ort links die Straße hinunter erreicht. Einzig die Konoba Nazor (Tel. 021-634245) bietet hier Speis und Trank und auch Zimmer an.

Der eigentliche Ort Ložišca (Post und Minimarkt an der Ortsdurchfahrt) besticht durch sein besonderes Panorama. Insbesondere der Glockenturm des in die **Steilhänge** hineingebauten **Bergdörfchens** scheint von unsichtbarer Hand vor dem Absturz bewahrt zu werden. In der engen Ortsmitte erwartet den Reisenden die einzige Ampel der Insel!

Milna

Milna (knapp 1000 Einwohner) verfügt über den **besten Yachthafen auf Brač** und bietet **tolle Kiesstrände** in den durch Fußwege verbundenen Nachbarbuchten (teils FKK). Fischfang und -verarbeitung sowie Fremdenverkehr stehen im Mittelpunkt dieses sehr modern wirkenden Dorfes mit seiner kleinen, aber feinen **Uferpromenade.**

Immerhin findet Milna als historische Fußnote Erwähnung: In der **Seeschlacht von Milna** 1806 besiegte die russische Flotte die französischen Angreifer – mit Hilfe der Bewohner von Milna, wie es heißt.

Information

- Auskünfte erteilt das **Touristenbüro** an der Promenade, Tel. 021-636233, im Sommer tgl. 8–20 Uhr.

Unterkunft

- €€**Hotel Illyrian Resort,** am Ortsrand (Tel. 021-636566, milna.illyrian-resort.tobook.com) mit Apartments unterschiedlicher Größe, Pool, Radverleih, Internet und angeschlossenem Restaurant.
- Im Zentrum liegt das moderne, aber einfache €€**La Baia Blu,** Tel. 021-636116, la.baia.blu@st.t-com.hr.
- €€-€€€**Apartments und Zimmer** werden über die Touristeninformation sowie unter www.bracinfo.com/hr/milna vermittelt.
- Ein Privatanbieter von vielen sind die €€**Apartmani Gabi** (neben dem Bistro Palma am Parkplatz vor dem Zentrum, mobil 099-5153386, apartmani-gabi.com) mit Wohnungen für 2 bis maximal 7 Personen.

Essen und Trinken

- Bestes Restaurant (mittelpreisig) ist die **Gostionica Marina** (Tel. 021-636129) am Yachthafen mit leckeren Fischplatten und gutem Schafskäse.
- Das **Fontana** am Schulplatz (Tel. 021-636355, tgl. 10–22 Uhr) ist berühmt für hausgemachte Teigwaren wie die grüne *Manestra,* ein Nudelgericht mit Meeresfrüchtesauce.
- Einfach und günstig isst man im **Bistro Palma** an der Promenade (Tel. 021-636141, tgl. 10–24 Uhr), Spezialität: Gnocchi in Pilzsauce.
- Das **Galicija** (Tel. 021-636312, tgl. 11–23 Uhr) wirbt hauptsächlich mit günstigen gegrillten Fischgerichten wie Sardinen oder Makrele sowie Hausgerichten wie Medaillons mit Spargel und Käse.

Nützliches

- **Bank** (Splitska Banka, Mo–Sa nur vormittags), **Post, Minimärkte** (davor Telefonzelle und Geldautomat) und **Gemüsemarkt** im Ort, ebenso eine **ACI-Marina,** Tel. 021-636306, Fax 636272.
- Am rechten Hafenbecken verkauft die örtliche **Bäckerei** tgl. 6.30–13 und 15–22 Uhr frische Backwaren.
- Das benachbarte **Internetcafé** (gleichzeitig Frisör!) ist täglich 9–12 und 17–22 Uhr geöffnet. Hier am Ufer findet man auch einen kleinen privaten **Weinhandel mit Agrarprodukten** (Tel. 021-636275).
- Beim Bistro Palma findet sich eine weitere **Bäckerei,** ein **Metzger** sowie ein **Internetcafé.**
- Eine **Autovermietung** liegt direkt an der Marina (Tel. 021-630709).

Nerežišća

Ein ehemaliger Fürstensitz erinnert mit seinen venezianischen Löwen daran, dass Nerežišća im **Inselzentrum** zur Zeit der Venezianer der Verwaltungssitz von Brač war. Heute dient der Ort als Ausgangspunkt für eine Expedition zur Eremitage Blaca oder zum höchsten Berg Vidova Gora (s.u.). Die Abzweigung liegt ein paar Kilometer außerhalb Richtung Bol rechter Hand.

Essen und Trinken

- Im Ort bieten zwei kleine **Café-Bars** Erfrischungen an.
- An der Strecke nach Supetar liegt links **Agroturizam Ranjak** (mobil 091-6316699, Apr.–Nov. 12–24 Uhr) mit sehr beliebten Lokalspezialitäten zum Direktverzehr und auch zum Mitnehmen.

Vidova Gora

Während das Sträßchen zum Aussichtspunkt auf dem Vidova Gora (778 m) mit Veitskapelle und Grotte gut befahrbar ist, wird die Piste Richtung Blaca zur Material-Bewährungsprobe (vorsichtig befahrbar). Vom Aussichtspunkt Vidova Gora (ab Parkplatz fünf Minuten Richtung Antennen) mit britischer Weltkriegs-Erinnerungstafel hat man einen **herrlichen Blick** hinunter nach Bol und auf die Insel Hvar. Ein kleines Snacklokal bietet Erfrischungen und kleine Speisen an.

Eremitage Blaca

Auf der Zufahrt zum Vidova Gora auf den einzigen markierten Feldweg nach rechts achten (grünes Schild „Pustinja Blaca 6,5 km) und diesem ca. 4 km folgen bis zu einem größeren Feldparkplatz - man geht von hier noch links hinunter ca. 30 Minuten zu Fuß. Die in den Berg gebaute **Eremitensiedlung** ist nur über diesen Fußweg oder ab Bol zu Fuß (Uferweg Murvica - Farska) oder per Ausflugsboot erreichbar. Vom 13. bis ins 19. Jahrhundert wohnten hier altkirchenslawisch predigende Wanderpriester als Eremiten; sie lebten von der Schaf- und Bienenzucht sowie von Spenden der Bauern aus dem Umland. Unbedingt sehenswert!

- **Eremitage Blaca,** Mai bis Oktober tgl. außer Mo 7–18 Uhr, Eintritt 40 K inklusive Führung.

Splitska

Mehrere kleine, touristisch kaum bedeutsame und gerade deshalb interessante Örtchen warten **an der Nordküste und im Nordosten** von Brač auf ihre Entdeckung. Die Route führt ab Supetar an der Küste entlang an mehreren schönen, unbewirtschafteten **Badebuchten** vorbei zunächst nach Splitska.

Immer mehr Touristen entdecken das **ruhige Dörfchen** an der Nordküste als Urlaubsstandort, dennoch geht es hier deutlich beschaulicher zu als im quirligen Supetar oder gar in Bol. An der Umgehungsstraße weisen Hinweisschilder auf die einstigen römischen Steinabbaugebiete von Splitska hin, wovon allerdings nicht mehr allzu viel zu sehen ist. Beliebt ist die **Wanderung nach Skrip,** einem im Hinter-

001kk Foto: wl

land gelegenen, kleinen Bauerndörfchen mit **Heimatmuseum** (beschilderter Fußweg, ca. 1 Std.). Ein weiterer markierter Fuß-/Radweg führt bis nach Postira.

Unterkunft

- Apartments vermietet z.B. die deutschsprachige €€**Pension Panorama** (Tel. 021-717209, www.pension-panorama-brac.com).
- Weitere **Ferienwohnungen** können unter www.bracinfo.com vorab arrangiert werden.

Essen und Trinken

- Die **Café Bar Maxis** bietet sich für eine Erfrischung am Ufer an und dient auch als WLAN-Hotspot.
- Von der örtlichen Gastronomie ist neben dem **Panorama** (s.o.) die **Konoba Kod Tonca** (Tel. 021-632266, tgl. 12–23 Uhr) besonders zu empfehlen.
- An der Uferstraße findet man einen kleinen **Frischmarkt, Minimarkt** und einen privaten **Weinhändler** (tgl. 18–21 Uhr).

Postira

Der Nachbarort Postira erstreckt sich recht weitläufig um mehrere Landzungen herum und ist der Geburtsort bedeutender kroatischer Persönlichkeiten, namentlich des Dichters und Politikers *V. Nazor* und des Bildhauers *N. Lazanić*.

Auch hier sind wichtige Institutionen wie Restaurants, Post, Markt (auch

Die Eremitensiedlung Blaca

Fisch), Bank und Metzgerei rund um das kleine Hafenbecken vorhanden. An der Ortszufahrt liegen links die Touristeninformation und die Bushaltestelle, gegenüber die Zufahrt zu den Parkplätzen (Fußballplatz).

Ein Fußweg führt am Meer entlang zur 2 km außerhalb gelegenen, sehr attraktiven **Kiesbadebucht Lovrecica.** Auch direkt im Ort bietet ein kleiner Kiesstrand (Liegen/Schirmverleih) Bademöglichkeiten.

Info und Agenturen

• **TZ Postira,** Strancica 3, Tel. 021-632966, www.postira.hr, tgl. 8–21 Uhr.
• Die Agentur **A Propos Travel** (Tel. 021-632082, www.apropos.hr) neben der Touristeninformation vermittelt Unterkunft, arrangiert Fahrzeuge, Ausflüge, Bustickets usw.

Unterkunft

• €€€**Hotel Lipa,** Tel. 021-599430, www.brac-hoteli.hr, kleine, hübsche Anlage mit 28 Zimmern, mit Pool, Sauna und Wellnessangebot.
• Das markante, blaue €€€**Hotel Pastura,** Tel. 021-740000, www.hotelpastura.hr, im Zentrum verfügt über DZ und kleine Apartments für bis zu 5 Personen, bietet WLAN, Radverleih, Wellness sowie Bar und Restaurant.
• Das €€**Hotel Vrilo,** Tel. 021-541250, www.brac-hoteli.hr, liegt direkt am Ufer und verfügt über 13 einfache DZ mit Minibalkon sowie 5 Apartments. PKW- und Scooterverleih.
• Herr *Baić* (Tel. 021-632751, www.postira.com) vermietet hübsche €**Ferienwohnungen** mit Balkon/Terrasse (Meerblick) für bis zu 6 Personen sehr preiswert.
• Die €**Apartmani Ana** (Tel. 021-632671, www.apartmentsana.com) liegen in Ufernähe und können für bis zu 6 Personen gebucht werden. Die Wohneinheiten verfügen über Klimaanlage und Sat-TV, das Haus über Grillmöglichkeit und Bootsanlegeplätze, auf Wunsch werden auch Mahlzeiten serviert.

Essen und Trinken

• Als einfache, mit schönen Außensitzgelegenheiten ausgestattete Pizzeria bietet sich **Café-Bar-Pizzeria Lipa** (Tel. 021-632200, tgl. 6–24 Uhr) beim gleichnamigen Hotel an.
• Bierkelleratmosphäre verströmt die **Konoba Gustirna** (mobil 091-1636494) im Zentrum am Hafenbecken, die sowohl Kleinigkeiten als auch auf Vorbestellung traditionelle Gerichte wie *Peka* oder Lamm serviert.

Nützliches

• Zwischen Fußballplatz und Ufer liegt ein kleines **Einkaufszentrum** mit **Post** (Mo–Fr 7.30–14.30, Sa bis 12 Uhr), **Minimarkt** (6.30–22 Uhr, So 7–21 Uhr), **Obst-/Gemüsemarkt, Geldautomat, Bäckerei** und **Metzgerei.**
• Direkt neben der Touristeninformation **Scooter- und Quadverleih** (mobil 091-12812272, tgl. 8.30–16 Uhr).

Pučišća

Das Zentrum des Kalksteinabbaus rund um den Ort Pučišća erscheint vielen interessierten Reisenden mithin einen Besuch wert. Archäologischen Grabungen zu Folge haben schon die Römer in den ersten nachchristlichen Jahrhunderten hier Steinblöcke abgebaut. Erste urkundliche Erwähnung findet der Ort im frühen 15. Jh. Mit den Türkenkriegen geriet man in eine – allerdings lose – Abhängigkeit von den Osmanen, um anschließend relativ unbehelligt ein **Zentrum der Steinbearbeitung** auf dem Balkan aufzubauen, was im frühen 20. Jh. in der Gründung einer ersten Steinmetzgewerkschaft gipfelte und noch heute für den Ort prägend ist.

Am linken Hafenbecken liegt die örtliche **Steinmetz- und Bildhauer-**

schule, eine der ganz wenigen für diesen Lehrberuf in Europa überhaupt. Führungen werden auf Anfrage über die Touristeninformation arrangiert (Kontakt: Tel. 021-633114, www.klesarskaskola.hr). Kooperationspartner ist die österreichische Schule Hallein.

Ein Stückchen weiter liegt ein feiner **Badeplatz** am kristallklaren Wasser, alle touristischen Institutionen finden sich rund um das kleine Hafenbecken.

Information

- **Touristeninformation Pučišća,** am Hafenbecken, Tel. 021-633555, www.pucisca.hr, nur im Sommer 8–12 und 17.30–20.30 Uhr.

Unterkunft

- Die Nummer eins vor Ort ist der stilvoll restaurierte €€€€**Palaca Dešković** (Tel. 021-778240, www.palaca-delskovic.com) im Zentrum. Neoantikes Interieur mit eigenem Jacuzzi, Internet und Minibar; hoteleigenes Restaurant mit offenem Kamin und hochqualitativen Fischgerichten. Das Hotel organisiert Tauchen, Workshops und Wanderungen.
- €-€€€**Zimmer und Wohnungen** vermittelt die Touristeninformation, sie können auch unter www.bracinfo.com/pucisca vor der Reise arrangiert werden.

Essen und Trinken

- Für eine Pizza bietet sich die **Konoba Marin** an (Tel. 021-634899, tgl. 10–22 Uhr).
- Einfache Snacks serviert das **Bistro Bašta Aquila** (Tel. 021-663018, tgl. 7–24 Uhr).
- Fangfrischen Fisch vom eigenen Fangboot bietet die **Konoba Lado** (Tel. 021-633069, Mai bis Nov. tgl. 11–24 Uhr) an.

Einkaufen

- Am Hafenbecken kann man sich in zwei **Minimärkten,** bei der **Bäckerei** sowie am kleinen **Obst-/Gemüsemarkt** mit dem Notwendigsten eindecken.

Gornji Humac

Von Pučišća Richtung Osten durchfährt man einige kleinere Dörfer wie Gornji Humac, eine Oase der Landwirtschaft (Käseproduktion!) und **Pražnica,** eine stille Hirtensiedlung rund um einen kleinen Marktplatz.

Essen und Trinken

- Die **Konoba Tomic** (Tel. 021-647242), ein 800 Jahre altes Weingehöft in Gornji Humac, könnte ebenso gut als Heimatmuseum durchgehen. Der *turan* (alte Weinpresse) kann hier ebenso begutachtet werden wie der *toc* (steinerne Ölgefäße) oder der *žrvanj* (Maismühle). Superb speisen kann man in uriger Atmosphäre auch: Gebackener Tintenfisch, Sardellen, Ziegenbraten und Bohneneintopf sind nur einige der Köstlichkeiten des Hauses. Eigene Gartenprodukte (u.a. Mangold), ein Brotofen und Hausmacherwurst bei gelegentlichen Musikeinlagen des Wirtes runden das Bild ab – guten Appetit!

Povlja

Am rechten Rand einer großen, gefächerten und **wunderschönen Bucht** liegt der kleine Ort Povlja, der unbedingt für einen Besuch zum Baden einlädt und sich aufgrund der Nähe zur Fähre Sumartin – Makarska auch zum Standorttipp entwickelt hat. Rund um das Hafenbecken liegt eine kleine, aber ausreichende touristische Infrastruktur, am rechten Ortsende bieten sich unterhalb der zerfallenen Hotelanlage ein kleines Strandbad sowie ein sehr schöner Kiesstrand besonders zum **Schnorcheln** an.

An- und Weiterreise

- **Bus:** 10.45, 12.45 Uhr ab Bol, zurück 12.15 und 17.20 Uhr; 5.30–16 Uhr 6x tgl. von/nach Supetar.

Unterkunft

- €€**Gästehaus Schmid Blaga,** am Ufer, Tel./Fax 021-648209, Zimmer und Apartments.
- Sehr schön wohnt man in der €€**Villa Arija** (Tel. 021-639142, talujevic@gmail.com) im 4er-Apartment mit Terrasse und Meerblick.
- Ebenfalls etwas erhöht liegen die €€**Apartments Toni-Franka** (Tel. 021-639001, josko.litovic@st.t-com.hr).
- Unten am Ufer bietet das €€**Restaurant Stara Uljana** Apartments an (Tel. 021-639250), mit Exkursionsvermittlung; Vor- wie auch Nachteil ist das angeschlossene Restaurant.
- Hinter dem schönen Badestrand (Leuchtfeuer) liegen noch ein paar Ferienwohnungen, u.a. die €€**Villa Vania** (Tel. 021-639140, www.villa-vania.com) mit tollen 2er- und 4er-Einheiten.
- Wer lieber isoliert wohnen möchte: In der Bucht Luka etwas außerhalb liegt das tolle Anwesen €€€**Pipo** (Tel./Fax 021-633096, www.pipo1.com) mit DZ/Vollpension. Hauseigene Ankerplätze und mehrere Buchten in Gehnähe.

Essen und Trinken

- Am Hafenbecken findet man mehrere Restaurants, sehr beliebt ist das **Restoran Stara Uljana,** Tel. 021-639250, tgl. 7–24 Uhr.
- Die **Taverna Kala** (Tel. 021-639024, tgl. 7–24 Uhr) bietet frische Fischgerichte, in der **Konoba Pipo** in der westlich gelegenen Bucht Luka (s.o., Tel. 021-633361) werden ausschließlich Produkte aus eigener Herstellung (einschließlich Muscheln) angeboten.

Nützliches

- Am Hafenbecken liegen die **Post** (tgl. 8–12 Uhr), daneben ein **Quadverleih** (www.nemo-adria.com), außerdem der **Minimarkt Trafika** mit **Wechselstube.**
- **Moped, Kajak- und Radverleih** sowie **Tauchen** bietet der kleine Shop von Nemo-Adria am Strandbad (rechtes Hafenende) an; es werden auch Apartments vermietet, mobil 095-5606039, in Deutschland Tel. 07251-9293993, www.nemo-adria.com.

Sumartin und Selca

Sumartin, nach der örtlichen Pfarrkirche Sv Martin benannt, ist eigentlich nur der Hafen des höher gelegenen Dorfes Selca. Keine touristische Offenbarung, bietet Sumartin jedoch die für viele Reisende so wichtige **Fähranbindung** ans Festland nach Makarska.

Unterkunft

- Dem Rummel von Bol kann man im €€**Ferienhaus Tomic** in Selca entgehen. Das sehr hübsche und stilvolle Haus für max. fünf Personen verfügt über zwei Schlafräume, Wohnzimmer mit Kamin, Küche (mit Gefriertruhe) und eine zauberhafte Terrasse unmittelbar am Meer. Das Haus kostet je nach Saison zwischen 90 und 130 Euro/Tag und ist über Familie *Klingenberg,* Am Ölberg 9, 55459 Grolsheim, Tel. 06727-892477, www.privat-urlaub-kroatien.de, zu buchen.

Bol

„Baden ohne Limit" (Scherzkürzel der Urlauber für Bol) weist nur eine einzige, echte Attraktion auf: **Zlatni Rat (Goldenes Horn),** eine sichelförmige, 400 m ins Meer hineinragende Landzunge aus Feinkies, einen knappen Kilometer außerhalb des Ortes. Ohne Frage aber liegt hier eines der Zentren

Das „Goldene Horn" bei Bol

002kk Foto: wl

für **Windsurfer** in Kroatien. Wer die Idylle einer Urlaubsinsel sucht, wird vermutlich eher enttäuscht sein – im Hochsommer bekommt man am Strand des Zlatni Rat allenfalls einen Stehplatz. Für einen Tagesausflug aber empfiehlt sich Bol durchaus einmal.

Orientiert man sich an der zentralen **Anlegestelle** (Tankstelle und Bushaltestelle) Richtung Hafenbecken, so findet man Restaurants, Eisdielen, Post, Supermarkt, Geldautomaten und die Touristeninformation. Es folgen dahinter etwas versteckt eine Reihe von beschilderten Privatunterkünften sowie der Fußweg zu einem **Dominikanerkloster,** in dessen Vorgängerbau mit der „Urkunde von Povlja" (1184) eines der wichtigsten Schriftdokumente Kroatiens erstellt wurde (tgl. 10–12 und 17–19 Uhr).

Von der Anlegestelle nach links passiert man in der V. Nazora zwei Agenturen (s.u.) und erreicht den von Souvenir- und Kitschhändlern gesäumten **Fußweg zum Zlatni Rat.** Hier überlässt man gern die Madonnenbildnisse und liturgischen Schriften des am anderen Ortsende von Bol gelegenen Dominikanerklosters den höheren Mächten und frönt dem Badespaß. Ein Stückchen weiter (beschildert) liegt ein gesonderter FKK-Strandabschnitt.

Wer sich noch anderweitig betätigen möchte, besteigt von Bol aus über einen einfachen, aber sehr steilen **Wanderweg** in gut zwei Stunden den **Vidova Gora,** den mit 778 m höchs-

003kk Foto: wl

ten Berg von Brač. Über den Küstenweg Murvica - Farska kann man bis zur **Eremitage Blaca** wandern (s.o., ca. 3½ Std.), auch Ausflugsboote legen unterhalb des Klosters an.

Im Ort selbst ist am Hafenbecken die kleine **Kunstgalerie** sehenswert (tgl. 10–12 und 18–22 Uhr).

Selbstfahrer können an der Zufahrtsstraße zum Zentrum kostenlos parken, im Zentrum kosten die wenigen Plätze 10 K/Stunde. Wer direkt zum Zlatni Rat möchte, folge der Abzweigung „Murvica" bis zum Großparkplatz (ebenfalls 50 K/Tag).

An- und Weiterreise

- Ein **Schnellboot** verbindet Split mit Bol (in der Hauptsaison, ca. 10 Euro/Person).
- Die **Hafenmeisterei** ist unter Tel. 021-635903 erreichbar.
- Sehr beliebt sind die Tagestouren nach Hvar-Stadt per **Ausflugsboot** zu rund 150 K.
- 5x tgl. **Busanbindung** nach Supetar und Sumartin (am Pier, siehe Supetar).
- Eine **Touristen-Eisenbahn** verbindet das Zentrum (Busplatz) von Bol mit dem Hotelkomplex am Zlatni Rat, wo auch etliche Wassersportarten angeboten werden (9–19 Uhr Zlatni Rat, 19–23 Uhr zu den Hotels/Bretanide), 10 K, Kinder 5 K.

Info und Agenturen

- **Touristeninformation am Hafen,** Tel. 021-635638, Fax 635972, www.bol.hr; arbeitet mit den Agenturen zusammen. Einige Richtpreise: Scooter 270 K/Tag, Pkw 450 K/Tag, Fahrräder 90 K/Tag. Es werden auch günstigere Wochenpreise angeboten.
- Die **Agenturen Boltours,** Tel. 021-635693, Fax 635695, www.boltours.com, und **Adriatours,** Tel. 021-635966, Fax 635977, www.adria-bol.hr, vermitteln Unterkunft (östlich vom Hafen ist es ruhiger als auf der Westseite Richtung Zlatni Rat), Ausflüge, Boote, Fahrzeuge usw. **Delta-Tours** am Busplatz vermietet Mopeds und Quads (Tel. 021-635148, www.deltatours-bol.hr).

Unterkunft

- Das stilvolle €€€**Hotel Kaštil,** ein ehemaliges Hafenkastell, liegt zentral in Bol am Ufer und hat 32 Zimmer mit AC und Sat-TV sowie ein angenehmes Terrassenrestaurant oberhalb der kleinen Hafenpromenade. Cocktail-Bar, zwei Restaurants und abendliche Live-Musik runden das Angebot ab. Gesetztere Klientel. F. Radica bb., Tel. 021-635995, Fax 635997, www.kastil.hr.
- Das sportlich-aktive, jüngere Publikum bevorzugt das €€€**Resort Bretanide** (österreichisches Management) direkt an der Promenade zum Zlatni Rat. Mehrere Restaurants und Pizzerien, Poolbar und Dancing-Club sorgen für Unterhaltung und das leibliche Wohl, Pool, Kinderpool und zahlreiche Sportangebote (u.a. Kite-Surfen, Tauchen, Wasserski) verschaffen so manchen Adrenalinstoß. Eine umfangreiche Wellness-Oase (Ayurveda) rundet das attraktive Angebot ab. DZ und Familienzimmer mit AC, Sat-TV, Kühlschrank und Balkon sind auf All-Inclusive-Basis zu haben. A. Rabadana bb., Tel. 021-740140, Fax 740141, www.bretanide.hr.
- Wer Wert auf etwas Luxus legt, ist im €€€€**Hotel Elaphusa Bol** (Tel. 021-306200, www.hotel-elaphusa-bol.com) gut aufgehoben. Wellness, Pools, Hallenbad, Sauna und viele weitere Annehmlichkeiten, angeschlossenes Tenniszentrum.
- Als gelungene Mischung aus Stadthotel, Wellness-Oase und Ferienwohnung erweist sich das €€€**Hotel Ivan** mit je 8 EZ und DZ sowie je 16 Apartments für 2 bzw. 4 Personen. Alle Wohneinheiten verfügen über AC, Internetzugang und Sat-TV, die Apartments zudem über Kitchenette und zusätzlichen Wohn-/Schlafraum. Zum Hotelangebot gehören Pool, Fitnessraum, Massageeinheiten

Bol, das touristische Zentrum von Brač

und ein kleiner Nachtklub. David cesta 11a, Tel. 021-640888, Fax 640846, www.hotel-ivan.com.

- Privatunterkunft findet man am Weg zum Zlatni Rat, z.B. €€€**Villa Giardino** (Tel. 021-635286, www.dalmacija.net/bol/villagiardino) oder €€€**Villa Rajski Dvor** (Tel. 021-635056, www.apartmani-bol.com), DZ und Apartments.
- Im Ortskern direkt am Hafen bietet die €€€**Villa Santo** (Tel. 021-717194, www.villa-bol.com) zwei komplett ausgestattete 4er-Apartments mit Meerblick (a/c, Sat-TV, Spül- und Waschmaschine usw.). Auf Wunsch Arrangements für alle Arten von Wassersport, einmal wöchentlich wird das hauseigene Boot für einen Tag zur Verfügung gestellt.
- Weitere Zimmer/Apartments findet man auch unter **www.bol.hr/de/villas.**

Camping

- €€**AC Kito,** Tel./Fax 021-635551, www.camping-brac.hr, das größte der vergleichsweise kleinen Camps vor Ort mit Snackbar und Rad-/Bootsverleih.
- €€**Aloa-Camping Murvica,** Tel. 021-635367, www.camping-bol.com und www.nautic-center-bol.com. Sehr ruhig, ca. 3 km außerhalb gelegen (Piste ab Zlatni Rat), Zelt- und Caravanvermietung, Rad-/Bootsverleih sowie Wassersportangebote.
- €€€**AC Mario,** an der Ortszufahrt in Gehnähe zu Zentrum und Supermarkt, Tel. 021-635028, www.kampmario-bol.com, Wohnwagen-, Zelt- und Radvermietung.
- €€**AC Kanun,** am Ortseingang, Tel. 021-635293, www.bol.hr, keine Sportangebote.
- Beim Dominikanerkloster östlich vom Zentrum (Ul. Rabadana 4, Tel. 021-778000) wurde der zum Klosterareal gehörende Miniplatz €€**Dominikanski Samostan** eingerichtet. Sehr beliebt und sehr ruhig.

Essen und Trinken

- Für einen Drink bietet sich die offene **Varadero Bar** nahe Pier an, mit Internet-Point.
- Das **Bistro Pumparela** nahe der Post serviert günstige Kleinigkeiten, aber auch Fischgerichte und Steaks, Tel. 021-635886.

Mittlere bis gehobene Kategorie:

- In der Parallelstraße der Uferpromenade von Bol liegt die gemütlich-rustikale **Taverne Gušt.** Neben hausgemachten Gerichten wie Rindergulasch, mariniertem Fisch oder dalmatischem Fischeintopf wird ein mit Kräutern und Feigen hergestellter hausgemachter Brandy serviert. Lokale Weine der Inseln Hvar und Brač. Geöffnet April bis Oktober tgl. 12–2 Uhr, Frane Radica 14, Tel. 021-635911.
- Nur wenige Meter weiter befriedigt das **Hotelrestaurant Kaštil** gehobenere Ansprüche. Von der hübschen Terrasse direkt oberhalb des Yachthafens kann bei vorzüglichen Weinen, dalmatischen wie internationalen Gerichten und gelegentlicher Live-Musik das Treiben im Hafen beobachtet werden. Ul. Frane Radica 1, Tel. 021-635995.
- Die italienischen Einflüsse auf die moderne kroatische Küche sind nicht zu leugnen; das **Restaurant-Pizzeria Topolino** an der Uferpromenade steht seit vielen Jahren in dem Ruf, nicht nur dalmatische Hausmannskost schmackhaft zuzubereiten, sondern auch die besten Nudel- und Pizzagerichte auf Brač zu servieren. Riesenportionen, günstige Preise, bei der sportlich aktiven, jüngeren Klientel sehr beliebt. Riva 2, Tel. 021-635996.

Nachtleben

- Im Sommer macht das **Ljetno Kino** (Ul. Rudina) um 20.30 und 23 Uhr Open-Air-Vorführungen.
- Disco und Tanz bietet der **Club Elaphusa** am Hotel Elaphusa Bol (Zlatni Rat) täglich 22–5 Uhr.

Aktivitäten

- **Tauchbasen: Big Blue Sport,** Tel. 021-635614, Fax 306222, www.big-blue-sport.hr, unmittelbar neben der Touristeninformation (8.30–11.30 und 18–22 Uhr, auch Windsurfen, Kayaking usw.) und am Zlatni Rat; vermieten auch Räder (90 K/Tag); **Dive Center Bol,** Tel. 021-635367, www.nautic-center-bol.com, Nautic Diving Center, mit Boots-, Surf- und Radverleih. Am Hotel Elaphusa Bol liegt außerdem das **Dolphin Diving-Center,**

004kk Foto: wl

mobil 091-2508033, www.diving-dolphin.com.

- **Sport: Simfo-Windsurf-Center** (tgl. 9–18 Uhr), **Tenniscenter Hotel Bretanide, Orca Surf- und Bikecenter** mit Bootsverleih sowie die **BIC Bol-Windsurf-Schule** (alle am Fußweg zum Zlatni Rat).
- Rund um den Strand/Hotelbereich kann vielen Aktivitäten nachgegangen werden: **Surfbrett- und Bootsverleih, Paragliding, Fahrradverleih** usw.

Einkaufen

- Selbstversorger finden einen großen **Konzum-Supermarkt** an der Ortszufahrt, einen größeren **Minimarkt** an der Promenade und eine **Bäckerei** in der Ul. Rudina 8 (landseitig vom Hotel Kaštil). Der **Obst-/Gemüsemarkt** (Treppe am Hafenbecken) ist am Vormittag besonders gut besucht, hat aber bis in die frühen Abendstunden geöffnet.

Nützliches

- **Apotheke** (Tel. 021-635987) und **Erste Hilfe** (Tel. 021-635093) am Porat bolskih pomoraca bei der Touristeninformation, mehrere **Geldautomaten** auf dem Weg zum Pier; am Busplatz befindet sich eine **Wechselstube** für Bargeldumtausch nebst Internetcafé.

Blick vom Aussichtspunkt Vidova Gora

Zentraldalmatien

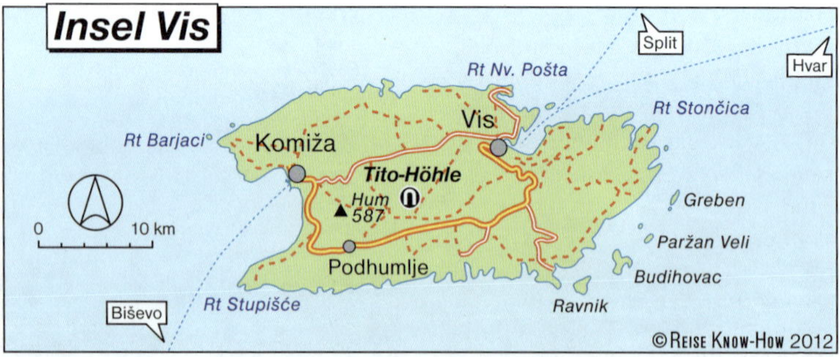

Insel Vis

Vis, **ehemalige Marinebasis** im sozialistischen Jugoslawien, wurde erst in der „neukroatischen" Ära für Touristen zugänglich gemacht. Die 1930 Bewohner der Insel, die sich etwa gleichmäßig auf die beiden Orte Vis und Komiža aufteilen, sind daher auf ihre traditionelle Lebensweise als Fischer (Fischfabrik) und Bauern (Viehzucht und Wein) angewiesen. Die Landschaft erscheint deutlich karger als auf anderen Inseln, außer Kräutern und vereinzelten Kiefern ist der Bewuchs wegen der geringen Niederschläge außerordentlich dürftig. Wer eine ruhige, abgeschiedene und untouristische Insel ohne großartige Höhepunkte sucht, wird sich auf Vis wohlfühlen. Campingmöglichkeiten sind angedacht, aber noch nicht realisiert.

Vis als äußerer Vorposten der süddalmatischen Inseln wurde in allen Epochen stark befestigt. Den illyrischen Siedlern folgten die griechischen Händler, die Römer ab 45 v. Chr. bauten Thermen und Tempel. Nach dem Fall Roms blieb Vis mehr oder weniger unter der Obhut der kroatischen Könige und wurde 1242 nominell der Insel Hvar angegliedert. Somit fiel auch Vis 1420 an Venedig, welches zu diesem Zeitpunkt ganz Dalmatien dem kroatischen König abkaufte. Nach einer kurzen französischen und britischen Einflussnahme wurde Vis 1815–1918 von Österreich regiert und zu einem bedeutenden **Marinestützpunkt** ausgebaut.

Diesen nutzten dann auch die jugoslawischen Partisanen und machten Vis im Zweiten Weltkrieg zum **Hauptquartier Titos** mit eigens angelegtem Militärflughafen. *Tito* organisierte seinen Partisanenkrieg von einer Höhle in den Bergen von Vis aus – sie kann man heute bei einer Wanderung von Vis nach Komiža besuchen. Ihre militärische Bedeutung behielt die Insel bis 1989 – seitdem erst ist sie für Ausländer zugänglich.

Hauptort Vis

Im Hauptort Vis mit der **Fähranlegestelle** sind die **alten Prachtbauten** – u.a. der Palazzo Garibaldi (siehe Glossar) – sowie das **Archäologische Museum** sehenswert. Die hier gezeigten Funde der näheren Umgebung entstammen der einstigen griechischen Handelsstation Issa (griechisch für Vis) sowie römischen Thermen und Theaterbauten. Ansonsten ist die **Pfarrkirche Sv Ciprijan** aus dem 16. Jahrhundert mit aufwendigen Deckenmalereien erwähnenswert.

- **Archäologisches Museum,** tgl. außer Mo 9–13 und 17–19 Uhr.

Komiža

Am anderen Inselende, 18 km von Vis entfernt, liegt das ruhigere Komiža. Sehenswert sind hier das ehemalige **Dominikanerkloster Sv Dominik** aus dem 17. Jahrhundert sowie die kleine **Bergkapelle Gospa Planica** oberhalb des Ortes. Von Komiža aus bieten sich Tagestouren zur **Badeinsel Biševo** an oder eine fünfstündige **Wanderung** auf einem gut markierten Weg, der über die Berge (Hum, 587 m) nach Vis führt. Nach etwa 8 km wird die knapp 80 m tiefe **Tito-Höhle** (Titova Špilja) erreicht, aus der der Partisanenführer den Widerstand gegen die Achsenmächte organisierte.

An- und Weiterreise

- 1.6.–30.9. **Fährverbindung** von/nach Split 2–3x tgl. für ca. 370 K (Pkw mit 2 Personen), 1x tgl. **Personenschnellboot** von/nach Split.
- Ein **Inselbus** verkehrt 5x tgl. zwischen Vis und Komiža.

Unterkunft

- €€**Hotel Issa,** Zanelle 5, Tel. 021-711124, Fax 711740, issa@st.t-com.hr, in Vis oder €€**Hotel Biševo** in Komiža.
- **Privatunterkünfte** auf der Insel sollte man vor der Anreise arrangieren, eine gute Quelle ist www.visinfo.org mit Unterkünften für 2–6 Personen, insgesamt rund 20 % günstiger als auf den Inseln Šolta und Brač.

Aktivitäten

- **Baden** ist jeweils in der Nähe der Hotels (Kiesbuchten) möglich. Ab Komiža (Kai) werden Tagestouren zur 6 km² großen **Badeinsel Biševo** angeboten, bekannt für ihre (nur von See erreichbaren) azurblauen Grotten.
- Vis hat sich wegen des geringeren Schiffsverkehrs zum interessanten Tauchrevier gemausert: **Tauchbasen An-Ma,** Kamenita 12, Vis, Tel. 021-711367, www.anma.hr, **Dodoro,** Kranjčevićeva 4, Vis, Tel. 021-711367, www.dodoro-diving.com, **Komiža,** P. Strada, Komiža, Tel. 021-713504, und **Issa,** Ribarska 91, Komiža, Tel. 021-713651, www.scubadiving.hr.

Nützliches

- In beiden Orten gibt es **Supermarkt, Post, Bank** und etliche **Restaurants.** Eine **Tankstelle** liegt nahe der Anlegestelle in Vis.

Omiš und die Cetina-Schlucht

Ab Split südwärts rücken die **Ausläufer der dinarischen Berge** immer näher zur See; der ohnehin schmale Flachlandstreifen verengt sich zusehends und wird nur an wenigen Stellen von Flussmündungen durchbrochen. Eine davon ist die des **Flusses Cetina,** der sich in Omiš in die Adria ergießt und der Brücke, die die beiden Ortsteile verbindet, einen bedeutenden Charakter verleiht. Omiš (15.500 Einwohner) wird von Split-Reisenden als Ausweichquartier benutzt und dient als Ausgangspunkt für einen lohnenswerten Ausflug in die Cetina-Schlucht.

Unter den kroatischen Königen mehrfach verschiedenen Adeligen als Lehen gegeben, fiel Omiš Mitte des 15. Jahrhunderts an Venedig. Die Venezianer bauten eine **Stadtbefestigung,** die letztlich auch die mehrfach anrückenden Türken nicht überwinden konnten. Die Ruinen der Fortiza in den Hängen auf über 300 m Höhe zeugen von dieser Wehrhaftigkeit. Auch Renaissancepaläste im Ort gehen auf diese Epoche zurück.

Auf der Südseite des Flusses wurden entlang der heutigen Durchgangsstraße die hübschen **Kirchen** Sv Mihovil (13. Jahrhundert), Sv Duh (16. Jahrhundert) und Sv Rok (17. Jahrhundert) sowie der städtische **Uhrturm** errichtet. Ein kleines Juwel steht auf der anderen Flussseite, die Peterskirche aus dem 10. Jahrhundert.

Die Cetina-Schlucht

Der Fluss Cetina, der sich bei Omiš unmittelbar hinter der Stadt den Zugang zum Meer durch das malerische Gebirgsmassiv bahnte und damit einen **großartigen Cañon** schuf, bildet zusammen mit dem einen Kilometer langen Sandstrand einen unvergleichlichen Abschnitt der Adriaküste. Hier sind Sportarten wie **Rafting** auf den Stromschellen der Cetina und **Klettern** in den umliegenden ursprünglichen Felshängen möglich, ergänzt durch modern ausgestattete Privatpensionen, Villen und Apartments – alles einerseits sehr nahe, andererseits doch weit genug vom Zentrum Split und der Tourismusindustrie entfernt. **Kajak- und Kanufahrten** auf Wildflüssen werden in Kroatien auf der Kupa, Korana, Cetina und Una organisiert, wobei die Cetina die besten Möglichkeiten bietet.

- Infos unter: **www.raft.hr.**
- Besonderer Beliebtheit erfreut sich die **Kombi-Abenteuertour** der bekannten Agentur **Atlas** in Split, Tel. 021-343055, Fax 362012, www.atlas-croatia.com, die inkl. Flug ab ca. 1200 Euro/Person gebucht werden kann und kombiniert mit Mountainbike und Kajak eine Woche lang die Cetina entlangführt.

Info und Agenturen

- Auskünfte zur Region und Hilfe bei der Unterkunftssuche bietet das **Büro der Touristischen Gemeinschaft** an der Hauptstraße, Tel./Fax 021-861350, www.tz-omis.hr.
- **Internetinfos** zur Region unter www.omisinfo.com.
- Im Raum Omiš arrangiert die **Agentur Active Holidays,** Knežova Kačića, Tel./Fax 021-863015, www.activeholidays-croatia.com, neben Rafting auf der Cetina auch Freeclim-

bing-Kurse, Windsurfen, Tauchen, Unterkunft, Pkw-Vermietung und Ausflüge aller Art.

- In Stanići bietet die **Agentur Emsa,** Tel. 021-879047, Fax 897011, www.emsatours.hr, Riverrafting (neben Freeclimbing, Wandern, Tauchen, Unterkunft, Fischen etc.) zu vergleichsweise günstigen Preisen; auch Boots- und Mopedvermietung.
- Im nahe gelegenen Ortsteil Nemira wende man sich an die sehr zuverlässige **Agentur Adria Tours,** Duče Zavlje II/2, Tel./Fax 021-734577, www.adriaturist.hr.

Unterkunft

- Die Agenturen (s.o.) vermitteln wie üblich **Privatzimmer.**
- Ferienwohnungen bieten u.a. die €€**Apartments Beverly** im Ort, Put Borka 55, Tel. 021-757104, www.apartments-beverly.com. Alle acht Einheiten mit Waschmaschine, Sat-TV und Balkon, Exkursionen/Rafting wird auf Wunsch organisiert.
- Auch das **Calypso Diving Center** (s.u.) vermittelt Apartments, weitere FeWo können über tz-omis.hr arrangiert werden.
- Im Zentrum von Omiš liegt das runderneuerte €€**Hotel Plaža** (Tel. 021-755260, www.hotelplaza.hr) mit Balkon und Meerblick, Wellness-Bereich und günstigem Hotelrestaurant.
- Seit Jahrzehnten bekannt ist die €€€€**Hotelanlage Sagitta-Ruskamen,** Tel. 021-362820, www.adriastar-hotels.hr, Rabatte von bis zu über 50 % außerhalb der Hauptreisezeiten.

Camping

Eine ganze Reihe von Campingplätzen unmittelbar vor und hinter Omiš zieht zahllose Campingfreunde an, darunter:

- €€**AC Lisičina,** Tel./Fax 021-862536, www.ac-lisicina.hr, mit Radverleih, klein und ansonsten ohne Extras.
- €€**AC Galeb** (vorm. Ribnjak), am Ortseingang rechter Hand an der Cetina-Mündung, modern und noch recht neu, mit gutem Freizeitangebot: Rad- und Bootsverleih, Tennis- und Surfkurse, breiter, flacher Strand. 600 Plätze, Kinderclub und Animation (Hauptsaison). Tel. 021-864430, www.kamp.galeb.hr.
- €**Camp Danijel,** Tel. 021-871400, www.autocamp-danijel.com, FKK und Textil, bewaldete Hanglage.
- €**Camp Linda,** Tel. 021-871411, www.autocamp-linda.szm.sk, Ruskamen (7 km von Omiš), klein, ruhig, familiär.
- €**AC Sirena,** ebenfalls Ruskamen, sehr steile Zufahrt (keine Großfahrzeuge/Hänger), intim und familiär, sehr beliebt und sehr preiswert. Tel. 021-862415, www.autocamp-sirena.com.

Essen und Trinken

- Etliche gute Lokale empfehlen sich entlang der Hauptstraße, besonders erwähnenswert ist der **Konoba-Grill Dalmacija** mit Fleischspezialitäten, Tel. 021-863444.
- Als besonders beliebte Lokalität sei auf die **Pizzeria Antula,** Knezova Kacica bb., Tel. 021-862494, verwiesen, tgl. 11–1 Uhr.
- Die **alte Mühle in Radmanove-Mlinice** in der Cetina-Schlucht empfiehlt sich für eine Rast (Fisch, Schinken und Käse) bei Touren durch die Schlucht, Tel. 021-862073, April–Okt. tgl. 8–24 Uhr.

Nützliches

- Der große **Zentralparkplatz** vor der Brücke kostet 4 K/Stunde.
- Im Ort liegen ein großer **Konzum-Supermarkt** sowie zentral das **Studenac-Einkaufszentrum** an der Hauptstraße; ein **Frischmarkt** für Obst und Gemüse liegt hinter der Brücke an der Hauptstraße.
- Für Kinder wurde beim Camp Galeb der **Dinopark Omiš** eröffnet, im Sommer tgl. 10–22 Uhr, sonst nur Fr/Sa/So 14–19 Uhr, im Winter geschl., mobil 098-1934243.
- **Calypso Tauchbasis,** Obala gusara bb., mobil 091-8975263, www.calypsodiving.hr, auch €FeWo für 3–4 Personen.
- Die **Café-Bar Big Blue** an der Hauptstraße nahe dem Busbahnhof dient auch als **WiFi-Hotspot.**

Süddalmatien

032da Foto: wl

151sd Foto: wl

Die Altstadt von Dubrovnik

Badespaß an der Riviera von Makarska

An der Küste von Hvar

Überblick

Von Brela bis zur kroatisch-montenegrinischen Grenze erstreckt sich der schmale Saum des süddalmatischen Küstenlandes mit einer ebenso faszinierenden wie abwechslungsreichen Szenerie. Da wäre zunächst von Brela bis Gradac die **Riviera von Makarska,** ein Urlaubs- und Badezentrum mit allen touristischen Annehmlichkeiten, das den Zentren Istriens oder der Kvarner Bucht in nichts nachsteht. Dann folgt das fruchtbare **Neretva-Delta** mit dem wichtigen Umschlaghafen **Ploče.** Anschließend geht es, zumindest bis zur Fertigstellung der Pelješac-Brücke, durch bosnisches Territorium (Neum-Zipfel) zu dem vom kroatischen Festland getrennten Land-

strich um die vielleicht schönste kroatische Küstenstadt **Dubrovnik,** nach der die Gespanschaft Dubrovnik-Neretva benannt wurde.

Darüber hinaus bietet Süddalmatien einige faszinierende und auch höchst unterschiedliche **Inseln,** die allesamt einen Besuch lohnen. Die größte und meistbesuchte Insel des südlichen Dalmatien ist **Hvar.**

Insel Hvar

Hvar (296 km², 11.500 Einwohner) wird ebenso häufig wie Brač besucht, und es ist gar nicht so einfach, die Gründe dafür zu finden. So können die Städte in ihrem Erscheinungsbild mit denen der südlichen Nachbarinsel Korčula nicht mithalten, und auch die Strände und Bademöglichkeiten – von

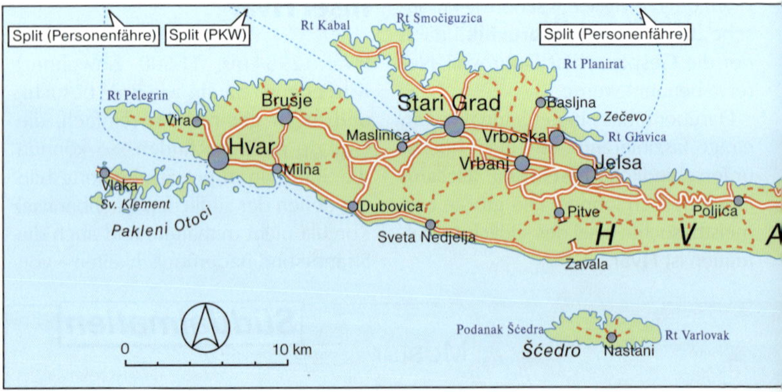

vorgelagerten Inselchen abgesehen – nehmen sich eher bescheiden aus; es mangelt gar an landschaftlichen Höhepunkten wie etwa auf Mljet. Es mag an der interessanten Vegetation liegen, die aus Zypressen, Palmen, Feigen, Oliven, Wein und Zitrusfrüchten besteht, vor allem aber an dem Ruf Hvars als **Kräuterinsel,** da Unmengen von Salbei und Rosmarin und besonders Lavendel auf der Insel wachsen und das Wohlgefühl der Besucher vielleicht durch den Duft und den netten Anblick steigern. **Weinbau, Olivenölgewinnung und Viehzucht** sind, vom Tourismus abgesehen, die Haupterwerbszweige auf Hvar. Der **Lammbraten** *(jagnjeće)* ist eine traditionelle Spezialität, daneben sind **Sardinen** (bzw. Sardellen) überall auf der Insel ein kulinarischer Genuss.

Geschichte

Ab dem vierten vorchristlichen Jahrhundert fiel Hvar in das Gebiet der **griechischen Kolonisation** und blieb von den Römern mehr oder minder verschont. Mit der Völkerwanderung im 7. Jahrhundert kamen die Slawen, ungarisch-kroatische Fürsten wechselten sich mit dem nominell dominierenden Byzanz ab. In der langen Zeit von 1420–1797 **venezianisch,** verfiel Hvar beinahe in einen Dornröschenschlaf und blieb von europäischen „Ränkespielen“ unbehelligt. Nach dem Zweiten Weltkrieg begann der rasante Aufstieg des Fremdenverkehrs, der im **Bürgerkrieg** (1991–95) vollständig einbrach und sich nur allmählich wieder erholt. Noch ist die Insel Hvar nicht überlaufen, doch in wenigen Jahren dürften die Touristenströme wieder das (hohe) Vorkriegsniveau erreicht haben.

An- und Weiterreise

- Nach Hvar bestehen mehrere **Fähranbindungen,** wobei reine Personenfähren **Split** mit Jelsa und Hvar-Stadt verbinden, Fahr-

zeugfähren dagegen von Split nach Stari Grad und von **Drvenik** nach Sućuraj fahren. Die Autofähre von Split nach Stari Grad im Westen der Insel legt 3 km westlich außerhalb der Stadt an.

- Es besteht eine **Pendelbusverbindung** in zeitlicher Abstimmung mit den Fähren.

Stari Grad

Die meisten Reisenden kommen über Split nach Hvar, der erste Eindruck ist daher meist der **Haupthafen** von Stari Grad. Die einstige griechische **Siedlung Faros** ist für ihren angenehmen Altstadtkern mit der mittelalterlichen Piazza Skor und der **Residenz Trvdalj** am Trg Tvardoj bekannt. Die Residenz war einst der Landsitz des bekannten kroatischen Oden- und Elegiendichters und Philosophen *Petar Hektorović* (1487–1572). Das atriumähnlich angelegte Areal umgibt einen von Meerwasser gespeisten Fischteich und beinhaltet eine kleine Kollektion von Alltagsgegenständen des Dichters.

- **Residenz Trvdalj,** tgl. 9–12 und 18–20 Uhr, Eintritt 15 K.

An- und Weiterreise

- **PKW-Fähre von Split:** 8.30, 14.30 und 20 Uhr, im Sommer 4x tgl.
- Am Stadtkai besteht eine **Bootstaxi-Verbindung** zu nahe gelegenen **FKK-Badebuchten.**
- 3–4x tgl. verbindet ein **Bus** Stari Grad mit **Hvar-Stadt.**

Information

- Die **Touristeninformation am Kai,** Tel. 021-765763, www.stari-grad-faros.hr, hilft bei der Unterkunftssuche (sehr preiswerte Ferienwohnungen und Zimmer), verkauft Fährtickets usw.

Unterkunft

- Zwei Erwachsene mit Kind kommen gut in den €**Helios-Studios,** Tel. 021-765555, Fax 765128, www.hoteli-helios.hr, unter.
- Alternativ sind auch die sehr schönen €€**Bungalows Trim** (Tel./Fax/Mail identisch) zu empfehlen.

Camping

- €€**AC Jurjevac,** Tel. 021-765843, Fax 765128, www.heliosfaros.hr, der zentral gelegene Campingplatz hat nur vom 1.6. bis 30.9. geöffnet.

Essen und Trinken

- Empfehlenswerte Lokale sind das **Kod Barba Luka** am Kai (Fischspezialitäten, tgl. 12–15 und 18–1 Uhr, Tel. 021-765206) und das **Feral** an der Pfarrkirche (Tel. 021-765138).
- Der Steinbau des **Eremitaž,** 1487 direkt am Ufer von *N. Berbeta* als Mönchsklause errichtet, gilt heute als Geheimtipp der Gastronomie auf Hvar bei überraschend günstigen Preisen. Spezialitäten sind dalmatisches *Brodetto* (Fisch mit Polenta) oder *Gregada,* eine Art Fleischeintopf mit Kartoffeln und Zwiebeln. Geöffnet Mitte April bis Mitte Oktober tgl. 12–15 und 18–24 Uhr, Obala hrvatskih branitelja, Tel. 021-766167.

Vrboska

In einer **geschützten Bucht** im Nordwesten liegt die stille und friedliche 500-Seelen-Gemeinde Vrboska, bekannt für ihre seltsam anmutende **Wehrkirche** oberhalb des Ortskerns. Das festungsähnliche Kirchlein entstand während der Türkenkriege des 16. Jahrhunderts, als die Kirchen oft die letzte Zufluchtsmöglichkeit der Menschen in unbefestigten Ortschaften waren. Nur wenige Wehrkirchen sind so gut erhalten wie die in Vrboska. Im Ort sind ferner die **Pfarrkirche Sv Lauro** (16. Jahrhundert) und das kleine **Fischereimuseum** mit alten Fischereiausrüstungen und einer Fischerhütten-Rekonstruktion sehenswert.

Möglichkeiten zum Baden bestehen nur im Campbereich sowie auf der **FKK-Badeinsel Zečevo** (Bootstaxi ab dem Kai).

- **Fischereimuseum,** tgl. 9–12.30 und 18.30–21 Uhr, Eintritt 20 K.

An- und Weiterreise

- **Busverbindung von/nach Jelsa** etwa alle 90–120 Minuten.

Info und Agenturen

- Auskünfte und Vermittlung von Unterkünften bei der **Information,** Tel./Fax 021-774137, www.vrboska.info, 8–13 Uhr, im Sommer bis 21 Uhr.
- Die **Agentur Bota** (mobil 098-9075394, www.bota-vrboska.com) arrangiert Moped- und Radverleih, Ausflüge und Surfen.

Unterkunft

- Unterkunft im €€€**Sporthotel Adriatic,** Tel. 021-774039, Fax 774068, www.hrvaska.net, sowie im €€**FKK-Camp Nudist,** mobil 091-2611128, Fax 021-774187, kumunalno-vrboska@st.t-com.hr.

Nachtleben

- Abendliche Unterhaltung bieten die **Disco-Bar** im Ort sowie die **Restaurant-Bar der ACI-Marina Vrboska,** Tel. 021-774018, Fax 774144, m.vrboska@aci-club.hr.

Jelsa

Das durch einen malerischen Küstenspazierweg mit Vrboska verbundene Städtchen Jelsa (knapp 2000 Einwohner) ist eine **Hochburg der Campingfreunde;** auch die Hotels sind günstiger als andernorts auf Hvar. Jelsa scheint die „Boomtown" der Insel zu sein; es ist Ausgangspunkt für (organisierte) **Inselwanderungen** (z.B. Humac-Hirtensiedlung, jungsteinzeitliche Grabčeva-Höhle oder griechischer Stützpunkt Tor) sowie für **Bootsausflüge** zu den vorgelagerten Badeinseln, allen voran die FKK-Insel Zečevo (Taxiboot am Kai). Auch die **Buchten** beiderseits von Jelsa bieten sehr angenehme Bademöglichkeiten.

Info und Agenturen

- **Touristeninformation am Hafen,** Tel./Fax 021-761017, www.tzjelsa.hr, 7.30–22 Uhr, im Winter 8–12 und 18–21 Uhr.
- **Agenturen** sind u.a. **Atlas,** Tel./Fax 021-761605, www.atlas-croatia.com, und **Globus,** Tel. 021-761955, Fax 774151, www.globus-tours.hr, die ruhige und günstige Zimmer anbieten.

Unterkunft

- Ein günstiges Hotel in Gehnähe ist das €€**Hotel Jadran,** Tel. 021-761026, Fax 761810, www.hoteli-jelsa.hr.
- Zu empfehlen ist auch die €-€€€**Apartmentanlage Pinus,** Tel. 021-761128, Fax 761810, wo allerdings das 4er-Apartment im Juli/August 110 Euro kostet – sonst sind es nur 40–50 Euro!
- Eine empfehlenswerte Alternative ist sicherlich eine der €€**Ferienwohnungen/Haus Kir** mit nur 4 Einheiten für jeweils 4–5 Personen, ausgestattet jeweils mit 2 Schlafzimmern und geräumiger Wohnküche; ruhige Lage direkt am Meer. Buchung bei: Familie *Klingenberg,* Am Ölberg 9, 55459 Grolsheim, Tel. 06727-892477, www.privaturlaub-kroatien.de.
- Der Ort **Zavala** auf der Südseite, 5 km südlich von Jelsa, wird allenfalls gut informierten Weinkennern etwas sagen. Reisende finden hier das direkt am Meer, inmitten von Kiefern- und Olivenhainen gelegene und sehr familiäre €€**Hotel Skalinada** (12 DZ, 2 Apartments). Die Unterkünfte sind einfach, aber gemütlich und verfügen über Balkon bzw. Terrasse mit Blick auf die Inseln Šcedro und Korčula. Im Terrassenrestaurant mit Brotbackofen werden eigene Weine kredenzt und vorzügliche Fischgerichte serviert. HP zwischen 45 und 55 Euro p.P. Es werden auch nahe gelegene €€€Ferienhäuser vermietet. *S. & T. Anticevic,* Tel. 021-767019, Fax 718044, www.skalinada-apartmani-hvar.hr.

Camping

- In Ortsnähe (1–1½ km) liegen die Campingplätze €**AC Mina,** Tel. 021-761210, Fax 761227, €€**Camp Holiday,** Tel. 021-761140, www.autocamp-holiday.com, und €**AC Grebišče,** Tel./Fax 021-761191, www.grebisce.hr.

Aktivitäten

- Mehrere **Verleihstellen für Boote, Räder, Mopeds** usw. liegen am Kai.
- **Tauchen:** Das **Dive Center Hvar,** Tel./Fax 021-261288, www.divecenter-hvar.com, erkundet die 30 schönsten Tauchgründe von Hvar mit einem 12-Meter-Kunststoffboot (März bis November). Ferner gibt es das deutsche **Omfala Dive-Centar** im Hotel Jadran, Tel. 021-761822, www.tauchinjelsa.de.

Hvar-Stadt

Das hübsche und zumindest für einen Tagesbesuch sehr lohnenswerte Städtchen Hvar (ca. 4100 Einwohner) erstreckt sich entlang einer breiten Uferpromenade unterhalb eines Hügels, auf welchem die bombastisch wirkende **Festung Španjola** („Spanische Festung") thront. Sie wurde um 1560 von venezianischen Festungsarchitekten unter Mitwirkung spanischer Spezialisten erbaut – daher der Name. Der Aufstieg (Treppe am Café Marim auf dem Trg Sv Stjepana hinauf) lohnt vor allem wegen des **großartigen Panoramablicks** über die Stadt und die vorgelagerten **Inseln Pakleni Otoci** (Hölleninseln), die besonders von Anhängern der Freikörperkultur als Badeinseln aufgesucht werden (Bootstaxi ab der Uferpromenade, teilweise Restaurants auf den Inselchen). Weitere **Bademöglichkeiten** bestehen in den Nachbarbuchten Richtung Hotel Dalmacija/Casino (zu Fuß) oder in Strandbuchten, die mit Bootstaxi angefahren werden können.

- **Festung Španjola,** im Sommer 8.30–24 Uhr, im Winter 9–18 Uhr, Eintritt 20 K.

Samostan Benediktinski

Beim Aufstieg zur Festung passiert man die **Benediktinerabtei** (Samostan Benediktinski) mit einer sehenswerten **Kunstgalerie.**

- **Galerie,** im Winter 9–11 und 16–19 Uhr, im Sommer 10–12 und 17–19 Uhr, Eintritt 15 K.

Altstadt

Die gesamte Altstadt ist **autofrei,** die Belieferung der Geschäfte erfolgt mittels kleiner Elektrokarren.

Vom Busbahnhof (hier Internetcafé und Reisebüro, Tel. 021-741888) geht man über den Marktplatz und hinunter zum **Trg Sv Stjepana,** dem zentralen Platz und eigentlichen Altstadtzentrum. Am Trg Sv Stjepana steht der alte **Stadtbrunnen** von 1520, der unter anderem den ehemaligen Rektoren- und Fürstensitz mit seinem markanten Uhrturm (16. Jahrhundert) mit Wasser versorgte. Heute befindet sich hier das **Hotel Palace,** welches die vorgebaute einstige Stadtloggia (15. Jahrhundert) stilvoll in sein Ambiente einbezieht.

An der Nordseite des Platzes wurde um 1571 die **Kathedrale Sv Stjepan** errichtet. Die Bauarbeiten an der dreischiffigen Basilika dauerten bis ins 18. Jahrhundert hinein. Besonders augenfällig ist der angesetzte Campanile von 1574 mit barocken Durchbrüchen, deren Anzahl pro Stockwerk um jeweils einen zunimmt. Der daneben stehende **Bischofspalast** beherbergt ein kleines **Sakralmuseum** (10–12 und 17–19 Uhr).

Gegenüber der Stadtloggia (Hotel Arcade) liegt das ehemalige **Arsenal,** in welchem zu venezianischen Zeiten die Kriegsgaleeren Waffen, Pulver und Munition aufnahmen. Im Obergeschoss wurde 1612 das **Stadttheater** unter Fürst *Semitecolo* eingerichtet, das eines der ersten kleinstädtischen Theater Europas war.

- **Arsenal,** im Sommer 9.30–13 und 17–22.30 Uhr, sonst nur vormittags, Eintritt 15 K.

Franziskanerkloster

Außerhalb des unmittelbaren Stadtkerns auf der Landzunge südlich des Arsenals ist noch das Franziskanerkloster aus dem 16. Jahrhundert sehenswert mit wertvollen Gemälden und Folianten in der **Klosterbibliothek.**

- **Franziskanerkloster,** geöffnet im Sommer 10–12 und 17–19 Uhr, So 10–12 und 16–17 Uhr, Eintritt 15 K.

An- und Weiterreise

- Vom Busbahnhof vor der Altstadt fahren 4–6x tgl. **Busse nach Jelsa, Stari Grad und Sućuraj.**
- Unter Tel. 021-741373 können **Wassertaxis nach Vis, Brač, Split** usw. bestellt werden.
- Zu den vorgelagerten **Badeinseln** fahren im Sommer permanent kleine **Pendelboote** im Hafen ab (Schilder beachten).

Info und Agenturen

- **Touristeninformation,** Trg Sv Stjepana 16, Tel./Fax 021-741059, www.tzhvar.hr, tgl. 9–12 und 17–20 Uhr. Vorbildliche Homepage für Ferienwohnungs-Suchende mit interakti-

kro405 Foto: wl

ver Karte, auf der die genaue Lage nebst Kontaktdaten angezeigt wird.

• An der Promenade liegen die **Agenturen Atlas,** Tel. 021-741911, Fax 741422, www.atlas-croatia.com, **Mengola,** Tel./Fax 021-742099, www.mengola.hr, sowie **Pelegrini-Tours,** Tel. 021-742743, Fax 742250, www.pelegrini-hvar.hr; sie bieten Unterkunft und Fahrzeuge, aber auch Ausflüge aller Art (z.B. Komiža, Bol, Korčula, Mljet, Mostar, Rafting (Cetina), Fischpicknick, Dubrovnik, Krka-Fälle).

Unterkunft

• In Zentrumsnähe befindet sich das €€€**Hotel Adriana Spa** (Adriatic), Tel. 021-750750, www.suncanihvar.com/adriana-hvar-spa-hotel.html, Kein Schnäppchen, aber ein guter Orientierungspunkt.

• Zentral unterhalb der Festung bietet das stilvolle und direkt am Meer gelegene €€€**Hotel Palace** 73 schöne Zimmer mit Sat-TV, ein kleines Meerwasser-Hallenbad, Sauna, Massage, sowie wöchentliche Tanzdarbietungen. Das Palace war einst ein venezianischer Palazzo, sein Interieur (Renaissance-Loggia) zeugt noch heute davon. Großes Terrassenrestaurant mit sehr schönem Blick auf den Naturhafen von Hvar. Trg Sv. Stjepana bb., Tel. 021-741906, Fax 742420, www.suncanihvar.com.

• Alternativ bietet sich das renovierte und nur 50 m vom Ufer entfernte €€€**Hotel Pharia** als sehr familiäres Kleinhotel mit 10 komplett neu möblierten DZ sowie 11 Apartments an, alle mit Balkon, Sat-TV, AC und Internetanschluss. Wer Seeblick bucht, kann die spektakuläre Aussicht auf die Hölleninseln genießen. Majerovica bb., Tel. 021-778080, Fax 778081, www.suncanihvar.com.

• Günstiger kommt man im älteren €€**Hotel Delfin** unter, Tel. 021-741168, Fax 741595.

Die Promenade von Hvar-Stadt, im Hintergund die Festung Španjola

• In den umliegenden Buchten ist von allen Hotelneubauten das €€€**Hotel Amfora** zu nennen, Tel. 021-750300, Fax 750301, www.suncanihvar.com.

Essen und Trinken

Im Zentrum lebt jedes zweite Haus vom Fremdenverkehr; Eisdielen, Cafés und Restaurants liegen aufgereiht wie Perlen an der Kette rund um das Hafenbecken und den Zentralplatz Trg Sv Stjepana (sehr viel Massenabfertigung!).

• Qualitativ empfehlen sich hier das **Fast Food Rocco** (gegenüber der Hauptkirche) für Kleinigkeiten oder die **Pizzeria Kogo** (Tel. 021-742136, tgl. 10–24 Uhr) für ein leichtes Mahl.

• Von der Treppe zur Festung in Hvar-Stadt gleich die erste unscheinbare Gasse rechts hinein, erobert das **Restaurant Zlatna Školjka** („Goldene Muschel") die Herzen der Reisenden mit Lammspezialitäten sowie Muscheln und Meeresfrüchten in angenehmem Ambiente. Geöffnet tgl. 12–15 und 19–24 Uhr (nach Bedarf auch länger), Januar bis März geschlossen, Ul. Petra Hektorovica 8, mobil 098-168797.

• Wer gern direkt an der Promenade speisen möchte, dem sei das **Restaurant Gariful** empfohlen, das eine Außenterrasse wie auch eine Dachterrasse hat. Neben Fisch und Meeresfrüchten munden hier Spezialitäten wie gegrillte Scampi oder das gefüllte Steak Zagreb besonders gut. Obala bb., Tel. 021-742999, April bis Oktober tgl. 10–2 Uhr.

• Das **Restaurant Bounty** glänzt weder durch auffällige Äußerlichkeiten oder besondere Innenausstattung, sondern bietet ausgezeichnete dalmatische Hausmannskost. Vorspeisen wie dalmatischer Schinken, panierter Schafskäse sind hier ebenso zu finden wie Leckereien à la Hummer vom Rost. Gutes Preis-Leistungsverhältnis. Fabrika bb., Tel. 021-742565, tgl. 11–24 Uhr.

Aktivitäten

• **Tauchen: Jurgovan Dive-Center,** Tel. 021-742490, **Marinesa,** Hotel Bodul, Tel. 021-741792, sowie das **Ronilacki centar Hvar** von *Alenka* und *Jürgen,* Majerovica bb., Tel. 021-741603, www.divecenter-hvar.com.

• Das Angebot an **Mopeds und Booten** ist mehr als ausreichend, sie können quasi an jeder Ecke ausgeliehen werden (z.B. neben der Hauptkirche, mobil 091-5517848, oder bei Luka Rent, Tel. 021-742946), ebenso stehen Bootsverleih, Jetski-, Fahrrad- und Scootervermietung zur Verfügung.

• **Hvar Adventure,** Obala bb., Tel. 021-717813, www.hvar-adventure.com, bietet Trekking und Klettertouren auf der Insel.

• **Fitness-Center** im Hotel Amfora.

Nützliches

• Für **Geldwechsel** sind Splitska und Privredna Banka zuständig, die **Post** ist täglich von 7–21 Uhr geöffnet.

• **Geldautomaten** und **Minimärkte** am Trg Sv Stjepana.

• Am Trg Sv Stjepana liegen außerdem eine gut sortierte **Apotheke** sowie eine **Erste-Hilfe-Station,** Tel. 021-741111, zwischen Kod Kapitana und Hotel Delfin an der Promenade.

• **ACI Marina Palmižana,** Tel. 021-741603.

• **Hafenmeisterei,** Tel. 021-741795.

Sućuraj (auch: Sućurađ)

Das Dörfchen am östlichen Inselende dient vorwiegend als bequemer Übersetzpunkt **vom und zum Festland** (Drvenik). **Bademöglichkeiten** bestehen zwischen dem Camp und dem Leuchtturm und sind über einen befestigten Fußweg zu erreichen.

An- und Weiterreise

• **Fahrzeugfähre Drvenik:** im Sommer 5–21.30 Uhr, 9–11x tgl., etwa alle 90 Minuten, Oktober bis Mai nur 6.30, 9.45, 12.15, 15 und 18 Uhr.

• Die **Busse** von/nach Hvar-Stadt sind auf die Fähre abgestimmt.

Camping

- Für Campingfreunde sei auf das sehr schön gelegene €**AC Mlaska,** mobil 091-5016163, Fax 021-773371, www.mlaska.com, mit Restaurant und Minimarkt, gemischtem Sand-Kiesstrand und Bootsanlegestelle hingewiesen (3 km außerhalb).

Nützliches

- Ansonsten bietet Sućurađ eine **Touristeninformation** (Tel. 021-773203, www.tz.sucuraj.com und www.sucuraj.com) einen **Minimarkt,** eine **Post,** eine **Bank** und **gute Lokale** an der Promenade.

Brela und Baška Voda

Von Split und Omiš weiter in Richtung Südosten fahrend, passiert der Reisende zunächst die Orte Brela und Baška Voda. Das kleine Brela bietet einen angenehmen Strand und mehrere Hotels und hat sich durch die alljährlich im August stattfindenden Kulturfeste und **Fischerabende** (15.–20.8.) einen Namen gemacht. Camper orientieren sich an diesem Abschnitt der Makarska-Riviera eher nach Baška Voda, wo weitläufige Strandabschnitte locken.

Info und Agenturen

- Informationen erteilt in Brela das **Büro der Touristischen Gemeinschaft,** Obala Kneza Domagoja, Tel. 021-618337, Fax 618434, www.makarska.rivijera.hr; **Agentur Bonavia,** Tel. 021-619019, Fax 678151, www.bonavia-agency.hr.
- In Baška Voda erhält man Informationen beim **Tourismusbüro** in der Obala Sv Nikole 71, Tel./Fax 021-620713, oder bei einer der zahlreichen **Agenturen,** die auch Privatzimmer vermitteln, u.a. **Adria,** Tel./Fax 021-620704, www.as-adria.hr, **Duga,** Tel./Fax 021-620207, www.duga-baskavoda.hr, **Pluto,** Tel./Fax 021-621435, ivana.topic@st.htnet.hr.

Unterkunft

- Die günstigste Möglichkeit bietet die €€**Hotelsiedlung Alem,** Baško Polje, etwas südlich von Baška Voda, Tel. 021-612088, Fax 611538, www.club-adriatic.hr.
- In der einfachen Mittelklasse angesiedelt ist das €€€**Hotel Hrvatska,** Sikavice 2, Baška Voda, Tel. 021-611340, Fax 620110, www.club-adriatic.hr.
- Am oberen Preissegment rangiert das €€€€**Hotel Milenj,** Šetalište Krešimira IV 5, Baška Voda, Tel. 021-620644, Fax 620399, www.hotel-milenij.com.

Camping

- €€**AC Baško Polje,** Tel./Fax 021-612329, www.club-adriatic.hr, u.a. Minimarkt, Mobilheime, Tauchbasis, Radverleih.
- 3 km nördlich empfiehlt sich das sehr schöne, saubere €**Minicamp Sirena** mit schattigen Plätzen, Minimarkt und glasklarem Wasser am schönen Strand.

Aktivitäten

- **Tauchen: Aquanaut,** B. Krašica 50, Tel. 021-618664, www.acca-nautika.com, sowie das **Dive Center Medici,** 200 m nördlich von Baška Voda.

Makarska

Das **Zentrum der Makarska-Riviera** bilden der Ort Makarska sowie die sich südlich anschließenden Orte Tučepi und Podgora. Es gibt viele hübsch und **malerisch gelegene Badeorte** in Kroatien, doch nur wenige lassen sich mit Makarska (14.000 Einwohner) vergleichen. Dies ist sicherlich auch auf die atemberaubende Hintergrundsze-

nerie des **Biokovo-Massivs** zurückzuführen, das sich unmittelbar hinter dem schmalen Küstenstreifen der Makarska-Riviera auf bis zu 1700 Höhenmeter erhebt und dem Betrachter, der sich im flachen Adriawasser tummelt, nicht nur ein einmaliges Panorama bietet, sondern ihm auch in Erinnerung ruft, wie klein der Mensch doch im Angesicht der Großartigkeit der Natur ist.

Touristisch ist Makarska für **Wassersportler,** aber auch für **Wanderer** ein lohnenswertes Ziel, die Infrastruktur lässt nichts zu wünschen übrig.

Geschichte

Besiedelt seit dem 4. Jahrhundert n. Chr. und als Bistum vom 6. Jahrhundert an belegt, fielen die Siedlungen um die

Übernachtung
1 Camp Jure
2 Hotel Rivijera
3 Hotel Biokovka
4 Hotel Dalmacija, Hotel Bonaca
5 Apartments Puharić
6 Hotel Maritimo
7 Pension Ante Katić
8 Hotel Park
9 Hotel Meteor
14 Hotel Biokovo

Essen und Trinken
7 Konoba Adria
12 Mondo
13 Burger-Imbiss
15 Pizzeria Domina
17 Susvid
18 Biergarten

Einkaufen/Sonstiges
10 Agentur Kompas
11 Agentur Biokovo Active
17 Agentur Atlas
19 Supermärkte Konzum, Apfel

Nachtleben
16 Disco Gaudeamus
18 Disco Grotta

heutige Bucht von Makarska wechselnden Herrschaftsverhältnissen bosnischer, kroatisch-ungarischer und venezianischer Regenten zum Opfer. Im 14. und 15. Jahrhundert war Makarska **Verwaltungssitz der Osmanen** (Türken), es wurde zur bedeutenden türkischen Handels- und Seefahrtsdrehscheibe zwischen Konstantinopel und der nördlichen Adria ausgebaut und mit Wehranlagen umgeben.

Erst im späten 17. Jahrhundert fiel Makarska an **Venedig.** Dass die Süddalmatier weit mehr Widerstand zu leisten vermochten als ihre Brüder in nördlicheren Gefilden, mussten auch die nachfolgenden **Habsburger** erkennen, als Makarska am 24.10.1865 Wahlen für eine innere Autonomie durchsetzte (noch heute Feiertag der Stadt Makarska). Während die österreichischen Herrscher (1797–1918) versuchten, die Stadt zu „italisieren", entwickelte sich tatsächlich aber ein kroatischer Nationalismus – das Kroatische wurde kurzerhand zur Amtssprache erklärt. Ab 1918 jugoslawisch, blieb Makarska während der Weltkriege und auch im Bürgerkrieg relativ unversehrt. Größeren Schaden erlitt die Stadt durch ein schweres **Erdbeben** im Jahr **1962.**

Sehenswertes

Uferpromenade

Die palmenumsäumte Uferpromenade erstreckt sich **vom Osejava-Park bis zur Halbinsel Sv Petar;** hier laden Kioske, Eisdielen, Restaurants und zahllose Cafés zum Verweilen ein, oder es locken die Bänke am Kai, den ein- und ausfahrenden Booten in der Bucht zuzuschauen.

Trg Kačićeva

Unmittelbar hinter der Uferpromenade erstreckt sich die nette **Altstadt** mit zahllosen kleinen Geschäften und Straßenhändlern in den Gassen, in denen es nach Gegrilltem duftet und abends das Leben pulsiert. Zentraler Platz ist der Trg Kačićeva mit dem Denkmal des **Nationaldichters Andrija Kačić** (1704–60). Er gilt als der Poet des armen Mannes, vermittelte in seinem Hauptwerk „Erzählungen des slawischen Volkes" historische Begebenheiten der dalmatischen und südslawischen Geschichte in einprägsamen und einfachen dichterischen Formen und trug damit zum dalmatischen Nationalbewusstsein bei.

Sv Marko

Dominiert wird der Trg Kačićeva von der sich malerisch von den dahinter aufragenden Bergen abhebenden Pfarrkirche Sv Marko, die dem Schutzpatron gewidmet ist. Das relativ **schmucklose Gotteshaus** entstand im Jahr 1776 und enthält eine interessante Ikonensammlung.

Palazzo Ivaniševića

Wendet man sich vor der Kirche nach rechts, trifft man nach wenigen Metern auf den barocken einstigen **Herrenpalast** der Händlerfamilie *Ivanišević* mit einem eigenen Zugang zur See. Der berühmteste Spross der Familie ist Tennisfreunden aus aller Welt wohl bekannt: *Goran Ivanišević.*

Städtisches Museum

Westlich der Pfarrkirche liegt im ehemaligen barocken **Palazzo Tonolli** das kleine Städtische Museum mit Exponaten zur mittelalterlichen und jüngeren Stadtgeschichte.

- **Städtisches Museum,** Obala Tomislava 17, Mo bis Sa 9–12 und 18–22 Uhr, Eintritt 15 K.

Franziskanerkonvent

Eine besondere Sehenswürdigkeit liegt am südlichen Rand der Altstadt, der Franziskanerkonvent. Auf den Ruinen einer Benediktinerabtei aus dem 6. Jahrhundert errichteten Franziskanermönche um 1400 ein Kloster. Seine heutige Form erhielt es – vom barocken Campanile aus dem 18. Jahrhundert abgesehen – um 1614. Die Franziskaner sammelten in den Klostermauern etliche **wertvolle Gemälde** sowie eine umfangreiche **Bibliothek.**

Muschelmuseum

Auf dem Klosterareal dürfte für Taucher und Muschelliebhaber das **Malakologische Museum** mit Muscheln aus aller Welt von Interesse sein. Die Exponate sind mehrsprachig beschriftet.

- **Malakološki Muzej,** tgl. 10–12 und 17–19 Uhr, Sonn- und Feiertage nur 10–12 Uhr, Eintritt 15 K, Kinder 8 K.

Halbinsel Sv Petar

Zwischen dem langen Sandstrand und der Uferpromenade liegt die kleine bewaldete Halbinsel Sv Petar mit der gleichnamigen **Waldkapelle.** Das Wäldchen ist von **Spazierwegen** durchzogen; an der Nordseite beim Leuchtturm kann man gut und sandfrei im klaren Wasser **schnorcheln.** Auf der Südseite liegt die beliebte **Disco Grotta** mit einem kleinen Biergarten vor einer Höhle.

Botanischer Garten

4 km außerhalb von Makarska in Richtung Gornji Tučepi kommt linker Hand die Zufahrt zum botanischen Höhengarten. Hier sind die Pflanzen des vegetationsarmen Biokovo-Gebirges zu sehen.

Wanderungen

Osejava Rat

Wer ein wenig zu Fuß auf Erkundungstour gehen möchte, sollte das **lang gezogene Waldgebiet** Osejava Rat am südlichen Ende der Bucht von Makarska aufsuchen. Ein wunderschöner Spazierweg führt die Treppen hinauf, an der Parkbank rechts vorbei und dann zunächst immer rechts oberhalb der Küste entlang. Nach etwa 15 Minuten erfolgt eine Gabelung: Geradeaus geht es sanft hinab zu der **FKK-Badebucht Nugal,** scharf links und kurz darauf gleich wieder rechts geht es weiter Richtung Tučepi. Man folgt diesem Weg bis zu einer Sackgasse mit Ruine und Aussichtspunkt (man kann hier zur FKK-Bucht hinuntersehen, es gibt aber keinen Weg von hier hinunter). Kurz vor diesem toten Ende führt links (kleines Schild beachten) ein Pfad steil (!) abwärts auf einen Weg (Zaun). Hier links und sogleich wieder rechts (Trampelpfad) gehen und dem unscheinbaren Pfad bis zur Öffnung des Waldes folgen. Von hier sind es noch wenige Minuten auf schwer erkennbarem Pfad bis zum **Strandende von Tučepi;** die gesamte Strecke nimmt etwa 75 Minuten (einfach) in Anspruch.

Biokovo-Park

Wer ausgedehntere Spaziergänge und Wanderungen bevorzugt, kann direkt von Makarska aus (Wanderkarten bei der Touristeninfo und bei Zeitschriftenhändlern) über den 1421 m hohen **Vošac** (Schutzhütte) zum **Sv Jure,** dem mit 1762 m höchsten Berg des Biokovo-Parks, wandern. Alternativ (einfacher) kann man bis Gornji Tučepi (897 m) fahren und von dort auf dem (Pkwmautpflichtigen) Versorgungssträßchen 15 km (einfach!) zur Kapelle Sv Jure hinaufmarschieren/

-fahren. Im Parkgebiet sind weitere kürzere Wanderungen möglich; die Touristeninformation sollte über den aktuellen Wegestand und Wetterverhältnisse befragt werden.

- Professionell veranstalten der **Bergsteigerverein Makarska,** Tel. 021-616455, und die **Agentur Extreme** (mobil 098-9105528, www.tipextreme.hr) organisierte Biokovo-Touren.

Praktische Tipps

An- und Weiterreise

- **Bus:** Der Busbahnhof liegt zentral in der Hauptstraße A. Starčevića (Tel. 021-612333) und bietet u.a. 5–21 Uhr alle 30 Minuten Anbindung von/nach **Split,** 7.45–18.40 Uhr 10x tgl. von/nach **Dubrovnik, Zadar** 5x tgl., **Zagreb** 6x tgl.
- **Fähre:** Nach **Sumartin** auf der Insel Brač tgl. um 9, 12.30 und 18.30 Uhr (So 19.30 Uhr) für ca. 25 Euro (Pkw mit 2 Personen), Anfang Juni bis Ende Sept.
- **Auto:** Am einfachsten folgt man der **Beschilderung „Centar“,** fährt die ganze Promenade entlang und parkt auf dem großen Schotterparkplatz am Osevaja Rat. Es gibt weitere kleinere **Parkplätze** an der Promenade und in den Seitenstraßen.
- **Taxis:** am Busbahnhof, Tel. 021-611366.

Info und Agenturen

- **Touristeninformation Makarska,** Obala Kralja Tomislava, Tel. 021-616288, Fax 612 002, www.makarska-info.hr, Mo bis Sa 8–21 Uhr, So 8–13 Uhr.
- **Biokovo Active,** Kralja Petra Kresimira IV 7b, Tel. 021-679655, Fax 679657, www.biokovo.net, geführte Mountainbiketouren und Wanderungen.
- **Kompas,** Tel. 021-615411, mobil 091-4303013, Fax 615522, www.kompasrent.hr.
- Die Agentur **Atlas** liegt am Trg Kačićeva 9, Tel. 021-617038, Fax 616343, www.atlas-croatia.com.

034da Foto: wl

Auf der Wanderung von Makarska nach Tučepi

Unterkunft

- Sehr empfehlenswert für Individualtouristen ist die €**Pension Ante Katić,** Moližanskih Hrvata 36 (gelbes Bierschild), Tel. 021-612267, konoba.adria@gmail.com, mit schönen, ruhigen Zimmern und Terrassenrestaurant.
- Neben dem €€**Hotel Dalmacija** (mit Tauchbasis, Tel. 021-615777, Fax 612211) wurde das kleine und familiäre €**Hotel Bonaca,** Tel. 021-615574, Fax 616441, http://hotel-bonaca.net, eröffnet.
- Leser loben das neue, sehr freundlich geführte Familienhotel €€€**Maritimo** in direkter Strandlage mit geschmackvoll eingerichteten Zimmern. Put Cvitacke bb., Tel. 021-679041, www.hotel-maritimo.hr.
- Unmittelbar an der Promenade empfiehlt sich das alte, aber feine €€€**Hotel Biokovo,**

Tel. 021-615244, Fax 615088, www.hotelbiokovo.hr, mit sehr ordentlichem Frühstücksbuffet.

• Das €€€**Hotel Meteor,** Tel. 021-602600, Fax 611419, liegt direkt am Strand, unmittelbar in der Nachbarschaft folgt das etwas günstigere €€**Hotel Park,** Tel. 021-615523, Fax 615211.

• Ein wenig abseits vom Trubel, aber in guter Gehnähe zum Zentrum, folgen noch das €€**Hotel Biokovka,** Tel. 021-602200, Fax 602287, www.biokovka.hr, sowie am nördlichen Ortsende das €€**Hotel Rivijera,** Tel. 021-616000, Fax 611028, www.hoteli-makarska.hr, angenehme Zimmer.

• Stellvertretend für die zahllosen Privatvermieter, deren Gesamtübersicht unter **www.makarska-info.hr** eingesehen werden kann, seien die €€**Apartments Puharić** (Put Cvitacke 8, Tel. 021-611564, www.apartmentspuharic.com) genannt. Recht zentral, 2er- bis 5er-Wohnungen.

Camping

• Am nördlichen Ortsrand findet man das €€€**Camp Jurc** (I.G. Kovacic bb, Tel. 021-7855951, www.kamp-jure.com), vermietet auch Caravans (32–49 Euro) und Bungalows (49–70 Euro).

Essen und Trinken

• Warme Snacks bietet der **Burger-Imbiss** in der Kralja Zvonimira/Ecke Obala Tomislava.

• In der Altstadt liegen etliche gute Restaurants, z.B. die **Pizzeria Domina** (Tel. 021-678003) an der Uferpromenade (am Altstadtzugang) mit sehr günstigen, wagenradgroßen Pizzen.

• Ruhig und deftig geht es in der **Konoba Adria** zu, Moližanskih Hrvata 36, Tel. 021-612267, mit guten Grillplatten und Hauswein.

• Neben der Kirche Sv Marko liegen gleich mehrere Lokale; das **Susvid** mit Meeresfrüchten und Grillplatten und nettem Ambiente empfiehlt sich besonders, Trg Kačićeva, Tel. 021-612732.

• Gute dalmatische Küche wird auch im **Mondo,** Obala Tomislava 21, serviert.

Nachtleben

Abends bietet sich ein Streifzug entlang der Promenade und durch die Altstadtgassen mit ihren Bars an.

• Nachtschwärmer finden Disco-Unterhaltung in der **Grotta,** wunderhübsch in einer Grotte unter Sv Petar gelegen, im **Gaudeamus,** Don Pavlinovića 1, und im **Kuk,** Prvomaiska.

• Das örtliche **Kino,** Obala Tomislava 8, zeigt vorwiegend heimische Produktionen.

Aktivitäten

• **Baden:** Der lang gezogene **Sandstrand** mit Wasserrutsche ist eine der Hauptattraktionen der Stadt (auch Tretbootverleih usw.). Aber auch bei **Sv Petar** am Leuchtturm oder in der **FKK-Bucht Nugal** (s.o.) gibt es ausgezeichnete Bademöglichkeiten.

• **Tennis** wird im Areal des Hotel Rivijera gespielt.

• **Tauchen: More-Sub,** K. Kreš 43, am Hotel Dalmacija, Tel. 021-691727, www.more-submakarska.hr, bietet Land- und Bootstauchgänge in der näheren Umgebung an.

• Vor der Halbinsel Sv Petar, zwischen Uferpromenade und Sandstrand, findet täglich (nachmittags und abends) eine Art größerer **Jahrmarkt** mit Souvenirbuden, Imbissständen, Spielen und kleinen Fahrgeschäften statt.

Nützliches

• Selbstversorger finden mehrere **Supermärkte** an der Uferpromenade oder holen sich frisches Obst und Gemüse auf dem **Markt** oberhalb der Kirche Sv Marko. Auch an der Durchfahrtsstraße (südliches Ortsende/Ampelkreuzung) liegen mehrere Supermärkte (Konzum, Apfel).

• **Bank:** Splitska Banka, Obala K. Tomislava 15 (Mo bis Fr 7.30–12.30 und 14–19.30 Uhr), mehrere Geldautomaten an der Promenade.

• **Post:** neben dem Biokovo-Hotel, 7–22 Uhr.

• **Krankenhaus:** Ul. Alkarska/Ecke Don M. Pavlinovića, Tel. 021-612033.

• **Apotheke:** Trg Kačićeva 10, Tel. 021-611277.

- **Polizei:** Kralja Krešimira IV, Tel. 021-307738 und 611666.
- **Autovermietung:** Agenturen Adria Plus, Tel. 021-602631, Croatiatours, Tel. 021-602685 (beide am Hotel Meteor, Krešimira IV) und Kompas (Hotel Park).
- **Marina und Hafenmeisterei:** Yachtmarina Bura, Tel. 021-616323; Hafenmeisterei, Tel. 021-611455.

Tučepi

Unmittelbar hinter Makarska folgt nach etwa 4 km in südlicher Richtung, für Wanderer auch zu Fuß gut erreichbar, der recht mondän und neu wirkende Küstenort Tučepi, der sich mit seinem **Yachthafen** und den **Sporthotels** zu einem etwas gehobeneren Reiseziel der Makarska-Riviera gemausert hat. **Wanderungen** sind bis hinauf nach Gornje Tučepi in weniger als einer Stunde möglich.

Die neretvanischen Piraten

Was die Uškoken für Senj (Kvarner Bucht) waren, das waren die Piraten des Neretva-Deltas für die Region Makarska - Omiš. Die Piraten plünderten jedoch weniger das Umland - schließlich war man auf die Hilfe der Bevölkerung angewiesen –, sondern widersetzten sich jeglicher Autorität, insbesondere den verhassten Venezianern. Auf dem **Höhepunkt ihrer Macht vom 9. bis 12. Jahrhundert** (887 Sieg der „Nerentani" über die venezianische Flotte bei Makarska) erbeuteten die Neretva-Piraten so viele venezianische Schiffe, dass sich die Dogen sogar gezwungen sahen, den Piraten Tributzahlungen zu leisten, um für ihre Schiffe im Gegenzug freie Fahrt durch die südliche Adria gewährt zu bekommen. Nicht zuletzt durch dieses „Vorbild" widerstanden die Städte Süddalmatiens den venezianischen Übernahmeambitionen am längsten.

Info und Agenturen

- Auskünfte erteilt die **Touristeninformation Tučepi,** Kraj 46, Tel. 021-623100.
- Die örtlichen Agenturen vermitteln Privatunterkunft und Ausflüge nach Brač, Hvar, Korčula, Dubrovnik, Međugorje und Split, u.a. **Marivaturist,** Kraj 45, Tel./Fax 021-623 300, www.marivaturist.hr; **Dormana,** Kraj 123, Tel. 021-623600, Fax 623601.

Unterkunft

Wer etwas Einfaches sucht, wird auf die Agenturen angewiesen sein, denn die Hotels in Tučepi bewegen sich mehr im gehobenen Bereich.

- Toll ist das €€€€**Hotel Laurentum,** Kraj 45, Tel. 021-605900, Fax 605902, www.hotellaurentum.com, das über alle Annehmlichkeiten verfügt.
- Das traditionelle €€€**Hotel Neptun,** Slatina 4, Tel. 021-605500, Fax 605700, www.hoteli-tucepi.com, bietet diverse All-inclusive-Pakete.
- Richtung Makarska - dort, wo der Fußweg am Ufer entlang beginnt - liegt das ältere Hotel €€€**Kaštelet,** Tel. 021-601202, Fax 601204, www.hoteli-tucepi.com.
- **Vila Afrodita,** Dračevice, Tel. 021-604500, Fax 601507, www.hoteli-tucepi.com, 4er-Apartments.
- Neu und sehr schön eingerichtet sind die Apartments der €€**Villa Nela,** Mala Lozna bb., Tel. 021-623722, www.tucepi.net/vilanela.

Essen und Trinken

- An der Promenade liegen die **Weinstube Postup** (Tel. 021-623531, tgl. 7–24 Uhr), die **Pizzerien Gajeta** (Tel. 021-623260) und **Vapor** (Tel. 021-623346) sowie die empfehlenswerten **Restaurants Lanterna** (Tel. 021-623234), **Riva** (Tel. 021-623174, tgl. 7–1 Uhr) und **Barba** (Tel. 021-623340, Mitte Okt. bis Mitte Mai geschlossen).

Aktivitäten

- **Tauchen** bietet die **Basis Butterfly,** Kraj 83, Tel. 021-623777, www.butterfly-diving.com.

Nützliches

- An der kleinen Uferpromenade Kraj zwischen dem Kiesstrand unterhalb der Hotels und dem Yachthafen (Tel. 021-623155, www.marinatucepi.com) findet man auch wichtige Einrichtungen wie **Bank** und **Post.**

Podgora

Die nächste nennenswerte Siedlung an der Makarska-Riviera ist Podgora, zu erkennen an dem seltsamen, sichelförmigen, **überdimensionalen Betondenkmal** auf einem Hügel. Podgora war einst ein kleines Fischerdorf, um welches herum mehrere preiswerte Hotelanlagen entstanden sind, was zu einer recht weiten Zersiedelung führte. Wie überall in Süddalmatien ist das Wasser hier fast „überirdisch" klar.

Info und Agenturen

- **Information Podgora,** Branimirova 87, Tel. 021-625560, www.tz-podgora.hr.
- Die örtlichen Agenturen an der Promenade Branimirova Obala organisieren Ausflüge und vermitteln Privatzimmer: **Punta Tours,** Tel./Fax 021-625404, Fax 625592, www.puntatours.com, **Marivaturist,** Tel. 021-625199, Fax 625022, www.marivaturist.hr.

Unterkunft

Für das Gebotene sind die Hotels in Podgora relativ preiswert.

- Im €€**Mediteran,** Tel. 021-625155, Fax 625009, www.hotelipodgora.com.
- €€€**Aurora,** Tel. 021-625111, Fax 625311, z.B. über www.misir.de, hat zudem Luxuriöses zu bieten wie Sauna, Hallenbad und Pool.

Camping

- 6 km südlich hinter der nächsten Bucht (Živogošće) liegt das große €€**AC Dole,** Tel. 021-628749, Fax 628750, www.hoteli-zivogosce.hr; ohne Schatten, aber mit Minimarkt, Minigolf, Surf-, Tennis- und Segelmöglichkeiten sowie Rad- und Bootsverleih.
- Näher zum Ort liegt das deutlich kleinere, aber modernere €€**Sutikla** für rund 300 Gäste, Tel. 021-625377, www.hoteli-podgora.com; schattig, mit Minimarkt, Tauchen und Tennis.

Aktivitäten

- **Tauchen: Birgmaier Sub,** Tel./Fax 021-625610, www.birgmaier-sub.com; das Unternehmen betreibt auch eine Agentur, Tel. 021-625199.

Drvenik

Das Örtchen Drvenik (nicht zu verwechseln mit den gleichnamigen Inseln bei Trogir!) ist in zweierlei Hinsicht von Interesse: Zum einen liegen zwei **gute Campingplätze** in der Nähe, zum anderen legen in Drvenik die **Fähren** nach Sućurađ (Sućuraj) auf Hvar ab.

An- und Weiterreise

- **Fähre** nach Sućuraj auf **Hvar** um 8, 10.30, 13, 17.15, 19 und 22.30 Uhr für ca. 20 Euro (Pkw inkl. 2 Personen). 2–3x tgl. fährt auch eine Fähre von/nach Dominče auf **Korčula** für ca. 23 Euro (PKW inkl. 2 Pers.), allerdings nur im Sommerhalbjahr.

Unterkunft

- Im Ort gibt es das günstige €€**Hotel Quercus** (= lat. Eiche), Donja Vala 66, Tel. 021-628007, Fax 628009.

Camping

- €€**AC Dalmacija,** Drvenik-Zaostrog (3 km südlich), Tel. 021-679777, Fax 679779, lavatera@st.t-com.hr, Minicamp mit Snackbar, Minimarkt, Disco und Radverleih.
- €€**AC Uvala Borova,** Zaostrog Podaca (3 km weiter), Tel./Fax 021-629033, uvala.borava@gmail.com, etwas größer, Mobilheime, Snackbar, Minimarkt, mehr für Kleinboote geeignet.

Nützliches

- Der Ort besitzt einen kleinen **Kiesstrand** (Drvenik-Beach mit WiFi), einen **Supermarkt,** einige **Gaststätten** finden sich am Hafenbecken.

Gradac

Mit **einem der längsten Strände** endet in Gradac die Riviera von Makarska und geht ziemlich unvermittelt in das Neretva-Delta über. Gradac ist übrigens die heimliche „Hauptstadt der Volksfeste“: Am 27. Juli und am 2., 3. und 16. August werden allein vier Kirchenheiligen-Feste begangen; Auskunft erteilt die Touristeninformation.

Information

- **Touristeninformation Gradac,** Radića 5, Tel./Fax 021-697511, www.gradac.hr.

Unterkunft

- Unterkunft bieten die €€**Apartments Labineca,** Tel. 020-601555, Fax 601663, www.hoteli-jadran.hr, und das €€**Hotel Laguna,** Tel. 021-601222, Fax 601268, www.hoteli-jadran.hr.

Camping

- 7 km außerhalb liegt der kleine Campingplatz €€**AC Baćinska Jezera,** Tel. 021-679133, Fax 679152, zwischen Gradac und Ploče hübsch am See Baćinsko Jezero.

Ploče

Inmitten des fruchtbaren **Neretva-Deltas,** das so gar nicht in das karge Dalmatien zu passen scheint, liegt die Hafenstadt Ploče, mit rund 7500 Einwohnern größter Ort zwischen Makarska und Dubrovnik. Die Hauptbedeutung von Ploče liegt heute in seiner Funktion als wichtigster kroatischer **Umschlaghafen** in Süddalmatien. Auch für Bosnien-Herzegowina ist Ploče sehr wichtig, da auf der bosnischen Eisenbahnlinie von Sarajevo wichtige Exportrohstoffe wie Erz und Bauxit zum Hafen von Ploče transportiert werden. Bosnien verfügt zwar in Neum über einen eigenen Zugang zum Meer, der Hafen dort ist aber zu seicht und somit nicht nutzbar. Daher wurde in einem Abkommen vereinbart, dass die Kroaten (und Touristen!) ungehindert den **Neum-Zipfel** im Transit zur und von der Exklave Dubrovnik befahren dürfen, im Gegenzug darf Bosnien-Herzegowina den Hafen Ploče ungehindert nutzen. Touristisch war Ploče nie von besonderer Bedeutung, könnte aber durch den Brückenbau zur Halbinsel Pelješac künftig interessanter werden.

An- und Weiterreise

- **Fähren:** 7.30, 10.15, 14.15 und 19.30 Uhr (Winter 9.30, 14.15 und 19.30) nach **Trpanj** auf der Halbinsel Pelješac für ca. 22 Euro (Pkw mit 2 Personen); Auskünfte im Büro von Jadrolinija am Hafen unter Tel. 020-679321 sowie www.jadrolinija.hr.
- **Bus:** von/nach **Dubrovnik** (3.45–19.45 Uhr bis zu 14x tgl.), Sarajevo (9–23 Uhr 5x tgl.) und **Split** (8–11x tgl.).
- **Bahn:** 6.05 und 16.15 nach Sarajevo.

Info und Agenturen

- Auskünfte und Zimmervermittlung bieten das **Turist Biro** beim Hafen, Tel. 020-679510, und die **Agentur Delta,** Ul. K. Tomislava 21, Tel. 020-679933, Fax 679863.

Unterkunft

- Einziges Hotel ist derzeit das €€**Hotel Ploče** gegenüber vom Hafen, Tel. 020-601111.

Nützliches

- **Bank** mit Geldautomat und **Konzum-Markt** neben dem Jadrolinija-Kartenschalter am Hafen.
- Am Rande des Hafengebietes wurde in der Ul. Vranjak ein **Lidl-Supermarkt** eingerichtet (Beschilderung „Split"; Mo–Fr 8–20 Uhr, So 8–14 Uhr), der übrigens auch auf der Hauptstraße der Halbinsel Pelješac mit Schildern nach Trpanj, dem dortigen Fährhafen, verwirrenderweise beworben wird.

Halbinsel Pelješac

Nach Istrien ist Pelješac mit einer Fläche von rund 350 km² die zweitgrößte Halbinsel Kroatiens. Sie erstreckt sich auf einer Länge von rund 70 km und einer Breite von nur etwa 6 km vor Ploče. Eine gewisse Pikanterie ergibt sich aus der Tatsache, dass Pelješac nur im süddalmatischen Gebiet von Dubrovnik, also südlich des bosnischen Neum-Zipfels, ans Festland angebunden ist.

Hohe, **macchiabewachsene Berge** (Sv Ilija, 960 m) und **üppige Täler** mit Oliven und Feigen, aber auch **Waldstücke** mit Eichen, Buchen, Pinien und Zypressen, vor allem aber der allgegenwärtige **Wein** kennzeichnen das ebenso abwechslungsreiche wie interessante Landschaftsbild. Die Pelješac-Weine (Kaštelet, Dingač) sind recht bekannt. Fischfang und Muschelzucht sind bedeutende Erwerbszweige der 8200 Bewohner. Wichtigste Orte sind Ston an der Nahtstelle zum Festland sowie der **Hauptort Orebić,** der auch als Transithafen zur unmittelbar südwestlich gelegenen Insel Korčula dient.

084sd Foto: wl

Die Wehrmauer von Ston auf Pelješac

Zunächst römisch besiedelt und nach dem Fall Westroms byzantinisch, siedelten ab dem 9. Jahrhundert die ersten Slawen auf der Halbinsel. Die **Republik Ragusa** (heutiges Dubrovnik) kaufte um 1330 die Halbinsel zu ihrem Territorium hinzu, Ston als Schnittstelle wurde für die Marine ausgebaut. Mit dem Fall der Republik verlagerten sich die Interessen hin zum touristischen Transitpunkt Orebić, der sich unter österreichischer, entscheidend aber erst unter kroatischer Ägide zum wichtigsten Ort mauserte.

An- und Weiterreise

Inselbus:
- **Ston, Trpanj** und **Orebić** sind durch eine 2–3x tgl. verkehrende Buslinie untereinander und mit **Dubrovnik** verbunden.

Fähren:
- **Trpanj** ist der **Fährhafen** zum Festland nach **Ploče** (5x tgl., ca. 25 Euro, Pkw mit 2 Pers.).
- **Orebić** dient als zentraler Transitpunkt für Reisen per **Autofähre** von und nach Dominče bei **Korčula** auf der gleichnamigen Insel mit 12–16 Verbindungen tgl. für rund 12 Euro (Pkw mit 2 Personen, Hauptsaison).
- Die kleine Privatfähre „Lovor/Tamaris" verkehrt als regelmäßige **Personenfähre** bis zu 16x tgl. **zwischen Orebić und Korčula-Stadt,** sodass man für einen reinen Stadtbesuch von Korčula ohne PKW direkt übersetzen kann.
- **Pkw-Fähre nach Mljet:** Die derzeit einzige ganzjährige Verbindung von/nach Mljet besteht 6x tgl. von **Prapratno** (bei Ston) nach **Sobra** (Pkw und 2 Personen rund 25 Euro), Abfahrt ist um 7, 10.15, 13, 17 und 20.30 Uhr in Prapratno, zurück ab Sobra um 6, 9, 12, 16 und 19 Uhr.

Brückenprojekt:
- Auf dem Festland, ca. 5 km vor der Grenze zu Bosnien-Herzegowina bei Klek-Komarna, wird an einer **Brücke nach Rosica-Glavica** auf Pelješac gebaut, mit deren Fertigstellung **Mitte 2015** zu rechnen ist.

Ston

Die Ortsteile Veliki Ston (600 Einwohner) und Mali Ston (200 Einwohner) bilden den **Übergang vom Festland**

zur Halbinsel. Sie wurden im 14. Jahrhundert unter der Herrschaft der Republik Ragusa stark befestigt – eine kilometerlange **Wehrmauer** mit Kastellen und Wachttürmen zeugt noch heute davon. Weltbekannt wurde Ston 1996, als ein verheerendes Erdbeben über die Hälfte der Gebäude zerstörte. Neben dem Tagestourismus ist vor allem die **Muschelzucht** unübersehbar ein Haupterwerbszweig im Raum Ston.

Sehenswert im kleinen Ortszentrum von **Veliki Ston** sind die Festung Veliki Kaštio am Ortseingang, die benachbarte Kathedrale Sv Vlaho sowie der

Rektorenpalast und der ehemalige Sitz des Erzbischofs am Hauptplatz.

Mali Ston, geschützt durch den dazwischen liegenden Hügel, hat weit weniger unter den Folgen des Erdbebens zu leiden. Die Ruinen der Festungen Koruna und Podzvizdi oberhalb der Landbrücke strahlen einen erhabenen und romantischen Charme aus. Die Wehrmauer ist weitgehend wieder instandgesetzt worden und kann in rund 45 Minuten begangen werden (täglich 8–19 Uhr, Eintritt 30 K, Kinder 10 K).

An- und Weiterreise

- **Bus:** 5.20, 6, 12 und 19 Uhr nach Dubrovnik; 3–4x tgl. nach Orebić.
- **Mljet-Fähre:** Wenige Kilometer südlich liegt die beschilderte Bucht Prapratno mit der PKW-Fähre zur Insel Mljet nach Sobra. Abfahrt ist um 7, 10.15, 13, 17 und 20.30 Uhr ab Prapratno, zurück ab Sobra um 6, 9, 12, 16 und 19 Uhr.

Information

- Im einstigen Rektorenpalast auf dem Dorfplatz von Veliki Ston befindet sich eine **Touristeninformation,** Tel./Fax 020-754306, www.tzo-ston.hr, mit Zimmervermittlung und Auskünften (an der Hauptstraße).

Unterkunft

- Unterkunft bieten die Hotels €€€**Vila Koruna** (Tel. 020-754999, www.vila-koruna.hr) und €€€**Ostrea** (Tel. 020-754555, www.ostrea.com), beide in Mali Ston gelegen.
- In Veli Ston bieten etliche **Privatvermieter** in der Altstadt Zimmer und Wohnungen an, z.B. das **Restaurant Sorgo** (s.u.). Da Ston nicht direkt am Meer liegt, nehmen ausländische Besucher aber nur selten Quartier vor Ort.
- Ein Stückchen außerhalb (beschildert „Hodilje") bietet die sehr preiswerte €**Villa Menalo** 8 DZ und 2 Kleinapartments; mobil 098-1923989, www.villa-menalo.com.

Camping

- €€**AC Prapratno,** Tel. 020-754000, Fax 413922, www.duprimorje.hr. Minimarkt, Restaurant, Tennis und kleiner FKK-Strandabschnitt in der Nähe; sehr schöne Lage, auch wenn die Mljet-Fähre in Sichtweite liegt.
- Das kleine Doppelcamp €€€**Vrela-Zakono** im Ortsteil Brijesta (Tel. 020-344204, www.brijesta.com) mit Rad- und Bootsverleih wurde von Lesern gelobt.

Essen und Trinken

- Zwischen dem Ortsplatz von Veli Ston und der Mauer liegen in den Altstadtgassen etliche Restaurants, unter anderem das **Bakus** (Tel. 020-754270) mit reichhaltiger Auswahl und Menüs, vorwiegend Fisch- und Muschelgerichte. Ähnliches bietet das **Sorgo** (Tel. 020-754666, tgl. 9–1 Uhr), wohingegen die **Pizzeria Stagnum** (Tel. 020-754158, tgl. 6–24 Uhr) mit Kleinigkeiten und Snacks eher die kleineren Budgets anspricht.

Nützliches

- Direkt im Zentrum gegenüber der Touristeninformation findet sich eine brauchbare touristische Infrastruktur: eine **Post** (Mo–Fr 8–17, Sa 7–14 Uhr, nebenan Geldautomat), ein **Konzum-Supermarkt** und die **Dubrovačka Banka.**

Trstenik

Der Raum Trstenik/Žuljana an der Südküste bietet etliche **ruhige Badebuchten** und eine Hand voll Campingplätze und Cafés sowie die Konoba Maris (Tel. 020-744059). Das Dörfchen war früher mit der PKW-Fähre Trstenik – Polače (Mljet) ein durchaus wichtiger Transitpunkt für Reisende; wegen der wiedereröffneten Linie

Ston/Prapratno - Sobra (s. Ston) wurde diese Route auf unbestimmte Zeit eingestellt.

Nützliches

- Im Ort stehen ein **Minimarkt** sowie eine **Post** zur Verfügung.
- **Tauchbasis Dragan und Willi,** Tel. 020-756108 oder 756149, www.tauchbasis-zuljana.de (Kontaktadresse in Deutschland: *Willi Thelen,* Nideggener Str. 95, 53881 Euskirchen, Tel. 02251-5316). Im 15-Meter-Tauchkutter werden sechs Wracks sowie Höhlen angefahren; gut erhaltene römische Amphorenfelder und reich bewachsene Steilwände runden das vielseitige Tauchangebot ab.

Brijesta

Auf der Nordseite der Halbinsel bietet das Dörfchen Brijesta einen wohltuenden Kontrast zu den quirligen Touristenorten. Wer etwas ganz Abgelegenes sucht, findet hier aus einer Hand Apartments und zwei Camps (Zakono und Vrela, mobil 098-344204, www.brijesta.com) direkt am Meer. Wein und Fisch kann man beim Hausherrn kaufen, die nächste Einkaufsmöglichkeit gibt es in Janjina (Fischgeschäft und Plus-Minimarkt an der Hauptstraße) bzw. in Ston.

Potomje und Dingać

Weiter westwärts die Hauptstraße entlang, folgt das bedeutende **Weinbaugebiet** von Pelješac rund um Potomje. Im Ort gibt es eine Tankstelle sowie Bank, Post und Minimarkt. Direkt vor dem **Tunnel** im Ort (kleine Schilder beachten) liegt linker Hand (Fässer) ein **Weingut,** erkennbar an einem Fass am Fußweg - es kann selbst gezapft und probiert werden! Auf der anderen Seite des kleinen Platzes vor dem Tunnel befindet sich der Minimarkt, die einzige Einkaufsmöglichkeit von festen Nahrungsmitteln vor Ort.

Hinter dem Tunnel liegt ein echtes Kleinod: **Dingać-Borak** und **Dingać-Potoče.** Wer Ruhe und Gemütlichkeit sucht, ist hier genau richtig - „Action" sucht man vergebens! Einmal im Jahr jedoch, am ersten Samstag im August, wird im Rahmen eines Dorffestes kostenlos (!) Fisch gegrillt und Wein verkostet - jeder ist herzlich eingeladen! Ansonsten gibt es hier nur eine sehr gute Konoba (Konoba Dalmatinska Kuća, Tel. 020-741546) sowie einen kleinen Verkaufsstand der Ladenbetreiberin von Potomje.

Unterkunft

- €€**Apartments Nikolica,** direkte Uferlage, Tel. 021-531503, www.dingac.com.
- Auch die €€**Villa Ana** (Tel. 020-748031, www.dubrovnik-online.net/anadingac) bietet Apartments für 2–6 Personen; etwas zurückgesetzt am Weinberg gelegen.
- Preiswert sind die 4–5-Personen-Ferienwohnungen der €**Villa Gloria** (mobil 091-5503067, www.villagloriadingac.com).
- Sehr nett ist es in der €€**Villa Dingac** (Tel. 020-748030, www.dubrovnik-online.net/villa_dingac), wo Wohnungen für 3–6 Personen zur Verfügung stehen.
- Potoče (rechts hinter dem Tunnel) besteht aus nicht viel mehr als fünf **Häusern** am Meer, alle sind zu vermieten; Anfragen auf Englisch bei *Rina Tomelic,* I. Kukuljevića 14, 21000 Split, Tel. 021-567563, Tel. in Potoče 020-742410, 20–80 Euro/Tag, zu buchen über www.unterkunftinkroatien.de/orebic/apartmani-rina.

160sd Foto: wl

Badebucht bei Dingać

Trpanj

Der **Hafen** von Pelješac für Ploče, eingebettet in die Hügellandschaft der Nordküste, fiel um 1340 an die Dubrovniker Adelsfamilie *Gundulić,* deren Familienwappen am Renaissancealtar der Pfarrkirche Sv Rok verewigt wurde (s. auch Gundulić-Platz, Dubrovnik).

Bedeutendstes Ereignis ist die Feier am 15. August (Mariä Himmelfahrt) mit Prozession und Ausfahrt zum Inselchen mit der Statue Zvijezda mora. Aber auch sonst wird Besuchern in den Sommermonaten einiges geboten, vom Eselsrennen bis zur Stranddisco Plavi Klub (Tel. 020-743967).

An- und Weiterreise

- **Bus:** 5.50, 8.50, 13.50 und 16.15 Uhr nach Orebić.

Info und Agenturen

- Richtung Hotel Faraon gehend, liegen linker Hand am Hafen die **Touristeninformation** (Tel. 020-743433, www.tzo-trpanj.hr), tgl. 8–20 Uhr) sowie ein kleiner **PKW-Vermieter** (mobil 092-2152020).
- Die **Agenturen Laguna,** Tel./Fax 020-743829, laguna-put.agencija@du.htnet.hr, und **Slišković,** Tel. 020-743599, sliskovic@du.htnet.hr, vermitteln Unterkunft.

Unterkunft

• €€€**Hotel Faraon,** Tel. 020-743446, Fax 743422, www.hotelfaraon-adriatiq.com, terrassenartig im Hang am Hauptstrand errichtet; Pool, Animation, Gymnastikprogramme, Tischtennis, Familiendisco, auch Familienzimmer (zwei verbundene Räume); nur im Sommerhalbjahr geöffnet.

• Hinter dem Faraon-Hotel bietet die €-€€**Villa Antunovic** (Tel. 020-743538, www.vila-antunovic.hr) verschiedene Zimmer für 2-3 Personen (wahlweise mit Klimaanlage, Internet, Sat-TV).

Camping

• €€€**AC Vrila,** Campingplatz am Ostende der Bucht, ca. 1 km außerhalb, Tel./Fax 020-743700, Tennis, Surfen, Beachvolleyball.

Essen und Trinken

• Einfache Snacks und Pizza serviert das **Dundu** (Tel. 020-743806) neben der Touristeninformation.

• Die **Konoba Dubrovnik** (Tel. 020-743463) hat neben kulinarischen Köstlichkeiten auch Apartments und Zimmer zu vermieten.

• Die **Konoba Trpanj** (Tel. 020-743897) gegenüber bietet einfache und schmackhafte Fleisch- und Fischgerichte an.

Aktivitäten

• **Baden:** Hauptstrand am Hotel Faraon (Kajakverleih, Liegenverleih, Beachbar), außerhalb in den zahlreichen Felsbuchten.

• **Ausflugsboote** (Fischpicknick usw.) am Pier beim Hotel.

Nützliches

• **Bank** und Geldautomat, **Post** (Mo-Fr 8-12 und 17-21 Uhr), **Marktstände,** der **Studenac-Markt** (tgl. 7-21 Uhr, So bis 20 Uhr), die **Bäckerei Antonia** (tgl. 6-20 Uhr) und eine **Tankstelle** liegen am Hafenbecken vor der Fähranlegestelle.

• Leser empfehlen das **Fischgeschäft** an der Hauptstraße (mobil 098-9120463), Angebot je nach Fang.

Orebić

Das **Straßendorf** Orebić (ca. 4000 Einwohner) im Südwesten der Halbinsel erstreckt sich über mehrere Kilometer entlang der Panorama-Uferstraße unterhalb des über 950 m hohen Sv Ilija. Hübsche Villenbauten früherer Jahrhunderte in mediterran-subtropischer Vegetation prägen das Bild der im 16. Jahrhundert von der Kapitänsfamilie *Orebić* dominierten Kleinstadt. Geradezu legendär sind auch die **Sandbuchten** (z.B. Trstenica) am Ortseingang von Orebić, die von Reisenden als die schönsten Dalmatiens gepriesen werden. Auch die **FKK-Inseln Stupa und Badja** (Bootstaxi ab Promenade) gehören zu den schönsten Badeplätzen von Pelješac. Insgesamt ist Orebić mit seiner vorzüglichen touristischen Infrastruktur ein ausgezeichneter Standort für Reisende.

Sehenswert sind im Ort das **Seefahrtsmuseum** (im Sommer 7-20 Uhr, Sa, So, feiertags 18-20 Uhr, im Winter 9-12 und 17-19 Uhr, Eintritt 10 K) am Trg Mimbelli sowie das am Ortsrand (kleine Straße am Hotel Bellevue) gelegene **Franziskanerkloster** mit angeschlossenem **Sakralmuseum** (tgl. 9-12 und 15-20 Uhr, Eintritt 20 K).

Wanderung zum Sv Ilija

Das **Kloster** ist auch der Ausgangspunkt für den nicht ganz einfachen Aufstieg zum Gipfel des Sv Ilija mit einmaligem Rundblick über die gesamte süddalmatische Inselwelt, dabei besonders am Anfang immer wieder hinüber zum malerischen Städtchen Korčula. Von der Hauptstraße am westlichen Ortsrand (kurz hinter dem Hotel Bellevue) führen ein Fahrweg und ein Wanderweg zum Klosterparkplatz. Hier folgt man zunächst ca. zehn Minuten dem Sträßchen bis zu einem **Weingehöft** rechter Hand. Dorthin abbiegend und am Haus links vorbei, beginnt der ziemlich steile Pfad immer aufwärts in westlicher Richtung und führt nach ca. 45 Minuten landeinwärts, eine gute Weile nur moderat ansteigend.

Kurz darauf passiert man ein Ziegengatter und kommt so in den **Hochwald** mit einem Wegweiser („Ilija 55 Min.") nach rechts. Bald darauf wird es wieder steil und serpentinenartig, bis sich der Wald öffnet und die neue **Hütte** unterhalb des Gipfels erreicht ist (an der Hütte weitergehend, kann man inlandseitig zurück nach Orebić gehen).

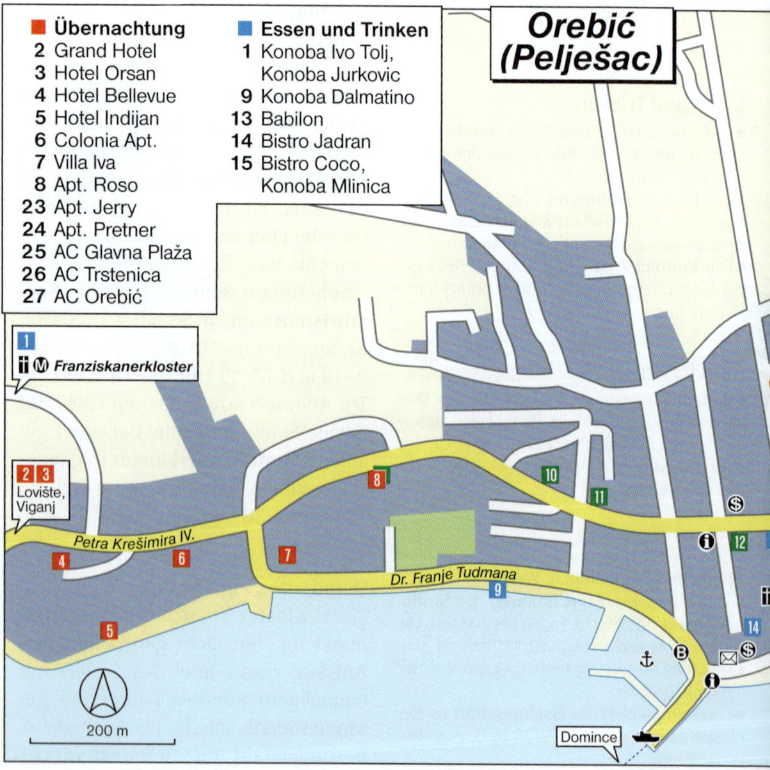

Ab der Hütte sind es noch sehr zähe 30 Minuten bis zum **Gipfel,** der Pfad ist teilweise kaum noch erkennbar – im Zweifel halbrechts halten. Nach einer letzten Kletterpartie ist der Gipfel mit atemberaubender Aussicht erreicht. Zurück an der Hütte kann man denselben Weg zurück zum Kloster (bzw. nach Viganj) gehen oder links durchs Hochtal bis Orebić-Mitte wandern.

Die hier vorgestellte Wanderroute ab Kloster ist etwas kürzer als der Weg von der Ortsmitte aus und bietet den Vorteil, zumindest am frühen Vormittag einigermaßen im Schatten zu liegen. Hin und zurück sind es etwa **3½ Stunden,** für den Rundweg ab der Hütte unterhalb des Gipfels im Hochtal zurück zum Ort ist etwa eine halbe Stunde mehr einzuplanen.

Wer vom Ortskern hinaufwandern möchte, orientiere sich an der Hauptkirche im Ort – hier gerade über die Hauptstraße, an der Erste-Hilfe-Station

vorbei führt ein beschilderter Wanderweg. Es führen auch von Kučisće und Viganj aus Pfade hinauf zum Gipfel.

An- und Weiterreise

• **Bus:** Trpanj (5.20, 8.20, 13.20 und 15.30 Uhr), Vela Luka (6.30, 11.30 und 18 Uhr), Lovište (6.15 und 9.30 Uhr), Ston (5.30, 8.50, 13.30 und 16.15 Uhr), Korčula/Vela Luka (6.30, 11.30, 18 Uhr). **Fernbusse:** Zagreb (20.15 Uhr), Dubrovnik (7.20 und 16.15 Uhr). Busplatz direkt an der Fähre.

• **Korčula-Personenfähre:** Direkt in die Stadt fährt von Juni bis September die kleine Personenfähre Mediteranska Plovidba, 5.20–20.20 Uhr bis zu 14x tgl., Tel. 020-711156. Wer nur Korčula-Stadt besuchen möchte, muss also nicht unbedingt mit der PKW-Fähre hinüberfahren.

Info und Agenturen

• **Touristeninformation,** am Trg Mimbelli (am Pier), Tel. 020-713367, Fax 713606, tz-orebic.com, tgl. 8–21 Uhr. Eine Filiale liegt außerdem an der Hauptstraße in der Ortsmitte gegenüber vom Mini-Einkaufszentrum (tgl. 8–14 Uhr).

• **Orebić-Tours,** Bana J. Jelačića 84, Tel. 020-713367, Fax 713606, www.orebic-tours.com, arrangiert Privatunterkunft und Ausflüge.

Unterkunft

Zimmer/Apartments:

• Nette Ferienwohnungen für 2 bis 4 Personen bieten an der Hauptstraße die €€**Apartmani Roso,** B.J. Jelačića 96 (beim Studenac-Minimarkt), Tel. 020-713226, www.orebic-roso.com, mit modern eingerichteten Wohneinheiten.

• An der Uferstraße bietet die €€€**Villa Iva** sehr zentral moderne 4er-Wohnungen, Tel. 020-713800, www.dalmatino-tours.eu. Angeschlossen ist die Agentur Dalmatino-Tours mit Ausflügen sowie Quad-, Boots- und PKW-Verleih.

• Kurz vor dem Bellevue-Hotel liegen in der P. Krešimira IV 93 meerseitig die sehr preiswerten €**Colonia Apartments** mit Zimmern, Studios und Ferienwohnungen; www.colonia-apartments.de.

• Relativ preiswert kommt man in den €€**Apartments Jerry** (Tel./Fax 020-713767) unter; ufernah in der Starcevica 2a und nicht weit vom Hauptstrand gelegen, dennoch sehr ruhig. Wohnungen für 2–4 Personen.

• Ein Stück weiter Richtung Hauptstrand liegen die €**Apartments Pretner** (Tel. 020-713216, www.apartmani-pretner.com) in einem hübschen Gärtchen. Nur Studios (2 Personen plus max. 1 Kind).

• Auch in der €€€€**Campinganlage Adriatic** (s. Camping) werden Apartments vermietet.

Hotels:

• €€**Hotel Orsan,** Tel. 020-713026, Fax 713267, www.orebic-htp.hr. Schön am westlichen Ortsrand unter dem Kloster und gegenüber von Korčula gelegen. Betreiben mit dem benachbarten Grand Hotel gemeinsam ein **Hotelboot nach Korčula** (9 Uhr hin, 12 Uhr retour; auch für Nichtgäste, 30 K, Kinder 15 K).

• Das €€**Hotel Bellevue,** Tel. 020-713193, www.orebic-htp.hr, ist mit Einzel-, Doppel- und Familienzimmern im Haupthaus sowie (allerdings sehr einfachen) Reihenbungalows einschließlich zusätzlicher All-Inclusive-Angebote sehr breit aufgestellt. Pool, Tennisplätze und beschrankter hoteleigener Parkplatz. Die Küche lässt allerdings zu wünschen übrig.

• Das neue €€€€**Hotel Indijan** (Tel. 020-714555, www.hotelindijan.hr) ist sicherlich die Nummer eins vor Ort; schönes Innenschwimmbad, Sauna, Spa und ein sehr gutes Restaurant (eigene Weine aus Dingać) im Innenhof zum Meer.

Camping

Etliche Campingplätze rund um Orebić locken zahllose Campingfreunde aus dem In- und Ausland an.

• €**Camp Postup-Paradiso,** 3 km vor dem Ort (Richtung Osten), Tel. 020-713690, damir. saic@du.t-com.hr; sehr einfach, ohne Angebote, aber mit Bootsplatz.

• €€€**AC Adriatic-Mokalo** (mit Tauschschule), Tel. 020-714328, Fax 713420, www.adriaticmikulic.hr. Kleiner, aber feiner Platz 3 km östlich mit Kinderpool, Tauchen, Wassersport (auch Surfen), Rad-/Bootsverleih und Snacklokal; auch Apartments/Studios.

- €€€**Nevio Camping,** Tel. 020-713100, www.nevio-camping.com. Jüngerer Platz östlich des Ortes mit Restaurant, Bungalowvermietung (40–155 Euro), Zelt- und Stellplätzen sowie eigenem kleinen Bootspier.
- €**AC Orebić,** Tel. 020-713324, privates Minicamp für ca. 30 Personen, am Ortseingang landseitig der Hauptstraße (nicht am Wasser).
- €€**AC Trstenica,** Tel. 020-713348, www.kamp-trstenica.com, für knapp 100 Personen, super Lage am Hauptstrand, Waschmaschinen, Bootsslip, Snacklokal, Animationsprogramm.
- €€€**AC Glavna Plaža,** K. Domagoja 49, Tel. 020-713399, Fax 713390, www.glavnaplaza.com, sehr klein (75 Gäste), zentral gelegen, Rad- und Bootsverleih.

Essen und Trinken

- Einfach und günstig isst man im **Bistro Jadran** (Pizzen ab 35 K; Tel. 020-713243) am Uferstäßchen zwischen Pier und Ortskern.
- Schön sitzt man im Innenhof des **Bistro Coco** (Obala pomoraca 8, Tel. 020-714376, tgl. 18–24 Uhr) mit Fleisch- und Fischgerichten, Lasagne und Pizza.
- Ein besonderer Tipp ist ein Stück weiter linker Hand die **Konoba Mlinica** (Obala pomoraca, Tel. 020-713886), eine ehemalige Mühle mit Steinglockenofen, die nur wenige, aber zünftige Gerichte anbietet wie etwa *Teletina s Krumpirom* (Kalbfleisch mit Kartoffeln) oder *Hobotnica s Krumpirom* (Oktopus mit Kartoffeln, beides ca. 80 K).
- Schön und ufernah sitzt man an der kleinen Promenade in der **Konoba Dalmatino** (Tel. 020-713551) in einem netten Gartenareal mit Minispielplatz für die Kleinen; begrenzte Auswahl, aber gut.
- Im Ortszentrum bei der Kirche loben viele Reisende das Restaurant **Babilon** (Tel. 020-713352, April bis November tgl. 9–24 Uhr) für ausgezeichnete Fischplatten sowie deftige Hausmannskost.
- Am Ende des Franziskanerkloster-Fahrweges liegt die **Konoba Panorama Jurkovic** (Tel. 020-714170) mit zünftiger Hausmannskost und toller Terrasse mit Blick bis Korčula.
- Ebenfalls beim Kloster (150 m vorher) gibt es in der **Konoba Ivo Tolj** (Tel. 020-713308) Hauswein (35 K), Rakija (8 K), Hausmacher-Limonade (10 K), Schinken (40 K) und Käse (30 K). Hier werden auch Ausritte organisiert.

Nützliches

- Selbstversorger achten an der Hauptstraße auf das kleine **Einkaufszentrum** mit **Bank** (EC-Automat), Fischgeschäft, Obst-/Gemüsemarkt und Supermarkt sowie **Bäckerei, Metzgerei** (7–12 und 17–19 Uhr, So 7–11.30 Uhr) und **Zeitschriftenhandel** auf der anderen Straßenseite. Die **Metzgerei Pivac** liegt wenige Meter weiter (tgl. 7–20 Uhr, So bis 12 Uhr); gegenüber findet man eine **Apotheke.** Für den Großeinkauf bietet sich der **Konzum-Supermarkt** am östlichen Ortsrand an (tgl. 7–21 Uhr, auch wenn „So 20 Uhr" angeschrieben steht!).
- **Banken** (EC Automat) und eine **Post** (Mo–Sa 7–21 Uhr) am Trg Mimbelli (beim Fährpier/Ticketschalter); Filialen mit Geldautomat im Mini-Einkaufszentrum.

Viganj

Das kroatische **Surf-Mekka** – ebenso gut wie Bol, aber ruhiger – zieht mittlerweile mehr Urlauber an als Orebić. Der Ort erstreckt sich als reines Straßendorf über mehrere Kilometer. Sehenswert ist das **ehemalige Dominikanerkloster** (heute katholische Kirche) mit einer Madonna in Dominikanertracht und einer weiteren Madonnenstatue aus dem 15. Jahrhundert. Bademöglichkeiten findet man an der Zufahrt zu den Camps (von Orebić kommend links, Ortsteil Kučiste).

Information

- **Touristeninformation Viganj,** Tel. 719295, www.viganj. net; geöffnet im Sommerhalbjahr 8–12 und 17–21 Uhr.

Unterkunft

- Privatzimmer haben u.a. die **Pensionen** €€**M&Z,** Tel. 020-719293, oder €**Balota,** Tel. 020-719079, www.pansion-balota.hr, beim Beuchat-Tauchzentrum.
- Am westlichen Ortsrand liegt sehr schön die €-€€**Villa Mediterrané,** Tel. 020-719196, www.villamediterrane.com, mit 12 Zimmern und 7 Apartments; eigener Pool, Halbpension ist möglich.
- In der **Konoba Zamošće,** mobil 098-9303592, www.crotap.com, werden ebenfalls mehrere Ferienwohnungen angeboten; angeschlossen ist eine Surfschule, auch zahlreiche Ausflüge werden arrangiert (u.a. Dubrovnik, Mljet, Hvar).

Camping

- €€**AC Perna,** Tel. 020-719286, www.clubadriatic.hr, mit Strandabschnitt und Restaurant, Tischtennis, Surfen, Beachvolleyball.
- €€€**AC Palme,** Tel. 020-719164, www.kamp-palme.com, gleich dahinter, deutlich kleiner, Rad- und Bootsverleih.
- Schönster Campingplatz ist der ADAC-Partner €€€€**AC Antony Boy,** Tel. 020-719077, www.antony-boy.com, mit Minimarkt, Rad- und Bootsverleih, Tauch- und Surfschule (auch Katamaranverleih).
- €€€**AC Maestral,** mobil 098-1969847, www.maestral-camping.hr, sehr schön terassenförmig angelegt, Surfverleih, Snackrestaurant.

Essen und Trinken

- Sehr schön sitzt man auf der Uferterrasse der **Konoba Karmela** in der Ortsmitte.
- Gut und günstig werden Fischgerichte in der **Konoba Zamošće** unweit vom Camp Palme serviert (mobil 098-9303592).

Nützliches

- An der Uferstraße liegt ein **Plus-Minimarkt** mit **Geldautomat** in der Ortsmitte; ein Stückchen weiter ist die **Post.**

Lovište

Über den steilen Höhenzug um den Sv Ilija hinweg kann man seit noch nicht allzu vielen Jahren das Örtchen Lovište auf dem Landweg besuchen. Einst von Siedlern aus Hvar begründet, bietet Lovište heutzutage eine deutlich ruhigere Alternative zu den hektischeren Urlaubszentren Viganj und Orebić. Im Ort wie auch in den unmittelbar angrenzenden Buchten gibt es zahlreiche Bademöglichkeiten, auch FKK.

Unterkunft

- Privatzimmer und Apartments bietet die Pension €€**Tamaris,** Tel. 020-719196, www.pansion-tamaris.com, mit Ausflugsorganisation und angeschlossenem Restaurant (tgl. 17–22 Uhr).
- €€**Penzion Tamara,** nebenan, Tel./Fax 020-718110, www.loviste-penziontamara.com.
- Auf der anderen Seite des Hafenbeckens liegen die Pension €€**Indira,** Tel. 020-719002, Halbpension möglich), sowie ganz am Ende die Berliner €€€**Pension Gradina** mit eigenem Restaurant (tgl. 9–21 Uhr, Tel. 020-718017, www.icmore.de); DZ, Studios und Ferienwohnungen, inklusive WLAN, Liegestühle, Surfbretter und Räder.

Camping

- Sehr beliebt ist das €**AC Denka** am Ortsausgang Richtung Mirce mit Palmen und Olivenbäumen sowie gepflegten Sanitäranlagen, alternativ bietet sich das €**AC Sunny,** Tel. 020-719164, im Ortsteil Mirce auf der anderen Seite der Bucht (Zufahrt an der Kreuzung vor Lovište rechts) an.

Essen und Trinken

- Zum Essen geht man in die netten Schenken **Trumbeta** (Tel. 020-718092) und **Barsa** (Tel. 020-718057) oder in die **Konoba Mirce** im gleichnamigen Ortsteil, tgl. 9–23 Uhr.
- Für Erfrischungen empfiehlt sich die **Café-Bar Caramba.**

Nützliches

- **Parken** muss man vor dem kleinen Ort.
- Am Hafenbecken gibt es **Minimarkt** (tgl. 7–21 Uhr), **Post** (mit Wechselstube, Mo–Fr 9–12.30 Uhr) und **Touristeninformation** (Tel. 020-718034, nur Juli/August 8–12 und 17.30–20 Uhr).
- Neben dem Restaurant Barsa bietet ein kleiner Agroerzeuger **Obst, Gemüse, Honig** usw. an.
- Am linken Uferende können in Haus Nr. 6 **Boote, Kanus, Räder** und **Surfbretter** gemietet werden.

Insel Korčula

Korčula (48 km lang, max. 8 km breit), die „grüne Insel" Dalmatiens, kann von Split und Drvenik aus direkt oder über die Halbinsel Pelješac angefahren werden. Insbesondere bei letztgenannter Möglichkeit sticht der landschaftliche Unterschied zwischen den schroffen Mittelgebirgsketten von Pelješac und den **sanften, bewachsenen Hügeln** von Korčula ins Auge. Neben Pinien, Kiefern und Palmen gedeihen hier Oliven, Feigen, Wein, Granatäpfel und sogar Zitrusfrüchte. Die rund 17.000 Einwohner leben heute überwiegend vom Fremdenverkehr. In den Glanzzeiten des 15. und 16. Jahrhunderts spielte der Schiffbau eine bedeutende Rolle. Das touristische Interesse an Korčula verdankt sich dem faszinierenden Städtchen Korčula mit seinem frühneuzeitlichen Erscheinungsbild, den schönen Stränden sowie dem milden Klima bei fast 300 Sonnentagen im Jahr.

Die griechischen Kolonisten des vierten vorchristlichen Jahrhunderts trieben regen Handel mit Salona/Solin, Trogir und Vis. Zur Zeit des Kaisers *Augustus* römisch, geriet Korčula später immer wieder in den Blickpunkt des Interesses der **unterschiedlichsten Regenten und Nationen:** Goten, Byzantiner, Neretva-Piraten (siehe bei Makarska), kroatisch-ungarische Könige, Venezianer (1420–1797), Franzosen, Österreicher, Engländer, Russen und Italiener – von einer serbischen Besetzung im Bürgerkrieg blieb Korčula dagegen verschont.

Korčula-Stadt

Der **Hauptort** liegt auf einer kreisrunden, ins Meer hinausragenden **Halbinsel** und ist vom Wasser beinahe gänzlich umschlossen. Dass die Stadt quasi am Reißbrett entstand, verdeutlicht die schnurgerade Mittelachse mit den davon abzweigenden Gassen. Diese **Anlage der Stadt** bietet optimalen Schutz vor Wind und sengender Sonne, außerdem waren die umgebenden Wehrmauern schnell und geradlinig erreichbar. Eine derartige Stadtplanung war während der Türkenkriege typisch, europäisches Paradebeispiel hierfür ist Valletta auf Malta. Von April bis Oktober wird an den Stadttoren einmal wöchentlich die

Moreška, ein symbolischer Schwerttanz in Erinnerung an die Türkenkriege, im Rahmen der Sommerfestspiele aufgeführt. Die Hintergrundmusik dazu wird mit Trommeln und Dudelsäcken gespielt.

Die mittelalterliche äußere **Befestigungsanlage** mit Wehrmauern, Kastellen und zwei Stadttoren ist teilweise gut erhalten; heute verläuft hier die Uferpromenade um die **Altstadt** herum. Als Hauptzugang zur Altstadt dient das **Landtor Veliki Revelin** aus dem Jahr 1571; links hinter dem Tor liegt das Rathaus aus dem 16. Jahrhundert mit der städtischen Loggia.

Die Hauptachse führt weiter zum höchsten Platz der Stadt, dem **Trg Sv Marka** mit der Kathedrale und dem **erzbischöflichen Palast.** Dieser birgt eine Schatzkammer mit Feinschmiedearbeiten, Trachten und Handschriften sowie einer Münzsammlung. Die klobig-wehrhafte, dreischiffige **Kathedrale Sv Marko** (Mo bis Sa 9–21 Uhr) entstand im 15. und 16. Jahrhundert und gilt als das bedeutendste architektonische Monument der Stadt. Auffällig sind das steinerne Ziborium (Altarbaldachin) von 1486 sowie das Titularbildnis hinter dem Hauptaltar (*Hl. Markus, Hieronymus* und *Bartholomäus*) von *J. Tintoretto* (16. Jahrhundert). Unmittelbar neben der Kathedrale steht die Kapelle des Pestheiligen Sv Rok mit einem faszinierenden barocken Marmoraltar.

Das **Marco-Polo-Haus** (beschildert) soll das Geburtshaus des Missionars und China-Reisenden *Marco Polo* gewesen sein – die Historiker sind sich über die Authentizität dieser Herkunftsdeutung allerdings uneinig. Einige hübsche Patrizierpaläste sind ebenfalls beachtenswert, so der **Palazzo Arneri** (heute Galerie) oder der **Palazzo Gabrielli** mit dem **Städtischen Museum** (tgl. außer So 10–12 Uhr, Eintritt 20 K inkl. Audio-Führer).

Am südöstlichen Ende der Altstadt steht die **Allerheiligen-Kapelle Svi Sveti.** Sie stammt aus dem 15. Jahrhundert, ihr Altarbereich gilt als ein Meisterwerk des österreichischen Bildhauers *G. R. Donner* (1693–1741). Angeschlossen ist ein kleines **Ikonenmuseum** (tgl. 9–12 und 16–18 Uhr, Eintritt 15 K).

Das Landtor Veliki Revelin in Korčula-Stadt

An- und Weiterreise

- Alle **Pkw-Fähren** legen in **Dominče,** knapp 5 km Richtung Lumbarda, an und ab (Pendelbusverkehr). Verbindungen: 10–18x tgl. von/nach **Orebić auf Pelješac** für ca. 15 Euro. Von/nach **Drvenik** auf dem Festland fährt im Sommerhalbjahr 2–3x tgl. eine PKW-Fähre von Dominče aus für ca. 23 Euro (PKW mit 2 Personen).
- Eine **Personenfähre** fährt von **Orebić** den **Altstadthafen** von Korčula-Stadt an, Juni bis September 5.20–20.20 Uhr bis zu 14x tgl., Tel. 020-711156.
- Der Busbahnhof liegt am Marina-Vorplatz (Obala K. Brodograditelja, Tel. 020-715500). **Inselbusse:** 7x tgl. Korčula-Stadt – Vela Luka 6.55–20.15 Uhr, 11–12x tgl. (So nur 4x) Korčula-Stadt – Lumbarda 7–18.45 Uhr.
- Ein **Pendelbus** verbindet den Busbahnhof vor der Altstadt mit dem Fährpier **Dominče** (abgestimmt auf die Fährzeiten).

• **Fernbusse** fahren um 6.45 und 15.45 über Orebić und Ston (Pelješac) nach **Dubrovnik** bzw. Zagreb/Zadar/Split (19.45 Uhr).

Info und Agenturen

• **Touristeninformation,** Obala V. Paletina (Promenade), Tel. 020-715701, www.korcula.net und www.korculainfo.com, tgl. 8–15 Uhr, im Sommer auch 16–21 Uhr. Arbeitet mit **Kantun Tours** (selbes Büro) zusammen, daher hier auch Ausflüge, Radverleih usw.

An der Uferpromenade liegt rund ein Dutzend Agenturen für **Ausflüge, Zimmervermittlung, Scooter** usw., beispielsweise:

• **Marko Polo Tours,** Tel. 020-715400, Fax 715800, info@markopolotours.hr.

• **Korčula,** Tel. 020-711067, Fax 711710, www.korcula-tours.com, arrangieren auch Kreuzfahrten, Segelschule usw.

• **Atlas Korčula,** Tel. 020-711060, Fax 715580, www.atlas-croatia.com.

• **Jadrolinija** (Fährtickets) hat ein Büro nahe der Altstadt-Anlegestelle (Ostseite), Tel. 020-715410, Fax 711101, www.jadrolinija.hr.

• **Korkyra** (beim Markt am Revelin-Tor, Tel. 020-711750, www.korkyra.info) arrangiert Transfers, vermietet Boote und Fahrzeuge und dient auch als **Internetcafé.**

Unterkunft

Günstiger ist die Übernachtung in Orebić auf Pelješac, von wo aus man Tagesausflüge nach Korčula unternehmen kann.

• Das zentrale €€€**Hotel Liburna** in Korčula-Stadt verfügt über zweckmäßig und angenehm ausgestattete 83 Zimmer und 26 Apartments und bietet Pool, Kegelbahn, Billard, Tennis und Minigolf. Sehr schöne Restaurantterrasse mit herrlichem Blick über die Altstadt und die Inselwelt. Hohe Rabatte ab 7 Tagen Aufenthalt. Tel. 020-726066, Fax 726272, www.korcula-hotels.com.

• Ganz zentral an der Promenade liegt das kleine €€€**Hotel Korčula,** Tel. 020-711078, Fax 711026, www.korcula.net.

• Das €€€**Hotel Park,** Tel. 020-726004, Fax 711746, www.korcula-hotels.com, liegt in Gehnähe und kann mit einer Disco/Bar aufwarten.

kro420 Foto: wl

Süddalmatien

- Dahinter folgt das €€€€**Hotel Marco Polo.** Es wurde nach dem mutmaßlich bekanntesten Sohn der Stadt benannt, liegt in unmittelbarer Altstadtnähe und bietet Hallenbad, Tennisplätze, Billard, Fitnessraum sowie Kinderbetreuung. Die meisten der komfortabel ausgestatteten Zimmer verfügen über Balkon mit Meerblick. Tel. 020-726131, Fax 726300, www.korcula-hotels.com.
- Noch vor dem Altstadtzugang beim Busbahnhof liegen die €€**Wohnungen der Familie Ivancevic** (A. Starcevic 1, mobil 091-5533380, www.korcula.bz) mit Studio (2 Personen) und 4–5-Bettenapartments. Alle Wohnungen mit Balkon, Waschmaschine, Klimaanlage und Sat-TV. Die Besitzer bieten weitere Objekte auf Korcula an.

Camping

- €€**AC Kalac,** Tel. 020-726693, www.korcula-hotels.com, 4 km außerhalb der Altstadt (nahe der Fähre), Campingplatz mit Sandstrand, Rad- und Bootsverleih, Tauchen, Surfen und Tennis.

• Die Hochburg für Campingfreunde liegt in den Buchten zwischen Korčula-Stadt und dem Badeort Račišće mit den kleinen Campingplätzen €**Oskorušica,** Tel. 020-710897, €**Tržala,** Tel. 020-721244, und €**Vrbovica,** Tel. 020-721311, alle gelistet unter www.korcula.net („Auto-camps").

Essen und Trinken

• Günstige Kleinigkeiten serviert die **Snackbar am Busbahnhof.**

• Preiswert ist auch die **Pizzeria Amfora** (Ul. od Tetra br. 4, Tel. 020-711739, April bis Oktober tgl. 10–24 Uhr) in der Altstadt.

• Empfehlenswert für lokale Küche ist die **Konoba Mare** (am Marco-Polo-Haus in der Altstadt, Tel. 020-711253) mit Gewölbekeller.

• Es ist ein offenes Geheimnis, dass die Restaurants in Korčula-Stadt hauptsächlich auf den Tagestouristen eingestellt sind, Kenner speisen außerhalb. Als rühmliche Ausnahme sei die **Konoba Maslina** von *Liljana* und *Ivan* empfohlen. Die Gerichte werden nach Großmutters Rezepten zubereitet, u.a. Muscheln, Fischrisotto oder Hausmacher-Makkaroni, auch zahlreiche vegetarische Gerichte. Einfaches, aber sehr ordentliches Ambiente, günstige Preise für Korčula. Tgl. geöffnet, Lumbarajska cesta, Sv. Anton (etwas außerhalb, ca. 1 km vom Fährhafen), Tel. 020-711720.

Nachtleben

• Nachtschwärmer gehen gern in die **Disco Bon Repos** im gleichnamigen Hotelkomplex.

Aktivitäten

• **Bademöglichkeiten** bestehen an den Hotel- und Campingstränden. Bootstaxis fahren vom Altstadthafen zu den unmittelbar vorgelagerten **Badeinseln Badija, Majsan, Vrnik und Stupa** (FKK, jeweils 10 Minuten Fahrt).

• Die **ACI-Marina Korčula** (mit angeschlossenem Restaurant), Tel. 020-711661, Fax 711748, ist ganzjährig geöffnet.

• Die Hotels bieten **Bootsverleih, Tennis** usw. Die Agenturen arrangieren **Inselrundfahrten und Ausflüge** (z.B. nach Dubrovnik).

Nützliches

• In der Altstadt sind **Parkplätze** rar (Automaten, 10 K/Stunde). Vor der Ortszufahrt wird man auf einen (beschilderten) größeren Parkplatz geleitet, von wo aus es etwa 10 Minuten hinunter zum Zentrum sind.

• Am Schulparkplatz kurz vor dem Busbahnhof links gibt es einen günstigen **Rad-, Moped- und Pkw-Verleih,** ebenso (direkt neben Marco-Polo-Tours) bei **Rent a Dir,** Tel. 020-711098, www-korcula-rent.com. Auch **Cro-**

Rent gegenüber der Touristeninformation vermietet Fahrzeuge, Boote, Räder usw. (www.korcula-rent.com).

- Am Altstadteingang liegen eine **Splitska Banka** (Mo–Fr 7–21 Uhr, Sa nur vormittags) und die **Post** (Mo–Fr 7–21 Uhr, Sa 8–15 Uhr).
- Am Hafenbecken befinden sich ein großer **Minimarkt,** eine **Splitska Banka** (Geldautomat) und das empfehlenswerte **Café Arula,** rechts vom Revelin-Tor der **Markt** mit Souvenirhändlern. Neben dem Busbahnhof bietet sich der **Konzum-Supermarkt** für den Großeinkauf an.
- **Internetcafé Nautika** am Busbahnhof, hier auch Rad- und Bootsverleih.

Lumbarda

8 km südlich von Korčula-Stadt und nur knapp 3 km vom Fährpier Dominče entfernt, führte die 1100-Seelen-Gemeinde Lumbarda lange Zeit ein eher stiefmütterliches Dasein. Ein paar hübsche, stilvolle Villen, eine kleine Marina, ein hervorragender, ausgedehnter Strand und nicht zu vergessen die Weingärten, aus deren Trauben die berühmten schweren Weißweine gewonnen werden, trugen jedoch dazu bei, dass Lumbarda mittlerweile **recht überlaufen** wirkt. Antike Funde (älteste südslawische schriftliche Überlieferung), die barocke Pfarrkirche Sv Rok aus dem 16. Jahrhundert sowie die Geburtshäuser der dalmatischen Künstler *I. Lozica* und *F. Kršinić* sind die wichtigsten Sehenswürdigkeiten von Lumbarda.

Bademöglichkeiten gibt es im Ort an kleinen Sandstränden, am Marina Beach (Kies), Tatjana Beach (Sand/Stein) und vor allem am großen Prižna Beach am Ende der Straße (Sand).

Unterkunft

Als Unterkunft (deutlich günstiger als Korčula-Stadt) bieten sich an:

- €€€**Hotel Borik,** Tel./Fax 020-712433, www.hotelborik.hr, Älteres, innen modern renoviertes Hotel in kleiner Gartenanlage mit Pool und angeschlossener Pizzeria Poladin.
- €€€**Hotel Lumbarda,** Tel. 020-712700, www.lumbardahotel.com. Schöner Meerblick, kleiner Pool, Internet-Ecke.
- €**Apartments Lina,** beschildert, Tel. 020-712150, Fax 712155, www.lina.hr, Aparthotel-Anlage mit 72 Einheiten für 2–5 Personen im Zentrum am Ufersträßchen; angeschlossenes Restaurant.
- Ruhiger und in privaterer Atmosphäre wohnt man in den Apartments der €€€**Pension Bebic** (Tel. 020-712183, www.bebic.hr) mit angeschlossenem Meeresfrüchte-/Fischrestaurant.
- Zahlreiche **Privatanbieter** haben sich unter **www.lumbarda.hr** zusammengeschlossen.

Camping

Rund um den Ort liegt eine Hand voll kleinerer Campingplätze.

- Sehr beliebt ist das **Minicamp Laguna/Jurjevic** (Tel. 020-712440, laguna-apt@mail.inet.hr), wo auch drei €€Apartments zur Verfügung stehen.

Essen und Trinken

- Pizza, Kleinigkeiten und Snacks serviert die **Pizzeria Poladin** (Tel. 020-712488, tgl. 7–24 Uhr) beim Hotel Borik.
- Empfehlenswert ist das Fischrestaurant **Konoba Feral** am Meer, Tel. 020-712090, Mai bis Oktober 12–24 Uhr; Spezialität: Tintenfischgerichte.
- Vom Marinaausgang gehe man rechts am Ufer entlang bis ein Schild („Konoba Zure") nach rechts Richtung Berge weist. Nach 5 Minuten ist die einfache, aber originelle **Konoba Zure** erreicht. Spezialität sind köstliche Fischplatten, zu denen schmackhafter Hauswein serviert wird (Tel. 020-712008 und 712334, tgl. außer So 18–24 Uhr).

Nützliches

- **Post** (Mo–Fr 8–15 Uhr), **Minimarkt** und **Turist Biro** (Tel. 020-712605, www.lumbarda.hr), ein **Geldautomat, Telefonzellen** und ein kleines **Internetcafé** (tgl. 7–24 Uhr) liegen an der Hauptstraße am kleinen Dorfplatz.
- Die **Marina** erreicht man unter Tel. 020-712730, Fax 712755, **Tauchen** organisiert die **Basis MM Sub,** Tatinja 65, Tel. 020-712288, www.mm-sub.hr.
- **Wechselstube, Internetcafé** und **Scooter- und Kajakverleih** im Hotel Borik.

Zwischen Pupnat und Smokvica

Vor Pupnat im Inselinneren weist links ein werbeähnliches Schild auf den Strand von Brača hin, eine ruhige Bucht auf der Südseite der Insel. Bei Pupnat selbst achte man auf das kleine Schild **„Pupnatska Luka"**. Hier liegt die vielleicht **schönste Bucht der Insel** (zumindest von oben!). Eine beschilderte kleine Abzweigung nach links führt hinunter – den schöneren Ausblick genießt man freilich von oben. Die Nebenstraße führt im Bogen zur Inselhauptstraße und via Čara zum **Weinort Smokvica** mit Post und Minimärkten.

Hier führt die Küstenroute (gut befahrbar) über Brna bis Prižba, einem kilometerlangen, aber in keinster Weise überlaufenen Straßendörfchen. Der gesamte Abschnitt mit Blick auf ein Dutzend zum Greifen naher vorgelagerter Inselchen ist vor allem ein besonderer Tipp für Bootsbesitzer.

Brna

Hübsch in den Hängen einer weitläufigen Bucht an der Südküste gelegen, bietet das Dorf Brna eine überraschend umfassende wie auch unauffällige touristische Infrastruktur. Besuchermassen sucht man trotz einer Hotelanlage mit Tennisplätzen auch im Hochsommer vergebens. Im und um den Ort liegen zahlreiche Bademöglichkeiten. Wer einen eher **dörflichen Standort** sucht, ist mit Brna gut beraten.

Unterkunft

- €€€**Hotel Feral,** Tel. 020-832080, www.hotel-feral.hr. Ruhige Ortsrandlage, Pool, gutes Hotelrestaurant.
- Noch vor der Hotelzufahrt liegen die Privatwohnungen €€**Lagarrelax** (Tel. 020-832213, www.lagarrelax.eu) mit 1–4 Zimmern.
- Einen alternativen Privatanbieter findet man zum Beispiel unter **apartmani-tomasic.com** oder **www.brna.info.**

Essen und Trinken

- Für Erfrischungen bietet sich die **Café-Bar Riva** am Uferssträßchen an (tgl. 8–2 Uhr).
- Hier liegt auch **Pizzeria-Grill Žal** (Tel. 020-832219).

Nützliches

- An der Uferstraße findet man eine **Bäckerei** (tgl. 6.30–19.30, So 7–12 Uhr), am Ende der Bucht ein winziges **Einkaufszentrum** mit Studenac-Supermarkt (6.30–20.30 Uhr, So 7–20 Uhr), **Geldautomat** und der **Touristeninformation** (im Sommer tgl. 9–17 Uhr).

Prižba

Das Straßendorf westlich von Brna an der Uferstraße ist keine gewachsene

kro421 Foto: wl

Siedlung und wirkt sehr zersiedelt. Hier suchen meist Bootsbesitzer eine Ferienwohnung, Sehenswürdigkeiten oder großartige touristische Infrastruktur gibt es nicht.

Unterkunft

- Kurz vor dem Ort liegt auf einer eigenen winzigen Halbinsel in Traumlage die €€€€**Aparthotelanlage Prišćapac** (Tel. 020-861178, www.priscapac.com) mit Apartments für 2 bis max. 6 Personen, jeweils inkl. Frühstücksbüffet. Das Hotel bietet auch Sport/Unterhaltung, Ausflüge und eine angeschlossene Tauchbasis. Kinder- und Onlinebuchungs-Ermäßigungen.
- In Pržba bieten das **Hotel Alfir** (Tel. 852592, Fax 861100) sowie am Küstensträßchen bis zum nächsten Ort Gršćica zahllose **Privatvermieter** Zimmer und Apartments an; Angebote unter www.prizba.net.
- Hübsche Ferienwohnungen (je 2 Schlafzimmer, Küche, Terrasse) findet man im €€**Haus Miko** zwischen Pržba und Gršćica (eigene Badeplattform). Die sehr attraktive Gegend ist noch nicht touristisch erschlossen und wird hauptsächlich von privat Unterkommenden genutzt. Buchung unter *P. & W. Matz*, Felsenstr. 58, 70794 Filderstadt, Tel./Fax 0711-703826, www.korcula-fewos.de. Hier kann auch das €€**Ferienhaus Merica** (2 Wohnungen, je 4 Personen) in Pržba am Waldrand mit direktem Zugang zum Meer gebucht werden. Tolle Blicke auf die unmittelbar vorgelagerten Inseln Vrhovnjak, Sridnjak und Crklica.

Camping

- Am westlichen Ortsrand beim Minimarkt liegt das kleine **Autocamp Ravno** für ca. 40 Gäste; Tel. 020-851365, www.dubrovnik-campingregion.com/otoci/index.html.

Essen und Trinken

- Empfehlenswert sind die preiswerten und guten **Restaurants Čerin** (Tel. 020-861056) und **Prižba** (Tel. 020-861182).
- Im Nachbarort **Grščica** liegen die italienisch-kroatische **Tauchbasis NS Sub,** Tel. 020-861045, das **Restaurant Grščica** sowie eine **Slipanlage.**

Blato

Die Küstenstraße steigt hinter Grščica steil nach Norden an und führt über die brandgeschädigten **Höhenwälder** zum einstigen Hauptort Blato. Im von Alleen durchzogenen Städtchen befinden sich heute zahlreiche Verwaltungsgebäude und einige **Einkaufsmöglichkeiten** an der Hauptstraße.

Essen und Trinken

- Sehr beliebt ist hier das **Restoran Zlinje,** Ul. 85 Nr. 6/1, Tel. 020-851323, tgl. 7–24 Uhr. Stilgerechtes, typisches Dorfrestaurant mit Vinothek. Dalmatische Spezialitäten (Fisch- und Fleischplatten) werden zu einem ausgezeichneten Preis-Leistungsverhältnis schmackhaft zubereitet. Die offene Küche ist den Gästen zugänglich.
- Sehr günstig bei großen Portionen ist die **Pizzeria Tinel** (Ul. 11, Tel. 020-852034, tgl. 18–24 Uhr) an der Hauptstraße.

Camping

- **Minikamp Potrina** (Tel. 020-865003), 8 km südwestlich, beschildert in Blato. Ca. 40 Plätze, auch Ausweichcamp für Besucher von Vela Luka.

Vela Luka

Vela Luka (4600 Einwohner) ist der zweitwichtigste Ort auf Korčula und liegt in einer tief eingeschnittenen Bucht an der Westseite der Insel am Fuße des 376 m hohen **Hum.** Weinkelterei, Olivenölgewinnung, Schiffbau und Fischverarbeitung bilden die Einkommensquellen der Bewohner. Mit der Fährverbindung von/nach Split rollt auch zunehmend der touristische Rubel. Auch das neue **Korkyra-Therapiezentrum** für Erkrankungen der Atemwege, eine Art **Kurhotel,** unterstützt den Aufschwung. Sehenswert ist die Pfarrkirche mit angeschlossenem **Sakralmuseum** (geöfffnet tgl. 9–12 und 20–22 Uhr).

Höhle Vela Spilja

3 km nördlich (Richtung Camping Mindel) findet man eine ganz andere Sehenswürdigkeit, die Höhle Vela Spilja. Sie wurde schon im 13. Jh. in den Chroniken erwähnt, ihre historische Bedeutung als **jungsteinzeitliche Wohnhöhle** hat man erst durch Forschungsarbeiten nach dem Zweiten Weltkrieg allmählich erschlossen. Ein Fahrweg führt bis zur Höhle, deren erforschter Teil von 250 m² jederzeit besichtigt werden kann. Einige Exponate der Ausgrabungen sind im Kulturzentrum in Vela Luka ausgestellt. Interessierte finden weitergehende Informationen auf der englischsprachigen Homepage www.vela-spila.hr.

Badeinsel Proizd

Sehr beliebt ist ein Ausflug auf die vorgelagerte Badeinsel Proizd (mit Restaurantbetrieb im Sommer), die

Bucht bei Pupnat

schon Preise als schönste Strandregion Kroatiens gewonnen hat. Fahrtzeit per Boot vom Zentrum aus ca. 35 Minuten, 10 Euro.

An- und Weiterreise

- **Fähre:** 6.15 und 13.45 Uhr nach **Split** (PKW-Fähre); tgl. 5.30 (So 8 Uhr) und 16.45 Uhr Personen-Katamaran nach Split via Hvar (Linie Ubli - Vela Luka - Hvar - Split).
- **Bus:** Korčula 5.15–18.30 Uhr 7x tgl., Dubrovnik via Ston 5.15 und 14.30 Uhr, Zagreb 18.30 Uhr; Bushaltestelle am Fährpier, Info-Tel. 020-812078.
- **Parken:** Selbstfahrer zahlen im Zentrum von 8 bis 22 Uhr; Tipp: am Jadrolinija-Fährpier (5 Gehminuten) parkt man umsonst.
- Ein **Personenboot** im Hafenbecken verbindet Vela Luka (via Hotel Adria) mit den vorgelagerten **Badeinseln Ošjak** (3x tgl.) und **Položnak** (8x tgl.).

Info und Agenturen

- **Touristeninformation,** Ul. 41 Brigada 11, Tel. 020-813619, www.tzvelaluka.hr, tgl. 8–21, im Winter bis 15 Uhr.
- Die **Agenturen Atlas,** Tel. 020-812078, Fax 812602, www.atlas-croatia.com (neben dem Korkyra-Hotel), und **Mediterano,** Obala 3 (rechter Hafenflügel), Tel. 020-813832, www.mediterano.hr, an der Uferstraße vermitteln Unterkunft und arrangieren Ausflüge, Mietfahrzeuge usw.

Unterkunft

- **Privatanbieter** findet man unter www.velaluka.info sowie über die Homepage der Touristeninformation.
- Empfehlenswert für Zimmer und Wohnungen ist die €€**Villa Telenta** (Tel. 020-814230, www.telenta.net), die auf der rechten Buchtseite gegenüber dem Fähranleger liegt. Schöne Wohnungen/Zimmer mit Balkon und Meerblick.
- Unmittelbar im Zentrum liegt das kleine €**Familienhotel Dalmacija,** Tel. 020-812022, Fax 812042.
- Etwas außerhalb bietet das €€**Hotel Adria,** Tel. 020-812700, Fax 812720, all inclusive.
- Das €-€€**Jadran,** Tel. 020-812036, nennt sich „Pansion" oder auch „Youth Hostel", ist aber ein normales Hotel im Zentrum am Ufer. Siehe jeweils auch www.humhotels.hr.
- Die unangefochtene Nummer eins in Vela Luka ist das auch von Reisenden hoch gelobte €€€€**Korkyra** (Tel. 020-601000, www.hotel-korkyra.com). Absolut zentral in Fährnähe gegenüber der Tankstelle gelegen, supermodern (Glasdusche in der Zimmermitte), mit Fitness, Sauna, Pool, Wellness-Angeboten.

Camping

- 7 km außerhalb liegt der Platz €€€**AC Mindel,** Tel. 020-813600, Fax 812494, www.mindel.hr, mit angeschlossener Tauchschule, Rad- und Bootsverleih, Minimarkt sowie Tennis/Tischtennis.

Essen und Trinken

- Einfache Snacks bietet **Sardin Fast Food** unten im Zentrum.
- Sehr gut und gemütlich speist man in der **Pizzeria Vertigo** (an der Promenade; Tel. 020-812988).
- In der **Pizzeria Alfa** (Tel. 020-813710) wird abends Discomusik geboten.
- Unmittelbar im Zentrum am Meer liegt das sehr angenehme **Restaurant Pod Bore.** In stilvollem Ambiente hat man bei ausgezeichneten Fisch- und Meeresfrüchtegerichten eine hübsche Aussicht über die Bucht. Obala 3/1, Vela Luka, Tel. 020-813069, im Sommer tgl. 11–15 und 17–22 Uhr.

Nachtleben

- Für abendliche Unterhaltung sorgen die **Disco Club** sowie die bis 2 Uhr tgl. geöffneten Café-Bars am Hafenbecken.

Nützliches

- **Konzum-Markt** (davor Geldautomat) und **Banken** liegen ebenso wie die **Post** (mit Geldautomat, Mo–Sa 8–12 Uhr, Mo–Fr zusätzlich 17–20 Uhr) an der Uferstraße Obala im Zentrum.

- **Geldautomat** auch am Café Casablanca.
- Am anderen Ende der Bucht, hinter den hässlichen Werften, liegt ein großer **Tommy-Supermarkt.**
- **Euroherc,** kurz vor der Tankstelle linker Hand, vermietet **Fahrzeuge** (auch Räder und Mopeds).
- Nebenan dient die Agentur Atlas (s.o.) auch als **Internet-Point.**
- Landseitig der Tankstelle wird **frischer Fisch** verkauft.

Die Nordküste

Während die Südseite der Insel sich einer überschaubaren Beliebtheit bei Touristen erfreut, blieb der Norden bisher deutlich ursprünglicher und untouristischer. Von Vela Luka aus kann man inzwischen von der Route zum Camp Mindel (an der Küste rechts) durchgehend an der Nordküste entlang bis Korčula-Stadt fahren. Dabei passiert man neben einer Vielzahl gut erreichbarer **Kiesbadeplätze** auch ein paar sehr **ursprüngliche Küstensiedlungen.**

Zunächst erreicht man den ehemaligen Wein- und Öl-Exporthafen von Blato, **Prigradica,** mit einigen Cafés und einer Hand voll Ferienwohnungen (www.ikorculainfo.com/de/prigradica). Sehr beliebt ist hier das Restoran Prigradica an der Hauptstraße (Tel. 020-851221) für heimische Gerichte, zur Fangzeit auch täglich frischen Fisch.

Über den winzigen Fischerhafen Babina kommt man nach **Račišće** (ca. 600 Einwohner), ein um eine kleine Bucht gewachsener Ort mit Minimarkt, Minicamp Relax sowie den Restaurants Konoba Vala (Tel. 020-710881; einfach aber gut) und Mediteran (Tel. 020-710632; tgl. 7–24 Uhr) am kleinen Yachthafen (Bootsverleih). Račišće bietet sich als alternativer Standort an, wenn man nicht in der quirligen Stadt Korčula oder im deutlich touristischeren Lumbarda unterkommen möchte. Eine Vielzahl an Privatquartieren wird unter www.ikorculainfo.com/de/racisce angeboten.

Insel Lastovo

Die 46 km² große Insel mit insgesamt nur 1250 Einwohnern gehört zwar zum Archipel von Dubrovnik, ist aber ohne eigenes Boot nur von Split aus erreichbar. Besonders bei Seglern sind einige der **vorgelagerten Inselchen** sehr beliebt: Mrčara, Saplun und besonders Kopište mit seinen Feinkiesstränden. Lastovo gehörte wie Korčula und Mljet zur **Republik Ragusa,** entwickelte aber nach *Napoleon* und der Zerschlagung der Republik im frühen 19. Jahrhundert eine für abgelegene Inseln typische Eigenbrötelei. Auch landschaftlich zeigt Lastovo mit seinen **Steilküsten,** nur wenigen Bademöglichkeiten, größeren Waldbeständen um den höchsten Berg **Hum** (418 m) und der vergleichsweise geringen landwirtschaftlichen Nutzung ein eher untypisches Bild der dalmatischen Inselwelt.

Ubli, der Fährhafen der Insel in einer geschützten Bucht im Westen, verfügt über Post, Minimarkt, Tankstelle und einen kleinen, nahe gelegenen Kiesstrand. In **Pasadur** verbindet eine Brücke Lastovo mit der Insel Prežba. Der

Ort ist für seine schönen Strände bekannt. Der **Inselhauptort Lastovo** (850 Einwohner) thront fast 90 m oberhalb des Meeres auf einem Hügel und ist das administrative und kulturelle Herz der Insel. Sehenswert sind die dem Schutzpatron von Dubrovnik, *Blasius,* geweihte Pfarrkirche Sv Vlaho (15. Jahrhundert) sowie die Ruinen einer venezianischen Festung. Mehrere Wanderwege führen zu den Inselenden sowie zur **Badebucht Zaklopatica** unterhalb von Lastovo.

An- und Weiterreise

- Eine **Fährverbindung** zwischen Ubli und **Split** via Hvar und Korčula besteht 2–3x tgl. für ca. 68 Euro (Pkw mit 2 Pers.). Die Fähren fahren ab Ubli sehr früh, meist vor 7 Uhr morgens; nur So, Mo und Fr auch um 13 Uhr.

Information

- Auskünfte erteilt die winzige **Touristeninformation Lastovo,** Tel. 020-801018, www.lastovo-tz.net, im Ortskern.

Unterkunft

Unterkünfte auf Lastovo (es gibt nicht viele!): Ferienwohnungen unter www.apartmani-fulmizi.com oder Zimmer unter www.vila-antica.com.

- In Pasadur gibt es gute Fischlokale sowie das ruhige €€**Hotel Solitudo,** Tel. 020-805134, Fax 801027, www.hotelsolitudo.com, mit der **Tauchschule Triton,** Tel. 042-282380, Fax 214422, www.triton-diving.hr.

Nützliches

- Geldwechsel ist in Lastovo bei der **Splitska Banka** (Mo bis Fr 8–13.30 Uhr) und der **Post** (8–14 Uhr) möglich.
- Lastovo hat eine **Apotheke** und eine **Erste-Hilfe-Station.**
- **Tauchen** ist auch bei **Mare Turist** möglich, Tel. 020-801022.

Insel Mljet

Zwar gehört die ca. 100 km² große Insel Mljet (1250 Einwohner) historisch und administrativ ebenso wie die Nachbarinseln Korčula und Lastovo zum Archipel von Dubrovnik, doch nur Mljet ist ausschließlich von Dubrovnik erreichbar. Übrigens ist nicht Malta, sondern Mljet halb-historischen Legenden zufolge jene Insel, vor welcher der **Apostel Paulus** Schiffbruch erlitt. Auch der griechische Sagenheld **Odysseus** soll von der Nymphe *Calypso* auf Mljet gefangen gehalten worden sein und nicht auf dem maltesischen Ghadex (Gozo). Der Streit ergibt sich aus der Namensgleichheit im Lateinischen: Melita (Honiginsel) wurde sowohl zu „Malta" als auch zu „Mljet".

Auf Mljet, das zu zwei Dritteln von Kiefern und Steineichen bewachsen ist, werden **Wein, Oliven und Heilkräuter** angebaut. Was die Tierwelt angeht, verdient der vom indischen Subkontinent als Giftschlangenvertilger Anfang des 20. Jahrhunderts importierte **Mungo** Erwähnung, eine dachsgroße Schleichkatze.

Wegen der Heilkräuter und der malerischen Binnensalzseen im Westen der Insel wurde 1960 der **Nationalpark Mljet** gegründet, der das westliche Viertel der Insel um Pomena umfasst. Mljet führt auch touristisch ein eher abgeschiedenes Dasein; ebenso wie im Falle der Elaphiten-Inseln bietet sich ein längerer Aufenthalt an, wenn man Ruhe und Abgeschiedenheit bevorzugt.

An- und Weiterreise

- **Fähre:** Hauptfährort ist **Sobra** im Nordosten von Mljet: Derzeit verkehrt lediglich die offizielle Jadrolinija-Fähre von/nach **Prapratno auf Pelješac,** die im Winter 4x tgl. (7, 12, 17.30 und 20 Uhr ab Prapratno, 6, 10, 15 und 19 Uhr ab Sobra) eingesetzt wird, im Sommer 7, 10.15, 13, 17 und 20 Uhr ab Prapratno, 6, 9, 12, 16 und 19 Uhr ab Sobra.
- Darüber hinaus verkehrt ein **Personenkatamaran** einmal täglich zwischen **Dubrovnik** (Gruz) um 9 Uhr und Sobra/Polače (16.20 Uhr), 65 K einfach. Anbindung mit dem Personenkatamaran „Mona Ana" besteht nach Dubrovnik um 6.15 und 16.40 Uhr, nach Polače um 10.15 Uhr; Tickets nur bei der Hafen-Touristeninformation 30 Minuten vor der Abfahrt.
- Ein **Inselbus** verbindet 3–4x tgl. Sobra mit Pomena und Saplunara.

Sobra

Der **Haupthafen** von Mljet besteht aus nicht viel mehr als der Anlegestelle mit kleinem Kai, wo eine Touristeninformation (während der Fährzeiten, Tel. 020-746025, www.mljet.hr), eine kleine Bar sowie die einzige Inseltankstelle zu finden sind.

Nützliches

- Im Ort auf der anderen Seite der Bucht gibt es die €€**Villa Mungos** (Tel. 020-745060, www.mljetappartment.com) mit einem gerühmten gleichnamigen **Fischlokal** (Tel. 020-745224), einen **Minimarkt,** eine **Tankstelle** und die **Tauchbasis Scooba Club Mljet,** *Darko Palunčić,* Tel./Fax 020-745220.
- In Sobra findet man auch den Fahrzeugverleih **Mini Brum,** Sobra 33, Tel. 020-745084, www.rent-a-car-scooter-mljet.hr, tgl. 9–19 Uhr; Scooter 250 K/24 Std., die Mljet-spezifischen Kleinwagen (Anmietung ab/bis Fähre möglich) ab 380 K/24 Std.

Pomena

Touristisch bedeutendstes **Zentrum von Mljet** ist das Dorf Pomena im Nordwesten der Insel. Fußwege verbinden es mit dem kleinen **Salzsee Malo Jezero.** Das einzige Hotel am Ort bietet kostenlosen Boottransfer zu nahe gelegenen **FKK-Stränden,** Boots- und Surfbrettverleih sowie Tauchgänge über eine hoteleigene Basis; hübsche Promenade mit Kinderpool.

In Pomena gibt es ein Kartenhäuschen für die **Eintrittskarten zum Nationalpark** (Bootsanlegestelle Pristanište), der über einen Fußweg gut erreichbar ist.

Unterkunft

- Das €€**Hotel Ulysses-Odisej,** Tel. 020-744022, Fax 744042, www.hotelodisej.hr, gehört zu der renommierten Agentur kette Atlas (günstige Pauschalarrangements auch vorab direkt buchbar unter www.atlas-croatia.com) und bietet Sportmöglichkeiten sowie eine Tauchbasis. Boottransfer mit dem hoteleigenen Schnellboot.
- Ein paar kleine **Pensionen und Zimmeranbieter** verteilen sich entlang der (einzigen) Straße. Die €€**Pension Matana** (Tel. 020-744010, www.croatia-mljet-apartment.com) hat DZ und Apartments. €€-€€€**Ferienwohnungen** kann man auch unter www.apartmani-mljet.com arrangieren.

Essen und Trinken

- Die Gastronomie im Ort beschränkt sich auf das **Hotelrestaurant** sowie einige **Fischlokale** am Kai, insbesondere das **Barba Ive,** (mobil 098-669662), mit täglich fangfrischem Fisch.

Nützliches

- **Geldautomat** beim Hotel, davor **Mopedverleih und Ausflugsanbieter.**

Goveđari und die Salzseen

Das eigentliche „Highlight" auf Mljet sind sicherlich die erdhistorischen **Karstseen** Veliko Jezero (Großer See, 145 ha) und Malo Jezero (Kleiner See, 25 ha), die durch einen Kanal miteinander verbunden und von einem 13 km langen Spazierweg rund um Goveđari sowie den dazugehörigen Weilern **Babino Kuce, Pristanište** und **Soline** umgeben sind. Ein winziger Durchlass bei Soline (Kanal mit starker Strömung, keine Brücke) verbindet die Seen mit dem offenen Meer und bringt manchmal komische Szenen mit sich: „Most" bedeutet zwar Brücke, doch steht hier keine. Mancher enttäuschte Wanderer versucht dann bis zu den Achseln watend, mit der Kleidung auf dem Kopf, das andere Ufer zu erreichen - angesichts der Strömung ein hoffnungsloses Unterfangen!

Mehrere Stellen sind zum **Baden** ausgewiesen, man kann auch stündlich per **Ausflugsboot** (9–18 Uhr, im Parkeintritt enthalten, die Karte gilt auch für die Weiterfahrt per Boot vom Inselchen zum Badeplatz Mali Most und wieder zurück zum Ausgangspunkt) oder schwimmend zur **Klosterinsel Sv Marija** übersetzen. Hier errichteten Benediktinermönche im 12. Jahrhundert eine Abtei mit einschiffiger Klosterkirche, die im 16. Jahrhundert im Renaissancestil erweitert und als Gaststätte restauriert wurde (Melita, Tel. 020-744145, 10–24 Uhr).

Vom Parkplatz Pristanište sind es 500 m bis zum See (hier auch Ambulanz, Post/Souvenirshop und Bootsanlegestelle zur Insel). Die beiden Seen sind mit einer kleinen **Steinbrücke** verbunden, womit aber nicht die verwirrend als „Veliki Most" (Große Brücke) bezeichnete reißende Furt Richtung offenes Meer gemeint ist (hier ist aber die schönste Bademöglichkeit).

Wer wenig Zeit hat, geht Richtung **Veliki Most** (knapp 2 km) und zu den 500 m weiter gelegenen **Höhlen** (noch 500 m weiter liegt der Weiler Soline mit zwei Konobas). Der längere Weg ab dem Ufer in Pristanište führt rechts herum zur anderen Seite der Furt (nur schwimmend zu durchqueren). 250 m vor dem Veliki Most zweigt der beschilderte Fußweg nach Polače ab.

Information

- **Parkverwaltung** des Nationalparkgebietes (Informationen und Hilfe im Notfall), Pristanište 2, Tel. 020-744041, Fax 744043, www.np-mljet.hr, Tickets 90 K, Kinder 40 K, inklusive Boot zur Marieninsel (Tickets in Polače oder am Parkplatz Goveđari-Pristanište).
- Die **Touristeninformation Goveđari,** Tel. 020-744086, vermittelt private Unterkünfte in Goveđari, Polače und Pomena.

Nützliches

- 8.15–18.40 Uhr verbindet ein **öffentlicher Bus** Polače 12x tgl. mit Pristanište.
- **Tauchbasis Jezera,** Goveđari, Tel. 020-420876.
- **Kanu- und Fahrradverleih** (rund 15 Euro) am Parkplatz Pristanište.

Die Klosterinsel Sv Marija

Polače

Den Namen Polače („Palast") verdankt der Ort einer ehemaligen römischen Ansiedlung am südwestlichen Ortsende. Am kleinen Hafen gibt es eine *Gostionica* (Lokal), den Minimarkt Antonio, eine Parkinformation (hier auch Ticketverkauf, man kann aber auch weiterfahren bis zum Parkplatz Goveđari) sowie den **Fährpier** (derzeit keine Verbindung nach Trstenik oder Pelješac). Direkt gegenüber der Anlegestelle führt ein Fußweg über den Hügel zu den Seen.

Information

- Am Ufersträchen findet man die lokale **Touristeninformation** (8–12 und 15–18 Uhr) mit Radverleih.

Essen und Trinken

- Mehrere Straßenlokale bieten ihre Dienste an, besonders gut wird Fisch im **Restoran Pomena** (Tel. 020-744075, tgl. 8–24 Uhr, nur April bis Okt.) zubereitet.

Blato und Kozarica

Richtung Babino Polje zweigt eine Nebenroute ab hinunter nach Blato. Sie wird hinter dem kleinen Agrardörfchen zur engen Passstraße nach Kozarica. Das **Panorama** lohnt den kleinen Abstecher unbedingt: Hinter Blato hat man zunächst einen tollen Ausblick auf die tiefer gelegenen Weiher des großen Tals, kurz darauf sind ganz unten mehrfach die **Salinenfelder** von Kozarica zu erkennen, die noch heute der Salzgewinnung dienen.

kro415 Foto: wl

Süddalmatien

Babino Polje

Das Verwaltungszentrum von Mljet mit rund 600 Einwohnern bildet die „Großstadt" der Insel. **Wein-, Mandel-, Feigen- und Olivenanbau** sind die Haupterwerbszweige in Babino Polje, Touristen sieht man hier eher selten.

Immerhin gibt es im Ort ein kleines **Trachtenmuseum** (Eintritt 10 K) sowie die zwei **Kirchen Sv Blas** (13. Jahrhundert) und **Sv Juraj** (14. Jahrhundert). Ein herrlicher Wanderweg führt hinauf zum **Veli Grd,** mit 514 m höchster Punkt der Insel. Er ist ab der Kapelle am Ortseingang beschildert; unterwegs trifft man auf einige Tropfsteinhöhlen.

Camping

- €€€**AC Babino Polje** (vorm. Mungos), Tel. 020-745224, Campingplatz mit Restaurant, Minimarkt und Wechselstube, liegt einsam abseits der Hauptstraße an der Südküste.

Essen und Trinken

- Einzige Ortsschänke ist die **Konoba Triton** (Tel. 020-745131) an der Ortsdurchfahrtsstraße mit einer begrenzten Auswahl an deftigen Fleischgerichten.

Nützliches

- Neben **Post, Minimarkt** und **Ambulanz** ist eine **Bäckerei** vorhanden, welche ganz Mljet versorgt.
- Am Ortsausgang Richtung Sobra liegt der einzige **Supermarkt** von Mljet.

Saplunara

Über die Weiler Prožura, Maranovići und Korita (das „Ölgebiet" von Mljet: Olivenanbau) führt das Sträßchen von der Fähre nach Osten bis zur Bucht Saplunara mit herrlichem Blick zu den Elaphiten-Inseln. Saplunara ist wegen des **feinen Sandstrandes** (mit Beach-Bar am Parkplatz) außerordentlich beliebt und verströmt tatsächlich ein wenig karibisches Flair. Am kleineren Nebenstrand werden Boote vermietet (mobil 098-608861), allerdings stören dort etwas die vielen Militärs (teilweise Sperrgebiet).

Unterkunft

- Studios (2 Personen) und Wohnungen findet man bei €€**Apartmani Mljet** (mobil 098-1927697, www.apartmani-mljet.com).
- Ein anderer Anbieter ist €**Franka Basica** (Tel. 020-746177, saplunara@net.hr) mit mehreren Zimmern/Apartments.
- Reisende loben sehr die €€€**Villa Hansal** (Tel. 020-746242, www.villa-hansal.com) mit Wohnungen für 2–5 Personen; schöner Blick, Minishop am Haus.
- Auch die **Konoba Stermasi** (Tel. 020-427081, www.stermasi.hr) bietet €-€€**Apartments** für 2–4 Personen an.

Essen und Trinken

- Für das leibliche Wohl sorgt die **Konoba Stermasi** (Tel. 020-427081), die tolle Hausgerichte wie Ziegenfleisch oder Backgemüse serviert; auch die Fischplatte ist ein Gedicht.

Dubrovnik

„Kroatisches Athen“, „Perle des slawischen Südens“, „schönste Stadt der Adria“ - es gibt kaum einen Superlativ, den Dichtung und Reiseliteratur noch nicht für die in der Tat vielleicht faszinierendste und beeindruckendste Stadt Kroatiens ersonnen haben. Der berühmte irische Dichter *George Bernard Shaw* (1856–1950) sagte nach einem Aufenthalt in Dubrovnik: „Diejenigen, die das Paradies auf Erden suchen, sollten nach Dubrovnik kommen.“ Am Anfang des 21. Jahrhunderts sollte man die Begriffe „Paradies“ und „Perle“ etwas distanzierter gebrauchen, doch selbst der nüchternste und sachlichste Besucher der Stadt wird sich dem Zauber dieses wundervollen, lebendigen Relikts früherer Jahrhunderte nicht entziehen können. Würde plötzlich am Hafen eine venezianische Gondel mit leibhaftigen Dogen anlegen - kaum jemand würde erstaunt das Haupt heben, sondern diese wundersame Auferstehung der Geschichte ebenso gelassen hinnehmen wie das flatternde Flügelschlagen der Tauben am Stradun.

Die ringsum begehbaren Stadtmauern, eine grandiose frühneuzeitliche Szenerie der Stadtarchitektur, die unmittelbare Meereslage und das mildeste Klima der kroatischen Adria mit teilweise subtropischer Vegetation im Umland ziehen alljährlich Hunderttausende von begeisterten Besuchern an. Dubrovnik (60.000 Einwohner) wurde 1980 komplett unter **UNESCO-Denkmalschutz** gestellt, was serbische Artilleristen im Bürgerkrieg (1991–1995) nicht von der Meinung abhielt, die Stadt gehöre unter die Meeresoberfläche. Einige Hinweistafeln erinnern noch an die Zerstörungen, ansonsten dürfte nur der aufmerksamste Beobachter hie und da ein paar kleine Restschäden entdecken. Ab 1996 wurde aufopferungsvolle Wiederaufbauarbeit geleistet, sodass das Kronjuwel Dalmatiens heute wie gewohnt im Glanz früherer Jahrhunderte erstrahlt.

Geschichte

Die Entstehung der Stadt verliert sich im Verlauf der Geschichte, Legenden verflechten sich mit historischen Fakten, Niederschriften fehlen. Mit der Völkerwanderung und den Richtung Meer vordringenden **Slawen** des 7. Jahrhunderts beginnt die belegbare Geschichte der Stadt. Die Siedler bewohnten die kleine, heute von den Altstadtmauern umgebene **Insel Lauza** (Rausa), was **Ragusa,** den alten Namen Dubrovniks, erklärt. Fast zeitgleich (soweit nachweisbar) wurde am Fuße des Berges Srd die Siedlung **Dubrava** („Eichenwald“) gegründet, was zum einen auf den einstigen Bewuchs, zum anderen auf die Herkunft des Namens Dubrovnik (seit 1918) verweist.

Beide Siedlungen schienen zu kooperieren und auch zu florieren und entwickelten sich zusammen rasch zu einer bedeutenden Seehandelsstation mit weitgehender Autonomie unter byzantinischer Oberhoheit (8. bis 10. Jahrhundert). Die folgenden drei Jahrhunderte waren von dem stetigen

■ **Übernachtung**
1 Villa Antea
2 Hotel Tirena
3 Hotel Argosy
4 Hotel President
6 Hotel Kompas
7 Hotel Sumratin, Grand Hotel Park
8 Hotel Zagreb
9 Hotel Splendid
10 Hotel Vis
11 Hotel Adriatic
15 Jugendherberge
17 Hilton Imperial, Villa San
18 Panorama
19 Hotel Excelsior
20 Hotel Argentina, Vila Orsula
21 Villa Dubrovnik

■ **Essen und Trinken**
5 Komin
12 Dalmacija Grill

■ **Nachtleben**
16 Fuego Club

■ **Einkaufen/Sonstiges**
1 Calypso Travel
12 Agentur Atlas
13 Agenturen Nipp-Tours und Atlant
14 Einkaufszentrum

Streben Venedigs geprägt, die prosperierende Metropole auf der anderen Adriaseite zu kontrollieren, was aber nur zeitweilig (1205–1358) gelang. Nach dem Frieden von Zadar blieb Ragusa von 1358–1526 **unabhängige Freistadt** unter nominell kroatisch-ungarischer Oberhoheit.

In der Zeit vom 14. bis zum frühen 17. Jahrhundert erfolgten die größte Blüte und weiteste geografische Ausdehnung der **Republik Ragusa:** Die Halbinsel Pelješac, die Inseln Lastovo und Mljet und der Küstenstreifen gut 50 km nördlich und südlich von Ragusa gehörten zum freien Staatsgebiet, während Restdalmatien wie auch Cattaro (heutige serbisch-montenegrinische Küste südlich der kroatischen Grenze) an Venedig fielen. So entwi-

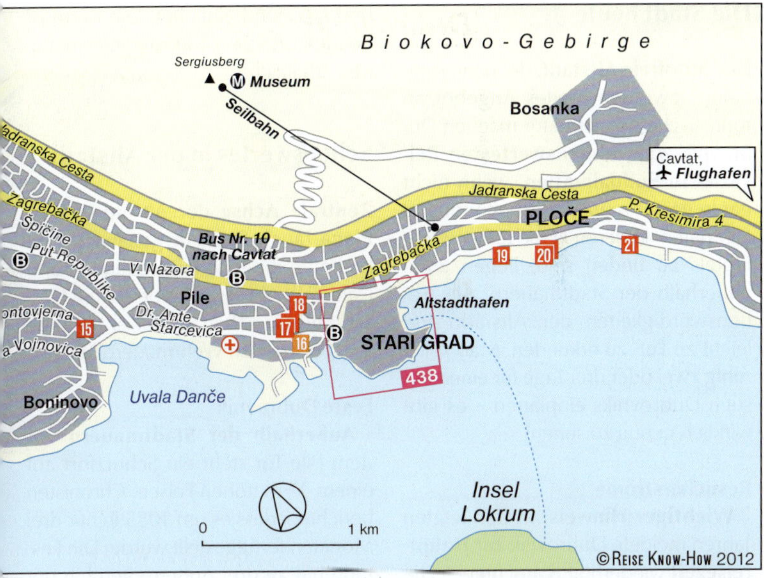

ckelten sich Freigeist und kulturelle Eigenständigkeit inmitten des italo-venezianisch geprägten Territoriums. Im 16. Jahrhundert gab es diplomatische Vertretungen in aller Herren Länder und wichtige Friedensabkommen mit den Türken, die große Teile Südosteuropas besetzten oder bedrohten.

Während aber die frühe Neuzeit eine Forcierung des interkontinentalen Seehandels (Seewege nach Amerika und Asien) für die führenden Nationen mit sich brachte, schlief der Seehandel der Republik Ragusa allmählich ein. Einhergehend mit dem finanziell belastenden Erdbeben von 1667, das weite Teile der Stadt zerstörte, kam es zu einem drastischen **Niedergang** im 17. und 18. Jahrhundert. Die Verwahrlosung und das „Lotterleben" des Adels wie auch Pest und Stadtbrände hatten schon zuvor ihr Übriges getan. Somit war die Festung Ragusa für die Truppen *Napoleon Bonapartes,* der die Republik Ragusa 1808 auflöste, leicht zu erobern. Mit seinem Abgesang (Wiener Kongress 1815) begann die Habsburger Phase, in der zwar ein früher Tourismus unter dem neuen Namen „Dubrovnik" einsetzte, Wirtschaft und Handel jedoch nach Rijeka verlagert wurden.

Nach dem Zweiten Weltkrieg und mit der Suche europäischer Reisender nach malerischen, historisch authentischen Zielen setzte im sozialistischen Jugoslawien ein **Boom** ein, der – trotz aller Malaisen während des Bürgerkrieges – bis heute ungebrochen andauert.

Die Stadt heute

Eine **autofreie Altstadt,** der nahe Flughafen sowie ein breites Angebot an touristischer Infrastruktur machen Dubrovnik zum **lohnenswertesten Reiseziel in Süddalmatien,** wenn nicht gar in ganz Kroatien. Busbahnhof und Fährhafen, in deren Nähe reihenweise Hotels zu finden sind, liegen 2 km außerhalb der Stadtmauern. Alle Sehenswürdigkeiten der Altstadt sind leicht zu Fuß zu erkunden. Man sollte ruhig zwei oder drei Tage für einen Besuch Dubrovniks einplanen - es gibt wirklich genug zu sehen!

Besucherströme

Wichtiger Hinweis: In den letzten Jahren meldete Dubrovnik zur **Hauptreisezeit** wiederholt „Land unter". Die Besucherströme quälten sich wie bei einem WM-Endspiel durch die Straßen. Berücksichtigt man auch das Parkplatzproblem (s.u.), dann empfiehlt sich eine organisierte Ausflugsfahrt von einem anderen Urlaubsstandort aus (auch Inseln) oder die Nutzung **öffentlicher Verkehrsmittel** sowie - wenn möglich - die Vermeidung der Monate Juli/August!

Dubrovnik Card

Unbedingt empfehlenswert ist die Anschaffung der Dubrovnik Card, die für 1, 3 oder 7 Tage für 130, 180 bzw. 220 K (in der Nebensaison 10 % Rabatt) gilt und unbegrenzte Fahrten mit den **Stadtbussen** sowie **freien Eintritt** zu Stadtmauer, Rektorenpalast, Maritim-Museum und weiteren Galerien und Museen beinhaltet. Die Karte ist bei den örtlichen Touristeninformationen erhältlich.

Sehenswertes in der Altstadt

Zentrale Achse der Altstadt ist die **Placa** (auch **Stradun** genannt), eine breite Promenade mit Boutiquen und Cafés. Von ihr zweigen beidseitig Gassen und Gässchen ab, meist treppenartig, bis zu den Wehrmauern hinauf.

Feste Dubrovnik

Außerhalb der Stadtmauern vor dem Pile-Tor steht ein Schutzfort auf einem 37 m hohen Felsen. Chronisten berichten, dass es um 1055 in nur drei Monaten fertiggestellt wurde. Die Festung hat zu drei Außenseiten hin ungewöhnlich starke Mauern (4–12 m), stadtseitig dagegen sind sie nur 60 cm dick - angeblich, um den Kommandanten der Festung, der aus den Reihen der Gutsbesitzer stammte, leicht vertreiben zu können, für den Fall, dass er die Stadt zu tyrannisieren versucht hätte. Im Zweiten Weltkrieg diente das Fort als Gefängnis, heute wird es restauriert und soll ein Museum beherbergen. Für die Nachwelt steht über dem Tor: „Non bene pro toto libertas venditur auro" - Ungut ist es, für alles Geld der Welt die Freiheit

Der Stradun, das Herz der als UNESCO-Welterbe geschützten Altstadt

kro437 Foto: wl

Dubrovnik Altstadt
Split
Festung Minčeta
Iza Grada
Peline
Iza Grada
1 2 Fährhafen, Gruž, Dubrava
3
Brsalje
Stadtbusse
Prijeko
5
Boškovićeva
Sponza-Palast
Franziskanerkloster
6
Pile-Tor
Placa (Stradun)
Uhrturm
Onofrio-Brunnen
Sv Spas
Orlando-Säule
4
Festung Lovrijenac
Široka
Bozidarevića
8
Sv Vlaho
Sva Klara
Mystery of Dubrovnik-Show
Serbisch-orthodoxe Kirche
Ulica od Puča
11
9
Nikole
7
Trg Gundulić (Marktplatz)
10
Fort Bokar
Geldautomat
Museum Rupe
Strossmayerova
Jesuitenkirche
Od Kaštela
Od Margarite
St.-Margarethenturm
50 m

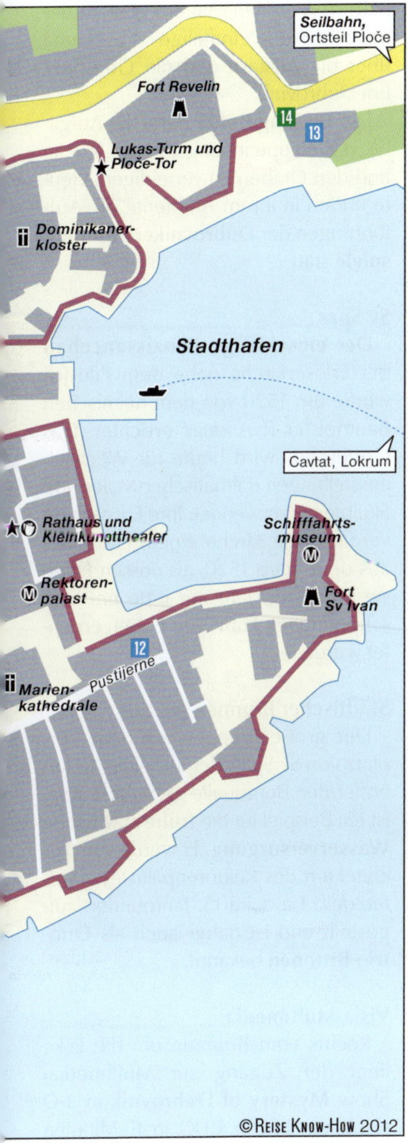

Übernachtung

1 Hilton Imperial, Villa San Apartments
11 Pučić-Palace

Essen und Trinken

4 Nautika, Billa Bong
5 Ragusa 2
7 Pizzeria Mea Culpa
8 Express Snackbar und Pizzeria Barracuda
9 Tutto Bene
10 Fischlokal Gundulića
11 Razonoda
12 Konoba Amoret
13 Maestoso II

Einkaufen/Sonstiges

2 DM-Drogerie
3 Agentur Atlas
6 Ticket-Verkaufsstelle für Dubrovnik-Festspiele
14 Agentur Perla Adriatica

zu verkaufen. Na ja, dafür nehmen sich heute die Stadtoberen alle Freiheit der Welt, horrende Eintrittspreise zu verlangen!

Pile-Tor

Das auch „Griechisches Tor" genannte **Stadttor** entstand im Jahr 1537 und wird von der Skulptur des Stadtheiligen *Sv Vlaho* (ein Werk von *I. Mestrović,* siehe Glossar), geschützt. Durch eine steinerne Brücke ist es mit einer hölzernen Zugbrücke verbunden, die allabendlich gehoben wurde und das Tor im Rahmen einer farbenfrohen Zeremonie schloss. Die erste steinerne Brücke errichtete 1397 *Ivan Sinjski.* Das innere Tor ist 1460 im gotischen Stil an jener Stelle erbaut worden, an der sich das älteste Stadttor überhaupt befand.

Stadtmauer

Den Rundgang durch den alten Teil der Stadt beginnt man am besten an einer der beiden Zugbrücken. Die hier angeschlossenen hohen Mauern sind **überall begehbar,** was es in Kroatien sonst kaum gibt. Ein **Mauerrundgang** empfiehlt sich unbedingt. Eine Aufstiegsstelle befindet sich gleich hinter der Kirche Sv Spas, eine weitere bei Sv Ivan (beide tgl. 9–17.30 Uhr, Zugang 70 K, Kinder 30 K). Die Wehrmauern sind 1940 m lang, an der Festlandseite sind sie 4–6 m, meerseitig 1,50–3 m dick bei einer Höhe von bis zu 25 m. Die Mauern waren mit Kanonen heimischer Waffenschmiede bestückt, etliche trugen das Reliefbild des heiligen *Vlaho (Blasius),* des städtischen Schutzpatrons. Von den Mauern genießt der Besucher ein einmaliges Panorama über die Altstadt und die Gewässer um Dubrovnik.

Die **Festung Bokar** hatte die Aufgabe, das Haupteingangstor, die Brücke und den Graben zu verteidigen. Heute finden in ihrem Ambiente die Aufführungen der **Dubrovniker Sommerspiele** statt.

Sv Spas

Der **einschiffige Renaissancebau** der Erlöserkirche nahe dem Pile-Tor wurde um 1520 von dem heimischen Baumeister *P. Andrijić* errichtet. Das Gotteshaus wird heute für Wechselausstellungen dalmatischer Maler und Skulpteure verwendet. Ihre Entstehung verdankt die Kirche einem Erdbeben aus dem Jahre 1520, als dessen Folge sie im selben Jahr mit Bitte um Verschonung vor künftigen Beben errichtet wurde.

Städtischer Brunnen

Der große Brunnen auf dem Vorplatz von Sv Spas, der aus einer 10 km entfernten Bergquelle gespeist wurde, ist ein Beispiel für die **frühe städtische Wasserversorgung.** Er wurde vom Architekten des Rektorenpalastes, *Onofrio della Cava,* im 15. Jahrhundert aufgestellt und ist daher auch als **Onofrio-Brunnen** bekannt.

Visia Multimedia

Rechts vom Brunnen um die Ecke liegt der Zugang zur Multimedia-Show **Mystery of Dubrovnik** in 3-D (75 K, um 14 Uhr 40 K). In 40 Minuten werden hier die wichtigsten historischen Eckpfeiler der Stadt dargestellt, untermalt von 3-D-Hologrammen. Für Kinder ganz interessant, Erwachsene sehen sich lieber die realen Stadtmauern an.

Franziskanerkloster

An Sv Spas schließt sich einer der schönsten Klosterbauten Kroatiens an, das Franziskanerkloster aus dem Jahre 1317. Der säulenbewehrte, spätromanische untere Kreuzgang zählt zu den schönsten seiner Zeit. Das dahinter liegende **Klostermuseum** (tgl. 9–17 Uhr, 20 K) ist vor allem wegen seiner einzigartigen mittelalterlichen Klosterapotheke, einer umfangreichen Klosterbibliothek sowie wertvoller frühneuzeitlicher Stiche bekannt.

Sva Klara

Als eines der ersten Institute seiner Art in Europa entstand am Ende des 13. Jahrhunderts das **Frauenkloster** Sva Klara, in dem uneheliche oder ausgesetzte Kinder, vorwiegend von Priestern, ein Heim fanden. Rund 50 uneheliche Priesterkinder jährlich waren in der Tat eine stolze fortpflanzerische Leistung; die Behauptung, es habe in der Republik Ragusa an Priesternachwuchs gemangelt, kann man daher so nicht stehen lassen ...! Die Franzosen verwendeten das Bauwerk wesentlich profaner als Munitionsdepot, die Österreicher als Stallungen. Nach dem Zweiten Weltkrieg wurde das Kloster restauriert und in ein **Einkaufszentrum mit Gastronomie** umgewandelt.

Sv Vlaho

Alljährlich am 3. Februar erwacht die ansonsten eher ein stiefmütterliches Dasein führende Kirche Sv Vlaho am anderen Ende der Prachtpromenade Placa zu ungeahntem Leben. An jenem Tag werden **Festivitäten zu Ehren des Stadtheiligen** von Dubrovnik, *Sv Vlaho (Blasius),* abgehalten, wobei die gleichnamige **Kirche** als Ausgangs- und Endpunkt von feierlichen Umzügen dient. Unter anderem wird die Titularfigur auf dem Hauptaltar durch die Gassen von Dubrovnik getragen. Die Kirche selbst ließ der Venezianer *M. Gropelli* zwischen 1706 und 1715 auf viereckigem Grundriss mit Kuppeldach errichten.

Orlando-Säule

Die Statue vor Sv Vlaho erinnert an den **Recken Orlando** (Roland) aus dem 8. Jahrhundert, der einer Erzählung zufolge der Stadt im Kampf gegen (vermutlich arabische) Piraten heldenhaft zur Seite stand. Das Denkmal selbst entstand erst im Jahr 1418 in der Werkstatt des lokalen Meisters *A. Dubrovčanin.*

Palazzo Sponza

Schräg gegenüber der Vlaho-Kirche steht das dreigeschossige **ehemalige Zollamt,** gebaut zwischen 1516 und 1522 im Übergang von der Spätgotik zur Renaissance. Mitte des 16. Jahrhunderts kamen die Münzprägeanstalt der Republik Ragusa hinzu sowie ein Kerker im Kellergeschoss. Der Palazzo Sponza zählt zu den wenigen Gebäuden der Stadt, die das Erdbeben von 1667 schadlos überstanden. Die Heiligenfigur an der Außenfassade stellt *St. Blasius* dar, den städtischen Schutzpatron.

Uhrturm

Der dalmatische Uhrmacher *L. Mihočin* fertigte um 1444 das Uhrwerk für den 31 m hohen **Glockenturm** der Stadt. Bei Feuer, Angriffen, aber auch städtischen Ratsversammlungen und Bekanntmachungen wurde geläutet. Natürlich konnte auch die Zeit abgelesen werden, ein Zeiger gab sogar die wechselnden Mondphasen an.

Sv Dominik

Das wehrhafte Bauwerk am nordwestlichen Ende der Stadtmauern entstand im frühen 14. Jahrhundert und war Sitz der **Dominikanermönche.** Im 15. Jahrhundert wurde es nach dem Bau des Ploče-Tores und der Erweiterung der Stadtmauern in die Stadtanlage einbezogen und bis ins 17. Jahrhundert erweitert und verändert. Das erklärt auch die Stilmischung aus gotischen Elementen und Merkmalen der Renaissance. Das Titularbild der ansonsten eher schmucklosen Klosterkirche erschuf der dalmatische Maler *V. Bukovac.* Die Sakristei birgt eine interessante **Sammlung von Sakralgegenständen** mit Folianten und etlichen Malereien (Eintritt 25 K).

Fort Revelin und Ploče-Tor

Mitte des 15. Jahrhunderts erwuchs die Notwendigkeit, das Nordostende der Wehrmauern zu erweitern, mit einem Stadttor (Ploče-Tor) zu versehen und mit einer Festung (Fort Revelin, 16. Jahrhundert) nebst Wassergraben abzusichern. Dahinter erstreckt sich der junge **Stadtteil Ploče** mit einigen Minimärkten und größeren Hotels, die zum Teil über einen eigenen, ziemlich verwunschenen Treppenabgang zum Meer verfügen.

Ratspalast

Unmittelbar neben dem Uhrturm steht der relativ junge Ratspalast der österreichisch-dubroviner Räte aus dem Jahr 1862, errichtet auf den Gemäuern des 1816 bei einem Brand zerstörten ursprünglichen Ratspalastes aus dem 14. Jahrhundert. Heutzutage dient er als **Rathaus** der Stadt und beherbergt ferner ein Café und das städtische Kleinkunsttheater.

Rektorenpalast

Eine ganze Reihe herausragender Bauten lässt den Glanz früherer Tage erahnen, unter den weltlichen Bauten ragt der Rektorenpalast ganz besonders hervor. Der auch für den Bau des Onofrio-Brunnens verantwortliche, neapolitanische Baumeister *Onofrio della Cava* baute den Palast mit vier Flügeln um einen Innenhof zwischen 1435 und 1451.

Der vorgestellte **Säulengang** enthält zwei interessante Denkmäler, eine Büste des *M. Pracat,* eines Kaufmanns aus Lopud, sowie eine Äskulap-Tafel, der zufolge der griechische Gott der Heilkunde aus Cavtat stammen soll.

Der Palast dient heute als **Städtisches Museum** und vermittelt einen umfassenden Eindruck aus dem Leben des Adels in den Zeiten der Republik. Im ersten Stock sind Trachten, Ansichten, Gemälde, Stadtbilder, Münzen der Republik Ragusa, Schmuck, Möbel und Waffen zu sehen.

Das Obergeschoss beherbergt die ehemaligen **Wohn- und Diensträumlichkeiten des Rektors** und gestattet einen vorzüglichen Einblick in das Leben und Werk der De-facto-Oberbürgermeister des alten Ragusa. Vorraum und Rokokosaal zeigen eine Galerie ehemaliger Rektoren sowie großartige, martialische Darstellungen der Türkenkriege. Daran schließt sich der Saal „Louis XVI." an mit religiösen Gemälden aus dem 18. Jahrhundert. Das Kabinett (Dienstzimmer) des Rektors birgt neben wertvollen Gemälden (u.a. „Venus und Adonis" von *P. Bordone*, „Taufe Christi" von *M. Hamzić*) ein Schmuckkästchen mit den Stadttor-Schlüsseln, welche der Rektor seinerzeit verwahrte. Der Musiksaal mit historischen Malereien und der Schlafsaal waren der Privatbereich des Rektors. Die beiden hintersten Räume dienen als Verwahrungsort von Weihgegenständen und Altartafeln sowie religiöser Gemälde aus dem 15. und 16. Jahrhundert (Pinakothek).

Mehrere Erdbeben (1667 und 1979) machten umfangreiche Restaurierungsarbeiten notwendig. Auch im Bürgerkrieg nahm der Palast Schaden, gehörte aber zu den am schnellsten wieder vollständig restaurierten Bauwerken der Stadt. Wegen seiner hervorragenden Akustik wird der Innenhof des Rektorenpalastes in die alljährlich im Sommer stattfindenden **Konzerte** anlässlich der Dubrovniker Festspiele einbezogen.

• **Öffnungszeiten:** tgl. 9–18 Uhr, Winter bis 16 Uhr, Eintritt 40 K, Kinder 20 K, Tel. 020-321497.

Marktplatz

Vom Rektorenpalast sind es nur wenige Meter zum Marktplatz, seinerzeit Ort des Geschehens bei lokalen Großereignissen wie Hinrichtungen und öffentlichen Bekanntgaben. Er wird überragt vom **Denkmal** des gebürtigen Ragusers und Dichters *I. Gundulić* (1589–1638), dessen Werk die Themen Freiheitsliebe und Türkengefahr prägten.

Marienkathedrale

Die Ursprünge der Kathedrale Mariä Himmelfahrt liegen im Dunkeln. Einer Legende zufolge soll der berühmte englische König *Richard Löwenherz* während seiner Rückfahrt von den Kreuzzügen vor Ragusa Schiffbruch erlitten haben. Für seine Rettung zeigte er sich durch eine große Spende an die Stadt erkenntlich, mit deren Hilfe im 13. Jahrhundert die Kathedrale **Sv Marija Gospa** entstanden sein soll. Beim Erdbeben von 1667 zerstört, wurde von 1673–1713 ein Neubau nach den Vorlagen der Vorgängerkathedrale vergleichsweise schlicht im italienischen Barockstil errichtet. Zentraler Kunstschatz im Inneren ist das **Titularbild „Mariä Himmelfahrt"** des großen Venezianers *Tiziano Vecelli* (1489–1576), genannt *Tizian*. Zur Kathedrale gehört auch die umfassendste **Kirchenschatzkammer** der Adria mit Reliquien ab dem 9. Jahrhundert, darunter die gold- und edelsteinbesetzten Hand- und Schädelreliquien des *Hl. Blasius*.

• **Öffnungszeiten:** tgl. 9–17.30 Uhr, So 11–17.30 Uhr, Eintritt für die Schatzkammer 20 K, Kinder 10 K.

Fort Sv Ivan

Von der Kathedrale, vorbei am archepresbyterischen Palast, erreicht man am äußeren Zipfel des alten Stadthafens das Fort Sv Ivan. Damals zum Schutz der alten Hafeneinfahrt errichtet, dient es heute als regionales **Schifffahrtsmuseum.** Auf zwei Etagen sind Modelle, Pläne, Bilder und Stiche aus der Zeit vom 16. bis 20. Jahrhundert zu sehen. Die Erläuterungen fallen teilweise etwas dürftig aus, viele Exponate sind allerdings auch ohne Erklärungen verständlich. Im Untergeschoss der Festung wurde ein kleines **Aquarium** mit Exponaten zur adriatischen Meeresfauna angelegt.

• **Öffnungszeiten:** tgl. außer Mo 9–18 Uhr, im Winter bis 16 Uhr, Aquarium (gesonderter Zugang) tgl. 9–20 Uhr, Eintritt 30 K, Kinder 20 K, Aquarium 40 K, Kinder 20 K.

Jesuitenkirche

Von der Kathedrale in die Strossmayerova hineingehend, öffnet sich nach wenigen Metern linker Hand der Vorplatz zum Jesuitenkloster. Es wurde nach dem Vorbild der römischen Jesuiten-Hauptkirche Il Gezu in den Jahren von 1699–1735 unter der Aufsicht des damals hochverehrten römischen Baumeisters *A. Pozzo* im barocken Stil

040da Foto: wl

errichtet. Das einschiffige Tonnengewölbe mit seinen bescheiden wirkenden Seitenkapellen zählt zu den **beeindruckendsten Barockkirchen** Südosteuropas. Leben und Werk des Ordensgründers *Ignazius von Loyola* (gründete 1534 den von Papst *Paul III.* anerkannten Orden) sind in zahlreichen Altarbildern und Fresken verewigt.

Rupe-Museum

Aus der Zeit der lange andauernden Türkenbelagerungen stammt der **Getreidespeicher Rupe;** mit seiner wasserdichten Innenbeschichtung war er für damalige Verhältnisse erstaunlich modern. Heute ist hier ein kleines ethnografisches **Agrarmuseum** mit Exponaten zu Landwirtschaft und bäuerlichem Leben untergebracht.

- **Öffnungszeiten:** tgl. außer Di 10–16 Uhr, Eintritt 40 K, ermäßigt 20 K, Tel. 020-323013.

Serbische Kirche

An der Ul. od Puča liegt eine größere orthodoxe Kirche der einst starken serbischen Bevölkerungsgruppe von Dubrovnik. Der Bürgerkrieg hat das ethnische Verhältnis recht einseitig verändert, die Kirche wurde geschlossen. Vor dem Hintergrund des touristischen Interesses und dem Verfassungsauftrag der Religionsfreiheit ist dieses serbisch-orthodoxe Monument der gemeinsamen altjugoslawischen Vergangenheit wiedereröffnet worden.

- **Öffnungszeiten:** Mo–Fr 8–16 Uhr, Museum 9–14 Uhr, Eintritt 10 K, ermäßigt 5 K.

Sehenswertes außerhalb der Altstadt

Srđ-Seilbahn

Die knapp 800 m lange Seilbahnfahrt auf den **Berg Srđ** bietet die Möglichkeit zu tollen Rundblicken und einer phänomenalen Aussicht auf die Stadt. Startpunkt ist die Talstation in der Krešimira IV nordöstlich der Altstadt. Oben wurde im restaurierten Festungsbereich ein kleines **Museum** zum Thema jugoslawischer Bürgerkrieg eingerichtet.

- **Öffnungszeiten:** im Sommer 9–20 Uhr, im Winter bis 16 Uhr, 80 K, Eintritt Museum 15 K, geöffnet wie Seilbahn.

Insel Lokrum

Dem Stadtteil Ploče vorgelagert liegt die kleine Insel Lokrum mit ihren beliebten **Felsbadestränden,** an denen auch FKK-Anhänger auf ihre Kosten kommen. Sehenswert sind auf der Insel das alte **Benediktinerkloster** aus dem 11. Jahrhundert (restauriert um 1860 als Adelssommersitz) sowie der natürliche **Salzsee Mrtvo More.**

- **An-/Abfahrt:** Im Hochsommer alle 20 Minuten mit Pendelbooten ab dem alten Hafen, sonst stündlich, 50 K/Person.

Gruž und Dubrava

2 km westlich schließen sich die Bezirke Gruž und Dubrava an die Altstadt an. Hier liegen etliche moderne Hotels in parkähnlichen Anlagen so-

Die Altstadt vom Ortsteil Ploče aus gesehen

wie das **Strandbad Sumartin,** wo Einheimische wie Touristen Abkühlung vor der sengenden Hochsommersonne suchen. Die **Fährboote** zu den umliegenden Inseln fahren hier ab (vom Fährhafen, nicht zu verwechseln mit dem Altstadthafen).

Praktische Tipps

An- und Weiterreise

Flug:

Der **Flughafen Čilipi** liegt rund 25 km südlich der Stadt. Neben nationalen Flügen nach Zagreb, Split und Osijek (Croatia Airlines) gibt es im Sommer auch Flüge von/nach Köln (3x wöchentlich, Germanwings), Düsseldorf (3x wöchentl., Lufthansa), Frankfurt/Main (tgl., Croatia Airlines), Hamburg (1x wöchentl., Germanwings), Hannover (3x wöchentl., Air Berlin und Germanwings), Wien (tgl., Austrian Airlines und Croatia Airlines), Stuttgart (2x wöchentl., Air Berlin) und Zürich (3x wöchentl., Croatia Airlines).

Auskünfte und Buchungen bei Croatia Airlines, Ul. Starčevića (am Pile-Tor), Tel. 020-413777, Fax 413993, am Flughafen unter Tel. 020-773377 und bei den örtlichen Agenturen sowie unter der zentralen Reservierungsnummer 062-777777.

Ein **Flughafen-Expressbus** der Firma Atlas verbindet Stadtzentrum und Flughafen, abgestimmt auf ein- und abfliegende Maschinen (35 K/einfach). Die offiziellen **Stadtbusse** der Firma Libertas passieren den Flughafen ebenfalls, sind aber um ein Vielfaches langsamer und halten nur vor dem Flughafen (8–12 K). **Taxis** vom Flughafen in die Stadt verlangen zwischen 250 und 300 K.

Stadtbusse:

Stadtbusse (die auch alle Regionalziele bedienen) verbinden das Altstadttor (Pile) und die **wichtigsten Bezirke,** u.a. Fährpier (Linien 1, 1a, 3), den Ortsteil Lapad (Linien 5 und 6), den Fährhafen Gruž (8); am Pile-Tor fährt jedoch nicht Linie 10 (Cavtat) ab – die fährt in der Zagrebačka (10 Gehminuten). Alle Busse kosten 10–12 K (abgezählt!), alternativ sind 10er-Karten zu 100 K in Hotels und an Kiosken erhältlich. Wer viel Stadtbus fahren möchte, sollte die Anschaffung einer **Dubrovnik Card** (s.o.) erwägen.

Die wichtigsten Linien der Stadtbusse:

- **Nr. 1:** ACI Marina – Busbahnhof – Pile-Tor und zurück, 7.40–14 Uhr 9x tgl.
- **Nr 6:** Pile-Tor – Babin Kuk, 5.40–1.30 Uhr alle 15–20 Min.
- **Nr. 8:** Viktorija – Gruž und zurück, 6–0.30 Uhr alle 15–25 Min.
- **Nr. 9:** Pile-Tor – Krankenhaus und zurück, 7.20–18.30 Uhr 14x tgl.
- **Nr. 10:** Dubrovnik – Cavtat, 5.15–24 Uhr alle 30–45 Min.
- **Nr. 11:** Dubrovnik – Molunat, 10, 14.20 und 20.10 Uhr
- **Nr. 12:** Slano, 10–22.30 Uhr 6x tgl.
- **Nr. 16:** Dubrovnik – Plat, 5–8x tgl.

Fernbusse:

Anbindung besteht an alle wichtigen nationalen und internationalen Buslinien, Auskunft und Karten am Busbahnhof, Put Republike 19, Tel. 020-357088; Gepäckaufbewahrung tgl. bis 22.30 Uhr möglich. Alle aktuellen Fahrpläne sind unter **www.libertasdubrovnik.hr** zu finden. Abfahrten sind 5–22 Uhr, sehr häufig werden Split (22x tgl.), Zagreb (10x tgl.), Ploče (16x tgl.), zumindest 1x tgl. Korčula (via Ston und Orebić/Pelješac), Rijeka, München/Frankfurt oder Basel/Zürich angefahren.

Fähren:

Der **Fährpier** von Dubrovnik (Gružska Luka) liegt gut 2 km westlich der Altstadt (Tel. 020-418998 für Hafenmeisterei, Tel. 020-418000 für Jadrolinija/Fähren). Mit Gepäck empfiehlt sich daher ein Stadtbus.

Es fahren nach Koločep, Lopud, Šipan **(Elaphiten-Inseln)** vier Fähren tgl. (9, 11, 14 und 19 Uhr, So und feiertags nur 9 und 20 Uhr), eine Personenfähre nach **Mljet und Korčula** 3x wöchentlich, Pkw-Fähren nach Mljet 1–2x tgl. (ca. 52 Euro, Pkw mit 2 Pers.).

2x wöchentlich besteht ferner eine Eilverbindung nach **Rijeka** (mit Stopp in Sobra, Korčula, Vis, Hvar, Stari Grad, Split, Brbinj und Rab).

Die internationalen Boote wie auch die Eilfähre (Personen) sind hoffnungslos überlastet, eine rechtzeitige **Buchung** bei Jadrolinija ist unbedingt ratsam (Obala Radića 40, am Hafen, Tel. 020-418000, Mo–Fr 7.30–13 und 15–21 Uhr, Sa 7.30–13 und 16–20 Uhr).

Private **Pendelboote** verbinden den alten Fährhafen mit der **Badeinsel Lokrum.**

Auto:

Parken wird zunehmend zu einer Kunst, am besten man bringt als Selbstfahrer seinen eigenen Parkplatz mit! Von Norden kommend, fährt man durch den Ortsteil Gruž, von Süden oben an der Umgehungsstraße rechts durch die Unterführung direkt in den Ortsteil Pile bis zum T-Ende (dort rechts nach Gruž), links **zur Altstadt** (Zagrebačka Ul., hier ist auch die Polizei und fährt Bus Nr. 10 nach Cavtat). Man sollte möglichst früh parken, unten am Pile-Tor sind Plätze rar und extrem teuer (umgerechnet 5 Euro/Stunde). Am Pile-Tor beginnt meist ein Rundgang durch die Altstadt (s.o.).

Leserhinweis: In der Nähe der Altstadt – man wird fast automatisch daran vorbeigeleitet – befindet sich ein neues **Parkhaus.** Um jedoch in den Genuss der draußen veranschlagten Tagestickets für 60 K (300 K pro Woche) zu kommen, muss man sich auf eine ziemlich langwierige Prozedur einlassen: Bevor man mit dem Auto ins Parkhaus hineinfährt, muss man sich ein Ticket am Hauptschalter des Betreibers Ragusa Parking d.o.o. besorgen und erst danach den PKW im Parkhaus abstellen. Fährt man gleich mit dem Wagen ins Parkhaus und zahlt die Gebühr bei Abholung, wird etwa der 2,5-fache Preis fällig. Ein offizielles Preisverzeichnis darüber war jedoch auch auf Nachfrage nicht zu erhalten, allerdings sei eine Änderung dieser Praxis in Planung.

Info und Agenturen

• **Touristeninformation,** Ul. Brsalje 5 (am Pile-Tor bei den Bushaltestellen, hier werden auch Stadtführungen angeboten), Tel. 020-312011, www.tzdubrovnik.hr. Filialen auf der Halbinsel Lapad (K. Zvonimira 3, Tel. 020-437460), und am Hafen Gruž, Tel. 020-417983, im Sommer jeweils 8–20 Uhr, im Winter tgl. außer Do 9–13 Uhr.

• Gute **Webseiten** zur Region Dubrovnik sind z.B. www.dubrovnik.hr, www.visitdubrovnik.hr oder www.dubrovnik.li.

• **Agentur Atlas** mit gleich drei Filialen: am Pile-Tor, am Hafen und am Stradun (Placa), Tel. 020-442222, Fax 411100, www.atlas-croatia.com, Mo–Sa 8–12, Mo–Fr zusätzlich 17–19 Uhr; im August durchgehend.

• **Perla Adriatica,** Frana Supila 2, Tel./Fax 020-422766, perla-adriatica@du.htnet.hr, 50 m hinter dem Ploče-Tor, für Scooter, Geldwechsel, Touren und Unterkunft; nebenan auch weitere Fahrzeugverleiher (Hertz, Lamo, National Car und Autoteam). Vermittelt werden €-€€€Zimmer und Apartments in unterschiedlichen Kategorien, allerdings sind im Altstadtzentrum nur wenige zu haben, die meisten liegen in den moderneren Vororten.

• Am Fährhafen liegen **Nipp-Tours,** O. Radiča 29, Tel./Fax 020-419049, nipptours@htnet.hr, und **Atlant,** O. Radiča 26, Tel. 020-419044, Fax 356150, agent@atlant.hr.

Unterkunft

Wegen der extrem hohen Übernachtungspreise empfiehlt es sich für den kostenbewussten Reisenden generell, etwa **in Cavtat** Quartier zu nehmen und per Stadtbus/Fähre Tagesausflüge in die Stadt zu unternehmen.

• An der Nordostseite der **Lapad-Halbinsel** liegt beispielsweise – mit Top-Blick zur Brücke – die €€**Villa Antea,** Tel. 020-438343, www.villa-antea.hr (schräg gegenüber die Agentur Calypso).

• Die €**Jugendherberge** liegt in der V. Sagrestana 3 (10 Min. vom Überland-Busbahnhof), Tel. 020-423241, Fax 412592, www.hfhs.hr und dubrovnik@hfhs.hr (vorher reservieren, zur Not über die Touristeninformation).

Hotelunterkünfte in Dubrovnik sind, zumindest in **Altstadtnähe, sehr teuer.** In Gehnähe zum Altstadtzentrum liegen eine Handvoll empfehlenswerter Hotels.

●€€€€€**Pučić-Palace,** Od Puća 1, Tel. 020-326222, www.thepucicpalace.com, direkt im Zentrum am Gundulić-Platz gelegenes Patrizierhaus aus dem 17. Jh., top restauriert, alle Annehmlichkeiten, aber keine Wellness-/Bademöglichkeiten oder sonstige Extras im Haus. Sehr teuer, ab 2000 Euro/Woche im DZ inkl. Frühstück - aber dafür wohnt man mitten in Dubrovnik. Sehr beliebt auch bei Nichtgästen ist die angeschlossene **Weinbar Razonoda.**

●€€€€**Hilton Imperial,** Marijana Blažica 1, Tel. 020-320320, Fax 320220, www.hilton.co.uk/dubrovnik und www1.hilton.com. Das ehemalige Imperial wurde von der Hilton-Gruppe übernommen und zum luxuriösen Tophotel umgestaltet. Warme Erdtöne und Marmordekors in den komfortablen Zimmern und Suiten, alle Annehmlichkeiten: Fitnessanlage, Pool, Kinderbetreuung, Business-Center mit modernster Ausstattung usw. Das Schöne an diesem Luxus ist zudem die famose Lage unmittelbar an der Altstadt (nahe Pile-Tor) mit beeindruckenden Aussichten über die Dächer von Dubrovnik.

●€€€€**Villa Dubrovnik,** Vlaha Bukovca 6, Tel. 020-500300, Fax 500310, www.villa-dubrovnik.hr, mit eigenem Boot zum Altstadthafen, einigermaßen günstig.

●€€€€€**Argentina,** Frana Supila, Tel. 020-440555, Fax 432524, www.gva.hr.

●Zum Argentina gehören auch die benachbarte, stilvolle €€€€€**Vila Orsula,** Tel. 020-440555, Fax 432524, und das €€€€€**Hotel Excelsior,** Tel. 020-414222, Fax 414214, www.hotel-excelsior.hr. In diesen Häusern kosten DZ ab 260 Euro, es können leicht über 400 Euro werden (nein, pro Nacht, nicht pro Woche ...). Es empfiehlt sich eine frühzeitige Online-Buchung (dann ab 108 Euro/DZ).

●Preiswert in Altstadtnähe unterzukommen ist gar nicht so einfach, da nur die sehr wenigen teuren Tophotels unmittelbar an der Altstadt bauen durften. Eine Ausnahme bildet die €€**Ferienwohnung Panorama** in ruhiger Lage direkt vor der Altstadt. Die Wohnung bietet max. 4 Personen Platz (1 Schlafraum plus Schlafcouch im Wohnzimmer), verfügt über Klimaanlage und eine komplett eingerichtete Küche. Das Schönste kommt zum Schluss: der Balkon, von dem eine herrliche Sicht auf Altstadt und Mittelmeer genossen werden kann. Srednji kono 12, Tel./Fax 020-411372, www.panorama-dubrovnik.net.

●Ebenfalls günstig bei Top-Lage ist die €€**Villa San** (Tel. 020-411884, www.villa-san.com) gegenüber der Touristeninformation nahe dem Pile-Tor. Komplett ausgestattete Wohnungen für 2 Personen, 3er-Wohnungen und 6er-Penthouse (8 Schlafplätze).

Günstigere Hotels findet man im Bereich **Dubrava/Gruž,** und zwar in den beiden Straßen Masarykov Put und Šetalište Kralja Zvonimira. Die ersten drei Hotels unten liegen in einer dicht besiedelten Sackgasse der Lapad-Bucht, der Rest in einem zersiedelten Abschnitt rund um die Nordspitze Babin Kuk – teilweise mit Blick auf die neue Brücke. Stadtbus Nr. 4 und 5 ist an diese Hotels angebunden, in denen auch die meisten Tourgruppen untergebracht werden.

●€€€**Hotel Vis,** Masarykov Put 2, Tel./Fax 020-437303, www.hotelimaestral.com.

●€€**Hotel Adriatic,** Masarykov Put 5, Tel./Fax 020-437302, www.hotelimaestral.com.

●€€€**Hotel Splendid,** Masarykov Put 6, Tel./Fax 020-437304, www.hotelimaestral.com.

●€€€**Hotel Zagreb,** Šetalište Kralja Zvonimira 31, Tel. 020-436146, Fax 436006, www.hotels-sumratin.com.

●Als preiswerte Alternative zu den größeren Hotels bietet sich das kleine Familienhotel €€**Sumratin** an. Die 44 Zimmer sind einfach und funktional mit Telefon und Duschbad ausgestattet. Frühstück und Abendessen werden im angenehmen Gartenrestaurant serviert, zur Altstadt sind es etwa 4 km, zum Meer etwa 250 m. Die Preise für Halbpension variieren zwischen 70 und 95 Euro/Pers. je nach Saison. Šetalište Kralja Zvonimira 31, Tel. 020-436333, Fax 436006, www.hotels-sumratin.com.

●€€€**Grand Hotel Park,** Šetalište Kralja Zvonimira 39, Tel. 020-434444, Fax 434885, www.grandhotel-park.hr.

●Tipp: Als sehr ordentliches Hotel der Mittelklasse bietet das €€€**Hotel Kompas** im Ortsteil Dubrava DZ mit Balkon und Meerblick, Meerwasserpool, Meerwasserhallenbad und Sat-TV. Sehr beliebt ist das umfangreiche Frühstücksbuffet; am 50 m entfernten Kies-

kro427 Foto: wl

strand (zur Altstadt ca. 4 km; Stadtbus) werden u.a. Wasserski, Paddel- und Ruderboote, Windsurfen, Segeln angeboten. Šetaliste Kralja Zvonimira 56, Tel. 020-352000, Fax 435877, www.hotel-kompas.hr.

• Daneben sind noch drei Häuser der Valamar-Gruppe in Dubrava (alle buchbar unter www.valamar.com) erwähnenswert: das Luxushotel €€€€**President,** mit Hallenbad, Tennis und Minigolf, Dulčića 39, Tel. 020-441100, Fax 435600; €€€**Hotel Tirena** (vormals Minčeta) Tel. 020-447100, Fax 447603; und das €€€**Argosy,** eines der zahlreichen neuen Hotels im Ortsteil Dubrava, welches auch für Familien interessant ist. Es liegt nett und ruhig, wenn auch nicht unmittelbar am Meer. Die modernen DZ verfügen über AC, Sat-TV, Minibar und Fön, im Außenbereich findet man Pool und Kinderbecken, zum Kiesstrand sind es ca. 150 m. Dulčića 41 (ca. 4 km zur Altstadt; Stadtbus), Tel. 020-446100, Fax 435578.

Easy living auf den Straßen von Dubrovnik

Camping

In Dubrovnik selbst bzw. auf der Lapad-Halbinsel mussten alle Camps mehr oder weniger gelungenen Hotelresidenzen weichen. Es empfehlen sich – da im Stadtbusbereich gelegen – die Camps **südlich von Dubrovnik** (siehe Cavtat).

• 15 km **nördlich** liegt in Trsteno das gleichnamige €€**Trsteno,** Tel. 020-751060, Fax 751010, www.trsteno.hr, Platz für rund 150 Gäste, ohne Komfort.

• In **Orašac,** ca. 10 km **nördlich** von Dubrovnik, befindet sich das €€€**AC Pod Maslinom** (vormals Rudine), Tel./Fax 020-891169, Platz für 120 Gäste, keinerlei Angebot.

Essen und Trinken

Dubrovnik als das Herz Süddalmatiens bietet ein **breites gastronomisches Angebot** von der einfachen Pizzeria bis zum Feinschmeckerlokal. Gerade in den verwinkelten Altstadtgassen entdeckt jeder bald seinen eigenen Favoriten; an dieser Stelle ein paar Empfehlungen:

Einfache bis mittlere Preisklasse:

- In den Altstadtgassen bei der serbisch-orthodoxen Kirche liegen mehrere einfache Pizzerien wie das Fastfood-Lokal **Tutto Bene** sowie das **Selbstbedienungslokal Express** mit Salatbar oder die gute **Pizzeria Barracuda,** Tel. 020-323160, tgl. 8–24 Uhr.
- Im **Mea Culpa** (Široka Ulica bis zum Ende, dann rechts, tgl. 8–24 Uhr, Tel. 020-323430) sind die Portionen qualitativ und quantitativ überragend (Spezialität ist Käselasagne)!
- Mehrere einfache, aber gute Fischlokale liegen am Gundulić-Platz, vor allem das **Gundulića** unmittelbar am Platz mit Sitzbänken draußen ist zu nennen.
- Gutbürgerliche und mittelpreisige Lokalgerichte werden im **Dalmacija Grill** in der Gružka Obala (nahe Fährhafen, Tel. 020-4193063) serviert.

Mittlere und gehobene Preisklasse:

- Im gehobeneren Preissegment ist in der Altstadt insbesondere das **Ragusa 2** in der Zamanjina 12 für dalmatische Spezialitäten zu nennen, Tel. 020-321203, tgl. 8–24 Uhr.
- Inmitten der Altstadt findet der Reisende die **Konoba Amoret** mit typischen und rustikalen Spezialitäten der Region wie *Pršut* (Schinkenplatte), Käse, Muscheln und Fischgerichten, aber auch reichhaltigen und leckeren Fleischplatten. Als ganz besondere Spezialität gilt der Hausmacher-Kuchen *Rozata.* Od Pustijerne (neben der Kathedrale), Tel. 020-422644.
- Das mehrfach prämierte **Maestoso 2** beim Altstadtzugang mit traumhaftem Blick auf den Altstadthafen kredenzt seit über 20 Jahren vorzügliche Spezialitäten wie schwarzen Risotto oder gefüllte Kalbsschnitzel, aber auch exquisite frische Meeresfrüchte. Vegetarische Küche oder Schweden-Buffets stehen ebenso im Angebot wie kroatische Spitzenweine. Tgl. 10–24 Uhr, am Ploče-Tor, Tel. 020-420986.
- Direkt in der Innenstadt bietet die Weinbar/Restaurant **Razonoda** (Tel. 020-326222) beim Hotel Pučić-Palace Spezialitäten wie Muscheln und Austern aus Ston oder Spargelgerichte.
- Im Ortsteil Lapad/Babin Kuk bewährt sich seit Jahren das **Restaurant Komin** mit Spezialitäten von Lamm und Kalb unter der Metallglocke gebacken. Die Kuchen sind hausgemacht, das Interieur bäuerlich-rustikal, es wird in dalmatischer Tracht serviert. Ortsteil Babin Kuk, Ul. Iva Dulcica (nahe Hotel President), Tel. 020-448613.
- Außerhalb der Altstadt, an der Stadtbus-Haltestelle (hinter der Feste Lavrijenac), liegt das hochpreisige Terrassenlokal **Nautica** (Brsalje 3, Tel. 020-442526, Reservierung empfohlen, tgl. 12–24 Uhr); das Restaurant in Altstadtnähe ist berühmt für ausgezeichnete Weine und Fischgerichte.

Nachtleben

- Abendunterhaltung bieten die zahlreichen hoteleigenen **Nachtclubs,** der Nobelschuppen beim Nautica-Restaurant sowie die **Discos Alkatraz** und **Arsenal** im Bezirk Pile westlich der Altstadt.
- Unmittelbar am Pile-Tor lockt die erste australische **Bar** Kroatiens, **Billa Bong,** Tel. 020-311777, mit Kuriosem vom fünften Kontinent.
- Der **Fuego Club** (Brsalje 8, Tel. 020-312870) ist zwar vorwiegend ein Dance-Club mit lateinamerikanischem Ambiente, bietet aber immer wieder Themenabende mit Rock, Live-Bands usw., Fr und Sa 23–6 Uhr.
- Das städtische **Spielcasino** (im Hilton Imperial) sorgt für allerlei Lust und Frust bei seinen Besuchern – Abendkleidung erwünscht!
- Wer im Juli/August in Dubrovnik sein sollte, kann bei den Reiseagenturen einen kostenlosen Plan der Veranstaltungen im Rahmen der **Dubrovniker Sommerspiele** erhalten – Musikkonzerte und folkloristische Darbietungen in traditionellen Kostümen stehen dabei im Mittelpunkt, aber auch internationale Interpreten gastieren gelegentlich zu diesem Anlass.

Aktivitäten

- **Schwimmen** ist nicht überall möglich; einige brauchbare Stellen finden sich unterhalb der Hotels im Bezirk Ploče sowie im Bereich der **Lapad-Bucht.** Exzellente Bademöglichkeiten, auch FKK, sind auf der **Badeinsel Lokrum** gegeben (Transfer ab Altstadthafen).
- **Tauchen: Navis,** mobil 099-502773, www.navis-dubrovnik.com.
- **Ausflüge** bieten sich über die örtlichen Agenturen zu den Elaphiten-Inseln, den großen Inseln und aufs Festland an, etwa Molunat, Međugorje (Bosnien-Herzegowina) oder Korčula zu jeweils 40–50 Euro.

Nützliches

- In den Bezirken Gruž/Dubrava bietet sich für Selbstverpfleger das **Einkaufszentrum** am Busbahnhof sowie der **Markt** mit Fischmarkt gegenüber vom Fährhafen an.
- **Post:** Ul. Starčevića 1, Mo–Fr 8–20 Uhr, Sa bis 17 Uhr. Briefmarken verkaufen alle Ansichtskartenhändler.
- **Bank:** etliche Banken in der Altstadt (am Stradun, mit Geldautomaten) sowie am Fährhafen.
- **Apotheken** finden sich am Stradun sowie am Fährhafen.
- **Krankenhaus:** Dr. Sercera 1/Ecke Maršala Tita, Tel. 020-431777, sowie im Ortsteil Lapad (Bus 9 bis Bolnica/Krankenhaus).
- **Hafenmeisterei:** Obala Radiča 75 (am Fährhafen), Tel. 020-418998.
- **Marina:** ACI Marina Mokošica-Dubrovnik, Tel. 020-455020, Fax 455022.
- **Internet:** Dubrovnik Internet Center, Branitelja Dubrovnika 7 (vor der Altstadt, Pile-Tor), Tel. 020-564715, tgl. 8–24 Uhr; **Net-Café** am Stradun; WLAN in fast allen großen Hotels.

Elaphiten-Inseln

Eines der beliebtesten **Ausflugsziele per Boot von Dubrovnik** aus sind die unmittelbar vorgelagerten Elaphiten, eine kleine Inselgruppe, bestehend aus 30 Inselchen und Felsen mit einer Gesamtfläche von rund 30 km². Nur drei davon – **Koločep, Lopud und Šipan** – sind bewohnt und für Besucher per Fährboot, meist als Tagesausflug, erreichbar. Berühmt sind alle Inseln gleichermaßen für ihre ganzjährig blühende **subtropische Vegetation,** ihre Blumenpracht in den Siedlungen und die **malerischen Strände** mit kristallklarem Wasser.

Schon zu griechischer Zeit besiedelt (*elaphos* = Rotwild), zeugen Reste römischer Villen von einer ununterbrochenen Nutzung der Inseln. Ab dem 11. Jahrhundert fielen die drei großen Inseln an Ragusa; für Koločep, Lopud und Šipan wurde jeweils sogar ein eigener Rektor gewählt. Mit dem Niedergang der Republik verschwanden die Elaphiten von der politischen Landkarte, erst durch den Tourismus der 1980er und 1990er Jahre, unterbrochen von dem für die Inseln folgenlosen Bürgerkrieg, wurden Koločep, Lopud und Šipan wieder aus ihrem Dornröschenschlaf erweckt. Eine bescheidene Landwirtschaft und vor allem der wiedererwachende Fremdenverkehr bilden die Haupterwerbsquellen der Bewohner.

An- und Weiterreise

- In der Hauptsaison fahren **ab Dubrovnik** 4x tgl. (So/Feiertag nur 2x tgl.) **Personenfähren**

(50 K/Pers. ab Dubrovnik-Gruž) nach Koločep, Lopud und Šipan (hier werden die Orte Šipanska Luka und Suđurađ angefahren). Im Winterhalbjahr wird diese Verbindung auf ein Boot tgl., ca. 20 Uhr, zurückgefahren.

Koločep

Angelegt wird in **Donje Selo,** dem Hauptort der nur 2,5 km² kleinen und von 150 Personen besiedelten Insel (im 15. Jahrhundert waren es noch über 2000 Einwohner). Sehenswürdigkeiten sind rar, lediglich die Reste eines Wehrkastells aus dem 16. Jahrhundert sowie zwei kleine Kirchen aus dem 14. und 17. Jahrhundert mögen erkundenswert sein. Kaum vorstellbar, dass es in **Gornje Čelo,** der zweiten Inselsiedlung, im 15. Jahrhundert eine Werft gegeben haben soll, und eine inseleigene Handelsflotte von fast 70 Schiffen (!) in Donje Selo vor Anker lag. Hauptattraktion sind die **Bademöglichkeiten,** Fußpfade führen zur

steilen Südseite mit Kiesstrand hinunter. Die Insel ist leicht per pedes zu erkunden (Betonpfade). Von den höchsten Erhebungen (126 m) ist die Rundumsicht grandios.

Nützliches

- In Donje Selo sind ein **Minimarkt** und die **Dorfpost** die einzigen Einrichtungen. Ansonsten ist man auf die **Gostionica Vila Ruža** und die €€€**Vila Koločep,** Tel. 020-754025, Fax 757027, www.kolocep. com, mit Tennisplatz und Süßwasserpool angewiesen.

Lopud

Einzige Siedlung der 5 km² großen Insel ist Lopud (ca. 390 Einwohner). Das Dorf gilt als das „blühendste" der Elaphiten-Inseln – etliche Quellen fördern den Pflanzenwuchs. Einige Orden und Kirchen nahmen die Fruchtbarkeit Lopuds zum Anlass, zahlreiche Klöster, Gotteshäuser und Wehranlagen zu errichten – rund 30 zeugen noch heute von der Beliebtheit der Insel.

Ziemlich gruselig mutet das weithin sichtbare **Franziskanerkloster** oberhalb der Hafeneinfahrt an. Es wurde im 16. Jahrhundert im Stil der Spätgotik/Frührenaissance errichtet, aber in der napoleonischen Phase (1808) verlassen. Seine Kirche mit dem 32 m hohen Campanile dient dem Ort heute als Pfarrkirche (Sv Marija od Špilice). Eine Betrachtung wert ist darin das Polyptychon mit neun handgeschnitzten Heiligenfiguren.

Oberhalb der östlichen Inselseite ist noch die sehenswerte Kreuzzugskapelle Gospa od Šunja (11. Jahrhundert) erhalten. Zahllose weitere **Kapellen und Kirchenruinen** liegen über die Insel verstreut. Auch die Reste der hoch gelegenen **Spanischen Festung** sind gut auf Spazierwegen erreichbar.

Strände befinden sich unmittelbar am Ort beim Hotel Lafodia und in der Šunj-Bucht auf der Ostseite der Insel (hervorragender Sandstrand). Auch Nacktbaden ist erlaubt.

Unterkunft

- €€€**Hotel Lafodia,** Tel. 020-450300, Fax 450360, www.lafodiahotel.com.

Nützliches

- Informationen, Privatzimmer und Ausflüge bei der **Agentur Atlas** am Kai, Tel. 020-759015, www.atlas-croatia.com.
- **Post, Minimarkt und Markt** im Zentrum.

Šipan

Šipan ist mit 16,5 km² die größte Elaphiten-Insel (ca. 500 Einwohner). Die Hauptorte sind Šipanska Luka und Suđurađ, beide sind per Fähre an Dubrovnik angebunden. Ähnlich wie auf Koločep leben auch die Bewohner Šipans von Landwirtschaft und Fischfang sowie ein wenig vom Tourismus.

In **Šipanska Luka** stehen der ehemalige Rektorenpalast sowie eine Pfarrkirche aus dem 16. Jahrhundert. Baden ist am Kiesstrand auf der Südseite der Bucht möglich. Der einzige Hauptweg führt zu dem etwa 4,5 km entfernten **Suđurađ,** auch Sudjuraj geschrieben. Außer einer Dorfschenke, einigen Vermietern von Privatzimmern und der Anlegestelle sind noch zwei Kapellen aus dem 13. und 16. Jahrhundert sowie mit Wehrtürmen versehene ehemalige Adelshäuser zu erwähnen.

Unterkunft

- Unterkunft bietet in Šipanska Luka das €€€**Hotel Šipan,** Tel. 020-754900, Fax 754910, www.hotel-sipan.hr, Verleih von Booten und Rädern.
- Auch ein paar **Privatzimmer** (Schilder „Sobe“) werden vermietet.
- Als moderne und höherwertige Alternative bietet sich ein Stück außerhalb in Suđurađ das €€€€**Hotel Božica** an (Tel. 020-325400, www.hotel-bozica.hr), mit DZ und 4er-Apartments.

Riviera von Dubrovnik

6 km südlich von Dubrovnik erstreckt sich ein halbes Dutzend kleiner Buchten und Orte (von Nord nach Süd: **Kupari, Srebreno, Mlini, Soline** und **Plat**), die zusammen als Riviera von Dubrovnik bezeichnet werden und mittlerweile touristisch so gut erschlossen sind (Stadtbus- wie auch Bootsverbindungen mit Dubrovnik), dass sie eine beliebte Alternative zu den Unterkünften in Dubrovnik-Lapad wurden.

Die Touristeninformation Cavtat-Konavle verfügt über eine ausgezeichnete, kostenlose **Landkarte** des gesamten Küstenabschnitts im Maßstab 1:50.000, die auch auf die Homepage www.tzcavtat-konavle.hr gestellt wurde. Es werden zudem **Wander- und Radkarten** (1:30.000) vor Ort zur Verfügung gestellt.

An- und Weiterreise

- **Busse:** Oben an der Hauptstraße mit den Stadtbussen 10 (siehe Cavtat) und 16 (10x tgl. bis Srebreno, nur 3x tgl. bis Plat; Details siehe Dubrovnik).
- **Fährboote** nach Dubrovnik oder Cavtat: direkt am Pier (100 K) bzw. über die Agentur Vivado.
- Allgemeines findet man auf der Internetseite **www.tzcavtat-konavle.hr.**

Info und Agenturen

- Zimmer und Apartments vermitteln die **Agenturen T&T,** Tel. 020-487210, Spiona, Tel. 020-485611, www.spiona.hr, und **Vivado,** Tel. 020-486471, www.vivado.hr, alle am Šetalište Marka Marojice in Mlini, oder die **Touristeninformation Srebreno** (Tel. 020-486254).

Unterkunft

- Die beliebte €€**Aparthotelanlage Orphee** (Plat) kann man unter Tel. 020-488744, Fax 488620, www.hoteli-plat.hr, buchen.
- Weitere Hotelanlagen sind das €€€**Astarea,** Tel. 020-484066, Fax 486362, und das €€**Mlini,** Tel. 020-486222, Fax 486053, beide im Bezirk Mlini und vorab buchbar unter www.hotelimlini.hr.

Camping

Rund um Mlini reihen sich etliche Campingplätze aneinander, die meisten davon sind sehr klein und für rund 100 Gäste konzipiert. Dazu zählen:

- €€**AC Kate,** Mlini, Tel. 020-487006, www.campingkate.com.
- €€**Agava,** Srebreno, www.autocampagava.com.
- €€**AC Portun,** Srebreno, Tel. 020-487078, Fax 487079.
- €**AC Matkovica,** Srebreno, Tel. 020-725776, u.o.matkovica@hotmail.com.
- €**AC Paradiso,** Plat, Tel. 020-488980.
- In Kupari bildet das €€**AC Kupari** (Tel./Fax 020-487208, www.club-adriatic.hr) mit Platz für knapp 3000 Besucher eine Ausnahme unter den Minicamps der Region Mlini. Doch auch hier gilt, von einem Snackrestaurant abgesehen: Freizeitangebot Fehlanzeige.

Essen und Trinken

Auch wenn die meisten Urlauber abends nach Dubrovnik fahren, so bietet die Riviera von Dubrovnik doch einige feine (und preiswertere) Alternativen.

- Sehr beliebt ist das **Café Portun** (am gleichnamigen Campingplatz) mit Snacks und günstigen Kleinigkeiten, Tel. 020-486563.
- Das **Mlinica** in Mlini hat sich auf rein vegetarische Speisen spezialisiert, Tel. 020-486768, März bis Oktober tgl. 11–24 Uhr.
- In der **Trattoria Dante,** M. Marojice 34, Mlini, Tel. 020-486575, wird italienisch und dalmatisch gekocht.
- **Župski Komin,** Trgovište 15, Mlini, Tel. 020-486330, zieht vowiegend Anhänger der dalmatischen Kost an, tgl. 11–23 Uhr, Mitte Dezember bis Mitte Februar geschlossen.

- In Soline loben Leser die **Pizzeria Župčica** (Tel. 020-488535), die nicht nur Pizza und Kleinigkeiten, sondern auch diverse Muschel- und Fischgerichte sowie Fleischplatten serviert.

Aktivitäten

- **Tauchen: Solaris Diving Center,** mobil 098-243141, Fax 020-313106, www.solaris-group.hr, in Plat.
- **Scooter-Vermietung** in der Bucht von Mlini, mobil 091-2520134, 30 Euro/Tag.

Nützliches

- **Bank, Touristeninformation,** Tel. 020-486254, tgl. 8–15 Uhr, **Erste Hilfe,** Tel. 020-486278, tgl. 8–20 Uhr, und **Post** an der Hauptstraße beim Hotel Župa (Srebreno).
- **Internet Klub Mlini,** Tel./Fax 020-487210, tgl. 10–21 Uhr.
- **Nachtklub Barbarela,** Plat, Tel. 020-488660, täglich 22–1 Uhr, an Wochenenden bis 4 Uhr.
- **Einkaufen:** In Gornja Čibača, von Dubrovnik kommend vor Kupari, liegt linker Hand ein Industriegebiet mit Großmärkten, einem Getro-Cash&Carry-Supermarkt und einem Lidl-Supermarkt, der als „Lidl-Dubrovnik" (tgl. 8–21, So bis 18 Uhr) bezeichnet wird.

Cavtat

Noch vor wenigen Jahren kaum mehr als ein Fleck auf der Landkarte, hat sich Cavtat (6200 Einwohner) durch die Fähr- und Busanbindung an Dubrovnik zu einem beliebten Ferienort gemausert. Im 4. Jahrhundert v. Chr. war Cavtat als das griechisch besiedelte **Epidauros** bekannt, was von den Römern übernommen wurde. Zerstört von Erdbeben und vordringenden Sla-

kro441 Foto: wl

wen in der Völkerwanderungszeit (7. Jahrhundert), flohen die Bewohner nach Dubrovnik, der Ort geriet in Vergessenheit. Als die Republik Ragusa Süddalmatien kontrollierte, bauten wohlhabende Kaufleute an der Stelle des einstigen Epidauros ein neues Städtchen auf, das im Schatten der großen Mutterstadt auch touristisch ein eher stiefmütterliches Dasein führte. Das Hinterland Richtung bosnische und montenegrinische Grenze ist außerordentlich fruchtbar (Gemüse, Obst, Feigen, Oliven), was sich durch Bewässerungssysteme, die noch aus griechisch-römischer Zeit stammen sollen, erklärt.

Sehenswertes

Es lohnt ein **Bummel auf der Uferpromenade** am Boots- und Yachthafen. Hier steht auch das **Stadtmuseum** (ehemaliger Rektorenpalast, errichtet Mitte des 16. Jahrhunderts), in dem eine numismatische Kollektion sowie Malereien und Grafiken aus dem 18. Jahrhundert zu sehen sind.

Die benachbarte **Pfarrkirche Sv Nikola** entstand im 17. Jahrhundert. Am Beginn des Fußweges am Hotel Supetar liegt ein kleines **Strandbad** mit Süßwasserduschen (kostenlos), ein Stückchen weiter finden sich ebenfalls mehrere gute Bademöglichkeiten. Der **Fußweg** führt um die Cavtat-Halbinsel herum (ca. 20 Min.) zurück zum Zentrum – ein sehr schöner Spaziergang. Ein großer **Strandabschnitt** liegt gegenüber des Hotel Epidaurus, vom kleinen Steg aus werden auch Elaphiten-Ausflüge angeboten.

Cavtat hat sich zu einem beliebten Ferienort entwickelt

An- und Weiterreise

- **Bus** Nr. 10 von/nach **Dubrovnik** (ca. 12x tgl.); Nr. 11 (3x tgl.) von/nach **Molunat,** jeweils 12 K (am Parkplatz vor der Fußgängerzone).
- **Dubrovnik-Boot:** 9–19 Uhr 14x tgl. ab Minipier beim Hotel Albatros bzw. Hafen Cavtat (Tel. 020-471213) oder über die Agenturen (Rückfahrkarte rund 11 Euro).
- **Elaphiten-Boote:** Für nur 250 K/Person bietet *Miko* (mobil 098-344543) am Hafen eine sehr beliebte Elaphiten-Rundtour einschließlich Stopps und Fischpicknick (inkl. Getränke) an.
- **Auto:** Unmittelbar hinter der örtlichen Touristeninformation an der Jadranska Magistrale biegt man rechts ab nach Cavtat. Ab Ortseingang führt die Hauptstraße als S. Radiča in Windungen hinunter bis zum Ufer – mit neuem gebührenpflichtigen Parkplatz. Genau an dieser Stelle fahren auch die Busse von/nach Dubrovnik, liegen die Agenturen, Markt, Bank, Post, Minimarkt, Bäckerei usw. Kostenlos parkt man (noch) am Strand beim Hotel Epidaurus.

Info und Agenturen

- Die offizielle **Touristeninformation** findet man an der Jadranska Magistrale unmittelbar an der Abzweigung nach Cavtat (tgl. 8–15 Uhr, Mai bis Sept. bis 20 Uhr geöffnet; Tel. 020-479025, Fax 478025, www.tzcavtat-konavle.hr).

Im Ort selbst liegen unmittelbar am Beginn der Fußgängerzone mehrere Agenturen; alle bieten Bus- und Fährboottickets, Fahrzeugverleih (Pkw, Scooter), Unterkunft, Ausflüge (auch Mostar, Montenegro, Kanutouren etc.), Bootsverleih usw.

• **Atlas,** Trumbicev put 2, Tel. 020-478464, Fax 479031, www.atlas-croatia.com.
• **Adriatica,** Trumbicev put 3, Tel./Fax 020-478713, www.adriatica.net.
• **Fenomen,** Tiha 4a, Tel./Fax 020-478212.

Unterkunft

• Zimmer bekommt man über die Agenturen, wobei man es bei einigen am Ortseingang auch direkt versuchen kann: Vor dem ersten Minimarkt rechts in die J. Kosora hinein befinden sich gleich mehrere Ferienwohnungen-Anbieter, z.B. Nr. 5, €**Vila Niki,** Pero Butijer, J. Kosora 8, Tel. 020-478388, oder gegenüber €**Vila Bela Vista** und **Vila Markoc,** Tel. 020-478293, vila_markoc@dubrovnik-online.com). An der Hauptstraße weiter, kurz vor der Serpentine, zweigt hinter einem Minimarkt ein Asphaltweg nach links ab: Hier liegt die €€**Vila Rakočić** mit tollem Ausblick und schwarzen albanischen Nobelkarossen an den Wochenenden vor der Tür. An der Straße gegenüber sind ebenfalls €Zimmer unter Tel. 020-478681 zu haben.
• Wer eine kleine Hotelpension sucht, ist mit der €€€**Villa Pattiera** (Tel. 020-478800, www.villa-pattiera.hr) mit sehr schönen Zimmern bestens bedient. Angeschlossenes Restaurant Dalmacija, s.u.
• Das sagenhafte €€€€**Hotel Croatia,** Frankopanska 10, Tel. 020-475555, Fax 478213, www.hoteli-croatia.hr, bietet allen erdenklichen Luxus in toller Lage inkl. geheiztem Seewasserpool, Wellness, Fitness, Kinderclub, Tennis usw. Mit Abendessen kommt man in der Hauptsaison allerdings auf etwa 300 Euro pro DZ, in der Nebensaison liegen die Zimmerpreise bei 126 Euro.
• Die Iberostar-Kette hat gleich drei Häuser eröffnet, €€€€**Iberostar-Albatros,** Tel. 020-471333, Fax 471293, €€€**Iberostar-Cavtat,** Tel. 020-478246, Fax 478651, und €€€**Iberostar-Epidaurus,** Tel. 020-471444, Fax 471 340, alle drei auch unter www.iberostar.com, wobei das Epidaurus mit seinem All-inclusive-Angebot den besten Preis bietet; hier auch Wassersport und Tauchbasis.
• Das €€**Hotel Supetar,** Obala Radiča, Tel. 020-479833, Fax 479858, www.hoteli-croatia.hr/supetar.

Essen und Trinken

• Sehr gut und nicht zu teuer isst man in der **Konoba Pacific** am Hafen; Fischgerichte nicht ganz billig, aber sehr freundliche Bedienung und hohe Qualität; Tel. 020-478473, tgl. 12–24 Uhr.
• Das **Dalmacija** neben dem Bäcker im Trumbicev put, Tel. 020-478800 (gehört zur Pension Pattiera), ringt mit der benachbarten Konkurrenz bislang erfolgreich um den Ruf als bestes Restaurant von Cavtat.
• Sehr schön sitzt man auch im **Rokotin** auf der Halbinsel mit Blick auf Dubrovnik; hervorragende Fischplatte; Setaliste rat, Tel. 020-478324, tgl. 12–23 Uhr.

Aktivitäten

• **Tauchen: Epidaurum** (am Epidaurus-Hotel), Tel. 020-471444, www.epidaurum-diving-cavtat.hr.

Nützliches

• Selbstversorger finden im örtlichen **Minimarkt,** auf dem **Markt** gegenüber oder beim **Bäcker** (mit warmen Teilchen, Burek usw.) alles Notwendige.
• Bei der Touristeninformation liegt die **Post** mit **Geldautomat** und Wechselmöglichkeit.

Molunat und das Grenzgebiet zu Montenegro

Kurz hinter dem Flughafen Čilipi an der E 80 zweigt eine interessante Nebenstrecke nach Molunat (18 km) ab. Mehrere landwirtschaftliche Weiler und eine **beinahe ausgestorbene Gegend** stehen in wohltuendem Kontrast zu den größeren Urlaubszentren Dalmatiens.

Rund um die **kleine Bucht** von Molunat entwickelt sich der Tourismus relativ langsam, nicht zuletzt durch die

3 km Luftlinie entfernte **Grenze zu Montenegro.** Die bescheidene, aber ausreichende touristische Infrastruktur sowie kleinere Sandbuchten ziehen vor allem Reisende aus Tschechien an. Der Ort selbst ist winzig und überschaubar, hinter der Ortseinfahrt hält man sich links (Einbahnstraße) zu den Camps, am Kiosk führt eine Straße links zurück zur Zufahrtsstraße – die Uferstraße selbst ist eine Sackgasse.

Wer von Molunat über Gornji Kraj auf engen, verwunschenen Sträßchen nach Osten fährt, kann unvermittelt über die **grüne Grenze** nach Montenegro rutschen – **alte Bunker und Grenzzäune** sind stumme Zeugen vergangener Zeiten!

An- und Weiterreise

- **Busse** 11 und 27 (Gornji Kraj) nach **Dubrovnik** (3x bzw. 2x tgl.).

Unterkunft

Es kommt vor, dass nach Molunat einfahrende Fahrzeuge angehalten werden, um Unterkunft anzubieten – ansehen kostet nichts!

- Ansonsten liegen am Uferstäßchen die €€**Vila Ana** (www.villa-ana.info), €€**Vidak Apartments** (www.apartmentsvidak.com, am Camp Marinero) sowie einzelne private €**Ferienwohnungen,** die unter Tel. 020-794460 oder bei €€**Komaić** am Ende des Weges, Tel. 020-794404, angeboten werden.

Camping

- Vier kleine Camps säumen die Bucht von Molunat: €**Adriatic I,** Tel. 020-796585, €**Adriatic II,** Tel. 020-794450 (beide unter www.dubrovnikportal.com/dbkPortalSites/psmjestaj/pkandic), €**Marinero,** Tel. 020-794425, www.apartments-vidak.netfirms.com, €**Monika,** Tel./Fax 020-794557, www.camp-monika.hr, mit sehr beliebtem Restaurant.

Essen und Trinken

- Am Uferstäßchen liegen mehrere einfache Restaurants. Das **Restoran Aloha** (Tel. 020-367722) wird für Pizza sehr gelobt, wohingegen das **Amico** (Tel. 020-367583) sehr gute Grillgerichte und Fisch serviert.

Aktivitäten

- **Tauchen:** Basis Molunat-Prevlaka, Tel. 020-794352, www.molunat-prevlaka.netfirms.com, tschechisch-kroatische Basis.
- **Abenteuerpark:** Auf dem kleinen Landzipfel der **Prevlaka-Halbinsel** haben findige Geschäftsleute den Park Prevlaka angelegt, mit Bunkerbegehung, Paintball-Schießen und Minizoo; Tel. 020-791555, www.prevlaka.hr.
- **Quad-Safari:** Die Firma Kojan Koral bietet Ganztages-Quadsafaris (inkl. Abholservice und Erfrischungen/Snacks) für 70 Euro an; mobil 098-606929, www.kojankoral.hr.
- **Ausritte:** Kojan Koral (s.o.) nimmt für Halbtages-Ausritte in Minigruppen inkl. Snacks und Erfrischungen 70 Euro.
- **Freeclimbing:** 10 km östlich von Cavtat bei Mihanići liegt ein interassentes Klettergebiet mit rund 25 verschiedenen Kletterabschnitten. Einer der Organisatoren ist der Veranstalter Dalmatia-Adventure; mobil 091-5012913, www.advenuredalmatia.com.

Nützliches

- Am Uferstäßchen von Molunat finden sich eine **Post,** ein **Kiosk** sowie ein **Minimarkt.**

227sd Foto: wl

Anhang

kb081 Foto: wl

kb022 Foto: wl

Segler vor der süddalmatischen Küste

An der Promenade von Crikvenica

Kühle Erfrischung im Hochsommer

Kleine Sprachhilfe

Aussprache

Bei der Aussprache des Kroatischen gibt es folgende Besonderheiten:

- **c** wie ts
- **č** wie tsch
- **ć** wie tj
- **s** wie ss
- **š** wie sch
- **ž** wie sh in „Gelee"
- **z** wie s in „Suppe"
- **e** wie ä
- **dj** wie j in „James"
- **h** wie ch in „ach"
- **v** wie w
- **r** wie är (Krk = Kärk, Hrvata = Härvata)

Kleiner Reisewortschatz

Allgemeines

Ja	*Da*
Nein, nicht	*ne*
Bitte sehr	*Molim*
Danke (sehr)	*Hvala ljepo*
Guten Tag	*Dobar dan*
Auf Wiedersehen	*Dovidenja*
Entschuldigung ...	*Molim vas ...*
Was?	*Što?*
Wer?	*Tko?*
Wohin, wo lang?	*Kuda, kamo?*
Ich, du, er/sie	*Ja, ti, on/ona*
Wir, ihr	*Mi, vi, oni*

Geld und Einkaufen

Gaststätte	*konoba*
Zahlen bitte!	*Platiti molim!*
Ich zahle mit Kuna/Euro	*Placam u kunama/ euro*
Kreditkarte	*Kreditna kartica*
Geldautomat	*Bankomat*
Laden	*Prodavnica*
Kaufhaus	*Robna kuća*
Markt	*Tržnica*
Wieviel kostet das?	*Pošto je to?*
Wo kann man ... kaufen?	*Gdje se može kupiti ...?*
Ich suche ...	*Tražim ...*
Gibt es .../es gibt ...	*Ima li ... /ima ...*

Unterwegs

Abfahrt von	*polazak iz*
Abfahrt nach	*polazak za*
Fahrkarte	*Bilet*
Bahnhof	*Kolodvor*
Busbahnhof	*Autobusni kolodvor*
Haltestelle	*Stanica*
Wann fährt der Zug?	*Kada polazi vlak?*
Fähre	*Trajekt*
Wo (ist)	*Gdje (je)*
Wie kommt man nach ...?	*Kako se die u ...?*
Können Sie das aufschreiben?	Možete to napisati?
rechts	*desno*
links	*ljevo*
Im Zentrum	*U centru*
Straße	*Ulica*
Platz	*Trg*
Autobahn	*Autoput*
Landstraße	*Cesta*
Panne, Unfall	*Kvar, sudar*
Werkstatt	*Radionica*
Grüne Versicherungskarte	*Zeleni karton*
Parkplatz	*Parkiralište*
Tankstelle	*Benzinska pumpa, crpka*
Fahrrad	*Bicikl*
Handyempfang	*Prijem mobitelu*

Zeit

Montag	*Ponedjeljak*
Dienstag	*Utorak*
Mittwoch	*Srijeda*
Donnerstag	*Četvrtak*
Freitag	*Petak*
Samstag	*Subota*
Sonn- und Feiertag	*Sedelja i blagdan*
täglich	*svaki dan*
werktags	*radni dan*
Wie spät ist es?	*Koliko je sati?*
5 vor X	*pet do X*
5 nach X	*X i pet*

Zahlen

0	*nula*	**18**	*osamnaest*
1	*jedan*	**19**	*devetnaest*
2	*dva*	**20**	*dvadeset*
3	*tri*	**21**	*dvadeset jedan*
4	*četiri*	**22**	*dvadeset dva*
5	*pet*	**30**	*trideset*
6	*šest*	**40**	*četrdeset*
7	*sedam*	**50**	*petdeset*
8	*osam*	**60**	*šesdeset*
9	*devet*	**70**	*sedamdeset*
10	*deset*	**80**	*osamdeset*
11	*jedanaest*	**90**	*devedeset*
12	*dvanaest*	**100**	*sto*
13	*trinaest*	**200**	*dvjesto*
14	*četrnaest*	**300**	*ctristo*
15	*petnaest*	**400**	*četrsto*
16	*šesnaest*	**500**	*petsto*
17	*sedamnaest*	**1000**	*tisuća*

(Grundbegriffe zur **Gastronomie** s. „Essen und Trinken" im Kapitel „Reisetipps A–Z")

Literaturtipps

- *Bodrožić, Marica:* **Tito ist tot,** Suhrkamp Verlag. Kurzgeschichten und Erzählungen zum neuen Kroatien.
- *Deschner, Kh. & Petrovic, M.:* **Der ewige Kreuzzug auf dem Balkan.** München, 1999.
- *Dubravka Ugrešić:* **Kultur der Lüge,** Suhrkamp Verlag. Auseinandersetzung mit dem jugoslawischen bzw. kroatischen Nationalstaat.
- *Dubravka Ugrešić:* **Lesen verboten,** Suhrkamp Verlag. Weitere Auseinandersetzung mit dem jugoslawischen bzw. kroatischen Nationalstaat.
- *Elsässer, Jürgen:* **Kriegslügen,** Kai Homilius Verlag, 2004. Erläutert die unselige Geschichte des Balkankonfliktes bis zum Milošević-Prozess.
- *Held, Kurt* (eigentl. *Kurt Kläber*): **Die rote Zora und ihre Bande.** Patmos-Verlagsgruppe, 2007. Der berühmte Jugoslawien-Kinderroman wurde nach Erlebnissen des Schweizer Autors 1941 erstmals und inzwischen in der 37. Ausgabe veröffentlicht. Jugendbuch-Klassiker, 1979 als TV-Serie und 2008 als Kinofilm mit *Linn Reusse* als Zora sowie *Ben Becker* und *Mario Adorf* verfilmt.
- *Hösch, Edgar:* **Geschichte der Balkanländer,** C. H. Beck Verlag. Grundlagenwerk zur Geschichte des ehemaligen Jugoslawien und seiner Nachfolgestaaten.
- *Jovanović, Dragoslav:* **Kroatisch – Wort für Wort,** Kauderwelsch Band 98, Reise Know-How Verlag, Bielefeld. Kroatisch für den einfachen Einstieg und die schnelle Verständigung im Reisealltag. Der **AusspracheTrainer Kroatisch** (Audio-CD, ca. 60 Min. Laufzeit) enthält die wichtigsten Sätze und Redewendungen des Kauderwelsch-Bandes zum Hören und Nachsprechen.
- *Koenig, Marcus:* **Der Coreolanus Betrug.** Zürich, 2010. Thriller über ein vor der kroatischen Küste gesunkenes Schiff und die abenteuerliche Aufdeckung eines dunklen Geheimnisses aus der Zeit des 2. Weltkrieges.
- *Lipps, Volker:* **Kroatien – Buchten, Ankerplätze, Häfen, Landgänge.** DSV-Verlag, 2010. Der – übrigens nicht mit dem Autor verwandte – Verfasser beschreibt die aktuellen Grunddaten (Bojenfelder, Luftaufnahmen usw.) für alle Segelsportler.
- *Pavic, Irena:* **Kroatien auf dem Weg in die Europäische Union.** VDM-Verlag, 2010. Junge Untersuchung über den Sachstand, die Einstellung der Bevölkerung und die politischen Hintergünde im Land zum EU-Beitrittsprozess.
- *Pavlović, Mirko:* **Lesereise Kroatien.** Picus-Verlag, 2009. Kurzweilige Geschichten und Anekdoten, Reportagen und Porträts der eher unbekannten Seiten aus einem aufstrebenden Land jenseits von Winnetou, Balkangrill und FKK.
- *West, Rebecca:* **Schwarzes Lamm und grauer Falke,** Berlin, 2002. Geschichtlicher und kultureller Hintergrund des Balkan basierend auf einer Reise einer Engländerin in den 1930er Jahren.

HILFE!

Dieser Reiseführer ist gespickt mit unzähligen Adressen, Preisen, Tipps und Infos. Nur vor Ort kann überprüft werden, was noch stimmt, was sich verändert hat, ob Preise gestiegen oder gefallen sind, ob ein Hotel, ein Restaurant immer noch empfehlenswert ist oder nicht mehr, ob ein Ziel noch oder jetzt erreichbar ist, ob es eine lohnende Alternative gibt usw.

Unsere Autoren sind zwar stetig unterwegs und versuchen, alle zwei Jahre eine komplette Aktualisierung zu erstellen, aber auf die Mithilfe von Reisenden können sie nicht verzichten.

Darum: Schreiben Sie uns, was sich geändert hat, was besser sein könnte, was gestrichen bzw. ergänzt werden soll. Nur so bleibt dieses Buch immer aktuell und zuverlässig. Wenn sich die Infos direkt auf das Buch beziehen, würde die Seitenangabe uns die Arbeit sehr erleichtern. Gut verwertbare Informationen belohnt der Verlag mit einem Sprechführer Ihrer Wahl aus der über 220 Bände umfassenden Reihe „Kauderwelsch" (siehe unten).

Bitte schreiben Sie an:

REISE KNOW-HOW Verlag Peter Rump GmbH, Postfach 140666, D-33626 Bielefeld, oder per E-Mail an: info@reise-know-how.de

Danke!

Kauderwelsch-Sprechführer –
sprechen und verstehen rund um den Globus

Afrikaans • Albanisch • Amerikanisch - *American Slang, More American Slang,* Amerikanisch oder Britisch? • Amharisch • Arabisch - Hocharabisch, für Ägypten, Algerien, Golfstaaten, Irak, Jemen, Marokko, • Palästina & Syrien, Sudan, Tunesien • Armenisch • *Bairisch* • Balinesisch • Baskisch • Bengali • *Berlinerisch* • Brasilianisch • Bulgarisch • Burmesisch • Cebuano • Chinesisch - Hochchinesisch, kulinarisch • Dänisch • Deutsch - *Allemand, Almanca, Duits, German, Nemjetzkii, Tedesco* • *Elsässisch* • Englisch - *British Slang, Australian Slang, Canadian Slang, Neuseeland Slang,* für Australien, für Indien • Färöisch • Esperanto • Estnisch • Finnisch • Französisch - kulinarisch, für den Senegal, für Tunesien, *Französisch Slang, Franko-Kanadisch* • Galicisch • Georgisch • Griechisch • Guarani • Gujarati • Hausa • Hebräisch • Hieroglyphisch • Hindi • Indonesisch • Irisch-Gälisch • Isländisch • Italienisch - *Italienisch Slang,* für Opernfans, kulinarisch • Japanisch • Javanisch • Jiddisch • Kantonesisch • Kasachisch • Katalanisch • Khmer • Kirgisisch • Kisuaheli • Kinyarwanda • *Kölsch* • Koreanisch • Kreol für Trinidad & Tobago • Kroatisch • Kurdisch • Laotisch • Lettisch • Lëtzebuergesch • Lingala • Litauisch • Madagassisch • Mazedonisch • Malaiisch • Mallorquinisch • Maltesisch • Mandinka • Marathi • Modernes Latein • Mongolisch • Nepali • Niederländisch - *Niederländisch Slang,* Flämisch • Norwegisch • Paschto • Patois • Persisch • Pidgin-English • *Plattdüütsch* • Polnisch • Portugiesisch • Punjabi • Quechua • *Ruhrdeutsch* • Rumänisch • Russisch • *Sächsisch* • *Schwäbisch* • Schwedisch • *Schwiizertüütsch* • *Scots* • Serbisch • Singhalesisch • Sizilianisch • Slowakisch • Slowenisch • Spanisch - *Spanisch Slang,* für Lateinamerika, für Argentinien, Chile, Costa Rica, Cuba, Dominikanische Republik, Ecuador, Guatemala, Honduras, Mexiko, Nicaragua, Panama, Peru, Venezuela, kulinarisch • Tadschikisch • Tagalog • Tamil • Tatarisch • Thai • Tibetisch • Tschechisch • Türkisch • Twi • Ukrainisch • Ungarisch • Urdu • Usbekisch • Vietnamesisch • Walisisch • Weißrussisch • *Wienerisch* • Wolof • Xhosa

Kauderwelsch?
Kauderwelsch!

Die **Sprechführer der Reihe Kauderwelsch** helfen dem Reisenden, wirklich zu sprechen und die Leute zu verstehen. Wie wird das gemacht?

- Die **Grammatik** wird in einfacher Sprache so weit erklärt, dass es möglich wird, ohne viel Paukerei mit dem Sprechen zu beginnen, wenn auch nicht gerade druckreif.
- Alle Beispielsätze werden doppelt ins Deutsche übertragen: zum einen **Wort-für-Wort,** zum anderen in „ordentliches" Hochdeutsch. So wird das fremde Sprachsystem sehr gut durchschaubar. Ohne eine Wort-für-Wort-Übersetzung ist es so gut wie unmöglich, einzelne Wörter in einem Satz auszutauschen.

- Die **Autorinnen und Autoren** der Reihe sind Globetrotter, die die Sprache im Lande gelernt haben. Sie wissen genau, wie und was die Leute auf der Straße sprechen. Deren Ausdrucksweise ist häufig viel einfacher und direkter als z.B. die Sprache der Literatur. Neben der Sprache vermitteln die Autoren Verhaltenstipps und erklären Besonderheiten des Landes.
- **Jeder Band** hat 96 bis 160 Seiten. Zu fast jedem Titel ist ein **AusspracheTrainer auf Audio-CD** erhältlich.
- **Kauderwelsch-Sprechführer** gibt es für über 130 Sprachen in **mehr als 220 Bänden,** z.B.:

Kroatisch – Wort für Wort
Band 98, 192 Seiten
Italienisch – Wort für Wort
Band 22, 128 Seiten
Griechisch – Wort für Wort
Band 4, 160 Seiten

REISE KNOW-HOW Verlag, Bielefeld

Anhang

Glossar

● **Abecedarium:** Alphabet (lateinisch, kyrillisch oder griechisch), das vom Bischof bei der Kirchweihe in den Boden graviert wird.

● **Antolčić, Ivan** (*15.5.1928 in Komarevo, Sisak): In Zagreb ausgebildeter Bildhauer, von 1954–1991 Bühnendekorateur und Skulpteur des Nationaltheaters in Zagreb, gleichzeitig gefragter Poster-Zeichner (Ballett Zagreb) und Maskenbildner. Seit 1963 stellt er selbst aus und arbeitet bevorzugt für Kinderzeitungen („Radost“, „Modra“), gestaltet Folianten, Medaillen, Plaketten u.Ä. *Antolčić* gilt als Aushängeschild der kroatischen Allround-Kunst des 20. Jahrhunderts.

● **Aquilea** (ital. Aquileja): Ab 181 v.Chr. als römische Kolonie erwähnt, wurde als zweite italienische Stadt christianisiert und war eine der größten Städte Italiens überhaupt. Ab Mitte des 6. Jahrhunderts war es Patriarchat („Patriarch“ ursprünglich: Vorsteher des Sanhedrin, des höchsten jüdischen Gerichtes, dann ähnlich einem Erzbischof). Ab 1421 gehörte das Patriarchat Aquilea zu Venedig, verlor 1445 seine weltliche Macht und wurde schließlich von Papst *Benedikt XIV.* aufgelöst. Heute Ruinenstadt in Nordost-Italien (Grado). Mit dem Zusammenbruch Westroms (476) fielen zahlreiche Städte Nordkroatiens, insbesondere Istriens, an das Patriarchat Aquilea.

● **Archidiaconus:** geistlicher Titel (Erzdiakon), ursprünglich erster Diakon und Vertreter des Bischofs, oft in Personalunion Dompropst, beteiligt an Vermögensverwaltung und Kirchenrechtsprechung.

● **Ban:** Vizekönig, Statthalter.

● **Byzanz:** Hauptstadt des byzantinischen Weltreichs (später Konstantinopel, heute Istanbul), gleichzeitig Bezeichnung für das oströmische Reich nach der Abspaltung von Westrom (Reichsteilung 395 n. Chr.). Während Westrom schon 476 n. Chr. von den germanischen Goten zerschlagen wurde (Odoaker), blieb Byzanz (Ostrom) bis zur Eroberung durch die Türken 1453 ein wichtiger Machtfaktor und Bollwerk gegen den Islam im östlichen Mittelmeerraum. Obgleich die kroatische Adria im Allgemeinen und Istrien im Besonderen eher dem weströmischen Einfluss zuzurechnen sind, war Ostrom nicht unbedeutend, was an der nur allmählichen Trennung von Kirche und Staat lag: Kirchlich unterstanden viele Städte weiterhin dem Patriarchen von Konstantinopel, während sie politisch an die Nachfolger Westroms fielen (etwa Venedig) und so erst später unter römisch-katholischen Einfluss gerieten.

● **Campanile:** Glockenturm, der abgesetzt neben der Kirche steht, sehr häufig in Italien und in vielen Kirchen Kroatiens, die während der venezianischen Phase errichtet worden sind.

● **Dalmatinac, Juraj** (1410–1473): Dalmatischer Innenarchitekt und Künstler aus Zadar in der Übergangsphase von der Spätgotik zur Renaissance. Seine Werke sind von außerordentlicher Bedeutung für Kroatien und sogar Italien, wo *Dalmatinac* in Ancona und Venedig (Kaufmannsloge) tätig war. Die Gesamtanlage der Stadt Pag, Wohnhäuser und Befestigungsmauern von Dubrovnik sowie die Kathedrale von Šibenik gehören zu seinen bedeutendsten Werken.

● **Exarchat:** Verwaltungsrat und Statthalter von Byzanz.

● **Frankopanen:** Kroatisches Fürstengeschlecht in Hoch- und Spätmittelalter sowie der frühen Neuzeit, welches insbesondere die Kvarner Bucht südlich von Rijeka kontrollierte und mit Wehrschlössern befestigte. Architektonische Musterbeispiele findet man in der Kvarner Bucht von Bakar bis Novi Vinodolski sowie auf den Inseln.

● **Garibaldi:** Nach der Kapitulation des faschistischen Italien (1943) schlossen sich etliche der bis dahin für die Achsenmächte auf dem Balkan kämpfenden Italiener den Partisanen *Titos* im Kampf gegen die Deutschen an. Diese italienischen Einheiten wurden als „Division Garibaldi“ bekannt und erlangten einiges Ansehen in den befreiten jugoslawischen Landesteilen. Ihnen zu Ehren findet man in einigen Städten Istriens eine „Ulica Garibaldi“ (Garibaldi-Straße).

● **Gespanschaft:** Die Republik Kroatien ist administrativ in 20 Gespanschaften gegliedert, die etwa einem Bundesland bzw. Kanton entsprechen (die Stadt Zagreb bildet zusätzlich eine eigene Verwaltungseinheit). Der

Begriff stammt aus der k.u.k. Zeit und wurde 1918 übernommen (Königreich der Serben und Kroaten), nach dem Zweiten Weltkrieg abgeschafft und 1992 reaktiviert.

• **Glagolitisch:** altslawische Schrift, die im 9. Jahrhundert entwickelt wurde, um Bibeltexte aus dem Lateinischen ins Altslawische zu übersetzen.

• **Gregor von Nin (Grgur Ninski):** Hochmittelalterlicher Bischof (10. Jahrhundert) der Stadt Nin sowie Zeitgenosse und Berater, später Kanzler des kroatischen Königs *Tomislav. Gregor* trat für die Erhaltung der slawischen Sprache (statt Latein) in den Gottesdiensten ein, wandte sich stets gegen den dominanten Klerus von Split und wird als eine Art erster kroatischer Freiheitskämpfer verehrt.

• **Histrer & Liburner:** Im Nordwesten des heutigen Kroatien, insbesondere in Istrien verbreitete regionale ethnische Gruppe der Illyrer des Altertums. Der Name der Halbinsel „Istrien" (lat. Histria) wird oft auf die dort einst ansässigen „Histrer" zurückgeführt.

• **IDS:** Die Istrische Demokratische Versammlung IDS *(Istarska Demokratična Stranka)* versteht sich zum einen als Widerpart der Zentralregierung in Zagreb und zum anderen als Vorreiter einer istrischen Unabhängigkeitsbewegung, ohne allerdings (momentan zumindest) einen formellen Austritt aus dem kroatischen Staatsverband zu fordern. Durch die besondere Wirtschaftskraft Istriens (Tourismus!) scheint eine Art Nord-Südkonflikt auf Dauer unvermeidlich, ohne dass die geistig-kritische Bewegung der IDS zu Gewaltmaßnahmen greifen würde (die baskische ETA wird hier oft als Negativbeispiel zitiert). Auch zu Zeiten *Tudjmans* wirkte die IDS von ihrem Zentrum Pula aus als Speerspitze gegen den monokratischen Machtapparat des Staatsgründers.

• **Ikonostase:** dreiteilige, mit Ikonenbildern versehene Trennwand zwischen Altar und Kirchenhauptschiff in serbisch- und griechisch-orthodoxen Kirchen.

• **Illyrer:** Bedeutende indoeuropäische, staatlich organisierte Volksgruppe des Altertums, die im Nordwesten des Balkans und entlang der Adria beheimatet war; einzelne Stämme sind auch in Italien und sogar Griechenland nachgewiesen. Nach der Zeitenwende wurden die Illyrer schnell romanisiert; ab Mitte des 3. Jahrhunderts gingen zahlreiche römische Imperatoren („Zeit der illyrischen Kaiser", *Diokletian)* aus ihren Reihen hervor. Auf der Halbinsel Pelješac bei Dubrovnik wurde im Jahr 2000 in einer Höhle eine 8000 Jahre alte, unberührte Tempelstätte gefunden, deren Auswertung noch andauert. Die Annahme, dass ihre Herkunft in Mitteldeutschland (Lausitzer Kultur) liegt, blieb bislang ohne zwingende Beweise.

• **Lapidarium:** Für kleine Museen und Ausstellungen wird oft der Begriff Lapidarium verwendet. Es handelt sich dabei um Sammlungen steinerner Relikte (lat. *lapidarius* = steinern) wie Fußböden, Wandplatten oder andere Fragmente bzw. Bauteile (etwa Säulen).

• **Meštrović, Ivan** (*1883 in Otavice/Šibenik, †1962): Bildhauer und Urheber zahlreicher Büsten und Denkmäler in den Küstenorten Kroatiens. Er emigrierte wegen der italienischen Besatzung in die USA und gilt heute als bedeutendster kroatischer Vertreter des modernen Expressionismus und Neoklassizismus. Sein einstiges Atelier liegt in der Zagreber Altstadt (Gradec) in der Mletačka-Straße nahe des Markusplatzes.

• **Militärgrenze:** In der Zeit vom 16. bis 19. Jh. militärisch organisierter und mit zahlreichen Festungsbauten bestückter Landstrich an der türkischen Grenze Österreich-Ungarns (wurde 1849–1866 ein eigenes österreichisches Kronland). 1881 wurde die kroatisch-slawonische Militärgrenze mit Kroatien-Slawonien vereinigt. Die Grenzer waren örtliche Bauernsoldaten, die Wehrdienst in Grenzregimentern leisteten und dafür zu meist keine Abgaben zu entrichten hatten.

• **Polyptychon:** Meist holzgeschnitzte, baldachinähnliche Kirchenaltäre oder Seitenschreine mit einer Vielzahl von Bildnissen christlicher Heiliger. Das äußere Erscheinungsbild eines Polyptychon ist dem einer Ikonostase nicht unähnlich, man geht daher von einem byzantinischen Ursprung aus. Der für Kroatien bedeutendste Künstler ist *Antonio Vivarini.*

• **Portikus:** Von Säulen getragenes Vordach einer Kirche, Kathedrale oder Basilika, das häufig bei Sakralbauten byzantinischen Ursprungs zu sehen ist.

● **Sanmichele, Michele:** Venezianischer Architekt, der Mitte des 16. Jahrhunderts im Auftrag der Dogenrepublik zahlreiche weltliche und geistliche Baudenkmäler in Nord- und Zentraldalmatien schuf (Zadar).

● **SFOR** (Stabilisation Forces Of Restjugoslavia): Internationales Kontingent unter deutscher Beteiligung zur Überwachung des Daytoner Friedensabkommens in Bosnien-Herzegowina. Das deutsche Kontingent in Bataillonsstärke ist bei Sarajevo (Rajlovac) stationiert und untersteht dem Kommando der französisch-multinationalen DMNSE (Division Multinationale Sudeste) mit Hauptquartier in Mostar-Ortijes. Das Divisionsgebiet erstreckt sich von der Gegend um Sarajevo über Mostar bis zur kroatischen Grenze. Die SFOR-Truppen wurden 2005 von einer EU-geführten internationalen Truppe („Operation Athea") abgelöst.

● **Strossmayer:** Fast jeder größere Ort Kroatiens hat eine Hauptstraße mit dem Namen „Ulica Strossmayera". Dahinter verbirgt sich *Josip Juraj Strossmayer* (1815–1905), Bischof von Đakovo und Beichtvater Kaiser *Franz Josephs*. Er war ein Vordenker des Panslawismus (Streben nach Einheit aller Slawen von Russland bis Kroatien). Da aber hierzu die slawisch-orthodoxe und die römisch-katholische Kirche vereinigt werden mussten, war er ein Gegner aller die Kirchen trennenden Dogmen, v.a. der katholischen Theorie der unbefleckten Empfängnis, womit er in scharfer Opposition zum Papst stand (Erstes Vaticanum 1870).

● **Uškoken:** Mittelalterliche Seeräuberbande, die sich gegen die türkische und die venezianische Fremdbestimmung auflehnte und entlang der norddalmatischen Küste mit Zentrum in Senj ihr Unwesen trieb.

Anhang

www.reise-know-how.de

Unser Kundenservice auf einen Blick:

- Vielfältige Suchoptionen, einfache Bedienung
- Alle Neuerscheinungen auf einen Blick
- Schnelle Info über Erscheinungstermine
- Zusatzinfos und Latest News nach Redaktionsschluss
- Buch-Voransichten, Blättern, Probehören
- Shop: immer die aktuellste Auflage direkt ins Haus
- Versandkostenfrei ab 10 Euro (in D), schneller Versand
- Downloads von Büchern, Landkarten und Sprach-CDs
- Newsletter abonnieren, News-Archiv

Die Informations-Plattform für aktive Reisende

REISE KNOW-HOW online

Register

Anhang

Der Autor

Nach abgeschlossenem Studium (Slawistik, Sinologie, Geschichte) arbeitete **Werner Lips** u.a. als Offizier im Balkaneinsatz, Manager bei Markenunternehmen und Betriebsleiter in der Baunebenbranche. Heute unterrichtet er an Gymnasium und Hochschule die Fächer Chinesisch, Russisch, Geschichte und Sport. Nebenbei beriet der gefragte Osteuropa- und Asien-Experte wiederholt Fernsehen (WDR, VOX) und Behörden, darüber hinaus engagiert sich der lizensierte Handballtrainer ehrenamtlich im Vereinssport.

Als Taucher, Motorradfahrer und Trekker ist er seit geraumer Zeit intensiv über und unter Wasser in Südeuropa und Südchina unterwegs auf der Suche nach interessanten Reisezielen. Dabei fiel ihm häufig echte Pionierarbeit zu, etwa als erster Reisejournalist überhaupt auf den taiwanesischen Militärinseln KinMen und MaTsu, mit dem ersten Reiseführer zu ausschließlich Nordzypern oder einem der ersten deutschsprachigen Reisebücher zu Montenegro.

Kroatien fasziniert ihn landschaftlich, kulturell und in geschichtlicher Hinsicht, nicht zuletzt wegen der zahlreichen historischen Stätten, aber auch wegen der politischen Besonderheiten auf dem Balkan.

Danksagung

Mein herzlicher Dank richtet sich an: Dr. Busch, P. Hall, M. Linke, M. Baluff, D. Schwarzat, B. Baudler, M. Krebs, M. Rahm, B. Stiehm, M. Schmidt, J. Hornstein, H. Hesse, S. Riska-Reichhold, H. Scheiter, C. Auer, M. Seethaler, M. Stotz, I. Schubert, A. Lechtenberg, N. Milkereit, W. Knoblach, G. Bautz, W. Gnauck, R. Schulze, K. Widiger und K. Henkel.